DU MÊME AUTEUR.

DICTIONNAIRE DES NOMS

1 vol grand in-18.

de 520 pages à deux colonnes.

Prix : 7 francs.

Ce dictionnaire contient la recherche étymologique de *vingt mille deux cents* noms de personnes relevés sur les principaux annuaires. Ce n'est pas une œuvre d'imagination, c'est un calcul de probabilités sur les formes anciennes de chaque nom.

IMPRIMERIE D. BARDIN A SAINT-GERMAIN.

INTRODUCTION

I. Universalité du domaine de l'argot. — II. L'argot considéré dans ses sept éléments de formation (1. Vieux mots. — 2. Substitutions. — 3. Modifications. — 4. L'argot actuel. — 5. Harmonies imitatives. — 6. Jeux de mots. — 7. Souvenirs. — 8. Importations.) — III. Richesses de l'argot. — IV. Ses rapports avec les mœurs. — V. Notre méthode. — VI. Comment le besoin de ce Dictionnaire s'est fait sentir de plus en plus. — VII. Ce qu'on pensait de l'argot avant nous.

I. — *Universalité du domaine de l'argot.*

L'argot passe généralement pour être un dialecte spécial aux malfaiteurs. Sans être illogique, nous avons cru pouvoir étendre son domaine en comprenant dans ce vocabulaire toutes les excentricités de langage qui se produisent chaque jour dans les autres classes de la société. A le bien considérer, d'ailleurs, le mot d'*argot* justifie toutes les extensions. Sans le faire venir du grec *argos*, comme on l'a prétendu avant nous, nous y verrions logiquement un diminutif du vieux mot *argu* qui signifiait *injure, reproche*, et aussi *ruse, finesse, subtilité*. — Dès le xive siècle, *hargoter* voulait dire *railler, dire des sottises*. On le voit par le glossaire de Du Cange auquel il faut toujours recourir en matière d'étymologie.

De même *bigorne*, synonyme d'*argot*, qu'un autre étymologiste a confondu avec l'enclume dite *bigorne*, n'est qu'un substantif tiré de l'ancien verbe *biguer* : changer, troquer. *Parler bigorne* ou *argot* signifie donc : *parler un langage*

LORÉDAN LARCHEY

DICTIONNAIRE

HISTORIQUE

D'ARGOT

NEUVIÈME ÉDITION

DES EXCENTRICITÉS DU LANGAGE

AUGMENTÉE D'UN SUPPLÉMENT

Mis à la hauteur des révolutions du jour

PARIS

E. DENTU, ÉDITEUR

LIBRAIRE DE LA SOCIÉTÉ DES GENS DE LETTRES

PALAIS-ROYAL, 15-17-19, GALERIE D'ORLÉANS

1881

Tous droits réservés

DICTIONNAIRE
D'ARGOT

troqué, changé, user d'un langage de railleur, de sottisier. A ce compte, les salons ont eu leur argot comme les tapis francs; les *précieuses* du jour ne le cèdent en rien aux gueux de nos *cours des miracles*, et nous sommes autorisé à prendre notre bien où il se trouve. Mais c'est surtout au point de vue parisien que nous avons cherché à rendre ce glossaire complet, parce que, en fait de langages, Paris est le grand rendez-vous. Là, se fabriquent ou se retrempent tous les mots nouveaux : ceux du bagne comme ceux du sport, ceux du boudoir comme ceux de l'atelier, ceux de la caserne comme ceux des couloirs de l'Assemblée, ceux de la halle comme ceux du collège et du journalisme. C'est dans le grand torrent de la circulation parisienne que les nouveaux venus viennent se confondre, et s'abandonner au courant qui doit décider de leur fortune ; car Paris fait la mode des mots, comme il fait la mode des chapeaux.

Toutefois, je ne signale là qu'un premier pas. Du caprice de la mode à la consécration de l'usage et surtout au passage dans la langue régulière, il y a loin. Ici, plus que jamais, on peut répéter : « Beaucoup d'appelés, peu d'élus. »

Et, cependant, parmi les élus, combien en est-il dont vous ne soupçonneriez guère la récente origine! Laissez-moi vous en rappeler quelques-uns. On ne s'en souvient plus assez.

S'imaginerait-on qu'en 1693, les adjectifs *haineux, désœuvré, respectable*, le substantif *impolitesse*, etc., n'étaient pas français (1) ?

S'imaginerait-on qu'en 1726, on passait pour parler argot quand on disait : *détresse, scélératesse, encourageant, érudit, inattaquable, improbable, entente, naguères* (2) ?

Où sait-on maintenant que, en 1803, Mercier, l'auteur du *Tableau de Paris*, faisait deux grands volumes tout exprès pour solliciter l'admission de mots aujourd'hui fort bien portés, tels que : *fusion, fureter, franciser, flageoler*, etc.,

(1) Voyez Caillières dans son livre des *Mots à la mode*.
(2) Voyez l'abbé Desfontaines dans son *Dictionnaire néologique*.

etc. (1), mots que ses confrères de l'Académie n'avaient pas acceptés encore?

Nous en passons, et des plus connus, mais les exemples que nous venons de donner suffiront pour montrer qu'il ne faut pas se presser de proscrire une locution nouvelle. Toutefois, redisons-le bien; les élus ont été et seront toujours en petit nombre dans la foule croissante des néologismes. Sans nous en exagérer la valeur, bornons-nous donc à la considérer comme une réserve d'enfants perdus qu'on peut utiliser à l'occasion, et que, dans tous les cas, il importe de connaître, — ne fût-ce que pour savoir ce qu'il faut éviter.

II. — *L'argot et ses éléments de formation.*

Autant que notre travail nous a permis de le voir, nos divers argots ne constituent pas ce qu'on appelle une langue, mais un langage de convention, dans la formation duquel n'entrent pas moins de sept éléments. Nous les désignons ainsi : 1º vieux mots; 2º substitutions de mots; 3º modifications de mots; 4º harmonies imitatives; 5º jeux de mots; 6º souvenirs; 7º importations.

Cette nomenclature, aussi peu scientifique que possible, paraîtra plus claire, si on veut bien examiner les courts aperçus que nous allons consacrer à chaque classe.

VIEUX MOTS.

Cette première classe constitue le noyau de l'argot. Elle se compose des vieux mots de langue d'oïl ou de langu d'oc, dont nous avons retrouvé trace dans les trois diction naires spéciaux de Du Cange, de Lacombe et de Roquefort Ce dernier est le plagiat d'un glossaire manuscrit de Barba zan.

Ces vétérans sont plus nombreux qu'on ne le croit. — Ainsi, déjà l'ancienne Provence donnait à certaines vieilles

---

(1) Voyez sa *Néologie*.

femmes le nom irrespectueux de *vieux cabas*. Notre *bagou* descend en droite ligne de l'ancien catalan *bagol,* dont la *blague* moderne pourrait bien n'être qu'une forme intervertie, car les deux mots ont absolument le même sens.

Ainsi, un verbe dont nous nous servons souvent dans la langue familière, le verbe *ficher,* se rencontre dans nos chroniques du xive siècle. Nous y voyons un maréchal de Boucicaut contraindre les Sarrasins en retraite à *se ficher dans des jardins* où il les poursuit ; il *fiche en prison* ceux qu'il attrape.

Comme *ficher, truc* (rouerie, malice) se retrouve dès le xive siècle, dans une chronique du duc Jean de Bretagne.

Battre (mentir) et *batterie* (mensonge) viennent évidemment du vieux mot *baster* : tromper.

L'usage d'appeler *anglais* son créancier est constaté au xve siècle.

Rutebœuf, un poëte qui rimait du temps de saint Louis, et qui aimait à dormir, trouve déjà que le réveil est une chose *tannante*.

Si on ne vendait pas de prunes dans les *caboulots* du temps jadis, on connaissait du moins le mot comme synonyme de *cabane*. Le caboulot est devenu *guinguette,* puis *petit comptoir*. Le trinqueur ami qui vous y appelle *ma vieille branche* par pure amitié ne se doute guère qu'on donnait autrefois le nom de *branché* au compagnon associé dans une affaire.

Si Rabelais, qui est contemporain de François Ier, n'écrit pas *piquer le renard,* il écrit *escorcher le regnard,* ce qui n'en diffère pas trop. S'il n'écrit pas *caner* (avoir peur), il écrit très-souvent *faire la cane,* ce qui est absolument la même chose. Il sait aussi ce que c'est qu'un *œil au beurre noir*. Non moins que Victor Hugo, Rabelais, le profond facétieux, eût relevé le mot de Cambronne, car il le met sans vergogne à toutes sauces, absolument comme beaucoup trop de nos contemporains, qui n'ont, hélas ! conservé de Rabelais que ce mot-là. Vous nous dispenserez de l'écrire, n'est-ce pas ? Ce sera bien assez tôt quand, avec la lettre M, son tour viendra.

A part ceux que nous venons de rappeler, presque tous les

vieux mots d'argot ont été transmis par les classes dangereuses. Là semblent s'être conservées les traditions, comme dans certains villages où le patois d'aujourd'hui n'est au fond que le bon français d'il y a quatre cents ans, maintenu en dehors de toutes nos modifications. Ainsi les voleurs qui disent *arpion* pour pied, imitent nos pères qui disaient *harpion* pour griffe. Leur *abèquer* (nourrir) n'est autre que l'ancien verbe *abécher*. *Arnache* (tromperie) descend en droite ligne du verbe *harnacher* (tromper). L'*anquilleuse* qui vole dans nos magasins est vieille de plusieurs siècles. Le *fifi* vidangeur avait dès l'an 1350 l'honneur d'être nommé dans une ordonnance du roi Jean. *Estrangouiller* (étrangler) est un mot de langue romane qu'on devinerait rien qu'en pensant au latin *strangulare* (on prononçait *strangoulare*). De même, *cadenne* (chaîne) et *pecune* (argent) sont des formes pures des mots latins *catena* et *pecunia*. Le *carle* et les *pimpions* rappellent des monnaies historiques. — Nous citons quelques exemples seulement, et nous sommes loin de tout donner. (Voyez *Bigorne, Daron, Cabas, Bouler, Caruche, Butter, Caler, Chiquer*.) A défaut des glossaires du moyen âge, les patois de nos provinces éclairent aussi d'une façon inattendue les étymologies de certains mots. C'est ainsi qu'on retrouve *brimer* en Poitou et *biffin* en Champagne. Cherchez dans le dialecte flamand, et vous retrouverez le *charriage* dit *à l'américaine* dans *charrier* : mystifier.

SUBSTITUTIONS.

Les substitutions, — qui consistent à remplacer un mot par un autre pris arbitrairement, — composent une classe considérable, formée par divers procédés dont les conceptions, bizarres au premier abord, finissent par sembler plus raisonnées qu'on ne se le figure.

Il y a les substitutions de la partie au tout : *tricorne* pour *gendarme*, *cadran* pour *montre*...

Les substitutions de l'effet à la cause : *tremblante* pour *fièvre*, *casse-gueule* pour *bal*, *musicien* pour *haricot*, *pleurant* pour *ognon*, *raide* pour *eau-de-vie*...

Les substitutions de fonctions : *avaloir* pour *gosier*, *palpitant* pour *cœur*, *pique en terre* pour *poule*, *fauchant* pour *ciseau*, *raclette* pour *patrouille*, *cabe* pour *chien*, *tourne autour* pour *tonnelier*, *toquante* pour *montre*...

Les substitutions d'aspect : *trouée* pour *dentelle*, *moricaud* pour *broc de vin*, *bleu* pour *vin*, *noir* pour *café*, *prune de monsieur* pour *évêque*.

Il y a surtout les substitutions par analogies qui sont ou *animales*, ou *végétales*, ou *matérielles*...

Presque toujours ironiques, les analogies animales ne respectent rien. Avant Grandville, elles ont signalé tout ce qui pouvait leur offrir quelque prise dans le roi de la création. Nous le montrerons tout à l'heure, en parlant des rapports de l'argot avec nos mœurs.

Si de la description de l'homme, on passe à la désignation des types, on trouve le sot représenté par le *daim*, la *buse*, le *dindon*; le niais, par le *serin*, le *blaireau*; l'avare, par le *chien*; l'inconstant, par le *papillon*; le méchant, par l'*aspic*; l'agent secret, par la *mouche*; l'usurier, par le *vautour*; le pingre, par le *rat*; le superbe, par le *lion*; le misanthrope, par l'*ours*; l'homme emporté, par le *cheval*; le bon compagnon, par le *lapin*; l'homme arriéré, par l'*huître*, le *mollusque*; la femme légère, par la *biche*, la *cocotte*, le *chameau*. Castor, canard, bécasse, merlan, ourson, veau, vache, tigre, loup, couleuvre, chatte, vipère, cloporte, chouette, crapaud, grenouille, viennent encore à la file. La sangsue, le phénix, l'âne et la mule sont classiques et nous les rappelons pour mémoire. On connaît enfin le rôle que jouent *mon chat*, *mon chien*, *mon bichon*, *ma bichette*, *mon canard*, *ma cocotte*, *ma poule*, *mon rat*, dans le vocabulaire de l'amitié, et *aux oiseaux*, dans celui de l'admiration.

Non moins remarquables sont les termes de comparaison demandés au règne végétal.

La dent gâtée est un *clou de girofle*; la perruque, un *ga-*

zon ; le *chiendent* symbolise la difficulté; le *cœur d'artichaut*, l'inconstance ; les *pruneaux* sont la mitraille ; les *noyaux*, l'argent; la *pelure* est l'habit ; la *coloquinte*, une tête énorme; le *cornichon*, le *melon*, le *cantaloup* désignent un niais d'air biscornu, à dehors épais. L'homme sans consistance est une *fenasse*; le prête-nom, un *homme de paille*. Le dédaigneux *fait sa poire*. Le *chou* entre dans la composition de six mots d'acception différente. On sait ce que veulent dire *tirer une carotte* et *donner une giroflée à plusieurs feuilles*.

Des *navets!* des *nèfles!* jouent un grand rôle dans les refus. Mon *trognon* est amical. *Aux pommes! aux petits oignons! aux truffes!* fournissent trois superlatifs aux gens satisfaits. — Enfin il y a *fagots et fagots*, et la fashion a sa *fleur des pois*.

Les analogies prises dans le monde matériel s'attaquent à tout indistinctement. Elles font d'une *capsule* ou d'un *tuyau de poêle* votre chapeau; des *pincettes*, vos jambes; d'une *salière*, votre creux d'épaule ; d'une *fourchette*, votre main ; d'une *anse de panier*, votre bras. La *pioche* est le travail ; la *scie*, une mystification ; le *raisiné*, du sang ; la *dragée*, une balle. Avec tout ce qu'on a demandé de comparaisons à la musique, on pourrait composer un grand orchestre : *musette, guimbarde, flageolet, trompette, tambour, cornet, guitare, harpe, flûte, sifflet, grosse caisse*. Cela ne semble-t-il pas complet? Dans cet ordre de choses-là, on peut aller encore bien loin. Seulement, prenez garde aux *tuiles* en sortant, et méfiez-vous des *ficelles!*

MODIFICATIONS ET DÉFORMATIONS.

Les modifications des mots obéissent visiblement au désir de ne pas être compris par un importun. C'est un français de convention. La première syllabe de chaque mot reste généralement seule intacte; les autres sont modifiées de la façon la plus arbitraire.

Ainsi dit-on *cribler* pour *crier*, *connobrer* pour *connaître*, *coltiger* pour *colleter*, *valtreuse* pour *valise*, *insolpé* pour *insolent*, *encible* pour *ensemble*, *galuché* pour *galonné*, *baluchon* pour *ballot*...

Les uns affectionnent la désinence AR ou MAR : *guichemar* (guichetier), *épicemar* (épicier), *arpagar* (arpagon)...

Les autres tiennent pour MONT, et disent *gilmont* (gilet), *briqmont* (briquet), *cabermont* (cabaret), *promont* (procès), *paquemont* (paquet)...

Ceux-là sont pour ANCHE : *boutanche* (boutique), *préfectanche* (préfecture).

Ceux-ci, pour IN : *madrin* (madré), *paquecin* (paquet), *burlin* (bureau), *orphelin* (orfévre)...

L'o est très en faveur : *icigo* (ici), *Versigo* (Versailles), *Pélago* (Pélagie), *sergo* (sergent de ville), *tringlo* (soldat du train), *moblo* (mobile), *invalo* (invalide), *excuso* (excusez), *labago* (là-bas).

Demi-stroc (demi-setier), *vioque* (vieux), *pastiquer* (passer), *ramastiquer* (ramasser), *sezière* (soi), *mezières* (moi), *Arnelle* (Rouen), *Canelle* (Caen), offrent d'autres variétés de désinences.

Rococo (rocaille) est un des rares exemples à citer en dehors du peuple.

Quelquefois on dénature aussi la première syllabe, en ne laissant subsister de l'ancien mot que les consonnes initiales. Exemples : *trèfle* (trou), *trèpe* (troupe), *la Mine* (le Mans), *Brutus* (Bretagne), mais c'est exceptionnel.

N'oublions pas les chercheurs de combinaisons qui soumettent leur parler à un procédé de déformation uniforme.

Ainsi prenons l'adjectif *bon* : ceux qui parlent en *lem* disent *lonbem* ; ceux qui parlent en *luch* disent *lonbuch* ; ceux qui parlent *javanais* diront *bavon* ; ceux qui parlent en *loque* diront *lonboque* ; ceux qui parlent en *dunon* diront *nondubon*. Les finales conventionnelles *dun*, *mar*, *aille*, *orgue*, *sigue*, *ciergue*, offrent encore des combinaisons de même famille. Et ainsi de suite pour tous les mots possibles. On peut varier et multiplier à l'infini.

Mais ces modifications qui vous rendent inintelligible pour

les profanes (si elles sont exécutées rapidement), ont l'inconvénient d'allonger démesurément la phrase, ce qui est un grand obstacle à leur popularité, et ne les rendra guère usuelles en dehors des classes dangereuses pour lesquelles elles sont une nécessité.

Les abréviations, qui sont aussi des modifications de mots, sont plus faciles à reconnaître. Sauf deux (*cipal* pour *municipal*, et *croc* pour *escroc*), il est à remarquer qu'elles portent sur les finales. Exemples : *Autor* (ité), — *achar* (nement), — *aristo* (crate), — *bac* (carat), — *bénéf* (ice), — *cabot* (in), — *can* (on), — *champ* (agne), — *comm* (erce), — *consomm* (ation), — *démoc* (rate), — *émos* (ion), — *dégui* (sement), — *es* (croc), — *estom* (ac), — *from* (age), — *job* (ard), — *lansq* (uenet), — *liquid* (ation), — *méphisto* (phélétique), — *occas* (ion), — *paf* (fé), — *pante* (inois), — *perpette* (uité), — *photo* (graphie), — *poche* (ard), — *réac* (tionnaire), — *rata* (touille), — *sap* (in), *topo* (graphique), — *typo* (graphe), — *voite* (ure).

Quelquefois l'abréviation redouble la première syllabe du mot comme dans *zouzou* : zouave, et *nounou* : nourrice.

L'ARGOT ACTUEL.

A l'heure qu'il est, l'argot obéit plus que jamais aux tendances abréviatrices signalées ci-dessus. On ne dit plus *mastroquet* mais *troquet*, *tailbin* mais *talbin*, *fourgat* mais *fourgue*, *faffiot* mais *faffe*, *pédéro* mais *pédé*, *radin* mais *rade*. Sans la connaissance des termes anciens, on serait souvent embarrassé de caractériser la formation, ou plutôt la déformation des nouveaux.

Pour ce qui regarde le langage des classes dangereuses, je ne saurais en donner une meilleure preuve que ce fragment des Mémoires d'un voleur nommé Beauvilliers, jugé en police correctionnelle pour tentative de vol en 1873. Il a été publié par le *Figaro* du 4 août.

J'ai vingt-trois ans, je suis garçon boucher;
A l'âge de quatorze ans je fesai mon apprentissage à la boucherie Duval, à la Madelaine;

1re affaire, 4 milié (4,000 francs), en allant en recête au bout de huit mois que j'étais dans la maison. J'ai mangé tout, l'espace de quatre mois, mon perd les a remboursé et m'a fait mettre à la Roquette pour trois mois. Il est mort dans l'intervalle, de là j'ai *goipé* au théâtre; fesait la portière et je vendai des *talbin*, cigare et du feu.

Dix-sept ans : J'ai commencé à *faire l'étalage*, réussi pendant un an; pas *d'enfilage*.

Dix-huit ans : Je fesai *le rade* et *la condition*, je me *camouflait* et avec des faux *faffe* j'allai dans les bureaux de placement avec une *tune*, je ne manque pas le coche de 2 *pille* chez un *troquet*. Premier *sapement* : six mois. Laissez-là.

Dix-neuf ans : de là *j'ai fait les coquines* passage Jouffroi, Notet des ventes (à la salle Drouot qui est voisine?), etc.

Bien réussi un *pédé* au chantage de 1,800 francs, un *bobe* et une *bride en jonc*, harnais de toute sorte avec mon *poteau* Coconas.

Vingt ans : Je me remets au *turbin* dans la boucherie, *je fais les pièces destaché*.

Au bout d'un an, *poissé* avec une *pesée* de gigot que j'allais *fourgué*, deuxième *sapement*.

Les *trois brêmes* (*les 3 cartes*, jeu de hasard) pendant six mois, réussi.

Ici Beauvilliers se vante de l'exploitation d'une fille qui lui rapportait 250 francs par mois, puis il dit mélancoliquement :

Où est ce temps-là, j'avais bonheur, argent, amour tranquille, les jours se suive mais ne se ressemble pas. Mon *mignon* connaissait l'anglais, l'allemand, très-bien le français, l'auvergna et l'argot que je lui aprenais de la boucherie, folie !!!

Un commencement de jalousie me prend et je fais sortir mon *mignon* de la maison, et, plus grande folie encore, *je la mets sur le turbin*.

Pendant six mois gagneuse d'argent gros comme elle. Au bout de six mois, malade, cinq mois, à Saint-Lazare. *Rebectage* de mon côté, plus d'argent, *goipé*, *paillasson*, tourné au vinaigre; hélas! plus de femme, je la vais perdu.

Vingt et un an, *rangé des voitures*.

Dansai avec Peau-Rouge, l'Anglais; Simonne et Flageolet, et moi je remplaçai l'Anglais en Italienne dans les quadrilles grotesques; 5 francs tous les soirs pendant deux mois au concert de la Gaîté, et un mois au Pavillon-de-l'Horloge, aux Champs-Élysées; pendant quatre mois, l'hiver, aux Porcherons, assez heureux.

A vingt-deux ans, je me remets au *turbin*.

INTRODUCTION. XI

Le 1ᵉʳ avril, le matin, je rencontre des garçons des halles que j'avais vu à Sainte-Pélagie, Godard et Dartagnan; le dernier me dit donc : « J'aurais besoin d'outil, j'ai une *condition* à faire. » Je lui dis : Je n'en ai pas, seulement j'ai un *monseigneur* que je pourrai te prêter; bref, je lui dis : « Je te l'apporterai à trois heures, au café de la Boucherie; en même temps j'irai chez mon *fourgue* lui porter ce que j'ai à la maison. » Donc, à trois heures, je lui porte ce monseigneur, et en même temps j'avais les affaires en question, la bague, la tabatière, les boucles d'oreilles, la montre et l'épingle; nous buvons ensemble deux ou quatre absinthes, et il m'ennuit tant que je finis par aller avec lui voir cette fameuse *condition* rue Vivienne.

Nous montons, et moi je frappe à la porte; personne. Je sonne et personne ne répond. *J'allume*, et mon Dartagnan *file le luctrème* dans la porte; au même moment, la porte s'ouvre, et une femme parait et elle *gueule à la chienlit*. Je descends quatre à quatre les escaliers, et lui aussi; il sort dans la cour, et moi je le suis; mais le concierge l'arrête. Moi je *file* une poussée au concierge et il se faufile, et moi je cours après en criant : Arrêtez-le ! Bref il est arrêté et moi aussi; *je vais à niord*, mais mon imbécile avait gardé son outil et moi j'étais embêté pour mes bijoux que j'avais sur moi, etc.

Tu va peut-être me traité de *loufoque* d'aller au *turbin* avec des objets pareille.

Dartagnan avout tout, il prend tout sur lui et il dit : Je ne connais pas ce jeune homme, les témoins ne me connaisse pas, bref tout va bien.

Cette citation sera utilement complétée par la lettre d'un forçat transféré de Rochefort à Toulon, dont je trouve copie dans un manuscrit que M. Eugène Demarquay, alors chef adjoint de la police municipale de Paris, a bien voulu me communiquer en 1876. Ce manuscrit, œuvre de M. Rabasse, inspecteur de police, contenait un glossaire dont la comparaison m'a été utile.

De la traverse de Lontou (Toulon). — Mon cher camerluche, me voilà enfin démarré de ce maudit ponton d'amarrage, par la grâce du meke (de Dieu) ou du barbé (diable), et sans être aquigé, qui nous a trimballé igo après nous avoir secoué pendant quinze reluis au milieu des prés salés.

Tu m'as bonni avant de décarrer que je te raccorde par une lazagen du truc dont les artoupans de cette traverse nous ont pésignés. Je bonnirai qu'ils nous ont embroqués d'une chasse moustique attendu que le quart d'œil de Rochefort nous a rafilé la manquesse (mal noté) auprès de son camerluche de cette traverse.

Les gaffiers sont plus mouchiques que Iago ; il faut igo (ici) avoir le loubion en poigne pour leur jacter ; ou ils vous bousculent en véritables artoupans.

La cavale (fuite) est plus difficile que Iago ; cependant les messiers de cambrouse n'ont pas la même chaleur à pessigner les fagots en campe (fuite).

La tortillade (nourriture) est la même pour la quantité, mais le pivoi est plus chenu, le larton un peu plus savonné que Iago et la batouse à limasse plus chenue aussi.

La satonnade roule à balouf. Le toc est un bridon de gaye qui a une poigne esquintante.

Rien de plus à te bonnir sinon que *la Fouine, Classique, Escarpe* et *Greve-cœur* te refilent leurs bécots de chouettes, et, pour mon arga, je crois que je serai jusqu'au moment de canner (mourir), ton dévoué.

La Hyène.

Après ces échantillons de l'argot actuel des voleurs parisiens et des forçats, on ne lira pas sans curiosité sept morceaux d'un argot moins connu, celui des malfaiteurs de province. Il diffère des deux autres en beaucoup de points. Beaucoup de ses termes restent inexpliqués dans le corps de notre glossaire, et font soupçonner bien des dialectes inconnus spéciaux à chaque localité. Nous ne désespérons pas néanmoins d'en trouver la clef lors de notre prochaine édition, et nous les donnons dès aujourd'hui parce qu'ils jettent un jour inattendu sur la complexité de notre œuvre. Il y aurait dès aujourd'hui à établir un glossaire par prison. La collation de ces œuvres locales pourrait seule produire un répertoire vraiment utile.

Les lettres auxquelles sont empruntés les passages ci-dessous sont de 1860 ; elles ont été écrites par une détenue de la prison de Besançon.

PREMIÈRE LETTRE.

Cet huissier (concierge de prison) ne gêne en rien pour faire chibis (s'évader) d'ici.

L'onclesse est une coquine finie.

Prenez bien vos précautions de partout et je voudrais que vous changiez vos centres (noms) de ne plus porter celui de Julie, prends celui de Clémence et change celui de ses pères et celui de sa sœur, car l'on a mauché (mangé! c'est-à-dire dénoncé) sur moi et la muppère de Caron tombera, alors tous vos centres tomberont. Mes bons amis, je ne sais pas comment je vais sortir de cette affaire, l'on a mauché (mangé) sur moi depuis le 16 janvier, et nous voilà au 2 février et l'on ne m'a encore rien dit, sinon que l'oncle est venu prendre mon camoufle (signalement) et m'a dit le centre (nom) de ma pige (prison). Mes chers amis, je vous prie, s'il n'y a pas moyen de me faire chibis d'ici, il n'y aura pas moyen plus loin, par Flore cela ne vaudrait rien, car il y a deux griviers dans la cour des hommes, ce serait bien dangereux et ils se relèvent toutes les heures.

Je fais passer ma lettre par la sœur d'Eulalie parce que je ne voudrais pas que Virginie ait l'adresse de la vieille.

Je pense que tu auras été chercher le petit, car j'ai peur que le centre tombe.

Mon ami, je te le répète par M. Flore, je ne pense pas que tu puisses faire quelque chose, il en faudrait trois mois, je t'ai dit, il y a deux griviers dans la cour des hommes et ils se trouvent bien en face de la grande lourde d'entrée, si tu vois la môme, la mère de Juliette, elle pourra te dire comme c'est, si tu peux chabier, ça vaudrait peut être mieux. Il n'y a qu'une jeunesse qui est avec nous et elle ne demande pas mieux que de faire, car elle est pour un môme qu'elle a tapé.

Si tu vois le grêlé, dis-lui pour le rôti, car il viendrait pour t'aider.

Dites-moi bien si la lettre était decachetée quoiqu'il n'y avait rien de mauchigne (mouchique.)

Pour la Philiberte, elle ne s'est pas esbalonée (évadée).

Je te prie de mettre dans un paté deux ou trois sigolles, car je crois que je suis encore pour longtemps ici, j'en ai encore quatre, mais nous sommes obligées de tenir si belle cette femme.

Embrasse ta marraine pour moi ainsi que mon oncle et sa femme et la petite Moni et ses parents sans oublier la vieille et son fils.

Je ne sais pas encore si on me trimballera à l'endroit de ma pinge (*pige* : arrestation), car si l'on fait venir l'oncle, je dirai que ce n'est pas moi qui étais chez lui.

Ma chère Julie, si je peux faire passer des bas chez Collard ou chez la Virginie, je le ferai, car je suis sûre que vous n'en avez pas. La malle de ton père a été saisie à cause des chaussons qu'il y avait dedans, et si vous avez changé de maison vous me ferez trois petits points tel que cela... et si vous avez reçu la lettre que je vous ai parlé qui était pour Eulalie, vous ferez une petite croix.

Mon ami, je te prie en grâce de ne pas venir de chamque.

L'on vient de me tirer mon portrait et l'on va l'envoyer dans toutes les miottes et dans tous les loirs.

J'aurais bien mieux voulu que l'on me trimbale, j'aurais tâché de voir M. Chibis.

Change de centre, je vous en prie en grâce, car les centres des mômes vont tomber.

Tâchez de faire mettre la lettre à Dôle ou dans les environs, à seule fin qu'il n'est de cime de personne. Je ne sais pas quand je pourrai t'écrire, toutes les fois que je trouverai une occasion je le ferai, et de la prudence.

Les popes sont au fond de la cour des engistes, voilà huit jours que j'attends cette occasion.

DEUXIÈME LETTRE.

J'ai su par le Cosmont puisque tu as dit à Niort (tu as nié), vas toujours la même chose, il est venu une pureuse (détenue dénonciatrice) pour me topiser (dévisager), elle a dit : « Je ne suis pas sure, mais elle lui ressemble, » je crois qu'on a fait venir une autre. C'est la Louise qui fait les biffetons de Julie, il n'a pas de meurtre dorine. Courage, tu es jeune, tu as de l'espoir et puis tu n'as rien fait. J'espère que le jugement de ces marchands sera cassé. Oui, tu pourrais être libre, je mourrai contente, car je sais que tu as bon cœur, et puis ce malheureux Tours fait réfléchir toujours à Niort. Il peut demander comment s'appelle ta marraine, tu diras Catherine Kérer et ton parrain Georges Brun, je le crois, mais tu ne l'as jamais connu, et je finis en te souhaitant la liberté.

TROISIÈME LETTRE.

Pauvre Jacques, quand je pense te voir dans une position si triste, et si injustement, je ne peux pas croire à une telle scélératesse pareille : ne te décourage pas. Le curieux (juge d'instruction) m'a dit que je faisais tes passes, je ne l'ai pas avoué. Pauvre viorne (vieux), je crois que le juge retarde pour le mois de mai, c'est pour le faire venir ici. Dis moi si on lui a donné des passets, ils avaient du sauvais dedans une livre.

Quatre billets d'homme, pris à la même source, compléteront utilement ce spécimen de l'argot des voleurs de province :

I.

Je n'ai pas grand chose à te dire que les malheurs se suivent sur. Un accident (une arrestation) sur la ligne (dans la bande) est arrivé, il y a neuf blessés (neuf faits prisonniers). Enfin, avec les chemins de fer, toujours la même chose.

II.

Ne te chagrine pas à mon sujet, je fais attention du mieux que je peux. Nous avons trouvé partout le rouge à boudin qui nous gêne un peu.

III.

Mon cher ami, c'est avec bien de la peine que je te fais savoir par mon honorée de ce jour que, ainsi que je te l'avais promis, je ne peux me trouver à Tours à la fin du mois, il m'est impossible, mais, en revanche, je compte bien m'y trouver le 15 février.

La cause en est que l'on va procéder à une opération à ma tante et qu'il faut que je m'y trouve, je te fais savoir aussi que Louis est bien malade (en jugement). Quand tu m'écriras, écris-moi toujours poste restante à Bordeaux (Gironde.)

Plus rien à te dire, je te salue, ainsi que ta femme.

Ton ami — Gros Marro.

Je te souhaite une bonne santé, quant à moi je vais bien.

IV.

Chère femme,

Je fais réponse à ta lettre que j'ai reçue à Saint-Pourçain. Je me porte bien et je désire que la présente vous trouve de même, quant à celle de Moulins, je n'ai pu l'avoir faute d'occasion.

Je te dirai que je pars pour Fontainebleau, tu me feras réponse à Paris, Loiset, pour le 23. — Les affaires sont toujours les mêmes ; ça ne va pas, il y a de quoi se dégouter ; mais ma foi ça changera bien, il le faudra. Ne te chagrine pas à mon sujet ; je fais attention du mieux que je peux ; nous avons trouvé partout le rouge à boudin qui nous grime (chagrine) un peu. Je ne t'en mets pas davantage. Je suis pressé, je pars par le train de midi pour Fontainebleau, sans ça je te mettrais quelques lignes de plus. Bien des compliments de ma part à M. et Mme Louis. — Je finis ma lettre en t'embrassant de tout cœur pour la vie ton homme qui t'aime.

Émile.

Je te demande (donne) des nouvelles de la Mina (bande) très mauvaises. Madame Jean trois pige (a trois ans de prison), ainsi que les deux Juliettes ; la mère quatre et les autres une au moins Ainsi, tu vois les affaires. M. Baron est malade (en jugement) il y a six mois, mais ça ne sera rien ; Jean le mari de madame Jean aussi. J'ai vu Laurent.

P S. — Bien des compliments de la part de mon beau-frère à tous, et s'il y passe pas trop loin je sais qu'il viendra.

Comme cette correspondance édifiante le prouve, les malfaiteurs de province composent une vraie famille trop bien unie, dont les membres dispersés par les nécessités du métier ne descendent du chemin de fer que pour aller prendre leurs lettres à la poste restante. De vrais commis voyageurs en vols et en assassinats!...

Je ne sais si le lecteur partagera notre impression, mais la dernière lettre signée Émile nous paraît plus particulièrement sinistre que toutes les autres. Cette phrase : « Les affaires sont toujours les mêmes, ça ne va pas, mais, ma foi, ça changera bien, *il le faudra,* » suinte le crime par chaque mot. On sent que celui qui l'a écrite est prêt à tout, dans l'intérêt de son commerce.

HARMONIES IMITATIVES.

Nous pouvons citer ici *fanffe* et *fonfe* (prise), qui simulent bien le reniflement du priseur; *bouis-bouis* (polichinelle) imite le cri de la pratique; *cri-cri* celui du grillon; *frou-frou* rend le bruissement de la soie; *faffe*, celui du billet de banque; *toquante* rend le toc-toc de la montre en marche; *fric-frac* le bruit produit par une effraction; *gilbocq* celui de la bille qui va en frapper une autre en roulant sur le tapis du billard; *branque* rappelle le braiment de l'âne; *toc* rappelle le son mat du doublé; *tam-tam* et *fla-fla* font une allusion retentissante aux coups de grosse caisse et aux coups de fouet dont ne sauraient se passer ceux qui abusent de la réclame et qui aiment à faire grand bruit, ceux qu'on appelle *les faiseurs d'esbrouffe*. — Encore un mot de même famille. — Qu'il vienne ou non d'Italie, *esbrouffe* rend bien le fracas de la vanité.

Humble et doux au contraire est le bruit de la larme qui *dégouline* le long de la joue.

Dégouline... On croit presque l'entendre tomber.

JEUX DE MOTS.

Oui, le calembour lui-même s'en est mêlé, et de bonne heure encore. *Auber* (argent) n'est qu'un jeu de mots du moyen âge, temps où la *maille* était une *monnaie*, et où le *haubert* était une *cotte de mailles*. — Avoir de l'*aubert*, c'était donc être couvert de *mailles*, ou d'argent si vous aimez mieux. — Ne disons-nous pas encore d'un riche : *Il est couvert d'or ?*

Comme jeux de mots nécessitant moins d'explications, citons *l'habillé de soie* (cochon), *le cloporte* (portier), *le pendu glacé* (réverbère), *la salade* (réponse), *le billet de parterre* (chute), *le numéro 100* (latrines), *le tirant radouci* (bas de soie), *la fièvre cérébrale* (accusation entraînant la perte de la tête), *la main courante* (le pied), *pincer de la harpe* (être en prison), *l'amendier fleuri* (régisseur de théâtre, donnant des amendes), *le monseigneur* (fausse-clef), devant lequel s'ouvrent toutes les portes.

On peut encore rattacher indirectement à la classe des jeux de mots quelques transpositions comme *Lontou* (Toulon), *linspré* (prince), *nibergue* (non, bernique), sans oublier *arsouille*, dans lequel nous avons retrouvé le *souillart* (artsouille), qui, au moyen âge comme aujourd'hui, avait absolument le même air canaille.

SOUVENIRS.

Encore une classe importante que celle des mots formés par nos souvenirs. Ils sont de tout genre, de tout âge : historiques, politiques, dramatiques, littéraires.

Makach, bazar, smalah, razzia, fourbi, gourbi, mazagran, sont des conquêtes d'Afrique; *bachi-bouzouk* vient de la Crimée. *Bismarquer* restera pour nous un souvenir éternel.

Cavour, Bolivar et *Morillo, Garibaldi* introduisent la politique dans le domaine de la chapellerie.

Antony, Bertrand, Macaire, Demi-monde, Camélia, Fille de marbre, Benoîton, Calino, et en dernier lieu *Alphonse*, témoignent de l'influence du théâtre moderne.

Du théâtre ancien, nous avons conservé *Basile*, *Tartufe*, *Polichinelle*, *Arlequin*, *Carline* et *Pierrot*.

Victor Hugo a produit pour sa part *Quasimodo*, *Pieuvre*, *Gavroche*.

Mayeux et *Chauvin* rappellent les gloires de la caricature.

A la mythologie, on peut renvoyer *Pallas*, *Cerbère* et *Cupidon*.

Faire sa Sophie est de l'hellénisme raffiné.

Aux temps bibliques remontent *Balthazar*, *Philistin*, *faire son Joseph*, *putipharder*; — à l'antiquité, *Laïus*, *Romain*, *Bucéphale*.

A la politique nous devons *gauche*, *droite*, *voltigeur de Louis XIV*, *frère et ami*, *démoc-soc*, *aile de pigeon*, *centre* et *juste-milieu*, *ventru* et *satisfait*, *communeux* et *communard*, *purs* et *pourris*, *blancs* et *rouges*, *badinguiste*, *henri-quinquiste*, *gambettiste*, *thiériste*, *intransigeant*, *opportuniste*... Et Dieu sait ce que nous lui devrons encore!

IMPORTATIONS.

Le cosmopolitisme toujours croissant de la vie parisienne a singulièrement accru cette section depuis le second Empire.

Le Sport peut être considéré comme une colonie anglaise (V. *dandy*, *turf*, *rider*, *betting*, *ring*, *handicap*, *bookmaker*, *cab*, *racer*, *four in hand*, *mail coach*, et une foule d'autres). L'industrie a subi depuis longtemps l'influence étrangère. La politique a ses *leader*. Le journalisme lui-même paraît trouver plus drôle de dire *racontar* que *racontage*, et *reporter* que *nouvelliste*.

Dans ces nobles étrangers, on reconnaît de temps à autre de vieux Français qui ont passé la Manche avec les Normands de Guillaume. Entre notre *tunnel* de chemin de fer et notre *tonnelle* de jardin, il n'y a pas l'épaisseur d'une feuille. Le *mess* de la garde impériale n'était que le repas pris en commun par nos moissonneurs du moyen âge.

Les Italiens, amis des arts, nous ont donné *brio*, *piano*, *rin-*

forzando, in petto, in fiocchi, a giorno, intermezzo, bravo, bravi, brava! etc., etc.

Mais que les langues vivantes ne nous fassent pas négliger les langues mortes ! L'argot a aussi sa classe de latin. *Et ce n'est pas dommage* (c'est justice), comme on dit à Belleville et autres lieux où le *quibus* jouit de la considération qu'il mérite. Aussi avons-nous recueilli avec respect les latinismes ayant cours.

III. — *Les richesses de l'argot.*

Nous venons de voir comment l'argot est un langage composé moins de mots nouveaux que d'interprétations nouvelles.

Si la matière n'est pas neuve, reconnaissons qu'elle rachète ce défaut par une singulière richesse. L'abondance, la variété et, disons-le bien, la précision de beaucoup de termes ne s'auraient s'imaginer.

S'agit-il, par exemple, de suivre tous les degrés de la *soulographie*, remarquez la progression parfaite indiquée par les quarante-six termes qui suivent, dont nous avons justifié l'existence par de nombreux exemples. Sans rentrer l'un dans l'autre, ils ont leur signification propre. — Chacun indique, dans l'état, une nuance.

Au début, nous rencontrons les neuf verbes : *être bien, avoir sa pointe, avoir un grain, être monté, en train, poussé, parti, lancé, en patrouille.*

Un peu plus loin, nous voyons l'homme *légèrement ému* ; — il sera tout à l'heure *attendri*, il *verra en dedans*, et se tiendra des conversations mystérieuses. Cet autre est *éméché* ; il aura certainement demain *mal aux cheveux*.

Pour dépeindre les tons empourprés par lesquels va passer cette trogne de Silène, vous n'avez que la liberté du choix entre : *teinté, allumé, pavois, poivre, pompette, ayant son coup de soleil, ayant son coup de sirop, son coup de bouteille, son plumet, sa cocarde, se piquant ou se rougissant le nez.*

De la figure passons à la marche. — L'homme ivre a quatre genres de port qui sont également bien saisis. Ou il est *raide comme la justice* et laisse trop voir par son attitude forcée combien il lui en coûte de commander à la matière ;

Ou il *a sa pente* (ce qui arrive souvent quand on *est dans les vignes*), et il marche comme si le terrain lui manquait ;

Ou il *festonne*, brodant de zigzags capricieux la ligne droite de son chemin ;

Ou *il est dans les brouillards*... tâtonnant en plein soleil, comme s'il était perdu dans la brume.

Attendons dix minutes encore ; — laissons notre sujet descendre au plus bas, et vous pourrez dire indifféremment : *Il est chargé, gavé, plein, complet, pion, rond comme une balle, mouillé, humecté, bu, pochard, casquette, il a sa culotte, son casque, son toquet, son sac, sa cuite, son affaire, son compte, il est soûl comme trente mille hommes, il en a jusqu'à la troisième capucine.* — Ce n'est plus un homme, c'est un canon chargé jusqu'à la bouche.

Presque aussi riche est le vocabulaire des voies de fait, — qui sont une des conséquences ordinaires de l'ivresse. Plus riche encore serait celui du libertinage, s'il était permis de franchir des limites que nous avons scrupuleusement respectées, tout en usant du droit qui sauvegarde toute recherche sérieuse.

Voici quelques-unes des phases les plus intéressantes de la *batterie* :

Avec la *peignée*, on se prend aux cheveux, on se *crêpe* le toupet, on se *tombe sur le poil*.

On se *croche* ensuite en s'empoignant à bras-le-corps ou en se passant la jambe.

L'enlevée, la *valse*, la *tournée* et la *danse sans violons*, décrivent les mouvements précipités de la lutte.

Avec la *dégelée*, la *brossée*, la *frottée*, la *torchée*, l'*étrillage*, la *raclée*, la *brûlée*, on a l'épiderme bien endolori. La *rossée* vous sangle comme un cheval rétif ; la *trempe*, la *trempée* et la *rincée* vous tordent comme du linge à la lessive.

Avec la *cuite*, il vous en cuira longtemps.

Si l'adversaire vous *tombe*, gare à la *roulée*, à la *trépignée*, à la *tripotée*, à la *pile*, au *travail du casaquin!* vous êtes à sa merci. Il vous pétrira de coups.

Encore une seconde, et vous voilà *en compote* ou *démoli*. — Tant pis si vos os ne sont pas numérotés. Il n'y aura plus moyen de les mettre en place.

Notez que, contre tous ces termes, le langage du monde n'en a pas un seul qui exprime la même idée en un seul mot.

Et ce n'est point là seulement que nous retrouvons une variété significative de synonymes.

Prenons *boule*, ou *balle*, ou *coloquinte*, ou *calebasse!* c'est la tête plus ou moins ronde.

Avec *binette*, *trombine*, *facies*, *frime*, *frimousse*, il y a quelque chose de nouveau : nous voyons se dessiner la physionomie.

La *sorbonne* et la *boussole* désignent le cerveau qui conçoit, raisonne et dirige.

Le *caisson* a été fait tout exprès pour représenter le crâne éclatant à l'heure du suicide.

La *tronche* montre la tête tombant sous le couteau de la guillotine.

De la tête passons à la jambe : grosse, c'est un *poteau;* ordinaire, c'est une *quille;* mince, c'est une *flûte*, un *cotteret*, un *fumeron*, un *fuseau*, un *échalas;* plus mince, c'est une *pincette*, une *jambe de coq;* plus mince encore, c'est un *fil de fer;* tremblante, c'est un *flageolet*. Les jambes du danseur sont des *gigues* ou des *gambilles;* celles du marcheur forment un *compas*, une *équerre*.

Cette précision se retrouve jusque dans les diverses manières de dépenser son argent. Le prodigue *douille*, la dupe *casque*, l'homme qui veut imposer la confiance *éclaire*, l'économe *s'allonge*, l'avare *se fend* jusqu'à s'écorcher.

La mort elle-même semble vouloir prêter un verbe à chaque état. Le pilier de café *dévisse son billard*, le cavalier *graisse ses bottes*, le bavard *avale sa langue*, le chiqueur *pose sa chique*, le fumeur *casse sa pipe*, l'apoplectique *claque*, le troupier *reçoit son décompte, descend la garde, passe l'arme à gauche* ou *défile la parade*, le pauvre *perd* une dernière fois *le goût du pain*, l'agonisant *tourne de l'œil*, l'homme frappé à mort *sue* le sang, le Parisien, toujours logé haut, *lâche la rampe*.

Mais il n'en faut pas déduire que l'idiome dont nous nous occupons soit facile à posséder. Il fourmille, on l'a vu, de nuances faciles à comprendre, mais dont la distinction demande un certain acquis.

Ainsi, déjà usité comme mot d'amitié, *cocotte* se dit ou d'un *cheval*, ou d'une *femme*, ou de deux affections très-différentes. *Battant* veut dire à la fois *neuf*, *langue*, *cœur* ou *gosier*. *Plomb* signifie *gosier*, *gaz* ou *maladie*. *Blague* a sept significations si variées qu'elles peuvent s'appliquer également à la facilité d'élocution, ou à une conversation spirituelle, ou à un mensonge.

Chic présente autant de sens non moins contradictoires. — Appliqué au crayon d'un artiste, il est un brevet de banalité ou de distinction... Il ne lui faut, pour cela, qu'être précédé de *avec* ou de *de*. — *Il fait tout avec chic* est un éloge, *il fait tout de chic* est une critique très-sensible.

Faire a de même *six* acceptions : *ficher* en a *huit*. — *Chien* entre dans la composition de neuf mots. — *Œil* en forme douze. — *Chose* peut signifier indifféremment *dignité* ou *indignité*. — *Paumer* veut dire *prendre* ou *perdre*. — *Bachot* s'applique indifféremment à un *examen*, à un *candidat*, à une *institution*. — *Extra* représente ou un *repas*, ou un *invité*, ou un *domestique*. — C'est à s'y perdre.

IV. — *Ses rapports avec les mœurs.*

Dans l'argot plus que dans tout autre langage, certains termes caractérisent un ordre d'idées, d'habitudes, d'instincts.

Seul, un malfaiteur a pu appeler le premier *cafarde* la lune voilée, et *moucharde* la lune brillante, seul encore il a pu nommer *coulant* ou *collier* la cravate avec laquelle il vous étranglera ce soir.

Il a besoin de très-bons yeux, — des yeux de chat lui permettant de saisir sa proie dans l'ombre. On le devine en voyant qu'il les appelle *ardents, reluits, clairs, quinquets* et *mirettes*.

Que d'images il a trouvées pour répondre au verbe Assassiner : — *faire suer, refroidir, démolir, rebâtir, connir, terrer, chouriner, expédier, donner son compte, faire l'affaire, capahuter, escarper, butter, coucher...*

Il semble n'avoir pas trop de verbes quand il s'agit d'exprimer une fuite : *se la briser, se la casser, s'évanouir, se déguiser en cerf, se pousser de l'air, s'esbigner, se cavaler, se la courir, se la couler, tirer sa crampe, se cramper, lâcher, décarer, décaniller, se tirer les pattes...*

Et quels noms significatifs décernés aux agents chargés de réprimer ses méfaits! Par *balai, cogne, raclette, raille, pousse* et *grive*, il désigne le gendarme qui le *balaye* ou *rencogne*, la patrouille qui le *racle*, l'agent qui l'*éraille* ou le *pousse*, le soldat qui le *grève*.

Par une exception bizarre, il a mêlé les idées de cuisine et de dénonciation. L'homme qui le dénonce à la police est un *cuisinier, un coqueur* (maître coq), *une casserole*. Dénoncer, c'est *casser du sucre, se mettre à table, manger le morceau*. Si le malfaiteur est arrêté, il dit qu'il est *servi*. Serait-ce parce qu'il se voit déjà *flambé, cuit, fumé, frit, fricassé, rôti* et *brûlé* par dame Justice?

La fréquence des équivalents indique mieux que toutes les statistiques morales, la place tenue par certaines passions.

Niera-t-on que le peuple français soit susceptible d'enthousiasme en voyant tous les synonymes qu'il a trouvés aux mots *bon* et *beau*? — *Chic, chicard, chicandard, chouette, bath, rup, chocnosof, snoboye, enlevé, tapé, ça, superlifico, aux pommes, numéro 1, aux petits ognons!* etc. — Si on n'est pas content, ce n'est point parce qu'on manque des moyens de le dire.

Et l'argent, n'occupe-t-il pas dans le néologisme autant de place que dans les transactions de ce bas monde? — *Nerf,* os, huile, beurre, graisse, douille, rond, cercle, bille, jaunet, roue de devant, roue de derrière, braise, thune, médaille, face, monarque, carle, philippe, métal, dale, pèze, pimpion, picaillon, noyaux, sonnette, cigale, quibus, quantum, sit nomen, cuivre, mitraille, patard, vaisselle de poche, sine quâ non, etc.

Le manger et le boire, — le boire surtout, — ont à leur disposition une légion de synonymes.

Le manger : *béquiller, becqueter, tortiller du bec, chiquer, mastiquer, taper sur les vivres, pitancher, bouffer*, etc.

Le boire : *étouffer, siffler, flûter, renifler, pomper, siroter, licher, biturer, se rincer l'avaloire, la dalle, le cornet, la corne, s'arroser le lampas, se pousser dans le battant, s'humecter, pictonner, tuer le ver, chasser le brouillard*, etc., etc.

Le vin s'appelle *picton, piccolo, nectar, ginglard, ginglet, briolet, bleu, blanc*, etc.

Et l'eau-de-vie! Combien de petits verres dans ces mots : *trois-six, fil en quatre, dur, raide, rude, crik, chenique, schnapps, eau d'aff, sacré chien, goutte, camphre, raspail, jaune, tord-boyaux, casse-poitrine, consolation, riquiqui, eau de mort!*

Quant à l'absinthe, cet autre poison, n'a-t-on pas inventé autant de noms que de manières de la préparer?

Après la satisfaction des besoins matériels ou l'expression d'une gaieté railleuse, les misères et les laideurs de cette vie sont largement, exclusivement représentées. Les moralistes pourraient tirer de cette inégalité des conclusions désolantes. Elle affirme mieux que la statistique la fréquence de certains vices.

Chose remarquable! On trouve vingt mots pour montrer le niais, la dupe ou le fripon; — il n'y en a pas un pour dire : voici un honnête homme.

La femme digne d'estime est inconnue; — celle qu'on affecte de mépriser se trouve sous le coup d'un déluge d'injures. Chaque année en apporte une de plus au vocabulaire.

Battre se dit de vingt manières; *caresser* n'a pas deux synonymes.

Il y a quarante-quatre manières de désigner l'ivresse ; il n'y en a pas une pour indiquer la tempérance.

Enfin la somme des négations est énorme, et il n'y a pas une seule affirmation positive.

De même, « c'est un *marlou*, c'est un *filou!* » se disent aussi bien d'un homme *rusé* que d'un *souteneur* ou d'un *voleur*. *Avoir du vice*, c'est avoir l'esprit ingénieux. Ces assimilations dégradantes en disent long sur le danger dans lequel se trouvent trop de consciences.

L'admiration même se trouve, sur ce terrain scabreux, tout imprégnée de je ne sais quelle âcreté. — On n'arrive à l'affirmation de la qualité que par la négation du défaut. On ne dit pas : *je suis bien fait*, on dit : *je ne suis pas déjeté*; on ne dit pas : *je suis beau*, on dit : *je ne suis pas déchiré*; on ne dit pas : *je suis jeune*, on dit : *je ne suis pas trop piqué des vers*. — *Vous êtes fièrement brave, rudement bon*, se disent avec la plus douce intention du monde. Un discours éloquent devient un discours *tapé*; une scène émouvante vous *enlève*, vous *empoigne*; une belle action *épate* le public. On dit d'une œuvre banale : *Cela n'est pas méchant, cela ne mord pas*. Le travailleur est un *piocheur* et le zélé est un *fanatique* ou un *féroce*.

Aussi, comme on s'animalise! Votre peau, c'est du *cuir*, de la *couenne*; votre bras, un *aileron*; vos pieds, vos mains sont des *ergots*, des *paturons*, des *abattis*, des *pattes*, des *arpions*; votre visage est un *mufle*; votre barbe, une *bouquine*; votre bouche, un *bec*, une *gueule*; vos cheveux sont des *crins*; le bas de votre échine est un *croupion*. Vous ne mangez pas, vous *becquetez*, vous *béquillez*, vous *tortillez du bec*, et votre estomac est une *bauge*, jusqu'à l'heure de la *crevaison*.

En toute justice, cependant, on ne saurait traiter avec une sévérité absolue l'élément populaire qui sert de base aux observations précédentes.

Comment le peuple se piquerait-il de délicatesse en son langage? Le labeur de chaque jour ne lui laisse apprécier que la satisfaction de ses gros appétits. Aussi ne nous étonnons pas en voyant ses néologistes si brutaux. Ces rudes inventeurs ont fait des mots accentués comme leurs ragoûts favoris et faits pour traverser les palais plébéiens que n'effrayent pas les fortes épices.

Si on veut donc bien ne pas se choquer de la rusticité de cette forme, l'étude de l'argot parisien fera découvrir, au degré le plus éminent, certaines qualités de couleur.

Comme il est bien nommé *brutal* ce canon qui, après avoir grondé de sa grosse voix, culbute tout sans dire gare!

Et *béguin*, cet amour terrestre qui vous isole au milieu de la vie mondaine avec les extases du cénobite!

Combien les mots *richesse*, *crédit*, *fortune* paraissent fades à côté de ces quatre monosyllabes : *Il a le sac!* — *Il a le sac*, c'est-à-dire : ses louis sont en tas sous sa main ; d'un geste, il peut faire rouler à vos yeux ces belles espèces sonnantes.

Nous avons dit que l'argot forgeait en réalité peu de mots ; — ce sont des acceptions nouvelles qu'il invente de préférence.

Parfois ces sortes de travestissements sont plus raisonnés qu'on ne se le figure.

Ainsi, pour n'en citer qu'un, — *toquante*, *ognon* ou *cadran* sont bien plus expressifs que *montre*.

Toquante fait allusion au mouvement de l'objet (toc, toc); *ognon*, à sa forme; *cadran*, à la figure tracée sur sa paroi. Ces synonymes offrent l'avantage d'une allusion directe à la chose; ils se gravent mieux dans la tête, tandis que *montre* est, pour la mémoire des simples, beaucoup plus énigmatique. — Cet exemple est loin d'être le seul, mais il suffira, je l'espère, pour affirmer les tendances mnémotechniques de l'argot.

Selon nous, il doit être aussi beaucoup pardonné aux licences du langage populaire, en raison des infortunes qu'il décèle souvent.

Ainsi la plèbe parisienne a trouvé une équivoque saisissante pour désigner certains quartiers où la misère fait élection de domicile; elle les appelle *quartiers souffrants* (1).

(1) On comprendra mieux cette équivoque après avoir lu ce pas-

Je me rappellerai toute ma vie le jour où j'entendis prononcer ce nom pour la première fois. C'était en omnibus. Le conducteur, un gai compagnon, égayait de son mieux la monotonie du devoir qui l'obligeait à décliner tout haut le nom de certaines voies. A l'instant où son véhicule quittait la rue des Noyers pour traverser la place Maubert, qui était alors le centre d'un réseau de ruelles noirâtres où grouillait la plus misérable population, — voilà notre homme qui s'écrie : « Place Maubert, rue Saint-Victor, Panthéon! Il n'y a personne pour le *quartier souffrant?* » — Et une pauvre vieille hâve, déguenillée, se dressa péniblement et descendit à cet appel comme une justification vivante de l'épithète.

C'est dans le même esprit qu'on a trouvé des expressions presque gaies pour des choses lugubres. Un faubourien qui se casse la jambe dira par crânerie : *C'est un détail.* Une femme abandonnée par celui qu'elle aime dira, en étouffant ses sanglots : *Ça n'est pas drôle, ce qu'il a fait là.*

Vous n'avez pas besoin de leur prêcher la *philosophie*, à ces pauvres diables! ils connaissent le mot, car ils l'ont pris pour synonyme de *misère*. Quelle ironie! Ils ont même décoré leurs *savates* du titre de *philosophes*. Peut-on mieux montrer, — je vous le demande, — la théorie foulée aux pieds par la réalité?

Les synonymes significatifs de *dur*, *raide*, *rude*, *trois-six*, *verre pilé*, *tord-boyaux*, *casse-poitrine*, disent assez pourquoi les malheureux en sont venus à nommer *consolation* un verre d'eau-de-vie. Ce n'est pas à cause de sa douceur. Ce n'est pas la boisson en elle-même qu'ils recherchent, car ils en connaissent les tristes effets; c'est un étourdissement momentané, c'est une *consolation* fictive.

Et la pipe, cet autre palliatif populaire, y a-t-il une seule des cent satires faites depuis cinquante ans contre son abus

---

sage du journal *le Petit Moniteur* (9 février 1876) : « Ce n'était pas Paris, c'était le quartier Mouffetard; le quartier *souffrant*, comme le peuple raillant sa propre misère l'appelait par allusion aux fabricants d'allumettes soufrées qui s'y étaient établis avant l'invention des allumettes chimiques. »

qui vaille tout le sens critique de ce seul mot : — *brûle-gueule?*

N'être pas méchant et *ne pas mordre* sont également deux expressions cousines qui valent un livre sur le moyen de parvenir. Vous voulez arriver, faites-vous craindre! — Dans le monde mêlé où nous allons pénétrer, *n'être pas méchant,* c'est être bête. Le naïf qui ne mord pas reste sans valeur aux yeux du prochain. — De même, *avoir du vice* n'est pas un défaut, c'est faire preuve d'intelligence.

V. — *Notre méthode.*

A l'exemple de ses aînées (1), cette édition présente des remaniements et des additions considérables.

Comme tous les sujets mal définis, celui dont nous nous occupons était difficile à bien traiter du premier coup. Les curieux assez patients pour comparer ce volume aux précédents, verront que nous n'avons cessé de chercher des définitions courtes et une explication naturelle des causes déterminantes de chaque expression.

Les exemples font notre force. — Nous les avons donc aussi multipliés, aussi variés que possible. Sans leur aide, on ne se ferait pas idée du mot, si bien expliqué qu'il fût. Nous y avons joint des dates toutes les fois qu'elles étaient utiles pour constater l'ancienneté d'un mot, ou le moment précis auquel il avait eu cours, car beaucoup de mots ne durent guère plus que la mode avec laquelle ils sont éclos.

L'exemple nous a paru encore le meilleur moyen de contrôle, de justification, le vrai passe-port des néologismes. Ont été rejetés sans hésiter ceux qui étaient dépourvus de sa sanction ou qui ne paraissaient pas avoir réellement cours. Ces derniers sont moins rares qu'on ne le croirait; ils ont été acceptés par certains lexicographes qui ont cédé à la fantaisie de mettre en circulation un mot nouveau, et on trouvera

---

(1) Si on en excepte la troisième, chaque édition de ce Dictionnaire présente des variantes nombreuses et essentielles.

INTRODUCTION. XXIX

dans cette même page quelques échantillons curieux de leur procédé inventif.

Il fallait aussi se garder de donner comme argotiques des termes qui ne l'étaient pas.

Nous avons collationné avec soin notre texte avec celui du Dictionnaire de l'Académie, qui a fait la part large au langage familier. *Nicodème, croûte, pigeon, filou,* lui appartiennent. On y trouve : *Je m'en bats l'œil.* Après un débat dont la presse a parlé, la Commission vient même d'agréer *faire l'œil.*

Et, puisque nous venons de parler de l'Académie, croirait-on que Vidocq a donné *arche de Noé* comme signifiant *Académie française* dans le jargon des voleurs? *Arche de Noé* me paraît, comme *tour de Babel* (Chambre des députés), inventé par des mystificateurs qui ont été bien aises de railler l'Institut et le Corps législatif en essayant de représenter, comme étant dans la circulation, les mots qu'ils désiraient y glisser. En ce cas, ils n'ont pas trop présumé de leurs imitateurs. Non-seulement on les a reproduits, mais on a continué leur tradition inventive. Delvau donne comme synonymes d'*académicien*, dans la langue du peuple parisien, les mots *enfant de la fourchette, mal choisi* et *cul à fauteuil,* que le voyou le plus inventif n'a jamais soupçonnés. De telles mystifications montrent, comme nous l'avons dit, que la garantie de l'exemple est nécessaire à tout lexique sincère.

Je n'ai pas voulu non plus spécialiser, c'est-à-dire attribuer l'usage de tel mot à une classe plutôt qu'à une autre. Il en est, et c'est le plus grand nombre, qui sortent de toutes les bouches et qu'on ne saurait attribuer à une seule catégorie sociale. — Où ne dit-on pas *truc, turne, avoir le sac, roupiller, pépin,* etc.? En attribuant ces mots à l'argot des classes dangereuses d'où ils viennent, on ne serait plus du tout dans le vrai. Pour citer un autre exemple entre cent, où ne dit-on pas *blague* et *blaguer?* Où ne dit-on pas *chic?*

D'autres expressions portent avec elles un cachet d'origine. Tel mot sent l'armée, comme tel autre sent le voleur ou l'artiste. Il n'est pas besoin d'annoncer que *blaireauter* (peindre avec trop de fini) vient d'un atelier de peinture, qu'*accrocher* (consigner) sort de la caserne, que *faire le poivrier* (voler un ivrogne) est une expression partie des classes dangereuses. Cela va de soi.

En spécialisant, on court un autre danger, on reste fatalement au-dessous de sa tâche. Chaque corps de métier, chaque atelier, chaque collége, chaque café, chaque quartier ont leurs petits argots. Si vous donnez l'un, il faut les donner tous. Vous vous noyez alors dans l'infini et dans le puéril. Si vous donnez l'argot des marbriers de cimetière, pourquoi ne pas donner celui des marbriers de cheminée, des praticiens, des sculpteurs, des carriers des Vosges ou des Pyrénées?

C'est pour cela que nous avons tenu, autant que possible, à ne prendre que des mots déjà imprimés n'importe où, dans le gros livre comme dans la chanson des rues (1).

L'exemple a encore un avantage : c'est d'offrir une base certaine à la recherche de l'étymologie et de vous débarrasser des anecdotes douteuses qui ont pullulé en ces derniers temps sous prétexte d'éclaircir certaines origines. C'est ainsi que

---

(1) Ce cadre était déjà restreint. Nous l'avons restreint encore en nous bornant à Paris. La tâche eût été bien plus grande sans cela. Chaque province a son argot, et celui des canuts lyonnais défrayerait à lui seul un volume aussi gros que le nôtre. M. H. Nazet n'écrivait-il pas en 1872 à l'*Eclair*, pour lequel il suivait à Lyon les débats de l'affaire de la rue Grôlée :

« Rien de typique comme l'argot canut.

« MM. les tisseurs ont transporté dans la vie privée le langage de leur profession ; c'est un parler étrange qui ne manque pas de pittoresque.

« Quand une affaire est difficile, on dit qu'elle *tire au peigne*, expression qui provient de ce qu'elle se dit lorsque la soie ne passe pas facilement dans le peigne du métier et que le travail est dur.

« *Tenir tirant* est une autre formule, qui se traduit assez bien par « s'entêter. » On tient tirant, au métier, pour empêcher la soie d'être trop serrée.

« Enfin, une dernière phrase, toute pittoresque, dérive de ce que, quand la chaîne devient claire sur le rouleau et laisse voir le bois, au moment où la pièce touche à sa fin ; le canut dit alors que *son rouleau rit de derrière,* et applique cette formule au monsieur qui perd ses cheveux.

« — En voici un *dont le rouleau rit de derrière!*

« J'en passe des meilleures. »

Joachim Duflot, — un grand fabricant de ce genre, — à propos de *laver* (vendre), met en scène le vaudevilliste Théaulon et sa blanchisseuse qui n'ont évidemment rien à y voir, car une citation du dictionnaire de Dhautel, qui date de 1808, prouve que l'expression, déjà populaire alors, était antérieure à Théaulon.

Pour expliquer l'expression *avoir son jeune homme* (être gris), le même auteur a imaginé je ne sais quelle histoire de Lepeintre jeune se grisant à des repas offerts par un jeune homme ami des artistes. Malheureusement *avoir son jeune homme* s'explique beaucoup plus naturellement quand on sait qu'un *jeune homme* est une mesure de capacité contenant quatre litres.

Et ainsi de beaucoup d'autres que nous aurions citées, si c'était ici une œuvre de critique.

L'argot des classes dangereuses est, comme dans notre dernière édition, confondu avec celui de toutes les autres. Il a fait, de notre temps, le sujet de plusieurs dictionnaires spéciaux. Si nous en avons relevé tous les mots, le lecteur doit être néanmoins tenu en garde contre leur actualité. Dans le but de gonfler son livre, l'homme de lettres chargé par Vidocq de la préparation de son vocabulaire y a glissé tout le vieux *jargon* de la Cour des Miracles, dont une bonne moitié n'était plus en usage. Tous les glossateurs qui ont suivi n'ont pas voulu donner moins que Vidocq, dans la crainte de paraître incomplets. Si j'ai cédé moi-même à cette appréhension, — qui permet d'ailleurs plus d'un rapprochement utile, — c'est parce que l'argot, tout en se modifiant constamment, souvent aussi ne fait que revenir au passé, il rajeunit plus qu'il n'invente : « L'argot va se décomposant et se recomposant sans cesse, dit M. Moreau Christophe... Cependant de temps en temps et à cause de ce mouvement même, l'ancien argot reparaît et redevient nouveau. » Aussi est-il bon de maintenir tout en lumière sur un terrain aussi mouvant et, disons-le, impossible à bien reconnaître, car il n'y a pas d'argot qui ait force de loi, et chaque bande a ses petits procédés de déformation (1).

Je ne saurais aussi me dispenser de faire remarquer que l'argot des classes dangereuses ne se parle pas en réalité comme on s'est plu à l'écrire dans certains romans. Se modelant sur des textes argotiques, — que je regarde comme des exercices beaucoup plus que comme des reproductions fidèles, — des auteurs ont fait parler à leurs personnages un argot trop complet en ce sens qu'il n'y entre pas assez de mots de la langue usuelle.

Qu'on le sache bien, les vrais argotiers ne sont pas si exclusifs, et leurs phrases admettent au moins 50 pour 100 de français intelligible. Pour le reconnaître, il suffit d'un coup d'œil sur les documents reproduits dans cette introduction (pages x et suiv.).

Pour ce qui regarde la partie étymologique, nous avons toujours marché avec prudence, préférant ce qui paraissait le plus simple, le plus clair; n'hésitant pas à corriger au besoin l'opinion émise dans nos précédentes éditions, et à nous abstenir plutôt que d'émettre une douteuse hypothèse. Bien qu'on nous ait reproché le contraire, **nous avons fait le moins de science possible.**

Nous n'avons pas fait dériver *archi-pointu* (archevêque) du latin *archiepiscopus;* nous nous sommes contenté de rappeler les *pointes* de sa mitre.

Nous n'avons pas fait venir *briolet* (piquette) du latin *ebriolus* (ce qui était tentant), mais des *vins de Brie,* qui avaient encore en 1820 la réputation un peu acide du Suresnes.

Nous n'avons pas non plus avancé qu'*avoir son casque* (être gris) venait de ce que « l'ivresse amène naturellement une violente migraine, celle que les médecins appellent *galea,* parce qu'elle vous coiffe comme un casque. » Non! *avoir son casque,* comme *avoir dans le toquet,* comme *être casquette,* nous a paru tout simplement faire allusion à l'état de réplé-

---

(1) V. dans le Dictionnaire les articles *Dun* (parler en), *Dunon, Lem,* etc. V. dans la préface le chapitre III (*Des modifications*).

tion de l'individu qui a du vin par-dessus les oreilles, c'est-à-dire dans son *casque* (chapeau), sa casquette ou son toquet. Et cela est si vrai qu'au siècle dernier on disait encore *s'en donner dans le casque*. De même, la mystification monotone appelée *scie* nous a paru suffisamment expliquée par une image empruntée au va-et-vient agaçant de la scie à bois, tandis que de vrais savants n'ont pas craint de la faire venir du mot *siou*, interjection usitée au moyen âge.

Pour plus de clarté, nous avons éliminé dans nos explications des dénominations très-françaises, mais trop scientifiques pour beaucoup de lecteurs.

Ainsi, nous avons préféré *abréviation* à *apocope*, vieux mot à mot de langue romane, *harmonie imitative* à *onomatopée*. On nous excusera en faveur de l'intention.

Quand on veut vulgariser, on ne saurait rien ménager pour se faire comprendre sans effort.

VI. — *Comment le besoin de ce Dictionnaire s'est fait sentir de plus en plus.*

Il est un besoin très-vif et très-répandu que nous appellerons le besoin de savoir *ce qui se dit*, — par opposition au besoin de savoir ce qui *doit se dire*, — le seul que nos lexiques officiels satisfont généralement.

On ne saurait en effet négliger la connaissance de *ce qui se dit*. — Non pas que nous en recommandions le moins du monde l'adoption! non pas que nous voulions porter la moindre atteinte au respect de la langue officielle! Mais il est toujours bon de se rendre compte des choses, ne serait-ce que pour les mille nécessités de la vie sociale, à Paris surtout, où un puriste pourrait se trouver exposé au risque de ne pas comprendre certains Français.

Depuis quarante ans, en effet, l'argot parisien a gagné du terrain. Le fameux Vidocq sonna le premier la cloche d'alarme. Son livre *les Voleurs* contient cette sortie indignée. Bien qu'elle soit signée de son nom, je n'oserais garantir qu'il en soit l'auteur (on l'attribue à Saint-Edme); mais elle fixe une date, ce qui est l'essentiel :

« La langue argotique semble aujourd'hui être arrivée à son apogée; elle n'est plus seulement celle des tavernes et des mauvais lieux, elle est aussi celle des théâtres; encore quelques pas et l'entrée des salons lui sera permise. »

Ceci était écrit en 1837. En 1842, la même remarque était faite par un homme d'esprit, plus en mesure que Vidocq de suivre les progrès de l'argot dans les salons. Nous voulons parler de Nestor Roqueplan. Il constate ironiquement l'invasion prédite.

« Il s'opère depuis quelque temps une révolution sensible de mœurs et de langage... Le langage surtout a subi d'heureuses altérations, des gallicismes raffinés et polis qui feront pester l'Académie et sourire agréablement les femmes élégantes. C'est tout profit pour les gens de goût. »

Presque en même temps que Roqueplan, Balzac s'émeut. Mais il prend la chose plus au sérieux. L'argot a séduit son instinct analytique. Il l'admire presque quand il écrit ces lignes :

« Disons-le, peut-être à l'étonnement de beaucoup de gens, il n'est pas de langue plus énergique, plus colorée que celle de ce monde... L'argot va toujours, d'ailleurs! Il suit la civilisation, il s'enrichit d'expressions nouvelles à chaque nouvelle invention. »

Si les lecteurs doutaient encore de la marche ascendante que nous venons de suivre pas à pas, deux citations nouvelles achèveront de les éclairer. L'une est de 1862, et vient du *Figaro*. C'est M. A. Morel, l'un de ses rédacteurs, qui parle :

« En lisant la nomenclature des termes jadis propres aux conversations du brigandage et de la filouterie, on devine d'une part qu'un certain nombre de ces termes ne subsisteront pas longtemps, et, d'autre part, on aperçoit que beaucoup ont pris droit de cité dans l'usage public. Quel Parisien, même rangé, même prude, ignore absolument que *l'eau d'affe*, c'est de l'eau-de-vie; la *bouffarde*, une pipe; la *dèche*, les ennuis de la misère; que *balle* veut dire tête, etc.? Où n'entend-on pas ces mots-là? Les gros railleurs ont commencé par s'en servir, pour se donner un air de finesse et de liberté; mais bientôt ces mots narquois seront comme les doublures naturelles des termes correspondants et peut-être prévaudront-ils. »

Presque en même temps, Victor Hugo donnait cette définition imagée et bien juste de l'argot des classes dangereuses :

« L'argot n'est autre chose qu'un vestiaire où la langue ayant quelque mauvaise action à faire se déguise. Elle s'y revêt de mots-masques et de métaphores-haillons...

« Qu'on y consente ou non, l'argot a sa syntaxe et sa poésie. C'est une langue. Si à la difformité de certains vocables on reconnaît qu'elle a été mâchée par Mandrin, à la splendeur de certaines métonymies, on sent que Villon l'a parlée. »

Une dernière citation, datée de 1872, nous est fournie par le *Paris* de M. Du Camp, qui, à propos de la Préfecture de police, rive, en trois lignes, le clou enfoncé par Roqueplan en 1842 :

« Les voleurs ont un langage pittoresque, très-imagé... c'est l'argot... Il est de mode aujourd'hui, tant nos mœurs ont subi de dépression, de se servir de ces termes sales et violents. »

Tout en signalant l'invasion, on ne cesse pas d'examiner les envahisseurs, et de reconnaître la nécessité de s'édifier sur ce qu'on entend.

L'auteur, qui avait constaté ce besoin le premier, était bien plus vieux que Vidocq. Dès 1750, Zacharie Chastelain écrivait dans la préface du *Dictionnaire comique* de Philibert Le Roux :

« Il est bon de se faire des notions claires des choses quand on le peut... Il y a une longue liste de termes populaires qui n'est pas à dédaigner comme elle pourrait le paraître d'abord. Combien de personnes distinguées qui ne sont jamais sorties de la cour ou du grand monde, et qui se trouvant quelquefois obligées de descendre dans de certains détails avec les gens du peuple, ne comprennent rien à ce qu'ils leur disent ! »

Je ne sais si ce fut à cause de l'avertissement qu'on vient de lire, mais ce *Dictionnaire comique* eut un grand succès. Toutefois, il faut avouer que Le Roux et ses imitateurs (il en eut beaucoup) ne se piquèrent jamais d'approfondir les choses. On donnait le mot, on donnait sa traduction et on passait bien vite à un autre sans l'expliquer davantage.

Il y avait plus à faire, et l'Institut lui-même le reconnut en couronnant le mémoire de M. Francisque Michel sur l'argot. Docteur ès lettres, professeur de faculté, correspondant de l'Académie, le lauréat eut le bonheur d'inaugurer, officiellement pour ainsi dire, une ère nouvelle dans l'étude argotique. Son œuvre, pleine de citations scrupuleuses, parut, en 1856, sous la forme d'un gros volume intitulé *Études de philologie comparée sur l'argot*. Mais il n'était pas suffisamment connu sans doute, car un autre rédacteur du *Figaro*, M. Albert Monnier, écrit encore deux ans après :

« Il en est de l'argot comme de certaines îles de la Polynésie : on y aborde sans y pénétrer; tout le monde en parle, et bien peu de personnes le connaissent. Nous qui ne sommes ni l'un ni l'autre, et qui ne possédons que notre curiosité pour passe-port, nous avons vainement fouillé les géographies sociales pour nous instruire... Par-ci par-là, un voyageur traverse ce Tombouctou parisien, et en ressort la tête farcie de mots bizarres qu'il répète sans les comprendre. »

Et après M. Albert Monnier, un philologue estimé, M. Marty Laveaux, ne craignait point d'encourager les commentateurs futurs en rétablissant leurs droits à la considération des lettrés :

« Quelque mérite qu'on ait, dit-il très-finement, quelque érudition qu'on déploie, il est bien difficile, en étalant les mots hideux du vocabulaire des forçats, de ne jamais soulever le cœur, et, en rapportant nos lazzi populaires si usés, de ne pas exciter parfois un sourire de dédain; mais quand il ne s'agit plus de notre propre langue, tout change d'aspect : les expressions repoussantes deviennent terribles, les locutions vulgaires, spirituelles, et l'on est porté à croire, bien injustement d'ailleurs, qu'il faut plus de savoir pour recueillir et expliquer ces termes étrangers que pour commenter ceux qu'on entend répéter chaque jour par les charretiers ou les manœuvres. »

VII. — *Ce qu'on pensait de l'argot avant nous.*

Argot, mots à la mode et nouvelle façon de parler, — tout cela peut être utile et n'est pas à dédaigner.

Nos anciens auteurs tombent d'accord sur ce point, et nous ne saurions négliger leurs témoignages ; ils seront notre égide.

« Le parler que j'aime, tel sur le papier qu'à la bouche, c'est un parler succulent et nerveux, court et serré; non tant délicat et peigné, comme véhément et brusque; plutôt difficile qu'ennuyeux; déréglé, décousu et hardi; — chaque lopin y fasse son corps! — non pédantesque, mais plutôt soldatesque, comme Suétone appelle celui de Jules César. »

Il est vrai qu'alors on n'innovait pas volontiers en fait de langage. — Ainsi voyons-nous le poëte Voiture railler quelquefois son ami Vaugelas sur le trop de soin qu'il employait à sa traduction de Quinte-Curce :

« Il lui disait, rapporte l'abbé Raynal (*Anecdotes littéraires*), qu'il n'aurait jamais achevé; que pendant qu'il en polirait une partie, notre langue venant à changer, l'obligerait à refaire toutes les autres. A quoi il appliquait plaisamment ce qui est dit dans Martial de ce barbier qui était si longtemps à faire une barbe qu'avant qu'il l'eût achevée, elle commençait à revenir... »

Un auteur que nous avons déjà cité, Caillières, fit, en 1693, un petit livre sur les *Mots à la mode et les Nouvelles façons de parler*. En voici un passage qui convient parfaitement à notre sujet :

« Pour m'expliquer mieux, je vous dirai qu'il y a deux sortes d'usages (de mots nouveaux), le bon et le mauvais. Ce dernier est celui qui n'étant appuyé d'aucunes raisons, non plus que la mode des habits, passe comme elle en fort peu de temps. — Il n'en est pas de même du bon usage. Comme il est accompagné du bon sens dans toutes les nouvelles façons de parler qu'il a introduites en notre langue, elles sont de durée à cause de la commodité qu'on trouve à s'en servir pour se bien exprimer, et c'est ainsi qu'elle s'enrichit tous les jours... »

L'opinion de Caillières devait être vulgarisée plus tard par l'écrivain le plus éminemment français. Les *Voltairiana* nous rapportent que, dans une séance particulière de l'Académie, Voltaire se plaignit de la pauvreté de la langue; il parla encore de quelques mots usités, et dit qu'il serait à désirer qu'on adoptât celui de *tragédien*, par exemple. « Notre langue, ajoutait-il, est une gueuse fière; il faut lui faire l'aumône malgré elle. »

Au commencement de ce siècle, plusieurs hommes distingués ont soutenu la même thèse. Le premier était Mercier, un enthousiaste du genre. On le sent en lisant ce passage :

« Écoutez ces hommes à imagination pittoresque dont le discours est un tableau qui amuse, ou une peinture qui échauffe ; ils éprouvent des sensations étrangères à l'auditeur et créent leurs mots. Les phrases ou les circonlocutions promettent beaucoup et donnent peu ; mais un mot neuf vous réveille plus que des sons et fait vibrer chez vous la fibre inconnue. Quand une idée pourra être exprimée par un *mot*, ne souffrez jamais qu'elle le soit par une phrase. » (*Néologie*.)

Dans une autre préface, celle d'une traduction nouvelle d'Hérodote, Paul-Louis Courier rappelle que « Malherbe, homme de cour, disait : « J'apprends tout mon français à la « place Maubert ; » et Platon, poëte s'il en fut, Platon, qui n'aimait pas le peuple, l'appelle *son maître de langue*...

Nodier n'a pas craint d'avancer ceci en tête de son *Dictionnaire des Onomatopées* (1808) :

« Si la manie du néologisme est extrêmement déplorable pour les lettres et tend insensiblement à dénaturer les idiomes dans lesquels elle se glisse, il n'en serait pas moins injuste de repousser sous ce prétexte un grand nombre de ces expressions vives, caractéristiques, indispensables, dont le génie fait de temps en temps présent aux langues. Il n'appartient à personne d'arrêter irrévocablement les limites d'une langue et de marquer le point où il devient impossible de rien ajouter à ses richesses. »

Enfin, M. de Jouy, lui-même, l'avouait en 1815 :

« Quelque ennemi que je sois du néologisme, il faut bien créer ou adopter des mots nouveaux quand on n'en trouve pas dans la langue qui puissent, à moins d'une longue périphrase, rendre l'équivalent de votre idée. »

Arrêtons ici notre série de citations : elle paraît assez complète pour montrer au lecteur, que l'entreprise d'un dictionnaire d'argot n'eût pas déplu à nos meilleurs écrivains.

LORÉDAN LARCHEY.

AUTEURS CITÉS ET CONSULTÉS

Les noms marqués d'une * indiquent des emprunts faits non à des volumes, mais à des articles détachés ou à des chansons. Citer tous les titres d'ouvrages eût excédé le cadre de ce vocabulaire. Exception a été faite pour les anonymes et pour les livres où l'argot tient une grande place.

About. — A. Achard. — Alhoy. — D. Alonnier. — Alyge (l'*Art de ponter*, 1854). — Ambert*. — J. Arago. — D'Arnim*. — Aubert*. — E. Aubry*. — Aubryet. — Augier. — Aumale (duc d'). — A. d'Aunay. — Aycard.

De Balzac. — De Banville. — Barbey d'Aurevilly. — Barrière. — Comtesse de Bassanville. — Bataille. — Marc Bayeux. — Beaufort. — Beauvillier (*Notes d'un voleur*), V. *Figaro* du 4 août 1873. — Becquet*. — Belot. — F. Béraud. — Ch. de Bernard. — Bertall*. — Berthaud*. — Beyle. — Léon Bienvenu. — De Biéville. — Ch. Blanc. — E. Blavet. — Blaze de Bury. — C. Blondelet*. — De Boigne. — Du Boisgobey. — P. Borel. — Boucher de Perthes. — Boué de Villiers. — Bourget*. — Boursault. — Brazier*. — Briollet. — Buchon.

Cabassol. — Cadet-Gassicourt. — A. Cahen*. — A. Camus. — Canler. — Capendu. — Carmouche. — Castillon*. — Cavaille (*les Filouteries du jeu*, 1875). — Chabrillat*. — Caillot. — Champfleury. — Chasles (Philarète). — Chenu. — J. Choux*. — Claretie. — G. Claudin. — Cogniard. — C Coligny*. — Colmance*. — Colombey (*l'Esprit des voleurs*, suivi d'un Dictionnaire d'argot. Paris, Hetzel, 1862). — Commerson. — M. Constantin. — Cormon. — Couailhac.

Dalès*. — Debraux*. — Decourcelle*. — Delahode, 1850. — Delongchamps. — T. Delord. — A. Delvau. — Deriège. — Derodde (*Dictionnaire du patois flamand*). — Désaugiers. — Deslys. — C. Desmoulins. — L. Desnoyers. — Dhautel (*Dictionnaire du bas langage*. Paris, 1808, 2 vol. in-8). — G. Droz.

— A. Dubuisson. — M. Du Camp. — Du Cange et Carpentier (*Glossaire de la langue romane*, tome VII. Paris, 1848, in-4). — A. Duchesne*. — J. Duflot. — V. Dufour. — Al. Dumas. — Dumas fils. — Duméril. — Dupeuty*. — P. Durand*. — Durantin. — Al. Duval*. — Duverny*.

Favart. — Feré. — Festeau. — P. Féval. — E. Foa. — W. de Fonvielle. — Marc Fournier. — Fournier-Verneuil. — E. Frébault. — Friès.

Gaboriau. — Gangam. — V. Gaucher*. — Th. Gautier. — Gavarni. — F. Georges*. — Gérard de Nerval. — Gilbert. — Giraudeau. — De Goncourt. — L. Gozlan. — Grandval (*Cartouche*, poëme. Paris, 1827, éd. nouv. La première édition est de 1725, in-12). — Mme P. de Grandpré. — Grévin. — Guéroult (Ad.). — Guinod*.

Halbert d'Angers (*Nouveau Dictionnaire complet de l'argot*. Paris, Le Bailly, sans date (1840), petit in-12). — Hardy*. — Hébert (*le Père Duchêne*). — D'Héricault. — Hilpert*. — Honnorat (*Dictionnaire provençal*). — L. Huart. — Ch. Hugo. — V. Hugo.

Ignotus (Félix Platel*).

L.-G. Jacques. — Jaime fils. — De Jallais. — J. Janin. — John Lemoinne. — Joliet. — E. Jourdain. — B. Jouvin. — De Jouy.

A. Karr. — J. Kelm. — Paul de Kock. — Krettly (*Mémoires*, éd. Grandin).

R. de Labarre. — La Bédollière. — Labiche. — La Cassagne. — Lacenaire. — Lacombe (*Dictionnaire du vieux langage*. Paris, 1765-67, deux vol. in-8). — P. et J. Lacroix. — J. Ladimir*. — De Lafizelière. — Lagarde (*le Bonhomme Popule*. Pau, 1836). — L'abbé Lalanne (*Dict. du patois poitevin*). — Lamiral (*Mémoires*, 1838). — Layale*. — L'Écluse. — A. Lecomte. — Le Duchat. — Lefils*. — P.-A. Léger. —

Le Guillois. — Lemercier de Neuville. — E. Lemoine. —
Ph. Le Roux (*Dictionnaire comique*. Amsterdam, 1756, in-8).
— Lespès. — Letellier*. — De Leusse. — De Leuven. —
Liorat*. — Littré. — J. Lovy. — Lockroy. — ! ubize. — A.
Luchet. — De Lynol.

V. Mabille. — Francis Maynard. — Mahalin. — G. Maillard. — Mané. — Mansion*. — Marcellin. — Marco Saint-Hilaire. — Marty-Laveaux. — A. Marx. — Mauricault*. —
Melesville. — Ménage. — Mercier. — De Mériclet. — Mérimée. — Méry. — Métay*. — Michel*. — Fr. Michel. —
C. Michu. — Albert Millaud. — Mirecourt. — Cél. Mogador.
— Moineaux. — Moisand. — A. Monnier. — H. Monnier. —
Monselet. (Son immortel dialogue *les Voyous*, nous a beaucoup fourni). — Montaigne. — De Montépin. — Monstrelet.
— Moreau Christophe (*le Monde des Coquins*. Paris, Dentu,
1864). — Lady Morgan. — Mornand. — Mouret*. — Murger.

Nadar. — Nadaud. — G. Naquet*. — A. Naviaux. —
C. Nodier. — V. Noir. — Noriac. — Nugent.

R. D'Ornano. — Oudin.

Paillet. — E. Parent (*Manuel des Courses*, 1868). —
G. Pélin. — De Pène. — Max. Perrin. — Philipon. —
Pollet*. — Ponson du Terrail. — De Pontmartin. — A. Pothey. — Privat d'Anglemont (*Paris anecdote*, 1860). — F.
Pyat.

Quitard (*Dictionnaire des Proverbes*. Paris, 1843, in-8º).

Rabelais. — Randon*. — Mme Rattazzi. — Michel Raymond. — Remy. — Rétif. — L. Reybaud. — Ricard. — J. Richard. — Richepin. — Robquin*. — Rochefort. — F. de Rodays*. — H. Rolland. — Roquefort (*Dictionnaire de la langue
romane* du xie au xvie siècle. Paris, 1808-20, trois in-8). —
Roqueplan. — J. Rousseau. — C. Rozan (*Petites Ignorances de la conversation*. Paris, Lacroix, 1857, in-12). —
Rutebœuf.

Saint-Genest. — Saint-Simon. — G. Sand. — A. Scholl. — A. Second. — Signol*. — Th. Silvestre*. — Fr. Soulié. — Stop. — E. Sue. — A. de Stamir (*Corsaire* de 1867).

Tallemant des Réaux. — Tarbé (*Glossaire du patois champenois*). — E. Texier. — Thiers. — Thuillier*. — Tourneur*. — Miss Trollope (*Paris en* 1835).

Vachelot*. — Vadé. — Vanecke*. — J. Vallès. — G. Vassy. — Vermesch. — L. Vidal et le capitaine Delmare (*la Caserne*, Paris, 1833, deux in-8). — Vidocq (*les Voleurs*. Paris, deux in-8). — H. de Vielcastel. — E. Villars (*les Précieuses du jour*, comédie, 1866). — De Villemessant. — Villon. — Villetard. — P. Vinçard. — Virmaître. — A. Vitu. — Voizo.

Wado*. — M. Waldor. — J. de Wœstyne. — Albert Wolff.

Zola. — Zompach*.

COMMUNICATIONS MANUSCRITES

MM. Boyer, Cadol, Demarquay, Valentin Dufour (Journal d'un prisonnier de Mazas), Fey, Le Pileur, Lombard, Ch. Mehl, Rabasse, De Soye, Maurice Tourneux.

JOURNAUX

Corsaire, Éclair, Éclipse, Figaro, Gaulois, Intermédiaire (1860), *Journal de Paris, la Correctionnelle* (1841), *Liberté, Monde comique, Moniteur, Paris-Caprice, Paris-Journal, Patrie, Rappel, République française* (1875), *Semaine* (1847), *Tam-Tam, Tintamarre, Vie parisienne*, etc., etc.

OUVRAGES ANONYMES

Almanach du hanneton, 1866 et 1867. — *Boursicotiérisme et Lorettisme.* Paris, 1858, in-12. — *Les Cabarets de Paris,* 1821, in-12. — *Caquire, parodie de Zaïre* (Sans date, — XVIIIe siècle). — *La Chronique scandaleuse,* 1783, in-12. — *Cinquante mille voleurs de plus à Paris,* 1830, brochure in-8. — *Ces petites dames du Casino,* 1860. — *Commentaires de Loriot.* Auxerre, 1869, in-12. — *Dictionnaire dit de Trévoux,* 1771. — *La Comédie des Proverbes,* 1714. — *Le Dernier Jour d'un condamné,* drame philosophique (Bruxelles, 1864). — — *L'Écho français,* 1833. — *Les Étudiants et les Femmes du quartier latin,* 1860. — *La Maison du Lapin blanc* (1857), typographie Appert, in-12. — *Parabole de Cicquot,* 1593, in-12. — *Parnasse satyrique.* Bruxelles (1863), in-12. — *Petit Dictionnaire d'argot* (tome II des *Petits Mystères de Paris,* 1844, Desloges, in-12). — *Pétition des filles publiques de Paris,* 1830, brochure in-8. — *Physiologie du protecteur.* Paris, 1841. — *Physiologie du parapluie.* Paris, 1841. — *Rienzi,* parodie, 1826. — *Souvenirs de Saint-Cyr,* in-8. — *Le Sublime,* 1872. — *Vocabulaire à l'usage des débiteurs* (*Almanach des débiteurs,* 1851, in-12). — *Voyage de Paris à Saint-Cloud par mer,* 1754.

La collection des chansons imprimées conservées au Dépôt de la Bibliothèque nationale a servi beaucoup nos recherches, grâce à l'obligeance de M. le Conservateur Olivier Barbier.

DICTIONNAIRE D'ARGOT

N.-B. Tous les mots dits « vieux mots » ne sont pas postérieurs au xvi⁰ siècle ; ils ont été relevés par nous dans les glossaires de Du Cange, de Roquefort et de Lacombe. — Tenir toujours compte des renvois (V) qui complètent nos explications par d'autres exemples. — Pour les expressions composées de deux mots, chercher le second, si on ne trouve pas le premier. — Pour les dates placées à la suite des exemples, nous avons supprimé les deux premiers chiffres du millésime en ce qui concerne le xix⁰ siècle. Ainsi 75 veut dire 1875, 33 veut dire 1833, etc. — Tous les mots suivis des noms de Grandval, Halbert, Vidocq, Colombey, Moreau Christophe, Rabasse, appartiennent à l'argot ancien ou nouveau des classes dangereuses. Tous les mots suivis du nom de Dhautel étaient connus en 1808. Tous les mots suivis des noms d'Alyge et Cavaillé viennent de l'argot des grecs.

A

ABADIS : Foule, rassemblement. — « Pastiquant sur la placarde, j'ai rembroqué un abadis du raboin. » (Vidocq.)

ABATIS, ABATTIS : Pieds, mains. — Allusion aux abatis d'animaux. — « Des pieds qu'on nomme abatis. » (Balzac.) — — « C'est plus des pieds ; c'est de la marmelade... Ils me coûtent joliment cher, ces abattis-là. » (*Commentaires de Loriot*, Auxerre, 69.) — « A bas les pattes ! Les as-tu propres, seulement, tes abattis, pour lacer ce corsage rose ? » (E. Villars.)

ABATTAGE (vente à l') : Vente sur la voie publique que les objets exposés couvrent comme si on les y avait abattus.

ABATTIS. V. *Abatis.*

ABATTRE : Faire des dettes. (*Almanach des débiteurs.*)

ABBAYE : Four. (Vidocq.) — Un four est voûté comme un cloître d'abbaye.

ABBAYE RUFFANTE : Four chaud. (Idem.) — Mot à mot : four rouge de feu. *Ruffant* semble dériver du latin *rufus* : rouge. (¹)

ABBAYE DE MONTE A REGRET : Échafaud. (Idem.) — Comme une *abbaye*, l'échafaud sépare de ce monde, et c'est à regret qu'on en monte les marches.

ABÉQUER : Nourrir. (Idem.) — De l'ancien mot *abécher* : donner la becquée.

ABÉQUEUSE : Nourrice. (Id.)

ABLOQUER, ABLOQUIR : Acheter en *bloc*. (Idem.) — Du vieux mot *bloquer*.

ABOMINER : Haïr. V. *Bosco*.

ABOULAGE : Abondance. (Vidocq.)

ABOULER : Arriver. Mot à mot, *bouler à*. Du vieux mot *bouler* : rouler. — La langue régulière a dans *ébouler* le pendant d'*abouler*. — « Maintenant, Poupardin et sa fille peuvent abouler quant bon leur semblera. » (Labiche.) Voyez *Bocson*.

Le pantre aboule ;
On perd la boule,
Puis de la tole on se crampe en rompant.
(Lacenaire, *Mémoires*, 36.)

ABOULER : Donner. — « Mais quant aux biscuits, aboulez. » (Balzac, *Père Goriot*.) — « As-tu de l'argent ? (Je fis signe que oui.) Aboule. Je lui donnai cent sous. » (*Commentaires de Loriot.*) — « Allons, allons, vieux crocodile ! ne faisons pas tant d'esbrouffes et aboulons simultanément aux voltigeurs les chameaux qu'il a besoin.... pour sa consommation. » (Légende d'une caricature de 1830 sur la prise d'Alger.)

ABOULER DE : Venir de. V. *Mômir*.

ABOYEUR : Crieur de bazar ou de vente publique, canardier (V. ce mot), homme chargé d'appeler les prisonniers au parloir. — Allusion au retentissement obligatoire de sa voix. — « L'aboyeur est le factotum de la prison ; il a la permission d'aller partout. » (Rabasse.)

ABRACADABRANT : Merveilleux, magique, d'*abracadabra*, mot employé dans les anciennes conjurations cabalistiques. — « Le flûtiste Gerold doit exécuter les variations les plus abracadabrantes. » (*Figaro*, 67.) « C'est écrasant, renversant, horripilant, abracadabrant, de plus fort en plus fort. » (*Almanach du hanneton*, 67.)

ABSINTHE (faire son) : Mélanger l'eau avec l'absinthe, selon certaines règles.

« Il y a plusieurs manières de *faire son absinthe* : — La plus ordinaire est la *hussarde* (en versant goutte à goutte). — Les militaires de l'armée d'Afrique ont inventé la *purée*. La *purée* se fait très-rapidement, presque sans précautions, et par le simple mélange d'une quantité d'eau égale à la quantité d'absinthe. — L'*amazone* se fait comme la *hussarde*, seulement on ajoute deux cuillerées à café de sirop de gomme. La *vichy* (V. *Bavaroise, Suissesse*), moitié absinthe, moitié orgeat, et quantité ordinaire d'eau. — La *bourgeoise* (appelée aussi *panachée*), dans laquelle l'orgeat est remplacé par de l'anisette. » (*Almanach du hanneton*, 67.)

ABSINTHÉ (être) : Être ivre d'absinthe.

ABSINTHEUR, ABSINTHIER : Buveur d'absinthe, débitant d'absinthe. V. *Perroquet*.

ABSORPTION : Repas offert à la promotion ancienne de l'École polytechnique par la promotion nouvelle. On y *absorbe* assez de choses pour justifier le nom de la solennité. — « L'*absorption*, c'est la réunion annuelle dans laquelle *anciens*, *conscrits* et *antiques* fraternisent aux lueurs du punch et aux glouglous du vin de Champagne. Elle a eu lieu le jour de la rentrée des anciens. » (G. Maillard, 66.)

ACADÉMICIEN : Littérateur suranné. — Injure inventée par les romantiques échevelés de 1830 qui avaient pour principaux adversaires les membres de l'Académie française restés fidèles au genre classique. On ne se doute plus aujourd'hui de la fureur grotesque qui animait les deux partis. V. *Mâchoire*.

Et cet exemple, des plus curieux, donnera une idée des luttes dans lesquelles on se jetait à la tête le mot d'*académicien*. Nous le prenons dans une brochure d'Alexandre Duval, académicien et chef du parti qui rendait M. Victor Hugo responsable des passions romantiques.

« Ce que je rapporte ici, je l'ai vu, de mes propres yeux vu. A certaines représentations, on se trouvait environné d'hommes effrayants dont le regard scrutateur épiait votre opinion, et si, par malheur, votre figure indiquait l'ennui ou le dégoût, ils vous attaquaient par l'épithète d'*épicier*, mot injurieux selon eux, qui signifie, dans leur argot, *stupide*, *outrageusement bête* ; mais si vos cheveux étaient blanchis par le temps, alors vous étiez des *académiciens*, des *perruques*, des *fossiles*, contre lesquels on vociférait des cris de fureur et de mort. Je vous assure, monsieur, qu'il n'y a rien d'exagéré dans ce tableau d'une première représentation romantique. Tout Paris vous en attestera la vérité. » (*De la littérature dramatique*, lettre à M. Victor Hugo, par Alexandre Duval, Paris, 35.)

ACCENT : Crachat, signal convenu entre les voleurs (Vidocq). V. *Arçon*.

ACCORDÉON : Chapeau gibus. Il se replie et s'allonge comme l'instrument de ce nom.

ACCROCHE-CŒURS : Favoris (Vidocq). Se dit des favoris courts qui affectent la forme des *accroche-cœurs* féminins. V. *Arçon*.

ACCROCHE-CŒURS : Mèches de cheveux bouclées et collées sur la tempe. Cet ornement a des prétentions galantes. Le mot le fait assez sentir.

Sur mes nombreux admirateurs
Dirigeons nos accroche-cœurs.
(Festeau.)

ACCROCHER : Mettre au mont-de-piété. — Mot à mot : accrocher au *clou*. V. ce mot. — « Ah ! les bibelots sont accrochés. » (Montépin.)

ACCROCHER : Consigner un soldat. — Mot à mot : l'accrocher à son quartier, l'empêcher d'en sortir.

ACCROCHER (s') : Combattre corps à corps, en venir aux mains.

Nos braves, s'accrochant, se prennent aux cheveux.
(Boileau, *Satire* 3.)

ACHAR (d') : Sans trêve. Mot à mot : avec acharnement. — Abréviation.

> Et d'autor et d'achar,
> Enfoncé le jobard.
> (De Montépin.)

ACHATE : Ami fidèle. — Latinisme. — « Roqueplan et son Achate. » (Villemessant.) V. *Fidus*.

ACHETOIRS : Monnaie. — Avec elle, on achète. — « Il y a des lorettes qui nomment les achetoirs *quibus*. » (Alhoy.)

ACRÉ : Fort, violent. (Vidocq.) Vieux mot, conservé par la langue régulière avec suppression de l'accent.

AD HOC : Spécial. Mot à mot : fait, institué pour cela. — Latinisme. — « Les déclarations sont lues par un comité ad hoc. » (*Almanach des débiteurs*, 51.)

AD USUM DELPHINI (n'être pas) : Ne pas convenir aux jeunes gens. Mot à mot : N'être pas digne de figurer dans la collection classique imprimée jadis par Barbou pour l'éducation d'un Dauphin de France, et où chaque titre de livre portait la mention : *Ad usum Delphini*. — Ce latinisme se dit à propos de tout : — « Vous le voyez, le bal Chicard n'avait pas été créé *ad usum Delphini*, et, cependant, voilà ce qui pendant six ans fit tressaillir tous les provinciaux et tous les étrangers. Les mères le redoutaient pour leur fils à l'égal de l'enfer. » (Privat d'Anglemont.)

ADDITION : Carte à payer. Mot à mot : addition des prix de chaque consommation.

AFF : Affaire. — Abréviation. — « Quant à moi, je maquille une *aff*, après laquelle j'espère me débiner. » (*Patrie*, 2 mars 52.)

AFF : Vie. (Grandval.)

AFF (eau d') : Eau-de-vie. — Abréviation de *paf* qui désignait l'eau-de-vie autrefois, comme le prouve cet exemple : « Voulez-vous boire eune goutte de paf ? — J' voulons bien. — Saint-Jean, va nous chercher d'misequier d'rogome. » (1756, *l'Écluse*.) Il y a évidemment parenté entre le *paf* du XVIIIe siècle et l'*eau d'aff* de l'argot moderne. — « Tu vas me payer l'eau d'aff, ou je te fais danser. » (E. Sue.) V. *Paffe*.

AFFAIRE : Délit ou crime en voie d'exécution. « Après la réussite d'une affaire, ils se livrent immédiatement à des débauches nécessaires à l'oubli de leur raison. » (Rabasse.) — *Affaire mûre* : vol ou crime qui va se commettre.

AFFAIRE (avoir son) : Être ivre-mort, avoir reçu un coup mortel. — « Je propose l'absinthe... Après quoi j'avais mon affaire, là, dans le solide. » (Monselet.)

AFFAIRES (avoir ses) : Avoir ses menstrues.

AFFE : Vie, âme. (Moreau C.)

AFFRANCHI (fagot) : Forçat ayant fini son temps.

AFFRANCHIR : Pervertir. Mot à mot : *affranchir* de tout scrupule de conscience. — « Affranchir un sinve pour grinchir : pousser un honnête homme à voler. » (Vidocq.)

AFFURAGE, AFFURE : Profit de vol. V. *affurer*.—« Eh vite ! Rima culbute ; quand je vois mon affure, je suis toujours paré. » (Vidocq.)

AFFURER, AFFUTER : Tromper. (Moreau C.)

AFFURER : Gagner en volant. (Vidocq.)—Du vieux mot *furer* : dépouiller.

AFFUT (homme d') : Malin, roué. Mot à mot : toujours à l'affût de ce qu'il désire.

AFFUTER. V. *Affurer*

AFFUTER LE SIFFLET (s') : Boire. Mot à mot : se réguiser le gosier.

Faut pas aller chez Paul Niquet
Six fois l' jour, s'affuter le sifflet.
(P. Durand, *Chansons*, 1836.)

AFLUER : Tromper. (Colombey.) Mot à mot : *flouer à*.

AGENT DE CHANGE (quart, cinquième, sixième d') : Propriétaire pour un quart, un cinquième ou un sixième d'une charge d'agent de change. On peut continuer comme cela indéfiniment, car de telles propriétés se subdivisent en un grand nombre de parts. M. de Mériclet a fait paraître son livre sur la Bourse, sous l'égide de ce titre : *Huitième d'agent de change*.

AGOBILLE : Outil. (Moreau C.) — C'est-à-dire outils de voleur : pince, fausse clé, etc. Ne se dit guère qu'au pluriel.

AGONIR, AGONISER : Insulter. Mot à mot : *antagonir, antagoniser*. Ces verbes manquent à notre langue qui admet cependant *antagonisme*. — « Je veux t'agoniser d'ici à demain. » (Richard.) — « Si bien que je fus si tourmentée, si agonie de sottises par les envieuses. » (Rétif, 1783.)

AGOUT : Eau à boire. (Halbert.) — Mot ancien. V. *Lagout*.

AGRAFER : Arrêter. — « Le premier rousse qui se présentera pour m'agrafer. » (Canler.)

AGRAFER : Consigner. Mot à mot : agrafer le soldat au quartier. — « J'ai jeté la clarinette à terre, et il m'a agrafé pour huit jours. » (Vidal, 33.)

AIDE-CARGOT : Valet de cantine.—Corruption d'*aide-gargot*. — « Aide-cargot, un dégoûtant troupier, fait semblant de laver la vaisselle. » (Wado.)

AIGUILLE : Carte pointant entre les autres, de façon à seconder la tricherie d'un grec. « S'il voit qu'un pigeon se dispose à lui tenir banco, il ne manquera pas de le faire couper immédiatement sous l'aiguille. » (Cavaillé.)

AIGUILLE : Clé. (Vidocq.) — Elle coud la porte.

AILE, AILERON : Bras. — Allusion ornithologique.—« Appuie-toi sur mon aile, et en route pour Châtellerault ! » (Labiche.) — « Je suis piqué à l'aileron ; tu m'as égratigné avec tes ciseaux. » (E. Sue.)

AILE DE PIGEON : Suranné. — Allusion à la coiffure conservée par les émigrés à leur retour en France. V. *Mâchoire*.

AILLE (terminaison en) : « Le plus souvent afin de dérouter les écouteurs, l'argot se borne à ajouter indistinctement à tous les mots de la langue une sorte de queue, une terminaison en *aille*, en *orgue*, en *iergue* ou en *uche*; exemple : « Vouziergue trouvaille bonorgue ce gigotmuche. (Trouvez vous bon ce gigot ?) Phrase adressée par Cartouche à un guichetier, afin de savoir si la somme offerte pour l'évasion lui convenait. La terminaison en *mare* est aujourd'hui fort usitée. » (Moreau Christophe, 64.)

AIMER COMME SES PETITS BOYAUX : Aimer comme soi-même : « Elle m'aimait ! Autant que ses petits boyaux. » (*Parodie de Zaïre*, 1732.)

AIR (se donner de l', se pousser de l', jouer la fille de l') : Fuir. — Les deux premiers termes font image; le troisième date de *la Fille de l'air*, une ancienne pièce du boulevard du Temple. — «La particulière voulait se donner de l'air. » (Vidal, 33.) — « Dépêchez-vous et jouez-moi la Fille de l'air avec accompagnement de guibolles. » (Montépin.) V. *Ballon*. — « C'est donc gentil de faire des poufs au monde et de se pousser de l'air ! Ah ! mais, on ne me monte pas le coup. » (*Almanach du hanneton*, 67.)

AIR DU TEMPS (vivre de l'). — Être sans moyens d'existence. Terme ironique. — « Tous deux vivaient de l'air du temps. » (Balzac.)

AIRS (être à plusieurs). — Être hypocrite, jouer plusieurs rôles à la fois.

ALARMISTE. — Chien de garde. (Vidocq). — Il donne l'alarme.

ALEA JACTA EST. — Le sort en est jeté. — Phrase prononcée par César lorsqu'il passa le Rubicon pour marcher sur Rome. — « Le fameux *alea jacta est* qu'on a répété tant de fois depuis César. » (Rozan.)

ALENTOIR. — Alentour. Changement arbitraire de la finale.

ALIGNER (s'). — Tomber en garde pour se battre. Mot à mot : se mettre sur la même ligne que son adversaire. — « Ils mettent parfois le sabre à la main et s'alignent. » (R. de la Barre.) — « A la suite d'une bisbille, ils sont descendus pour s'aligner. » (J. Arago, 38.) V. *Aplomb*.

ALLER DE (y). — Fournir. — « On y va de ses cinq francs, ou de sa larme. » (Monselet.) — « Elle a tourné de l'œil sans dire : Ouf !... Pauvre vieille ! j'y ai été de ma larme. » (About.)

ALLER (y). — Se laisser tromper. — *Fallait pas qu'il y aille !* dit-on d'un homme malheureux par sa faute. V. *Faire aller*.

ALLER A NIORT. — Nier. — Jeu de mots. — « Je vois bien qu'il n'y a pas moyen d'aller à Niort. » (Canler.) V. *Flacul*.

ALLER AU DIABLE AU VERT. — Faire une excursion aventureuse.

M. Rozan explique ainsi ce mot : « *Auvert* est une corruption de *Vauvert*; on disait autrefois : *Aller au diable Vauvert*. Le *V* a été mangé dans la rapidité du discours, et il a fini par disparaître si bien, qu'on a été amené à couper en deux, pour lui donner une sorte de sens, le reste du mot : *auvert*. — Le château de *Vauvert* ou *Val-Vert*, situé près de Paris, du côté de la barrière d'Enfer, avait été habité par Philippe Auguste après son excommunication ; il passait depuis cette époque pour être hanté par des revenants et des démons. Saint Louis, pour désensorceler ce château, le donna aux chartreux en 1257. »

Rabelais parle encore de ce diable fameux : — « Je vous chiquaneray en diable de Vauvert, » dit le *chiquanous* Rouge-Muzeau, dans le chapitre 16 du livre IV de *Pantagruel*.

On dit maintenant *au diable vert*, ce qui s'éloigne encore plus de la forme primitive. « J'ai déjà parlé de celui d'Alexandre Dumas, qu'on veut reléguer à Charonne, au diable vert. » (*Liberté*, 26 juillet 1872.)

ALLER GAIMENT (y). — Agir sans se faire prier, sans que la gaîté soit précisément de la partie. *Allons-y gaiment* ne signifie rien de plus que *allons-y*. — Les amateurs du langage en *mar* ont imaginé de varier en disant *allons-y gaimar*. V. *Mar*.

ALLER OU LE ROI NE VA QU'A PIED. — Faire ses besoins. — Ce rappel à l'égalité est de tous les temps. Se disait au dix-septième siècle : — « Aller où le roi ne va qu'à pied. C'est à mots couverts le lieu où l'on va se décharger du superflu de la mangeaille... » (Scarron.) V. *Numéro* 100.

ALLER SE FAIRE FICHE. V. *Ficher*.

ALLER SON PETIT BONHOMME DE CHEMIN : Aller doucement.

ALLER (faire) : Tromper. — « Te v'là, charbonnier de malheur. Quoi ! il y a là une voie de charbon ? Tu nous fais aller. » (*Fort en gueule*. Imprimerie Stahl, 20.) — « Essaie d'en faire aller d'autres que Florine, mon petit. » (Balzac.)

ALLEZ VOUS ASSEOIR : Taisez-vous. V. *Asseoir*.

ALLEZ DONC (et) : Locution destinée à augmenter dans un récit la rapidité de l'acte raconté. — « Quand il a vu ça, y s'est esquivé rapidement... et allez donc !... » — (Lamiral, 38.) — « J'avais mon couteau à la main... et allez donc !... j'entaille le sergent, je blesse deux soldats. » (E. Sue.) — « L'école du bon sens met le Théâtre-Français en interdit. Émile Augier porte *Philiberte* au Gymnase... et allez donc ! » (Mirecourt, 55.)

ALLONGER (s') : Tomber de son long par terre. — « Mon capitaine, en cet endroit, s'est allongé... Il est tombé de cheval. » (*Commentaires de Loriot*.)

ALLONGER (s') : Faire une dépense qui n'entre pas dans ses habitudes. Le faire plus forte encore, c'est *se fendre*. V. ce mot. Termes d'escrime.

ALLONS-Y : Commençons.

Mon luth et mon esprit résonnent à la
        [fois
Et l'idéal d'amour s'exprime par ma voix
Allons y !

(*Il module des accords*.) J. Walter.

ALLUMÉ : Échauffé par le vin.

— « Est-il tout à fait pochard ou seulement un peu allumé ? » (Montépin.)

ALLUMER : Regarder fixement, voir, observer. Mot à mot : éclairer de l'œil. Mot très-ancien. Se trouve avec ce sens dans les romans du XIIIe siècle. — « Allume le miston, terme d'argot qui veut dire : Regardez sous le nez de l'individu. » (*Almanach des prisons*, 1795.)

ALLUMER : Faire éclore l'enthousiasme. — « Malvina remplissait la salle de son admiration ; elle allumait, pour employer le mot technique. » (L. Reybaud.) V. *Boutonner*.

ALLUMER : Activer, enflammer ses chevaux à coups de fouet. — « Allume ! allume ! » (H. Monnier.)

ALLUMEUR : Compère chargé de faire de fausses enchères dans une vente pour allumer les vrais acheteurs. — « Dermon a été chaland allumeur dans les ventes au-dessous du cours. » (*La Correctionnelle*, journal, 41.)

ALLUMEUSE : Dans le monde de la prostitution, c'est un synonyme de *marcheuse*. V. ce mot.

Dans ces acceptions si diverses, l'allusion est facile à saisir. Qu'il s'applique à un tête-à-tête, ou à un spectacle, ou à un attelage, ou à un repas, ou à une vente, ou à une provocation charnelle, *allumer* garde au figuré sa signification incendiaire.

ALPAGUE : Vêtement. (Rabasse.) — Abréviation d'*alpaga*. Le nom d'un vêtement à la mode pendant une année, aura été pris pour désigner tout autre.

ALPHONSE : Homme entretenu par une femme galante. — Surnom répandu depuis qu'Alexandre Dumas a fait représenter au Gymnase son *Monsieur Alphonse* dont le héros exerce précisément cette industrie. — « Si tous les Alphonses du boulevard se donnent rendez-vous là, il y aura du travail pour les observateurs. » (Commerson, 75.)

ALTÈQUE : Beau, bon, excellent. (Vidocq.) — Du vieux mot *alt* : grand, fort, élevé (qui nous est resté dans *altitude*), accompagné d'une désinence arbitraire, comme dans *féodec*.

Frangine d'altèque : bonne sœur.

Frime d'altèque : charmante figure. V. *Coquer*.

ALTER EGO : Autre moi-même. — Latinisme. — « M. Chivot occupait la stalle voisine, applaudissant de tout cœur l'amusante folie de son heureux *alter ego*. » (E. Blavet.)

AMANT DE CŒUR : Les femmes galantes nomment ainsi l'amant qui ne les paye pas ou qui les paye moins que les autres. La *Physiologie de l'amant de cœur*, par M. Constantin, a été faite en 1842.

Au dernier siècle, on disait indifféremment *ami de cœur* ou *greluchon*. Ce dernier n'était pas, comme on le croit aujourd'hui, un souteneur. Le greluchon ou ami de cœur n'était et n'est encore qu'un amant en sous-ordre auquel il coûtait parfois beaucoup pour entretenir avec une beauté à la mode de mystérieuses amours. — « La demoiselle Sophie Arnould, de l'Opéra, n'a personne. Le seul Lacroix, son friseur, très-aisé dans son état, est devenu *l'ami de cœur* et le *monsieur.* » (*Rapports des inspecteurs de Sartines*, 1762.)

Ces deux mots avaient de l'avenir. *Monsieur* est toujours bien porté dans la langue de notre monde galant L'*ami de cœur* a détrôné le *greluchon;* son seul rival porte aujourd'hui le nom d'*Arthur.*

AMARRES (les) : Les amis. (Rabasse.) — Je ne pense pas que ce soit un jeu de mots. C'est plutôt un exemple du langage en *mar.* V. ce mot.

AMARRER : Manœuvrer de façon à duper quelqu'un. Mot à mot : jeter l'amarre sur sa crédulité.

AMATEUR : Dans le monde artistique et littéraire, on appelle amateur l'homme du monde qui se fait artiste ou écrivain à certaines heures seulement. — *Peinture d'amateur, musique d'amateur* et *littérature d'amateur* sont des termes souvent ironiques par lesquels on désigne des œuvres peu sérieuses.

AMATEUR : « Rédacteur qui ne demande pas le payement de ses articles. » (1826, *Biographie des journalistes.*)

AMATEUR : Dans l'armée, on appelle *amateur* l'officier qui s'occupe peu de son métier.

AMATEUR sert aussi dans l'armée d'équivalent au mot *pékin.* Un officier dira : Il y avait là cinq ou six amateurs; comme un soldat ou un sous-officier dira : Il y avait là cinq ou six particuliers.

AMATEUR (clerc) : Dans le notariat, un clerc *amateur* travaille sans émoluments.

AMBIER : Fuir. (Grandval.) —Vieux mot. On disait au moyen âge *amber.*

AMENDIER FLEURI : Régisseur. — Jeu de mots expliqué par l'exemple suivant : — « L'amendier fleuri, comme disent les acteurs en parlant du généreux distributeur d'amendes qui surveille la scène. » (*Vie parisienne*, 65.)

AMÉRICAIN : Escroc feignant d'arriver d'Amérique. Pour plus de détails. V. *Charriage.*

AMÉRICAIN (œil) : Œil scrutateur. — Allusion à la vue perçante prêtée par les romans populaires de Cooper aux sauvages de l'Amérique. — « Ai-je dans la figure un trait qui vous déplaise, que vous me faites l'œil américain ? » (Balzac.) — « J'ai l'œil américain, je ne me trompe jamais. » (Montépin.)

AMÉRICAIN (œil) : Œil séducteur. — « L'œillade américaine est grosse de promesses, elle promet l'or du Pérou, elle promet une ardeur amoureuse de soixante degrés Réaumur. » (E. Lemoine.)

AMÉRICAINE : Voiture découverte, à quatre roues. — « Une élégante américaine attend à la porte. Un homme y monte, repousse un peu de côté un tout petit groom, prend lui-même les guides et lance deux superbes pur-sang au galop. » (*Figaro.*)

AMÉRICAINE (vol à l'). V. *Charriage.*

AMOUR : Aimable comme l'Amour. — « Armée de son registre, elle attendait de pied ferme ces amours d'abonnés. » (L. Reybaud.) — « Comme j'ai été folle de Mocker ; quel amour de dragon poudré ! » (A. Frémy.)

Amour a fini par s'appliquer dans le sens de « aimable » à la première chose venue. — « Quel amour de mollet ! Il faut que je le baise. » (E. Villars.) — « Je mourrais d'ennui par ici, moi. J'ai trouvé, rue de la Paix, un amour d'appartement. (Dumas fils, *le Demi-Monde.*)

AMOUREUX DES ONZE MILLE VIERGES : « Dans le sens où l'on entend ce proverbe, dit M. Charles Rozan, aimer les onze mille vierges, c'est aimer toutes les femmes, c'est croire, dans le feu de la première jeunesse, que toutes les femmes sont également dignes de notre amour. » — Ce chiffre de onze mille est une allusion à la tradition du martyre de sainte Ursule et des onze mille vierges, ses compagnes, mises à mort par les Huns, près de Cologne, vers 384.

ANCIEN : Mot d'amitié. Il peut se dire à un jeune homme et signifie : *ancien ami*. Mon *vieux* offre la même idée.

ANCIEN : Vieillard. V. *Asphyxier.*

ANCIEN (l') : Napoléon 1er. Mot à mot : l'ancien souverain. — Une caricature de 1830 porte cette légende : « Vive Napoléon II ! — Tais ta langue, patriote, n'parle pas du fils de l'ancien ; ce n'est plus qu'un Autrichien élevé à l'école d'un jésuite. »

ANCIEN : Élève de première promotion à l'École polytechnique ou à l'École de Saint-Cyr. V. *Absorption.*

ANCHTIBBER : Arrêter. (Rabasse.) — Ce serait mot à mot : mettre en botte, chausser. V. *Chtibbe.*

ANCHOIS (œil bordé d') : Œil aux paupières rougies et dépourvues de cils. — L'allusion sera comprise par tous ceux qui ont vu des anchois découpés en lanières. — « Je veux avoir ta femme. — Tu ne l'auras pas. — Je l'aurai, et tu prendras ma guenon aux yeux bordés d'anchois. » (Vidal, 33.)

ANDOSSE : Échine, dos. (Grandval.) Épaules. (Rabasse.)

ANDOUILLE : Personne sans énergie, aussi molle qu'une andouille. Un vrai maladroit s'appelle *andouille ficelée.*

ANE DE BURIDAN (être comme l') : Ne savoir que décider. — « Buridan est un dialecticien du xive siècle. Pour prouver le libre arbitre des animaux, il supposait un âne également pressé par la soif et par la faim, le plaçait entre un picotin d'avoine et un seau d'eau, également distants, faisant sur lui la même impression et il demandait : » Que fera cet âne ? » (Rozan.)

ANGLAIS : Créancier. — Mot ancien. On est d'autant plus porté à le regarder comme une allusion ironique aux Anglais, que les Français se moquaient volontiers de leur perpétuel ennemi. — Ainsi, *milord* et *goddem* sont employés ironiquement dès le moyen âge. V. *Milord, Goddem.*

Malgré des avis contraires, mais appuyés selon nous par des exemples trop peu concluants, c'est encore l'opinion de Pasquier qui nous semble préférable. Il fait venir ce terme des réclamations des Anglais qui prétendaient que la rançon du roi Jean, fixée à trois millions d'écus d'or, par le traité de Brétigny, n'avait pas été entièrement payée.

> Oncques ne vys Anglois de votre taille,
> Car, à tout coup, vous criez : baille,
> baille !
>
> (Marot.)

On trouve des exemples d'*Anglais* dans la *Légende de Pierre Faifeu*. M. Fr. Michel a relevé cette mention dans les poésies de Guillaume Crétin (xve siècle) :

> Et aujourd'hui je faictz solliciter
> Tous mes Angloys, pour mes restes
> [parfaire,
> Et le payement entier leur satisfaire.

« Assure-toi que ce n'est point un *Anglais.* » (Montépin.)

ANGLAIS SONT DÉBARQUÉS (les) : Ces mots désignent une incommodité périodique chez la femme. Allusion à la couleur favorite de l'uniforme britannique.

> Il est aussi brave
> Que sensible amant,
> Des anglais il brave
> Le débarquement.

(Chansons. impr. Chastaignon, 1851.)
Recueils de la bibl. nationale.

ANGLAISES : Longues boucles de cheveux pareilles à celles dont se coiffent volontiers les dames britanniques. Elles ont été surtout à la mode en France vers 1840. — « Une femme aux anglaises blondes lui heurte le bras. » (Monselet.)

ANGLAISES : Latrines à l'anglaise, c'est-à-dire munies d'une cuvette à soupape.

ANGLUCE : Oie. (Vidocq.)

ANGOULÈME (se caresser l') : Boire et manger. Mot à mot : se caresser le palais, *mettre en goule*, du vieux mot *goule* (gueule). Nous avons encore *goulu* et *goulafre* (glouton). — « Il y en a qui ne se sont pas encore caressé l'angoulème depuis la veille. » (E. d'Hervilly.)

ANGUILLE : Ceinture. (Vidocq.) — Une ceinture de cuir noir gonflée d'argent ressemble à une anguille.

ANGUILLE DE BUISSON : Couleuvre. — « Il vend des *anguilles de buisson*, comme on dit en langage populaire, à certains gargotiers qui en font d'excellentes matelotes. » (Privat d'Anglemont.)

ANSE : Bras. L'anse est le bras du vase. V. *Arque-pincer.* — *Offrir son anse*, offrir son bras.

ANSES : Oreilles — Comparaison de la tête au pot.

ANSES (une paire d') : Une paire de grandes oreilles écartées. Vues de face, elles ressemblent aux anses d'un pot.

ANSES (panier à deux) : Homme ayant une femme à chaque bras.

ANTIF (battre l') : Marcher.

Mot à mot : battre le grand chemin. — *Antif* est un vieux mot qui signifie *antique*, et se rencontre souvent dans les textes du moyen âge uni à celui de *chemin*. — *Un chemin antif* était un chemin ancien, c'est-à-dire *frayé*.

ANTIFFE : Marche. (Grandval.) Mot à mot : action de battre l'antif.

ANTIFFER : Entrer. (Rabasse.)

ANTIFFER (s') : Se marier. (Rabasse.) — Forme moderne d'*antifler*. — Se dit aussi pour *être séduit*, se laisser circonvenir.

ANTIFLE (battre l') : Cafarder, dissimuler. Mot à mot : hanter l'église. V. *Antifler*.

ANTIFLER, ENTIFLER : Marier. (Vidocq.) — Vient du vieux mot *antie*, église. — Là se fait la célébration du mariage. *Entifler* est donc mot à mot : mener à l'église. — « Ah! si j'en défouraille, ma largue j'entiflerai. » (Vidocq.)

ANTIPATHER : Avoir de l'antipathie. — « Pas une miette! Je l'antipathe. » (Gavarni.)

ANTIQUE : Élève sortant de l'École polytechnique. V. *Absorption*.

ANTONNE : Église. (Vidocq.) —Changement de finale du vieux mot *antie*, église.

ANTONY : Jeune romantique. — Nom du héros d'un drame d'Alexandre Dumas qui fut fort goûté en 1831. — « Après les succès d'*Antony*, les salons parisiens furent tout à coup inondés de jeunes hommes pâles et blèmes, aux longs cheveux noirs, à la charpente osseuse, aux sourcils épais, à la parole caverneuse, à la physionomie hagarde et désolée... De bonnes âmes, s'inquiétant de leur air quasi cadavéreux, leur posaient cette question bourgeoisement affectueuse : « Qu'avez-vous donc? » A quoi ils répondaient en passant la main sur leur front : « J'ai la fièvre. » Ces jeunes hommes étaient des *Antonys*. » (E. Lemoine.) — « D'ici à quelques années, il y aura moins de chance de voir les jeunes Antonys plonger leur dignité dans le fossé bourbeux de la réclame. » (*Figaro*, 65.)

ANTONYQUE, ANTONYSME : La *pose* funèbre dont nous venons de parler, fit créer également les mots *antonyque* et *antonysme*. — « Ce sourire est mélancolique ou antonyque, ce qui est un. » (Lemoine.) — Quant à l'antonysme, il mourut sous les épigrammes des loustics... lesquels ne voient plus une demoiselle de comptoir sur le retour sans lui dire : « N'êtes-vous pas ma mère? » et ne vous dévorent plus la moindre côtelette de mouton sans pousser la fameuse exclamation : « Elle me résistait, je l'ai assassinée! » (E. Lemoine.)

ANTROLER : Emporter. (Vidocq.) — Des mots *entre roller* : rouler ensemble.

APLOMB : Droit au but.

Sus c' coup-là, je m'aligne.
L' gonse allume mon bâton,
J'allonge sur sa tigne
Cinq à six coups d'aplomb.
(Aubert, *Chansons*, 1813.)

Ah! fallait voir comme il touchait d'a-
[plomb.

(Les *Mauvaises rencontres*, chanson.)

APOTRE : Doigt. (Vidocq.) — Jeu de mots. Le doigt du voleur *happe* souvent.

APPAS : Seins.

Madame fait des embarras.
Je l'ai vue mettre en cachette
Des chiffons pour des appas.

(Matt., *Chansons*.)

APPELER AZOR : Siffler. V. *Azor*.

APPUYER SUR LA CHANTERELLE. V. ce mot.

A QUIA : Acculé dans une situation désespérée. — Latinisme. — S'est dit d'abord des logiciens pris en défaut, qui, ne sachant plus quoi répondre, donnaient un *parce que* (*quia*) pour toute raison. Régnier, le satirique, met ainsi en scène un donneur de fausses raisons :

Par hazard disputant, si quelqu'un luy
[réplique,
Et qu'il soit à *quia* : « Vous êtes héré-
[tique. »

AQUIGER : Prendre, dérober. — D'où le vieux mot d'argot *aquige-ornie*, maraudeur. Mot à mot : voleur de poules.

AQUIGER : Palpiter. V. *Coquer*.

AQUIGER : Blesser, battre, endommager. — « Me voici enfin démarré de ce maudit ponton et sans être aquigé. » (Rabasse.)

AQUIGER LES BRÊMES : Entailler, biseauter les cartes. (Vidocq.)

ARAIGNÉE DANS LE PLA-FOND (avoir une) : Déraisonner. — La boîte du crâne est ici le plafond, et l'araignée folie y tend ses toiles. V. *Plafond*.

ARIA : Embarras. — V. *Haria*.

ARBALÈTE : Croix de cou, bijou de femme. (Vidocq.) — L'arbalète détendue ressemble à une croix.

ARBALÈTE D'ANTONNE : Croix d'église.

ARBI : Arabe. Pour *Arabi*; argot d'Algérie. — « Sobres les Arbis, une poignée de son, un peu d'eau, le coin de leur burnous, voilà leur repas dans les haltes. » (*Commentaires de Loriot*.)

ARBICO : Petit Arabe. — Diminutif d'*Arbi*. — « La Maghrnia : une école de petits Arbicos, un hôpital et un magasin. » (*Commentaires de Loriot*.)

ARCASIEN, ARCASINEUR : Celui qui monte un *arcat*.

ARCAT (monter un) : Écrire de prison, et demander une avance sur un trésor enfoui, dont on promet de révéler la place. — Vient d'*arcane*, mystère, chose cachée. — La lettre qui sert à *monter l'arcat* s'appelle *lettre de Jérusalem*, parce qu'on l'écrit sous les verrous de la Préfecture. Vidocq assure qu'en l'an VI, il arriva de cette façon plus de 15,000 francs à la prison de Bicêtre.

ARCHE DE NOÉ : Académie française, disent les dictionnaires d'argot qui ont précédé le nôtre. Je n'hésite pas à soutenir que le mot est de pure invention, que les argotiers anciens ignoraient l'existence de l'Académie, et qu'aujourd'hui un faubourien ne sait pas du tout ce que veut dire *arche de Noé*. Cette mystification philologique est due sans doute à l'esprit malicieux de quelque homme de lettres chargé de surveiller l'impression d'un vocabulaire que tous les autres auront copié. Vidocq, ou plutôt celui qui travaillait pour lui, en a fait autant. De là une erreur partout reproduite. Vidocq a du reste fait école de notre temps et vers 1865 un dictionnaire argotique a donné *cul à fauteuil, mal choisi, enfant de la fourchette*, etc., comme synonymes d'académiciens dans la bouche des voyous parisiens. Toutes ces petites malices sont de pures inventions.

ARCHE (aller à l') : Chercher de l'argent. (Vidocq.) — Du vieux mot *arche* : armoire, coffre, qui a fait *archives*.

ARCHE (fendre l') : Ennuyer. — Mot à mot : fendre le coffre. — « Ça commençait à me fendre l'arche. Je lui dis : Pas de bêtises, mon vieux. » (Monselet.)

ARCHI : Préambule dont la langue usuelle se sert à tout propos, du moment qu'il s'agit d'inventer un superlatif. — Le *Dictionnaire de l'Académie* reconnaît, du reste, qu'on peut former de la sorte un très-grand nombre de mots. Nous en citons un exemple entre mille : — « Je suis guérie... bien guérie... oh ! archiguérie. » (Villars.)

ARCHIPOINTU : Archevêque. même observation que pour *arche de Noé*. Nous ne croyons pas à l'usage réel de ce mot. Je ferai de plus remarquer que les dictionnaires où il se trouve ne donnent pas même le mot *pointu* pour évêque, ce qui devrait être en bonne logique, car *pointu* fait allusion ici aux pointes de la mitre.

ARCHI-SUPPOT : Voleur émérite. — N'est plus usité.

ARÇON : Signe d'alerte convenu entre voleurs. — Du vieux *arçon*, archet, petit arc. Du temps de Vidocq (1837), c'était un C figuré à l'aide du pouce droit sur la joue droite. — La courbe du C représente la forme d'un arc.

ARCPINCER, ARQUEPINCER : Prendre, arrêter. — *Pincer au demi-cercle* est très-usité dans le même sens. Il est à remarquer qu'*arc* et *demi-cercle* présentent la même image. — « Daignez arquepincer mon anse. » (*Almanach du hanneton*, 67.)

ARDENT : Chandelle. (Vidocq.) — Le mot a été bien porté, car M. Francisque Michel l'a trouvé quatre fois dans le *Dictionnaire des précieuses*, de 1660.

ARDENTS : Yeux. (*Dictionnaire d'argot moderne*, 44.) — Le verbe *allumer*, regarder, entraînait naturellement ce substantif. V. *Allumer*.

ARGA : Part. « Pour mon arga, je serai ton dévoué jusqu'à la mort. » (Rabasse.)

ARGANEAU : Anneau réunissant deux forçats. (Colombey.)

ARGUCHE : Diminutifs du vieux mot *argue*, ruse, finesse,

argot. — L'argot est une ruse de langage. V. *Truc*.

ARGUEMINE : Main. — « Je mets l'arguemine à la barbue. » (Vidocq.)

ARIA : Embarras. — Du vieux mot *arrie*, obstacle. — « J'ai eu bien des arias avec la douane à cause de mes malles. » (Monselet.) V. *Haria*.

ARICOTEUR : Bourreau. (Vidocq.) — « C'est demain que Charlot fera un haricot de ton corps. » (*L'Écluse*, 1756.)

ARISTO : Aristocrate, homme quelconque se trouvant en bonne situation. — Abréviation. — « C'est vrai ! tu as une livrée, tu es un aristo. » (D'Héricault.)

ARISTOCRATE : Nom donné par les détenus à ceux qui ont assez d'argent pour être à la pistole. (Rabasse.)

ARLEQUIN : Assemblage de rogatons achetés aux restaurants et servis dans les gargotes de dernier ordre. — « C'est une bijoutière ou marchande d'arlequins. Je ne sais pas trop l'origine du mot bijoutier ; mais l'arlequin vient de ce que ces plats sont composés de pièces et de morceaux assemblés au hasard, absolument comme l'habit du citoyen de Bergame. Ces morceaux de viande sont très-copieux, et cependant ils se vendent un sou indistinctement. Le seau vaut trois francs. On y trouve de tout, depuis le poulet truffé et le gibier jusqu'au bœuf aux choux. » (P. d'Anglemont.)

ARMOIRE A GLACE : Quatre de jeu de cartes. « Tenez sur galuchet, et de l'armoire à glace évitez la beauté. » (Alyge.)

ARNAC (à l') : Avec préméditation. (Rabasse.) — Semble une forme moderne d'*arnache*.

ARNACHE : Tromperie. (Vidocq.) — Du vieux mot *harnacher*, tromper.

ARNAUD (avoir son), ÊTRE ARNEAU : Être de mauvaise humeur. (Halbert, Rabasse.) D'*arnauder*.

ARNAUDER : Murmurer. Mot à mot : renauder à. V. *Renauder*.

ARNELLE : Rouen. (Vidocq.)

ARNELLERIE : Rouennerie. (Idem.)

ARPAGAR : Arpajon (Seine-et-Oise). — Changement de finale. (Vidocq.)

ARPETTE : Apprenti. (Rabasse.)

ARPION, HARPION : Pied. — C'est le vieux mot *arpion* : griffe, ongle. *Harpon* et *harponner* sont restés dans la langue. — « J'aime mieux avoir des philosophes aux arpions. » (E. Sue.)

ARQUEPINCER : Arrêter. V. *Arcpincer*.

ARRACHER DU CHIENDENT : Chercher une occasion de voler. C'est un pendant d'*aller au persil*. V. *Persil*.

ARRÊTER LES FRAIS : Suspendre une chose commencée. — Terme emprunté au jeu de billard où on *arrête les frais* (de location du billard) dès qu'on ne joue plus.

ARRIÈRE-TRAIN : Derrière.

Rien ne me déplaît plus par contre que
[ce crin
Dont les dames se font un faux arrière-
[train.

(H. Briollet.)

ARRIVER PREMIER : Dépasser tout concurrent. — Terme de sport. — Se prend au figuré. — « Vous êtes ravissante. Watteau et Boucher sont distancés. Vous arrivez première au charme des yeux et des cœurs. » (*Almanach du hanneton*, 67.)

ARROSER : Payer. V. *Galons* (*arroser ses*).

ARROSER : Couvrir de son enjeu, faire des sacrifices d'argent répétés. — « Un monsieur arrose le onze (à la roulette) depuis une heure et le onze n'a pas plus l'air de sortir. » (R. Milton.)

ARSENAL : Arsenic. (Vidocq.) — Changement de finale.

ARSONNEMENT : Onanisme. (Vidocq.)

ARSOUILLE : Ignoble vaurien. — Anagramme du vieux mot *souillart* qui désignait l'*arsouille* du moyen âge. La *souillardaille* était la *canaille* jadis. (V. Du Cange.) — « C'étaient des arsouilles qui tiraient la savate. » Th. Gautier.)

Arsouille se prend adjectivement. — « Je n'étais accusé que d'un mince délit et je n'avais pas l'air arsouille. » (Lacenaire, *Mémoires*, 36.)

ART POUR L'ART (faire de l') : Cultiver les arts ou les lettres sans y chercher de lucre. V. *Métier*. — « Nous avons connu ces types si étranges, qu'on a peine à croire à leur existence ; ils s'appelaient les disciples de *l'art pour l'art*. » (Murger.)

ARTHUR : Amant de cœur. — « Sa conduite lui semble la plus naturelle du monde ; elle trouve tout simple d'avoir une collection d'Arthurs et de tromper des protecteurs à crâne beurre frais, à gilet blanc. » (Th. Gautier, 45.) V. *Amant de cœur*.

ARTHUR : Homme à prétentions séductrices. — « Un haut fonctionnaire bien connu, membre d'une académie, Arthur de soixante ans. » (De Boigne.)

ARTICHAUT (cœur d') : Cœur inconstant, livré à autant de caprices que le cœur de l'artichaut compte de feuilles. — « Ton cœur est un artichaut. Donne-m'en une feuille. » (*Almanach du hanneton*, 67.)

ARTICLE (faire l') : Faire valoir une personne ou une chose comme un article de commerce. — « Malaga ferait l'article pour toi ce soir. » (Balzac.) — « Examinez-moi ça ! comme c'est cousu ! — Ce n'est pas la peine de faire l'article. » (Montépin.)

ARTICLE (être à l') : Être sur le point de mourir. Mot à mot : à l'article de la mort. — « Il est en l'article et dernier moment de son décès. » (Rabelais, *Pantagruel*, liv. III, ch. 21.)

ARTICLE (porté sur l'), fort sur l'article : Luxurieux.

ARTICLIER : « C'est un articlier. Vernon porte des articles, fera toujours des articles, et rien que des articles. Le travail le plus obstiné ne pourra jamais greffer un livre sur sa prose. » (Balzac.)

ARTIE, ARTIF, ARTIFFE, ARTON : Pain.—On écrit aussi *lartie, lartif, larton*. V. ces mots.

> En cette piolle
> On vit chenument ;
> Arton, pivois et criolle
> On a gourdement.
>
> (Grandval, 1723.)

ARTIE DE MEULAN : Pain blanc. (Halbert.)

ARTIE DU GROS-GUILLAUME : Pain noir. (Halbert.)

ARTILLEUR A GENOUX : Infirmier militaire. — Allusion au canon du clystère et à la posture que réclame sa manœuvre. —En 1718, Ph. Le Roux nomme déjà *mousquetaires à genoux* les apothicaires.

On dit aussi : *Canonnier de la pièce humide*.

ARTIS (langage de l') : Argot. (Vidocq.)

ARTISTE (trop) : « Il est trop artiste, a dit madame Lecœur. Être artiste veut dire : jeter l'argent par les fenêtres, le dépenser à tort et à travers sans compter, boire de ci et de là, courir la fillette, chanter, rire toujours. » (Privat d'Anglemont.)

ARTISTE : Vétérinaire.—Abréviation du titre connu : artiste vétérinaire. Mot à mot : Maître en *l'art* vétérinaire.

ARTISTE : Balayeur.—Il manie le pinceau (*balai*).

ARTON : Pain. V. *Artie*.

ARTOUPAN : Garde-chiourme. « Ils vous bousculent en véritables artoupans. » (Rabasse.) V. *Pésigner*.

AS (être à) : Être sans argent. (Rabasse.) Mot à mot : n'avoir qu'un sou par allusion à la valeur représentée par le point de la carte. — On dit aussi : *être dans l'as*.

AS (à l') : Au cabinet ou à la table qui porte le n° 1 dans un restaurant ou un café.—Allusion à l'unité de l'as du jeu de cartes. « Versez à l'as ! Un soda et une fine par ici. » (A. Laffitte.)

AS DE CARREAU : Officier de place. — Allusion à l'aspect lozangé de ses revers rouges.

AS DE CARREAU : Havresac d'infanterie. — Allusion à sa forme carrée. — « Troquer mon carnier culotté contre l'as de carreau ou l'azor du troupier. » (La Cassagne.)

AS DE PIQUE (fichu comme un) : Mal bâti, mal vêtu.—Jadis on appelait *as de pique* un homme nul. — « Taisez-vous, as de pique ! » (Molière.)

ASPHALTE (polir l'), *Se ballader sur l'asphalte* : Flâner sur les trottoirs (asphaltés) des rues et des boulevards. — « Y en a qui vont l'après-midi se ballader sur l'asphalte. » (*Almanach du hanneton*, 67.)

ASPHYXIÉ : Ivre-mort. Mot à mot : Asphyxié intérieurement par les émanations du liquide absorbé. Charlet a représenté un troupier contemplant un invalide penché sur une table de cabaret, avec ces mots : « L'ancien est asphyxié. »

ASPHYXIER . Boire. — C'est un synonyme d'*étouffer*, qui est employé dans le même cas.

Asphyxier le perroquet : Boire un verre d'absinthe. — Les perroquets les plus communs sont verts comme l'absinthe. V. *Perroquet*.

sphyxier le pierrot : Boire un verre de vin blanc. — Allusion de couleur. — Pierrot est blanc. — « J'étais-t-allé à la barrière des Deux-Moulins, histoire d'asphyxier le pierrot. » (*La Correctionnelle*, journal, 41.)

ASPIC : Calomniateur. (Vidocq.) — Allusion au venin du serpent. L'*aspic* des voleurs n'est que la *vipère* des honnêtes gens.

ASPIQUERIE : Calomnie.

ASSEOIR (s') : Tomber, c'est-à-dire ironiquement : *s'asseoir par terre*.

ASSEOIR (allez vous) : Taisez-vous. — Allusion à la fin obligée des interrogatoires judiciaires. — A. Dalès a fait en 57 une chanson intitulée : *Allez vous asseoir*.

ASSEYEZ-VOUS DESSUS : Imposez-lui silence.

> Asseyez-vous d'ssus,
> Et que ça finisse.
> Asseyez-vous d'ssus,
> Et n'en parlons plus.
> (Dalès, *Chansons*.)

« Ici un enfant se met à pleurer. — Donnez-y donc à téter ? — Asseyez-vous dessus ! *Une grosse voix* : N'y a donc plus d'Papavoines ? » (Marquet.)

ASTIC : Épée. — Le mot doit être ancien, car il nous a laissé le verbe *asticoter* : faire de petites piqûres. V. *Astiquer*.

ASTIC : Tripoli, mélange servant à l'astiquage des pièces de cuivre.

> Et tirant du bahut sa brosse et son astic,
> Il se mit à brosser ses boutons dans le
> [chic.
> .Souvenirs de Saint-Cyr.)

ASTICOT : Vermicelle. (Vidocq.) — Allusion de forme.

ASTIQUAGE, ASTIQUE : Nettoyage. — Le second terme est une abréviation du premier. « Au retour de la manœuvre, on endosse sa toilette d'astique. » (*Vie parisienne*, 66.)

ASTIQUÉ : Reluisant de propreté, bien tenu. — « Peste ! maître Margat, vous avez l'air d'un Don Juan... — Un peu, que je dis ! on a paré la coque... On s'a pavoisé dans le grand genre ! On est suifé et *astiqué* proprement. » (Capendu.)

ASTIQUER : Battre. Mot à mot : frapper à coups d'*astic*. V. ce mot. — Au moyen âge, *estiquer* signifiait frapper de la pointe. On dit encore *d'estoc*. — « Sinon je t'astique, je te tombe sur la bosse. » (Paillet.)

ASTIQUER : Nettoyer. — « Quand son fusil et sa giberne sont bien astiqués. » (33, Vidal.) — « Il n'a pas son pareil pour *astiquer* les cuivres. » (*Éclair*, juillet 72.)

AS-TU FINI ? Locution employée pour montrer à l'interlocuteur qu'il se met inutilement en frais pour convaincre. — C'est une abréviation de : *As-tu fini tes manières ?* qui est employé dans le même sens. — « Rires, cris : As-tu fini ?... A la porte !... Asseyez-vous dessus ! » (Marquet.)

ATIGER : Frapper. V. *Attiger*.

ATOMES CROCHUS : Éléments mystérieux d'une sympathie réciproque. — « Elle a tous les genres d'esprit, de beauté et d'humeur qui me charment ; cependant nos atomes crochus ne se conviennent pas. » (Mérimée.)

ATOUSER : Encourager. (Vidocq.) Mot à mot : donner de l'*atout*, du courage.

ATOUT : Coup grave. — « Voilà mon dernier *atout*... Vous m'avez donné le coup de la mort. » (Balzac.)

Expression de joueurs de cartes qui ont appliqué aux accidents de la vie le nom de l'ennemi qu'ils craignent le plus. — En voici un exemple superbe qui prouve l'influence de l'argot parisien sur la triomphante Allemagne. Il nous est fourni par la *Gazette de Lorraine* du 2 août, *organe officiel* (prussien), mi-français, mi-allemand, mais rédigé en entier par des Allemands : « Tous les atouts sont dans les mains de l'Allemagne. Elle en donne et n'en reçoit pas. » (1872).

ATOUT : Courage. — « Je ne me plains pas. Tu es un cadet qui a de l'atout. » (E. Sue.)

Même allusion que ci-dessus ; seulement elle est retournée. L'homme a ici l'atout dans son jeu.

ATOUT (avoir de l') : Avoir le poing solide (Colombey.) ; — avoir du courage. (Rabasse.)

ATTACHE : Liaison galante. — Abréviation d'attachement. — « Le troupier ou la bonne d'enfant disent en changeant de quartier ou de garnison : Ça m'embête parce que j'avais une attache. » (J. Choux.)

ATTACHE : Boucle. (Vidocq.) — Effet pris pour la cause. — « J'engantais sa tocquante, ses attaches brillantes avec ses billemonts. » (Vidocq.) V. *Chêne*.

ATTAQUE (d') : Vivement, spontanément.

Une homme d'attaque est un homme d'action.

ATTENDRIR (s') : Se griser. Mot à mot : s'attendrir sous l'empire d'un commencement d'ivresse. Dix minutes avant le buveur *attendri* n'était qu'*ému*. — « Le capitaine qui avait religieusement vidé son verre à chaque mot, s'attendrit. » (Th. Gautier.)

ATTIGER : Frapper, saisir. (Vidocq.) — Ce doit être un vieux mot, car l'*attingere* (atteindre) des Latins s'y retrouve presque entier.

ATTRAPAGE : Vive discussion, dispute, pugilat. — « La femme de l'adjoint se fait remarquer au marché par ses attrapages avec les vendeuses. » (*Paris comique*, 69.)

ATTRAPER : Faire un dessin semblable au modèle. Mot à mot : attraper la ressemblance. — « Elle s'éprit de l'artiste qui m'avait si bien *attrapé* et alla pleurer dans son sein sur mon indifférence. » (Marx.)

ATTRAPER : Critiquer vertement, reprocher, injurier. —

« J'en suis encore à me demander en quoi cette phrase blesse la morale; ceux qui l'ont attrapée, — style de théâtre, — devraient bien me renseigner là-dessus. » (Dumas fils, 66.)

ATTRAPER (s') : En venir aux injures ou aux coups.

Attraper l'ognon : Payer pour les autres.

ATTRAPEUR : Critique acerbe. — « Ainsi les attrapeurs, francisons le mot, ne pouvant s'en prendre à une scène hasardée, s'en prirent-ils aux mots. » (Al. Dumas fils, 66.)

ATTRIMER : Prendre. Mot à mot : *faire trimer à soi*, attirer.

ATTRIQUER : Acheter. (Vidocq.) — Mot ancien, car Du Cange lui donne un vrai pendant dans *attrosser* : vendre.

AUBER : Somme d'argent. (Vidocq.) — Jeu de mots. — *Maille* se disait jadis d'une petite *monnaie* et d'un anneau de haubert (cotte de mailles). — Au point de vue financier comme au point de vue militaire, l'*auber* était donc la réunion d'un certain nombre de mailles. V. *Fouillouse, Chêne*. — « Il a de l'aubert : il a de la fortune. » (Rabasse.)

AUMONE (voler à l') : Voler chez un bijoutier en faisant étaler chez lui de menus objets et en plaçant ceux qu'on peut détourner dans la main de faux mendiants arrêtés à la porte et auxquels on semble faire l'aumône. Ce genre est pratiqué par des femmes mises avec élégance.

AUMONIER : Voleur à l'aumône. V. ci-dessus.

AUTAN : Grenier. (Vidocq.) — Du vieux mot *hautain* : élevé. — Le grenier occupe le haut de la maison.

AUTEUR : Père. — Mot à mot : *auteur de mes jours*. — « Il est impossible de voir un auteur (père) plus chicocandard. » (Th. Gautier.) — « Il n'est pas de notre monde, mais mon auteur a la rage d'inviter des familles de marchands. » (Du Boisgobey.)

AUTOR (d') : D'autorité. — Abréviation. — Un coup *d'autor et d'achar* est irrésistible. On joint d'ordinaire ces deux mots. V. *Achar, Liquide*.

AUTOR (jouer d') : Jouer d'autorité, sans demander des cartes. — « Ah ! vous jouez d'autor ! — Yes, d'autor et d'achar. » (Boué de Villiers.)

AUTRE (l') : Napoléon Ier, c'est-à-dire l'autre souverain. Usité sous Louis XVIII. — « M. de Saint-Robert était, du temps de l'*Autre*, officier supérieur dans un régiment de la *vieille*. » (Couailhac.)

AUTRE COTÉ (femme de l') : Les étudiants appellent ainsi les lorettes habitant la rive droite, c'est-à-dire *l'autre côté* de la Seine. — « C'est Annette. C'est une femme de l'autre côté. » (*Les Étudiants*, 60.) V. *Goîtreux*.

AUVERPIN : Auvergnat. — Changement de finale. — « Est-ce qu'il n'y a pas, dans ce quartier, un brave Auverpin qui a fait des affaires ? » (Privat d'Anglemont.)

AUXILIAIRE : Détenu faisant les fonctions de domestique. —

« L'auxiliaire est l'homme de ménage du prisonnier politique. Il fait son lit, balaye la cellule et vide ce qu'il y a à vider. » (G. Guillemot.)

AVALE-TOUT-CRU : Voleur de diamants. V. *Détourne*.

AVALÉ LE PÉPIN (avoir) : Devenir enceinte. (Delvau.) — Allusion à la pomme qui causa la première faute d'Ève.

AVALER LE LURON : Communier. (Colombey.) — Allusion à la forme ronde de l'hostie.

AVALER SA CUILLER, SA FOURCHETTE, SA LANGUE, SA GAFFE : Mourir. — L'homme qui meurt ne mange, ne parle et ne navigue plus. — Le dernier terme a été trouvé, comme on s'en doute, par un marin.

AVALER SON POUSSIN : Être congédié. — Mot à mot : être *repoussé*.

AVALOIR : Gosier. (Vidocq.) — La fonction est prise ici pour la chose. — « Quand vous rincez votre avaloir, vous êtes prié de quitter le comptoir. » (*La Maison du lapin blanc*, 58.) Caillot, dans son *Dictionnaire proverbial* (29), écrit *avaloire* (gorge, gosier), et donne cet exemple, sans préciser la source : « Je le vois. Quelle avaloire ! » (*Théâtre italien*.)

AVANCÉ : Voulant le progrès quand même. — « Il se distinguait par des idées avancées. » (Villemot.)

On dit aussi : *C'est un avancé.*

AVANTAGES, AVANT-CŒUR, AVANT-MAIN, AVANT-SCÈNES : Seins. — Quadruple allusion à leur saillie, à leur avancement naturel. — « De l'avant-main, petite bouche et lèvres de carmin. » (A. Belot.) — « N'étouffons-nous pas un petit brin ? lui dit-il en mettant la main sur le haut du busc ; les avant-cœur sont bien pressés, maman. » (Balzac.) — « C'est trop petit ici : la société y sera comme les avantages de madame dans son corset. » (Villemot.)

AVERGOT : Œuf. (Vidocq.)

AVOINE (donner de l') : Fouetter un cheval. (Delvau.) — Ironie.

AVOIR A LA BONNE, AVOIR CELUI, AVOIR DANS LE VENTRE, AVOIR DU BEURRE, DU CHIEN, etc., etc. V. *Bonne, Celui, Ventre, Beurre, Chien*, etc. Le verbe *Avoir* nous a paru ici l'accessoire et non le principal.

AVOIR RIEN DU COTÉ GAUCHE (n'), *N'avoir rien sous le téton gauche* : Manquer de cœur, n'avoir pas de cœur. — « Les femmes n'ont plus rien du côté gauche, du coton tout au plus. » (L.-G. Jacques, 68.)

AZOR : Sac d'infanterie. — Son pelage lui a fait donner le nom de chien. — « Le mauvais drôle avait vendu son havre-sac, qu'il appelait son Azor. » (Vidal, 33.) — « Lorsqu'il s'est agi de mettre Azor sur les épaules, j'ai cru qu'on l'avait bourré de cailloux. » (*Commentaires de Loriot*.)

A cheval sur Azor : Sac au dos. — Un fantassin en route dit qu'il part *à cheval sur Azor*.

AZOR : Chien. — On dit : *Madame et son Azor*, quand même il s'appellerait de tout autre nom, tellement celui-là s'est répandu, sans doute à cause du succès de l'ancien opéra de Grétry, *Zémire et Azor.*

AZOR (appeler) : Siffler un acteur sans plus de façon qu'un chien. — « Dites donc, madame Saint-Phar, il me semble qu'on appelle Azor. » (Couailhac.)

AZTÈQUE : Petit et chétif comme cette peuplade de l'ancienne Amérique. — « Péreire m'a fermé la porte au nez. C'est un Aztèque. » (About.)

B

BABILLARD : Confesseur. (Vidocq.) — Allusion aux efforts persuasifs des aumôniers de prison.

BABILLARD, BABILLARDE, BABILLE : Livre, lettre. — Le dernier mot est une abréviation. Comparaison de leur lecture au *babillage* d'une personne qui cause sans s'arrêter. — « Ma largue part pour Versailles aux pieds de Sa Majesté ; elle lui fonce un babillard pour me faire défourailler. » (Vidocq.)

BABILLER : Lire. (Vidocq.) — Même comparaison.

BAC : Baccarat. — Abréviation. — « La musique n'arrivant pas, on a taillé un petit bac pour prendre patience. » (A. Second.)

BACCHANTES (les) : Les favoris, la barbe. (Rabasse.)

BACHASSE : Galère. — Augmentatif de *bac* : bateau. — « En bachasse, tu pégrenneras jusqu'au jour du décarement. » (Vidocq.)

BACHE : Enjeu. V. *Bachotteur.*

BACHI-BOUZOUCK : Soldat irrégulier. — Mot turc francisé depuis la guerre de Crimée où l'armée turque comptait beaucoup de bachi-bouzoucks. — « Le Pays, le bachi-bouzouck de l'armée impériale, est bonapartiste par conviction. » (*Figaro*, 75.)

BACHO : Cette abréviation de *bachelier* désigne indifféremment : 1° le bachelier. On dit, je suis bacho. 2° L'examen du baccalauréat. On dit : *il prépare son bacho, il passe son bacho.* 3° L'aspirant bachelier. 4° L'école préparatoire au baccalauréat. V. *Potasser, Cornichon.*

BACHOTTER : Escroquer au jeu de billard.

BACHOTTEUR : Filou chargé du rôle de compère dans une partie de billard à quatre. Il règle la partie, tient les enjeux ou *baches* et paraît couvrir la dupe de sa protection. Les deux autres grecs sont *l'emporteur*, chargé de lier conversation et la *bête* qui fait exprès de perdre au début pour l'allécher. (Vidocq.)

BACKER. V. *Bookmaker.*

BACLER : Fermer. — (Vidocq.) — Vieux mot.

BACON : Pourceau. (Idem.) —

Vieux mot encore usité dans nos campagnes de l'Est.

BADERNE (vieille) : Personne qui n'est plus bonne à rien.—Ce terme nous vient de la marine où *baderne* se dit d'une sorte de paillasson fait de vieux cordages.

BADIGEONNER (se) : Se garder excessivement la figure. Mot à mot : se badigeonner comme un mur.

BADINGUISTE, BADINGOUIN : Bonapartiste. — « Le reporter d'une feuille non moins badingouine qu'hystérique. » (*Tam-Tam*, 75.) — Du sobriquet de *Badinguet*, (*Badingue* par abrév.) donné à Napoléon III dès le début de l'Empire. *Badinguet* était, paraît-il, le maçon sous la blouse duquel le prince avait fui sa prison de Ham. Quoi qu'il en soit, ce sobriquet devint fort populaire. Si on s'en servait par ironie dans l'opposition, on l'employait sans malice dans le peuple et dans l'armée. En 1870, lors de la démonstration qu'on fit sur Sarrebruck, je demandais à un soldat resté en gare de Saint-Avold si l'empereur était à Forbach : « Oui, dit-il tout naturellement, Badinguet est arrivé. » —V. *Capitulard*.

BADOUILLARD : « Pour être badouillard, il fallait passer trois ou quatre nuits au bal, déjeuner toute la journée et courir en costume de masque dans tous les cafés du quartier Latin jusqu'à minuit. » (Privat d'Anglemont.) —Le badouillard fut de mode de 1840 à 1850.

BADOUILLE : Mari qui se laisse mener par sa femme. (J. Choux.)

BADOUILLER : Faire le badouillard.

BADOUILLERIE : Art de badouiller. — « La badouillerie est la mort des sociétés de tempérance. » (44, *Catéchisme poissard*.)

BAFRE (mettre une) : Donner un soufflet. (Rabasse.)

BAGATELLES DE LA PORTE : Parade destinée à faire entrer le public dans une baraque de saltimbanque. — Désigne aussi : toute chose accessoire donnée comme insignifiante à côté de celle qui doit suivre. — « *S'amuser aux bagatelles de la porte; c'est regarder les parades d'un polichinelle.* » (Caillot, 29.) V. *Postiche*.

BAGOU, BAGOULT : Verve, faconde, volubilité extrême.—Du vieux mot *bagouler*, parler. L'ancien catalan a *bagol* : babil, bavardage. En Provençal, on dit *bagoul*.

Nos différents auteurs ne s'accordent guère sur la signification précise de ce mot. 1º Nodier trouve dans le *bagou* une « langue factice dont le secret consiste à former des phrases composées de mots étonnés d'être ensemble et qui ne présentent aucune espèce de sens. » — 2º Il est défini ainsi par Balzac : « Ce mot (*bagou*), qui désignait autrefois l'esprit de repartie stéréotypée, a été détrôné par le mot *blague*. » — 3º M. Francisque Michel se contente de dire : « *Bagou*: bavardage, jactance. » — 4º Auguste Luchet paraît être de l'avis de Nodier dans cet exemple : « Tout un argot enfin, tout un *bagou* barbare et vieux même à Bobino. » (Luchet.)

BAGOU : Nom propre. (Vidocq.)

BAGUE : Nom propre. Vidocq.) — Abréviation de *bagou*.

BAHUT : Petit logement. — « Et moi je ne lui paye peut-être pas son bahut, à Milie ? Quoi qu'elle a à se plaindre ? » (Monselet.)

BAHUT : Pension, institution académique. — « Je te croyais au bahut Rabourdon. Jamais j'aurais pensé qu' t'étais devenu potache. Et Furet, as-tu de ses nouvelles ? en v'là un bahuteur. Il a fait la moitié des bahuts au Marais et une douzaine au moins dans la banlieue. » (*Les Institutions de Paris*, 58.) V. *Potasser*.

BAHUT PATERNEL : Quelques fils de famille disent, par extension : le *bahut paternel*, en parlant du logis de leurs *auteurs*.

BAHUT SPÉCIAL : École spéciale militaire de Saint-Cyr. — « L'École de Saint-Cyr ! j'ai le bonheur d'être admis à ce bahut spécial. » (La Cassagne.)

BAHUTÉ : Ceci est bahuté : Ceci a le *chic* troupier (digne du bahut spécial).

BAHUTER : Faire tapage. Terme propre aux élèves de Saint-Cyr.

BAHUTEUR : Tapageur. — Vient du vieux mot *bahutier*. — « Quand un homme fait plus de bruit que de besogne, on dit qu'il fait comme les bahutiers. Car, en effet, les bahutiers, après avoir cogné un clou, donnent plusieurs coups de marteau inutiles avant d'en cogner un autre. » (P. Le Roux, 1718.) — « Cette écorce rude et sauvage qui allait au *bahuteur* de Saint-Cyr. » (La Barre.)

BAHUTEUR : Écolier nomade, coureur de pensions ou *bahuts*. V. ce mot.

BAIGNEUSE : Chapeau de femme. — Du nom d'une coiffure à la mode vers la fin du siècle dernier.

BAIN DE PIED : Excédant de liquide versé pour faire bonne mesure ; il déborde et fait prendre à la tasse ou au verre un *bain de pied* dans la soucoupe. De là le mot.

BAIN DE PIED (prendre un) : Être déporté à Cayenne.

BAISSIER : Homme spéculant à la Bourse sur la baisse des fonds publics. — « Les baissiers ont fait répandre le bruit que M. Thiers est très-souffrant. » (*Liberté*, 7 juin 72.) — « Voici comment opèrent les baissiers. Sans avoir d'actions, ils en vendent des quantités plus ou moins considérables, suivant le crédit dont ils peuvent disposer. Or, plus une marchandise est offerte, plus son cours baisse. Quand les actions sont descendues à un cours inférieur à celui auquel ils les ont vendues, ils les rachètent et gagnent ainsi la différence. » (Calemard de Lafayette.)

BAITE : Maison. — « Jorne et sorgue, tu poisseras boucart baïte chenument. » (Vidocq.)

BALADE : Flânerie, promenade. — On dit : *être en balade, faire une balade.*

BALADER : Chercher, choisir. (Colombey.)

BALADER (se), ÊTRE EN BALADE : Flâner. — Du vieux mot *baler* : se divertir — « Je suis venu me balader sur le trottoir où j'attends Milie. » (Monselet.)

BALADER : Choisir, chercher. (Vidocq.) — Même racine. Le choix comporte toujours un déplacement.

BALADEUR, BALADEUSE : Fainéant, coureuse. — « Elle t'a trahi sans te trahir. C'est une baladeuse, et voilà tout. » (G. de Nerval.)

BALADEUSE : Voiture de bimbelotier forain. Elle court sans cesse la campagne.

BALAI : Gendarme. (Vidocq.) — On appelle de même *raclette* une ronde de police; elle racle comme la gendarmerie balaie.

BALAI (donner du) : Mettre quelqu'un à la porte. Le Dictionnaire de P. Leroux (1718) a dans le même sens : *donner du manche à balai.*

BALANCEMENT : Renvoi. — « Le conducteur de diligence appelle son renvoi de l'administration un balancement. » (J. Hilpert, 1841.)

BALANCER : Berner quelqu'un, lui faire perdre son temps. Mot à mot : lui conter des *balançoires.* V. ce mot.

BALANCER : Jeter au loin. — On sait que l'action de balancer imprime plus de force à une projection. V. *Litrer, Escrache.*

BALANCER, ENVOYER A LA BALANÇOIRE : Congédier, renvoyer. — « J'ai conservé provisoirement les anciens employés; quand ils auront formé les patriotes, nous les balancerons. » (Delahodde, 1850.) — « Elle m'a traité de mufle. Alors il faut la balancer. » (Monselet.) — « Làdessus v'là mon Chinois qui se fâche... Je l'envoie à la balançoire. » (Idem.)

On dit aussi *exbalancer.* — « Je vais les payer et les exbalancer à la porte. » (Vidal, 1833.)

BALANCER SON CHIFFON ROUGE : Parler. Mot à mot : remuer la langue.

BALANCER SA CANNE : Voler, se mettre à voler. Mot à mot : rompre son ban. V. *Canne.*

BALANCER SES CHASSES : Regarder à droite et à gauche. V. *Chasses.*

BALANCER SA LARGUE : Quitter sa maîtresse.

BALANCER SES HALÈNES : Cesser de voler, jeter ses outils de voleur. V. *Halène.*

BALANCER UNE LAZAGNE : Adresser une lettre. V. *Lazagne.*

BALANCIER (faire le) : Attendre quelqu'un. (Rabasse.)

BALANÇOIR, BALANÇON : Barreau de fenêtre. (Vidocq.)

BALANÇOIRE (envoyer à la). V. *Balancer.*

BALANÇOIRE : Mystification. — « Le rappel des acteurs est devenu une mauvaise plaisanterie et dégénère en véritable balançoire. » (De Jallais, 1854.)

BALANÇOIRE : Mensonge,

conte en l'air. — « Non, monsieur ! je n'avais pas fait un accroc. — C'est une balançoire » (P. de Kock.) V. *Balancer.*

BALAYER : Se dit des femmes qui marchent sans relever une jupe longue, formant queue et balayant le terrain.

BALAYEUSE : Femme marchant comme ci-dessus. — « Te verra-t-on au concert des Champs-Elysées ? Il y a en ce moment une collection de balayeuses. » (E. Villars.)

BALAYEUSE : Longue redingote balayant la terre. — « Une redingote noisette, dite balayeuse, dont la jupe drapée en tuyaux d'orgue, ondoyait à chaque mouvement. » (Villemessant.)

BALLE : Tête. — Comme *boule* et *coloquinte*, *balle* fait allusion à la rondeur de la tête. — « Tu fais bien ta tête. Est-ce que ma balle ne te va pas ? dit-il à la maîtresse du chevalier. » (Macaire, 1833.)

Bonne balle : Tête ridicule.

Rude balle : Tête énergique, caractérisée.

Balle d'amour : Jolie figure. (Vidocq.)

BALLE : Franc. — Allusion à la forme ronde d'une pièce de monnaie. — « Je les ai payées 200 francs. — Deux cents balles, fichtre ! » (De Goncourt.)

BALLE (être rond comme) : Avoir bu et mangé avec excès. V. *Rond.*

BALLE DE COTON : Coups de poing. — Allusion aux gants rembourrés des boxeurs. — « Il lui allonge sa balle de coton, donc qu'il lui relève le nez et lui crève un œil. » (*La Correctionnelle*, 1841.)

BALLON : Derrière. — Enlever le ballon : donner un coup de pied au derrière. — « Inutile de faire remarquer l'analogie qu'il y a ici entre la partie du corps ainsi désignée et une peau gonflée de vent qu'on relève du pied. » — (Fr. Michel.)

BALLON : « Ce mot est du domaine de la chorégraphie. Le ballon consiste à s'enlever de terre avec une grande vigueur de jarrets, et à retomber mollement et avec grâce sur les pointes, si c'est possible ; madame Montessu est un des premiers ballons connus. » (J. Duflot, 1865.)

Bien que l'image présentée ici paraisse être celle d'un ballon s'élevant du sol, c'est dans la légèreté traditionnelle de M. et Mme Ballon, célèbres danseurs de ballet sous Louis XIV, qu'il faut chercher l'origine du mot. Un *Dictionnaire de la danse* du siècle dernier le constate bien avant l'invention des aérostats.

BALLON (se donner, se pousser du) : Porter une crinoline d'envergure exagérée, faire ballonner sa jupe.

BALLON (se lâcher du) : S'enfuir avec la vitesse d'un aérostat. — « Tu te la casses, il se pousse de l'air ou il se lâche du ballon, nous fendons notre équerre ou nous affûtons nos pincettes, vous vous déguisez en cerf ou vous graissez le tourniquet, ils pincent leur télégraphe ou ils accrochent leur tender. » (Villars.)

BALOCHARD, BALOCHEUR :

« Le balochard représente surtout la gaieté du peuple; c'est l'ouvrier spirituel, insouciant, tapageur, qui trône à la barrière. » (T. Delord.) V. *Balocher.*

Pardon! pardon! Louise la Balocheuse,
De t'oublier, toi, tes trente printemps,
Ton nez hardi, ta bouche aventureuse,
Et tes amants plus nombreux que tes
    dents.   (Nadaud.)

BALOCHARD : Personnage de carnaval. — C'était une variété du *chicard*, avec un feutre défoncé pour casque. A la mode comme lui de 1840 à 1850.

BALOCHER : « C'est quelque chose de plus que flâner. C'est l'activité de la paresse, l'insouciance avec un petit verre dans la tête. » (T. Delord.) — Augmentatif du vieux mot *baler* : se divertir.

BALOCHER : S'occuper d'affaires véreuses. (Vidocq.)

BALOCHEUR, BALOCHEUSE. V. *Balochard.*

BALOUF : Très-fort. — « La satonnade roule à balouf. » (Rabasse.)

BALTHAZAR : Repas plantureux. — Allusion au fameux repas biblique. — « Je vais me donner une bosse et faire un *balthazar* intime. » (Murger).

« *Maria.* Ah! voilà le *balthazar* qui arrive.
 — *Eole.* Comment appelez-vous ça?
 — *Maria.* Un balthazar... et vous?
 — *Eole.* Moi, j'appelle ça un déjeuner, tout bonnement. » (Barrière.)

BALUCHON : Paquet. (Vidocq.) Mot à mot : petit ballot. V. *Paqueçin.*

BANBAN : Personne de petite taille, aux membres noués. — Abréviation redoublée de *bancroche* : rachitique. — « J'entrai chez Dinah, jolie petite brune un peu banban. » (Céleste Mogador.)

BANCAL : Sabre courbe. — Allusion aux jambes arquées du *bancal.* — « Voilà M. Granger qui apporte le bancal. » (Gavarni.)

BANCO, BANCOT, BANQUO (faire) : Tenir tout l'argent placé par le banquier devant lui. — Terme de lansquenet. — « Certains joueurs arrivent avec dix louis; ils font des *banco* de cent, deux cents, trois cents louis. » (A. Karr.) — « Il se trouvait sans argent, et dit à M. de Maucroix qu'il faisait *bancot* sur parole. » (Dumas fils, *le Demi-Monde.*)

Un coup trop incertain fait soupirer le
    ponte,
Mais un hardi banquo tout à coup le
    remonte.   (Alyge, 1854.)

BANDE (coller sous) : Acculer dans une situation difficile. — Terme de billard. — « Oui, nous voilà collés sous bande. Ah! nous nous sommes bien blousés. » (L. de Neuville.)

BANDE NOIRE : Association occulte de spéculateurs réunis dans le but de morceler et vendre en détail de grandes propriétés. — « Alors la bande noire achetait vos palais pour les revendre au détail. » (*Rienzi*, 1825.)

BANNIÈRE (être en) : N'avoir qu'une chemise flottante pour vêtement. — Le mot date du temps où notre bannière était blanche.

BANQUE : Réunion de saltimbanques

BANQUE : Opération dont la valeur réelle est déguisée dans le but d'exploiter le public. — De *banc* : tréteau de charlatan. — « Ah ! c'est une bonne banque. » (Labiche.)

BANQUE : Payement des ouvriers imprimeurs. V. *Salé*.

BANQUE (être de la) : Etre d'accord pour escroquer. (Rabasse.)

BANQUE (faire la) : Allécher le client. Terme employé par les camelots vendant sur la voie publique.

BANQUE (faire une) : Imaginer une ruse pour duper. (Colombey.)

BANQUETTE : Menton. (Vidocq.) — La saillie du menton forme en effet banquette au bas du visage.

BANQUISTE : Faiseur de *banques*, saltimbanque. — « Adieu, z'agréables banquistes, je n' peux plus frayer avec vous. »(Festeau.)

BANQUO. V. *Banco*.

BAPTÊME (se mettre sur les fonts du) : Se mettre dans l'embarras. — « Nous ne voulons enquiller chez aucun tapissier, c'est se mettre sur les fonts du baptême. »(Vidocq.) — En argot, *parrain* veut dire témoin à charge. On s'expose donc au parrain en se mettant sur les fonts du baptême. V. *Parrain*.

BAQUET DE SCIENCE : Baquet de cordonnier. — « Elle a été débarbouillée dans le baquet de science, où trempent le cuir et la poix. » (H. Lierre.)

BAQUET INSOLENT : Blanchisseuse. (Halbert.) Allusion au baquet professionnel. Les blanchisseuses passent pour avoir le verbe haut. Colombey donne *baquet insolpé*, (c'est *insolent* avec changement de finale).

BARANT : Ruisseau. (Colombey.) Il barre.

BARAQUE : Mauvaise maison, établissement mal administré. — « J' suis dans une mauvaise baraque, chez des avaricieux qui me coupent le pain pour mon dîner. » (Marco - Saint - Hilaire, 1841.) — « Il y a longtemps que vous êtes au service de Madame ? — Un mois. — Est-ce une bonne maison ? — C'est z'une vraie baraque. » (M. Perrin, 1847.)

BARBAUDIER : Guichetier. (Vidocq.) — Pour *barbotier*. V. ce mot.

BARBE (avoir de la barbe) Vieillir. V. *Pipe (casser sa)*. — On dit d'une histoire déjà connue : *elle a de la barbe*.

BARBE (prendre la), AVOIR SON EXTRAIT DE BARBE : S'enivrer. — « La Saint-Jean d'hiver, la Saint-Jean d'été, la Saint-Jean-Porte-Latine, le moment qui commence les veillées, celui qui les voit finir, sont autant d'époques où (pour les compositeurs d'imprimerie) il est indispensable de prendre la barbe » (Ladimir.) — « L'un d'entre eux, qui avait déjà son extrait de barbe, chancelle. » (Moisand, 1841.)

BARBEROT : Barbier. (Vidocq.) — Dimin. de *barbier*.

BARBET (le) : Le diable. — « Mon cher camerluche, me voilà enfin décarré, par la grâce du mek ou du barbet. » (Rabasse.)

BARBICHE : Large bouquet de poils couvrant et dépassant le menton. — « En ce temps-là, Boudefer, lieutenant aux dragons, et possesseur d'une taille de guêpe et d'une barbiche soyeuse. » (Marx.)

BARBICHON : Moine. (Colombey.) Allusion à sa barbe.

BARBILLON, BARBILLE, BARBEAU : Souteneur de filles. V. *Mac.*

BARBISTE : Elève ou ancien élève de l'institut de Sainte-Barbe. — « Jurez, Lexoviens, Barbistes, Moinillons et Ludovicistes, vous viendrez célébrer en frères les haricots de Montaigu. » (Léger, 1819.)

BARBOT : Canard. (Vidocq.) — Il barbote volontiers.

BARBOT : Vol. — Allusion à l'action des doigts, fouillant dans une poche, comme le bec du canard *barbote* dans un trou. — « Je fis le barbot et je m'emparai de quelques pièces de vingt et quarante francs. » (Canler.)

BARBOTE : Fouille des prisonniers avant leur incarcération.

BARBOTER : Voler. (Vidocq.) Mot à mot : faire le barbot. — « Tous deux en brav's nous barbotions, d'or et d'billet nous trouvons un million. » (Paillet.)

BARBOTER : Fouiller. (Rabasse.)

BARBOTEUR : Voleur.

BARBOTIER : Guichetier ; il fait la *barbote* des détenus.

BARBUE : Plume. (Vidocq.) Allusion à sa barbe. V. *Arguemine.*

BARON DE LA CRASSE : Se dit d'un homme mal bâti, habillé ridiculement, et qui se donne des manières de cour. (Caillot, 1829.)
Poisson a fait une pièce intitulée *le Baron de la Crasse.*

BARONIFIER : Donner le titre de baron. On peut appliquer à la formation de ce mot nouveau la remarque que nous avons faite à propos d'*archi.* « D'Aldrigger fut alors baronifié par S. M. l'empereur. » (Balzac.)

BARRE : Aiguille. (Vidocq.) — Ironie.

BARRE : Comparaison des machoires aux barres de cheval. — « Ne compte que sur le liquide pour te rafraîchir les barres, cavalièrement parlant. » (A. Lecomte, 61.)

BARRER : Rompre, cesser une affaire. (Rabasse.)

BARTHOLO : Surveillant, vieux et jaloux. — Surnom dû au succès du *Barbier de Séville*, pièce où le tuteur incommode se nomme Bartholo. — « Nos mondaines Parisiennes... pourront défier ensuite les Bartholo les plus adroits. » (Figaro, 75.)

BAS BLEU : Femme auteur, ou affichant des goûts littéraires. — Anglicanisme. — Au siècle dernier, lady Montague, dont le salon était des plus littéraires, aurait déclaré que les touristes pouvaient s'y présenter en tenue de voyage et en bas bleus. Selon d'autres, elle portait elle-même des bas bleus, ce qui lui aurait valu, de la part d'un amant congédié, le poëte Pope, le sobriquet de *blue stocking*, bas bleu. — « Voyez-la donc dans la rue, trottinant les coudes serrés contre la taille, la tête haute, le regard baissé, un manuscrit sortant de son cabas; voyez dans cette vieille chaussure ce bas qui se déroule; est-ce un bas bleu ? C'est un bas sale! Tope là! vous avez l'origine du mot. C'est la grande habitude des femmes de lettres de ne jamais s'occuper de ces minces détails de la vie de chaque jour. » (Jules Janin.) — « Molière les appelait les femmes savantes, nous les avons nommées bas bleus. » (Fr. Soulié.)

Bas bleu a même droit de cité dans des sphères plus hautes, si nous en croyons ces lignes : « La comtesse de Liéven, *bas bleu* politique de la plus haute distinction. » (H. de Viel-Castel.)

BAS DE BUFFET (vieux) : Vieille femme à prétentions. (Delvau.)

BAS DU CUL : Homme de petite taille.

BAS DU DOS : Postérieur.

BAS PERCÉ (être) : Etre dans l'indigence. — Du temps des culottes courtes, un bas percé se voyait, et il fallait être bien misérable pour ne pouvoir payer la ravaudeuse.

BASANE : Amadou. (Colombey.) — L'amadou ressemble assez à une vieille peau de basane.

BASANE : Peau humaine. — Animalisme.

BASE : Derrière. — Ne se dit que d'un homme assis, car s'il était debout, l'allusion ne serait plus justifiée. — « Les brusques mouvements de l'animal qui souvent écorchent votre base. » (A. Lecomte, 1861.)

BASE (se porter sur la) : S'aligner. — Abréviation de : se porter sur la base de l'alignement. — « Prenez un pinceau et portez-vous sur la base, » dit un brigadier de semaine aux hommes désignés pour la corvée du balayage. (Idem.)

BASILE : Fourbe hypocrite, calomniateur. — Du nom d'un personnage du *Barbier de Séville*. — « Après 1830, on se déguisait beaucoup en Basile. » (Privat d'Anglemont.) — « Son premier soin sera d'envoyer promener les Basiles. » (L. Bienvenu.)

BASOURDIR : Assommer. — (Vidocq.) — Abrév. d'*abasourdir*.

BASSIN, BASSINOIRE : Importun.

Allons, vieux bassin,
Avez vous fini vos manières ?

(Becquet, *chansons*.)

BASSINER : Importuner. Mot à mot : échauffer comme une bassinoire. — « Il me bassine, cet avoué. » (Labiche.)

BASSINOIRE : Grosse montre de cuivre. Moins le manche, elle offre un diminutif assez exact de la bassinoire classique. — « C'était une vénérable montre de famille, dite bassinoire. » (Champfleury.) V. *Bassin*.

BASTRINGUE : Scie à scier le fer. (Halbert.)

BASTRINGUE : Étui conique en fer d'environ quatre pouces de long sur douze lignes de diamètre, contenant un passe-port, de l'argent, des ressorts de montre dentelés pour scier un barreau de fer. (Vidocq.) — Les malfaiteurs arrêtés cachent dans leur anus cette sorte de nécessaire d'armes, qui doit être introduit par le gros bout. Faute de cette précaution, il remonte dans les intestins et finit par causer la mort. Un détenu périt il y a quelques années de cette manière, et les journaux ont retenti du nombre prodigieux d'objets découverts dans son bastringue, après l'autopsie.

BATAILLE (chapeau en) : Chapeau à cornes tombant sur chaque oreille. Mis dans le sens contraire, il est *en colonne*. — Terme de manœuvres militaires. — « Les uns portent d'immenses chapeaux en *bataille*, les autres de petits chapeaux en *colonne*. » (La Bédollière.)

BATEAU : Souliers. — Allusion de forme. — « Je lui dis : Antoine, t'as pris mes bateaux ; je me jette sur lui et je trouve mes souliers. » (*La Correctionnelle*, 1841.) Se dit aussi d'un soulier énorme. — « Il chausse aussi cette excellente marquise.., une frégate. Eh bien ! il y a des jours où, ma parole, ce n'est guère plus grand qu'un bateau. » (E. Villars.)

BATEAU (mener en) : Escroquer.

BATH (du) : De l'or, de l'argent. (Rabasse.)

BATH : Bon et beau. — Abréviation de *batif* : joli. — « Nous avons fait un lansquenet un peu bath cette nuit. » (A. Vitu.)

BATIF, BATIFONNE : Neuf, neuve, joli, jolie. (Vidocq.) — De *battant* avec finale changée.

BATIR : Etre enceinte. (J. Choux.) — Mot à mot : bâtir un enfant.

BATON CREUX : Fusil. (Halbert.) — Vieux mot. — Au moyen âge les armes et bouches à feu s'appelaient *bastons à feu*.

BATON MERDEUX : Homme de relations difficiles. — Mot à mot : homme semblable à un bâton merdeux qu'on ne sait par quel bout prendre. — « Bâton merdeux, homme brusque qui repousse tous ceux qui s'adressent à lui. » (Dhautel.)

BATOUSE : Toile. (Grandval.) — « La batouse à limace est plus chenue aussi. » (Rabasse.)

BATTAGE : Mensonge. V. *Batterie*.

BATTANT : Cœur. (Vidocq.) Mot imagé. — Le battant est le cœur à son état ordinaire. Il ne mérite pas encore le nom de *palpitant*.

BATTANT, BATTANTE : Neuf, neuve. (Idem.) On a conservé l'expression de *battant neuf*.

BATTANT : Gosier. V *Pivois*. — *Se pousser dans le battant* : boire. — *Rien dans le battant* : je suis à jeun.

BATTANT : Langue. — Allusion au battant de la cloche. —

On dit d'une bavarde qu'elle a un bon battant.

BATTANTE : Cloche. Elle bat les heures. — « Ho ! les amis, sept plombes qui crossent à la battante d'Elisabeth ! » (*Catéchisme poissard*, 1844.)

BATTERIE, BATTAGE : Mensonge. (Vidocq.)

BATTEUR : Menteur. (Idem.)

BATTEUR DE DIG DIG : Voleur simulant une attaque d'épilepsie dans un magasin pour que ses compères volent plus à l'aise. (Colombey.)

BATTOIR : Main large, main de claqueur, sonore comme un battoir de blanchisseuse. — « Dieu ! la belle tragédienne ! En avant les battoirs ! » (L. Reybaud.)

Mais les battoirs du parterre
Font un tel bruit de tonnerre.
(*Rienzi*, 1826.)

BATTRE : Tromper. (Vidocq.)

BATTRE L'ANTIFLE : Battre le pavé, marcher. V. *Antiffe*.

BATTRE L'ENTIF : Espionner. (Rabasse.) — Forme moderne du mot précédent.

BATTRE LE BRIQUET : Rapprocher les jambes en marchant, ce qui produit un frottement analogue au battement du briquet.

BATTRE COMTOIS : Jouer le rôle de compère. (Colombey.)

BATTRE COMTOIS, BATTRE JOB : Faire le niais. (Vidocq.) V. *Comtois, Job*.

BATTRE EN DUEL (se) : On dit des yeux louches qu'ils se *battent en duel*. — Allusion à leur rencontre. — On dit aussi de petites portions offertes sur un grand plat, qu'elles *se battent en duel*. — Allusion à l'espace sur lequel elles se meuvent par trop librement.

BATTRE LA PAUPIÈRE (s'en) ? Ne faire aucun cas d'une chose. — C'est un synonyme de *s'en battre l'œil*. — « Moustache ou barbe, je m'en bats la paupière... Il faut qu'un homme pèse deux cents ; s'il ne pèse pas deux cents, c'est pas la peine de se déranger. » (A. Scholl.)

BATTRE MORASSE : Crier au secours. V. *Morasse*.

BATTRE SA FLEMME : Paresser. V. *Flemme*.

BATTRE SON QUART : Raccrocher. V. *Quart*.

BAUCHER : Se moquer. (Colombey.)

BAUCOTER : Agacer. (Idem.)

BAUDE : Mal vénérien. (Vidocq.) — Du vieux mot *baude* : débauché. — La *baude* serait donc la débauchée, c'est-à-dire le mal de la débauche.

BAUDRU : Fouet. — Du vieux mot *baudre* : qui a fait *courroie, baudrier*.

BAUGE : Coffre. (Grandval.)

BAUGE : Ventre. (Colombey.) — Animalisme.

BAUME D'ACIER : Instrument de chirurgie. — Moyen ironique de faire entendre que tous les baumes du monde ne peuvent dispenser d'une opération. — « Quant aux dents, si gâtées qu'elles soient, il n'est pas de dentifrice qui ne leur promette de les mettre à l'abri du baume d'acier. » (*Le Nil*, journal, août 1872.)

BAUSSE, BAUSSERESSE : Patron, patronne.

BAVARDE : Langue. (Rabasse.)

BAVAROISE AUX CHOUX : Verre d'absinthe et d'orgeat. — « On nous apporte deux bavaroises aux choux. Nous en étouffons encore deux autres. » (Monselet.)

BAVER : Parler. Abréviation de *bavarder*.

BAYAFE : Pistolet. — C'est un vieux mot languedocien qui veut dire *souffleur*. Or, *soufflant* veut dire aussi *pistolet*. V. *Soufflant*. — « On peut remoucher les bayafes. Alors le taffetas les fera dévider et tortiller la planque où est le carle. » (Vidocq.) On dit aussi *bayafre*.

BAYAFER : Fusiller. (Colombey.)

BAYONNETTE INTELLIGENTE : Garde national et par extension militaire s'occupant de politique. — Le mot date de 1848, et a été dans l'origine une flatterie maladroite qu'on a ridiculisée. — « Notre horreur des bayonnettes intelligentes est telle que nous voudrions... » (Saint-Genest, 75.)

BAZAR : Maison chétive. — « Petit bazar entre cour et jardin. » (Labiche.)

BAZAR se dit aussi par ironie d'un établissement quelconque. — « Si tu ne veux pas ouvrir ta boîte, dis-le! Allons chercher un autre bazar. » (Cavaillé.)

BAZAR : Mobilier. — Mot contemporain de notre entrée en Afrique. — « J'ai vendu la moitié de mon bazar pour payer le médecin. » (E. Sue.)

BAZARDER : Vendre. — « L'autre semaine je vous ai encore bazardé trois pendules, même que vous avez été trop rat et que j'ai été refait dans le dur. » (Du Boisgobey).

BEAU : Homme à la mode. — « Le *beau* de l'Empire est toujours un homme long et mince, qui porte un corset et qui a la croix de la Légion d'honneur. » (Balzac.)

BEAU (vieux), ex-beau : Vieil homme ayant conservé des prétentions à une grande élégance. — « Un vieux chef de division, ancien beau, sonne son huissier. » (*Figaro*, 75).

BEAU DU JOUR : Élégant, homme à la mode. — Le beau du jour reçoit d'autres noms qui varient avec le temps. Depuis Louis XVI on l'a successivement appelé *petit-maître*, *incroyable*, *merveilleux*, *fashionable*, *dandy* *mirliflor*, *gant jaune*, *lion*, *gandin*, *petit crevé*, *gommeux*, etc.

BEAU FILS. — Jeune beau.

BEAUCE, BEAUCERESSE : Revendeur, revendeuse du marché du Temple.

BEAUSSE : Riche bourgeois. (Colombey.)

BEAUTÉ (la) : Le sexe féminin, fût-il aussi laidement représenté que possible.

BEAUTÉ DU DIABLE : Se dit de la fraîcheur de la jeunesse et non de la beauté. Vénus n'y est ici pour rien. « Elles ont ce qu'il est convenu de nommer la beauté du diable, ce qui veut dire de la jeunesse. » (P. de Kock.)

BÉBÉ : Poupard. — De l'anglais *baby*. — Emma arriva au sortir du bal de la Porte-Saint-Martin, en costume de bébé. » (*Ces Dames*, 1860.) — M. Gustave Droz a fait un livre intitulé : *Monsieur, Madame et Bébé*. On adopta ce mot, vers 1860, mais il est plus ancien.

BÉBÉ : Avorton. — « Ce bébé littéraire et turlupin tragique. » (*Épitre à l'Empereur, par une muse villageoise*, 1808, in-8.) Allusion à Bébé, nain célèbre du roi de Lorraine Stanislas (XVIIIe siècle.

BÉBÉ : Terme d'amitié. Mot à mot : petit-fils. — « Eh bien, mon bébé, je t'avertis que je compte et compterai éternellement sur ton cœur. Bonjour, mon bon bébé, mon ancien et éternel ami. » Sophie Arnould, *Lettre à Bellanger*, 27 février 1793.)

Voici un exemple plus moderne qui prouve que, si les mots changent, les besoins ne changent pas. — « Tu sais, mon petit homme, que je n'ai plus un sou, et que ton petit bébé ne doit pas rester sans espèces. » (*Ces Dames*, 1860.)

Un mot dont on nous favorise,
Mot aux nourrices dérobé,

C'est (aurait-on la barbe grise) :
Comment ça va ! Bonjour, bébé.
(Fr. de Courcy.)

BEC : Bouche. — Animalisme. — Le mot est de toute antiquité. Villon, dans son *Testament*, parle des commères « qui ont le *bec* affilé. » Dans la ballade des *Femmes de Paris*, on retrouve encore : « Il n'est bon bec que de Paris. »

Casser, chelinguer du bec : avoir mauvaise haleine.

Fin bec : gourmand.

Passer devant le bec : passer sans répondre à l'espoir de quelqu'un. — « Il ne sera pas mal de profiter du brouillard pour leur passer devant le bec. » (L. Desnoyers.) On dit souvent : *Cela m'a passé devant le bec*.

Rincer le bec : faire boire.

River le bec : faire taire.

Taire son bec : se taire. — « Pour lui faire taire son bec, mon homme s'est vu forcé de jouer du couteau. » (M. Perrin.)

Tortiller du bec : manger.

BÉCASSE : Femme maigre et guindée comme une bécasse. — « La femme a l'air d'une fameuse bécasse. » (Villemot.)

BÊCHER : Battre, dire du mal. — Du vieux mot *béchier* : frapper du bec. — « Je suis comme je suis, c'est pas une raison pour me bêcher. » (Monselet.)

BÊCHER, BÊCHEUSE : Médisant, médisante.

BÊCHEUR : Mendiant (Rabasse).

BÊCHEUR : Magistrat chargé du ministère public. Mot à mot : *bêcheur* de prévenu. — « Malgré le crachoir de mon parrain, le bécheur ayant demandé l'application de la peine, je fus condamné. » (Journ. d'un pris. Maz.)

BÉCOT : Petit baiser pris du bout des lèvres avec la prestesse de l'oiseau qui donne son coup de *bec*. — « Encore un bécot. » (Champfleury.) V. *Chouette*.

BÉCOTER. : Donner un bécot. — « Tiens, j'effarouche les tourtereaux... On se bécotait ici. » (Cormon.)

On écrit aussi : *bécotter*.

> Petit bossu,
> Noir et tortu,
> Qui me bécottes...
> De me baiser finiras-tu ?
>
> (Béranger.)

BECQUETER : Manger. Mot à mot : travailler du bec. — « Dis donc, Boizamort, si nous becquetions une croûte ? » (1842, Ladimir.)

BÉDON : Ventre (Rabasse.)

BÉDOUIN : Dans un volume de souvenirs sur 1814, M. Labretonnière dit en parlant des bisets de la garde nationale : « Quelques gibernes se croisaient avec le briquet sur une pacifique redingote, et constituaient ce que nous devions, quinze ans plus tard, gratifier du nom de Bédouins. »

BEFFEUR, BEFFEUSE : Faiseur, faiseuse de dupes. (Colombey.)

BÈGUE : Avoine. (Idem.)

BÉGUIN : Passion. — Du mot *béguin* : chaperon, coiffure. — Allusion semblable à celle qui fait appeler *coiffée* une personne éprise. — « Il y a un bel âge que je ne pense plus à mon premier béguin. » (Monselet.)

BÉGUIN : Tête. — « Tu y as donc tapé sur le béguin. » (*Robert Macaire*, 1836.)

BELETTE : Pièce de 50 centimes. V. *Pastille*.

BÉLIER : Mari trompé. (Vidocq.) — Allusion aux cornes symboliques du cocuage.

BELLE (Jouer la) : Tout risquer d'un seul coup. — Deux joueurs *jouent la belle (partie)*, lorsque après en avoir gagné chacun une, ils conviennent d'en jouer une décisive. — Pris souvent au figuré.

BELLE (la perdre) : Perdre, gain presque assuré.

BELLE A LA CHANDELLE : Laide. — Ironie. La chandelle est un triste éclairage.

BELLE DE NUIT : Raccrocheuse, ne se montrant, comme la fleur de ce nom, que pendant la nuit. — Se dit aussi d'un visage flétri, qui ne brille qu'aux lumières. — « La plupart de ces belles de nuit ne seraient pas présentables au grand jour. » (P. de Mairobert, 1776.)

BÉNEF : Bénéfice. — Abréviation. — « Un billet, mon maître, moins cher qu'au bureau ! Deux francs cinquante de bénef ! » (A. Second.)

BÉNISSEUR : Moraliste banal. Se dit aussi d'un personnage solennel sans nécessité. Il fait hors de propos des allocutions attendries. — « Cet ensemble donne au placide vieillard la physionomie consacrée d'un bénisseur. Le langage onctueux complète l'illusion. » (*L'Éclair*, 1872.)

BENOITON, BENOITONNE. — Digne (par l'extravagance de sa toilette, de ses mœurs, de ses allures) d'être confondu avec les types mis en scène par M. Sardou dans sa *Famille Benoiton*. — « L'Église et le théâtre semblent se donner la main pour flétrir avec indignation les mœurs benoîtonnes. » (Dupeuty, 1866.) — « Madame ***, très-connue par les audaces benoîtonnes de son langage. » Yriarte, 1866.)

BENOITONNER : Porter une toilette ridicule, c'est-à-dire : à la Benoîton.

Et, le soir, les gandins sur vos pas s'étouffant,
Croiront tous, à vous voir ai si *Benoîtonnée*,
Que dans la bicherie une autre biche est née.
Et tous, ceux du MOUTARD et ceux du MIRLITON,
Avec leur pince-nez et leurs cols de carton,
Et leurs gilets ouverts sur la blancheur du linge,
Crîront, en se pâmant ; « Quel adorable singe ! »

(*Vie parisienne*, 1866.)

BENOITONNERIE : Genre *Benoîton*. V. ce mot.

BÉOTIEN : Bête, inintelligent. — Dans l'ancienne Grèce, les Béotiens passaient pour illettrés. — « L'entretien suivant, éminemment béotien, s'il nous est permis d'emprunter cette expression au très-spirituel écrivain qui l'a popularisée, Louis Desnoyers, auteur des *Béotiens de Paris*. » E. Sue.) V. *Philistin*.

BÉQUILLARD, BÉQUILLEUR. — Bourreau. (Colombey.) Il vous pendait à la *béquille* (potence).

BÉQUILLE : Potence. (Vidocq.) La potence ressemble à une *béquille* monumentale.

BÉQUILLER : Pendre, accrocher à la *béquille*. V. *Farre*.

BÉQUILLER, BECQUETER. Manger. Mot à mot : travailler du bec. — « C'est égal, je lui ai envoyé un coup de tampon sur le mufle qu'il ne pourra ni béquiller, ni licher de quinze jours. » (T. Gautier). — « On béquille, on s'amuse, on s'donne du bon temps, on oublie sa misère. » (H. Monnier.)

BÉQUILLEUR : Mangeur.

BERGÈRE : Dernière carte d'un jeu battu. (La bergère marche derrière son troupeau.) — « Le Grec en regardant la bergère a vu qu'elle ne pouvait lui servir. » (Cavaillé.)

BERIBONO : Nigaud. (Vid.)

BERLUE : Couverture. (Idem.)

BERNIQUER : S'en aller pour ne plus revenir. Mot à mot : agir comme si on disait *bernique*. Ce dernier mot se trouve dans le *Dictionnaire de l'Académie*.

BERRY : Capote d'études à l'École polytechnique. — « Toujours plus ou moins culottée, veuve d'un certain nombre de boutons. » (La Bédollière.)

BERTRAND : Fripon dupé par son complice. — Le drame populaire de l'*Auberge des Adrets* a mis ce terme à la mode. — « Il s'était posé à mon endroit en Robert Macaire, me laissant le rôle désobligeant de Gogo ou de Bertrand. » (E. Sue.)

BESOUILLE : Ceinture. (Colombey.)

BÊTE : Escroc. V. *Bachotteur*.

BÊTE A CORNES : Fourchette. — Les cornes sont les dents, qui étaient au nombre de deux dans les anciennes fourchettes.

BÊTE A DEUX FINS : « Cet aimable époux prenait *sa bête à deux fins* (c'est ainsi qu'il nommait sa canne, parce qu'elle lui servait à faire taire et à faire crier sa femme.) » (Privat d'Anglemont.)

BÊTISES (dire des). — Tenir des propos grivois. — Passer des paroles à l'action, c'est *faire des bêtises*. C'est à ce dernier sens que s'applique l'exemple suivant : « Elle est belle, ma Joséphine... Mais pas de bêtises ! *a* vous donnerait du mal ! » (*Dernier jour d'un condamné*.)

BETTANDER : Mendier. (Colombey.) — On dit aussi Battander.

BETTERAVE : Nez rouge comme betterave. — « Il a un nez de betterave, c'est-à-dire un gros nez, rouge et enluminé. » (Caillot, 1829.)

BETTING-BOOK : Livre sur lequel on inscrit les paris de courses. (Paz.) Anglicanisme. — « Vous la trouverez inscrivant ses paris sur le betting-book comme au bal ses valses sur son carnet. » (E. Villars, 1866.)

BETTING-ROOM : Salon ouvert aux parieurs de courses. (Idem.)

BETTING'MEN : Parieur. (Idem.) V. *Cocotterie*.

BEUGLANT : Café chantant. — « Nous allâmes au beuglant, c'est-à-dire au café chantant.... Vous devez juger par le nom donné à cet établissement que les chants des artistes sont fort peu mélodieux. » (*Les Étudiants*, 1860.) — « Des caboulots de toute sorte, des beuglants grands et petits. » (*Vie parisienne*, août 1868.)

BEUGNE : Coup violent. — Du vieux mot *beigne*.

BEURRE : Argent. — « Pas plus de beurre que ça, dit la Zoé au major qui lui remet une trentaine de francs. » (Jaime fils.) V. *Graisse*.

Nous v'là dans le cabaret
A boire du vin clairet,
A c't'heure
Que j'ons du beurre.
(*Chansons*, Avignon, 1813.)

BEURRE (au prix où est le) : Par le temps de cherté qui court.

BEURRE (faire son). — Prélever un bénéfice illicite. — Le terme aurait-il été primitivement à l'adresse des cuisinières faisant danser l'anse du panier ? En tout cas, ces gras synonymes s'appliquent volontiers à l'argent mal acquis. On sait ce que veut dire : *Se faire graisser la patte*. L'argent est aussi appelé *huile*. Deux voleurs mettant la main sur un riche porte-monnaie, diront : *Il y a gras*. — « Un fonctionnaire, puni pour avoir fait son beurre en prévariquant, trouve souvent ce même beurre un peu salé. » Commerson.)

BEURRE DANS SES ÉPINARDS (mettre du) : Augmenter son bien-être. Car les épinards sont *la mort au beurre*, chacun sait ça. — « Dans l'espoir que l'or étranger mettrait du beurre dans les épinards de la famille, Chamouillez père s'était payé un paletot de cent francs. » (E. d'Hervilly.)

BEURRE : Chose agréable. — « On recevra un coup de canon comme on avale un petit verre Ce sera un beurre. » (Lockroy.) — « A propos d'une sonate de Mozart, ce jugement résumé avec tant de grâce : c'est un petit beurre. » (Aubryet.)

— *Beurre* en ce sens se prend ironiquement parfois : « Il ne faisait pas bon parfois n'être pas de son avis. Il vous engueulait que c'était un vrai beurre. » (Commerson, 75.)

BEURRE NOIR (œil au) : Abréviation de : œil poché au beurre noir, dont la paupière est noircie de sang extravasé à la suite d'un coup. — « L'ouvrier a un œil au beurre noir ; le cocher cherche partout un morceau de son nez. » (Sauger.)

Terme ancien, Rabelais l'a employé : « Il resta tout estourdy et meurtry, un œil poché au beurre noir. » (*Pantagruel*, liv. IV, ch. 12.)

BEURRE SUR LA TÊTE (avoir du) : Être couvert de crimes. — Allusion à un proverbe hébraïque. (Vidocq.)

BEURRIER : Banquier. (Vidocq.) Mot à mot : marchand d'argent (*beurre*).

BEZI, BEZIG, BEZIGUE : Jeu de cartes. — « Ma femme est en train de jouer au bezi... ou bezig. » (De Leuven.) — « Au piquet, au bezigue... je suis homme à donner leçon au plus malin. » (About.)

BIBARD : Grand buveur. (Dhautel.) — « Par rapport à ces vieux bibards d'invalides. » (La Bédollière.)

BIBASSE : Vieille femme. Pour *birbasse*.

BIBELOT, BIBELOTTER : *Biblot, bibloter.*

BIBI : Petit chapeau de femme. — « Malaga portait de jolis bibis. » (Balzac.)

BIBI : Nom d'amitié donné à l'ami ou à l'amie dont on est *coiffé*. — « Paul, mon bibi, j'ai bien soif. — Déjà ? » (Montépin.) — « Encore à boire ? — Tiens, mon bibi ! t'as pas mal au cœur ? » (H. Monnier.)

BIBI : Fausse clé.
S'il faut en croire un feuilleton publié par M. Holstein, dans le *Constitutionnel* du mois de septembre 1872, bibi aurait détrôné *monseigneur* depuis longtemps. « C'était un bout de dialogue recueilli à la police correctionnelle (en 1848.)

« Accusé, disait le président, au moment de votre arrestation, on a surpris sur vous un trousseau de fausses clefs. — Non, citoyen président. — C'était donc un *monseigneur*? — Il n'y a plus de *monseigneur*, citoyen président. — Vous comprenez ce que je veux dire ; pour employer votre langue, j'entends un *rossignol*. — Eh bien ! moi je ne l'entends pas, le rossignol, sans doute parce que je suis en cage. — Prenez garde ! Trêve de jeux de mots ; ils sont déplacés ici plus qu'ailleurs. Vous savez fort bien ce que je veux dire par fausses clefs, rossignol, monseigneur ? — Parfaitement, citoyen président, vous voulez dire *bibi*. » (Hostein.)

Nous devons ajouter qu'au moment même où paraissait le feuilleton de M. Hostein, les journaux judiciaires disaient, en parlant de l'arrestation de faux monnayeurs, qu'on avait trouvé à leur atelier, boulevard de Grenelle, un *monseigneur*. Donc *monseigneur* n'est pas encore détrôné tout à fait par *bibi*.

BIBINE : Cabaret. Mot à mot : cabine à biberons, à ivrognes.

BIBLOT : Objet de fantaisie ou curiosité propre à décorer une étagère. — De *bimbelot* : jouet d'enfant.

« On nomme *biblots*, en style d'amateur, cet inimaginable amas de bronzes, chinoiseries, filigranes, ivoire, saxe, sèvres, bonbonnières, médaillons, éventails, cassolettes, écaille, laque, nacre, cristal, jade, lapis, onyx, malachite, marcassite, poignards, kangiars, bijoux, joujoux, qui doivent nécessairement orner, j'ai voulu dire encombrer, les étagères d'une femme posée dans le monde par sa célébrité ou sa beauté. Être sans biblot, c'est le dernier degré du discrédit et de la honte. Toutes ces dames du quartier Bréda ont du biblot ; les danseuses en ont ; ma portière en possède aussi. » (F. Mornand.)

BIBLOT : Outil d'artisan. (Vidocq.)

BIBLOT (mon) : Dans la bouche d'un soldat, signifie : mon attirail militaire.

BIBLOT : Bijou. — « Trouve-moi des dentelles chouettes, et donne-moi les plus reluisants biblots. » (Balzac.)

BIBLOTER : Acheter des objets de curiosité.

BIBLOTER : Faire sur toutes sortes de choses de petits bénéfices.

BIBLOTER : Vendre. — Venir vendre ses vêtements, s'appelait *bibelotter ses frusques* ; s'habiller, *se renfrusquiner*. » (*Petit Journal*, 1865.)

BIBLOTER : Arranger avec soin. — « Je me munis d'une petite réclame que j'avais bibelottée la veille à propos des toilettes de mariées. » (Villemessant.)

BIBLOTEUR : Collectionneur de bibelots ; homme qui biblote. V. *bibloter*.

BIBLOTIER : Qui concerne les biblots. — « On comprend que le sens artistique et biblotier du patient soit un peu émoustillé. » (A. Marx, 75.)

BICEPS : Solidité musculaire de l'arrière-bras. —Terme scientifique vulgarisé par les étudiants en médecine.—« Mon frère George a raison. Il faut qu'un valseur ait du biceps. » (1866, *Vie parisienne*.)

BICEPS (tater le) : Prendre par

la flatterie. (1851, *Almanach des débiteurs.*)

BICHE : Lorette. — Abréviation de *biche d'Alger*, synonyme poli de *chameau*. — « Une biche, il faut bien se servir de cette désignation, puisqu'elle a conquis son droit de cité dans le dictionnaire de la vie parisienne, se trouvait cet été à Bade. » (*Figaro*, 1858.) V. *Benoîtonnée*.

Forte biche : Lorette élégante.

BICHERIE : Monde galant. Mot à mot : *réunion des biches*. — « Madame Marguerite V..., de la haute bicherie du quartier d'Antin. » (*Les Cocottes*, 1864.) V. *Benoîtonnée*.

BICHE, BICHETTE, BICHON : Mots d'amitié pour chaque sexe. — *Bichette* est, comme *biche*, la femelle du cerf. *Bichon* se dit d'un petit chien du genre havanais. — « Viens ici, ma biche, viens t'asseoir sur mes genoux. » (Frémy.) — « Oui, ma bichette, oui, mon petit chien-chien. » (Leuven.) — « Mon bichon, tu seras gentil, faudra voir ! » (Gavarni.)

BICHON : Souliers à boufflettes — « J'avais apporté des amours de souliers. Prenez nos bichons, que je lui dis. » (P. de Grandpré.)

BICHOT : Évêque. (Colombey.) — Germanisme. — L'évêque allemand est un *bischoff*.

BIDET : Ficelle transportant la correspondance des prisonniers enfermés à des étages différents. (Vidocq.) C'est leur *bidet* de poste.

BIDOCHE : Viande. (Vidocq.)

BIDONNER : Boire copieusement. — Le bidon est un fort récipient à liquide. — « Hier, j'ai bidonné et ce matin j'avais la bouche pâteuse. — Fallait repiquer pour te remettre. » (Ladimir.)

BIEN : D'apparence distinguée. — « Elle aime à causer, surtout avec les *messieurs bien*. » (P. d'Anglemont.)

BIEN (être) : Être gris. Mot à mot : éprouver le bien-être factice causé par un commencement d'ivresse. — Ironique.

BIEN MIS : Fashionable. — « Ohé ! ce bien mis, il vient faire sa tête parce qu'il a du linge en dessous. » (E. Sue.)

BIENSÉANT : Derrière. — Jeu de mots. — De toutes les parties du corps, c'est, en effet, celle sur laquelle on sied bien.

BIER : Aller. (Vidocq.) Abréviation d'*ambier*. V. ce mot.

BIFFER : Manger goulûment. (Vidocq.) C'est *bouffer* avec changement de la première syllabe.

BIFFIN, BIFIN : Chiffonnier. — « Ce n'est pas le chiffonnier pur sang, c'est celui qui a déchu d'une position meilleure. De là sans doute le nom de *biffin* : goulu, donné par l'ancien chiffonnier au nouveau venu. » (Privat.) — « J' vois deux bifins et leurs femelles. » — (*Chans.* 36.)

BIGARD : Trou. (Vidocq.)

BIGE, BIGEOT : Dupe (Vidocq.)

BIGORNE : Argot. — Du vieux mot *biguer* : changer, troquer. L'argot n'est qu'un langage bi-

gué, d'où le diminutif *bigorne*.
— « Rouscaillons bigorne. Qui enterver le saura, à part sézière en rira, mais les rupins de la vergne ne sont dignes de cela. » (Vidocq.) V. *Jaspiner*.

BIGORNEAU : Soldat de marine. — Terme de matelot. Comme le petit coquillage de ce nom, le soldat de marine reste attaché à la côte.

BIGORNEAU. — Sergent de ville. (Halbert.)

BIGOTTER : Prier. (Vidocq.) Mot à mot : faire le bigot.

BIGRE : Juron lancé dans les cas difficiles. *Ah! bigre!* se dit comme *ah! diable!* C'est une forme de *bougre!*

BIGREMENT : Superlativement. Forme de *bougrement*. — « C'est bigrement embêtant, allez. » (Gavarni.)

BIJOUTIER. — Marchand d'arlequins. V. *Arlequin*.

BIJOUTIER EN CUIR. — Savetier. (Colombey) — Ironie.

BILE (ne pas se faire de) : Ne pas se tourmenter. — « Ne vous faites pas de bile, elle sera heureuse avec moi. » (Marquet.)

Après l' service on peut sans retard...
Venir chez ses parents, sans s' faire de bile
Savourer une bonne soupe au lard.

(A. Cahen.)

Il ne se fait pas de bile se dit d'un insouciant.

Il se fait une bile se dit d'une personne qui se tourmente constamment.

BILLANCHER : Payer comptant. Mot à mot : donner de la bille.

BILLE, BILLEMONT, BILLON : Monnaie. *Billemont* et *Bille* viennent de *billon*. — « L'argent au Temple est de la braise, ou de la thune, ou de la bille. » (Mornand.) — « Nous attendions la sorgue, voulant poisser des bogues, pour faire du billon. » (Vidocq.) V. *Attache, Flacul*. — *Billon* se dit toujours pour monnaie de cuivre.

BILLET A LA CHATRE. — Garantie illusoire.

« Vous connaissez, sans doute, l'anecdote qui a donné naissance à cette expression tant répétée. Pour le cas, cependant où elle ne serait pas venue jusqu'à vous, la voici en deux mots : — Le marquis de la Châtre aimait tendrement Ninon. Obligé, par un voyage, de la quitter pendant quelque temps, il s'était demandé si, pendant l'absence, Ninon l'aimerait toujours. Nous ne savous quelle idée le marquis se faisait de l'amour et de la fidélité d'une fille d'Ève, mais il voulut, pour mettre fin à ses anxiétés, que Ninon s'engageât, par écrit, à lui rester fidèle. Ninon signa, le marquis partit, et... Ninon. qui n'aimait pas les entr'actes, oublia bientôt promesse et signature. Comme il était un peu tard quand son billet lui revint en mémoire, elle ne put s'empêcher de s'écrier : *Ah! le bon billet qu'a la Châtre!* C'est depuis ce temps ou plutôt depuis cette histoire, que le mot est passé dans la langue. Ayez dans les mains un billet sans valeur, un engagement peu sérieux, et l'on dira pour caractériser votre situation : *Le bon billet qu'a la Châtre!* » (Rozan.)

« Voilà M. Quarteret tranquille. Il a la parole de M. Marque. Oh! le bon billet à la Châtre... » (*Éclair*, juillet 1872.)

BILLET DE 500, BILLET DE 1000 : Billet de 500 francs, billet de 1,000 francs. — « Te faut-il beaucoup ? — Un billet de cinq cents... » (Balzac.) — « Les ressources d'une lorette pour extraire *un billet de mille.* » (Idem.)

BILLET (donner ou ficher son) : Certifier. Mot à mot : se déclarer prêt à signer un billet d'attestation. — « Rienzi ne la gobera jamais que de ma main. Je t'en donne mon billet. » (*Rienzi, parodie*, 1826.) — « Il ne faut pas avoir la goutte aux pattes dans votre état. Je vous en fiche mon billet. » (*Cabarets de Paris*, 1821.)

Prendre un billet de parterre : tomber par accident. V. *Parterre.*

BINELLE : Faillite. (Vidocq.)

BINELLELOPHE : Banqueroute. (Halbert.)

BINELLIER. — Banqueroutier. (Vidocq.)

BINETTE : Tête, dans le sens de physionomie. — On dit souvent : « Quelle drôle de binette ! » — « Vous demandez ma tête, monsieur le procureur du roi... Je regarde votre binette et je comprends votre ambition. » *Dernier jour d'un condamné.*)

Le *Journal des Coiffeurs* revendique ainsi l'origine de ce mot : « *Binette, le coiffeur du roi,* ne cédait jamais une de ses belles perruques pour moins de *trois mille livres tournois.* Il est vrai que ce grand perruquier ne se contentait pas de mettre une simple petite bande d'implanté sur le milieu, et qu'il garnissait toute la partie frontale de *fine toile de crin,* chose qui donnait à ses devants de perruque *in-folio* une légèreté extraordinaire. Aussi, comme les élégants de l'époque aimaient à parler toilette, parlaient-ils souvent de *binette* (leur perruque), surtout lorsqu'elles sortaient de chez le grand faiseur. — Vous avez là une bien jolie *binette !* disait-on lorsqu'on voulait complimenter quelqu'un sur la beauté de sa perruque. Aujourd'hui, et sans savoir pourquoi, on dit souvent par moquerie : Oh ! la drôle de binette ! » (*Journal des Coiffeurs.*) — Nous devons toutefois faire observer que les exemples justificatifs de cette étymologie manquent totalement. En attendant qu'on en trouve quelques-uns, nous verrions plus volontiers dans *binette* une abréviation de *bobinette.* V. *Bobine.*

BINETTE A LA DÉSASTRE : Tête du créancier impayé. (1851, *Almanach des Débiteurs.*)

BINOME : Aux laboratoires, nous verrons chacun des élèves (de l'École polytechnique) manipuler avec un camarade qu'il nomme son *binôme.* » (La Bédollière.) — Allusion à la signification algébrique de binôme : quantité composée de deux termes.

BIQUE ET BOUC : V. *Être (en.)*

BIRBADE, BIRBASSE, BIRBE, BIRBETTE, BIRBON : Vieux, vieille. — Italianisme. — « Les dames des tables d'hôte ont adopté trois mots pour peindre la vieillesse : à cinquante-cinq ans, c'est un *birbon ;* à soixante ans, c'est un *birbe;* passé ce délai fatal, c'est une *birbette.* On ne lui fait plus même les honneurs du sexe masculin. » (Lespès.) Vidocq donne *birbasse :* vieux, et *birbe dabe :* grand-père.

BIRBASSERIE : Vieillerie. (Vidocq.)

BIRBE : V. *Birbade :* « Monsieur le président, vous êtes un vieux birbe. J'em... la cour, je respecte messieurs les jurés. » (*Dernier jour d'un condamné.*)

BIRLIBI : Jeu de dés tenu par des filous dans les foires. (Vidocq.) — C'est l'ancien *biribi.*

BISARD : Soufflet. (Vidocq.) Mot à mot : souffle *bise.*

BISCAYE : Bicêtre. — Changement de finale.

BISCHOFF : Mélange de vin blanc, de sucre et de citron; la recette est, l'on s'en doute, d'origine allemande. — « René agite le bischoff avec une cuiller à punch. » (Frémy.)

BISMARCK : Couleur brune, dite auparavant *aventurine.* Elle fut à la mode en France après Sadowa, car, ne l'oublions pas, M. de Bismarck eut sous l'Empire ses admirateurs. — « La baronne est en bismarck de pied en cap. » (*Vie parisienne,* 1867.)

BISTOURNÉ : Cor de chasse. Allusion aux tours du tuyau. — Participe du verbe *bistourner :* tourner, qui se trouve dans le dictionnaire de l'Académie.

BISSER : Répéter une seconde fois. — Latinisme. — « L'usage de bisser un couplet, un air,

un finale ne remonte qu'en 1780. Mlle Laguerre mit tant d'expression à chanter l'hymne de l'Amour à la première représentation d'*Écho et Narcisse,* de Gluck, que le parterre voulut l'entendre deux fois. La partie intelligente du public eut beau protester contre cette innovation qui entravait l'action en substituant l'acteur au personnage, ce fut en vain; l'usage du *bis* fut désormais introduit sur la scène française. » (J. Duflot.)

BITUME : Trottoir. — Du bitume qui le recouvre ordinairement.

BITUME (demoiselle du) : Raccrocheuse. V. *Côtes en long.*

BITUME : (fouler, polir le) : Aller et venir sur le trottoir. V. *Asphalte.*

BITUMER : Faire le trottoir. (J. Choux.)

BITURE, BITTURE : Consommation copieuse. — Du vieux mot *boiture :* goinfrerie. — « N'aspirons-nous le grand air que pour l'ineffable joie d'engloutir impunément du *piqueton* jusqu'au *gobichonnage majeur,* jusqu'à prendre une *biture?* » (Luchet.) — « Le cortége fait halte pour une *biture* générale. » (La Bédollière.) — « Je peux me flatter de m'être donné une biture soignée. » (L. Desnoyers.)

BITURER (se) : Se donner une biture.

BLACKBOULAGE : Refus, échec dans une demande d'admission. V. *Blackbouler.* — « Le jockey-club devient de plus en plus sévère. Le blackboulage sévit impitoyablement. » (Virmaitre, 1867.)

BLACKBOULER : Refuser. — « Pour rejeter on dépose une boule noire. En anglais, noir se dit *black*. Or, lorsqu'un candidat est repoussé, on dit qu'il a été blackboulé! Quel mot sauvage! » (G. Claudin.)

BLAGUE : Autrefois ce mot si répandu signifiait *hâblerie*. Aujourd'hui il a quatre sens : 1° *causerie*, 2° *faconde*, 3° *raillerie*, 4° *mensonge*.

Son étymologie a donné matière à bien des conjectures. On ne peut admettre celle de M. Albert Monnier, qui, dans un article du *Figaro*, fait dériver *blaguer* du *braguer* de Rabelais; ni celles de MM. A. Luchet et Fr. Michel, qui voient dans *blague* une acception figurée de la vessie employée par les fumeurs sous le même nom.

Il est à remarquer que le mot *blaque* (valaque) désigne, dans le *Dictionnaire* de Ménage, les hommes de mauvaise foi (comme Grec : escroc). — M. Littré, qui relègue *blague* et *blaguer* parmi les termes du *plus bas* langage, donne une étymologie gaëlique beaucoup plus ancienne (*Blagh* : souffler, se vanter.) Malheureusement, nous manquons jusqu'ici des exemples intermédiaires qui prouveraient la transmission d'une origine si reculée. Voici la série des exemples certains les plus anciens que nous ayons pu recueillir :

Le *Dictionnaire de Dhautel* (1808), admet les mots *blaguer* et *blagueur* avec le triple sens de *railler, mentir, tenir des discours dénués de sens commun*. — Cet exemple, des plus anciens que nous ayons trouvés, ne prend *blague* qu'en mauvaise part.

L'année suivante, Cadet Gassicourt confirme ainsi la définition de Dhautel, dans le récit de la campagne de 1809 (*Voyage en Autriche*) : — « Les militaires ont, dit-il, *inventé* un mot pour exprimer un conte puérile ou ridicule, un mensonge, une gasconnade. Cela s'appelle *blague*, d'où l'on a fait dériver *blaguer, blagueur, blagomane*. »

Comme Cadet Gassicourt, Beyle (Stendhal) dit dans sa *Rome en 1817* (Paris 1827) en parlant du temps de l'Empire, où il avait servi dans l'administration militaire : — « Cette vanterie égoïste et grossière que nous appelions *blague* parmi les officiers subalternes des régiments, y est absolument inconnue. »

Un peu après, nous trouvons *blague* avec le même sens en Belgique et en Champagne. — L'auteur d'un *vocabulaire langrois* de 1823, mentionne *blague* comme appartenant au langage local. Enfin, on trouve *black* (hâblerie), dans le dictionnaire wallon de Remacle. (Liége, 1823.)

De ces divers exemples, et en attendant mieux, on peut conclure avec certitude que *blague* était fort usité dans l'armée au commencement du siècle, avec le seul sens de *hâblerie*. Nous allons voir cette signification se modifier complètement avec l'extension de son usage.

Voici des exemples pour les divers sens de *blague* :

BLAGUE : Causerie ordinaire

— On dit : *J'ai fait deux heures de blague avec un tel*, pour *j'ai causé avec un tel*.

BLAGUE : Faconde, verve, habileté oratoire. — « Un homme d'esprit et de bonnes manières, M. le comte de Maussion, a donné au mot *blague* une signification que l'usage a consacrée : « l'art « de se présenter sous un jour fa-« vorable, de se faire valoir, et « d'exploiter pour cela les hom-« mes et les choses. » (Luchet.)

Un homme qui a de la blague est un homme doué d'une grande facilité d'élocution.

Avoir la blague du métier : faire valoir certaines choses en spécialiste consommé.

Il a une fameuse blague : il a une grande verve.

Il n'a que la blague : il parle bien, mais n'a pas une valeur réelle.

BLAGUE : Plaisanterie, raillerie. — « Je te trouve du talent, là, sans blague ! » (De Goncourt.) — « Pas de bêtises, mon vieux, blague dans le coin ! t'es malade. » (Monselet.)

Une blague est aussi une œuvre littéraire sans valeur. On dit d'un journaliste médiocre : *il ne fait que des blagues*.

BLAGUE : Mensonge. — « En leur faisant avaler toutes sortes de blagues. » (L. Huart.)

BLAGUE A TABAC : Sein flétri. (Colombey.)

BLAGUER : Causer. — « Nous venons blaguer, » dit Léon de Lora à Mme Nourrisson, dans les *Comédiens sans le savoir*, de Balzac. — « Et à propos de quoi choisis-tu ce beau jour pour venir ainsi blaguer morale ? » (E. Sue.)

BLAGUER : Avoir de la verve. — « Enfin elle blague aujourd'hui, elle qui ne connaissait rien de rien, pas même ce mot-là. » (Balzac.)

BLAGUER : Railler. — « Si on te blague, fais semblant de rire. » (De Goncourt.) — « Ne blaguons plus ! » (*Cousine Bette*, Balzac.)

Un homme blagué : un homme raillé, berné.

BLAGUER : Mentir, faire des hâbleries. Pour les exemples, v. *Blague*.

BLAGUEUR, BLAGUEUSE : Menteur, menteuse.

Mais qu'un blagueur me raconte
Ses faits merveilleux,
Quand j'en ai plus que mon compte,
Je lui dis : Mais, mon vieux,
Je n' coup' pas beaucoup
Dans c' montage de coup.

(Aug. Hardy.)

— « Mon beau-père, vous n'êtes qu'un vieux blagueur ! dit Robert Macaire au baron de Wormspire ; et ils s'embrassent. » (Luchet.)

— « En 1813, deux femmes, Pauline la Vache et Louise la Blagueuse, enlevèrent 50,000 francs. » (Vidocq.)

BLAGUEUR : Railleur. — « Il ne pouvait y avoir circonstance si grave qui empêchât ce blagueur fini de se livrer à sa verve. » (L. Desnoyers.)

BLAIREAU : Conscrit. — Animalisme. — « Moi, j'ai carotté un blaireau... » (La Bédollière.)

BLAIREAUTER : Peindre avec trop de fini, abuser du pinceau de *blaireau* qu'on a entre les mains. — « Aussi sa peinture est-elle fameusement blaireautée. » (La Bédollière.)

BLANC : Vin blanc. — « Allons, vivement! du blanc à un franc! » (La Bédollière.) — On dit aussi *Petit blanc*.

BLANC : Légitimiste désirant le retour du drapeau blanc.

BLANC : Pièce d'un franc. (1851. *Almanach des débiteurs.*) — Allusion de couleur.

BLANC (n'être pas.) — Être en mauvaise passe. Mot à mot : être noirci par une accusation quelconque. — « La v'là morte, j'sis pas blanc. » (*Rienzi*, 1826.)

BLANCHISSEUR : Avocat. (Colombey.) Il lave l'accusé.

BLANQUETTE : Argenterie. (Vidocq.) — Monnaie blanche. (Grandval.)

BLANQUETER : Argenter. (Colombey.)

BLARD, BLAVARD : Châle. Mot à mot : grand mouchoir. — Augmentatif de Blave.

BLAVE, BLAVIN : Mouchoir. (Vidocq.) — Diminutif du vieux mot *blave* : bleu. — Les mouchoirs à carreaux bleus sont encore fort en usage, surtout chez les priseurs.

BLAVE : Cravate. (Rabasse.)

BLAVINISTE : Voleur de mouchoirs. V. *Butter, Pègre*.

BLÉ (du) : De l'argent. (Rabasse.)

BLEU : Conscrit. — Allusion à la blouse bleue de la plupart des recrues. — « Celui des bleus qui est le plus jobard. » (La Barre.)

BLEU, PETIT BLEU : Gros vin dont les gouttes laissent des taches bleues sur la table. — « La franchise arrosée par les libations d'un *petit bleu*, les avait poussés l'un l'autre à se faire leur biographie. » (Murger.)

De ce vin, qu'à tort l'on renomme,
Qui grise en abrutissant l'homme,
Et qu'on vend pour du petit bleu,
J'en goûte un peu. (H. Valère.)

BLEU : Très-irrité, très-stupéfait. — Allusion à la teinte que les sentiments excessifs amènent sur les figures sanguines.

BLEU (bailler tout) : Rester stupéfait. — Même allusion que ci-dessus.

BLEU (pays, royaume du) : Pays imaginaire et radieux comme le ciel bleu si contemplé par les poëtes. — « La guerre même devient un spectacle agréable, et l'on nage dans le royaume du bleu. » (J. Richard.)

BLEUE (colère) : Colère violente. — Même allusion que ci-dessus. — « La littérature et la musique l'ont fait entrer dans des colères bleues. » (*Vie parisienne*, 1866.)

BLOC : Prison. — On y est bloqué. — « Prenez trois hommes et menez cette fille au bloc. » (V. Hugo.)

BLOCKAUS : Schako ancien

modèle, surplombant comme un blockhaus.

BLOND (beau) : Soleil. (Colombey.) — Allusion de couleur.

— Se dit aussi ironiquement d'hommes qui ne sont ni beaux ni blonds.

BLONDE : Amante. « Blonde s'emploie dans ce sens sans distinction de la couleur des cheveux, car il existe une chanson villageoise où, après avoir fait le portrait d'une brune, l'amoureux ajoute qu'il en fera sa blonde. » (Monnier, 1831, *Vocabulaire jurassien*.)

BLOQUER : Consigner. — « Colonel, c'est que je suis bloqué. — Je vous débloque. » (J. Arago, 1838.)

BLOQUER : Vendre, abandonner. (Halbert.) V. *Abloquir*.

BLOT : Bon marché. — (Vidocq.) — Corruption de *Bloc*. Les marchés d'objets en *bloc* sont les plus avantageux.

BLOUSE : Terme du jeu de billard. — « On dit qu'on *a mis quelqu'un dans la blouse*, quand on l'a mis en prison, ou quand on l'a fait tomber dans un piége. » (Caillot, 1829.) — *Se blouser* est donné avec ce sens par le Dictionnaire de l'Académie.

BLOUSIER : Voyou. Mot à mot : porteur de blouse.

BOBE : Montre. — Abréviation de bobino. « Bien réussi un pédé au chantage de 1,800 francs, un bobe et une bride en jonc. » (Beauvilliers.)

BOBÉCHON : (se monter le) : Se passionner. — Comparaison de la flamme du cœur à celle de la bougie. (Rabasse.)

BOBINE : Figure. — Du vieux mot *bobe* : moue, grimace.

BOBINO : Montre. (Vidocq.)

BOBOSSE : Bossu, bossue.

BOC, BOCARD, BOCSON : Cabaret mal famé, maison de prostitution. Du vieux mot *boque*, bouc. Le bouc était l'emblème de la luxure et des querelles. On disait jadis *boquer* pour *frapper*. — « Montron, ouvre ta lourde, si tu veux que j'aboule et pionce en ton bocson. » (Vidocq.)

BOCAL : Petit appartement. — « Voyons si le susdit bocal est toujours à louer. » (Montépin.)

BOCAL : Estomac. — « Au restaurant, le bohême dit qu'il va se garnir le bocal. » (Lespès.)

Dans les deux sens, l'allusion s'explique d'elle-même, et les logements parisiens continuent de la mériter.

BOCARD : Café. — BOCARD PANNÉ : Petit café. (*Petit dictionnaire d'argot*, 1844.) V. *Boc*.

BOCARD : Lupanar. (Colombey.) V. *Boc*.

BOCARI : Beaucaire. (Colombey.) — Interversion de l'i.

BOCHE : Libertin, mauvais sujet (Delvau.)

BOCK : Verre de bière. — Germanisme.

BŒUF : Monstrueux, aussi énorme qu'un *bœuf*. — « Regarde donc la débutante. Quel trac bœuf ! Elle va se trouver mal. » (*Ces petites Dames*.)

BŒUF (c'est) : C'est *chic*. — Dans le vocabulaire de l'école de Saint-Cyr.

BŒUF (être le) : — Travailler pour une chose qui ne rapporte rien. — Allusion aux travaux de labourage du bœuf. On dit de même : se donner une *peine de cheval*. — Lors de l'envoi de M. le général Le Bœuf pour la remise de la Vénétie aux Italiens, on fit ces quatre vers par allusion au rôle plus que désintéressé de la France. Ils ont été donnés par M. Jules Richard dans sa chronique de l'*Époque*, 1866 :

Grâce au ciel! de Venise on règle les affaires.
Ah! vraiment! Là-dessus que savez-vous de neuf?
Eh bien! l'on reçoit là-bas des commissaires
Et naturellement le Français est Le Bœuf.

BŒUF (se mettre dans le) : Tomber dans une situation misérable. — Allusion au bouilli qui représente l'ordinaire des cuisines modestes. — On lit dans une mazarinade de 1649 :

Auprès de la Bastille
Monsieur Elbeuf
Dans sa pauvre famille
Mange du bœuf,
Tandis que Guénégaud
Est à gogo

BŒUF (avoir son) : Être en colère.

BOFFETTE : Soufflet. (Colombey.) Du vieux mot *buffet*.

BOG, BOGUE : Montre. V. *Toquante, Butter, Litrer, Billon*.

BOGUE D'ORIENT : Montre d'or. (Rabasse.)

BOGUE EN PLATRE, EN JONC : Montre d'argent, d'or. — Allusions de couleurs.

BOGUISTE : Horloger.

BOHÈME : « La Bohème se compose de jeunes gens, tous âgés de plus de vingt ans, mais qui n'en ont pas trente, tous hommes de génie en leur genre, peu connus encore, mais qui se feront connaître, et qui seront alors des gens fort distingués... Tous les genres de capacité, d'esprit, y sont représentés... Ce mot de bohème vous dit tout. La bohème n'a rien et vit de ce qu'elle a. » (Balzac.)

La citation suivante est le cortif de cette définition optimiste : « La bohème, c'est le stage de la vie artistique, c'est la préface de l'Académie, de l'Hotel-Dieu ou de la Morgue... La bohème n'existe et n'est possible qu'à Paris. » (Murger.)

BOHÈME : Personnage faisant partie de la Bohème. — « Tu n'es plus un bohème du moment que je t'attache à ma fortune. » (E. Augier.) — Comme on voit, le bohème du jour n'a de commun que le nom avec celui de Callot. Saint-Simon a connu l'acception fantaisiste du mot.

POIRE (faire) : frapper, battre. (Rabasse.)

BOIRE DU LAIT : Savourer une impression flatteuse. — « Cela s'appelle boire du lait, quand on lit de ces choses-là sur soi-même. » (Yriarte.)

BOIS POURRI : Amadou. — Le bois pourri en fait parfois l'office.

BOIS TORTU : Vigne (Vidocq.) — Abréviation expliquée par cet exemple.

...Aussi le jus du bois tortu
Sera mon but toute ma vie.
(Ballard, *Parodies bachiques*, 1714.)

BOISSONNER : Boire avec excès. (Dhautel.) — « Dites donc, voisin, on a un peu boissonné chez vous hier ? » (Gavarni.)

BOITE : Logement mesquin.

BOITE : Mauvais établissement. — « Je conseillerais à monsieur d'aller achever de souper au restaurant en face. Monsieur s'est adressé à une pure boîte. » (Claretie.) V. *Bazar*.

BOITE, BOITON : Voiture. — « Les gentils hommes et les gentilles femmes qui se piquent de parler l'argot des quartiers neufs demandent leur boîte! ça veut dire leur voiture. » (A. Vitu.)

BOITE A, AUX DOMINOS : Cercueil. Mot à mot : boîte à mettre les os (dominos). — « Toi, à vingt-cinq ans, tu seras dans la grande boîte à dominos. » (*Petit Journal*, 1866.)

« Puisqu'on va l'un après l'autre dans la boîte aux dominos. » (E. Aubry.)

BOITE A PANDORE. — Boîte de cire molle pour prendre des empreintes de serrure. (Colombey.) — C'est d'une mythologie bien raffinée pour des voleurs.

BOITE AU LAIT : Sein. (J. Choux.) Mot créé sans doute pour les nourrices.

BOITEUX D'UNE CHASSE : Borgne. (Colombey.) V. *Chasse*.

BOLIVAR : Chapeau évasé, dont la forme nouvelle en 1820, prit le nom de ce héros populaire. — « Le front couvert de son bolivar. » (*Cabarets de Paris*, 1821.) V. *Morillo*.

BOMBE : « Mesure de vin particulière non classée. Elle représente un demi-litre. » (*Figaro*, 1867.)

BOMBE : Entremets glacé. — Allusion à sa forme ronde.

BON : Bon apôtre, hypocrite. — « Vous n'êtes *bons !* vous... N'allons, vous n'avez fait vos farces ! » (Balzac.)

BON (mon) : Terme d'amitié. — Abréviation de *mon bon ami*. — « Nettoyé, mon bon, nettoyé ! » (E. V. Villars.) — On dit aussi *cher bon*, ce qui est encore plus prétentieux.

BON : Pour un agent de police, *un homme bon* est bon à arrêter.

BON (être le) : Être arrêté et coupable. (Rabasse.)

BON (c'est un) : C'est un homme solide à toute épreuve. — « Ce sont des bons. Ils feront désormais le service avec vous. » (Chenu.)

BON (il est). — Il est amusant, il est comique.

BONS (être des) : Avoir bonne chance.

BONBONNIÈRE A FILOUS : Omnibus. (Colombey.)

BONDE : Mal vénérien. (Halbert.) — Pour *Baude*. V. ce mot.

BON-DIEU : Sabre-poignard. — Allusion à la croix figurée par la lame et la poignée.

BON DIEU (il n'y a pas de) :

Mot à mot : il n'y a pas de bon Dieu qui puisse l'empêcher.

> Gn'y a pas d' bon Dieu,
> Faut s' dire adieu. (Désaugiers.)

BON JEUNE HOMME : Jeune homme candide.

BON MOTIF : « Vous ne savez pas ce que c'est que le bon motif ? — Ah ! vous voulez dire un mariage ? — Précisément. » (Aycard.)

BON PETIT CAMARADE : V. *Camarade*.

BON PREMIER, Bon dernier : — « Arrivé bon dernier est une expression ironique employée aux courses. C'est le contraire du arrivé bon premier, qui se dit du cheval vainqueur quand il a devancé de beaucoup ses concurrents. » (A. d'Aunay, 1875.) Se prend souvent au figuré.

BONHOMME : Saint. (Vidocq.) — Allusion aux statuettes chargées de le représenter.

BONHOMME (mon) : Mot d'amitié. — Il est souvent protecteur. — « Oui, mon bonhomme, s'écria le loup de mer, j'ai fait une fois le tour du monde. » (A. Marx.)

BONHOMME : Personnage sans conséquence et bon pour une petite spécialité. — Allusion aux petits bonshommes de bois que l'enfance tripote à son gré. — « Son directeur était enchanté... Il avait enfin trouvé un bonhomme. » (Claretie.)

BONICARD, BONICARDE : Vieux, vieille. (Halbert.) — De *Bonique*.

BONIMENT : Discours persuasif, destiné à *bonir* l'auditeur ou l'auditoire. — « Vous vous arrêtez devant un magasin lorsqu'un commis s'avance et vous débite son petit boniment. Vous filez aussitôt. » (*Figaro*.)

BONIMENT : Annonce de saltimbanque. V. *Postiche*.

BONIQUE : Vieillard. (Colombey.)

BONIR, BONNIR : Avertir, affirmer, dire. V. *Servir, Parrain, Criblage, Girofle*.

BONJOUR (voleur au), **BONJOURIEN, BONJOURIER** : « Voleur s'introduisant de grand matin dans les maisons où les bonnes laissent les portes entr'ouvertes et dans les hôtels garnis dont les locataires ne ferment pas leurs chambres. » (Canler.) — Allusion à l'heure matinale choisie par le voleur ; il vous souhaite en quelque sorte le *bonjour*. — « Le bonjourien qui s'introduit le matin chez vous pour voler votre montre. » (Ph. Chasles.) — « Des voleurs au bonjour ou bonjouriers, dits aussi chevaliers grimpants, se divisent en plusieurs classes..., celle des donneurs de bonjour exploite spécialement les hôtels garnis. » (*Le Paravoleur*, 1826.) — Le bonjourier exploite aussi les loges de concierge ; il a toujours un second qui fait le guet.

Il y a aussi des *bonjourières*. V. *Marner*.

BONNE : Bonne histoire, bonne charge. V. *Mauvaise*. — « Ah ! par exemple, en v'là une bonne. » (Cormon.)

BONNE (être à la) : Être aimé, être au mieux. (Rabasse.)

BONNE (être de la) : Avoir bonne chance.

BONNE (être en ses) : Être bien disposé. Mot à mot : être en ses bonnes heures. — « Vous ne poviez à heure venir plus oportune... Nostre maistre est en ses bonnes. Nous ferons tantost bonne chère. » (Rabelais, *Pantagruel*, liv. IV, ch. 12.) — On voit que le mot est ancien.

BONNE (prendre ou avoir à la) : Prendre en bonne amitié. — « Je ne rembroque que tezigue, et si tu me prends à la bonne, tu m'allumeras bientôt caner. » (Vidocq.)

BONNE AMIE : Maîtresse. — « J'appris dernièrement, vers trois heures de l'après-midi, que ma bonne amie me trompait avec un officier de cavalerie. » (Marx.)

BONNE-GRACE : Toile dans laquelle les tailleurs enveloppent les habits. — « Le concierge de l'hôtel a vu Crozard traverser la cour avec une bonne-grâce sous son bras. » (*La Correctionnelle.*)

BONNET DE COTON : Arriéré, mesquin. — La gent porte-flanelle et bonnet de coton. — (A. Barthet.)

BONNET DE NUIT : Homme triste et silencieux.

BONNETEUR : « Industriel tenant aux foires de campagne un de ces jeux de cartes auxquels on ne gagne jamais. » (Vidocq.)

BONNIR : Dire. V. Moustique.

BONSHOMMES : Croquis d'écolier, dessin. — « Il couvre ses cahiers de bonshommes. » (Rolland.)

BOOKMAKER : Industriel recevant les paris sur les champs de courses, mot à mot : teneur d'un livre de paris de course, (en anglais book.) — « Aux dernières courses on a arrêté plusieurs bookmakers. » (P. *Moniteur*, 1875.)

BORDEAUX (Petit) : Cigare de la manufacture de Bordeaux.

Avec un sou, tous sont égaux
Devant le petit bordeaux. (Liorat.)

BORDÉE, absence illégale. — Terme de marine qui fit d'abord allusion aux conditions dans lesquelles les équipages vont à terre par bordées. — « C'est un brave garçon qui ne boit jamais et qui n'est pas homme à tirer une bordée de trois jours. » (Vidal, 1833.) — « Les joies et tribulations de la bordée qu'ils ont courue. » — (*Phys. du Matelot* 1843.)

« Quant au troisième c'est un remplaçant, il est pratique, mais vaillant et lorsqu'on l'a mis à la salle de police pour une bordée, on l'en fait sortir car il se bat si bien. » (Billet du duc d'Aumale à M. Odier 1860, *Figaro* du 30 janvier 76.)

BORGNE : Derrière. — La comparaison n'a pas besoin d'être expliquée. — « V'là moi que je me retourne et que j' li fais baiser, sauf votre respect... mon gros visage... Ce qui a fait dire aux mauvaises langues qu'il a vu mon borgne. » (Rétif, 1783.)

BOSCO, BOSCOT, BOSCOTTE : « Petit homme, petite femme contrefaits, bossus. » (Dhautel.) — « Et ta portière qui me demande toujours où je vais !... Je l'abomine, c'te vieille bosco-là. » (H. Monnier.)

BOSSE : Excès de boire et de manger. — Allusion à la bosse formée par la réplétion du ventre. — On trouve bosse dans le Dictionnaire de Dhautel, 1808. — « Douze cents francs, allons-nous nous en faire des bosses ! » (Vidal, 1832.)

Se donner une bosse de rire : rire immodérément.

BOSSE (rouler sa) : Cheminer.

> Nous roulons notre bosse
> Dans un beau carrosse.
> (Decourcelle, 1832.)

BOSSE (tomber sur la) : Tomber sur quelqu'un, l'attaquer par derrière. — *Bosse* est ici synonyme de *dos*. — « Je te tombe sur la bosse, je te tanne le casaquin. » (Paillet.)

BOSSMAR : Bossu. (Vidocq.) — Changement de finale.

BOSSOIRS : Seins. — Terme de marine.

BOTTE DE NEUF JOURS : Botte percée. Mot à mot : voyant le jour par neuf trous. — Jeu de mots.

BOTTER : Convenir : Mot à mot : aller comme une botte faite à votre pied. — « Alors, si vous le permettez, j'aurai l'honneur de vous envoyer ma voiture à onze heures. — Ça me botte. » (Gavarni.) — « Bien que peu causeur, je l'avais assez botté pour qu'il me contât ses nombreuses campagnes. » (Marx.)

BOUBANE : Perruque. (Vidocq.) — Du vieux mot *bouban* : luxe, étalage.

BOUC : Mari trompé. (Vidocq.) — Allusion de cornes.

BOUCAN : Vacarme. — De *bouc*. Cet animal querelleur était l'emblème des disputes. — « Faire boucan : faire un tapage affreux en se réjouissant. » (Dhautel, 1808.) — « Ils vont faire du boucan, et la garde viendra. » (Vidal.)

BOUCANADE : Corruption à prix d'argent d'un juge ou d'un témoin.

Coquer la boucanade : corrompre. Mot à mot : donner pour boire : En Espagne, la *boucanade* est une gorgée du vin renfermé, selon l'usage, dans une peau de *bouc*.

BOUCANER : Sentir le bouc, puer.

BOUCARD : Boutique. V. *Baïte, Esquinteur*.

BOUCARDIER, BOUCARNIER : « Voleurs dévalisant les boutiques à l'aide d'un *pégriot* ou gamin voleur, qui s'y cache à l'heure de la fermeture, et qui vient leur ouvrir. » (Canler.)

BOUCHE L'ŒIL : Pièce de cinq, dix ou vingt francs dans l'argot des filles qui font allusion à la pantomime de certaines enchères. (J. Choux.)

BOUCHE-TROU : Rédacteur ou article dont la prose n'est bonne que dans les cas de néces sité absolue. — « S. voyant qu'on avait placé très-mal un de ses articles dans la Revue, dit au rédacteur en chef : « En vérité, monsieur, me prenez-vous pour un bouche-trou. » (Mirecourt, 1855.)

BOUCHE-TROU : Acteur jouant les utilités.

BOUCHER : Médecin. (Halbert.) — Ce serait plutôt le chirurgien.

BOUCHER UN TROU : Donner un à-compte. (1851, *Almanach des Débiteurs*.)

BOUCHON : Bourse. (Vidocq.) — Corruption du mot *pouchon* (pochon, poche), qui avait la même signification.

BOUCHON : Qualité, genre. Allusion au bouchon cacheté des vieux vins. — On a dit par extension : *Ceci est d'un bouchon*, comme *ceci est d'un bon tonneau*.

BOUCLER : Fermer. — « Il fait frisquet. — Bouclez donc la lourde, hein. » (*Dernier jour d'un condamné.*)

Le mot est déjà vieux. « Si de mal encontre, n'estoient tous les trous fermez, clous (clos) et bouclez, » dit Panurge, au commencement du chap. IX, livre 3, de *Pantagruel*. (Rabelais.)

BOUCLER (se faire) : Se faire enfermer, emprisonner. (Rabasse.)

BOUDER AUX DOMINOS : Avoir des dents de moins. (Halbert.)

BOUDER A LA BESOGNE : Ne pas travailler.

BOUDER AU FEU : Reculer devant l'ennemi.

BOUDIN : Verrou. — Allusion à la forme des verrous ronds qui ferment les grandes portes.

BOUDIN : Estomac. — « Puisque tu en avais plein le boudin. » (Monselet.)

BOUDINER : Dessiner sans modeler comme il le faudrait, faire par exemple des doigts ou des bras ronds et unis comme des boudins.

BOUFFARDE : Pipe. — Allusion aux *bouffées* de tabac qui s'en échappent.

Je tiens à toi, mon doux tendron,
    Comme un rapin
A la bouffarde qu'il culotte.
            (Commerson.)

BOUFFARDER : Fumer. (Halbert.)

BOUFFER : Manger avec excès. Mot à mot : se rendre bouffi de nourriture.

BOUGIE : Canne. — Allusion de forme. — Elle éclaire aussi la marche de ceux qui n'y voient pas.

BOUGIE GRASSE : Chandelle. — Ironique.

BOUGON, BOUGONNE : Grognon, grognonne. — On dit dans ce dernier sens : *madame Bougon*. Du vieux mot : *bouquer*, gronder.

Car toujours madame Bougon
    Fait carillon,
    Et le torchon
Brûle en tout temps dans ma pauvre maison.

(*Les vrais Rigolos*, almanach chantant pour 1869.)

BOUGRE : Mot à noter comme ayant perdu sa portée antiphysique. Ce n'est plus qu'un synonyme de garçon. On dit : un mauvais bougre, un bon bougre. — « Lorsque nous aurons ici un millier de bons bougres, nous tiendrons la queue de la poêle. » (Delahodde, 1850.) — V. *Grognard*.

BOUGREMENT : Très. — Pris en bonne comme en mauvaise part.

BOUILLANTE : Soupe. (Halbert.) — Les soldats donnent aussi ce nom à la soupe qu'ils mangent deux fois par jour. Rien de mieux choisi que cette appellation dans le temps où elle était servie dans des gamelles à cinq ou six hommes; car celui d'entre eux qui aurait attendu qu'elle refroidit risquait de n'en point manger. La soupe est aussi appelée *mouillante*.

BOUILLON : Restaurant où on peut borner sa consommation à une tasse de bouillon de 20 centimes. — « Vous avez manifesté votre horreur pour les établissements que vous appelez des bouillons. » (*A propos des calicots*, 1861.)

Les *bouillons* ne datent pas de 1860. Une vingtaine d'années avant, un prédécesseur de Duval avait fondé à Paris des *bouillons hollandais*, mais il fut moins heureux.

BOUILLON : « Mot en usage dans la librairie pour peindre une opération funeste. » (Balzac.) — « Ce sont eux qui ont bu le bouillon que je destinais à mon libraire. Je croyais le ruiner et je l'ai enrichi. » (*Biographie des Quarante*, 1826.)

BOUILLON : Exemplaires non vendus d'un livre ou d'un journal. « — On appelle *rendre le bouillon*, en style de vente, rapporter au journal les numéros qu'on n'a pu vendre, et que l'administration vous reprend. » (Vallès, 1866.)

BOUILLON : Désastre financier. — « Il a bu un fameux bouillon : il a fait une perte considérable. » (Dhautel, 1808.) — « La liquidation fut si complète qu'elle se changea en un parfait bouillon. » (Philippon, 1840.) — Le métier est rude à la Bourse, sans parler des soucis et des *bouillons*. » (Mornand.)

BOUILLON : Pluie torrentielle. — « Il va tomber du bouillon, pour dire une averse. » — (Dhautel, 1808.) — « Je sais ce que c'est qu'un bouillon; j'allons être inondé. » (Désaugiers.)

BOUILLON (boire le) : Mourir. — Allusion au dernier bouillon que boit un noyé. — « Ce n'est pas la peine que vous essayiez de vous sauver, vous boirez le bouillon comme nous. » (*Éclair*, 23 juin 1872.)

BOUILLON AVEUGLE : Bouillon sans graisse. Mot à mot : sans yeux.

BOUILLON D'ONZE HEURES : Noyade, empoisonnement.

BOUILLON DE CANARD : Eau.

Jamais mon gosier ne se mouille
Avec du bouillon de canard. (Dalès.)

BOUILLON POINTU : Lavement. — Double allusion à sa canule et à son contenu. — « Dieu! qu'est-ce que je sens? — L'apothicaire, *poussant sa pointe* : C'est le bouillon pointu. » (*Parodie de Zaïre*.)

Le meilleur looch et le meilleur topique,
C'est un bouillon pointu. (Festeau.)

BOUILLON POINTU : Coup de baïonnette. — « Toi, tes Cosaques et tous tes confrères, nous te ferons boire un bouillon pointu. » (Layale, 1855.)

BOUIS : Fouet. (Halbert.)

BOUISBOUIS : Marionnette. Onomatopée imitant le cri de Polichinelle. — « Le véritable magicien est celui qui ensecrète les bouisbouis. » (Privat d'Anglemont.)

BOUISBOUIS : Petit théâtre, tripot. — De *bouis* : cloaque, maison de *boue*. (Dhautel.) — « Le bouis-bouis est le café-concert qui a pour montre un espalier de femmes. Le théâtre qui en étale est un bouis-bouis. » (1861, A. Daunay.)

M. Th. Gautier écrit *bouig-bouig*. — « Ces tréteaux sans prétention qu'on nomme des bouigs-bouigs dans un nom peu académique mais qui finira par prendre place au Dictionnaire. » (Th. Gautier.)

BOUISER : Fouetter. (Halbert.)

BOULANGER : Diable. (Vidocq.) — Ironie de couleur. Il est aussi noir que le boulanger est blanc, et il met au *four* de l'enfer.

— Moreau Christophe donne avec ce sens *la Boulangère*.

BOULANGER : Charbonnier. — Ironie de couleur. Le noir est mis pour le blanc.

BOULANGER (remercier son) : V. Mourir. — Même allusion que dans *perdre le goût du pain*. V. *Pipe* (casser sa).

BOULE : Foire, fête (Vidocq.)

BOULE : Tête. — Elle est ronde comme une boule. — « Vu l'épaisseur de ces boules de campagnes. » (Balzac.) — « Ils ont la boule noire comme de l'encre. » (Cogniard, 1831.) — « Bonne boule, n'est-ce pas? figure respectable. » (L. Reybaud.) — « Polissonne de boule, en fais-tu des caprices! » (*Les Amours de Mayeux*, 1833.)

BOULE (perdre la) : Perdre la tête, devenir fou. (Caillot, 1829.) — « Et six cents gredins prétendent changer tout cela avec une boule dans une urne! C'est le cas de dire qu'ils perdent la boule! » (Félix Pyat, 1871.)

BOULE DE LOTO : Œil saillant et rond, comme une boule de loto.

BOULE DE NEIGE : Nègre. — Ironie de couleur.

BOULE DE SON : Figure tachée de rousseurs, qui sont aplées aussi *taches de son*.

BOULE DE SON : Pain de munition. — Il contenait autrefois beaucoup de son.

BOULE JAUNE : Potiron. (Colombey.)

BOULENDOS : Bossu. (Vidocq.) — Il semble avoir une boule dans le dos.

BOULER : Refuser. — Même étymologie que *Blackbouler*.

« *Le marquis* : Ne m'en parle plus... je l'ai boulé avec perte; tu seras la femme d'Oscar.

Yseult : Mon père, je connais mes devoirs, j'obéirai; l'un ou l'autre, ça m'est bien égal. » (Marquet.)

BOULER : Battre. Mot à mot : Faire rouler son adversaire comme une boule.

Si tu dis mot, j' te boule.
(*Chansons*, Avignon, 1813.)

BOULET : Personne dont on ne peut se débarrasser. — Allusion au boulet traîné par les militaires. — « Bal à la Renaissance, ce soir. Lâche ton boulet ! » Gavarni.)

BOULET A QUEUE : Melon. (Vidocq.)

BOULETTE : Petite faute. Un peu plus grave, elle devient une *brioche*. On appelle *sale patissier*, un homme peu soigneux ou tripotant des affaires véreuses. La pâtisserie est-elle redevable de ces acceptions aux soins minutieux qu'exige son exercice ? En ce cas, il faut sous-entendre *mauvaise* avec *brioche* et *boulette*. V. Brioche. — « Faut croire que j'ai lâché quelque boulette. » (Frémy.)—« Enfin, un quaker l'a prise en pitié, et dit : Fille, tu as fait une boulette. » (M. Alhoy.)

BOULEVARDIER : Homme qu'on rencontre tous les jours flânant sur les boulevards, du faubourg Montmartre au Grand-Hôtel. — « Vous connaissez W.? un long sec, un boulevardier fini. » (*Figaro*, 1867.)

BOULEVARDIERE : Femme galante fréquentant les boulevards. En juillet 1872, la *Liberté* signale vertueusement la « tolérance dont on continue d'user à l'égard des boulevardières, devenues aussi nombreuses que les bocks et les sorbets du soir. »

BOULINE : Collecte. — « Les *truqueurs* des foires de village font ce qu'ils nomment une *bouline*, c'est-à-dire une collecte entre eux, et ils chargent un compère de distraire le surveillant, de l'emmener à l'écart, de l'inviter et de le griser. Alors malheur aux pauvres *pétrousquins* (particuliers) qui s'aventurent à jouer ! ils sont rançonnés sans merci. » (Privat d'Anglemont.)

BOULINER : Faire un trou ou *boulin* à la muraille. (Vidocq). — — De *boulinoire*.

BOULINER : Voler en boulinant. (Halbert.)

BOULINER : Déchirer (Idem.)

BOULINOIRE : Vilebrequin. (Vidocq.) — Allusion à son mouvement circulaire et peut-être aussi à la boule de bois de sa poignée.

BOULON (vol au) : « Il est commis aux étalages de dentelles en les attirant à l'aide d'une tringle à crochet passée par un trou de boulon de la devanture. (Rabasse.)

BOULOTTER : Vivre à l'aise. Diminutif de *bouler* : rouler comme une boule. Boulotter l'existence : rouler sans peine dans la vie. — « Ils boulottaient l'existence, sans chagrin de la veille, sans souci du lendemain. » (De Lynol.) — « Pourvu que nous ayons de quoi boulotter tout doucement, je serai content. » (Friès.)

BOULOTTER : Être en bonne santé. — Même image dans *ça roule*. V. *Rouler*.

BOULOTTER : Prospérer, fructifier, s'arrondir. — « Voilà deux cent mille francs qui ne rapporteront rien... Il resterait donc cent mille francs à faire boulotter. » (Balzac.)

BOULOTTER : Assister. (Vidocq.)

BOULOTTER : Manger. (Halbert, Rabasse.)

BOUM : Cri par lequel le garçon de café annonce qu'il a entendu l'ordre du consommateur. — « Ces satanés garçons ! Avez-vous remarqué quel sourire narquois ils ont presque toujours sur les lèvres lorsqu'ils toisent la pratique et surtout l'habitué ! Va, mon bon homme, ont-ils l'air de dire... abrutis-toi dans cette atmosphère délétère d'alcool et de tabac. Prépare-toi une précoce vieillesse... Versez... *Boum !*... Ce *boum !* lui-même n'est-il pas une ironie ? *Boum !* c'est comme la parodie du bruit du canon. *Boum !* cela fait penser aux grands carnages. *Boum ! boum !* Défiez-vous... Le café, c'est le tueur en détail ! » (P. Véron.)

BOUQUINE : *Barbe* poussant sous le menton comme celle du *bouc*. Une mazarinade de 1649 (*l'Illustre barbe*) fait un crime au cardinal de sa *barbe boucquine*.

BOURDON : Prostitué. (Halbert.)

BOURGEOIS : Bourg. (Idem.)

BOURGEOIS : « Les grands seigneurs, si toutefois vous voulez bien en reconnaître, comprennent dans cette qualification de bourgeois toutes les petites gens qui ne sont pas *nés*. — Le bourgeois du campagnard, c'est l'habitant des villes. — L'ouvrier qui habite la ville n'en connaît qu'un seul : le bourgeois de l'atelier, son maître, son patron. — Le bourgeois du cocher de *fiacre*, c'est tout individu qui entre dans sa voiture. Chez les artistes, le mot *bourgeois* est une injure, et la plus grossière que puisse renfermer le vocabulaire de l'atelier. Le bourgeois du troupier, c'est tout ce qui ne porte pas l'uniforme. Quant au bourgeois proprement dit, il se traduit par un homme qui possède trois ou quatre bonnes mille livres de rente. » (Monnier, 1840.)

BOURLINGUER : Avancer avec peine dans la vie, se remuer sur place. Ce terme vient de la marine où un bâtiment bourlingue lorsqu'il lutte inutilement contre la grosse mer. — « Dans ce pays que j'ai sillonné dans tous les sens, où j'ai bourlingué déjà pendant dix ans. » (A. Lecomte, 61.)

BOURRICHON (se monter, se charpenter le) : S'illusionner, se monter la tête. — « As-tu fini ? Des nerfs ! Est-ce à ton âge qu'on se charpente le bourrichon. » (Monselet.) — « *Sylvia* : Tu ne te montes pas facilement le bourrichon, mon chéri. — *Dorante :* Pas si pante. » (L. de Neuville.)

BOURRIER : Ordure, fumier. — Vieux mot. — « Je ne suis qu'un bourrier de la rue. » (Balzac.)

BOURRIQUE (tourner en) : Abrutir. — « C'est ce gueux de Cabrion qui l'abrutit... Il le fera bien sûr tourner en bourrique. » (E. Sue.)

BOURSICOTER : Jouer à la Bourse. — Se dit aussi pour : amasser une petite somme, un *boursicaut*.

BOURSICOTEUR, BOURSICOTIER, BOURSIER : Homme qui joue à la Bourse. — « Boursier hardi, coulissier intrépide. » (Festeau.) — « L'esprit est inutile à un boursicotier; de cœur, il n'en faut pas du tout; d'argent, on peut s'en passer au besoin; mais ce qu'il lui faut surtout et avant tout, c'est de l'audace, beaucoup d'audace et une certaine habileté de calculs et d'intrigues qui lui assure toujours un gain, même lorsque des événements imprévus peuvent lui faire subir une perte. » (*Boursicotiérisme*.)

BOURSICOTIÉRISME : « Le boursicotiérisme est l'art de jouer, de parier, de spéculer en Bourse, quelquefois sans argent, comme sans probité; en d'autres termes, le boursicotiérisme est l'art de surprendre habituellement le bien d'autrui par un ensemble de moyens non prévus par la loi ou insaisissables à la justice. » (Idem.)

BOUSCAILLE : Boue. (Vidocq.) Addition de finale.

BOUSCAILLEUR : Balayeur.

BOUSIN : Tapage.

Quand on entend le refrain
D'un infernal bousin,
Cent fois pis que le sabbat.

(*Chanson des canotiers.*)

BOUSIN : Maison mal famée, lieu de débauche. Mot à mot : maison de *bouse* ou de *boue*. — « Cette maison est un vrai bousin; pour dire qu'elle est mal gouvernée et que chacun y est maître. » (Dhautel, 1808.)

BOUSINER : Faire du tapage. du bousin.

BOUSINEUR : Tapageur, faiseur de *bousin*. — « Est-on bousineur dans ce bahut-ci ? — Pas trop; le sous-directeur est sévère ! — Ça m' l'enfonce... » (*Les Institutions de Paris*, 1858.)

BOUSSOLE : Cerveau. — Il dirige l'homme comme la boussole dirige le navire : « J'ai ça dans la boussole. Ainsi ne m'en parlez plus. » (Vidal, 1833.)

Perdre la boussole : Devenir fou.

BOUSSOLE DE REFROIDI : Fromage de Hollande, dite *tête de mort*. (Vidocq.) — Allusion à la boule formée par ce fromage. — On dit aussi : *boussole de singe*.

BOUTANGE : Boutique. (Halbert.) — Changement de finale.

BOUT D'HOMME : Tout petit homme. On dit aussi bout de c-l. (J. Choux.)

BOUTEILLE : Latrines. Terme de marine.

BOUTERNE : « La bouterne est une boîte vitrée où sont exposés, aux foires de villages, les bijoux destinés aux joueurs que la chance favorise. Le jeu se fait au moyen de huit dés pipés. Il est tenu par une *bouternière* qui est le plus souvent une femme de voleur. » (Vidocq.)

BOUTERNIER : V. ci-dessus.

BOUTIQUE : « Ce n'est pas une chose, c'est un esprit de négoce, de profits troubles et de soigneuses affaires, qui ne recule devant rien pour arriver à un gain quelconque. Il y a la boutique industrielle, comme la boutique scientifique, artistique et littéraire. » (A. Luchet.)

BOUTIQUE : Maison mal tenue, établissement mal administré. — « Quelquefois le piocheur employé menace de quitter la baraque ou la boutique. On le retient, on le décore. » (Balzac, 1842.)

BOUTIQUE : Ne se prend pas toujours en si mauvaise part que dans l'exemple précédent, et signifie simplement la maison, l'administration, le parti. — « Le portier est la cheville ouvrière de la boutique, comme on appelle le théâtre en terme d'argot. » (De Jallais, 1854.) — « Dans la polémique politique, il y a deux grandes divisions : la polémique de drapeau (de boutique en style plus familier) et la polémique individuelle. » (Joliet, 1860.)

Il est de la boutique : Il fait partie de la maison, de l'administration ou de la coterie.

On dit d'une femme qui, en tombant, a laissé voir trop de choses, *qu'elle a montré toute sa boutique*. (Dhautel, 1808.)

BOUTIQUER : Fagoter, mal faire.

BOUTIQUIER : Homme à idées rétrécies, parcimonieuses.

BOUTOGUE : Boutique. (Vid.)

BOUTON : Pièce de 20 francs. (Colombey.) — Allusion de forme et de couleur.

BOUTONNER : S'abstenir de ponter au lansquenet. Mot à mot : *boutonner* sa bourse. — « Si la ponte boutonne et ne s'allume pas, il faut que le *banquier* flatte, chatouille, étrille. » (Alyge.)

BOUZINGOT : « A la révolution de Juillet, les romantiques se divisèrent en bouzingots et en jeunes-France. Les premiers adoptèrent l'habit de conventionnel, le gilet à la Marat et les cheveux à la Robespierre; ils s'armèrent de gourdins énormes, se coiffèrent de chapeaux de cuir bouilli. » (Privat d'Anglemont.) — Du mot *bousineur*, tapageur. — Le bouzingot voulait bousiner le régime de 1830.

Par extension, on a donné ensuite le nom de *bouzingot* à tout homme turbulent en actes et en paroles. — « Décidément ce peintre est un mauvais sujet, un mal-appris, un bouzingot. » (A. Achard.)

BOX : Stalle d'écurie. — Anglicanisme. — « Ces écuries étaient organisées à l'anglaise avec des boxes fort confortables. » Montépin.)

BOXON : V. *Boc*.

BOYE : Gardien. (Rabasse.)

BOYE : Le forçat qui fait au bagne l'office de bourreau, est le boye. (M. du Camp.) — Vieux mot. — Rabelais conte dans le voyage de Pantagruel en l'île des Papefigues, comment ceux qui ne voulaient pas prendre la figue au derrière de la mule étaient pendus. Les autres, dominés par la peur, tirent la figue et la montrent « au boye, disant *ecco lo fico.* »

BRAC : Nom. (Grandval.)

BRAILLARDE : Caleçon (Halbert.) Ce sont nos anciennes braies. *Débrailler* est resté dans la langue régulière.

BRAISE : Argent. — Allusion à sa destination de première utilité. Sans braise, on ne peut *faire bouillir la marmite.* — « Pas plus de braise que dans mon œil. » (Mornand.) V. *Bille.*
Dans son *Père Duchêne,* Hébert appelle l'argent de sa subvention *la braise nécessaire pour chauffer son fourneau.* (*Vieux Cordelier,* éd. de 1842, p. 115.)

BRANCARD (vieux) : Vieille femme galante. — Allusion aux chevaux de selle réformés, qu'on met au brancard comme chevaux de trait.

BRANCHE : Ami aussi attaché qu'une branche à l'arbre. — « Allons, Panaris, le dernier coup, ma vieille branche ! » (J. Moinaux.)

BRANCHER : Pendre. (Vidocq.) Mot à mot : accrocher à la branche.

BRANDILLANTE : Sonnette. (Vidocq.) Allusion au battant qui brandille.

BRANQUE : Ane. (Vidocq. — Onomatopée imitant le cri de l'âne.

BRAS, BRASSE : Grand, grande. (Halbert.)

BRASER DES FAFFES : Fabriquer de faux papiers. (Colombey.)

BRASSET : Gros. (Idem.)

BRAVE : Cordonnier. — Dans une conférence donnée à Meaux, M. Guénin a donné l'origine du mot : — « C'était à l'époque de la Ligue. Henri de Navarre assiégeait Paris. La population ouvrière venait de passer en masse aux Guise, mais les cordonniers, indignés des récents massacres de la Saint-Barthélemy, refusèrent de se joindre aux ligueurs. Henri, apprenant ce refus, s'écria : « Les cordonniers sont des braves ! » (*Le National,* 1869.)

BREDA-STREET (dame ou habitante de) : Femme galante. — Anglicanisme. — Bâtie en même temps que la rue Notre-Dame-de-Lorette, la rue Breda avait, pour la même cause, donné son nom aux lorettes du quartier. « En revanche, nous avons Breda-street, le berceau de la lorette. » (Pélin.) V. *Lorette.*

BREDOCHE : Liard, centime. (Colombey.)

BRELOQUE : Pendule. (Vidocq.) — Harmonie imitant le bruit du balancier.

BRELOQUE (battre la) : Déraisonner. Allusion aux sons brisés de la batterie de tambour dite *breloque,* qui est particulièrement saccadée. — « Ciel ! papa bat la breloque. » (*Rienzi,* 1826.)

BRÈMES : Cartes à jouer. (Grandval.) — Allusion à la brème, poisson blanc, plat et court.

Maquiller la brème : Jouer aux cartes, travailler la carte.

Persévérez toujours en maquillant la brème,
Maquillez-la sans cesse et la remaquillez. (Alyge, 1854.)

BRÈME DE PACQUELINS : Carte géographique. Mot à mot : carte de pays. (V.)

BRÉMEUR : Joueur. (Rabasse.)

BREMMIER : Fabricant de cartes. (V.)

BRENICLE : Non. (Halbert.) — Pour *bernique*.

BRÉSILIEN : Personnage semant l'or à pleines mains. Ce terme a remplacé celui de *nabab*, depuis la vogue d'une pièce du Palais-Royal. — « Un étranger qui a réalisé le type de Brésilien rêvé par les auteurs dramatiques. » (F. de Rodays, 1875.)

BRIC-A-BRAC : Marchandises d'occasion, objets antiques. — « Ces travaux, chefs-d'œuvre de la pensée, compris depuis peu dans ce mot populaire, le bric-à-brac. » (Balzac.)

Bric-à-brac : Commerce du bric-à-brac. — « Le fait est qu'aujourd'hui le bric-à-brac est une industrie formidable, que le gros marchand de bric-à-brac possède jusqu'à 500,000 francs de marchandises. » (Roqueplan, 1841.)

Bric-à-brac : Marchand de bric-à-brac. — « Ce voleur de bric-à-brac ne voulait me donner que quatre livres dix sous. » (Gavarni.)

BRICABRACOLOGIE : Science du bric-à-brac. — Remarquons en passant qu'une infinité de mots sont fabriqués tous les jours par le même procédé que ce laborieux néologisme. — « Sans célébrité dans la bricabracologie. » (Balzac.)

BRICARD : Escalier. (Halbert.)

BRICOLE : Petit travail mal rétribué.

BRICOLER : « M. Jannier bricolait à la Halle, c'est-à-dire qu'il y faisait à peu près tout ce qu'on voulait. » (Privat d'Anglemont.) — De bricole : *harnais* qui fait de l'homme une sorte de cheval bon à tout traîner.

BRICOLER : Faire effort. Mot à mot : donner un coup de bricole. — « Et bricolons tout plus vite que ça, car j'ai les pieds dans l'huile bouillante. » (Balzac.)

BRICOLEUR : « Les bricoleurs sont des gens actifs, entreprenants, hardis, qui ne reculent devant aucun travail, qui s'offrent pour tout faire. » (Privat d'Anglemont.)

BRICULE : Officier de paix. (Halbert.)

BRIDE : Chaîne de montre. V. *Bobe*.

BRIDE : Chaîne de forçat.

BRIDER : Fermer (Vidocq.)

BRIDER : Ferrer un forçat. (Colombey.)

BRIDON : Méchant. — « Le toc est un bridon de gaye, méchant cheval qui a une pogne esquintante. » (Rabasse.)

BRIE. — Fromage de Brie. — « Un morceau du brie le plus gras de la boutique de la fruitière. » (Ricard.)

BRIGADIER : Gindre, premier garçon boulanger. Il fait le four et remplit les fonctions de contre-maître. (Vinçard.) — Ainsi nommé à cause de ses trois aides qui forment la brigade.

BRIGAND : Mot d'amitié. — Henri Monnier fait dire tendrement par une *fille* à son *client* : — « T'as chauffé l'four, pas vrai, brigand ? T'es n'en ribote ?... J'connais ça ; vu qu'ça m'arrive encore pus souvent qu'à mon tour. » (*La nuit dans le bouge.*)

BRIMADE : Épreuve vexatoire infligée aux nouveaux de l'École Saint-Cyr. — « Point de ces *brimades*, qui ont longtemps déshonoré Saint-Cyr. » (La Bédollière.)

BRIMER : Donner une brimade.

BRIMEUR : Faiseur de brimades. — Dans le *Dictionnaire Blesquin*, de 1618, *Brimare* signifie *bourreau*.

BRINDEZINGUES (être dans les) : Être ivre. Mot à mot : avoir trop bu à la santé des autres. — « Tiens, toi, t'es déjà dans les brindezingues. » (Vadé, 1756.) — Ce terme vient du vieux mot *brinde*: toast. — « Ces grands hommes firent tant de brindes à vostre santé et à la nostre, qu'ils en pissèrent plus de dix fois. » (*Lettre curieuse envoyée au cardinal Mazarin par ses nièces*. Paris, 1651.)

BRINGUE : Femme de mauvaise tournure. — « Allez trouver votre grande *bringue* de femme. » (Balzac.)

BRINGUE (mettre en) : Briser, mettre en morceaux. — Ces deux acceptions du mot *bringue* sont déjà en 1808 dans le dictionnaire de Dhautel.

BRIQMANN : Sabre de cavalier. (Halbert.) — C'est Briquet, avec changement de finale.

BRIQMONT : Sabre d'infanterie. (Idem.) Même origine.

BRIO : « Le *brio*, mot italien intraduisable, est le caractère des premières œuvres. C'est le fruit de la pétulance et de la fougue intrépide, du talent jeune, pétulant, qui se retrouve plus tard dans certaines heures heureuses. » (Balzac.) — « Le théâtre qui avait vu le luxe et le brio de ses premières années. » (*Physiologie du théâtre*, 1841.)

BRIOCHE : Acte sot ou maladroit. V. *Boulette*. — « Et vous alliez me faire faire une sottise, une brioche, une boulette. » (1826, *Ancien Figaro*.)

M. Quitard donne à ce terme une origine historique :

Faire une brioche : « C'est faire une faute en musique, et par extension en quelque chose que ce soit. Cette expression fut introduite à l'époque de la fondation de l'Opéra en France. Les musiciens attachés à ce théâtre avaient imaginé de condamner à une amende pécuniaire celui d'entre eux qui manquerait aux règles de l'harmonie en exécutant sa partition, et le produit des amendes était destiné à l'achat d'une brioche qu'ils devaient manger ensemble dans une réunion où les amendés figuraient ayant chacun une petite image de ce gâteau suspendue à la boutonnière en guise de décoration.

Un tel usage ne fut pas jugé propre à les rendre moins fautifs dans leur art, et le grand nombre de repas qu'il amena ne fit pas concevoir une haute idée de leur talent. Bientôt ils se virent exposés à la raillerie du public, qui prit le mot de *brioche* pour synonyme de faute, bévue; et l'amour-propre alors l'emportant sur la friandise, ils décidèrent qu'ils pourraient faire désormais autant de *brioches* qu'ils voudraient sans être obligés d'en payer aucune. » (Dict. des proverbes.)

BRIOLET : Piquette. Mot à mot : petit vin de Brie. — C'était le Suresnes d'autrefois. — « *C'est du vin de Brie, il fait danser les chèvres*, pour dire c'est du vin âcre, dur, du casse-poitrine. » (Caillot, 1829.)

BRISACQUE : Bruit, homme bruyant. — « Vous voulez faire du brisacque ici. Vous êtes un fameux pistolet encore. » (Monselet.)

BRISANT : Vent. (Vidocq.) Augmentatif de *brise*.

BRISCARD : Vieux soldat à chevrons (brisques). — « Permettez-vous à un ancien, un vieux briscard de spahis, une petite critique ? » (*Vie parisienne*, 1861.)

BRISER (se la) : Fuir. — Abréviation de *briser la politesse* (partir sans prendre congé). — « Dans le beau monde, on ne dit pas : je me la casse, je me la brise. » (Labiche.) V. *Trumeau, Rigolo*.

BRISER, BRISEUR, BRISURE : « Les *briseurs* sont tous Auvergnats et se prétendent commerçants. Ils s'entendent pour inspirer la confiance à des fabricants qu'ils trompent pour une grosse somme, après leur en avoir payé plusieurs petites. Les marchandises *brisées* sont revendues à 40 pour 100 de perte, et le produit de la *brisure* est placé en Auvergne. » (Vidocq.) — Le *briseur* est ainsi nommé parce qu'il *se la brise* dès qu'il a fait son coup.

BRISQUE : Galon indiquant le grade ou l'ancienneté dans l'armée. — Un fourrier a quatre brisques sur les manches. — *Une vieille brisque est le synonyme de un vieux briscard.* — « Ces vieux sous-officiers à brisques qui nous dressaient à la discipline. » (St-Genest, 1875.)

BRISQUES : As et figures du jeu de cartes. Ce sont les gradés de l'armée des cartes

BROBÈCHE : Liard, centime. (Colombey.)

BROC : Liard. (Grandval.)

BROCANTE : Objet sans valeur.

BROCANTE : Troc de marchandises de hasard. — « Je vais faire des brocantes. » (Balzac.)

BROCHET : Souteneur. — Encore un nom de poisson. Nous en verrons bien d'autres. V. *Mac*. — « Les brochets sont aujourd'hui fort connus par la police. » (Stamir, 1867.)

BRODANCHER : Broder. (Vidocq.) Changement de finale. V. *Ravignolé*.

BRODER : Écrire. (Idem.) Allusion au va-et-vient de la plume.

BRODEUR : Écrivain. (Idem.)

BROQUILLE : Chose sans valeur. (Halbert.) Mot à mot : ne valant pas plus d'un broc.

BROQUILLE : Bague. (Halbert.)

BROQUILLE : Minute. (Ce diminutif du vieux mot *broque* (petit clou, broche) fait sans doute allusion au petit signe indiquant la minute sur un cadran.

BROQUILLEUR : Voleur ayant pour spécialité de voler les bijoutiers en substituant du strass au diamant (Colombey.) — Le strass n'est qu'une *broquille*.

BROSSE : Formule négative qui veut dire : non, rien. — « Brosse pour lui! Zut pour lui! Fallait pas qu'y liche. » (A. Dalès.)
Dès 1808, on disait : *Ç'a fait brosse*, pour : Rien pour toi! tout est brossé. (Dhautel.) — Une caricature de Machereau, publiée en 1830, porte cette légende : « Linge sale de M. de Bourmont. *C'linge sale-là, père Escobard, y t' chausserait bien; mais ça t' fait brosse, y sera trop beau pour nos blessures.* »

BROSSÉE : Grêle de coups, défaite. — « Les Turcs ont reçu une brossée. » (Ricard.)

BROSSER : Battre. Mot à mot : brosser de coups.

BROSSER LE VENTRE (se) : Se passer de manger. Mot à mot : se brosser le ventre pour lui faire oublier l'heure du repas. — « Le régiment a pris le café ce matin, mais le colonel s'est brossé le ventre. » (*Commentaires de Loriot.*) — « Et nous autres? Ah! nous autres, nous nous brossons le ventre. » (Sarcey.)
Pris souvent au figuré pour se passer de n'importe quoi. —

« Vous brosser le ventre faute d'un éditeur. » (Commerson.)
On dit plus simplement *se brosser*. — « On dit qu'il espère avoir la croix... il sera forcé, cette année, de se brosser la boutonnière. » (1866, *Vie parisienne.*)

BROUÉE : Correction. (Halbert.) Mot à mot : action de *broyer*.

BROUILLARD (être dans le) : avoir l'œil troublé par l'ivresse.

BROUILLARD (Chasser le) : Boire un verre d'eau-de-vie dont la chaleur combat, dit-on, les mauvais effets de l'humidité.
On dit *tuer le ver* par un motif analogue; l'alcool pris à jeun passe pour causer de vives contrariétés aux helminthes et aux ascarides vermiculaires.
Ces deux termes peuvent être considérés comme une allusion ironique aux prétextes hygiéniques des buveurs d'alcool.

BROUILLÉ AVEC LE DIRECTEUR DE LA MONNAIE (être) : Être sans argent. — L'ironie n'a pas besoin d'explication.

BROUSSAILLE (cheveux en) : Cheveux hérissés, mêlés comme les branches d'une broussaille.

BROUTA : Discours. — Du nom d'un professeur de l'École de Saint-Cyr, doué d'une certaine facilité d'élocution. Ce qui a fait le verbe *broutasser* : discourir, et le substantif *broutasseur*, discoureur.

BRUGE : Serrurier. Du vieux mot *bruger* : frapper, heurter. La même allusion se retrouve dans *tape dur*.

BRUGERIE : Serrurerie. (Idem.)

BRULAGE : Déconfiture. — « C'est un *brûlage* général. » (Balzac.)

BRULE-GUEULE : Pipe dont le tuyau écourté brûle les lèvres du fumeur. — « Ils ont un brûle-gueule à la bouche qui, en leur enfumant toute la figure, leur procure une haleine insupportable. » (*Caricatures politiques*, an VI.) « Une de ces pipes courtes et noires dites brûle-gueule. » (Banville.)

BRULÉ : Fini. — « Comment sommes-nous avec le boulanger? — M'sieur, le boulanger est brûlé, il demande un à-compte. » (Champfleury.) C'est-à-dire : le boulanger est brûlé comme créditeur.

BRULÉ : Démasqué. — « Le grec *brûlé* prend son parti lestement, et va, sous un autre nom nobiliaire, se faire pendre ailleurs. » (Mornand.)

BRULÉE : Correction plus forte que la brossée. Elle brûle celui qui en porte les marques.

BRULER : « Messieurs, j'en brûle huit! Traduction : messieurs, je retire du jeu les huit premières cartes qui par conséquent ne serviront pas. » (Cavaillé.)

BRULER : Se dit d'un cocher qui en dépasse un autre.

BRULER : Être tout près de deviner la vérité qu'on cherche. — « *Olivier.* Ah! je crois que je brûle, comme on dit aux petits jeux. Est-ce que M. de Nanjac... — *Suzanne.* Vous rêvez. » (Dumas fils, *le Demi-Monde*.)

BRULER LE PÉGRIOT : Effacer la trace d'un vol. (Halbert.)

BRULER LA POLITESSE : S'esquiver sans faire la politesse d'un adieu. — « Quand il nous met à l'ombre, c'est que nous avons brûlé la politesse à la consigne. » (J. Arago, 1838.)

BRULER UNE (en) : Fumer. Mot à mot : brûler le tabac d'une pipe.

BRULOT : Mélange de sucre et d'eau-de-vie brûlée. — « Au café, c'est avec bonheur qu'ils cassent les tasses où ils allument leur brûlot quotidien. » (R. de La Barre.)

BRULER LES PLANCHES : Jouer avec beaucoup de feu. Ne se dit qu'au théâtre. — « Mlle Beretta brûle les planches de l'Opéra. » (De Boigne, 1857.)

BRULEUR DE PLANCHES : Acteur jouant avec feu. — « Leménil était ce qu'on appelle en argot de coulisses, un brûleur de planches. » (P. Véron.)

BRUTAL : Canon. — Allusion au grondement de son tir. — « As-tu entendu ronfler le brutal? » (Dhautel.) — « Une détonation se fit entendre. — Tiens, dit Pierre, voilà déjà le brutal qui chante. » (Ricard.) V. *Invalo*.

BRUTIUM : Élève du prytanée de la Flèche. C'est aussi le prytanée lui-même. — Latinisme dont l'origine nous est inconnue. Voir *Volaille*.

BRUTUS : Bretagne (Halbert.)

Changement de deux voyelles.

BU : Complétement ivre. Mot à mot : imbibé de boisson. — Au moyen âge on disait, sans abréger, *oultrebeu* (*outrebu*). — « Le pochard n'est pas encore un homme complétement bu. » (Ladimir, 1845.) — « C'est pas gentil, que j'dis, c'que tu fais là, d'autant qu't'es pas bu. » (H. Monnier.)

BUCÉPHALE : Cheval bon ou mauvais. Allusion ironique au cheval d'Alexandre. — « Bucéphale, le cheval d'Alexandre, dont le nom nous sert à désigner les chevaux de parade, et aussi, par ironie, ceux qu'on appelle vulgairement des rosses. » (Rozan.)

BUCHE (temps de) : V. *Pioche*.

BUCHE PLOMBANTE : Allumette chimique. (Vidocq.) Mot à mot : brin de bois sentant mauvais. — *Bûche* est dit par ironie. V. *Plomber*.

BUCHER : Travailler. — Du vieux mot *buscher* : fendre du bois. — « Moïse est un fameux travailleur ; il bûche comme quatre à lui tout seul. » (M. Perrin.)

BUCHER : Battre. (Dhautel.)

I' vient pour me bûcher :
Moi, je l' fais trébucher.

(*Chansons*, Avignon, 1813.)

BUCHERIE : Combat, lutte acharnée.

BUCHEUR : Travailleur assidu, bûchant avec amour.

BUEN-RETIRO : Endroit propice, et quelquefois par ironie : lieux d'aisances. Mot à mot : bonne retraite. Ibérisme.

Sous l'empire d'un p'tit malaise
Je cherchais, pour me mettre à l'aise,
Un certain *buen-retiro*. (Tantôt.)

BUQUER : Voler dans une boutique en demandant de la monnaie. (Vidocq.)

BUREAU ARABE : En Afrique, du vin avec du sucre s'appelle un *état-major*. De l'absinthe mêlée avec de l'orgeat, s'appelle : un bureau arabe.

BURLIN : Bureau. — Changement de finale. V. *Parrain*.

BUSARD, BUSE, BUSON : Inintelligent, obtus, comme la buse qui est le plus couard des oiseaux de proie. — « Et il ne sera pas béotien et buson comme toi. » (Ricard.)

BUSTINGUE : Hôtel garni. (Halbert.)

BUTE, BUTTE : Guillotine.— Elle *butte* les gens. — « Tu n'es qu'un lâche. Avec toi, on va tout droit à la butte. » (Canler.) V. *Tine*.

Monter à la butte : Monter à l'échafaud. (Rabasse.)

BUTÉ (être) : Être guillotiné.

BUTTER : Tuer, assassiner. — C'est le vieux mot *buter* : frapper, renverser, qui a fait *culbuter* dans la langue usuelle. — « Voilà donc une classe d'individus réduite à la dure extrémité de travailler sur le grand trimar, de goupiner, de faire le bog et le blavin, de butter même s'il en était besoin. » (*50,000 voleurs de plus à Paris*, 30.) — « Voilà pour butter le premier rousse, dit-il en montrant un couteau. » (Canler.)

BUTEUR, BUTTEUR : Assassin, bourreau. (Rabasse.)

BYRONIEN : D'allures à la Byron, poétiquement inspirées. V. *Tartine.*

C

C (être un) : Être un imbécile. (Grandval.) Abréviation de *c-o-n.* — Au moyen âge, on disait *conard* dans le même sens. V. Lacombe, *Dictionnaire du vieux langage.* — *Connerie* (stupidité), et *comtois* (niais), sont de la même famille.

ÇA (c'est). UN PEU ÇA (c'est) : C'est superlatif. — « Ils sont laids que c'est ça. » (Pecquet.) — « C'était ça, presque aussi bath qu'au café. » (Monselet.) — « On me cognait, mais c'était ça. » (Zompach.) — « Restez, gendarme, mais ne remuez pas trop, car vous avez l'infirmité des pieds que c'est ça. » (*Dernier jour d'un condamné.*) — « S'il tournait une phrase de manière à lui donner de l'effet, les *tricoteuses* applaudissaient et s'écriaient : Là, c'est ça ! » (Lady Morgan, 18.)

ÇA (il a de) : Il a de l'originalité, du talent, du génie.

ÇA (Il a de) : Il est riche. — En disant ce mot, on fait ordinairement le geste de compter.

ÇA (elle a de) : Elle est riche d'appas.

CAB : Cabriolet à l'arrière duquel conduit le cocher. — « Là, il déjeuna à la hâte et demanda un cab. » (Ponson du Terrail.) — Anglicanisme.

CAB, CABOT, CABE : Chien. (Grandval.) — Contraction abrégée des deux mots : *qui aboie.* Les voleurs ont, comme ils le font souvent, donné le nom de l'acte à l'acteur. Au lieu de dire le chien, ils ont dit : le *qui aboie* et en abrégeant : le *qu'abe*, le *qu'abo.* — Ce procédé est fréquent. Voyez *Calvin, Combre.*

CABAS : Femme avachie. — On dit : *c'est un vieux cabas.* Le mot appartenait déjà à l'ancienne langue provençale. En catalan, on dit *cabaz* ; en espagnol, *capazo* ; en italien, *cabaco.*

CABASSER : Tromper. (Colombey.) — Vieux mot.

CABERMONT : Cabaret. (Vidocq.) — Corruption de mot par changement de finales. V. *Promont.*

CABESTAN : Agent de police (Vidocq.) — Officier de paix. (Delvau.) V. *Macaron.*

CABILLOT : « L'ennemi naturel du matelot, c'est le soldat passager, plus souvent nommé *cabillot*, à cause de l'analogie qu'on peut trouver entre une demi-douzaine de cabillots (chevilles) alignés au râtelier et des soldats au port d'armes. » (*Physiologie du matelot*, 43.)

CAB, CABOT : Mauvais acteur. — Abréviation de *cabotin*.

CABOTINAGE : C'est le mauvais côté de la vie de comédien. — « La comédie de société, cet élégant cabotinage. » (Villemot.)

CABOTINE : Actrice médiocre ou nomade. — « L'actrice, sage ou non, est pour eux une cabotine. » (Ricard.) V. *Cabotiner*. — Le *Dictionnaire de l'Académie* donne Cabotin.

CABOTINER : Faire le métier de cabotin, fréquenter les cabotins, et, par extension, dans n'importe quelle classe, tomber dans les désordres de la vie d'artiste sans en avoir le beau côté. — Un petit roman de l'an VII *(les Comédiens Ambulants)*, nous donne l'étymologie du mot dans ce passage : « Je parle des troupes de comédiens qui sont obligés de courir de ville en ville, et, pour me servir de la véritable expression, de *cabotiner*. » Ce métier de *courir de ville en ville* donne la clef du mot. Le *cabotin* est à l'*artiste* ce qu'un navire *caboteur* est à une frégate. — « Il a l'air artiste ; dans sa jeunesse il a tant soit peu cabotiné ; mais il a renoncé à Satan, à ses pompes et à ses œuvres. » (Privat d'Anglemont.)

CABOULOT : « Le caboulot est un petit café où l'on vend plus spécialement des prunes, des chinois et de l'absinthe. » (A. d'Aunay, 61.) Une monographie des *Caboulots de Paris* a paru en 1862. C'est aussi un cabaret de premier ordre. V. *Camphrier*.

CABRIOLE : chambrée (Rabasse.) — Forme de *cambriole*.

CABRIOLET : Hotte de chiffonnier. — Ironie. Le chiffonnier *roule* (marche) avec son cabriolet comme le fantassin part *à cheval sur Azor*. V. *Cachemire d'osier*.

CABRIOLET : Chapeau de femme. — Date du temps où sa forme haute ressemblait assez à la capote d'un cabriolet.

CABRIOLET : Petite corde courte terminée par une double poignée. — « Lorsqu'on ne ligotte pas un malfaiteur, il y a le cabriolet qui sert à le tenir par le poignet droit. » (Rabasse.)

CACHEMIRE : Torchon. — Ironie. On dit : « Donnez un coup de cachemire, » pour « essuyez la table ! »

CACHEMIRE D'OSIER : Hotte de chiffonnière. — « Lorsque vous voyez un de ces braves philosophes des faubourgs portant crânement son *cabriolet* sur le dos, ou une pauvre femme pliée sous son *cachemire d'osier*, vous ne pouvez vous figurer tout ce que renferment ces hottes pleines. » (Privat d'Anglemont. — Cette ironie devait naître dans le monde des chiffonnières où les femmes déchues ne manquent pas. La hotte se met comme le cachemire sur le dos.

CACHEMITTE : Cachot. (Grandval.) — Les rongeurs n'y manquent pas. C'est un jeu de mots avec changement de finale.

CACIQUE : « C'était le temps où Taine était un cacique, c'est-à-dire le premier de sa section à l'École normale. » (D'Audigier, 66.)

CADAVRE : Preuve d'une action répréhensible. — On dit : *il y a un cadavre*, en parlant de deux personnes dont les relations ne s'expliquent pas et qu'on suppose liées par leur complicité dans quelque mauvaise action. — *Savoir où est le cadavre* est posséder la preuve de cette mauvaise action. — « P... n'a plus qu'à se taire. On sait où est le cadavre. Chaque fois qu'il voudra prendre la parole, on s'écriera : « Et le débit de tabac? »
(A. Scholl.)

CADAVRE : Corps vivant. — *Nourrir son cadavre*, c'est manger. — Ironie à l'adresse des ascètes.

CADELLE : Chaîne de montre. (Rabasse.) — Forme moderne de *Cadenne*.

CADENNE : Chaîne. (Vidocq.) — Vieux mot où se retrouve le latin *Catena*.

CADET : Derrière.

Sur un banc elle se met,
C'est trop haut pour son **cadet**.
(Vadé, 1756.)

CADET : Pince en fer pour forcer les portes (Grandval.) Voir *Caroubleur*

CADET : Apprenti maçon.

CADET : Individu. — Pris en mauvaise part. Jadis le cadet n'avait, dans le monde, qu'une considération proportionnée à sa fortune, qui était nulle. — « Le cadet près de ma particulière s'assoit sur l'banc. » (*Le Casse-Gueule*, chanson, 14.) — Une caricature de 1830 porte cette légende : « C'est de fameux cadets. Ils ont trouvé moyen de faire de la panade avec du pain. »

CADICHON : Montre. (Vidocq.) Diminutif de *Cadran*.

CADRAN : Montre. — Partie prise pour le tout.

CADRAN SOLAIRE, CADRAN LUNAIRE : Derrière. — Allusion à la forme ronde du cadran. Voir *Lune*.

Est-ce l'apothicaire
Qui vient placer l'aiguille à mon cadran lunaire ?

(*Parodie de Zaïre*, xviiie siècle.)

CAFARDE : Lune. (Vidocq.) — C'est la lune voilée se dissimulant derrière un nuage avant d'être la *Moucharde*, c'est-à-dire de dévoiler un homme qui fait un mauvais coup.

CAFARDER : Faire l'hypocrite, le cafard. — « En sorte qu'il cafarde avec sa malade. » (Balzac.) — *Cafard* est un mot déjà ancien, comme le prouve cet exemple : « Un cafard qui eust oublié en son sermon soy recommander. » (Rabelais, *Pantagruel*, v. 4. ch. XLVI.)

CAFÉ (fort de), FORT DE CHICORÉE, FORT DE MOKA : Excessif, peu supportable. — On sait quelle irritation le café trop fort cause dans le système nerveux. La chicorée jouit des honneurs peu mérités du synonyme. Il semble qu'ici, comme dans le café du pauvre, elle tient à entrer en fraude. En revanche, on sait que le moka tient le haut de l'échelle. — « On dit : c'est un peu fort de café, pour exprimer que quelque chose passe les bornes. »·(Dhautel.) — « Oh! oh! dirent Schaunard et Marcel, ceci est trop fort de *moka*. » (Murger.) —« S'unir à un autre ! c'est un peu fort de chicorée. » (Cormon.)

CAFÉ (prendre son) : Rire, se moquer. — Honnorat, dans son *Dictionnaire provençal*, donne comme méridionale l'expression *prendre soun café* : S'amuser aux dépens de quelqu'un. — Un dessin de Bertall fait dire à une bonne poursuivie par un troupier galant : — « Ah ! fusilier, vous voulez prendre votre café. »

CAFIOT : Café faible. — « Elle restait là tant que je n'avais pas mangé mon petit cafiot. » (*Commentaires de Loriot.*)

CAGETON : Hanneton. (Halbert.)

CAGNE : Mauvaise chienne, mauvais cheval et par extension personne lâche. Vieux mot. Voir *Rosse*.

CAGNE : Gendarme. (Colombey.) — Pour *Cogne*.

CAGNOTTE : « Espèce de tire-lire d'osier recevant les rétributions des joueurs. » (Montépin.) L'*Intermédiaire* de mars 1866 y voit avec raison une corruption du mot *gagnotte*. Mot à mot : lieu où se dépose ce qu'on gagne. — « Le lansquenet brille, la cagnotte est dans son plein. » (Lespès.)

Faire une cagnotte : Mettre les gains du jeu en réserve pour une dépense profitable à tous.

CAGOU : Voleur solitaire. (Grandval.)

CAGOU : Maître voleur chargé d'instruire les novices. (Colombey.)

CAILLÉ : Poisson. Mot à mot : couvert d'écailles. Autrefois on disait *caille* et non écaille.

CAILLOU : Figure. (Rabasse.) — Allusion d'ovale et de blancheur.

CAÏMAN : Mendiant. — Vieux mot. La langue usuelle a conservé *quémander*.

Puisque pauvre et caimande on voit la
   poésie.
(Régnier, *Satire 4*.)

CAISSE (battre la grosse) : Louer très-bruyamment. — Allusion aux bateleurs qui attirent leur public à coups de grosse caisse. — « Il faut qu'Artémise réussisse... C'est le cas de donner de la grosse caisse à se démancher le bras. » (L. Reybaud.) — On dit simplement *battre la caisse* pour : faire des annonces.

CAISSE (sauver la) : S'enfuir avec les fonds dont on est dépositaire. — A la mode depuis le fameux mot de Bilboquet dans la pièce des *Saltimbanques* : Sauvons la caisse ! — « Mais j'entends du bruit dans le bazar ; sauvons la caisse. » (Villars.) — « On a des nouvelles de Miron qui avait sauvé la caisse. » (Claretie.)

CAISSON (faire sauter le) : Faire sauter la cervelle d'un coup de feu, comme un caisson plein de munitions. — « Quelle mort préférez-vous ?... Faites-moi sauter le caisson. » (P. Borel, 33.)

CALABRE : Teigne. (Halbert.) — C'est *calot* avec changement de finale.

CALAIN : Vigneron. (Halbert.) — Ce doit être une mauvaise lecture pour Calvin.

CALÉ : Riche. — Le terme vient évidemment de la marine. *Être calé*, c'est avoir assez de biens pour en remplir sa *cale* ou sa maison. Donné en 1808 par Dhautel. — « Les jours gras ! Dans cette saison, les plus calés sont quelquefois gênés. » (E. Sue.) — « Je crois que nous aurons du joli monde... des calés. » (Jaime.)

CALEBASSE : Tête. — Allusion de forme. — « Faudrait pas gros de sens commun pour remplir une calebasse comme ça. » (Gavarni.)

CALÉGE : Prostituée élégante. — « La calége vend très-cher ce que la ponante et la dossière livrent à des prix modérés. Sa toilette est plus fraîche, ses manières plus polies. Elle a pour amant un faiseur ou un escroc, tandis que les autres sont associées avec un cabriolleur ou à un roulotier. » (Vidocq.) *Calége* vient de *cale*, qui signifiait grisette au XVIIe siècle. — « Gombault, qui se piquait de n'aimer qu'en bon lieu, cajolait avec une petite cale crasseuse. » (Tallemant des Réaux.)

CALER : Faire. (Colombey.)

CALER : Ne rien faire. — Du vieux mot : *caler*, se cacher. — « La plus grande jouissance du compositeur d'imprimerie est de câler. » (Ladimir.)

CALEUR : Ouvrier fainéant. V. *Ogre*.

CALEUR : Garçon. (Colombey.)

CALICOT : Commis marchand. Mot à mot : vendeur de calicot. — « Triple escadron ! le calicot s'insurrectionne. » (P. Borel, 33.) — Dans le commerce même de la nouveauté, *Calicot* désigne les employés qui ne sont pas sérieux, qui s'amusent bruyamment. » (Naviaux.)

CALICOTE : Femme fréquentant les calicots. — « Clara Fontaine est une étudiante. Pomaré est une calicote. » *Paris dansant* 44.)

CALIFORNIEN : Riche. — Allusion aux découvertes aurifères de la Californie (49). — « La jeune fille regrettait de ne pouvoir garder pour elle-même cette bonne fortune californienne. » (Montépin.)

CALINO : Homme ridiculement naïf. — Une pièce du Vaudeville a vulgarisé vers 1858 le nom et le type. Calino n'est, d'ailleurs, qu'un diminutif du vieux mot *calin* (niais). On le trouve dans Tallemant des Réaux (t. 4, p. 351). — « L'artiste était fort ennuyé par une espèce de calino. » (*Figaro*.)

CALINTTES : Culottes. (*Petit Dictionnaire d'argot*, 44.) — On a modifié les voyelles des deux premières syllabes de *culottes*.

CALLOT : Teigneux (Grandval.) Pour *Calot*.

CALME ET INODORE (être) : Affecter une sévérité extrême de manières. — Ces deux mots ironiques ne vont jamais l'un sans l'autre, et parodient sans doute quelque manuel de civilité puérile et honnête. —« Autrement, il restera calme et inodore. » (Monselet.)

CALOQUET : Chapeau. — Ce diminutif du vieux mot *Câle* : capuchon, désignait n'importe quelle coiffure de femme en 1808. (Dhautel.) Il s'est étendu ensuite aux chapeaux d'hommes. — « V'là Tonnelier ! oh ! c' chapeau. Oh ! ce caloquet. » (Ourliac). —« Achetez un caloquet plus méchant, le vôtre n'est pas trop rup. » (De Neuville.)

CALOQUET : Couronne. Voir *Dab*.

CALORGNE : Borgne. Vieux mot.

CALOT : Dé à coudre, coquille de noix (Vidocq.) — Comparaison de ces objets à la calotte, qui est de même forme.

CALOT, CALOTTE : Teigneux. (Halbert.) Mot à mot, Ayant une calotte de teigne. — « Voyez donc c'te margot avec sa tête à calot. » (*Catéchisme poissard*.)

CALOTTÉE : « Le père Salin recueille les asticots dans des boîtes de fer-blanc qu'on nomme calottées, et il les vend jusqu'à quarante sous la calottée. » (Privat d'Anglemont.)

CALOTTER : Frapper de la main sur la tête. Mot à mot : fabriquer des calottes avec la main. — « Calottez-moi, giflez-moi. » (J. Arago, 38.) V. *Escoffier*.

CALOTTIN : Ecclésiastique. Mot à mot : porteur de la calotte cléricale. — « Ils ont chacun un calottin. » (H. Monnier.)

Le mot est ancien. Dans le *Déjeuner de la Râpée* (pièce publiée vers 1750) nous voyons une poissarde repousser un abbé en disant : « Adieu, monsieur le calottin ! »

CALVIGNE, CALVINE : Vigne. (Vidocq, Grandval.) Mot à mot : lieu *qu'a l'vigne*, qui a la vigne, qui est planté de vignes.

CALVIN, CLAVIN : Raisin. (Idem.) Mot à mot : *qu'a l' vin*. V. *Cabe*.

CAMARADE (bon petit) : Se dit des confrères qui vous desservent. Allusion ironique aux fausses amitiés. — « En dépit des bons petits camarades, *Pif Paf* est un succès. » (*Tam Tam*, 76.)

CAMARDE : La mort. (Grandval.) — Un squelette n'a pas de nez. (V. *Carline*.)

Baiser la camarde : Mourir. (Bailly.)

CAMARDER : Mourir. (Rabasse.)

CAMARLUCHE : Camarade. (Rabasse.) C'est la première partie du mot *camarade*, avec la désinence arbitraire *luche*.

CAMBOLER : Tomber. — De *Caramboler*. — « V'là qu'elle cambole sur son Prussien et feint de tomber de son digue-digue. » (Decourcelle, 40.)

CAMBRIOLLE : Chambre. — Diminutif du vieux mot *cambre* : chambre. V. *Pieu, Esquintement, Rincer*.

CAMBRIEUX : Chapeau (Halbert.) — Pour *Combrieu*. V. ce mot. V. *Combre*.

CAMBRIOLLEURS : Voleurs s'introduisant dans les cambrioles par effraction ou par escalade. — Canler les divise en six classes. Vidocq, sans apporter autant de méthode que Canler dans la classification des *cambriolleurs*, donne des particularités assez curieuses sur leurs costumes où dominent les bijoux et les cravates de couleurs tranchées, telles que le rouge, le bleu et le jaune; sur la manie singulière de faire faire leurs chaussures et leurs habits chez les mêmes confectionneurs, ce qui n'était souvent pas un petit indice pour la justice; sur leur habitude de se faire accompagner d'une fausse blanchisseuse dont le panier cache leur butin. — Les plus dangereux cambriolleurs sont appelés *nourrisseurs*, parce qu'ils nourrissent une affaire assez longtemps pour en assurer l'exécution, et autant que possible l'impunité. V. ce mot. V. *Calége*.

CAMBRIOT : Le chapeau. (Rabasse.) C'est une forme de *combriot*, diminutif de *combre*. Voir ce mot.

CAMBRONNE (le mot de) : Merde! — Cette allusion à un mot historique discuté, sert parfois d'équivalent à une injure trop populaire. Que Cambronne l'ait dit ou non, on ne lui en fera pas moins honneur. Consulter à ce sujet, un chapitre des *Misérables* de M. Victor Hugo; un article de M. Cuvillier-Fleury, aux *Débats*, et enfin le journal *l'Intermédiaire*, 15 février 64.

CAMBRONNE : Scatologique. — Même origine. — « M. Vatout avait l'amabilité un peu Cambronne; la chanson qu'il préférait était celle écrite sur le maire d'Eu. » (de Bassanville, 66.)

CAMBROUX, CAMBROUSE : Serviteur, servante. (Grandval et Halbert.) — Changement de finale du vieux mot : *cambrier* : valet de chambre. *Chambrière* est resté.

CAMBROUSE : Prostituée. V. *Camperoux*.

Ce mot se trouve dans le *dictionnaire* de Caillot (1829), avec cet exemple : « Et que tu ne sois qu'une cambrouse. » (Ancien Théâtre-Italien.)

CAMBROUSE : Campagne. — « La rousse pousse comme des champignons, et même dans la cambrouse, ils viennent vous dénicher. » (*Patrie*, 2 mars 52.) V. Garçon.)

CAMBROUSIEN : Campagnard. (Rabasse.)

CAMBROUSIER : Voleur de campagne. (Vidocq.)

CAMBROUSIER : « Au marché du Temple, les *cambrousiers* faisaient indistinctement commerce de linge ou de meubles, d'objets de toilette ou de ferraille. » (*Petit Journal*, 65.)

CAMBROUSIERS : Gens de campagne. (Halbert.) — « C'est ainsi que les marchands forains nomment les paysans. » (Pr. d'Anglemont.)

CAMBUSE : Cantine. — Terme de marine. — « Dans la cour du bagne, ou au milieu de la longueur de chaque salle ou dortoir, se trouve un espace entouré de grilles, qui contient la cantine ou caverne, autrement dit la *cambuse*, lieu de la distribution des vivres, du vin, du tabac. » (Moreau, 37.)

CAMBUSE : Petite maison. (Halbert.)

CAMELOT : Voleur. — Acception figurée de *camelot* : mauvaise étoffe. V. ce qui en est dit à *camelotte*. C'est ainsi qu'on a fait *panné* avec *panne*.

CAMELOT : Marchand de camelottes, vendant dans les villages ou exposant sur le pavé des rues.—« Camelot, c'est-à-dire marchand de bimbeloteries dans les foires. » (Privat d'Anglemont.)

CAMELOTTE : Objet de nulle valeur. — Le camelot était une si mauvaise étoffe, qu'on disait *ressembler au camelot pour prendre un mauvais pli*. — « Elle portait la peine de toutes les camelottes qui se débitaient à son ombre. » (L. Reybaud.)

CAMELOTTE : Marchandise volée. (Rabasse.) — « On fait attention qu'il ne refile pas la camelotte à un autre. » (Stamir, 67.)

Camelotte en pogne, camelotte dans le pied : En flagrant délit de vol. — « J'ai été pris la camelotte dans le pied. » (*La Correctionnelle.*) — Même allusion dans *pris sur le tas*.

CAMELOTTER : Vendre, marchander. (Halbert.)

CAMERLUCHE : Forme de *Camarluche*. V. Ponton.

CAMISOLE : Gilet. (Colombey.)

CAMOUFLE : Chandelle. (Vidocq.)—Du vieux mot *camouflet*, fumée. — « Tu en as menti. La camoufle était éteinte. » (Ladimir, 41.)

CAMOUFLEMENT : Déguisement. (Vidocq.)

CAMOUFLER : Déguiser. — « Je me camouflais et avec de faux faffes, j'allais dans les bureaux de placement. » (Beauvillier.)

CAMOUFLET : Chandelier. (Vi.)

CAMP (ficher le) : Se retirer précipitamment. V. *Ficher*.

CAMPAGNE (aller à la) : Être enfermée à la maison de Saint-Lazare. — Usité parmi les filles qui lui donnent aussi le sens suivant : « Elles ont disparu trois, quatre ou six mois. On les savait malheureuses. Elles ont été passer une saison à la campagne dans une maison de prostitution de province. » (*Ces Dames*, 60.)

CAMPE : Fuite, action de camper. « Cependant les messiers de cambrouse n'ont pas la même chaleur à pessigner les fagots en campe. » (Rabasse.)

CAMPER : Décamper. (Id.) — Abréviation.

CAMPEROUX : Fille. — Corruption de *Cambrouse*. V. *Connerie*.

CAMPHRE : Eau-de-vie. — Allusion à une eau-de-vie composée dont il est question dans l'exemple suivant. Le mot s'est généralisé ensuite : — « Le vinaigrier du coin nous servit, en parlant politique, deux demi-poissons d'eau-de-vie assaisonnée de poivre long et de camphre. » (*Le Figaro de la Révolution.*) —

« Aux buveurs émérites et à ceux qui ont depuis bien des années laissé leur raison au fond d'un poisson de camphre. »

(Privat d'Anglemont.)

CAMPHRÉ : Alcoolisé. — « Dis donc, avec ton gosier camphré, tu fais bien des embarras. »

(*Catéchisme poissard*, 44.)

CAMPHRIER : Buveur d'eau-de-vie. — « Entends-tu, vieux camphrier, avec ta voix enrhumée. » (*Catéchisme poissard*, 44.)

CAMPHRIER : Le *camphrier* est un sale débit de liqueurs atroces à *un sou* le verre et à *dix-sept sous* le litre. Le *caboulot* ne diffère du *camphrier* que par sa moindre importance comme établissement. C'est, du reste, le même breuvage qu'on y débite aux mêmes habitués. » (Castillon.)

CAMPLOUSE : Campagne. (Halbert.) — Forme adoucie de *cambrouse*.

CAMUSE : Carpe. (Grandval.) — Elle a le nez camus, si on la compare au brochet.

CAN SUR LE COMP (prendre un) : Prendre un canon sur le comptoir. Double abréviation. V. *Canon*.

CANAILLE : Rusé, malicieux. — Se dit amicalement. — « Elle m'a dit qu'elle me donnerait son adresse; mais je ne la lui ai pas demandée. — C'est canaille ! »

(T. Delord.)

CANAGE : Agonie. (Colombey. V. *Caner*.

CANARD : Fausse nouvelle, récit mensonger inséré dans un journal. — « Nous appelons un canard, répondit Hector, un fait qui a l'air d'être vrai, mais qu'on invente pour relever les *Faits-Paris* quand ils sont pâles. » (Balzac.) — « Ces sortes de machines de guerre sont d'un emploi journalier à la Bourse, et on les a, par euphémisme, nommées *canards*. » (Mornand.) — Une anecdote du tome 1ᵉʳ du *Dictionnaire de l'Industrie* (Paris, Lacombe, 1776), semble nous livrer l'origine de ce mot :

On lit, dans la *Gazette d'agriculture*, un procédé singulier pour prendre les canards sauvages. On fait bouillir un gland de chêne, gros et long, dans une décoction de séné et de jalap; on l'attache par le milieu à une ficelle mince, mais forte; on jette le gland à l'eau. Celui qui tient le bout de la ficelle doit être caché. Le gland avalé purge le canard qui le rend aussitôt : un autre canard survient, avale ce même gland, le rend de même ; un troisième, un quatrième, un cinquième s'enfilent de la même manière.

On rapporte à ce sujet l'histoire d'un huissier, dans le Perche, près l'étang du Gué-de-Chaussée, qui laissa enfiler vingt canards ; ces canards, en s'envolant, enlevèrent l'huissier. La corde se rompit, et le chasseur eut la cuisse cassée.

Ceux qui ont inventé cette *histoire* auraient pu la terminer par une heureuse apothéose, au lieu de la terminer par un dénoûment aussi tragique.

La grossièreté de cette *histoire*, comme dit notre citation, — l'aura fait prendre comme type des contes de *gazette*, et *canard* sera resté pour qualifier le genre entier. On trouve « *donner des canards* : tromper » dans le dictionnaire d'Hautel (1803).

CANARD : Imprimé banal

crié dans la rue comme nouvelle importante. V. *Canardier.*

CANARD, COUAC : « Ces explosions criardes des instruments à vent si connues sous le nom de canards. » (A. Luchet.) — Le second mot est une onomatopée (*couac*); la comparaison d'une fausse note au cri du canard a fait former le premier.

CANARD : Sobriquet amical donné aux maris fidèles. Le canard aime à marcher de compagnie. — « Voici, mon canard, dit-elle... Or, le canard de madame Pochard, c'était son mari ! Il avait reçu de sa douce moitié ce sobriquet d'amour. » (Ricard.)

CANARD *sans plumes* : Nerf de bœuf servant à la correction des forçats. (Colombey.) — Jeu de mots signifiant grosse *canne* qui n'a pas la douceur des plumes.

CANARDER : Tromper. — « On a trop canardé les paroissiens... avec la philanthropie. » (Gavarni.)

CANARDIER : Crieur, confectionneur de fausses nouvelles. — « Place au célèbre Édouard, le canardier par excellence, le roi des crieurs publics ! »
(Privat d'Anglemont.)

CANASSON : « Nom familier donné à leurs chevaux par les cochers de Paris. » (Lem. de Neuville.) — « Traitez de *canassons* les chevaux de M. de Lagrange. » (Marx.) — On dit en abrégeant *can'son.*

CANCAN : Se dit d'une certaine manière de danser le quadrille, avec des mouvements de bras, de jambes, de tête et de croupe, non prévus par la chorégraphie régulière. Cette danse paraît être née dans le quartier Latin, sous la monarchie de Juillet; mais son nom existait déjà. Le *Dictionnaire du vieux langage* de Lacombe (1766) explique ainsi le mot *cancan* : — « Grand tumulte ou bruit dans une compagnie d'hommes et de femmes. » Cela répond assez exactement, on le voit, à la signification actuelle.

Messieurs les étudiants,
Montez à la Chaumière,
Pour y danser l'*cancan.*
Et la Robert-Macaire.
(Letellier, 1836.)

« Nous ne nous sentons pas la force de blâmer le pays Latin, car, après tout, le cancan est une danse fort amusante. » (L. Huart, 1840.) — M. Littré n'est pas aussi indulgent. Il dit : *Cancan*, sorte de danse inconvenante des bals publics, avec des sauts exagérés et des gestes impudents, moqueurs et de mauvais ton. Mot très-familier et même de mauvais ton. (Littré, 1864.) V. *Chahut* : — « Nous avons le cancan gracieux, la saint-simonienne, le demi-cancan, le cancan, le cancan et demi et le chahut. Cette dernière danse est la seule prohibée. » (Alphonse Karr.) — « On va pincer un léger cancan, mais bien en douceur. » (Gavarni.)

Voici, pour les archéologues, une description exacte du cancan d'il y a trente-cinq ans. Elle est extraite des *Nouvelles à la main de 1841* :

« L'étudiant se met en place, les quadrilles sont formés. Dès la première figure se manifestent chez tous une frénésie de plaisir, une sorte de bonheur gymnastique. Le danseur se balance la tête sur l'épaule ; ses pieds frétillent sur le terrain salpêtré : à l'avant deux, il déploie tous ses moyens : ce sont de petits pas serrés et marqués par le choc des talons de bottes, puis deux écarts terminés par une lançade de côté. Pendant ce temps, la tête penchée en avant se reporte d'une épaule à l'autre, à mesure que les bras s'élèvent en sens contraire de la jambe. Le sexe ne reste pas en arrière de toutes ces gentillesses ; les épaules arrondies et dessinées par un châle très-serré par le haut et traînant fort bas, les mains rapprochées et tenant le devant de sa robe, il tricotte gracieusement sous les volans de sa jupe que soulèvent des petits coups de pied réitérés ; tourne fréquemment sur lui-même, et exécute des reculades saccadées qui détachent sa cambrure. Toutes les figures sont modifiées par les professeurs du lieu, de manière à multiplier le nombre des : *En avant quatre* A tous ces signes, il n'est pas possible de méconnaître que ce qu'on danse à la Chaumière. C'est le... *cancan*. » (Roqueplan.)

CANCANER : Danser le cancan. — « J'ai cancané que j'en ai pus de jambes. » (Gavarni.)

CANCRE : Mauvais élève. — Allusion au cancre de mer qui recule au lieu d'avancer. V. *Piocheur*.

CANE : Mort. V. *Canage*. — C'est l'heure où l'on a peur, où on *cane*.

CANELLE : Caen. — C'est un diminutif avec transposition de la seconde voyelle.

CANER : Avoir peur, reculer, plonger, comme fait une cane. — Vieux mot. — « Par Dieu! qui *fera la cane* de vous aultres, je me donne au diable si je ne le fais moyne. » (Rabelais.)—« Laurent de Médicis... voyant mettre le feu à une pièce qui le regardait, bien luy servit de faire la cane, car aultrement le coup qui ne lui rasa que le dessus de la teste luy donnait dans l'estomach. » (Montaigne.) — « Oui, vous êtes vraiment français ; vous n'avez *cané* ni l'un ni l'autre. » (Marco de Saint-Hilaire.)

..... Madame prend son criard,
Monsieur cane comme une victime.
(Festeau.)

CANER *la pégrenne* : Mourir de faim. (Colombey.)

CANER : Agoniser, mourir. (Vidocq.) — Les approches de la mort vous font peur, vous font caner. V. *Rengracier*.

CANER : Aller à la selle. (Moreau C.)

CANESON (mon vieux) : Terme d'amitié. Mot à mot : mon vieux cheval. V. *Canasson*.

CANEUR : Poltron.

CANICHE : Ballot carré. (Vidocq. — Sa couverture de toile se prend par les coins qui forment des oreilles semblables à celles d'un petit chien.

CANIF *dans le contrat* (donner un coup de) : Commettre une infidélité conjugale. — « Et puis ces messieurs, comme ils se gênent pour donner des coups de canif dans le contrat! La *Gazette des Tribunaux* est pleine de leurs noirceurs, aussi nous sommes trop bonnes. » (Festeau.) — « Elle avait tellement trépigné dans le coup de canif, que c'est à peine s'il restait quelque chose du contrat. » (*Vie parisienne*, 55.) — « La poste restante agrandie, c'est la multiplication des coups de canif. » (*Presse illustrée*, 66.)

CANNE : Surveillance de la haute police. — Il y a la *canne majeure* et la *canne mineure*. — — *Être en canne* : Habiter après avoir subi sa peine, une localité déterminée par l'autorité. — Se dit aussi abusivement pour *casser sa canne*.

Casser sa canne : Quitter sans autorisation la ville désignée, rompre son ban. — « Malheur à lui s'il a cassé sa canne. » (Stamir, 1867.)

CANON : Mesure de liquide en usage chez les marchands de vins de Paris. — Vient de *canon* qui signifie *verre* dans le vocabulaire des francs-maçons. — «*Oscar* : Prenons-nous un canon ? — *Le marquis* (hésitant) : Heu... heu... — *Oscar* : C'est moi qui paye. — *Le marquis* : Oh ! alors. » (Marquet.)

Les canons que l'on traîne à la guerre
Ne valent pas ceux du marchand de vin.
(Brandin, 26)

CANONNIER DE LA PIÈCE HUMIDE : Infirmier militaire. — La pièce humide est, comme on s'en doute, la seringue.

CANONNIÈRE : Derrière. Même allusion que dans *pétard*.

CANTALOUP : Niais. — Synonyme de *Melon*. — « Ah çà ! d'où sort-il donc, ce cantaloup ? Sur quelle couche M. son papa l'a-t-il récolté, ce jeune légume ? » (Ricard.)

CANTER : Galop d'essai précédant la course. — « On dit d'un cheval qu'il prend son canter. » (Paz.) Angl.

CANTON : Prison. (Grandval.) — Du vieux mot *canton* : coin. C'est dans les coins qu'on est à l'ombre. On a de même appelé *cognard* le gendarme qui vous met dans le coin, qui vous y rencogne.

CANTONNIER : Prisonnier. (Grandval. — De *canton* : prison.

CANULANT : Ennuyeux. — Mot inventé par les ennemis du clystère. — « Le colonel fait des siennes. En v'là un qui peut se vanter d'être canulant. »
(*Commentaires de Loriot*.)

CANULE : Homme canulant.

CANULER : Importuner. — « C'est canulant. » (H. Monnier.)

CANUT : « Ouvrier en soie de Lyon, pauvre animal expiatoire du Rhône, à la face jaune et misérable. » (Ricard.)

CAP : Surveillant du bagne. — Du vieux mot *cap* : chef (*caput*.) — « Le commissaire du bagne a sous ses ordres, pour la surveillance des forçats, un grand nombre d'agents. Ces divers agents sont divisés en agents de police et de surveillance intérieure et en gardes. Les premiers sont les *comes* ou *comites*, au nombre de trois ou quatre, les *argousins* trois, les *sous-comes* dix-huit, *sous-argousins* dix-huit, et les *caps*, espèces de piqueurs, pour diriger les travaux. » (Moreau Christophe, 37.)

CAPAHUTER : Assassiner son complice pour s'approprier

sa part. — Du nom de Capahut, malfaiteur coutumier de ce procédé. (Vidocq.)

CAPE : Écriture. (Halbert.)

CAPET : Chapeau. — Vieux mot. *Capel* (chapeau), se prononçait *capé* au moyen âge.

CAPINE : Écritoire. (Halbert.)

CAPIR : Écrire. (Id.)

CAPITAINAGE : Agiotage. (Vidocq.)

CAPITAINER : Agioter. Mot à mot manœuvrer son capital.

CAPITULARD : Homme qui capitule. — Cette sotte injure fut d'abord adressée en 1871 à une armée irresponsable qu'on ne pouvait accuser de nos malheurs. — « *Lâche, capitulard, soldat à Badinguet*, et autres aménités, allèrent leur train. » (*Éclair*, 72.) Le terme s'est ensuite généralisé. « Tous ces trembleurs, ces capitulards, qui ne peuvent se passer du cadenas de l'état de siége. » (Saint-Genest, 75.)

CAPON : Filou. (Idem.)

CAPONS : Écrivains. (Grandval.) Il s'agit ici de ceux qui écrivent des lettres pour les autres. On trouve *capous* dans Halbert.

CAPORAL : Tabac à fumer. — Il est plus fin que celui dit *de soldat*, ou de cantine, vendu à un prix moindre. — « Un fumeur très-ordinaire brûle à lui seul son kilogramme de tabac par mois. » (A. Luchet.)

CAPRICE : Vive et subite affection. — « Tu es mon caprice, et puisque qu'il faut sauter le pas, que du moins j'y trouve du plaisir. » (Rétif, 1776.) — Le caprice ne dure pas longtemps, mais il est désintéressé. — « Plus capable de caprice que la femme entretenue, moins capable d'amour que la grisette, la lorette a compris son temps, et l'amuse comme il veut l'être. » (Th. Gautier.)

Faire des caprices : Séduire à première vue, inspirer des caprices. — « J'en fais t'y des caprices ! Aussi, avec une balle comme ça, on peut tout se permettre. » (Lamiral, 1838.) V. *Boule*.

CAPSULE : Chapeau d'homme affectant les petits bords et la forme cylindrique d'une capsule de fusil. V. *Carreau*.

CAPUCINE (jusqu'à la troisième) : Complétement *ivre*, c'est-à-dire en ayant jusqu'au menton. La troisième capucine est près de la *bouche* du fusil. — « Veuillez excuser notre ami, il est gris jusqu'à la troisième capucine. » (Murger.)

CARABINE : Maîtresse d'un *carabin* ou étudiant en médecine. *Carabin* signifiait *garçon barbier* au temps où les barbiers pratiquaient la chirurgie et s'armaient de la seringue, comparée dérisoirement à une carabine. « Sois tant que tu pourras étudiante en droit, Carabine. » (*Almanach du Diable amoureux*, 49.)

Son petit air mutin
Plaît fort au quartier Latin,
C'est Flora la Carabine. (J. Choux.)

CARABINE : Fouet du conducteur du train. — Comparaison ironique de son claquement à la détonation d'une carabine.

CARABINÉ : De première force. — Terme de marine. On sait qu'un vent carabiné est très-fort. — « On s'attend à une baisse carabinée à la Bourse. » (*Vie parisienne*, 68.) — « Le cordonnier poëte Bochart vient de le lui reprocher en vers carabinés. » (Leguillois.)

Redoutez les veinards et leur chance
 obstinée ;
Fuyez au loin leur veine : elle est carabinée.   (Alyge)

CARAMBOLAGE : Chute, succession de chocs. — Ce terme du jeu de billard est passé dans le domaine des accidents et des voies de fait. — « Fixe ! A ce mot survint un coup de roulis suivi de carambolages sur toute la ligne. » *Paris comique*, août 70.)

CARAMBOLER : Tomber, faire tomber en ricochant. — « Leur père qui carambole, en ruinant son fils et sa fille. » Balzac.

CARANT : Planche. (Halbert.)

CARANTE : Table. (Id.)

CARAPATA : Marinier d'eau douce. — « Les carapatas sont les marins du canal de l'Ourcq, passant leur vie sur l'eau tout comme leurs confrères de l'Océan. » — (A. Scholl, 66.) — « Les mœurs des carapatas sont des mœurs à part. Ce sont les hommes de l'eau. » (Privat d'Anglemont, 50.)

CARAPATER (se) : Se sauver. (Rabasse.)

CARBELUCHE GALICÉ : Chapeau de soie. (Halbert.) — Allusion à la peluche de soie qui e couvre.

CARCAGNO : Usurier (Vidocq.)

CARCAN : Cheval étique, femme maigre, revêche. — « C'est pas un de ces carcans à quernoline qui balayait le macadam. » (Monselet.)

CARDINALE : Lune. — Allusion à la couleur des menstrues (appelées jadis *le cardinal*), qui reviennent avec la lune nouvelle. C'est comme si on c sa^{it} *la rouge*; on sait que c'est la couleur des cardinaux. — M. Francisque Michel cite à ce propos une poésie manuscrite de son cabinet.

Mon cardinal est paresseux
 Et ne suit pas sa piste.
S'il ne vient, j'en suis aux abois,
 J'en tremble, j'en soupire.
Quand on l'a perdu pour neuf mois,
 A-t-on sujet de rire ?

CARDINALISER : Rougir. — « Exceptez les escrevisses que l'on cardinalise à la cuicte. » (Rabelais.) — « Il buvait... de manière à se cardinaliser la figure. » (Balzac.)

CARE (Voler à la), *carer*, *caribener*. — Voler un marchand en proposant un échange avantageux de monnaies anciennes contre des nouvelles. (Vidocq.) — *Care* et *carrer* sont des formes anciennes de *charriage* et de *charrier* (Voir ces mots); *Caribener* est un diminutif.

CAREUR : Voleur à la care. V. *Carreur*.

CARGE : Balle. (Halbert.) Mot à mot : *charge*. La balle de colporteur est une charge.

CARGOT : Cantinier. — Corruption de *gargoter*. V. *Aide*.

CARIBENER : V. *Care.*

CARLE : Argent. (Vidocq.) Forme française de *Carolus,* monnaie qu'on commença de frapper sous le roi Charles VIII. — « Le cidre ne vaut plus qu'un carolus. » (Ol. Basselin.) — « J'ay une verge d'or, accompagnée de beaux et joyeux carolus. » (Rabelais, *Pantagruel,* l. III, ch. XVII) V. *Bayafe.* — On dit par corruption *Carme.*

CARLINE : La mort. (Vidocq.) — Allusion au nez camus de Carlin. Jadis on appelait la mort *camarde,* parce qu'une tête de mort n'a pour nez qu'un os de très-faible saillie. On l'appelle aussi *camuse* pour la même raison.

CARLISTE : Dévoué à la monarchie de Charles X. On appelle de même *Henri quinquistes* les partisans du comte de Chambord (Henri V). — « Ah! ben oui! carliste! M. Péguchet? Ben du contraire, il méprise ben trop les prêtres pour ça. » (H. Monnier.) — « Il y avait alors à Sainte-Pélagie deux catégories, les carlistes et les républicains. (Chenu.)

CARME : Miche. (Halbert.)

CARME : Argent. Forme altérée de *Carle.*

CARNE : Abréviation de *charogne.* — « Un morceau d'carne dur comme un cuir. » (Wado.)

CARNE : Mauvaise femme. — Même étymologie. — « Je la renfoncerais dedans à coups de soulier... la carne. (E. Sue.)

CAROTTE : De couleur aussi rousse que la carotte. — On dit *des cheveux carotte.*

CAROTTE : Demande d'argent sous un faux prétexte. — « Des carottes! combien qu'y en a des bourgeois, et des huppés, qui ne vivent que de ça! » (Gavarni.)

CAROTTE (tirer une) : Demander de l'argent sous un faux prétexte. — « Nul teneur de livres ne pourrait supputer le chiffre des sommes restées verrouillées au fond des cœurs généreux par cette ignoble phrase : *Tirer une carotte.* » (Balzac.) — Génin et Littré y voient une allusion à la facilité avec laquelle on tire les carottes d'un terrain suffisamment préparé. Dans certaines acceptions, ce mot est ancien. Voir Carotter le service.

CAROTTE (tirer une) : Faire un mensonge pour connaître la vérité. (Grandval.)

CAROTTE *de longueur, d'épaisseur* (tirer une) : C'est la préparer de longue main, ou la tenter sur une grande échelle.

Vivre de carottes : Vivre en faisant des dupes.

CAROTTÉ : Dupé. — « M. de Rochegude, comme tous les petits esprits, avait toujours peur d'être *carotté.* » (Balzac.)

CAROTTER : Risquer peu. Carotter, dans le sens de *jouer mesquinement* se trouve déjà dans le Dictionnaire de Trévoux, 1771. — « Un homme qui allait à la Bourse et qui carottait sur les rentes après s'y être ruiné. » Balzac.)

CAROTTER : Obtenir de l'argent en tirant une carotte : « Allons, va au marché, maman, et ne me carotte pas. » (Gavarni.) —

« Cela ne vaut-il pas mieux pour un garçon que de passer sa vie à carotter? » (E. Augier.)

CAROTTER, *Carotter l'existence* : Ne vivre que de carottes, c'est-à-dire vivre mesquinement. — « Il se dépouillait de tout... Il sera très-heureux de vivre avec Dumay en carottant au Havre. » (Balzac.)

CAROTTER *le service* : Éluder sous de faux prétextes les obligations du service militaire. Pris dans ce dernier sens, le mot paraît dater du moyen-âge. Dans le dictionnaire Roman Wallon de 1777, j'ai été surpris de rencontrer son ancienne forme : « *Karotter* : aller et venir dans une maison sans y rien faire. » — Ici karotter est certainement un péjoratif du vieux verbe *karoler* : sauter, gambader.

CAROTTEUR, CAROTTIER : Tireur de carottes. — « Allons, adieu, carotteur! » (Balzac.) — « Joyeux vivant, mais point grugeur et carottier. » (Vidal, 33.) — « Les *pratiques* et les carottiers excellent dans ces honteux subterfuges. » (La Bédollière.) V. *Repincer*.

CAROUBLE : Fausse clef. (Grandval.) V. *Esquintement*.

CAROUBLEUR, *caroubleur refilé* : Voleur employant des caroubles fabriquées sur des empreintes livrées par des domestiques, des frotteurs, des peintres ou des amants de servantes. Il ne fait point d'effractions ; il ne vole que l'argent et les bijoux. — « Le caroubleur qui va reconnaître les lieux pour les dévaliser ensuite. » (Ph. Chasles.)

Caroubleur à la flan, — à l'esbrouffe : Il vole aussi avec de fausses clefs, mais au hasard, dans la première maison venue.

Caroubleur au fric frac : Voleur avec effraction. Il emploie au lieu de clefs un pied de biche en fer appelé *cadet, monseigneur*, ou *plume*. (Vidocq.)

CARQUOIS : Hotte de chiffonnier. (Colombey.) Ironie mythologique, car le chiffonnier est appelé aussi *Cupidon*. V. ce mot.

CARRÉ : Portion d'étage sur laquelle ouvrent les portes des divers logements. Sa forme est le plus souvent *carrée*.

CARRÉ (faire un) : Voler avec effraction dans les divers logements ouvrant sur un carré.

CARREAU, *carreau de vitre* : Lorgnon monocle. — « M. Toupard, cinquante-deux ans, petite veste anglaise, chapeau capsule, un carreau dans l'œil. » (*Mémoires d'une Dame du monde*, 60.)

CARRÉMENT : Franchement, sans formes obliques. — « Oh! tu es rouge, et carrément, mon bonhomme. » (G. Droz.)

CARRER (se) : Se cacher. (Halbert.) Mot à mot : se mettre dans un coin. V. *Carruche*.

CARREUR : Forme ancienne du mot *charrieur*. Il a la même signification. — « Le carreur qui escamote des pièces d'or ou d'argent. » (Ph. Chasles.)

CARROUBLE . V. *Carouble*.

CARRUCHE : Prison. (Grandval.) — Diminutif du vieux mot *car* : coin. (Roquefort.) Il est ancien lui-même, car on le retrouve dans le patois flamand. V. *Canton*.

CARRUCHE (comte de la) : Geôlier. (Id.)

CARTAUD : Imprimerie. (Halbert.)

CARTAUDER : Imprimer. (Id.)

CARTAUDIER : Imprimeur. (Id.)

CARTE (femme en) : Femme à qui la police délivre une carte de fille soumise. — « La fille en carte est libre, pourvu qu'elle se présente exactement aux visites des médecins. » (A. Béraud.)

CARTE (être en carte) : Être inscrite parmi les filles soumises.

CARTES (prendre des) : Chercher mieux. Mot à mot chercher des cartes plus belles, comme au jeu d'écarté. Se prend au figuré et en mauvaise part. — « Tu me disais : bon ! bon ! s'il n'est pas content, qu'il prenne des cartes ! » (Vadé, 1744.)

CARTE (revoir la) : Vomir. — On comprend l'ironie en se rappelant que la *carte* est la liste des mets choisis pour un repas.

CARTON (de) : Sans valeur réelle. V. *Miché*, *Occasi n* (d'). — Il y a longtemps que le carton symbolise une apparence trompeuse. Saint-Simon appelait déjà le duc du Maine, *roi de carton*, c'est-à-dire roi de cartes.

> Céladon
> De carton,
> Me prends-tu pour un' lorette?
>
> (H. Durand.)

CARTON : Carte à jouer. — « Lorsqu'on a dîné entre amis, il faut bien remuer des cartons peints pour se dégriser. » (About.)

CARTON (donner le) : Faire jouer. — « Je n'ai point parlé des tables d'hôte où on donne le carton, c'est-à-dire où l'on fait jouer. » (Lespès.)

CARTON (graisser, manier, remuer, travailler, tripoter le) : Jouer aux cartes. — Il y a, comme on voit, des expressions pour toutes les mains, sales ou non. — « Ces quatre messiers qui *tripotent le carton* avec une grande habileté. » (Villemessant, 60.)

CARTON (maquiller le) : Faire sauter la coupe.

CARTON SAVONNÉ : Pain blanc. (Rabasse.) Forme altérée de « larton savonné. »

CARTONNER : Jouer aux cartes. — « Eh ! eh ! vous avez un coup de pouce... Oui, je ne cartonne pas mal. » (E. Villars.)

CARTONNEUR : Joueur passionné. — « Ensuite la ravissante cartonneuse eut un instant de veine. » (*Vie paris.* 66.)

CARTONNIER : Joueur de cartes. — « Pingaud sut le premier débrouiller l'art confus de nos vieux cartonniers. » (Alyge.)

CARVEL : Bateau. (Colombey.)

CASAQUIN (grimper, tanner, travailler le) : Rouer de coups. — L'habit est pris ici pour le corps. — « Je te tombe sur la bosse, je te tanne le casaquin. » (Paillet.) — « Le premier ami de Pitt et Cobourg qui me tombe sous la patte, je lui grimpe le casaquin.

et lui travaille les côtelettes. »
(Lombard de Langres, 1783.)
V. *Bosse, Sabouler.*

CASCADER : Trébucher, faillir.

Dis-moi, Vénus, pourquoi t'obstines-tu
A faire ainsi cascader ma vertu ?

(*La belle Hélène*, 65.)

CASCADER : Faire des cascades. — « Mlle Leprevost a-t-elle appris seulement à cascader ? » (J. Janin.) — « Je vais au couvent... Je suis fatiguée de cascader sur les planches. » (Villemot.)

CASCADES : Vicissitudes, folies. — « Sur la terre, j'ai fait mes cascades. » (*Robert Macaire*, ch., 36.)

CASCADES : « Au théâtre ce mot dépeint les fantaisies bouffonnes, les inégalités grotesques, les lazzis hors de propos, les improvisations les plus fantasques. » (J. Duflot.) « La pièce a paru insuffisante à un public habituellement moins exigeant en fait de cascades dramatiques. » (Monselet.)

CASCADEUR : Farceur, faiseur de cascades. — « Je puis dire que je suis chaque matin environné d'une douzaine de cascadeurs. » (E. Villars.)

CASCADEUSE : Femme galante, farceuse. — « La correspondance entre le prince et la cascadeuse n'a rien de compromettant pour l'amant. » (A. Wolff.)

CASCARET : Écu de trois livres. (Fr. Michel.)

CASIMIR : Gilet. (Delvau.) Nom d'étoffe donné au vêtement.

CASQUE : Chapeau d'homme ou de femme, casquette. Ironie.

CASQUE A AUVENT : Casquette. (*Petit dict. d'argot*, 44.) — L'auvent est ici la visière.

CASQUE A MÈCHE : Bonnet de coton. — Allusion à la mèche qui le termine. — « Il dévoilera les mensonges cotonneux de madame et apportera dans le salon le casque à mèche de monsieur. » (Th. Gautier.)

CASQUE (avoir son) : Être ivre, Mot à mot : avoir du vin plein la tête ou le casque, comme le prouvent les exemples suivants : « Il me demande si je veux m'humecter, je lui dis que j'ai mon casque. » (Monselet.) — « Ils furent ensemble dans un cabaret boire quelques pots de bon vin... si bien que ce malheureux Jean s'en donna dans le casque. » (*L'art de plumer la poule sans crier*, XVIIIe siècle.)

CASQUER : Donner de l'argent bon gré mal gré. — De *cascaret*, écu, V. *Cavé, Pognon.* — « Le petit Polonais casquera. Vive la Russie ! » (Claretie.)

CASQUETTE : Chapeau de femme. — « Cré chien ! Loïse, t'as là une casquette un peu chouette. » (Gavarni.)

CASQUETTE : Ivre. Mot à mot, ayant son casque.

Ai-je manqué, soit à jeun, soit casquette,
De t'apporter ma soif et ma chanson ?

(Festeau.)

CASQUETTE : « Être casquette a un autre sens : c'est manquer de distinction, c'est d'avoir dans les manières quelque chose de rude, d'un peu brutal, comme lès gens dont la casquette est la coiffure ordinaire. » (Mané, 62.)

CASQUETTE : Argent perdu au café. — De *casquer*, payer. — « Le café Voltaire, créancier du réaliste pour des casquettes pyramidales. » (Michu.)

CASSANTE : Noix, noisette. (Grandval, Vidocq.)

CASSANTE : Dent. (Halbert.) Dans ces deux acceptions, l'effet est pris pour la cause. La noisette se casse et la dent casse.

CASSE : Bris accidentel de verres ou de porcelaine dans un café ou un restaurant. — « Dans beaucoup de villes, le maître d'hôtel marié prend des pourboires, une part pour sa femme, une part pour ses enfants, une part pour la *casse*, etc. » (A. Luchet.)

CASSE : Rognures et raclures de pâtisseries vendues à deux sous le cornet par des pâtissiers.

CASSE (je t'en) : Ce n'est pas pour toi. (Halbert.) Mot à mot et ironiquement : je casse pour toi un morceau de ce que tu convoites.

CASSE-GUEULE : Bal public de dernier ordre, où on se bat souvent :

CASSE-NOISETTES : Tête dont le nez et le menton se rapprochent comme les pinces d'un casse-noisettes. La perte des dents donne souvent cet aspect aux figures de vieillards. — « Les flâneurs du quartier les avaient surnommés les deux Casse-Noisettes. » (Balzac.)

CASSE-POITRINE : « Cette boutique est meublée de deux comptoirs en étain où se débitent du vin, de l'eau-de-vie et toute cette innombrable famille d'abrutissants que le peuple a nommés, dans son énergique langage, du Casse-Poitrine. » (Pr. d'Anglemont.) — « Ces demoiselles n'ont plus la faculté de se faire régaler du petit coup d'étrier, consistant en casse-poitrine, vespetro, camphre et autres ingrédients. » (*Pétition des filles publiques de Paris*, 30.) — Se disait autrefois du vin très-acide. V. *Briolet*.

CASSE-POITRINE : Pédéraste. V. le d^r Tardieu (*Attentats aux mœurs*.)

CASSEMENT DE PORTE : Vol avec effraction. (Rabasse.)

CASSER : Manger. Mot à mot : casser avec les dents. — « J'avions déjà cassé trois ou quatre gigots, cinq ou six cochons de lait, et une pièce de bœuf à la mode. » (Vadé, 1744.) V. *Casser le cou*.

CASSER : Dénoncer. — Abrév. de *casser du sucre*. — « Part à deux, ou je casse sur toi. » (Du Camp.)

CASSER (se la) : S'enfuir. — « Vous vous esbignez. Ils se la cassent. » (A. Second.) — « C'est assommant ici. Je me la casse. Cassons-nous-la. » (E. Villars.)

CASSER (à tout) : Avec emportement. — S'est appliqué dans l'origine aux voitures qu'on menait grand train, au risque de tout casser. Se dit maintenant de tout. V. *Ringuer*. — « Que tu es belle! splendide! à tout casser. » (E. Villars.)

CASSER DU BEC : Sentir mauvais. — *Casser* a ici le sens de *couper*, ce qui donne, mot à mot : couper de son bec... celui des autres. V. *Couper la Gueule*.

CASSER DU GRAIN : Ne pas faire ce qui est commandé. (Delvau.)

CASSER DU SUCRE : Dénoncer. (Rabasse), — médire (Delvau.) — « Il en est qui, pour amoindrir leurs peines, cassent du sucre sur leurs camarades. » (Stamir, 67.)

CASSER LA GUEULE : Frapper au visage.

CASSER LA HANE : Couper la bourse. (Halbert.) — Vieux mot.

CASSER LE COU : Manger. — « Chère belle, ne viendrez-vous pas casser le cou à un fricandeau ce soir ? » (Lespès, 1866.) — « Viens-tu casser le cou à une gibelotte ? » (Nadar.)

CASSER LE NEZ (se). — Trouver porte close. Mot à mot : se casser le nez contre une porte qu'on croyait ouverte.

CASSER SA CANNE, CASSER SON PIF : Dormir. — Allusion à la position d'un dormeur dont la tête perd son point d'appui et s'incline brusquement en avant. — Ils cassent leur canne... ils cassent leur pif. » (Villars.) V. *Orgue* (jouer de l'.)

CASSER SA CANNE : Être bien malade. (Rabasse.)

CASSER SA CANNE : Rompre son ban, quand on est sous la surveillance de la justice. Voir *Canne*.

CASSER SA PIPE : Mourir. (Rabasse.)

CASSER SON ŒUF : Faire une fausse couche.

CASSER SON PIF : Dormir. V. *Casser sa canne*.

CASSER SON SABOT, SA CRUCHE : Perdre sa virginité. — Souvenir des chansons d'autrefois où ces à-peu-près galants dominaient.

CASSER UNE PORTE : Voler avec effraction.

CASSEROLE (passer par la) : Être en traitement pour la syphilis. On disait autrefois *passer sur les réchauds de saint Côme*.

Comme le vieux jeu de mots *aller en Suède*, l'une et l'autre expression font allusion à la chaleur requise par les sudorifiques qui jouent un grand rôle dans la cure.

CASSEROLE : Dénonciateur, femme dénonçant à la police. (Halbert.) — Vient de *casser*. V. ce mot. Il est à noter que le dénonciateur s'appelle aussi *cuisinier*, que dénoncer c'est *manger le morceau* ou *se mettre à table*. — « Tout le monde a peur des coqueuses qu'on appelle encore des casseroles ou des moutons. » (P. de Grandpré.)

CASSEUR : Tapageur, prêt à tout casser. (Dhautel, 08.) — « La manière oblique dont ils se coiffent leur donne un air casseur. » (De La Barre.)

CASSEUR : Dénonciateur. V. *Casser du sucre*.

CASSEUR DE PORTES : Voleur avec effraction. (Halbert.) — Vêtus de toile bleue comme des ouvriers, ils marchent par trois le soir dans les rues, entrent dans les maisons mal gardées, frappent aux portes des logis non éclairés, et les forcent, si on ne répond pas. Un fait le guet, les deux autres opèrent. (Rabasse.)

CASSINE : « Ce mot signifiait autrefois une petite maison de campagne; maintenant, il n'est plus d'usage que pour dire un logement triste et misérable. » (Dhautel, 08.) — Diminutif de *Case* : « Ah! ben, vous n'êtes pas dégoûté!... voilà une cassine. Je sors de la cuisine, c'est à faire lever le cœur, un vrai fumier, quoi!!! » (Marquet.)

CASSOLETTE (ouvrir sa) : Vesser. Mot à mot : répandre des parfums trop connus.

CASSURE : Débit accentué. — « Le brio et la cassure (encore un mot commandé par la situation) avec lesquels elle (mademoiselle Silly) enlève à gosier déployé son rôle de Béatrix. » (*Vie parisienne*, 65.)

CASTE DE CHARRUE : Quart d'écu. (Halbert.)

CASTOR : Officier de marine évitant les embarquements et les expéditions de terre ferme. — Le castor bâtit volontiers sur le rivage.

CASTORIN : Chapelier. (*Almanach des Débiteurs*, 51.) Mot à mot : marchand de castors.

CASTORISER : Dans la marine, c'est éviter les embarquements. Dans l'armée de terre, c'est voyager peu ou point, et se perpétuer dans des garnisons agréables. — « Pélissier (le maréchal) disait : la garde impériale castorise. » (Cluseret, 68.)

CASTROZ : Chapon. (Grandval.) C'est *castrat*, avec changement de finale.

CASTU : Hôpital. (Grandval.) — Forme abrégée de *castuc*, à moins que ce ne soit une équivoque sur la grande phrase de l'hôpital : *Qu'as-tu?* (que ressentez-vous?) C'est ainsi qu'on appelle les douaniers *qu'as-tu là*.

CASTUC : Prison. (Vidocq.) Du mot *castel*, château. V. *Ravignolé*.

CATÉGORIE (1re, 2e, 3e) : Ces divisions, qu'une ordonnance (vers 1800) avait rendues officielles pour la vente de la viande de boucherie, ont été adoptées par les gouailleurs pour coter le degré de distinction de celui-ci ou de celle-là. On a dit *une femme de troisième catégorie*, comme *une femme du quart de monde* : « Docteur, je t'abandonne Bacchante. Je la dépecerais bien, mais les morceaux seraient de troisième catégorie, et le veau est en baisse. » (Michu.)

Le terme a fini par s'étendre à tout, en multipliant à l'infini le nombre des catégories. — « Les *amateurs* se disputent des croûtes de sixième catégorie, auxquelles on a mis un faux nez. » (E. Frebault.)

CATOGAN : Chignon de femme volumineux noué au niveau de la nuque par un paquet de faveurs. (Modes de 66.)

Quand j'aperçois le catogan
De cette charmante personne,
Accompagné de son ruban
Dont le long bout dépasse une aune.

(E. Villars.)

CAUCHEMAR : Homme ennuyeux à l'excès. (Dhautel.) Mot à mot : vous oppressant comme un cauchemar.

CAUCHEMARDANT : Insupportable. — « C'est cauchemardant. » (Jaime fils.) — « Pour en finir avec cette profession si affreusement cauchemardante. » (*Paris-Étudiant*, 54.)

CAUCHEMARDER : Être cauchemardant. — « Pour abriter sa conscience contre certains hommes noirs qui pourraient venir le cauchemarder. » (*Physiologie du parapluie*, 41.)

CAVALCADES : Vicissitudes galantes. « Ça fait des manières, un porte-maillot comme ça. — Et qui en avait vu, des cavalcades. » (Gavarni.)

CAVALE : Fuite, action de se cavaler. « La cavale est plus difficile que lago. » (Rabasse.)

CAVALER (se) : Fuir avec la vitesse d'un *caval* ou cheval (vieux mot). — « Il faut se cavaler et vivement. » (Chenu.) V. *Feston*. — « Nous nous cavalons, moi et Todore, du côté du Temple. » (Monselet.) — « Ces promesses avaient cavalé mon esprit et mon courage. » (*Lettre mystique touchant la conspiration dernière.* Leyde, 1702.)

CAVALLE : Évasion. (*Petit dictionnaire d'argot*, 44.) Mot à mot : action de se cavaler.

CAVÉ : Dupe. Mot à mot : tombé dans un trou, une cave. — Même image dans *enfoncé, casqué*.

CAVÉE : Église. (Halbert.) — Elle est voûtée comme la cave.

CÉ : Argent. (Rabasse.) Voir *Chêne*.

Tout de cé : Très-bien. (Vidocq.)

CELUI DE (avoir) : Avoir l'honneur *de*. — Usité par moquerie des politesses exagérées de la petite bourgeoisie, où l'on avait à cœur de répondre : *J'ai celui de*, etc., à l'interlocuteur qui vous avait dit : *j'ai eu l'honneur de*, etc. — « Mam'selle, aurai-je celui d'aller avec vous ? » (J. Ladimir, 41.)

CENT COUPS (faire les) : Commettre des actes de folie, de désespoir. — « Tu peux faire les quatre cents coups dans la cité. » (E. Sue.)

CENTRALE : Prison centrale. — « Les centrales, comme disent les voleurs, sont les prisons dont ils craignent le plus le régime sévère. » (*Figaro*, 76.)

CENTRE : Nom. (Vidocq), état civil. (Rabasse.)

Faux centre, Centre à l'estorgue : Faux nom : V. *Estorgue*.

Coquer son centre : Donner son nom. V. *Ravignolé*.

CENTRE DE GRAVITÉ : Derrière. — « Il se risque... Ne frémissez pas, belle lectrice ; les don Juan sont très-forts sur la gymnastique. Dès leur plus tendre enfance ils se sont exercés à tomber sur leur *centre de gravité*. C'est là-dessus que don Juan est tombé. » (E. Lemoine.)

CENTRIER : Député du *centre* conservateur sous Louis-Philippe. V. *Ventru* : « Moreau ! Mais il est député de l'Oise. — Ah ! c'est le fameux centrier. » (Balzac.)

CENTRIER, CENTRIPÈTE : Soldat du centre, fantassin.

CERBÈRE : Portier malhonnête et grondeur comme le Cerbère de la fable : — « Misérable, disait-elle au cerbère, si mon mari le savait. — Bah ! répondait-il... un terme de payé, ça aide. » (Ricard.)

CERCLE : Pièce d'argent. — Allusion de forme.

CERCLE (pincer, rattraper, repincer au demi-) : Prendre à l'improviste. — Terme d'escrime. — « Filons... je connais l'escalier de service... Aie ! pincés au demi-cercle. » (Villars.)

CERCLE : Tonneau. (Vidocq.) Allusion aux cercles retenant les douves.

CERCUEIL : Bière, boisson. Jeu de mots. V. *Cogne*.

CERF : Mari trompé. — Allusion de cornes.

L'amant quitte alors sa conquête
Et le cerf entre à la maison.

(Béranger.)

CERF (se déguiser en) : Courir. Allusion à la vitesse du cerf. V. *Ballon* (*se lâcher du*).

CERF-VOLANT : Femme dépouillant les enfants mal surveillés par leurs bonnes. — Jeu de mots. Elle vole dans les jardins publics où vole aussi le jouet dit *cerf-volant*.

CÉRISIER : Cheval aussi mauvais que les bidets qui portent des cerises au marché. — On dit d'un mauvais cavalier qu'il monte en *marchand de cerises*. (Dhautel.)

CES : Ce pronom a parfois une valeur ironique particulière lorsqu'il est placé devant les substantifs. — « On a donné à *ces* dames que voici le nom de musardines. » (Alb. Second.) — Béranger a chansonné *ces* demoiselles.

CÉSARIEN : partisan du pouvoir absolu et surtout du pouvoir Napoléonien. — « L'abus du parlementarisme favorise ce que nous appelons les Césariens. » (*P. Moniteur*, 5 août 75.)

CHABANNAIS, CHABANAIS : Bruit. — « Il m'embête, votre public. En font-ils du chabanais. » (Décembre-Alonnier.)

Ah ! ça prend dans les rues ?
Le chabanais, ça mousse. (Sardou.)

CHACAL : Zouave. (Dans l'argot militaire d'Afrique.)

CHAFRIOLER : Se complaire. « L'atmosphère de plaisirs où il se chafriolait. » (Balzac.)

CHAHUT : Dispute. — « Je n'ai jamais de chahut avec Joséphine comme toi avec Millie. » (Monselet.)

CHAHUT : Cancan populaire. — « La chahut comme on la dansait alors était quelque chose de hideux, de monstrueux ; mais c'était la mode avant d'arriver au cancan parisien, c'est-à-dire à cette danse élégante, décemment lascive lorsqu'elle est bien dansée. Aujourd'hui le cancan en l'école moderne triomphe, la chahut n'est plus guère connue que des titis des Funambules. » (Pr. d'Anglemont, 51.)

— « Un caractère d'immoralité et d'indécence comparable au chahut que dansent les faubouriens français dans les salons de Dénoyers. » (Mansion, 33.)

. . . . Et pour se mettre en rut
Apprennent là du peuple à danser le
    chahut.   (A. Barbier.)

CHAHUT: Mêlée, remue-ménage. — « La cavalerie monte à cheval. C'était un chahut, un boucan général. » *Commentaires de Loriot.*)

CHAHUTER: Faire tapage, danser le chahut. — « Ça mettra le vieux Charlot en gaîté... il chahutera sur sa boutique. » E. Sue.

CHAHUTER: Renverser, culbuter.

Sur les bords du noir Cocyte,
Chahutant le vieux Caron,
Nous l' fich'rons dans sa marmite, etc.

(Chanson de canotiers.)

CHAHUTEUR: Tapageur, danseur de chahut.

CHAILLOT! (A) : Allez vous promener! Mot à mot : Allez à Chaillot! Cette injure, fort usitée, daterait, selon M. Louis Ulbach, qui s'en est occupé dans le *Figaro*, de l'année 1784, où la construction du mur d'enceinte consterna tellement les habitants de Chaillot que le nom d'*ahuris* leur est resté.

Pour notre part, nous avons constaté qu'en 1826 ce terme d'*ahuri de Chaillot* était encore populaire, car le *Dictionnaire proverbial* de Caillot lui donne une place : « *Ahuri*, surpris, étonné. On dit à Paris : *les ahuris de Chaillot*. »

Il convient d'ajouter que le village de Chaillot était autrefois le point de mire des mauvais plaisants. — Quand on parlait d'une *Agnès de Chaillot* c'était pour désigner une fille suspecte. — « Ah! ciel! disais-je en moi-même, cette Agnès de Chaillot serait-elle de ce pays-ci? » (*Voyage de Paris à Saint-Cloud*, 1754.)

« A Chaillot les gêneurs! veut dire tout simplement : Au diable les ennuyeux! » (Mané, *Paris effronté*, 63.)

J' crois la proposition honnête
En t'offrant mon cœur et ma main.
Quoi! tu m' réponds, rêv' de mon âme :
« A Chaillot! ton cœur et ton nom! »

    (Aug. Hardy.)

CHAIR A CANON: Soldat. — « L'homme ne fut plus, comme on disait sous l'Empire, de la chair à canon. » (Dr Véron.)

CHAIR HUMAINE (vendeur ou marchand de) : Proxénète : Agent de remplacement militaire. — Au XVIII⁰ siècle, on donnait déjà ce nom aux sergents recruteurs.

CHALOUPE: Femme au jupon gonflé comme une voile de chaloupe. — « C'te chaloupe! » crie un gamin de Gavarni derrière une élégante.

CHALOUPE ORAGEUSE: Cancan échevelé. — Comparaison de la danse au roulis d'une chaloupe. — « Ils chaloupaient à la Chaumière. » (*Étudiants*, 64.)
— « Ohé! les danseurs! qui est-ce

qui veut du cancan et de la chaloupe à mort? » — (E. Bourget, 1845.) — V. *Tulipe*.

CHALOUPER : Danser la chaloupe, faire débauche.

> Et je chaloup'rai
> Tant qu' j'aurai
> De la vaisselle de poche.
>
> (Poinchoud.)

CHAMBARDER : Bousculer. — Terme de marine.

CHAMBERTER : Être indiscret (Rabasse.)

CHAMBRE DE SURETÉ : Prison de la Conciergerie. (Stamir.)

CHAMBRE DES PAIRS : Bagne. — Côté des condamnés à vie. Les autres sont les *députés*.

CHAMEAU : Femme de mauvaise vie. — On dit aussi : *Chameau d'Égypte, chameau à deux bosses*, ce qui paraît une allusion à la mise en évidence de certains appas. Cette épithète passe aussi pour dater de la campagne d'Égypte, pendant laquelle nos soldats, profonds analogistes, auraient été frappés de la docilité avec laquelle le chameau se couchait pour recevoir son fardeau. Tel est du moins l'avis de l'*Encyclopediana*. — « Qu'est-ce que tu dis là, concubinage? coquine, c'est bon pour toi. A-t-on vu ce chameau d'Égypte! » (Vidal, 33.) — « Cette vie n'est qu'un désert, avec un chameau pour faire le voyage et du vin de Champagne pour se désaltérer. » (F. Deriège, 42.) — « Il n'y a pas d'affront pour une femme appelée *chameau!* Cet animal est sobre et laborieux. Quelle citoyenne du quartier Bréda peut en dire autant? » (Commerson.)

CHAMP DE NAVETS : « Un convoi remontait l'avenue d'Italie se rendant à ce triste cimetière connu sous le nom de Champ de Navets. » (A. d'Aunay, 75.)

CHAMP : Champagne. — « *Maria*. Oh!... du champ! — *Éole*... agne. — *Maria*. Qu'est-ce que vous avez donc? — *Éole*. On dit du champagne. — *Maria*. Ah bah! où avez-vous vu ça? (Th. Barrière.)

CHAMPAGNE, fine champaque : Eau-de-vie fine. — Du nom d'un village de la Charente-Inférieure. — « Nous lui ferons prendre un bain de fine champagne. » (Cochinat.) — On dit également : un petit verre de *fine*, ou de *champagne*.

CHAMPOREAU : Boisson très-goûtée en Algérie. Tous les cabarets portent sur leur enseigne ce nom, qui est celui de l'inventeur. Le champoreau se fait en ajoutant une liqueur quelconque à du café au lait très-étendu d'eau; il y a le champoreau au rhum, le champoreau au kirsch, etc. — « On y boit des champoreaux (du lait, du café et du rhum), ce qui n'est pas mauvais. » (*Comm. de Loriot.*)

CHANÇARD : Favorisé par la chance. — « Chacun se sauve comme il peut. Je parle des chançards. » (*Commentaires de Loriot.*)

CHANDELLE : Mucosité coulant du nez, comme le suif coule

de la chandelle, — quand on ne la mouche pas.

CHANDELLE : Fusil de munition. — Il est comme la chandelle, long, rond, et il en sort une flamme quand on y met le feu.

Être conduit en quatre chandelles. — Être conduit par quatre soldats.

CHANDELLE : Bouteille. « Nous allons chez le marchand de vin et je demande une chandelle à 12 sous. » (*La Correctionnelle.*)

CHANOINE, CHANOINESSE : Rentier, rentière. (Colombey.) Assimilation de la rente à la prébende du canonicat.

CHANTAGE : Extorsion d'argent sous menace de révélations scandaleuses. — « Le chantage, c'est la bourse ou l'honneur. » (Balzac.) — « Le chantage existe partout. Et celui que l'on punit n'est pas toujours le plus dangereux. Il y a le *chantage* en gants paille, qui s'exerce dans un salon, qui prend des airs de vertu ; qui, du haut de son équipage, éclabousse le passant ; celui-là, on ne l'atteint pas ! Mais le tribunal est la terreur de ces exploiteurs de bas étage qui proposent aux gens craintifs et aux pusillanimes une terrible alternative : la bourse ou le déshonneur !

« Nous avons vu autrefois au Palais un vieux professeur, fort connu, savant éminent. Ce malheureux, depuis un demi-siècle, était exploité par une bande de misérables qui lui demandaient de l'argent sous peine de lui imputer un vice ignoble. Le professeur avait craint le scandale ; il avait payé. Ce qu'il y avait de singulier, c'est que les premiers exploiteurs étaient morts ou retirés avec leurs rentes, et avaient cédé à des successeurs leur part dans l'exploitation de M. X... A chaque trimestre, un coup de sonnette se faisait régulièrement entendre dans la maison habituellement si tranquille du savant ; ce coup de sonnette faisait tressaillir le pauvre homme : c'était la diffamation qui venait réclamer le prix de son silence. Et M. X... a payé comme cela environ 300,000 francs. Enfin la justice a mis la main sur ces corsaires de la vie privée. Les douze coquins qui vivaient sur la fortune de M. X... ne vivront dorénavant qu'aux frais de l'État. » (*Figaro.*)

CHANTER : Être victime d'un chantage. — « Tout homme est susceptible de chanter, ceci est dit en thèse générale. Tout homme a quelques défauts de cuirasse qu'il n'est pas soucieux de révéler. (Lespès.)

CHANTER (faire) : Rendre quelqu'un victime d'un chantage. Mot à mot : faire chanter (résonner) ses écus. *Chanter plus haut* voulait dire jadis donner une plus forte somme. Le *Dictionnaire de l'Académie* le donne avec ce sens. — « Puisque l'argot court aujourd'hui les boudoirs, nous dirons que faire chanter signifie obtenir de l'argent de quelqu'un en lui faisant peur, en le menaçant de publier des choses qui pourraient nuire à sa considération, ou qu'il a pour d'autres raisons un grand intérêt à tenir ignorées. » (Roqueplan, 41.) — « Faire chanter, c'est faire payer une chose qu'on ne doit pas. » (Dhautel, 08.) — Ce dernier exemple, qui est le plus ancien, ne semble pas donner au mot sa signification précise d'aujourd'hui.

CHANTERELLE (appuyer sur la) : Toucher à un endroit sensible, ou serrer la gorge de quelqu'un à le faire crier. — Assimilation de la voix à la corde aiguë du violon.

CHANTEUR : « Le chanteur s'est procuré un document important ; il demande un rendez-vous à l'homme enrichi. Si l'homme compromis ne donne pas une somme quelconque, le chanteur lui montre la presse prête à l'entamer, à dévoiler ses secrets. L'homme riche a peur, il finance. Le tour est fait. Vous vous livrez à quelque opération périlleuse, elle peut succomber à une suite d'articles : on vous détache un chanteur qui vous propose le rachat des articles. » (Balzac.) — Vidocq déclare *chanteurs* : 1° les journalistes qui exploitent les artistes dramatiques ; 2° les faiseurs de notices biographiques qui les offrent à tant la ligne ; 3° ceux qui proposent à des prix énormes des autographes ayant trait à des secrets de famille. — « Sans compter, ajoute-t-il, mille autres fripons dont les ruses défraieraient un recueil plus volumineux que la *Biographie Michaud.* »

On nomma enfin *chanteurs* les hommes exploitant la crainte qu'ont certains individus de voir divulguer des passions contre nature. Ils dressent à cette fin des jeunes gens dits *Jésus* qui leur fournissent l'occasion de constater des flagrants délits sous les faux insignes de sergents de ville et de commissaires de police. La dupe transige pour des sommes considérables. » (Canler.) — Lacenaire était chanteur de cette classe, et a consacré à ce métier quelques pages de ses *Mémoires*, 36.

CHANTILLY : Dentelle de Chantilly. — « J'ai là une confection de velours avec des Chantilly. » (*Alm. du Hanneton.*)

CHAPARDER : Marauder. — De *chat-pard* : chat tigré. — « La veille, il avait chapardé dans le village une grosse bûche. » (*Alm. du Hanneton*, 67.)

CHAPARDEUR : Maraudeur, voleur. — « Si le sergent-major et le fourrier n'étaient pas aussi chapardeurs, nos rations nous suffiraient. » (*Commentaires de Loriot.*)

CHAPELET DE St FRANÇOIS : Chaîne attachant un condamné. (Rabasse.)

CHAPELLE (faire) : Relever sa jupe pour se chauffer à un feu de cheminée.

CHAPON : Moine. (Colombey.) — Allusion à la chasteté obligatoire.

CHARABIA : « Toutes ces affaires se traitent en patois d'Auvergne dit *charabia* » (Balzac.)

CHARABIA : Auvergnat. — « Que penseriez-vous d'un homme qui n'est ni Auverpin ni Charabia. » (Pr. d'Anglemont.)

CHARGÉ : Ivre. Mot à mot, qui a sa charge de boisson.

CHARGER : Pour les cochers de fiacre, c'est prendre des voyageurs. Mot à mot : charger leurs voitures.

CHARIER : Chercher à savoir. (Rabasse.)

CHARIEUR : Celui qui cherche à savoir. (Id.)

CHARLEMAGNE (faire) : Se retirer du jeu lorsqu'on est en gain, sans plus de façon qu'un roi. — Il paraît que les rois avaient ce privilége sans manquer aux usages.

Ce terme contient en même temps un jeu de mots sur le roi de carreau, le seul dont le nom soit français. — « Le lansquenet fait fureur... Ah ! c'est qu'il est commode de pouvoir faire Charlemagne sans rougir, et Charlemagne est le roi du lansquenet. On se trouve en gain, on quitte la table et tout est dit. » (E. Arago.) — « Le jeu est agréable parce qu'on n'est point poli. On s'emporte et l'on fait Charlemagne. » (Stendhal, 1826.) — « Si je gagne par impossible, je ferai Charlemagne sans pudeur. » (About.)

CHARLEMAGNE : Poignard d'infanterie. — Allusion à l'épée du grand monarque.

CHARLOT : Malin. (Rabasse.)

CHARLOT : « Le peuple et le monde des prisons appellent ainsi l'exécuteur des hautes œuvres de Paris. » (Balzac.)

Le mot est ancien : « J't'avons vu faire la procession dans la ville, derrière le confessionnal à Charlot casse-bras, qui t'a *marqué* à l'épaule au poinçon de Paris. » (Vadé, 1744.) — « Que Charlot vous endorme ! Tirez d'ici, meuble du Châtelet. » (Idem.) V. *Garçon*.

On disait *Charlot casse-bras*, par allusion à la roue sur laquelle il cassait les bras des condamnés.

CHARMANT, CHARMANTE : Galeux, galeuse. (Halbert.)

CHARMANTE : Gale. — « La charmante y fait gratter bien des mains, aussi la visite était-elle rigoureuse. » (Vidal, 33.)

CHARON : Voleur. (Vidocq.) — Diminutif de *Charrieur*.

Dessus le pont au Change
Certain agent de change
Se criblait au charon. (Vidocq.)

CHARPENTER : Tracer la charpente, le scenario d'une pièce. — « As-tu vu la pièce d'hier ? — — Oui, c'est assez gentil. — Est-ce bien charpenté ? — Peuh ! couci-couci. » (La Fizelière.) — « Dans l'art dramatique, les gens de lettres ont bien voulu me reconnaître une importante qualité, celle de charpenter une pièce. » (Alex. Duval, 33.)

CHARPENTIER : Collaborateur chargé de charpenter une pièce. — « Il n'est pas si facile de se montrer un habile charpentier. » (A. Second.)

CHARRIAGE : Escroquerie. — Action de charrier. V. *Charrier*.

CHARRIAGE A L'AMÉRICAINE : « Il exige deux compères : celui qui fait l'Américain, un faux étranger qui se dit Américain, Brésilien et depuis quelque temps Mexicain, 2° celui qui lui sert de *leveur* ou de *jardinier*. Le leveur lie conversation avec tous les naïfs qui paraissent porter quelque argent. Puis on rencontre l'*Américain* qui leur propose d'échanger une forte somme en or contre une moindre somme d'argent. La dupe accepte et voit bientôt les charrieurs s'éloigner, en lui laissant contre la somme qu'il débourse des rouleaux qui contiennent du plomb au lieu d'or. » (Canler.) — On l'appelle aussi *vol à l'américaine* et *vol au change*. — Avec le temps l'Américain s'est démodé. Il est devenu successivement un **Brésilien** et un **Mexicain**.

CHARRIAGE AU POT : Il débute de la même façon que le précédent. Seulement l'Américain offre à ses deux compagnons d'entrer à ses frais dans une maison de débauche. Par crainte d'un vol, il cache devant eux dans un pot une somme considérable. Plus loin, il se ravise et envoie la dupe reprendre le trésor après lui avoir fait déposer une caution avec laquelle il disparaît, tandis que le malheureux va déterrer un trésor imaginaire.

Charriage au coffret. — Variété moderne du précédent. L'Américain confie à une dame de comptoir un coffret fermé à clé dans lequel il a fait voir préalablement des rouleaux de pièces d'or. Il revient de la journée, il a besoin d'argent et il a perdu la clé du coffret. On lui fait une avance et il ne reparaît plus. Le coffret ne contenait que des centimes.

CHARRIAGE A LA MÉCANIQUE : Un voleur jette son mouchoir au cou d'un passant et le porte à demi étranglé sur ses épaules pendant qu'un complice le dévalise. — Ce genre de charriage s'appelle maintenant *vol au père François*.

CHARRIER : Voler quelqu'un en le mystifiant, dit Vidocq. — Du vieux mot *charier* : mystifier, qui est encore usité dans le dialecte flamand. Mot à mot : mener en chariot. Il est à noter que *rouler* a conservé un sens analogue.

CHARRIEUR, CHARRON, CAREUR : Voleur pratiquant le charriage. — Même observation que ci-dessus pour le mot *rouleur*.

CHARIEUR, CAMBROUSIER : Charlatan nomade. (Halbert.)

CHASSE : Mercuriale. (Dhautel, 08.) — « C'est pas l'embarras, faut croire qu'il aura reçu une fameuse chasse pour être remonté si en colère. » (H. Monnier.)

CHASSE, CHASSIS : Œil. — C'est un vrai châssis pour la tête. — « Je m'arc-boute et lui crève un châssis. » (Vidocq.) V. *Coquer, Balancer, Estorgue*.

CHASSE-COQUIN, CHASSE-NOBLE : Gendarme. (Halbert.)

CHASSEPOT : Fusil de munition se chargeant par la culasse. — Du nom de son inventeur. — « Dumanet, lorsqu'il ne fait pas merveille avec son chassepot, a de l'esprit comme quatre. » (V. Noir.)

CHASSER : partir. (Rabasse.)

CHASSER DES RELUITS : Pleurer. Mot à mot : chasser les larmes des yeux.

CHASSER LE BROUILLARD : Boire la goutte. V. *Brouillard*.

CHASSES D'OCCASE : Yeux louches. Mot à mot : yeux mal assortis, achetés *d'occasion*. Voir *Estorgue*. (Halbert.)

CHASSIS : Paupières. (Rabasse.)

CHASSUE : Aiguille. (Halbert.) — Son trou s'appelle *chas* dans la langue régulière.

CHASSURE : Urine. (Halbert.)

CHAT : Guichetier. (Vidocq.) — Allusion au guichet, vraie chatière derrière laquelle on voit briller ses yeux.

CHAT, CHATTE : Sobriquet d'amitié. — « Alfred, mon gros chat ! — Qu'est-ce que tu veux, Minette ? » (Montépin.) — « Tu vas te trouver mal à présent, Fanny ! pauvre chatte chérie. » (H. Monnier.)

CHATAIGNE : Soufflet. — Son bruit sec peut à la rigueur être comparé à celui de la châtaigne qui éclate au feu.

CHATEAU DE L'OMBRE : Bagne. (Stamir.)

CHATTEMENT : Avec la câlinerie d'une chatte. — « Elle alla chattement à lui. » (Balzac.)

CHATTERIE : Friandise, câlinerie.

CHAUD : Coureur de belles, homme ardent et résolu. — Autrefois on disait *chaud lancier*. — « Le chaud lancier a repris Son Altesse Royale. » (*Courrier burlesque*, 2ᵉ p., 1650.)

CHAUD : Artificieux, avide. — Forme du vieux mot *caut* : rusé, qui a fait *cauteleux*. — On dit souvent dans ce sens : *c'est un chaud*, ou *vous êtes chaud, vous*.

CHAUD (être) : Avoir l'œil au guet. (Colombey.)

CHAUD (il y faisait) : Allusion aux feux de l'artillerie et de la mousqueterie. — La bataille était rude. — « Ah ! vous étiez à Wagram ? — Un peu. — Il y faisait chaud, hein ? » (H. Monnier.)

CHAUD (il fera) : Jamais. Mot à mot : il fera un temps chaud comme il n'y en aura jamais. — « C'est bien. Quand tu me reverras, il fera chaud. » (Méry.)

CHAUDE-LANCE : Gonorrhée. (Vidocq.) Allusion à sa cuisson et à ses élancements.

CHAUDRON : Mauvais piano, résonnant comme un chaudron.

CHAUFFE LA COUCHE : Mari trompé et content. Mot à mot : chauffant pour un autre la couche conjugale. — « Les maris qui obtiennent le nom déshonorant de *chauffe la couche*. » Balzac.)

CHAUFFER : Montrer beaucoup d'ardeur pour faire marcher une affaire. — « La vente des collections léguées par feu le baron Bruel, était chauffée à faire éclater les soupapes de la fantaisie et de la vanité. » (De Pontmartin, 66.)

CHAUFFER : Presser le crédit. (51, *Almanach des Débiteurs*.)

CHAUFFER : S'animer, devenir très-ardent en parlant d'une bataille ou d'une entreprise quelconque. — « Il paraît que ça chauffe en Afrique. » (Balzac.) —

« Oh ! tonnerre ! ça va chauffer ! » (E. Sue.)

CHAUFFER LE FOUR : Boire avec excès. — « Il me restait encore 4 francs. J'avais chauffé le four depuis samedi. » (Monselet.)

CHAUFFER UNE FEMME : Courtiser avec ardeur. — « Toutes ses lettres disent : *je vous aime! aimez-moi!! sinon je me tue!!!* Répéter cela pendant trois mois, cela s'appelle dans la langue don juanique, chauffer une femme. » (E. Lemoine.)

CHAUFFER UN ARTISTE : Applaudir chaleureusement. — « Elle recueillait les plaintes de son petit troupeau d'artistes... on ne les chauffait pas suffisamment. » (L. Reybaud.) V. *Empoigner*.

CHAUFFEUR : Homme d'entrain. — « C'était un bon enfant... un vrai chauffeur. » (H. Monnier.)

CHAUFFEUR : Amoureux. — « C'est l'officier, le chauffeur de la petite. » (H. Monnier.)

CHAUMIR : Perdre. (Vidocq.) — C'est le verbe « chômer » avec changement de finale.

CHAUSSER : Convenir. (Dhautel.) — « Les diamants ! ça me chausse, ça me botte. » (Mélesville.) — « Cela rentre dans vos études... cela vous chausserait. » (L. Reybaud.) V. *Brosse*.

CHAUSSETTES (essence de) : Mauvaise odeur provenant des pieds. Les raffinés disent : *extrait de chaussettes*.

CHAUSSETTE : « La *chaussette* est un simple anneau de fer que porte à la jambe, comme signe de reconnaissance seulement, le forçat qui n'est plus accouplé. • (Moreau Christophe, 37.)

CHAUSSON (vieux) : Prostituée, avachie comme un vieux chausson, une vieille pantoufle. — On dit, en abrégeant, *chausson*. (J. Choux.)

CHAUSSON : Science de se battre à coups de pied. De là le mot « chausson. » Dans le peuple, on dit *savate*. La savate que l'on appelle aujourd'hui chausson. » (Th. Gautier, 45.) V. *Savate*.

CHAUVIN, CHAUVINISTE : Patriote ardent jusqu'à l'exagération. — « Je suis Français ! Je suis Chauvin ! » (Cogniard, 31.) — « Un spécimen du type Chauvin dans toute sa pureté. » (Montépin.) — Allusion au nom d'un type de caricatures populaires, comme le prouve cet exemple : « 1825, époque où un libéralisme plus large commença à se moquer de ces éloges donnés aux Français par les Français, de ces railleries lancées par les Français contre les étrangers. Charlet, en créant le conscrit *Chauvin*, fit justice de ces niaiseries de l'opinion. » (A. Jal, *Paris moderne*, 34.)

CHAUVINISME : Patriotisme trop ardent. Le chauvinisme a son côté ridicule, mais il a aussi sa grandeur. On s'en est trop moqué, et cette réaction a été mille fois pire, mais la science du juste milieu n'est pas une qualité française. — « Le chauvinisme a fait faire de plus grandes choses que l'amour de la patrie dont il est la charge. » (Noriac.)

— « Le chauvinisme est peut-être la dernière vertu que nous ayons possédée. » (Berthaud.)

« Chauvinisme » : Se dit par extension de toute exagération banale. — « L'honneur et l'argent, magnifique écho du chauvinisme bourgeois. » (Mirecourt, 55.)

CHAUVINISTE : Patriote ardent.

Se prend aussi adjectivement : « Nous n'avons vécu qu'avec peu de gouvernements français dans des rapports aussi corrects qu'avec le sien, en décomptant quelques intermezzos chauvinistes. » (D'Arnim, 73.)

CHEF : Cuisinier, chef de cuisine.

CHEF : Maréchal des logis chef.

CHEF DE CUISINE : Contre-maître dirigeant la fabrication d'une brasserie. (Vinçard.)

CHELINGUER : Puer.

Chelinguer des arpions ou de l'orteil : Sentir mauvais des pieds.

Chelinguer du bec : Sentir mauvais de la bouche.

CHEMINÉE : « Il est de bon ton de porter un chapeau de soie, vulgo cheminée. » (*La Lune*, 67.) — *Cheminée* doit être pris ici dans le sens de *tuyau de poêle*.

CHEMISES (compter ses) : Vomir. — Allusion à la posture penchée de l'homme qui vomit.

CHEMISE (être dans la) : Ne pas quitter, être au mieux.

CHEMISE DE CONSEILLER : Linge volé. (Colombey.)

CHENATRE : Très-bon. (Grandval.) — Augmentatif de *chenu*.

CHÊNE : Homme bon à voler, riche, abréviation de *chenu*. — « Qu'as-tu donc morfillé ? — J'ai fait suer un chêne, son auber j'ai enganté et ses attaches de cé. » (Vidocq.)

CHENIQUE, CHNIC : Eau-de-vie. — Diminutif de *chenu* : bon. — « Le perruquier de régiment rase sans rétribution, mais en avant le chnic. » (Bataille, 43.)

CHENIQUEUR : Buveur de chenique.

CHENOC : Mauvais, avarié, et par extension « vieil infirme. » — C'est l'antithèse de *chenu*. — « Vous êtes un vieux birbe... Comment ? un birbe... Oui ! vous êtes un vieux ch'noc. » (*Dernier jour d'un condamné.*)

CHENU : Excellent. — Dès 1718, le *Dictionnaire comique* de Leroux dit dans ce sens : *Voilà du vin chenu.* Selon (08), *chenu*, signifiant au propre *blanc de vieillesse*, est appliqué au vin que la vieillesse améliore, et par extension à toute chose de première qualité. — « Ce doit être du chenu et du ficelé. » (*Phys. du matelot*, 43.) — « Il met sur son nez une chenue paire de lunettes. » (La Bédollière.) — « Goujon, une prise de tabac ? — Oui-da, t'nez en v'là qu'est ben chenu. » (Vadé, 1755.) — « As-tu fréquenté les marchandes de modes ? c'est là du chenu ! » (P. Lacroix, 32.)

Chenu sorgue : Bonsoir. — « Chenu sorgue, roupille sans taffe. » (Vidocq.)

Chenu reluit : Bonjour. Voir *Fourgat.*

CHENUMENT : Très-bien. — « Une ville a beau feindre de se défendre ch'nument. » (Vadé, 1755.) V. *Artie*.

CHER : Rude, élevé. (Colombey.) — La cherté est prise ici au figuré.

CHÉRANCE : Ivresse. (Idem.)

CHEVAL : Homme brutal, grossier.

Je voudrais être un grand cheval,
Un ours, pour laisser une fille.
A la merci de son cheval.

(Boufflers, 05.)

CHEVAL DE RETOUR : Condamné conduit au bagne pour la seconde fois. (Rabasse.)—«C'est un cheval de retour, vois comme il tire la droite. » (Balzac.)

CHEVALIER DE L'AUNE : Commis en nouveautés. — « Il n'y a que ces chevaliers de l'aune pour aimer la boue au bas d'une robe. » (Balzac.)

Chevalier du crochet : Chiffonnier.

Chevalier du lustre : Claqueur.

Chevalier du printemps : Niais portant un œillet rouge à la boutonnière pour singer une décoration. Mot à mot : *chevalier de l'ordre du printemps*.

Chevalier grimpant : V. Bonjour (voleur au.)

CHEVAU-LÉGER : Député de l'extrême droite. Ainsi nommé du lieu de réunion particulier à Versailles. — « Le groupe monarchique jetant les chevaux-légers par dessus bord, reprend sa place de combat. » (Saint-Genest, 75.)

CHEVAUX A DOUBLE SEMELLE : Jambes. — « Tiens, apprête tes chevaux à double semelle, prends ce paquet et valse jusqu'aux Invalides. » (Balzac.)

CHEVELU : Romantique. — Les longs cheveux étaient de mode dans l'école romantique de 30. — « Il peuplait mon salon de jeunes célébrités de l'école chevelue. » (L. Reybaud.) — « L'art chevelu a fait une révolution pour abolir les tirades de l'art bien peigné. » (Idem). — « On connaît peu le restaurateur Dinochau. C'est un homme que le commerce des littérateurs chevelus a rendu spirituel. » (Marx, 65.)

CHEVEU : Inquiétude, souci aussi tourmentant qu'un cheveu dans le gosier. — « Veux-tu que je te dise, t'as un cheveu. — Eh bien! oui, j'ai un cheveu. » (Monselet.)

CHEVEUX (il a de beaux) : Il a mauvaise mine. Se dit de n'importe quoi et de n'importe qui.

CHEVEUX (Avoir mal aux) : Avoir la tête lourde un lendemain d'ivresse.

CHEVILLES : Pommes de terre frites. (Rabasse.) Allusion de forme, ou jeu de mots. (Elles bouchent un trou à l'estomac.)

CHEVISTE : Partisan de la réforme musicale de Chevé. — « Avant trois mois, les chevistes seront sur les dents. » (S. Loudier, 72.)

CHÈVRE : (Gober ou prendre sa) : Mettre en colère. — La chèvre est peu endurante de sa nature. — Mot ancien. « Prenez que la raison lui eût mis de l'eau dans son vin ou que son amitié d'autrefois fût fâchée d'avoir pris la chèvre. » (Vadé, 1744.)

CHEVRON : Récidive. (Vidocq.)

CHEVRONNÉ : Récidiviste. — Allusion aux chevrons qui marquent l'ancienneté du service militaire.

CHIC : Mot d'acceptions fort diverses et fort répandues dans toutes les classes. C'est le vieux mot de langue romane *chic* (finesse, subtilité), qui a fait notre mot *chicane*. — « J'espère avec le temps que j'entendrai le *chic*, » dit du Lorens, un poëte satirique du xvie siècle qui était en même temps magistrat. Dans la *Henriade travestie*, Fougeret de Monbron écrit plus tard :

<blockquote>
La Discorde qui sait le chic
En fait faire un décret public.
</blockquote>

Le *chic* était donc jadis *la science du fin*. Il s'emploie aujourd'hui dans les cinq acceptions suivantes :

Chic : Distinction. — Le mot serait ancien dans ce sens. A propos de Reine Audu, la reine des halles, une des héroïnes de nos fastes révolutionnaires, le père Duchesne dit : « Quel chic la liberté donne aux femmes ! » (Intermédiaire du 10 octobre 65.) — « Le port des ordres veut de l'élégance sans afféterie, de la tenue sans pose et une aisance qui ne soit pas du sans-gêne ; enfin ce qu'on appelait la *race* au siècle dernier ; le *bon ton* il y a cinquante ans ; c'était moins et c'était plus que le chic d'aujourd'hui. » (*Vie paris.*, 66.) — « Petite friponne ! auraient dit nos grands-pères... Elle a du chic, ou mieux encore elle a du chien, ou elle a du zing, s'écrient les gentlemen, leurs petits-fils. » (E. Villars, 66.)

Chic : Élégance de toilette ou d'ameublement. — « Vous serez ficelé dans le chic. » (Montépin.) — « L'officier qui a du chic est celui qui serre son ceinturon de manière à ressembler à une gourde. » (Noriac.) — « Lambert fut enchanté de son gîte. C'est le dernier mot du vrai chic, dit-il. » (About.) — A l'école de St-Cyr, sous le premier empire, *chic* était déjà synonyme d'élégance militaire. V. *Tic*.

Être au chic : Être bien vêtu. (Rabasse.)

Chic : Cachet artistique, originalité. — « Il lui révéla le sens intime de l'argot en usage cette semaine-là, il lui dit ce que c'était que chic, galbe, etc. » (Th. Gautier, 38.) — « Une première série du *Carnaval* de Gavarni est loin d'avoir le chic étourdissant de la seconde. » (E. de Mirecourt.)

Chic : Facilité banale, n'ayant rien de sérieusement étudié. — C'est le contraire de la signification précédente. Il y a eu sans doute réaction contre l'abus inconsidéré du mot. De là cette divergence ironique. — « C'étaient là de fameux peintres. Comme ils soignaient la ligne et les contours ! comme ils calculaient les proportions ! ils ne faisaient rien de *chic* ou d'après le mannequin. » (La Bédollière.) — « Un paysage d'une délicieuse naïveté. Il n'y a là dedans ni chic ni ficelles. » (Alph. Karr.)

Le mot *chic* pris dans ce dernier sens, a fini par s'appliquer à la littérature, à l'art oratoire. — « Parleur de chic, comme disent les artistes, il fait de l'amplification. » (P. Véron.)

Chic : Mauvais genre, genre trop accusé. — « Ce chic que le tripot colle à l'épiderme des gens et qui résiste à toute lessive comme le masque des ramoneurs. » (P. Féval.)

CHIC, CHIQUÉ : Distingué, opulent, qui a du chic. — « Ça un homme chic ! C'est pas vrai, c'est un calicot. » (*Les Cocottes*, 64) — « C'est chique et bon genre. » (Ricard.) — « Ah ! voilà ma femme chic ! Madame, j'ai l'honneur d'être. » (De Goncourt.) — « Ceux qui dansent ce sont des gueux. Les gens chic font cercle autour d'eux. » (Blavet.)

CHICAN : Marteau. (Halbert.)

CHICANDARD : V. *Chicard*, *Chicarder*.

CHICANDER : Danser le pas chicard. — « Chicard est français de cœur, sinon de grammaire, bien qu'il ne soit pas encore du Dictionnaire de l'Académie... L'homme de génie qui s'est fait appeler Chicard a modifié complétement la chorégraphie française... Chicard existe, c'est un primitif, c'est une racine, c'est un règne. Chicard a créé chicandard, chicarder, chicandarder ; l'étymologie est complète. » (Taxile Delord.) V. *Chicarder*.

CHICANE (grinchir à la), CHERCHER CHICANE : Prendre la bourse ou la montre d'une personne en lui tournant le dos. Ce genre de vol exige une grande dextérité. (Vidocq.)

CHICARD : Personnage de carnaval (à la mode de 1830 à 50). Son costume, bizarre assemblage d'objets hétéroclites, se composait le plus souvent d'un casque à plumet colossal, d'une blouse de flanelle et de bottes fortes. Ses bras à moitié nus s'enfonçaient dans des gants de grosse cavalerie. Le premier qui mit ce costume à la mode était un marchand de cuirs ; son *chic* le fit nommer Chicard. Il inventa un pas nouveau, dit *pas chicard*. — « Et puis après est venu Chicard, espèce de Masaniello qui a détrôné l'aristocratie pailletée des marquis, des sultans et a montré le premier un manteau royal en haillons. » (M. Alhoy.) — « La sage partie du peuple français a su bon gré à maître Chicard d'avoir institué son règne de mardi-gras. » (J. Janin.)

CHICARD, CHICANDARD, CHICOCANDARD, CHICANCARDO : Très-chic, remarquable. — « On y boit du vin qu'est chicandard, chicancardo. » (Vacherot, *Chanson*, 51.) — « Une dame très-belle, très-coquette, très élégante, en un mot très-chicandarde. » (Éd. Lemoine.) — « Un auteur plus chicocandard. » (Th. Gautier.) — « Un déjeuner chicocandard. » (Labiche.) V. *Chocnoso*.

CHICARD (pas) : Manière de danser imitant celle de M. Chicard. Le pas chicard s'est conservé jusqu'à nous sous le nom de *chicorée*. — « Mais qu'aperçois-je au bal du *Vieux-Chêne* ? Paméla dansant le pas chicard. » (Chauvelot aîné.)

CHICARDER : Danser le pas chicard. — « Quand un bal de grisettes est annoncé, le vaurien va chicarder avec les couturières. » (Deriège.) — « Le nom de Chicard est devenu célèbre... Enfin on a fait un adjectif de ce nom-là et même on en a fait un verbe : *Homme-chiquart, habit-chiquart, chiquarder, chiquander.* » (Jules Janin.)

CHICARDOT : Poli. (Halbert.)

CHICMANN : Tailleur. (*Almanach des Débiteurs*, 51.) — Allusion aux noms germaniques qui abondent chez les tailleurs.

CHICORÉE (fort de) : V. *Café.*

CHIEN : Chien. — Compagnon. « Tu passeras renard ou aspirant, après ça tu deviendras chien ou compagnon. » (Biéville.)

CHIEN : Tracassier. — « Le chef est chien ou bon enfant. Le chien est dur, exigeant, tracassier méticuleux. » (Balzac.)

CHIEN : Avare. — Horace (l. II, sat. 2) emploie le mot *canis* pour signifier avare.

CHIEN : Flamme artistique, feu sacré. — Abréviation de *sacré chien* (eau-de-vie, pris dans une acception figurée.) — « X... disait de Mlle Honorine qu'elle a du chien dans la voix. — Du chien, fit Z..., c'est trop peu dire... C'est une meute !!! » (Marcx.) — « Le style avait du flou, l'alinéa du chien. » (Michu.)

CHIEN : Eau-de-vie. V. *sacré chien.*

CHIEN : Originalité, cachet.

Qu'a donc, disait Chose à Machin,
Ce laideron qui passe et repasse ?
Du chien...

C'est donc pour cela qu'elle chasse
Si bien...   (E. Villars.)

« Quel chien ! Tourne-moi un peu. Et il sifflottait : c'est un Rubens. » (*Vie parisienne*, 66.) — Elle a réellement du chien, cette femme-là. » (Droz.) V. *Sacré chien.*

CHIEN (de) : Excessif. — On dit : *une faim de chien, un mal de chien, une soif de chien.*

CHIEN (n'être pas) : Être bon, de qualité supérieure. — « Voilà du pomard qui n'est pas chien. Il y en a six bouteilles. Je ne verse qu'une tournée. Nous boirons le reste à l'office. » (Bertall.)

N'être pas chien en affaires : Aller grandement, sans chicane.

CHIEN, CHIENCHIEN : Mot d'amitié. Le chien symbolise la fidélité. — « Mon petit chien ! C'est aujourd'hui la manière de commencer une lettre d'amour dans tous les mondes. (*Paris Caprice*, 75.)

CHIEN DE RÉGIMENT : Caporal ou brigadier. — Sa mission est un peu celle du chien de berger.

CHIEN DU COMMISSAIRE : Secrétaire de commissaire de police. — « Une table couverte d'un vieux tapis vert où écrivait le chien du commissaire. » (Alph. Daudet.)

CHIEN DE COUR, CHIEN DE COLLÉGE : Maître d'études. — « Il y a un sous-principal que les écoliers appellent *chien de cour*, parce que, semblable aux chiens de bergers, son emploi est de contenir la gent scolastique dans une grande cour, jusqu'au moment de l'ouverture des classes. » (Mercier, 1783.)

CHIEN DE FAIENCE (en) Aussi raide et immobile que ces chiens de faïence employés jadis pour la décoration des édifices. — « Je fus ébloui et je restai comme un chien de faïence à la contempler. » (Villemessant.)

CHIEN NOYÉ : Morceau de sucre trempé dans du café noir. — Plus petit et moins trempé, c'est un *canard*.

CHIEN DANS LE VENTRE (avoir du) : Être de force à tout supporter.

CHIEN (piquer un) : Dormir pendant la journée. Allusion à la facilité avec laquelle le chien s'endort dès qu'il est au repos. On trouve dans Rabelais un exemple de *dormir en chien*.

Sur l'étude passons. Il n'est qu'un seul
  moyen.
De la bien employer, c'est de piquer
  son chien.
(*Souvenirs de Saint-Cyr.*)

CHIENDENT (voilà le) : Là est la difficulté. — On sait qu'il est difficile d'arracher le chiendent, dont les racines longues et noueuses sont fort entrelacées. Usité en 1808. — « Et c'est là le chiendent. » (Désaugiers.)

CHIENLIT (gueuler à la) : Appeler au secours, à la garde. « La porte s'ouvre, une femme paraît et elle gueule à la chienlit. » (Beauvillier.)

CHIENNERIE : Avarice, ladrerie.

CHIENNERIE : Luxure, passion bestiale. On dit dans le même sens *vacherie*. — « Oh! la belle chiennerie! Il ravale toutes les femmes au niveau des prostituées. » (Mismer.)

CHIER DANS LA MALLE : Faire affront à quelqu'un. Mot à mot : chier dans sa poche. Autrefois *malle* signifiait *poche*.

Car aussi bien le monde a chié dans
  ma malle.
(Dulorens, *Satires*, 1646.)

CHIER DU POIVRE : S'en aller au moment où l'on a besoin de services.

CHIFFARDE : Assignation. (Halbert.) Mot à mot : vieille chiffe, vieux chiffon.

CHIFFARDE : Pipe. (Vidocq.)

CHIFFE : Commerce des chiffonniers. — « Aussi y a-t-il une espèce d'aristocratie dans la *chiffe*, ils comptent leur noblesse par génération ; il y a des chiffonniers de naissance et des parvenus. » (Pr. d'Anglemont.)

CHIFFERTON : Chiffonnier. (Vidocq.) Changement de finale.

CHIFFON : Mouchoir. (Id.)

CHIFFON ROUGE : Langue. (Halbert.) — Allusion de couleur et souplesse. V. *Balancer*.

CHIFFONNIER : Voleur de mouchoirs. V. *Pègre*.

CHIFFORNION : Foulard. Dimin. de *Chiffon*.

CHIGNER : Pleurer. — « Ça lui fera du bien de chigner. » (Balzac.) Abréviation de *rechigner*.

CHIMIQUE : Allumette chimique. — Abréviation. — « Ouvre la blague, prends une chimique, allume ta pipe. »(*La Maison du Lapin-Blanc*, typ. Appert.)

CHINER : Aller en quête de bons marchés. — « Remonenq allait *chiner* dans la banlieue de Paris. » (Balzac.)

CHINAGE (vol au) : Il consiste à vendre du doublé pour de l'or et à escroquer sur des échanges de bijoux.

CHINEUR : voleur au chinage. — « Ce sont généralement des méridionaux appelés chineurs ou charieurs qui exercent ce genre de vol. » (Rabasse.)

CHINEUR : « Les *roulants* ou *chineurs* sont des marchands d'habits ambulants qui, après leur ronde, viennent dégorger leur marchandise portative dans le grand réservoir du Temple. » (Mornand.) — «Les chineurs sont ceux qui viennent à domicile offrir des étoffes à bas prix. » (Du Camp.)

CHINOIS : Cafetier. (*Almanach des Débiteurs*, 51.)

CHINOIS : Mot d'amitié. — « En mourant à Sainte-Hélène Napoléon disait en parlant de ses serviteurs : « Mes pauvres Chi« nois ! je ne les oublierai pas. » (Dr Antommarchi, *Mémoires*.)

CHINOIS : Homme singulier, bizarre d'aspect ou de caractère. — Allusion aux Chinois de paravent et à leur aspect étrange. — « Parmi les badauds attirés à Paris pour le sacre de Napoléon Ier, on distinguait les présidents de cantons, bonnes gens pour la plupart, avec un air d'importance qui amusait les Parisiens ; on les appelait des Chinois, en leur qualité de *présidents de cantons*. Cette mauvaise plaisanterie eut du succès. » (Lamothe-Langon, *Souvenirs d'une femme de qualité*, 30.) — « *Chinois*, amène les liquides. »(Balzac, *Père Goriot*.) — « V'là mon Chinois qui se fâche. » (Monselet.)

CHIPER : Dérober de petites choses. — Forme de *choper*, prendre. — « En chipant les sept cent cinquante mille francs. » (Balzac.)

CHIPETTE. V. *Être* (en).

CHIPEUR, CHIPEUSE : Homme ou femme qui chipe. — « Chipeur comme un gamin de Paris. » (Balzac.)

CHIPIE : Femme revêche, querelleuse.

CHIQUANDART, CHIQUART, V. *Chicandard, chicard, chicarder*.

CHIQUE : Supérieur, distingué. V. *Chic*.

CHIQUE : Église (Vidocq.) V. *Momir, Rebâtir*.

CHIQUE (couper la) : Dérouter. — « De la réjouissance comme ça ! le peuple s'en passera. C'est c' qui coupe la chique aux bouchers. » (Gaucher.)

Couper la chique à quinze pas : Se faire sentir de loin.

Poser sa chique : Mourir. — A l'usage de ceux qui ont chiqué du tabac toute leur vie.

Poser sa chique et faire le mort : Rester muet et immobile. — Acception figurée du terme précédent.

CHIQUÉ : Ayant bonne tournure. — « Dis donc, Troutrou, nous ne sommes pas trop bien ficelés. — Zut ! y en a de moins chiqués. » (Ladimir, 41.) — « Je leur en ferai des discours, et des chiqués. » (Chenu.)

CHIQUEMENT : Avec chic.

CHIQUER : Faire avec chic, supérieurement.

> Auprès d'elle Eugénie
> Nu-bras,
> Nous chique avec génie,
> Son pas.
>
> (1846, P. d'Anglemont).

CHIQUER : Manger. — Vieux mot. — « Je me dispose à chiquer les vivres. » (B. Carême, 29.) — « Ne pourrions-nous pas chiquer un légume quelconque ? mon estomac abhorre le vide. » (Balzac.)

CHIQUER : Dépenser. — « Il m'a fallu tout mettre en plan. J'ons chiqué jusqu'aux reconnaissances. » (*Dialogue entre Suzon et Eustache*, 36.)

CHIQUER (se) : Se battre. (Grandval.) Mot à mot : s'avaler. Même racine que la précédente.

CHIQUEUR : Glouton — « On dit d'un homme qui mange beaucoup que c'est un bon chiqueur. » (Dhautel, 08.)

CHIQUEUR : Artiste dessinant de chic, sans étudier la nature.

CHNIC : Eau-de-vie. V. *Chenique*.

CHOCNOSO, CHOCNOSOF, CHOCNOSOPHE, CHOCNOSOGUE, KOXNOFF : Brillant, remarquable. — « Dans cette situation, comment dire ?... — Chocnoso... » (Balzac.) — Dans *Pierre Grassou*, Balzac écrit *Chocnosoff*. — « Je m'en vais chez le restaurateur commander un dîner koxnoff. » (Champfleury.) — « C'est koksnoff, chocnosogue, chicardo, snoboye. » (Bourget, *Chansons*.) — « Sa plume était chocnosophe, et ses goûts ceux d'un pacha. » (Commerson.) — « Ce jeune provincial dont vous riez aujourd'hui aura une tenue moderne, chicarde, chocnosogue. » (L. Huart.)

CHOLETTE : Demi-litre — *Double-cholette* : litre. (Vidocq.)

CHOPER : Voler. (Vidocq.) — Du vieux mot *choper* : toucher quelque chose pour le faire tomber. *Pierre d'achoppement* est resté dans la langue régulière.

CHOPER : Prendre. — *Se laisser choper*. Se faire arrêter.

CHOPIN : Vol. (Grandval.) De *choper*. — « Quand un voleur fait de la dépense, c'est qu'il a fait un chopin. » (Canler.)

CHOSE, MACHIN : On appelle ainsi celui dont on ne se rappelle pas le nom. (Dhautel.) — « Chose est malade... Qui ça, Chose ? » (H. Monnier.) — « Figurez-vous que le petit Chose écrivait un journal. » (Balzac.) — La coutume est ancienne. Tallement des Réaux conte que « M. le Mage, conseiller à la Cour des aides, dit toujours *Chose* au lieu du nom. »

CHOSE (monsieur) : Le chemisier, dans l'argot des débiteurs. (*Almanach des Débiteurs*, 51.)

CHOSE : Dignité. — « Tu me

feras peut-être accroire que tu n'as rien eu avec Henriette? Vois-tu, Fortuné, si tu avais la moindre chose, tu ne ferais pas ce que tu fais... » (Gavarni.)

CHOSE : Indignité. — « C'est ce gueusard d'Italien qui a eu la chose de tenir des propos sur Jacques. » (Ricard.)

CHOSE : Embarrassé, contristé. — Du vieux mot *choser* : gronder. — « Ma sainte te ressemble, n'est-ce pas, Nini?... Plus souvent que j'ai un air chose comme ça ! » (Gavarni.) - « Ce pauvre Alfred a sa crampe au pylore, ça le rend tout chose. » (E. Sue.) — « Mam'selle, v' là qu' vous m' rendez tout chose, je vois bien que vous êtes un esprit fort. » (Rétif, 1783.) — « M. le prêtre, qui était tout chose de cette affaire, se scandalisa. »(Vadé, 1744.)

CHOU : Bête. On dit : *bête comme chou*.

CHOU (mon), MON CHOUCHOU : Mot d'amitié. — « On dit : mon chou, comme on dirait : mon ange. » (E. Carré.) Se dit surtout aux enfants, par allusion au chou sous lequel on prétend les avoir trouvés, quand on ne sait que répondre à certaines de leurs demandes.

CHOU COLOSSAL : Entreprise destinée à tromper le public par des promesses ridiculement alléchantes. « Il y a deux ou trois ans, on vit à la quatrième page de tous les journaux un éloge pompeux d'un nouveau chou... Ce chou était le *chou colossal* de la Nouvelle-Zélande, servant à la fois à la nourriture des hommes et des bestiaux et donnant un ombrage agréable pendant l'été. C'était un peu moins grand qu'un chêne, mais un peu plus grand qu'un prunier. On vendait chaque graine un franc... On en achetait de tous les coins de la France. — Au bout de quelques mois, les graines du chou colossal avaient produit deux ou trois variétés de choux connues et dédaignées depuis longtemps. La justice s'en mêla. » (A. Karr, 41.)

CHOUAN : Légitimiste. — Allusion aux insurgés de nos provinces de l'Ouest. C'était une guerre de bois et de haies qui fit donner à ses acteurs le nom de Chouans, employé pour chats-huants dès le moyen âge.

CHOUCHOUTER : Choyer tendrement. — « Tu seras *chouchouté* comme un chouchou, comme un dieu. » (Balzac.) V. *Chou*.

CHOUCROUTE (tête ou mangeur de) : Allemand.

CHOUETTE, CHOUETTARD, CHOUETTAUD : Bon, beau. — « Not' homme m'attend à la barrière pour faire une noce un peu chouette. » (M. Perrin.) — « C'est chouette, ça. » (J. Arago, 30.) — « Elle est bonne, votre eau-de-vie. Oui, elle est chouette. » (H. Monnier.) — « Ah ! vous avez là une chouette femme. » (Gavarni.)
Voici peut-être un des premiers exemples du mot. Il nous en donne en même temps l'explication : « Ma femme sera coincte et jolye comme une belle petite

chouette. » (Rabelais.) V. *Biblot, Danse, Toc, Casquette.*

CHOUETTE : amitié. « La Fouine, Escarpe et Crèvecœur te refilent leurs bécots de chouette.» (Rabasse.)

CHOUETTE (être) : Être pris.

CHOUETTEMENT : Parfaitement.

Suis-je près d'un objet charmant,
Pour l'allumer chouettement,
Mon cœur est comme une fournaise.

(Festeau.)

CHOUFFLIQUER : Saveter l'ouvrage. — Germanisme.

CHOUFFLIQUEUR : Mauvais ouvrier. (Delvau.)

CHOURIN : Couteau.

CHOURINER : Donner des coups de couteau. — Formé des mots *surin* et *suriner,* usités dans le même sens.

CHOURINEUR : Tueur de chevaux (Halbert) — Le type du *Chourineur* créé par E. Sue dans les *Mystères de Paris* est resté célèbre.

CHRÉTIEN : Étendu d'eau. — Allusion à l'eau du baptême chrétien. — « Une douzaine de drôlesses déguisées en laitières vendent du lait trois fois chrétien. » (Privat d'Anglemont.)

CHTIBBES : Bottes. (Delvau.)

CHUTER : Faire une chute. — Pris au figuré. — « Si elle est bonne enfant, je la soutiendrai à son début au Gymnase... Ah ! je puis faire chuter qui je veux.» (Balzac.)

CI-DEVANT : Aristocrate dans la langue révolutionnaire. Mot à mot : ci-devant comte, duc ou baron. — Date de la suppression des titres de noblesse.

CI-DEVANT : Homme âgé. Mot à mot : ci-devant jeune. — « Le ci-devant de province n'abandonne jamais son rifflard. » (*Phys. du parapluie,* 41.)

CIERGE : Sergent de ville. — « On me conduisit entre deux cierges (non, pardon ! je veux dire sergents de ville). » (Journ. man. pris. Mazas.)

CIERGE : « Pour un cierge qu'on lui mettrait dans la main, elle se battrait avec le diable. — Un cierge, c'est une pièce de cent sous. » (P. de Granpré, 1169.)

CIGALE : Pièce d'or. (Vidocq.) Allusion au cri métallique de l'insecte.

CIGOGNE : Préfecture de police, tribunal, palais de justice. — « Railles, griviers et cognes nous ont pour la cigogne en partie tous paumés. » (Vidocq.)

CIGOGNE : Palais de justice. (Moreau C.)

CIGUE : Pièce de vingt francs. (Rabasse.) Abrév. de *cigale.*

CINQUIÈME : Mesure de liquide, cinquième de litre. — « Et quand, par hasard, il boit un cinquième sur le comptoir. » (Léo Lespès.)

CINTRER : Tenir. (Colombey.)

CIPAL : Soldat de la garde municipale. — Abréviation. — « Les danses ont été légèrement échevelées, mais,

Le cipal n'a rien à dire
Aux entrechats de la vertu. »
(Naquet.)

CIRE (voleur à la) : « Dans les cabinets de restaurant où l'argenterie n'a pas fait place au ruolz, il la plaque avec de la cire sous la table sur laquelle il mange. On crie au voleur ; il demande à être fouillé et sort après avoir reçu les excuses du patron. Un compère vient ensuite se placer à la même table et décolle les objets. » (Rabasse.)

CITRON : Note aigre. — « Trois citrons à la clef. » (Nadar.)

CLAIR : Œil. — Allusion à l'éclat du regard. — « Allumez vos clairs et remouchez. » (Balzac.)

CLAQUE : Réunion de claqueurs, de compères. — Oublié par le *Dictionnaire de l'Académie*, qui admet cependant *Claquer* et *Claqueur*.

CLAQUEDENT : Maison de tolérance. (Rabasse.) — Allusion aux maladies qu'on y gagne. Aller au pays de Suède et au royaume de Claquedent, c'était autrefois passer par les remèdes anti-vénériens.

CLAQUES (figure à) : Figure qu'on souffletterait volontiers. — « Oui, ces figures à claques, nous les caresserons. » (Cogniard.)

CLAQUER : Mourir. — « Malheur du diable ! mon pauvre adjudant s'est laissé claquer. » (Noriac.)

CLAQUER : Manger. — Allusion au claquement des mâchoires.

CLAQUER : Dissiper. C'est *manger* pris au figuré. « Quand on s'est permis cette gourmandise, plus rien à claquer. » (*Commentaires de Loriot*.)

CLARINETTE : Fusil d'infanterie. Du moment qu'on appelait le fantassin *troubadour*. (V. *Troubade*), on devait appeler son instrument *clarinette*. Les deux termes s'expliquent l'un l'autre. — « Quant au fantassin, il est obligé de porter un fusil de quatorze livres, aimable clarinette de cinq pieds. » (Vidal, 33.) — « Tout à l'heure les feux de deux rangs déchireront la toile, et nous verrons si vos clarinettes ont de la voix. » (Richard.) V. *Agrafer*, *Toile*.

CLAVIN : Clou. (Halbert.) Vieux mot.

CLAVIN, CLAVINE, CLAVINEUR, CLAVINIER : Raisin, vigne, vendangeur, vignoble. (Halbert.) Formes transposées de *Calvin* et *Calvigne*. V. ces mots.

CLÉ (à la), **CLEF** (à la) : Formule ironiquement confirmative qui s'emploie à propos de tout, pour caractériser l'emploi dominant de telle ou telle chose. Acception figurée de *clé* ; marque réglant l'intonation de notes musicales. — « C'est bien cette grande queue de vache mal peignée. Trop de chignon à la clé. » (Villars.) — « Sa ville natale lui élève une statue ; c'est fort naturel. Je trouve même qu'elle aurait pu le traiter avec plus de respect, et l'inaugurer tout seul, sans agriculture ni archéologie à la clef. » (*Éclair*, 72.)

CLICHÉ : Banal, connu. — Synonyme de *Stéréotypé*, et emprunté comme lui à la typographie. — « Tel est le discours cliché que le vénérable baron a en réserve pour toutes les circonstances. » (*Figaro*.)

On dit : *c'est cliché*, pour *c'est immuable, c'est connu*. — *Cliché* se prend souvent comme substantif. V. *Guitare*.

Bientôt de la prison pour dettes
On sera, dit-on, affranchi.
Gare aux histoires toutes faites!
Ah! que de clichés sur Clichy.

(Al. Flan, 67.)

CLIQUOT : Vin de Champagne portant la marque de feue madame Cliquot.

Elle boit beaucoup de cliquot
Et bat volontiers la campagne.

(E. Villars.)

CLODOCHE : danseur de bal habile dans l'art de se désarticuler. Nom d'un ancien émule de Brididi à la mode dans les bals de Paris vers 1844. — « Les domestiques assurent avoir vu, au milieu d'une douzaine d'individus, un clodoche exécuter un cavalier seul dans le costume le plus primitif. » (A. d'Aunay, 75.)

CLOPORTE : Portier. — Calembour : *clôt-porte*. — « Je connais le truc pour apprivoiser les cloportes les plus farouches. » (Montépin.) — « Qu'a dit le vil cloporte?... Le cloporte a dit : C'est huit sous. » (Champfleury.)

CLOU : Prison. On ne peut pas en bouger plus que si l'on y était cloué. — « Je vous colle au clou pour vingt-quatre heures. » (Noriac.) — « Comme de juste, on ne vient pas se mettre au clou soi-même. » (E. Sue.)

CLOU : Mont-de-Piété. Mot à mot : prison d'objets engagés. — « Il avait mis le linge en gage; on ne disait pas encore mettre *au clou*. » (Luchet.)

CLOU (mettre au) : Vendre un objet, mettre au mont-de-piété. (*Almanach des Débiteurs*, 51.)

CLOU DE GIROFLE : Dent cariée, dent brune et amincie comme un clou de girofle. — « Madame Cramoisi demanda à Santeuil combien ils étaient de moines à Saint-Victor. — Autant que vous avez de clous de girofle dans la bouche, dit Santeuil, voulant parler de ses dents noires et gâtées. » (*Santoliana*, 1764.)

CLOUER : Mettre en gage. — De *clou*, d'où dérivent aussi *accrocher, clouer, déclouer* et *surclouer*. (Engager, dégager et renouveler au Mont-de-Piété.) — « Jeune insensé, oublies-tu que nous avons passé le 20 du mois, et qu'à cette époque les habits de ces messieurs sont *cloués* et *surcloués*? » (Murger.)

COCANGE : Coquille de noix. — Le jeu de *cocange* ou de *robignolle* est un jeu tenu par les filous qui courent les foires.

COCANTIN : Homme d'affaires, intermédiaire entre le débiteur et le créancier. (*Almanach des Débiteurs*, 51.)

COCARDE : Tête. — En prenant la coiffure pour la tête, on dit *taper sur la cocarde, sur le pompon*.

COCARDE (avoir sa) : Être ivre, avoir le visage teinté comme une cocarde par un excès de boisson. — « J'y voyais en dedans. Todore ne parlait pas. Robert nous dit : « Vous avez votre cocarde. » (Monselet.)

COCARDIER : Homme zélé jusqu'à l'exagération de ses devoirs. Dénomination spéciale à l'armée. Le cocardier croit toujours avoir l'honneur de sa cocarde à soutenir. — « Cette vie de camp reposée est quelquefois troublée par des généraux nerveux ou cocardiers. » (*Vie parisienne*, 65.)

COCASSE : Rusé. (Colombey.)

COCASSERIE : Drôlerie comique.

COCHON : Ladre, avare.

COCHON : Libertin, polisson.

COCHONNERIE : Charcuterie. — « La viande de porc que lady Morgan, cette virago britannique, nomme de la cochonnerie. » (Ricard.)

COCHONNERIE : Acte indélicat. — « Le seul texte de ma lettre vous suffira pour répondre à toutes les cochonneries possibles; je vous constitue donc pour mon défenseur officieux. »(*Lettre de Beurnonville*, ambassadeur de France en Prusse, à M. Besta, 1er germinal an VIII.) — « Oscar, *s'approchant avec dignité* : Marquis, vous me faites là une cochonnerie qui ternira à jamais votre blason. » (Marquet.)

COCHONNERIE : Salauderie, aliment dégoûtant, préparé par des gens malpropres comme des cochons. — « Vous ne mangerez pas de ça, c'est de la cochonnerie. (Chenu.)

COCKNEY : Badaud. — Anglicanisme. V. *Philistin*.

COCO : Cheval. — « Ce grossier animal qu'on nomme vulgairement coco. » (Aubryet.) — « On entend la sonnerie de la botte, de la botte à coco, tu sais. » (*Vie parisienne*, 66.)

COCO : Œuf de poule.

COCO : Homme digne de peu de considération. — « Joli coco, pour vouloir me faire aller. » (Balzac.)

COCO : Nom d'amitié.

J' vais te donner un p'tit becquau.
  Viens, mon coco.
(*Dialogue entre Suzon et Eustache*, chanson, 36.)
Si l' grand emp'reur d'vant vous défile
Vous crîrez tous : Eh ! v'là le coco.
(*Les Violettes et les Œillets*, chanson, août 15.)

COCO : Tête. — Allusion à la forme ovale de la noix de coco.

Mais, de ce franc picton de table,
Qui rend spirituel, aimable,
Sans vous alourdir le coco,
  Je m'en fourre à gogo.
(H. Valère.)

COCO (dévisser le) : Étrangler.

COCO (se passer par le) : Manger. — Comparaison de l'estomac humain à celui du cheval. Le refrain populaire de la *Botte à Coco* en a donné l'idée à l'armée et au peuple.

COCODÈS : Jeune dandy ridicule. — Diminutif de *coco* pris en mauvaise part. — « Ohé! ce cocodès a-t-il l'air daim! » (L. de Neuville.) — « Les cocodès qui ne sont pas chevaleresques ne paraissent pas montrer beaucoup de goût pour les fusils à aiguille. » (Mérimée, 67.) — Une *Physiologie du Cocodès* a paru en 64.

COCODÈTE : Femme d'un dandysme ridicule. C'est la femelle du cocodès. — « On s'y moque des cocodès et des cocodètes. » (Yriarte, 67.)

COCODETTISME : Dandysme ridicule. — « Le cocodettisme n'incarne pas plus le grand monde que le journal *l'Univers* la religion catholique. » (*Figaro*, 76.)

COCONS : Camarade de première année à l'École polytechnique. Mot à mot : co-conscrit.

Ton ancien tu tutoiras,
Et ton co-cons pareillement.
(La Bédollière.)

COCOTTE : Jument. — C'est la femelle de *Coco* (Cheval) — « Les Garibaldiens tiraient, le commandant saluait au niveau des oreilles de son cheval. Mieux vaut que Cocotte l'attrape que lui. » (*Vie parisienne*, 67.)

COCOTTE : Mal vénérien. — On lui a sans doute donné le nom de celle qui en est souvent la cause. V. plus bas. — « L'ai-je eue assez de fois, la cocotte, à ce point qu'on m'appelait le roi des cocottiers. » (L. de Neuville.)

COCOTTE : Mal d'yeux. — Sans doute parce qu'on a les yeux à la coque, c'est-à-dire couverts d'une taie blanchâtre.

COCOTTE (ma) : Mot d'amitié.

— C'est un synonyme de *ma poule*. V. ce mot.

COCOTTE : Femme galante. Mot à mot : courant au coq. — On disait jadis *poulette*. — L'*Intermédiaire* fait remonter cette expression à Plaute qui appelle les courtisanes *gallinæ*, *quia* (ajoute Savaron son commentateur) *ut gallinæ, spargunt et perdunt omnia* : parce que comme les poules elles détruisent et perdent toutes choses. — « Mᵐᵉ Lacaille disait à toutes les cocottes du quartier que j'étais trop faible pour faire un bon coq. » (*Sabbat des Lurons*, 17.) — « Les cocottes peuvent se définir ainsi : Les bohèmes du sentiment... Les misérables de la galanterie... Les prolétaires de l'amour. » (*Les Cocottes*, 64.) Cocotte s'est dit ensuite pour *lorette*. V. *Machin*.

COCOTTERIE : Monde des cocottes. « Les courses ont fait de l'argent. J'y ai remarqué la plupart des bettings'men mêlés à la fleur de la haute cocotterie parisienne. » (*Figaro*, 67.)

COENNE DE LARD : Brosse. (Vidocq.) — Allusion aux soies qui garnissent la coenne. Voir *Couenne*.

CŒUR SUR LE CARREAU (jeter du) : Vomir. — Ce calembour se trouve déjà dans Le Roux (1718). — « La tête me tourne et j'étends mon cœur sur le carreau. » (*La Correctionnelle*, 40.)

COFFIER : Tuer. (Halbert.) Abréviation d'Escoffier.

COGNAC : Petit verre d'eau-de-vie, dite de Cognac. — La dénomination est généralement fausse et ne trompe personne, mais on ne l'a conservée qu'avec plus d'amour.

COGNAC, COGNARD, COGNE : Gendarme. — V. *Cigogne, Raille*. — Il est à remarquer que *carruche* et *canton* (prisons) ont le sens de *coins*. V. ces mots. Le *cognard* serait donc, à proprement parler, celui qui vous jette dans le coin, mot à mot qui vous *cogne*. Notre langue a conservé *rencogner* avec ce sens. *Cogne* est une abréviation. *Cognac* est un jeu de mots.

COGNADE : Gendarmerie. V. *Garçon*.

COGNARD, COGNE. — Gendarmerie. V. *Cognac*.

COGNE : Eau-de-vie. Abréviation de *Cognac*. — Le *Figaro* fait connaître les noms que portent les consommations diverses dans les cafés du quartier Latin : Absinthe, *Purée de pois*; Café avec cognac, *Un grand-deuil*; Sans cognac, *Un demi-deuil*; Un verre de cognac, *Un pétrole*; Une fine champagne, *Un cogne*; Un bock, *Un cercueil*. Quand on veut du gin, on crie au garçon : « *Geneviève !* » s'il ne répond pas assez vite, on ajoute : « *de Brabant !* »

COIFFER SAINTE CATHERINE : Rester fille, ne pas se marier. — Allusion à la coutume qui permettait aux filles seules d'orner, aux jours de fête, la statue de sainte Catherine, patronne des vierges. — « Il y a un préjugé généralement accrédité contre les célibataires qui souvent coiffent sainte Catherine par égoïsme. » (*La Cloche*, août 72.)

COIN DU FEU : Robe de chambre ne dépassant pas le bas des reins. « Leurs corps sont enveloppés dans de confortables coins du feu en molleton. » (*Figaro*, 75.)

COIRE : Ferme, métairie. (Halbert.)

COL (se pousser du) : Se faire valoir, passer la main sous le menton, près du col, en renversant la tête, est un geste présomptueux.

Toi qui te poussais tant de col,
Nous t'avons pris Sébastopol.

(Remy, *Chanson*, 1856.)

COL CASSÉ : Dandy ridicule. — Allusion au col droit cassé aux angles qui est à la mode en ce moment. — « Il y a là-bas une jolie provision de cols cassés escortés de toute une cohorte demi-mondaine. » (P. Véron.)

COLABRE, COLAS, COLIN : Cou, col. (Vidocq.) — Diminutifs et jeux de mots.

COLBACK : Conscrit. — Comparaison de sa chevelure, qui n'est pas encore taillée militairement, au bonnet à poil, dit *colback*, porté autrefois dans une partie de la cavalerie.

COLLABO : Collaborateur. Abréviation. « Nous avons l'honneur de dire à vos collabos que je les aime à en avaler le jus de ma pipe. » (Commerson, 75.)

COLLAGE : Liaison difficile à rompre.

COLLANT : Dont on ne peut se débarrasser. — « Nous sommes rabibochés. C'est une femme collante. » (L. de Neuville.)

COLLE : Simulacre d'examen, examen préparatoire à un examen véritable, il est appelé ainsi parce qu'on cherche à y coller (embarrasser) l'étudiant. — Il n'y a pas à Paris d'institution sérieuse qui n'ait son *colleur.*-«On est toujours tangent à une colle, soit que le professeur vous interroge à l'amphithéâtre, soit que le sort vous ait désigné pour être examiné sur les travaux des huit jours précédents. » (La Bédollière.) — « La veille des épreuves, il leur poussait des colles. » (A. Marx.)

COLLÈGE : Prison. (Vidocq.) — Le contact des prévenus en fait souvent une maison d'éducation pour le crime.

COLLÉGIEN : Prisonnier. (Idem.)

COLLER : Examiner, faire subir une colle.

COLLER : Prendre en défaut — « Voilà une conclusion qui vous démonte. — Me prêtes-tu 500 francs si je te colle? »(E. Augier.)
Abréviation de *coller sous bande* : acculer dans une situation mauvaise. — Terme de billard. — « C'est fini, ils sont collés sous bande. » (Robquin.) V. *Bande.*

COLLER : Jeter, mettre. —«On l'a collé au dépôt, envoyé à la Préfecture de police. » (Monselet.) V. *Clou.*

COLLER : Donner.

Pas un zigue, mêm' un gogo,
Qui lui colle un monaco.
(Léonard, *Parodie*, 63.)

COLLER : Contracter un collage. — « *Julia* : Qu'est-ce que va devenir Anatole ? — *Amandine* : Le monstre! il est déjà collé avec Rachel. » (*Les Cocottes*, 64.)

COLLETIN : Force. (Vidocq.)

COLLETIN : Collet protecteur de cuir ou de tapisserie que mettent les forts de la halle pour porter leurs fardeaux sans se blesser.

COLLETINER : Porter des fardeaux à la halle. V. *Colletin.* On abrége en disant *coltiner.*

COLLETINER : Arrêter. (Grandval.) — Diminutif de *colleter*, prendre au collet.

COLLEUR : Répétiteur chargé d'examiner. « Un colleur à parler m'engage. » (*Souvenirs de Saint-Cyr.*)

COLLIER, COULANT : Cravate. — Mots expressifs dans la bouche du voleur qui voit dans la cravate un moyen d'étrangler.

COLONNE (chapeau en) : Voir *Bataille.*

COLOQUINTE : Tête de forte dimension. —Allusion de forme. — « Je crois que vous avez la coloquinte tant soit peu dérangée. » (L. Desnoyers.)

Donne vite un fauteuil : je perds la coloquinte. (*Rienzi*, 26.)

COLTIGER : Arrêter. — Diminutif de *Colleter.* — « J'ai été coltigé et trois coquins de railles sur mesigue ont foncé, ils m'ont mis la tortouse. » (Vidocq.)

COMBERGEANTE : Confession. — On y compte (comberge) ses péchés.

COMBERGER : compter. (Vidocq.)

COMBERGO : Confessionnal. (Halbert.)

COMBLANCE (par) : Par surcroît, par complaisance. (Rabasse.)

COMBRE, COMBRIAU, COMBRIEU : Chapeau. Dans le patois de la Flandre française, on dit *cambre*, ce qui paraît une forme du même mot. — Même observation pour ce mot que pour *cabe* et *calvin*. Le chapeau est ce qui ombrage la tête et, par contraction, ce *qu'ombre*. — *Combrieu* et *Combriau* sont des diminutifs. V. *Tirant*.

COMBRIE : Pièce d'un franc. (Halbert.)

COMBRIER : Chapelier.

COMBROUSIERS : « C'est ainsi que les marchands forains nomment les paysans. » (Priv. d'Anglemont.) — Pour *cambrousier*.

COME : Surveillant de bagne. V. *Cap*.

COMÉDIE (être à la) : Sans un centime. (Rabasse.)

COMFORT : Bien-être, aisance parfaite de la vie matérielle. Anglicanisme. — « Il y avait introduit le comfort, la seule bonne chose qu'il y avait en Angleterre. » (Balzac.)

COMFORTABLE : Qui a du comfort.

COMFORTABILISME : Pratique du comfortable. — « Leur philosophie est sans doute soutenue par le comfortabilisme. » (Balzac.)

COMM : Commerce. (Vidocq.) — Abréviation.

COMME IL FAUT : De bonne compagnie. — « Elles hantent les endroits comme il faut. » (Lynol.) — « Écoutez, je me connais en hommes comme il faut, celui-là en est un. » (Dumas fils, *Le Demi-Monde*.)

COMMISSAIRE : « Depuis l'Ambigu jusqu'au théâtre Beaumarchais et dans les quartiers voisins, un broc de vin ou une pinte s'appelle *un commissaire*. » (J. Duflot.) — Allusion à l'ancienne robe noire des commissaires. Le broc s'appelle aussi *petit homme noir*, parce qu'il est est noirci par le gros vin.

COMMODE : Cheminée. (Halbert.)

COMMUNARD, COMMUNEUX : Partisan de l'insurrection dite *de la Commune de Paris*, 1871. — « Presque tous nos communards réfugiés à Genève y occupent des fonctions en rapport avec leurs goûts. » (*Éclair*, 72.) — *Communard* se prend adjectivement. — « Les *Enfants du désespoir*, tel est le titre d'une société secrète archi-démoc-soc-communarde qui vient de se créer à Genève. » (*Éclair*, 17 mai 72.)

COMMUNIQUÉ : Communication officielle à un journal. Le mot date du second empire. — « La note suivante a une couleur semi-officielle de *communiqué* qui n'échappera à personne. » (*Éclair*, août 72.)

COMPAS (ouvrir, fermer le) : Activer, ralentir sa marche. — Comparaison des jambes aux branches d'un compas.

COMPER (de la) : S'évader de

prison. (Rabasse.) Forme de *camper*.

COMPLET : Complétement ivre.

COMPTE (avoir son) : Être ivre, avoir son compte de liquide.

COMPTE (avoir son) : Mourir. Mot à mot : finir le compte de ses jours. — « J'ai mon compte pour ce monde-ci. C'est soldé. » (L.. Reybaud.)

Son compte est bon, dit-on d'un coupable à punir, duquel on compte les méfaits.

COMTE DE CARUCHE, COMTE DE CANTON : Geôlier. (Vidocq.) V. ces mots.

COMTE DE CASTU : Infirmier. (Id.)

COMTE, COMTOIS : Niais. (Id.)

Battre comtois : Mentir. Mot à mot : faire le naïf. On a voulu voir dans ce mot une allusion à la Franche-Comté, mais cette province n'y est pour rien. C'est un simple jeu de mots sur les trois premières lettres de comtois. — « Sans doute qu'elle bat comtois. » (Decourcelle.)

C-O-N : Lâche, niais. Mot à mot : homme qui n'a rien de son sexe. Se prononce soit comme un seul mot, soit en articulant séparément chaque lettre. Un ancien exemple de ce dernier genre de prononciation se trouve dans les *Adages* de Solon de Vosge (1576.)

CONDÉ : Maire.—*Demi-condé* : Adjoint.—*Grand-condé* : Préfet de police.

CONDÉ : Permission. — Du nom du maire qui la donne. — « On leur donne le condé de stationner sur certaines places. » (Stamir, 67.)

CONDÉ FRANC : Magistrat corrompu. (Vidocq.) Mot à mot : condé affranchi. V. *Affranchir*.

CONDITION : Vol avec effraction. — « J'aurais besoin d'outil, j'ai une condition à faire. » (Beauvillier.)

CONDUITE (faire la) : Chasser avec voies de fait. Mot à mot : reconduire.

Les Français-Anglais vont te faire la conduite. (Layale, *Chansons*, 55.)

CONDUITE DE GRENOBLE (faire la) : Mettre quelqu'un à la porte. — « Sa grande visite au roi pour l'engager à faire la conduite de Grenoble à Montmorin et à Duportail et à nommer d'honnêtes gens à leur place. » (1793, Hébert.) — « Le populaire l'a attendu à la sortie et lui a fait ce qu'en style d'atelier on appelle la *conduite* de Grenoble. » (*Liberté*, 16 mai 72.)

CONE, CONNE : Mort. (Grandval.) — De *Connir*, tuer.

CONFECTION : Vêtement sortant d'un magasin de confections. « — Un homme bien couvert, tout ce qu'il y a de mieux en confection. » (Marquet.)

CONFÉRENCIER : Personnage se faisant entendre dans les conférences publiques.

CONIR : Tuer. V. *Connir*.

CONJUNGO : Mariage. — Latinisme auquel nous devons déjà le mot *conjoints*. — « Un produit de son premier conjungo. » (Ricard. — « Vous vous lancez dans le conjungo avec la fille d'une cabotine. » (Charles Hugo.) — « Car faut toujours que le prêtre boute son conjungo à tout ce tracas et que l'amitié finisse par là. » (Vadé, 1744.)

CONNAIS (je la) : Expression usitée pour dire : *l'histoire que vous me contez n'est pas neuve, le tour que vous voulez me jouer m'est connu.* — « *La marquise* : Oh ! mon Dieu ! que je suis malheureuse. — *Le marquis* : Ah ! vous savez ! à la fin... Pas d'attaque de nerfs. Je la connais celle-là. » (L. de Neuville.) V. *Mettre* (*le*).

CONNAISSANCE : Maîtresse. — « Ah ! vous avez une connaissance, monsieur ! » (Leuven.)

CONNASSE : Femme honnête. (Halbert.) — Les femmes inscrites à la police donnent aussi ce nom à toutes celles qui ne le sont pas.

CONNERIE : Sottise.

> Si je gémis sous les verrous,
> C'est pour la conn'ri'd'un' camproux
> (cambrouse),
> Qui n'a pas su retenir son bagout.
>
> (*Chanson de Mouchabœuf*, 65, manuscrit.)

CONNIR : Tuer. V. *Sciage, Refaite, Trimballeur*. — Du vieux mot *caunir* : trépasser.

CONOBLER, CONNOBRER, CONOMBRER : Reconnaître. (Vidocq.) — C'est connaître avec changement de finale. — *Être conoblé* : être reconnu. (Rabasse.)

CONSCRIT : Élève de première classe aux écoles Saint-Cyr et Polytechnique. — « Lorsque le taupin a été admis, il devient *conscrit*, et comme tel, *tangent* à l'absorption. » (La Bédollière.)

CONSCRIT : Homme naïf, inexpérimenté. — Allusion à la gaucherie des conscrits.

CONSERVATOIRE : Mont-de-piété. (Vidocq.) — On y conserve les objets mis en gage.

CONSOLATION : Eau-de-vie. — Ce mot dit avec une éloquence navrante ce que le pauvre cherche souvent dans un petit verre : — l'oubli momentané de ses maux. — « Bon, il entre dans le débit de consolation. » (E. Sue.) — Selon le général Trochu (*l'Armée française en* 67), « la consolation est une liqueur douce destinée à consoler les entrailles du buveur des violences du tord-boyaux. »

CONSOMM. : Consommation. Rafraîchissement. — Abréviation de *consommation*. — « Ces dames doivent être altérées par la danse, ce dont elles ne disconviennent pas. Partant de là, il les supplie d'accepter une consomm. » (Mornand.) — « Ces messieurs ne jouent guère que la consomm en cinq secs, presque jamais en cinq liés (cinq points liés). » (Boué de Villiers.)

CONTE BLEU : « Conte sans vraisemblance, comme ceux de la *Bibliothèque bleue*, ainsi appelée parce que les petits livres qui la composent ont des couvertures de papier *bleu*, et sont même quelquefois imprimés sur papier *bleu*. Cette bibliothèque, très-connue dans les campagnes, sortit des presses de Jean Oudot, imprimeur à Troyes en Champagne, vers la fin du xvi⁰ siècle. » (Quitard.)

CONTREFICHER (se) : Se moquer d'une chose autant que celui qui a déclaré s'en moquer avant vous. — « Tant qu'à moi, je m'en contrefiche. » (H. Monnier.)

CONVALESCENCE : surveillance de la haute police. On comprendra l'allusion en voyant le mot *malade*.

CONVERSATION CRIMINELLE : Flagrant délit amoureux. — Anglicanisme. — « Je l'ai répudiée de mon cœur après l'avoir surprise en conversation criminelle. » (Blondelet.)

COPAIN : Compagnon. Du vieux mot *compain*. — « Être copain, c'est se joindre par une union fraternelle avec un camarade, c'est une amitié naïve et vraie qu'on ne trouve qu'au collége. » (H. Rolland.) — « Il me disait bonjour de loin, comme s'il avait eu honte de s'avouer mon copain. » (About.)

COPE : La cope était un des abus du petit commerce d'autrefois. Elle consistait à renchérir sur le prix marqué. — « La cope tomba quand l'habitude de marquer les prix en chiffres connus fut adoptée. » (Naviaux.)

COPEAU : Ouvrier en bois. Mot à mot : faiseur de copeaux.

COPEAU : Crachat. — Expectoration chassée de la poitrine comme le copeau est chassé du rabot.

COPEAUX : Effraction. — Allusion aux traces d'un bris de porte ou de serrure. — « Je suis sapé à dix ans pour un coup de vague avec copeaux. » (Stamir, 67.)

COPIE (Pisseur de) : Journaliste par trop prolixe. On appelle *copie* le manuscrit à composer dans une typographie.

COQUAGE : Dénonciation. V. *Coqueur*.

COQUER : Embrasser. (Halbert.)

COQUER : Donner, mettre. V. *Ravignolé*, *Boucanade*.

COQUER : Dénoncer. Mot à mot : cuisiner, apporter tout préparé. — Du vieux mot *coc* : cuisinier. V. *Cuisiner*. — « En province, il avait coqué quelqu'un de leur bande. » (E. Sue.)

COQUER LE POIVRE : Empoisonner.

COQUER LE RIFLE : Mettre le feu. — « Girofle largue, depuis le reluit où j'ai gambillé avec tezigue et remouché tes chasses et ta frime d'altèque, le dardant a coqué le rifle dans mon palpitant qui n'aquige plus que pour tezigue. » (Vidocq.)

COQUER LE TAFFE : Faire peur. (Rabasse.)

COQUEUR : « Le coqueur vient dénoncer les projets de vol à la police de sûreté. Le coqueur est libre ou détenu. Ce dernier est coqueur *mouton* ou *musicien*. Le *mouton* est en prison et capte ses codétenus. Le *musicien* ne révèle que ses complices. — Ce métier de dénonciateur s'appelle *coquage*. La *musique* est une réunion de *coqueurs* (musiciens). » (Canler.)

COQUEUR DE BILLE : Bailleur de fonds.

COQUEUSE : Dénonciatrice. V. *Casserole*.

COQUILLE DE NOIX : « Napoléon met le pied sur une coquille de noix, un petit navire de rien de tout. » (Balzac.)

COQUILLON : Pou. (Vidocq.)

COQUIN : Dénonciateur. (Halbert.) Jeu de mots sur *coqueur* et *coquin*.

Coquine : V. Être (en).

CORAM POPULO : En public. Mot à mot : devant le peuple. — Latinisme. — « Je grisais cinquante danaïdes chez Deffieux *coram populo*. » (Ricard.)

CORBEAU : Frère de la doctrine chrétienne. — Allusion aux longues robes noires du clergé. — « Venez, vous que décore la robe du corbeau. » (A. Montémont.)

CORBEAU : Croque-mort. — Double allusion à son costume noir et à son voisinage habituel des cadavres.

CORBUCHE : Ulcère. (Halbert.)

CORDE AU COU : Croix de commandeur. Son ruban se porte au cou. *Mettre la corde au cou d'un colonel* veut dire le faire commandeur à l'instant de le mettre à la retraite, c'est-à-dire de le retrancher du monde ou de l'activité.

CORDE (tenir la) : Avoir la vogue. — Terme de courses. — Le côté de la corde est un avantage pour le jockey qui s'en trouve rapproché. — « Qui est-ce qui tient la corde en ce moment dans le monde dramatique ? » (*Figaro*.)

CORDES (faire des) : Être constipé.

CORDER : S'accorder. — Abréviation.

CORNANT, CORNANTE : Bœuf, vache. (Halbert.) — Allusion à leurs cornes. — On écrit aussi *cornaud* et *cornaude*.

CORNARD : A l'École de Saint-Cyr on ne mange que du pain sec au premier déjeuner et au goûter, et les élèves prennent sur leur dîner de quoi faire un cornard. — « Faire hommage de votre viande à l'ancien pour son cornard. » (De La Barre.)

Faire cornard : C'est aussi tenir conciliabule dans un coin.

CORNE : Estomac. — « Si je me rince la corne quelquefois chez le mastroquet, c'est pour me consoler. » (Monselet.)

CORNER : Puer. (Vidocq.)

CORNET : Gosier. — Allusion de forme. — « Je n'suis pas fâché de m'mettre quelque chose dans le cornet. » (H. Monnier.)

CORNETTE : Femme dont le mari est infidèle. Féminin de *cornard*.

CORNICHON : Veau. (Vidocq.) — Mot à mot : fils de *cornante*.

CORNICHON : Niais. (Dhautel, 08.) — Jour de Dieu ! Constantin, fallait-il être *cornichonne*. » (Gavarni.) — « Malvina se contentait de me qualifier de cornichon. » (L. Reybaud.) — « Allons, pas de bêtises ! t'as l'air d'un cornichon. » (*Rienzi*, 26.)

CORNICHON : Aspirant à l'École militaire. — « Une fois en élémentaires, il se bifurque en élève de Saint-Cyr ou cornichon, et en bachot ou bachelier ès-sciences. » (*Institutions de Paris*, 58.) V. *Volaille, Potasser*.)

CORNIÈRE : Étable à bœufs. V. *Cornant*.

CORRIDOR : Gosier. — « Vous lui proposez de venir avec vous pour écraser quelques mollusques et se rincer le corridor d'une fiole de Moët au café Anglais. » (*Vie parisienne*, 65.)

CORSET (pas de) : V. *Quinze ans*.

CORVET : V. *Être (en)*.

COSAQUE : Brutal, sauvage, maladroit.

COSNE : Auberge. (Halbert.)

COSTE : La mort. (Idem.)

COSTEL : Souteneur. (Idem.)

COTE (être à la) : Être à sec d'argent. — On est à *flot* quand la fortune sourit. — « Si vous êtes vous-même à la côte, — quelles singulières expressions on a dans les coulisses pour exprimer qu'on manque d'argent ! » (A. Achard.)

COTE (G) : objets volés. Argot des notaires. « Un lourd commissaire-priseur qui avec la cote G jeta les fondements d'une grande fortune. » (Fournier-Verneuil, 1826.)

COTÉ (A) : Ne répondant pas à son sujet. — « M. Barbey d'Aurevilly a consacré le succès dans un article à côté très flamboyant. » (E. Blondet, 1867.)

COTE DE BŒUF : Sabre. (Vidocq.) — Allusion de forme.

COTELETTES : Favoris s'élargissant au bas des joues, de façon à simuler la coupe d'une côtelette.

COTELETTES : Applaudissements. (J. Duflot.) — Se dit dans le monde dramatique.

COTERIE : « Les tailleurs de pierres s'interpellent du nom de *coterie*. Tous les campagnons des autres états se disent *pays*. » (G. Sand.).

COTES EN LONG (avoir les) : Être fainéant, refuser le travail. — Mot à mot : avoir un corps incapable de se plier à la tâche (puisqu'il a les côtes en long et non en travers comme tout le monde). — Ironie populaire. — « Ces demoiselles aussi inaptes au travail que si elles avaient les côtes articulées en long et non pas en travers. » (Th. Silvestre.)

COTON (Filer un mauvais) : Se mal porter. — « Il file un mauvais coton. » (E. Jourdain.) — On disait autrefois *jeter un triste coton*, comme le prouve cet extrait des *Mémoires secrets* de Bachaumont : « 24 février 1781. Madame Bulté vient de partir pour Londres où vraisemblablement elle jettera un triste coton. Il est à craindre qu'elle n'y meure de faim. » — Cette dernière expression est dans le *Dictionnaire de l'Académie*.

COTON : Rixe, dommage. (Halbert.) — *Il y aura du coton* : on se battra. — Abréviation de *tricoter*. — « Le chef de service leur recommande toujours d'éviter le coton, c'est-à-dire d'empêcher qu'il y ait des rixes. » (M. du Camp.)

COTTERET : Forçat libéré. (*Dictionnaire d'argot*, 44.) — Jeu de mots : le *cotteret* est un petit *fagot*. V. *Fagot*.

COUAC : Fausse note. — Harmonie imitative. V. *Canard*. — « Il lui échappa un couac épouvantable au milieu d'un couplet. » (A. Signol.)

COUCHE (nouvelle) : Classe inférieure, élément démocratique. Abréviation ironique de *nouvelle couche sociale*. — « Le dictateur avait promis aux nouvelles couches gloire et honneurs. » (Saint-Genest, 75.)

COUCOU : Montre. (Colombey.) — Du nom des horloges de bois dites *coucous*, à cause du cri de coucou qu'elles simulent en sonnant les heures.

COUCOU : Cocu. — Redoublement du vieux mot *cous* : mari trompé. *Coucou* est du xviiie siècle

Une simple amourette
Rend un mari coucou.

(*Chansons*, impr. Chassaignon, 51.)

COUCOU (faire) : Jouer à la cachette, jeu où l'on crie *coucou* en guise d'avertissement. — « Je vais me placer dans ce coin, la figure contre le mur et la main devant les yeux, comme si je faisais coucou. » (P. de Kock.)

COUDE (lacher le) : Quitter. - « Vous n'pourriez pas nous lâcher l' coude bientôt? » (*Léonard*, parodie, 63.) — Allusion à la recommandation militaire de sentir les coudes à gauche, en marche.

COUDE (lever le) : Boire à longues rasades. — « Ça n'a pas d'ordre, ça aime trop à lever le coude. » (P. d'Anglemont.)

COUDES A GAUCHE (sentir les) : Marcher avec ensemble, avec régularité, comme à l'école d'infanterie.

COUENNE : Peau. — Se ratisser la couenne, se faire la barbe. V. *Gratte-Couenne*.

COUENNE : « On dit d'un nigaud, d'un maladroit, d'un sot, qu'il est couenne. » (Dhautel). — « Viens-tu? — Ah ben! non. — Ah! que t'es couenne. » (Ourliac.)

COUENNE DE LARD : brosse. (Vidocq) — Allusion aux crins de la couenne du porc.

COUILLÉ : Niais. — De *couillon*. — « Un couillé j'ai remouché. » (Vidocq.) V. *Plan*.

COUILLON : Pour ce mot et ses dérivés, voyez *Couyon*.

COULAGE : Gaspillage, détournement commis par des subordonnés. — « Quel est le négociant habile qui ne jetterait pas joyeusement dans le gouffre d'une assurance quelconque cinq pour cent de toute sa production pour ne pas avoir de coulage. Eh bien! la France ne paye que soixante millions, deux et demi pour cent, pour avoir la certitude qu'il n'existe pas de coulage. Le gaspillage ne peut plus être que moral et législatif. » (Balzac.) — « Le coulage est une mauvaise gestion des affaires du pays; il consiste à faire faire des travaux qui ne sont pas urgents ou nécessaires, etc. » (Balzac, 1841.)

COULAGE : petits détournements commis par la domesticité d'une grande maison ou d'un magasin. — Allusion au liquide coulant par les fentes d'un tonneau au détriment de son possesseur. — « On ne se figure pas le coulage qui désolait notre caissier. » (*Almanach du Hanneton.*) — « Il y a ce qu'on appelle le coulage, c'est-à-dire les objets dérobés par les employés eux-mêmes. » (G. Vassy, 75.)

COULANT : Lait. (Halbert.)

COULE (être à la) : Être insinuant, sachant se couler entre les obstacles.

COULE (être à la) : Agir de complicité. — « Y a-t-il de la place dans votre boîte ? — Oui! répond celui-ci qui est à la coule. » (Cavallié.)

COULER (se la) : Aller doucement (Rabasse.)

COULEUR : Mensonge. — Il colore ou farde la vérité. — « Oh! les peintres! il n'y a pas à leur monter d'coups, ça connaît les couleurs. » (Lamiral, 1838.)

COULEUR : Soufflet. — Il colore la joue.

Je bouscule l'usurpateur
Qui m'appliqua sur la face,
Comm' on dit, une couleur.

(*Le Gamin de Paris.*)

COULÉ : Perdu sans ressources. Mot à mot : coulé à fond. — Terme de marine. — « Non, les étudiants de seizième année n'existent plus; c'est une génération coulée. » (Privat d'Anglemont, 1855.)

COULER (en) : Conter des mensonges. — « Tu nous en coules, ma mignonne. Va ! j'te connaissons. » (*Catéchisme poissard.*)

COULER DOUCE (la) : Vivre confortablement. — « Ah! je ne sais pas quand il se passera, mais j'ai un fier béguin pour toi. Tu la couleras douce avec moi, je t'en réponds. » (L. de Neuville.)

COULEUR LOCALE : Procédé littéraire fort à la mode depuis 1830. — « La *couleur locale* consistait surtout à faire dire au personnage le nom de toutes les fabriques d'où sortaient les objets dont il parlait et à faire connaître de quelle matière étaient faits ces objets. On dirait : *Ma bonne dague d'acier, mon pourpoint de brocart, mon justaucorps de Venise,* absolument comme si aujourd'hui on faisait dire à un acteur : Donnez-moi mes bottes de cuir, ma canne de bois. » (Privat d'Anglemont.)

COULIANT : Lait. (Grandval.)

COULIANTE : Laitue. (Halbert.)

COULISSIER : Spéculateur jouant à la coulisse de la Bourse, c'est-à-dire en dehors du parquet des agents de change. — Privilége supprimé depuis 1860.

COULISSIER : De coulisses, théâtral. — « De là un besoin

insatiable d'intrigues amoureuses et coulissières. » (Ricard.)

COULOIR : Bouche, gosier. — Synonyme de *corridor*. Même allusion. V. *Plomber*.

COUP : Secret, procédé particulier. — On dit *il a le coup* pour *il a le dernier mot du savoir faire*, et *il a un coup*, pour *il a son procédé à lui*.

COUP A MONTER : Grosse entreprise à tenter, piége à tendre.— «*Un coup à monter*, ce qui, dans l'argot des marchands, veut dire une fortune à voler. » (Balzac.) V. *Monter*.

COUP DE BAS : Coup dangereux. — « Ces fats nous donnent un rude coup de bas. » (*Chansons*, Clermont, 1835.)

COUP DE PIED (donner un) : Aller jusqu'à un endroit déterminé.

Ne pas se donner de coups de pied : Se louer soi-même. — Mot à mot : ne pas se nuire.

COUP DE PIED DE VÉNUS : Mal vénérien.

COUP DE PISTOLET : « Alléché par l'exemple et la perspective de quelques bénéfices énormes, un novice vient de tirer *un coup de pistolet* à la Bourse (c'est l'expression pour désigner une opération isolée.) » (Mornand.)

COUP DE POUCE (donner le): Étrangler.

COUP DE POUCE : Ne pas donner le poids. Mot à mot : donner le coup de pouce à la balance.

COUP DE SIFFLET : Couteau. (Halbert). Pour *coupe-sifflet* (coupe-gorge).

COUP DE SOLEIL (avoir un) : « Être à demi gris, avoir une pointe de vin. » (Dhautel, 1808.) — On sait que le vin et le soleil ont également la vertu d'empourprer le visage. — « Ma foi, ça n' s'era qu'à la brune qu'finira c'gueuleton sans pareil. En parlant d'ça j'pourrais bien attraper un p'tit coup de soleil... Mais voyons si j'ai encore de la braise. » (Lamiral, *le Savetier en goguette*, 38.) V. *Soleil*.

COUP DE TEMPS : Accident subit, surprise. — Terme d'escrime. — « Je mettrai le trouble là-dedans par un coup de temps qui ne sera pas trop bête. » (*Le Solitaire*, pot pourri, 1821.) *Voir le coup de temps*, c'est le prévoir.

COUP DU LAPIN : Coup mortel, comme celui qu'on donne au lapin sacrifié à la cuisine.

COUPE : Misère. (Halbert.) — Mot à mot : *dans la coupe des vivres*.

COUPE (être sous la) : Être subordonné à quelqu'un.

COUPE (tirer sa) : Nager. — « Rodolphe, qui nageait comme une truite... se prit à tirer sa coupe avec toute la pureté imaginable. » (T. Gautier.)

COUPE-CHOUX : Sabre d'infanterie. — Avant de servir comme baïonnette, cette arme était, même en campagne, des plus pacifiques. — « Leur voit-on traîner d'une façon guerrière le coupe-choux du caporal? » (A. Rolland.)

COUPE-FICELLE : Artificier d'artillerie. — Allusion à la grande quantité de ficelle réclamée par ses fonctions.

COUPE-SIFFLET : Couteau. Mot à mot : coupe-gorge. V. *Sifflet*.

COUPE (ça te la) : Cela te déconcerte. — Abréviation de *ça te coupe la chique*, cela te contrarie, te déroute. (Dhautel, 08.) — « Sous le premier Empire, M. de Beaumont annonça au cercle des Tuileries : « Madame « la maréchale Lefebvre ! » L'empereur s'avance et lui dit : « Bon-« jour, madame la duchesse de « Dantzick ! » Celle-ci se retourne et dit au chambellan trop laconique : « Ah ! ça te la coupe, ca-« det ! » (*Encyclopediana*.) V. *Sifflet*.

COUPER : Donner dans un panneau, accepter un mensonge. Abréviation de *couper dans le pont*. — « Ah ! dit Marlot en faisant sauter l'or dans sa main, elle a donc coupé dans le mariage ? » (Champfleury.)

COUPER DANS LE PONT : Se laisser filouter en coupant des cartes préparées par un grec qui vient de *faire le pont* : (plier légèrement les cartes à un endroit déterminé, de façon à guider la main de l'adversaire dans la portion du jeu où elle doit couper innocemment). — « Laisse-la couper dans le pont. » (Balzac.)

COUPER LA CHIQUE : Interdire. V. *Chique*.

COUPER LA GUEULE, COUPER LA GUEULE A QUINZE PAS. — Exhaler une si mauvaise odeur qu'on la sent à quinze pas. — Cette expression ne manque pas de justesse, car la bouche semble souffrir autant que le nez en pareil cas.

Quand elle a mangé du cerv'las,
Ça vous coup' la gueule à quinz' pas.

(Colmance.)

COUPER LA MUSETTE : Couper la parole. — « Ta remontrance me coupe la musette. » (*Chansons*, Châteauroux, 26.)

COUPER LA MUSETTE : Couper la gorge. — « De Palzo j'ai coupé la musette, il ne peut plus te faire de mal. » (*Le Solitaire*, pot pourri, 21.) V. *Sifflet*.

COUPLARD : Couteau. (Halbert.) Mot à mot : coupe-lard.

COUPLETS DE FACTURE : « C'est un morceau de poésie long d'un mètre, sur l'air des *Comédiens* ou de *Vive la Lithographie*. Feu Brazier et M. Clairville sont les maîtres ès couplets de facture. » (J. Duflot.)

COURAILLER : Courir les filles. — « Vous l'auriez empêché de courailler. » (Balzac.)

COURBE : Épaule. (Vidocq). — Elle se courbe souvent.

COURIR : Courir les filles. — « Monsieur n'est pas heureux quand il court. » (H. Monnier.). — On dit aussi *Courir la gueuse*.

COURIR, FAIRE COURIR : Être propriétaire de chevaux de course. — « *Oscar* : Tenez, cher ! je viens du club... j'ai beaucoup parié... j'ai perdu vingt-cinq louis et deux saladiers de vin sucré. — Vous savez, je fais courir. — *Le marquis* : La jeunesse ne saurait avoir de divertissement plus comme il faut. » (Marquet.)

COURIR (se la) : S'enfuir.

COURIR (se) : Se méfier. (Vidocq.) — De l'ancien verbe *se covrir* : se couvrir, se protéger.

COURTAUD DE BOUTANCHE : Commis de magasin, voleur. (Grandval.)

COUSIN : Grec. V. *Poucette*.

COUYON, COUILLON : Lâche, poltron. — Du vieux mot *coion* qui a le même sens. (V. Roquefort), et qui est un diminutif de *coy* : tranquille, indolent Il s'écrivait aussi *quoyon*. —. Mazarin est souvent appelé *coyon* dans les pamphlets de la Fronde.

Beaulieu, Cobourg en furent touchés
De voir leur troupe à l'abandon
Qui fuyoient comme des couillons
    Devant les patriotes.

    (Mauricault, *Chanson*, 1794.)

COUYONNADE : Affaire ridicule, action lâche.

COUYONNER : Reculer au moment d'agir.

COUYONNERIE : Lâcheté. Du vieux mot *coionnerie*. V. Roquefort.

CRACHER : Parler. Mot à mot : cracher des paroles.

Faire cracher : Faire parler. (Rabasse.)

CRACHER : Décharger. — Le canon crache la mitraille.

CRACHER. CRACHER AU BASSINET : Donner de l'argent de mauvaise grâce. — Vieux mot argotique. Une ancienne gravure représente le grand Coësre ou roi des Truands ayant à ses pieds un bassin où chacun des gueux ses sujets vient déposer son tribut, c'est-à-dire *cracher au bassin*. — « Tu dois faire cracher encore 150,000 francs au baron.» (Balzac.)

CRACHER DANS LE SAC : V. Raccourcir.

CRACHOIR : Bavardage, bavard. — *Quel crachoir!* Quel bavard!

CRACHOIR : Réquisitoire. V. Bécheur.

CRACHOIR (tenir le) : Tenir le dé de la conversation et ne pas le céder à d'autres, mot à mot : ne pas lâcher le réquisitoire; accaparer le bavardage. (V. plus haut.) *Quand il tient le crachoir, il en a pour longtemps*, dit-on d'un bavard. Ce terme est ironique. — « N'étudiant aucune question à fond, mais se contentant de prendre de chaque chose une teinture superficielle qui permet de tenir convenablement un crachoir, — terme vulgaire, mais juste, — d'une heure ou deux. » (*Paris-Journal*, 72.)

CRACK (à) : « Cheval extraordinaire sur lequel on compte beaucoup. On dit le crack de l'écurie pour dire le meilleur cheval. » (Parent.) Angl. argot de courses.

CRAMPE (tirer sa) : Fuir. — « Elle a pris ses grands airs et j'ai tiré ma crampe. » (Montépin.) — A aussi un autre sens qui n'est pas de notre ressort.

CRAMPER (se) : Se sauver. Mot à mot : tirer sa crampe. V. *Pré, Abouler*.

CRAMPON : Importun aussi tenace qu'un crampon. — « Elle est assez jolie, cette femme. — Charmante! mais quel crampon! » (L. Leroy.) V. *Lâcher*. « Je vous fais mes adieux. — Je n'en suis pas fâché, vieux crampon, vieux gâteux! » (*Tam Tam*.) De là, sans doute, l'origine de ce péjoratif.

CRAN (lâcher d'un) : Abandonner subitement. — « Nous vous lâcherons d'un cran. » — (Vidal, 33.)

CRAN (faire un) : Tenir bonne note.

CRANE : Hardi. — « Est-il crâne, cet enragé-là. » (P. Lacroix, 32.)

CRANE : Beau. — « C'est ça qui donne une crâne idée de l'homme! » (Gavarni.)

Mettre son chapeau en crâne : Le mettre sens devant derrière, à la façon des tapageurs.

CRANE : Bon. — « Quand j'étais sur la route de Valenciennes, c'est là que j'en avais du crâne du tabac! » (H. Monnier.)

CRANEMENT : Supérieurement. — « J'ai été maître d'armes... et je puis dire que je tirais crânement. » (Méry.) — « Elle prenait la brosse chez un peintre, et faisait une tête assez crânement. » (Balzac.) — « Je suis crânement contente de vous voir. » (E. Sue.)

CRAPAUD : Homme petit, chétif. (Dhautel.) — Gamin. — Pris souvent en bonne part. — « Tiens! Potier, je l'ai vu du temps qu'il était à la Porte-Saint-Martin. Dieux! que c'crapaud-là m'a fait rire! » (H. Monnier.)

CRAPAUD : Bourse de soldat. — Elle est inférieure à la bourse de la masse dite aussi *grenouille*, comme le crapaud l'est à la grenouille.

CRAPAUD : Cadenas. (Vidocq.)

CRAPAUD : Fauteuil bas. — « Une bergère... Avancez plutôt un crapaud! » (E. Jourdain.)

CRAPULOS, CRAPULADOS : Cigare d'un sou. Mot à mot : le havane de la crapule. — Ironie à l'adresse des noms pompeux qui distinguent les cigares de la Havane. V. *Infectados*.

CRAQUELIN : Menteur. (Grandval.) — De *craque*, mensonge.

CRASSE : Indélicatesse. — « Elle m'a fait des crasses. Toi, tu m'inspires de la confiance. » (*Almanach du Hanneton*, 67.)

CRÉATEUR : Peintre. (Vidocq.) — Il crée sur la toile.

CRÉATURE : Prostituée. — « Pour la grande dame qui se voit enlever ses adorateurs par une grisette, cette grisette est une créature. » (L. Huart.) — « Mon mari a eu l'infamie de faire venir cette créature dans ma maison. » (Gavarni.)

CREBLEU, CRELOTTE : Jurons. — Abréviations de *sacrebleu, sacrelotte*. V. ces mots.

CRÉ CHIEN : Abréviation de

sacré chien, juron. — « Cré chien ! Loïse t'as là une casquette un peu chouette. » (Gavarni.)

CREDO : Profession de foi. — Latinisme. — « La meilleure réponse, c'est de publier le credo politique du vieux Cordelier. » (C. Desmoulins, 1790.)

CRÈME : Superlatif, le meilleur ou la meilleure. — « Excellent !... Dis donc que c'est la crème des oncles. » (Beauvallet.)

CRÉ NOM : Juron. — Abréviation de *sacré nom*. V. ce mot.

CRÉPAGE : rixe. V. Créper. — « Un effrayant crépage de chignons s'en suivit. La police intervint. » (G. Vassy, 75.)

CRÊPER LE TOUPET, LE CHIGNON : Prendre aux cheveux, battre. — « Nous v'la tous deux à nous crêper le toupet. » (Letellier, 39.) — Les femmes *se crêpent le chignon*.

CRÉPIN : Cordonnier. Mot à mot : enfant de saint Crépin, patron des bottiers et des cordonniers. — « Je défie bien le Crépin de me faire des bottes plus justes. » (*La Correctionnelle*.)

CRÉPINE : Bourse. (Vidocq.) — De *crépin*. — C'est, comme le crapaud, une bourse de cuir.

CRÉPON : « Des crépons, c'est-à-dire de ces petits paquets de crin que le beau sexe place sous ses cheveux pour les faire « bouffer. » (*Éclair*, 10 mai 72.)

CRÈS : Vite. (Halbert.)

CRESPINIÈRE : Beaucoup. (Idem.)

CRÉTINISER : Abrutir. — « Un Chazelle a vécu à vingt-deux sous par tête et s'est crétinisé. » (Balzac.) — « Tout le monde joue en France, dit-il ; qu'est-ce que cela prouve ? une seule chose : c'est que la France se crétinise au milieu de cette frénésie de spéculation. » (*Boursicotiérisme*.)

CREUSE : Gorge. (Idem.) — Voyez *Creux*.

CREUSER : Approfondir, en parlant de l'exécution d'une œuvre artistique ou littéraire. — *C'est creusé* se dit d'une chose fort étudiée. — *Creuser son sujet*, c'est le préparer avec soin.

CREUX : Logis, maison. (Grandval.)

CREUX : Voix retentissante comme l'écho d'une caverne.

CREVAISON : Mort, chute. — « Cette rengaine du fiasco n'en dissimulait pas moins une crevaison spontanée. » (Michu.)

CREVANT : Ennuyeux à périr, à crever.

CREVÉ, PETIT CREVÉ : Jeune élégant poussant à un degré tout féminin la recherche de sa toilette. Un *Almanach des petits crevés* a paru en 1867.

Elle ajouta : Bébé, je suis chez mes parents.
Le crevé s'écria : Cela m'est bien égal.
Alm. des p. Crevés. 67.

— « Petit crevé se décollette avec grâce, épile son menton et cire sa moustache. Son teint délicat connaît les douceurs de la poudre de riz et du blanc de perle. » (Yriarte.) — C'est de ce visage blême qu'est venue selon nous l'expression de *crevé.*

CREVER, CREVER LA PAILLASSE : Battre, blesser, tuer.

CREVER (tu t'en ferais) : Formule négative. V. *Cylindre, Mourir.*

CREVETTE : Lorette. Mot à mot : fille hantant les crevés. V. ce mot. « Tous les essaims de vierges folles, biches dorées, cocottes, crevettes. » (Michu.) — « Les nuits de cancan carabinées des grandes crevettes et des petits crevés. » (Blondelet, 1867.)

CRIBLAGE : Cri. — « On peut les pésiguer et les tourtouser en leur bonnissant qu'ils seront escarpés s'il y a du criblage. » (Vidocq.)

CRIBLEMENT : Cri. (Colombey.)

CRIBLER : Crier. — C'est *crier* avec changement de finale.

CRIC : Eau-de-vie. V. *Crique.*

CRIC-CROC : A ta santé. (Grandval.) — Harmonie imitative.

CRI-CRI : Grillon. — Harmonie imitative de son cri. — « Un cri-cri que l'habitude de me voir avait apprivoisé. » (G. Sand.) — « Je sens quet'chose qui trifouille dans mon estomac. Je crois que c'est un cri-cri. » (H. Monnier.)

CRIE, CRIGNE : Viande (Rabasse.) V. *Criolle.*

CRIMÉENNE : « Large et longue capote à collet et à capuchon envoyée de France pour le soldat en Crimée. » (Cler, 1856.)

CRIN (être comme un) : Être d'abord difficile. Le crin est raide et piquant.

CRINS : Cheveux. — Animalisme.

CRINS (à tous) : Très-chevelu, et au figuré : extrême dans ses opinions. — Allusion à la chevelure dont on ne veut rien retrancher, qu'on laisse pousser à tous crins. — « Les démocrates à tous crins, qui sont dans cette voie anti-catholique. » (*Moniteur,* septembre, 1872.)

CRIOLLE, CRIE : Viande. V. *Artie.*

CRIOLLIER, CRINOLIER : Boucher. — « Nous allons barboter demain la cambriolle d'un garçon crinolier. » (Canler.)

CRIQUE, CRIK : Eau-de-vie. (Vidocq.) — « Un verre de criq' ne fait pas de mal. » (J. Choux.) — « Si on a donné une gratification de crik (eau-de-vie), il y a un changement complet. » (*Vie parisienne,* 1865.)

CRISTALLISATION : Condensation intellectuelle. — On sait que la cristallisation unit et solidifie les parties d'une substance dissoute dans un liquide. — « Un homme d'esprit, Stendhal, a eu la bizarre idée de nommer cristallisation le travail que la pensée de la marquise fit avant, pendant et après cette soirée. » (Balzac.)

CRISTALLISER : Paresser au soleil. — Terme de chimie : La cristallisation est un effet de la chaleur. — « Permis à tous de se promener dans les cours, de fumer leur pipe, de cristalliser au soleil. » (La Bédollière.)

CRISTI : Juron. — Abréviation de *sacristi*. V. ce mot. — « Cristi ! que mon panaris m'élance. » (Marquet.)

CROC : Escroc. — Abréviation.

CROCHER : Sonner. (Halbert.) — Pour *crosser*. V. ce mot.

CROCHER (se) : Se battre. — Abréviation de *s'accrocher*. — « Je grille de vous voir crocher avec le Maître-d'École, lui qui m'a toujours rincé. » (E. Sue.)

CROCS : Dents. (Grandval.)

CROIRE QUE C'EST ARRIVÉ : Se prendre trop au sérieux. « Elle se disait regardant les vagues en courroux : Ce bon Neptune, il croit que c'est arrivé. » (Aubryet, 1870.) — « Au premier rang sont les gens qui croient que c'est arrivé. » (P. Mahalin, 1867.)

CROISANT, CROISSANT. — Gilet. (Vidocq.) — Il *croise* sur la poitrine.

CROIX : Six francs. — Vieux mot qui faisait allusion à la croix empreinte sur certaines monnaies d'argent. — « Le carreau du Temple avait son argot ; il parlait par pistoles, croix, point, demi-point et rond. La pistole valait dix francs ; la croix, six francs ; la demi-croix, trois francs ; le point, un franc ; le demi-point, cinquante centimes, et le rond, un sou. » (E. Sue.)

CROLLE : Écuelle. (Fr. Michel.)

CROME : Crédit. (Halbert.)

CROMPER : Sauver. (Idem.) Pour *cramper*.

CROMPIR : Pomme de terre. (Fr. Michel.) — Germanisme. De *Grundbirne* : poire de terre.

CROMPER SA TANTE : Sauver un prisonnier. (Rabasse.)

CRONÉE : Écuelle. (Idem.)

CROQUE-MORT : Porteur employé par les pompes funèbres. — « Le croque-mort est d'un naturel grivois ; il aime le vin, le jeu, les belles. » (Privat d'Anglemont.)

CROQUER : Esquisser, dessiner. — « C'est un charbonnier de la grève que ce peintre a voulu croquer. » (*Santoliana*, 1764) — « Si je croquais ce chêne avant de déjeuner ! » (Marcellin.)

CROSSE, CROSSEUR : Recéleur, ministère public. (Vidocq.) — Son réquisitoire frappe ou crosse les accusés. — On sait que *crosser* est pris ordinairement dans ce sens.

CROSSER : Recéler.

CROSSER : Sonner. Mot à mot : frapper, crosser l'airain. — « Quand douze plombes crossent, les pègres s'en retournent au tapis de Montron. » (Vidocq.)

CROSSIN, CROSSE : Recéleur. (Fr. Michel.)

CROTTE D'ERMITE : Poire cuite. (Grandval.) Allusion de forme et de couleur.

CROUPIONNER : Remuer du *croupion*, faire bouffer la jupe.

CROUTE : Homme arriéré.

CROUTE DE PAIN DERRIÈRE UNE MALLE (s'embêter comme une) : Mot à mot : *desséché* d'ennui.

CROUTÉUM : Collection de croûtes ou de mauvais tableaux « Bientôt la boutique, un moment changée en croûtéum, passe au muséum. » (Balzac.)

CROUTON : Mauvais peintre. Mot à mot : faiseur de croûtes.

CROUTON : Vieil encroûté. — « Vous m'appelez vieux croûton, quand je vous nomme ma mie. » (Cabassol.) — « Les maîtres d'armes de régiments étaient, en ces temps reculés, de vieux croûtons. » (Villemessant.)

CROUTONNER : Peindre des croûtes.

CROYEZ ÇA ET BUVEZ DE L'EAU : Terme en usage pour se moquer des gens crédules. — Par allusion aux malades qui cherchent aux eaux la santé, et aux éloges exagérés de la vertu de chaque eau minérale. — «Croyez ça, puis buvez de l'eau » (Rienzi, 26.)

CRUCIFIER : Décorer de la Légion d'honneur. Jeu de mots. Crucifier c'est mettre l'homme à la croix. — « On t'a crucifié ! Et qu'as-tu donc fait pour cela. — Mais, mon bon, j'ai fait... les démarches nécessaires, répond le nouveau chevalier. » (Gazette anecdotique.)

CRUCIFIX A RESSORT, CRUCIFIX : Pistolet. — Comme le crucifix, il se montre à l'heure suprême. — « Godet, le limonadier, a abandonné ses bavaroises pour jouer du crucifix à ressorts dans le bois de Vincennes. » (Calendrier du père Duchêne, 1791.)

CUIR : Peau. — « C'était aux nègres qu'il en voulait, à cause du coloris de leur cuir. » (L. Desnoyers.) V. *Cuirasser.*

CUIR (tanner le) : Battre.

CUIR DE BROUETTE : Bois. — Ironie. — Des sabots sont des escarpins en cuir de brouette.

CUIRASSER : Parler en faisant des fautes de liaisons appelées *cuirs.* V. *Velours.* — « Frater au régiment, il en a conservé l'habitude du discours et cuirasse proprement. » (Bataille, 43.)

CUIRASSIER : Homme fréquemment coupable des fautes de liaison appelées *cuirs.*

CUISINE (la) : La préfecture de police. — C'est le rendez-vous des *cuisiniers.*

CUISINE DE JOURNAL : Tout ce qui regarde les petits détails et l'ordonnance matérielle d'un journal. — « C'est lui qui fait la cuisine du journal. » (L. de Neuville.)

CUISINER : Travailler d'une façon quelconque, au figuré. — « C'est ainsi que M. Jules Breton s'est ingénié à cuisiner le genre rustique, sans rusticité. » (Th. Silvestre.)

CUISINIER : Espion, agent de police secrète. (Vidocq.) — « Lui qui avait servi plusieurs fois de cuisinier à la police. » (Canler.) — « Mauvais signe ! un sanglier ! comment s'en trouve-t-il un ici ! — C'est un de leurs trucs, un cuisinier d'un nouveau genre. » (Balzac.) V. *Coqueur.*

CUISINIER : Avocat. (Halbert.)

CUISINIER : Secrétaire de rédaction. Mot à mot : rédacteur chargé de la *cuisine* du journal

CUISSE (ça me fait une belle) : C'est un avantage illusoire pour moi. — Équivalent de : ça me rend la jambe bien faite. V. *Jambe*.

CUIT : Perdu, condamné. — « Cuits, cuits ! les carlistes, ils seront toujours cuits. » (Métay, 1831.)

CUIT : Condamné. (Moreau C.)

CUITE : Correction. — Il en cuit à celui qui la reçoit.

CUIVRE : Monnaie de billon. — « T'as vu que ton *cuivre* déménageait. » (Ricard.)

CUL : Homme bête et grossier.

CULBUTE : Culotte. (Grandval.) Changement de finale. V. *Affure*.

CULOTTAGE : Action de culotter une pipe. — « Il va paraître... un traité théorique et pratique du culottage des pipes. » (Lespès, 1866.)

CULOTTE : Partie de dominos qui procure au gagnant un grand nombre de points. — « Le joueur de dominos préfère le double-six culotte avec six blancs dans son jeu. » (Luchet.)

CULOTTE : Perte qui englobe toutes les autres. — « Un étudiant poursuivi par le guignon s'est vu mettre sur son compte toutes les demi-tasses consommées dans la soirée par tous les habitués du café. Cela s'appelle empoigner une culotte » (L. Huart.) — « Vous vous asseyez à la table de baccarat, et vous vous flanquez une culotte de 500 louis. » (*Vie parisienne*, 1866.)

CULOTTE (se donner une) : Faire excès de boire ou de manger. — Donné déjà par le Dictionnaire de Leroux, 1718. — Synonyme d'un terme fréquemment employé : *S'en donner plein la ceinture*. — « Un ivrogne ferait bien mieux de s'acheter un pantalon que de se donner une culotte. » (Commerson.)

CULOTTE se prend au figuré pour un excès de paroles. — « Nous nous sommes donné une fameuse culotte monarchique et religieuse. » (Balzac.)

CULOTTE DE PEAU : Vieux soldat. — « N'appelle-t-on pas un vieux soldat culotte de peau ? » (*Gangam*, 1861.) — « Habit boutonné militairement. Culotte de peau, au physique et au moral. » (*Almanach du Hanneton*, 1867.)

CULOTTÉ : Aguerri, teinté. — « Oh ! ma chère, je suis culottée, vois-tu. » (Gavarni.) — Allusion au culottage de la pipe. On dit *un nez culotté* pour un nez rougi par l'ivrognerie, *des yeux culottés* pour des yeux cernés de bistre.

CULOTTER : « Culotter une pipe, c'est imprimer, grâce à l'action du tabac brûlé dans son foyer, une couleur foncée à sa terre blanche. » (Lespès.) — C'est le culot du fourneau de la pipe qui brunit le plus. De là le mot.

CULOTTER (se) : Se former, prendre une tournure décidée. — Même allusion. — « Voici un pied d'Andalouse, se dit-il, ceci est d'une bonne couleur, et ma passion se culotte tout à fait. » (T. Gautier, 1838).

CULOTTER (se) : Faire excès de boire ou de manger. — « Nous pouvons donc enfin nous culotter avec du vin du tyran. » (Chenu.)

CULOTTEUR : Homme qui culotte des pipes par goût ou par métier. — « Tout culotteur un peu versé dans la partie métamorphose le petit fourneau où brûle son tabac en alambic pour cette production équivoque, la nicotine. » (A. Luchet.)

CUMULARD : « Fonctionnaire qui cumule les émoluments de plusieurs places. » (Lubize.) — « Le cumulard se recommande par son industrie. Employé de ministère, il est musicien le soir, et le matin il est teneur de livres. » (Balzac.). — Malgré l'autorité de cet exemple, je dois dire qu'on appelle surtout cumulards ceux qui ont plusieurs sinécures grassement rétribuées par l'État. On a fait jadis un *Almanach des cumulards*.

CUPIDON : Chiffonnier (Vidocq.) — Comparaison ironique du carquois et du trait de l'Amour à la hotte et au crochet.

CURIEUX : Président, juge d'instruction. — Il est curieux par métier. — « Le curieux a servi ma bille (mon argent.) » (Vidocq.)

Grand curieux : Président. (Halbert.)

CYLINDRE (tu t'en ferais éclater le) : Tu en mourrais. — Formule ironique de refus.

Une biche dit : « Mon p'tit homme,
Je mangerais bien des fraises, des p'tits pois,
Paye-m'en!... » La scène était à peindre.
Le cocodès dit en baissant le voix :
« Tu t'en ferais éclater le cylindre. »

(A. Duchenne.)

D

DAB, DABE : Dieu : « Mercure seul tu adoreras comme dabe de l'entrollement. » (Vidocq.)

DABE : Père. (Grandval.)

DABE : Maître. (Idem.) — C'est notre dabe, notre maître. » (Balzac.)

Dabe (grand), *Dabe* : Roi : « Mais grand dabe qui se fâche dit : Par mon caloquet. » (Vidocq.) V. *Dasbuche*.

Dabe d'argent : Speculum. Cet instrument de chirurgie est pris ici dans le sens de *maître*. Argent fait allusion à sa matière. — *Cramper avec le dabe d'argent*; passer à la visite. (Argot des filles.)

Dabe de la cogne : Mot à mot : maître de la justice. Procureur général. — « On vient me chercher de la part du dab de la cigogne. » Balzac.)

DABESSE : Reine, mère. (Rabasse.)

DABIN : Tambour. (Halbert.) Pour *tapin*.

DABOT : Préfet de police. — Augmentatif de Dabe.

DABOT : Souffre-douleur, patito. — Ne se disait autrefois que de ceux qui perdaient au jeu pour tout le monde. — Du latin *dabo* : je donnerai (de l'argent.)

DABUCAL : Royal. (Halbert.)

DABUCHE : Grand père. (Rabasse.) Maîtresse, mère. (Grandval.)

DABUCHETTE : Jeune mère, belle-mère. (Vidocq.)

DAIM : Niais, dupe, ignorant. (Rabasse.) « L'une des grandes finesses du garçon de restaurant quand il sert un homme et une femme dans un cabinet, est de pousser à la consommation... persuadés que le *daim* n'osera refuser aucune dépense. » (La Fizelière). V. *Cocodès*.

Daim huppé : Bourgeois riche. (Halbert.) — « Il y a de l'argent à gagner; c'est des daims huppés. » (E. Sue.) V. *Coup*.

DALE : Argent. Pièce de 5 francs. Abréviation de *rixdale*; ancienne monnaie allemande. — « Faut pas aller chez Paul Niquet. Ça vous consomme tout vot' pauv' dale. » (P. Durand, 36.)

DALLE DU COU, DALE : Bouche. — Allusion à la pierre d'évier (appelée *dalle*) des cuisines parisiennes; elle est percée d'un trou servant comme le gosier, à l'écoulement des liquides. — « La seule chose qui me chatouille la dalle, c'est la légume. » (Ladimir, 42.) — « Avec ces messieurs je bois. Oui, nous nous rinçons la dalle. » (*Léonard*, parodie, s. d.) V. *Rincer*.

DAME BLANCHE : Bouteille de vin blanc. — Jeu de mot sur la couleur et l'opéra. — « Une dame blanche! dit Gugusse au patron... Et du meilleur! » (Cavaillé.)

DANDILLER : Sonner. (Idem.)

DANDILLON : Cloche. (Idem.) — Allusion aux dandinements de sa sonnerie.

DANDINES (recevoir des) : Recevoir des coups, (Rabasse.)

DANDY, DANDYSME : « Cette fatuité commune à tous les peuples chez lesquels la femme est quelque chose, n'est point cette autre espèce qui, sous le nom de *dandysme*, cherche depuis quelque temps à s'acclimater à Paris. L'une est la forme de la vanité humaine, universelle; l'autre d'une vanité particulière et très-particulière de la vanité anglaise... Voilà pourquoi le mot *dandysme* n'est pas français. Il restera étranger comme la chose qu'il exprime... Bolingbroke seul est avancé, complet, un vrai dandy des derniers temps. Il en a la hardiesse dans la conduite, l'impertinence somptueuse, la préoccupation de l'effet extérieur et la vanité incessamment présente. » (Barbey d'Aurevilly, 60.)

DANSE : Grêle de coups. — Allusion ironique aux piétinements forcés du battu. « Je veux l'inviter à une chouette danse. — Du tabac ? — Tout de même. » (Monselet.)

DANSE : Lutte. A l'approche d'un combat on dit : *la danse va commencer*. Expression ancienne : « Qu'il commence la danse contre la France s'il se veut ruiner. » (*Le Trompette françois*, 1609.) — « Je prends le sabre... C'est dit, et à quand la danse ? » (About.)

DANSER, DANSER DE : Payer, faire danser ses écus. — « C'étaient d'assez bons pantres. Enfin ils savaient danser. » (De Lynol.) — « Et je me mets à faire danser mes 300 francs. Ç'a été mon grand tort. » (Idem). — « Je dansais pour c'te reine d'un joli châle tartan. » (A. Cahen.) V. *Lansq*.

Danser (faire) : Battre. — « Tu vas me payer l'eau d'aff, ou je te fais danser sans violons. » (E. Sue.)

Danser (la) : Être battu. — « Ah ! je te tiens et tu vas la danser. » (Idem.)

Danser (la) : Mourir. — « Ruffard la dansera. C'est un raille à démolir. » (Balzac.)

Danser (la) : Être maltraité en paroles. — « Quiconque poussait les enchères était empoigné, témoin une jeune fringante qui la dansa tout du long. » (Vadé, 1788.)

Danser devant le buffet : N'avoir rien à manger. — « Nous faudra danser sans musique devant le buffet, aux heures des repas. » (*Chansons*, Clermont, 35.) — Se prend au figuré : « Je me suis lassé de danser devant le buffet de la gloire. » (Gaboriau.)

DANSER TOUT SEUL : Infecter de la bouche. (Grandval.) — On abrége maintenant en disant *danser*.

DANTESQUE : Taillé comme l'œuvre ou comme les héros du Dante. — « Diable ! douze vers dantesques et une ébauche de passion perdus, on regarde à cela. » (Th. Gautier.) — « O fortune ! pouvais-tu jouer un tour plus cruel à un jeune homme dantesque et passionné. — (Id.) V. *Pifferari*.

DAR-DAR, DARE-DARE : Tout courant. — Impératif du vieux verbe Darer, aller vivement. — « Qu'il vienne tout de suite !... Oui, dar-dar... » (Labiche.) — « Puis le ramena dare-dare en la ville. » (Balzac, *Contes drôlatiques*.) — « Il part dar-dar en se rongeant les ongles de colère. » (E. Sue.)

DARDANT : L'amour. (Rabasse.) C'est *l'archerot* des anciens poëtes, c'est Cupidon dardant son trait.

> Ici-caille est le théâtre
> Du petit Dardant;
> Fonçons à ce mion folâtre
> Notre palpitant.
>
> (Grandval, 1723.)

DARIOLE : Coup. — Du vieux mot darer : lancer vivement.

> V'là que je vous y allonge une dariole
> Qui l'pare avec son nazaret ;

Le raisinet coulait
D' son nez comm' une rigole.
(Casse-Gueule, 1841.)

DARIOLEUR : Pâtissier faisant la pâtisserie commune ou dariole. — « Il y a même des darioleurs en chambre. »(Vinçard.)

DARK HORSE : Mot à mot *cheval sombre* ; celui qui n'a pas encore couru et dont le mérite est inconnu. » (Angl. Parent.)

DARON, DARONNE : Patron, patronne. Se trouve déjà avec le sens de *vieux rusé* dans le dictionnaire du vieux langage françois de Lacombe. — « Il était maître de tout, jusqu'à manier l'argent de la daronne. » (De Caylus.)

Daron, Daronne : Père, mère. (Idem.)

Daron de la taille, de la rousse : Préfet de police.

Daronne du mec des mec : Mère de Dieu. V. *Rebâtir*.

Daronne : Prune. (Halbert.)

DASBUCHE : Roi. (Grandval.)

DAUFFE, DAUPHIN : Pince à effraction. V. *Monseigneur*.

DAUPHIN : Souteneur. (Halbert.) V. *Mac*.

DAUSSIÈRE : Fille publique. (Idem). — Pour *dossière*.

DEAD HEAT : « Littéralement *épreuve morte*, course nulle parce que les deux concurents sont arrivés sur la même ligne. » (Parent.)

DÉBACLER : Ouvrir. (Vidocq.) — Corruption de *Déboucler*.

DÉBACLER LA ROULANTE : Ouvrir une voiture. (Grandval.)

DÉBALLAGE (au) : Au déshabillé. — « Il est accablé de rhumatismes, ce qui le fait ressembler, au déballage, à ces statuettes que vous avez sans doute remarquées dans la vitrine des bandagistes. » (Monselet.)

DÉBALLAGE (au) : Au sortir du lit. (Rabasse.)

DÉBALLAGE (être volé au) : Reconnaître dans les charmes d'une femme aimée autant d'emprunts décevants aux ressources de la toilette. — « Cependant, au déballage, j'ai été si souvent volé. » (L. de Neuville.) V. *Réjouissance*.

DÉBALLER : Dénuder, exhiber.« On ne les confondra jamais avec la marchande de plaisirs qui vient déballer en scène ses mollets et ses épaules. » (Villemot.)

DÉBANQUER : Faire sauter la banque. — « Ils pourront à leur aise, avec l'argent des niais, faire quelque bonne rafle et *débanquer*, si c'est possible, la grande et la petite boursicoterie.» (*Boursicotiérisme*.)

DÉBARDEUR : Personnage de carnaval dont le costume rappelait les débardeurs de bois des quais de Paris. Il y avait des débardeurs mâles et femelles. — « Un don Juan fit au bal Musard la conquête d'un débardeur des plus coquets. » (E. Lemoine.)

Qu'est-ce qu'un débardeur !... Un jeune front qu'incline
Sous un chapeau coquet l'allure masculine,

Un corset dans un pantalon,
Un masque de velours aux prunelles ardentes,
Sous des plis transparents des formes irritantes,
Un ange doublé d'un démon.
(Barthet, 1846.)

DÉBINAGE : Médisance. — « Compliments désagréables, indiscrétions et débinages. » (Commerson.)

DÉBINE : Déchéance, misère, pauvreté. (Dhautel, 08.) — « La débine est générale, je suis enfoncé sur toute la ligne. » (Montépin.) V. *Tic.*

DÉBINER : Décrier. — « On le débine, on le nie, on veut le tuer. » (A. Scholl.) — « La robe était de taffetas recuit... — Très-bien, débine la marchandise à présent. » (*Almanach du Hanneton,* 67.)

Débiner le truc : Faire connaître le vol. (Rabasse.)

Débiner le truc : Révéler le secret.

DÉBINER (se) : Disparaître. — « Quant à moi, je maquille une aff après laquelle j'espère me débiner pour m'éloigner de la rousse. » (*Patrie,* 2 mars 52.)

DÉBINER (se) : S'affaiblir. — « Je me débine des fumerons. » (*Corsaire,* 67.)

DÉBINEUR : Médisant, décrieur. — « De débineurs des tombolas des autres, nous sommes devenus partisans effrénés des loteries. » (*Tam Tam,* 75.)

DÉBLOQUER : Lever une consigne. V. Bloquer.

DÉBONDER : Aller à la garderobe. Le mot fait image.

DÉBOUCLER : Faire sortir de prison. (Vidocq.) V. *Boucler.*

DÉBOURRER : Déniaiser. Mot à mot : dégrossir.

DÉBOUSCAILLER : Décrotter.

DÉBRIDER : Ouvrir. (Grandval.) La chirurgie emploie ce mot dans un sens analogue. V. *Temps.*

DÉBRIDOIR : Clef. (Vidocq.)

DÉBROUILLARD : Homme qui sait se débrouiller. « Vous allez voir qu'il faut ouvrir l'œil, comme disent les débrouillards. » (W. de Fonvielle, 75.)

DÉBROUILLER (se) : Vaincre les obstacles. Dans l'armée et dans la marine, *un homme qui se débrouille* est un homme aguerri, qui sait son métier. — « Ce *débrouillez-vous* est sacramentel dans la marine. On donne n'importe quelle mission à un officier, on lui indique à grands traits ce qu'il doit faire, puis on ajoute : Au surplus, monsieur, faites comme vous l'entendrez, débrouillez-vous. » (De Leusse.)

DÉCANILLER : Décamper. Mot à mot : sortir du chenil (canil). — « Ils ont tous *décanillé* dès le patron-jacquette. » (Balzac.)

DÉCARADE (la) : Fuite générale. (Rabasse.)

DÉCARADE, DÉCARREMENT : Départ (Vidocq.) — *Jorne du decarrement* : Jour de la mort. V. *Bachasse.*

DÉCARCASSER (se) : Agir activement, remuer sa carcasse. — « Mais sapristi, mes enfants, il faut vous décarcasser un peu plus que ça. Vous avez tous l'air empaillé. » (*Vie parisienne*, 66.)

DÉCARER : Fuir. (Grandval.) Mot à mot : partir avec la vitesse d'un char. — « Faut décarer. Ces gens-là veulent m'assommer. » (*Dialogue entre Charles X et le duc de Bordeaux*, 1832.)

DÉCARRER : Abandonner l'affaire. (Rabasse.)

Décarrer de la geôle : Être mis en liberté par ordonnance de non-lieu. (Colombey.)

DÉCATI : Décrépi. — C'est un synonyme assez exact de *dégommé*. Allusion au décatissage qui enlève le brillant d'une étoffe. « Quand on pense que c'est là le petit Alfred qui faisait si bien le cavalier seul ! quel décati ! » (Bertall.)

DÉCATIR (se) : S'user, s'enlaidir. — « Elle sentait la panne venir, elle se décatissait. » (*Les Étudiants*, 60.)

DÉCAVAGE : État du joueur décavé. « Un décavage affreux, signe de la déveine. » (Alyge, 1854.)

DÉCAVÉ : Homme ruiné, n'ayant plus de quoi *caver* à la roulette. — « A Bade, les décavés vivent sur l'espérance. » (Villemot.) — Se dit aussi des joueurs de la Bourse malheureux : « La Bourse reste attentive. Un peu plus, les décavés à la dernière liquidation diraient : J'attends l'emprunt. » (*Éclair*, 72.)

DÈCHE : État de gêne. Abréviation de *déchéance*. — « Elles se présentent chez les courtisanes dans la dèche. » (Paillet.)

DÈCHER DU CARME : Donner de l'argent. (Rabasse.) — Mot à mot : Manquer d'argent. On manque de celui qu'on a donné.

DÉCHET : Même sens que dèche.

Sans argent dans l' gousset.
C'est un fameux déchet.
(*Chanson*, Avig., 13.)

DÉCHIRER LA TOILE : Faire feu. Comparaison du bruit de la fusillade à celui d'une toile qu'on déchire. — « Tout à l'heure les feux de deux rangs déchireront la toile, et nous verrons si vos clarinettes ont de la voix. » (Ricard.)

DÉCLASSÉ : Bohème, homme n'appartenant à aucune classe sociale. Vallès a fait un livre sur les *Déclassés*. — « Ses bergères sont des couturières de banlieue, ou des déclassées de bourgade. » (Th. Silvestre.)

DÉCLOUER : Dégager du Mont-de-Piété.

DÉCOLLETÉ (être) : Se conduire ou parler d'une façon plus que légère. Acception figurée du décolletage dans la toilette.

DÉCOUVERT (achat, vente à) : Achat ou vente opérée dans les conditions ci-dessous.

DÉCOUVERT (être à) : Spéculer à la Bourse sur des valeurs qu'on n'a pas le moyen d'acheter ni de vendre. — « Quant au joueur à découvert, il est infailliblement perdu : il a contre lui la mauvaise exécution des ordres, les reports onéreux, le courtage, la nécessité de réaliser un bénéfice faible et la difficulté d'échapper à des reprises violentes ou à des baisses énormes. » (De Mericlet, 56.)

DÉCROCHER : sonner. (Rabasse.)

DÉCROCHE-MOI CELA : Fripier, habillement d'occasion. Allusion aux crochets qui servent à la montre des revendeurs. — « M. Auguste s'habille au *décroche-moi cela* ; ce qui veut dire en français : chez le fripier. » (Privat d'Anglemont.)

DECROCHER : Voler à la tire.

DÉCROCHER : Faire tomber d'un coup de fusil.

DÉCROCHER : Retirer du Mont-de-Piété. V. *Clou.* — « Les révolutions m'ont réduite à mettre au clou les diamants de ma famille... Faudra que tu me *décroches* ça, mon chéri. » (Lefils.)

DÉCROCHEZ-MOI ÇA : « Un *décrochez-moi ça* est un chapeau de femme d'occasion... J'ai vu au carré du Palais-Royal (du Temple) des *décroche-moi ça* qu'on eût pu facilement accrocher au passage du Saumon. » (Mornand.)

DEDANS (mettre) : Mettre en prison. (Dhautel.) V. *Trou, Sonder.*

DEDANS (mettre) : Tromper, mettre dans l'erreur. — « Nous avons été mis tous dedans... Nous ignorons tous ici qui succède au général en chef. » (Poussielgue, *Lettre au général Vial*, 12 fructidor an VII.)

DEDANS (mettre) : Griser. — « Quand on trinque avec une fille aimable, il est permis de se mettre dedans. » (Désaugiers.)

DEDANS (voir en) : Être en état d'ivresse. S'applique aux ivrognes illuminés qui se tiennent à eux-mêmes de longues conversations. V. *Cocarde.*

DÉDURAILLER : Déferrer. (Colombey.)

DÉFALQUER : Faire ses besoins. (Grandval.) Mot à mot *éliminer*. Nous avons gardé ce dernier sens au figuré.

DÉFARDEUR : Voleur. (Idem.) — Il vous soulage du fardeau de votre propriété.

DÉFARGUEUR : Témoin à décharge.

DÉFIGER : Réchauffer. (Colombey.) — Le froid fige.

DÉFILER LA PARADE : Mourir. — Mot militaire. On défile quand la revue est terminée. Il s'agit ici de la revue de la vie. « Alors tout l'monde défile à c'te parade d'où l'on ne revient pas sur ses pieds. » (Balzac.)

DÉFILER (se) : Se sauver.

DÉFLEURIR, DÉFLOUER LA PICOUSE : Voler du linge qui sèche sur une haie ou sur des perches dans les prés. (Grandval.) — Allusion à la couleur tranchante des objets étendus et aux épines de la haie.

DÉFORMER : Casser, enfoncer. (Rabasse.) — Effet pris pour la cause.

DÉFOURAILLER : Courir. (Halbert.)

DÉFOURAILLER : Tomber. (Grandval.)

DÉFOURAILLER : Sortir de prison. (Vidocq.) — Du vieux mot *defors* : dehors. V. *Babillard*.

DÉFRIMOUSSER : Dévisager. V. *Frime*.

DÉFRISER : Désappointer. — « C'qui les défrise, c'est un revenant qui vient en chemise couverte de sang. » (*Le Solitaire*, pot-pourri, 21.)

DÉFRUSQUER, DÉFRUSQUINER : Déshabiller. (Vidocq, Grandval.) Mot à mot : ôter les frusques.

> Elle le poursuivait alors
> Pour lui ôter son justaucorps
> Afin de le défrusquiner.
>
> (*Virgile travesti*.)

DÉGEL : Mortalité. — « On connaît les effets dissolvants du dégel — « Il y aura un rude dégel. » (Watripon)

DÉGELÉE : Volée de coups. — Même allusion que pour *cuite*. — « Nous nous sommes battus jusqu'à la nuit, qui est venue mettre fin à la dégelée que nous avons donnée aux Autrichiens. » (Général Christophe, *Lettres*, 09.)

DÉGOMMAGE : Ruine, destitution, usure.

DÉGOMMER : Surpasser. — « Nous pourrions très-bien jouer la revue de Bobino et dégommer les Esbrouffailles avec leurs poses plastiques » (Villars.)

DÉGOMMER : Destituer. — « Réélu !... Dégommé ! » (Gavarni.)

DÉGOMMER (se) : Se faner, enlaidir. — Mot à mot : perdre son brillant. — « Je me rouille, je me dégomme. » (Labiche.)

DÉGOMMER (se) : S'entretuer.

> Napoléon, c' vieux grognard,
> D' ces jeux où l'on se dégomme
> En queuqu's mots résumait l'art.
>
> (Festeau.)

DÉGOTER : Trouver, découvrir. (Rabasse.)

DÉGOULINER : Couler doucement. — Onomatopée. M. Fr. Michel a cité un exemple de ce mot au XVIIIe siècle. — « V'là au moins la vingtième (larme) qui *dégouline* sur ma joue. » (Ricard.)

DÉGOURDI : Maladroit, engourdi. — Ironie.

DÉGOUTÉ (pas) : Ambitieux. — « Se dit en plaisantant d'un homme qui, sans avoir l'air de choisir, prend le meilleur morceau. » (Dhautel.) — « Belle dame, vous êtes joliment jolie ce soir. Je souperais fièrement avec vous. — Tu n'es fichtre pas dégoûté. » (Gavarni.)

DÉGOUTÉ (n'être pas) : Admettre des choses inadmissibles, n'être pas dégoûté quand on devrait l'être. V. *Cassine*.

DÉGRIMONER (se) : S'agiter, se débattre.

DÉGUIS : Déguisement. (Vidocq.) — Abréviation.

DÉGUISER EN CERF (se) : Courir comme un cerf, très-vite.

DELENDA CARTHAGO : Idée fixe de destruction. — Rappel de la guerre sans merci contre Carthage qui était devenue la règle politique de Rome. « M. Richard qui a fait de la démission des ministres son delenda Carthago revient à la charge. » (*Éclair*, juillet, 72.)

DÉLICOQUENTIEUSEMENT : Délicieusement. — «Pour y retrouver un Arthur délicoquentieusement séducteur. » (E. Lemoine.)

DELIGE : Voiture publique. (Vidocq.) — Abréviation de *diligence*.

DEMAIN : Jamais. — Terme ironique. — Demain ne sera jamais aujourd'hui.

DÉMANCHER (se) : Se donner grand air ou grand mouvement.

> Et d' la façon dont j' me démanche,
> On nous verra r'quinqués à la papa.
> (Duverny, 13.)

DÉMAQUILLER : Défaire. V. *Maquiller*.

DÉMARGER : Partir, s'en aller la. Du vieux mot *desmarcher*, qui a le même sens.

DÉMARQUEUR DE LINGE : Plagiaire. — « Nous sommes très-flatté que les journaux nous fassent des emprunts, mais nous aimons aussi, pour employer une expression consacrée dans le journalisme, qu'on ne démarque pas notre linge. » (G. Charavay, 66.)

DÉMARRER : Partir. Terme de marine. V. *Ponton*.

DÉMÉNAGER : Faire des extravagances, mourir. (Dhautel, 08.)

Déménager à la cloche de bois, à la sonnette de bois : Déménager furtivement en tamponnant la clochette d'éveil adaptée aux portes de beaucoup d'hôtels garnis.

Déménager à la ficelle : Déménager en descendant les meubles par la fenêtre à l'aide d'une corde.

DEMI-AUNE : Bras. — « Il y avait deux heures que je tendais ma demi-aune sans pincer un radis. » (Luc Bardas.)

DEMI-CERCLE (pincer au) : V. *Cercle*.

DEMI-FORTUNE : Voiture à un cheval. — « S'y faire mener, non pas dans *sa* demi-fortune, mais bien dans une bonne et douce calèche. » (Privat d'Anglemont.)

DEMI-LUNE : Fesse. — Inutile de définir l'allusion. « Mes demi-lunes! s'est-il écrié l'autre jour quand on a reparlé du docteur Eguisier. » (*Figaro*, 75.)

DEMI-MONDE (femme du) : Femme née dans un monde distingué dont elle conserve les manières sans en respecter les lois. Le succès d'une pièce de Dumas fils a créé le mot. — « On écrit en toutes lettres que vous régnez sur le demi-monde. » (A. Second.)

DÉMOC-SOC : Démocrate-socialiste. — Double abréviation. — « Messieurs les démocs-socs, vous voyez si vos menaces m'ont effrayé. » (Chenu, 48.) V. *Liquide, Communard*.

DEMI-STROC : Demi-setier.

(Vidocq.) — Changement de finale.

DEMOISELLE : Femme galante. — Se dit surtout au pluriel. Béranger a chansonné *Ces Demoiselles*.

DEMOISELLE : Mesure de liquide. V. *Monsieur*.

DÉMOLIR : Maltraiter en actes, ou en paroles, ou en écrits. — « Deux champions prononçant la phrase sacramentelle : Numérote tes os, que je les démolisse. » (Th. Gautier, 45.) — « On démolissait Voltaire, on enfonçait Racine. » (L. Reybaud.) « Ah ! vous venez attaquer l'indigent Juvénal. Eh bien ! Juvénal vous démolira ! » (Barthélemy, 32.)

DÉMOLIR : Supprimer, destituer. — « Puisqu'on vous propose de démolir M. Amici, le ministre des travaux publics, de grâce, acceptez. » (Mirès, 58, *Lettre à Pontalba*.)

DÉMOLIR : Tuer. — « Ruffard la dansera, c'est un raille à démolir. » (Balzac.) — « L'adjudant s'est fait démolir comme un héros. » (J. Noriac.)

DÉMOLISSEUR : Médisant implacable, critique acerbe. — « Voltaire n'en reste pas moins le grand démolisseur religieux et moral du xviiie siècle. » (Asse.)

DÉMORGANER : Se rendre à une observation. Mot à mot : perdre de sa morgue.

DÉMURGER : S'en aller, évacuer. (Grandval.) — Pour *Démarger*.

DENAILLE (saint) : Saint-Denis. (Colombey.) — Changement de finale.

DENIER A DIEU : Prime d'argent donnée au concierge par le locataire d'un appartement nouveau. — « C'est lui qui a décrété l'impôt de la bûche par voie, du denier à Dieu. » (Lamiral, 23.) — Se prend au figuré : « Par le mot amitié, je n'entends pas cette banalité traditionnelle que tous les amants s'offrent en se séparant et qui n'est que le denier à Dieu d'une indifférence réciproque. » (Dumas fils, *le Demi-Monde*.)

DENTELLE (de la) : Billets de Banque. (Rabasse.) Allusion de légèreté.

DÉPENDEUR, DÉPENDEUSE D'ANDOUILLES : Homme assez grand pour décrocher les andouilles du plafond dans les cuisines d'autrefois, plus hautes et mieux pourvues que celles d'aujourd'hui. — « Regarde donc, Jérôme, vois donc l'grand dépendeux d'andouilles. » (*Catéchisme poissard*, 40.)

On ne saurait assigner la même origine à *dépendeuse d'andouilles*, qui a un sens tout autre : « Va ! guenon, guenipe, dépendeuse d'andouilles ! »

DÉPIOTER : Enlever la peau. — « Si monsieur croit que c'est commode... on se dépiote les pouces. » (P. de Kock.)

DÉPLANQUER : Exhiber, déterrer des objets cachés. V. *Vague*.

DÉPLUMER (se) : Devenir chauve.

DÉPONNER, DÉPOUSSER :

Faire ses nécessités. (Halbert.) — Le premier vient de *ponant;* le second s'explique de lui-même.

DÉPOT : Dépôt de la Préfecture de police. — Prison où les gens arrêtés sont déposés en attendant l'instruction de leur affaire. — « Eune nuit... c'était hors barrière... on m' ramasse. De là, au dépôt. » (H. Monnier.)

DER : Dernier. — Abréviation. V. *Preu.*

DÉRAGER : Cesser de se mettre en colère. — « Depuis le jour de son arrivée, il n'avait pas encore déragé. » (E. Chavette.)

DÉRAILLÉ : Déclassé. Mot à mot : homme jeté en dehors de la voie commune. — « Notre déraillé conçut le projet de faire des lectures à l'instar du grand Dumas. » (Michu.)

DÉRALINGUER : Mourir. — Terme de marine.

DERNIER (avoir le) : Avoir le dernier mot. V. *Double.*

DERNIER DE M. DE KOCK : « Ce mot a signifié *cocu* pendant quinze jours. En ce temps, il venait de paraître un roman de M. Paul de Kock intitulé *le Cocu.* Ce fut un scandale merveilleux... Il fallait bien pourtant se tenir au courant et demander le fameux roman. Alors (admirez l'escobarderie!) fut trouvée cette honnête périphrase : Avez-vous le dernier de M. de Kock ? » — (Th. Gautier.) — « *Le mari* : Et de cette façon je serais le dernier de M. de Kock, minotaure, comme dit M. de Balzac. » (Idem.)

DÉRONDINER : Payer. (Halbert.) Mot à mot : faire sortir ses *ronds.* V. ce mot.

DÉROUILLER (se) : Recouvrer sa souplesse, se mettre au fait d'un service.

DÉROULER (se) : Passer un certain temps. — « Maintenant qu'elle est à la préfecture, elle va se dérouler six mois. » (Ch. de Mouchabœuf.)

DÉSARGOTER : User de malice. (Halbert.)

DESARRER : Fuir. (Idem.)

DESATILLER : Châtrer. (Id.)

DESCENDRE : Jeter à terre. Mot à mot : faire descendre. — Une caricature de 1830 représente un soldat à cheval sur un chameau et criant : « A moi, Tatet, c'te chienne de bête va m'descendre. »

DESCENDRE : Mettre hors de combat, tuer. — « J'ajuste le Prussien, et je le descends. (Marco Saint-Hilaire.)

DESCENDRE LA GARDE : Mourir. Mot à mot : ne plus garder la vie. — « Ce vilain brutal me voulut un jour faire descendre la garde. » (*Rienzi,* parodie, 26.)

DÉSENFLAQUER : Tirer d'un mauvais pas.

DÉSENTIFLAGE : Séparation; divorce.

DÉSENTIFLER : Se séparer de sa femme. (Vidocq.) V. *Antifler.*

DESGRIEUX : Amant d'une fille perdue, mot à mot : personnage ayant les faiblesses du Desgrieux de *Manon Lescaut.*

DESIDERATA : Désirs. — Latinisme. C'est le pluriel du mot qui suit. — « Ces préoccupations toutefois ne l'empêchent pas de présenter un des nombreux *desiderata* du radicalisme. » (*Le Nord*, sept. 72.)

DESIDERATUM : Désir. — Latinisme. — « On manifestait pour la Pologne, cet éternel *desideratum*. » (Aubryet.)

DESSALER : Noyer. (Idem.) — On noie comme on dessale, en jetant à l'eau.

DESSALER (se) : Boire. (Halbert.) Mot à mot : dessaler ce qu'on vient de manger.

DESSALER (se) : Se rendre malade. (Rabasse.) — Ce qui est dessalé n'est plus en état de conservation.

DESSOUS (*tomber dans le troisième, dans le trente-sixième*) : Faire une chute complète, en parlant d'une pièce théâtrale, et, par extension, tomber dans le discrédit le plus complet. — « Il existe, dans le sous-sol de chaque théâtre, trois étages. Le premier dessous est destiné à recevoir les acteurs qui apparaissent ou disparaissent dans les pièces à trappes. Les deuxième et troisième dessous ne reçoivent que les décorations qui s'effondrent. Quand on dit d'une pièce : *elle est tombée dans le troisième dessous*, il est aisé de comprendre qu'elle aura de la peine à se relever.» (J. Duflot, 65.) — On voit par les détails précédents que *tomber dans le trente-sixième dessous*, est une simple figure.

DESSOUS : Amant de cœur. (Halbert.) — C'est celui qu'on cache.

DESSUS : Entreteneur. (Idem.) — C'est l'homme qu'on montre.

DESSUS DU PANIER : Ce qu'il y a de mieux en tout. — Allusion au procédé des marchands qui placent les plus beaux fruits au-dessus du panier. — « Il arrive des nobles étrangers. La province et l'étranger se sont cotisés pour envoyer le dessus du panier. » (A. Wolf.) — « Ce banquet réunissait 400 convives; le dessus du panier radical. » (*Figaro*, 75.)

DESTUC : De moitié dans un vol. (Halbert.) — Pour *d'estuc*. V. *Estuc*.

DÉTAFFER : Aguerrir. V *Taffe*.

DÉTAIL (c'est un) : C'est un accident grave. — Ironie parisienne... — « S'il entend parler d'un tremblement de terre, il dit : c'est un détail. » (Monselet.)

DÉTAROQUER : Démarquer. — Du vieux mot *taroter* : marquer.

DÉTELER : Renoncer à l'amour. Allusion chevaline équivoquant sur le mot « tirer. »

DÉTOSSE : Misère. (Halbert.) — Mot composé du *de* privatif et de *osse*, argent. V. *Os*.

DÉTOURNE (vol à la) : « Le vol à la détourne se fait à l'intérieur des magasins... Il est exercé surtout par les femmes. L'une occupe le marchand, l'autre détourne les coupons. » (M. du Camp.)

DÉTOURNER : Voler dans l'intérieur d'une boutique.

DÉTOURNEUR : Voleur à la détourne. — « Le détourneur qui dérobe un objet dans le magasin où il vient faire emplette. » (Phil. Chasles.) — « Parmi les détourneurs on distingue : 1° les *grinchisseuses à la mitaine*, assez adroites du pied pour saisir et cacher dans de larges pantoufles les dentelles et les bijoux qu'elles font tomber. Leur *mitaine* est un bas coupé pour laisser aux doigts leur liberté d'action ; 2° les *enquilleuses*, fourrant des objets entre leurs cuisses (*quilles*) ; 3° les *avale-tout-cru*, cachant les bijoux dans leur bouche ; 4° les *aumôniers*, jetant le produit de leur vol à de faux mendiants. » (Vidocq.)

DETTE (payer une) : Être en prison. (Halbert.) Mot à mot : payer une dette à la justice.

DEUIL (demi) : Café sans cognac. V. *Cogne*.

DEUIL (grand) : Café avec cognac. V. *Cogne*.

DEUIL (ongle en) : Ongle cerné de crasse noire comme un billet d'enterrement. — « J'aurai l'air d'être en deuil depuis la cravate jusqu'aux ongles, inclusivement. » (A. Second.) — « A qui cette main, monstre, ces ongles en demi-deuil ? » (Alhoy, 41.)

DEUIL DE SA BLANCHISSEUSE (porter le) : Être très-sale. — Jeu de mots qui se trouve déjà dans le dictionnaire de Trévoux, 1771.

DÉVEINARD : Qui est en déveine. « Il rencontrait toujours sur le boulevard un vieux camarade, un déveinard comme lui. » (Alph. Daudet.)

DÉVEINE : Malheur constant. V. *Veine*, *Décavage*. — « Il paraît que la banque est en déveine. » (About.)

DÉVIDAGE : Long discours. (Vidocq.) — C'est-à-dire long comme le dévidage d'un écheveau.

DÉVIDAGE : Promenade dans le préau d'une prison. (Rabasse.) On se meut toujours dans un cercle étroit comme celui de l'écheveau qu'on dévide.

DÉVIDAGES (faire des) : Révéler des vols. *Dévidage* veut dire ici *bavardage*.

DÉVIDAGE A L'ESTORGUE : Mensonge, acte d'accusation. (Vidocq.) — Ce mot a sa moralité. Il nous prouve qu'un coquin tient toujours à paraître innocent. V. *Estorgue*.

DÉVIDER, DÉVIDER SON PELOTON : Bavarder, avouer, faire un discours aussi long qu'un peloton de fil à dévider. — « Il a le truc pour dévider son peloton, votre ami. » (*Vie parisienne*, 66.) V. *Bayafe*.

DÉVIDEUR, DÉVIDEUSE : Bavard, bavarde.

DÉVISSER LE COCO : Tordre le cou, étrangler. V. *Coco*.

DÉVISSER SON BILLARD : Mourir. (Colombey.)

DE VISU : D'après ce qu'on a vu. Latinisme. — « Un des écrivains spirituels de ce temps décrit *de visu*. » (Privat d'Anglemont.)

DÉVORANT : Compagnon du devoir. Mot à mot : *devoirant*.— « Je ne suis pas un dévorant, je suis un compagnon du devoir de liberté, un gavot. » (Biéville.)

DIABLE : Agent provocateur. (Rabasse.) — Le diable est le grand tentateur.

DIGUE-DIGUE : Attaque d'épilepsie. — De *dinguer* : tomber. V. *Camboler*.

DIJONNIER : Moutardier. (Vidocq.) — Dijon est la capitale de la moutarde.

DIMANCHE : Jamais. — « Vous serez placé... dimanche. » (Désaugiers.) — C'est-à-dire le jour où ne se fait aucune nomination.

DINDE, DINDON : Niais, niaise, dupe. — « J'ne veux pas être le dindon de vos attrapes. » (Vadé, 1788.) V. *Gogo*.

Mari dindon : Mari trompé.

DINDONNER : Duper. — « Je n'ai jamais été chiche avec les femmes, mais je n'aime pas à être dindonné. » (E. Sue.)

DINDORNIER : Infirmier. (Colombey.)

DINER PAR CŒUR : Ne pas dîner. Mot à mot : dîner pour mémoire.

DINGUER (envoyer) : Jeter à terre, et, au figuré, éconduire.— « Panama ! tu ne l'as donc pas envoyé dinguer ? » (L. de Neuville.)

DIS QUE ÇA (je ne) : C'est-à-dire : il n'y a pas moyen d'en dire davantage, dans le sens admiratif. — « Les baronnes, mes sœurs, mettent leurs coiffures empire chargées de tortillons en rubis... je ne vous dis que ça. » (*Vie parisienne*, 66.)

DISTANCER : Dépasser. — Terme de sport hippique. — « Watteau et Boucher sont distancés. Vous arrivez première au charme des yeux et des cœurs. » (*Almanach du Hanneton*, 67.) — « Madame Schontz qui distançait de trois blagues, disait-elle, tout l'esprit de ces dames. » (Balzac.)

DIX-HUIT : « Le fabricant de dix-huit s'appelle le *riboui*... Le dix-huit n'est pas un soulier remonté ou ressemelé, c'est plutôt un soulier redevenu neuf : de là lui vient son nom grotesque de dix-huit ou deux fois neuf. Le dix-huit se fait avec les vieilles empeignes et les vieilles tiges de bottes qu'on remet sur de vieilles semelles retournées, assorties, et qui, au moyen de beaucoup de gros clous, finissent par figurer une chaussure. » (P. d'Anglemont.)

DIXIÈME (passer au) : Devenir fou. — Terme usité parmi les officiers des armes spéciales. Frappés du nombre des camarades que leur enlevaient des atteintes d'aliénation mentale, ils disent : *Il est passé au dixième (régiment)*, pour montrer combien ils sont *décimés* par des pertes, sur lesquelles l'étude des sciences exactes n'est pas, dit-on, sans influence. — « L'officier du génie passe souvent au dixième. » (*Vie parisienne*, 67.)

DOCTRINAIRE : « On donne ce nom à une secte de gens bilieux, mais enchantés d'eux-mêmes, qui avouent que rien n'est plus raisonnable que leur propre raison. » (C. Blanc, 44.)

DODO : Lit. — Redoublement de la première syllabe de Dormir.

DOG-CART : Voiture de chasse. — Anglicanisme. — « Que le cheval de votre *dog-cart* soit fourbu, borgne ou tiqueur, peu importe ! » (Marx.)

DOIGT DANS L'ŒIL (se fourrer le) : S'abuser, ne pas voir les choses plus que si on avait l'œil bouché par un doigt. — « Il s'est un peu fourré le doigt dans l'œil, le brave garçon. — (De Goncourt.)

Se fourrer le doigt dans l'œil jusqu'au coude : Se faire de très-grandes illusions. — C'est la progression de la même image. — « J'ai l'honneur de te faire remarquer que tu t'es fourré le doigt dans l'œil jusqu'au coude.» (L. de Neuville.) — On abrége en disant *se fourrer dans l'œil* : « Si madame se fourre dans l'œil qu'on restera chez elle pour six cents francs. Merci ! » (*Vie parisienne*, 66.).

Être de la société du doigt dans l'œil : Compter parmi les nombreux mortels qui conservent quand même certaines illusions vaniteuses.

DOMINO : Dent. — Allusion de forme et de couleur. *Quel jeu de dominos!* se dit de dents longues et jaunes. Les jolies petites dents sont des *quenottes*, des *loulouttes*.

DOMINOS (jouer des) : manger. (Balzac.)

DON JUAN : Séducteur pourvu des séductions et des vices de *Don Juan*. Pris ironiquement. V. *Centre de gravité*.

DONNER (se la) : Fuir. (Grandval.)

Donner dans : S'abandonner à, croire à. — « La bonne peut avoir des chagrins. V'là c'que c'est que d'donner dans l'militaire. » (Lamiral, 23.)

Donner des noms d'oiseaux : Roucouler amoureusement. V. *Oiseaux*.

Donner du vague : Chercher fortune. V. *Vague*.

Donner quelqu'un : Le dénoncer. Mot à mot : le donner à la justice.

Donner un pont : Tendre un piége. V. *Couper dans le pont*.

Donner une affaire : Céder les renseignements propres à commettre un vol.

Donneur de bonjour. V. *Bonjour*.

DONT AUQUEL : Auquel rien n'est comparable. — « Car moi, je suis un militaire dont auquel. » (Vadé, 1756.)

DORANCHER : Dorer. (Colombey.) Changement de finale.

DOS (scier le dos) : Importuner. V. *Scier*. — « Moi, ça me scie le dos. » (Rétif, 1782.)

DOS (en avoir plein le) : Être assommé d'ennui. — « Tu sais que j'ai de la maison plein le dos ? » (Désaugiers.)

DOS D'AZUR, DOS VERT :

Souteneur. — Allusion aux reflets verts et bleus du dos du maquereau. V. *Mac.* — « Je ne suis pas un miché; je suis un dos d'azur. » (L. de Neuville.) — « Deux femmes se battaient pour un dos vert. » (Stamir.)

DOSE : Désagrément, ennui, dégoût. Mot à mot : forte dose de désagrément.

> Chaqu' fois qu'on remet pour moi
> Des lettr's ou bien autre chose,
> Il les garde plus d'un mois :
> Comment trouvez-vous la dose ?
>
> (L. Meidy.)

DOSSIÈRE DE SATTE : Chaise. — On s'y adosse.

DOSSIÈRE, DAUSSIÈRE : Prostituée de dernier ordre. Mot à mot : femme se mettant sur le dos. V. *Calége.*

DOUBLAGE, DOUBLÉ : Vol.

DOUBLE : Sergent-major, maréchal des logis chef. — L'insigne est un *double* galon.

> Si son double, un soir,
> Pris d'humeur noir,
> Veut tempêter... (Wado.)

DOUBLER : Voler.

DOUBLER UN CAP : « C'est faire un détour, soit pour ne pas passer devant un créancier, soit pour éviter l'endroit où il peut être rencontré. » (Balzac.)

DOUBLETTE, DOUBLEUR, DOUBLEUX, DOUBLEUSE : Voleur, voleuse. — « Tous les doubleurs de la riche toison. » (Grandval.)

DOUBLIN : Pièce de dix centimes. (Halbert.) Mot à mot : double sou.

DOUBLURE : Acteur chargé d'en suppléer un autre. — « Chaque chef d'emploi avait jadis sa doublure dans les théâtres de Paris. » (J. Duflot.)

DOUCE : Soie. — Elle est douce au toucher.

DOUCE (à la) : Doucement. — « Comment que qu'ça va, vous, à ce matin ? — Mais, merci, à la douce. » (H. Monnier.)

DOUCE (la passer douce) : Passer doucement la vie, sans souci ni travail. « Mais les viveurs continuèrent à la passer douce. » (James Rousseau, 42.) On dit aussi *la couler douce.*

DOUCETTE : Lime (Vidocq.) — Elle opère petit à petit, tout doucettement.

DOUCEUR (faire en) : Les voleurs emploient ce terme par opposition à celui de *faire à la dure*; c'est-à-dire voler avec voies de fait. On fait boire l'homme qu'on *lève en douceur*.

DOUILLARD : Homme riche ayant de la douille. — « Oh ! oh ! fit-il, un public ficelé ! rien que des hommes et des douillards. » (De Pène.)

DOUILLE : Argent. — « Il y a de la douille à grinchir. » (Paillet.) — « Cette douille est destinée à mon bottier qui me refuse des socques. » (*Paris étudiant*, 54.)

DOUILLE : Cheveux. (Grandval.) — Du vieux mot *doille* : mou.

DOUILLES SAVONNÉS : Cheveux blancs.

DOUILLER : Donner de l'argent — On dit aussi *douiller du carme*. (Rabasse.)

DOUILLET, DOUILLETTE : Crin. (Vidocq.)

DOUILLURE : Chevelure.

DOULEUR (étrangler la) : Boire un verre d'eau-de-vie. — « Les habitués viennent, au débit, étrangler la douleur du matin. » (*Vie parisienne*, 65.)

DOUSSE : Fièvre. (Halbert.)

DOUSSIN : Plomb. (Idem.)

DOUSSINER : Plomber. (Idem.)

DOUX (un verre de) : « Un verre de liqueur sucrée; par opposition à un verre de liqueur forte ou de *rude*. » (Dhautel, 08.) V. *Tournée*.

DRAGÉE : Balle. — Allusion de forme. — « Nous entendons dire, mon camarade, que tu ne quittes pas l'ennemi, et que tu leur envoies des dragées à plein canon. » (Marceau, *Lettre à Westermann*: 1792.)

DRAGUEUR : Banquiste, faiseur. (Vidocq.) Pour *drogueur*.

DREGUEU (parler en) : Le mot *dregueu* est placé après chaque mot et se modifie conformément à lui. « Ainsi pour dire *je suis pris*, ils diront *je dregue suisdriguis pridriguis*. » (Rabasse.)

DRINGUE : Diarrhée.

DROGUE : Mauvaise femme. — Extension du terme *drogue* (*c'est de la drogue*), appliqué souvent aux choses de mauvaise qualité. — Plus mauvaise encore, la drogue devient un *poison*. V. ce mot. V. *Sterling*.

DROGUE (petite) : Coureuse. — De *droguer* : « Maintenant, allons dîner chez les petites drogues. » (Champfleury.)

DROGUER : Attendre en se promenant. — Métaphore empruntée au jeu de la *drogue*. — « Vous droguez nuit et jour autour de sa maison. » (G. Sand.) — « Il m'a fait droguer plus d'une heure dans la rue. » (Dhautel, 08.)

DROGUER : Dire. V. *Girofle*.

DROGUERIE : Demande. (Colombey.)

DROGUEUR DE LA HAUTE : Escroc à langue dorée et sachant *droguer* aux dupes ce qu'il faut pour les dépouiller.

DROITE : Parti législatif aristocratique. — Ainsi nommé parce qu'il occupe les bancs de l'extrême droite dans nos assemblées parlementaires. V. *Gauche*.

DROITIER : V. *Gaucher*.

DROLE (pas) : Ennuyeux, pas amusant. — « Tu sais aussi bien que moi que tu n'es pas drôle... Qu'y veux-tu faire, on vient au monde comme cela. » (G. Droz.) — « Et puis, ils ne sont pas drôles, ces pèlerins là. » (Villars.)

DROLE (pas) : Très-malheureux. — Expression singulière, dont le peuple de Paris connaît seul la valeur saisissante. Si quelqu'un est victime d'un accident, on le plaint par ces mots : « Pauvre homme! ça n'est pas drôle!» Un homme sans ressources dira : « Je ne sais si je mangerai ce soir, et ça n'est pas drôle. » —

« Et ça vous fiche des coups... — Ça c'est peu drôle. » (Gavarni.)

DROMADAIRE : Variante de *chameau*. V. ce mot. — « Viens ! nous verrons danser les jeunes dromadaires. » (Gavarni.)

DROUILLASSE : Diarrhée.

DUFFER : Cheval de course engagé dans le seul but de faire parier et retiré dès que son propriétaire en aura tiré bénéfice par ce moyen. (Parent.) Anglicanisme.

DULCINÉE : « Une mijaurée qui s'en fait accroire fait la Dulcinée du Toboso. — Dulcinée veut dire aussi une femme galante, une donzelle. » (Dhautel, 08.)

DUN (parler en) : Procédé de déformation argotique consistant a ajouter *dun* au mot prononcé en troquant l'n de *dun* contre la première lettre du mot si cette lettre est une consonne et en l'ajoutant si c'est une voyelle. Non content de cette opération, on termine en redoublant après *du* la première syllabe. — « Ainsi pour dire *on ne voit pas*, ils disent *nonduon nedue noitduvoit nadupas*. Pour *maladroit*, ils disent *naladroitdumal*. » (Rabasse.)

DUNON (parler en) : Procédé de déformation argotique consistant à ajouter *dunon* à chaque mot prononcé, en ayant soin de troquer l'n de *dunon* contre la première lettre du mot à prononcer. — « Pour dire bonjour, monsieur, ils disent *nonjour dubon, nomsieurdumon*. » (Rabasse.)

DUR, DURIN : Fer (Vidocq.)

DUR : Eau-de-vie. — C'est un liquide dur au gosier. — « Pour faire place aux petits verres de dur. » (T. Gautier.)

DUR A CUIRE : Homme solide, sévère, ne mollissant pas. (Dhautel.) — « En voilà un qui ne plaisante pas, en voilà un de dur à cuire. » (L. Reybaud.)

DUR A LA DÉTENTE : Avare. Mot à mot : homme qui n'allonge pas volontiers son argent.

DUR (être dans son) : « Travailler avec grande assiduité. Terme de typographes. » (J. Ladimir.)

DURAILLE, DURE : Pierre. (Colombey.)

DURAILLES : Diamants. (Hébert.)

DURE (la) : Terre. (Grandval.) Le mot est classique. Ne dit-on pas *coucher sur la dure*.

DURÈME : Fromage. (Vidocq.)

DURINER : Ferrer. (Halbert.)

DUSSE : Signe de convention à l'usage des grecs, joueurs d'écarté. — « Sans la télégraphie, le dusse, il eût probablement donné des cartes. » (Cavaillé.)

E

EAU D'AF, D'AFF, D'AFFE : Eau-de-vie. — « As-tu bu l'eau d'af à c'matin ? T'as l'air tout drôle, est-ce que t'es malade, ma mère ? » (*Catéchisme poissard*, 44.) V. *Aff, Paf*.

EAUX BASSES : Manque d'argent. On dit de même : *être à la côte*, etc. — « Cette délicieuse noce dura au moins trois jours jusqu'à ce qu'enfin les eaux soient devenues tellement basses qu'il faille retourner à ce maudit atelier. » (Moisand.)

EBAZIR : Assassiner. (Rabasse.) Forme d'*esbasir*.

ÉBOURIFFANT : Excessif au point de faire ébouriffer les cheveux sur la tête. C'est une variante de *à faire dresser les cheveux sur la tête* qui a paru sans doute trop connu. — « Menez une jeune fille au bal, tous les yeux flambent autour d'elle, et vous lui dites : tu ne brûleras pas !.. ous êtes ébouriffant, ma parole d'honneur ! » (*Physiol. des Amoureux.* 41.)

ÉCAFOUILLER : Écraser en projetant les débris.

ÉCARBOUILLER (s') : Se retirer vivement. — « Je m'envole... Et moi, je m'écarbouille. » (Michu.)

ÉCARTER, ÉCARTER DU FUSIL : Crachoter involontairement au nez de son interlocuteur.

ECCE HOMO : Homme dont l'extérieur macéré rappelle le Christ. — « Humilité incarnée, espèce d'ecce homo. » (J. David.)

ÉCHALAS : Jambe maigre comme un échalas. — « Joue des guibolles, prends tes échalas à ton cou. » (Montépin.)

ÉCHASSES : Jambes maigres et longues comme des échasses.

ÉCHASSIER : Homme à longues jambes.

ÉCHINER : Critiquer violemment. — « On y prenait solennellement l'engagement d'*échiner* tel ou tel individu. Il n'y avait de bonne littérature que celle qui n'avait pas été souillée par les règles de Boileau. » (Privat d'Anglemont.)

ÉCHOTIER : Rédacteur chargé des *Échos de Paris* dans un journal. — « Le mot n'a pas été dit, mais je connais les échotiers qui l'affirmaient. » (Chabrillat.)

ÉCLAIRAGE : « Les joueurs sortent de leurs poches l'argent qu'ils se proposent de risquer dans la partie. C'est l'éclairage. » (Cavaillé.)

ÉCLAIRER : Observer. (Rabasse.)

ÉCLAIRER : Déposer son argent. Mot à mot : le faire luire. — « C'est pas tout ça, i' faut éclairer. C'est six francs. » (Monselet.) — « Ne passez jamais la main (au baccarat) et priez les femmes d'éclairer leurs bancos. » (Marx.)

ÉCOPPER : Recevoir des coups, être battu. (Rabasse.)

ÉCORCHER : Faire payer trop cher.

ÉCORNAGE (vol à) : « On vient d'arrêter, dit le *Moniteur* (mars 66), un individu qui avait ressuscité le vol *à l'écornage*. A l'aide d'un diamant de vitrier, Julien S... pratiquait une ouverture dans l'angle inférieur d'une vitre de magasin. Passant par cette ouverture une petite tringle, il attirait une pièce de dentelle. »

On appelle aussi *vol à l'écornage* le vol à *la pièce forcée*. (V. *pièce*.) En ce cas, la pièce du voleur est écornée sur l'exergue.

ÉCORNÉ : Inculpé. (Vidocq.)

ÉCORNER : Injurier. — « Entends-tu, vieux camphrier, avec ta voix enrhumée, t'as l'air de nous écorner. » (*Catéchisme poissard*, 44.)

ÉCORNEUR : Ministère public.

ÉCOSSAIS (en) : Sans pantalon. — Les Écossais ont les jambes nues.

Hospitalité écossaise : hospitalité gratuite. Allusion à un air connu de la *Dame blanche*. (Chez les montagnards écossais, l'hospitalité se donne, etc.)

ÉCRASER UN GRAIN : Boire la goutte.

ÉCREVISSE DE REMPART : Fantassin. — Surnom donné par les marins des ports. Allusion au pantalon rouge.

ÉCREVISSE dans la tourte (avoir une), dans le vol au vent : Déraisonner. (V. *Vol au vent*.)

ÉCUME : Étain. (Vidocq.) — L'étain en fusion ressemble à l'écume.

ÉCUMOIRE : Visage troué, comme une écumoire, par la petite vérole.

ÉCUREUIL : « Leur métier consiste à faire mouvoir les roues des tourneurs et des mécaniciens pour 35 à 40 centimes l'heure. » (E. d'Hervilly.)

ÉDREDON DE TROIS PIEDS : Paille. — Ironie. — « Coucher dans un garni au dortoir, sur l'*édredon de trois pieds* (c'est ainsi qu'on nomme la paille), 10 centimes. » (Privat d'Anglemont.

EFFAROUCHER : Voler. — Jeu de mots. Effaroucher, c'est faire disparaître. — « Qu'est-ce qu'a effarouché ma veste? (H. Monnier, 36.)

ÉGAYER : Siffler au théâtre. — Ironie. (J. Dufflot.)

ÉGRAILLER : Prendre. (Grandval.)

ÉGRUGEOIR : Chaire à prêcher. (Rabasse.)

EJUSDEM FARINÆ : Du même genre. Mot à mot : *de même farine*. Latinisme. — « Comment se fait-il qu'on ait supprimé le *Radical* plutôt qu'une autre feuille... *ejusdem farinæ*? » (*Paris-Journal*, juillet 72.)

ELBEUF : Habit de drap d'Elbœuf. — « Si l'étoile du mérite n'orne pas mon elbeuf usé. » (Festeau.)

ÉLÉMENTS : Argent dans l'argot de joueur. — « Y a-t-il des éléments ? demande-t-il à voix basse. Traduction : y a t-il de l'argent ? » (Cavaillé.)

ÉMAILLAGE, ÉMAILLER, ÉMAILLEUSE : « On parle beaucoup des femmes qui se font émailler. Ce mot est devenu à la mode... On croit que c'est un maquillage perfectionné... Il n'en est rien. Voici en quoi consiste l'émaillage : Les femmes, dont le visage se plisse, ont le courage de supporter l'opération suivante. On leur pratique des incisions à la peau, et on y injecte des liquides qui pénètrent les tissus, les gonflent et remplissent les vides... C'est charmant, n'est-ce pas ? » (*Figaro*, 24 décembre 75.) Longtemps avant cette date, une femme se faisait annoncer à la quatrième page des journaux comme *émailleuse*. Vers 1869, elle eut même un procès retentissant avec une Anglaise qui ne se trouvait pas suffisamment *émaillée*.

EMBALLER : Arrêter, écrouer. — « Tu vas nous suivre à la Préfecture. Je t'emballe. » (Chenu.)

EMBALLER : On dit d'un cheval emporté qu'il *emballe* son cavalier, sans doute parce que celui-ci est réduit au rôle passif d'un simple ballot. V. *Là-bas*. — « Un attelage a tenté de s'emballer, avenue de l'Impératrice. » (G. Vassy, 75.)

Emballer : Se prend aussi au figuré pour dépeindre un emportement quelconque. — « M. Picard a dit tout ce qui lui passait par la tête dans le but très-politique d'empêcher M. G. de s'emballer et d'emballer ses amis. » (A. Millaud.)

EMBALLER : Finir lestement. — « Quant à la baronne Dudevant, ce fut bien lestement emballé, comme nous disions au quartier Latin. » (G. Sand.)

EMBALLES (faire des) : Faire des embarras. — *Emballe* semble une déformation d'*embarras*. En ancien provençal, il est à noter cependant que *balle* signifie *train, embarras*. On aura combiné les deux mots.

EMBALUCHONNER : Empaqueter. (Halbert.) V. *Baluchon*.

EMBARDER : Se tromper. — — Terme de marine.

EMBARGUER : Rentrer. (Rabasse.)

EMBARRAS : Draps de lit (Halbert.)

EMBARRAS (faire des) : « Faire beaucoup d'étalage pour peu de chose. » (Dhautel.) V. *Épate*.

EMBERQUINÉ : Fadement moral. Mot à mot : aussi fade qu'un roman de Berquin. — « Cela flatte les instincts du bourgeois emberquiné et les prétentions du philistin à la poésie élégiaque. » (Th. Silvestre.)

EMBLÈME : Mensonge, conte fait à plaisir. — Ironie à l'adresse du genre allégorique dont le peuple ne peut comprendre les finesses. — « Todore me répond : Je suis malade... Des emblèmes ! » (Monselet.)

EMBLÉMIR : Tromper. (Vidocq.)

EMBROQUER : Regarder. V. *Moustique*.

EMBROUILLE (ni vu, ni connu ! je t') : Locution placée à la fin d'un récit pour peindre la rapidité d'un acte et la difficulté de l'expliquer. (Dhautel.)

ÉMÉCHÉ : Ivre. — Comparaison de l'ivrogne à la mèche ravivée d'une chandelle. — « Quand je rentre un peu éméché après minuit, elle me dit : La cruche est dans le coin. Éteins-toi. » (Monselet.)

ÉMILE : V. Être (en.)

EMMERDEMENT : Peine, tracas. — « *Le président :* Dans ce moment où la justice vous atteint, qu'éprouvez-vous ? — *Coutaudier :* De l'emmerdement. » (*Dernier jour d'un condamné.*)

EMMERDER, EMMIELLER : « Figurément et d'une manière ignoble pour attraper, ennuyer, obséder, injurier. (Dhautel, 08.) On disait au moyen âge *Incaguer*, ce qui était la même chose. V. le *Dictionnaire Roman Wallon* de 1777. Dom Jean-François, imprimé à Bouillon en 1777.

Emmieller a le même sens, et n'est qu'un synonyme honteux. Nous répéterons de cette injure ce que nous disons d'une autre. (Voyez *M*.) Son usage est universel et déplorable. Beaucoup d'hommes qui n'appartiennent pas tous au dernier rang de la société, ont trop souvent ce mot à la bouche.

Une caricature de 30 fait rencontrer le dey d'Alger par Char-les X qui lui dit : « Qui aurait jamais pensé que nous nous retrouverions en mer, dey ? » — « J'emmerde la cour, je respecte messieurs les jurés. » (*Dernier jour d'un condamné.*)

M'emmiell'ra
Qui voudra !
Moi, j' n' m'emmielle guère.
(Valère.)

ÉMOSS : Émotion. Abréviation.

ÉMOTIONNER : Émouvoir, causer de l'émotion.

EMPAFFE, EMPAVE : Drap de lit. (Grandval.)

EMPAFFER : Énivrer, rendre *paff*. V. ce mot.

EMPAILLÉ : Homme sans initiative, sans activité, ne se remuant pas plus que s'il était empaillé. V. *Décarcasser*.

EMPALER : Duper. — Synonyme d'*enfiler*.

EMPAVÉ : Carrefour. (Halbert.)

EMPIRE : Suranné, de mauvais goût. — Allusion aux formes raides du premier empire. V. *Perruque*.

EMPLANQUER : Arriver. — « La rousse emplanque. » (Halbert.)

EMPLATRE : Homme sans consistance, sans activité.

EMPLATRE : Empreinte. (Vidocq.) Allusion à la couche de cire molle sur laquelle est prise l'empreinte.

EMPOIGNER : Critiquer, invectiver. — « Attends donc à demain, mon cher, tu verras comment Lucien t'a empoigné. » (Balzac.) V. *Danser*.

EMPOIGNER : Séduire, émouvoir. — « Me parlerez-vous de la fille aux yeux bleus ? Il paraît que vous avez été solidement empoigné. » (About.) — « Cette musique du maestro Gerolt est empoignante, c'est le mot. » (J. Chamarande.)

EMPOIVRER (s') : S'enivrer. Mot à mot : s'empourprer, devenir *poivre*. V. ce mot.

EMPORTER : Escroquer. V. *Bachotteur*.

EMPORTER la pièce, le morceau : Avoir l'esprit acerbe, blessant. V. *Morceau*.

EMPORTEURS : « Malfaiteurs qui, sous prétexte de payer leurs achats à domicile, font emporter leurs acquisitions par des commis de magasin. Le grand point, c'est de séparer le commis de sa marchandise. Tantôt on le renvoie au magasin pour faire rectifier un prix de la facture, tantôt on le fait entrer par une porte dans un hôtel garni, et l'on en ressort par une autre. » (A. Monnier.)

Emporteur à la cotelette : Grec exerçant son art dans les cafés et dans les restaurants, à la suite d'un déjeuner offert à sa dupe. (Vidocq.) — Il *emporte* l'argent de son invité *à la côtelette*, comme des troupiers emportent à la baïonnette une position.

EMPOUSTEUR : Escroc faisant métier de vendre à des détaillants de mauvais produits dont le premier dépôt a été, pour les allécher, acheté par des compères. (Vidocq.)

EMPROSEUR. V. *Être* (en).

ÉMU, LÉGÈREMENT ÉMU : Troublé par les fumées du vin. V. *Paff*. — « Tu me crois ému, vieux... Allons donc ! je boirais dix fois autant. » (Frémy.) — « Girard et Maret-Boistrop rentrèrent au quartier légèrement émus, et on ne put les réveiller à l'appel du soir. » (Vidal, 33.)

ENCARRADE : Entrée (Vidocq.)

ENCARRER : Entrer. (V. *Décarrer*.)

ENCASQUER : Entrer (Rabasse.)

ENCASQUER : Tomber avec fureur sur quelqu'un. (Rabasse.)

ENCHETIBER : Arrêter. (Stamir, 67.)

ENCIBLE : Ensemble. (Colombey.) — Changement de la syllabe intermédiaire.

ENCLOUER : Mettre en gage. (Rabasse.) V. *Clou*.

ENDÉCHER : Ruiner. — « Je m'endèche de plus en plus ; je viens de mettre au clou la robe de soie. » (H. de Lynol.)

ENDORMAGE (vol à l') : Se pratique en versant un narcotique dans le verre du volé pendant un repas toujours offert en cabinet particulier.

ENDORMEUR : Voleur à l'endormage V. *Romamichel*.

ENDORMEUR : Homme ennuyeux.

ENDORMI : Juge. (Fr. Michel.) — Allusion au juge qui dort à l'audience.

ENDORMIR : Tuer. (Colombey.) — Ironie.

ENDROGUER : Chercher un coup à faire. (Halbert.)

ENFANT DE CHŒUR : Pain de sucre. (Vidocq.) — Allusion à sa petite taille et à sa robe blanche.

Enfant de giberne : Enfant de troupe.

Enfant de maître Jacques : Membre d'une des trois grandes fractions du compagnonnage. (Vinçard.)

Enfant de Salomon : (Idem.)

Enfant du père Soubise : (Id.)

Enfant de trente-six pères : Fils d'une femme galante. — « Tais-toi, reste d'arlequins des SS. Innocents, enfant d'trente-six pères. » (*Catéchisme poissard*, 40.) — *Arlequin des SS. Innocents*, injure tombée aujourd'hui, contient la même allusion. Les innocents sont des nouveau-nés, et, parmi eux, les arlequins bigarrés paraissent avoir été faits de trente-six morceaux différents.

ENFERRÉ : Arrêté. (Rabasse.)

ENFILADE : Série de pertes. — « Ils croient que la veine est revenue, mais ils ont une enfilade désespérante. » (Paillet.)

ENFILAGE : Arrestation en flagrant délit. — « J'ai commencé à faire l'étalage. Réussi pendant un an. Pas d'enfilage. » (Beauvillier.)

ENFILER (s') : Se laisser aller à jouer gros et perdre. (Dhautel, 08.)

ENFILER (s') : S'endetter. — « Je m'enfile de douze sous. » (Monselet.)

ENFLACQUÉ : Emprisonné, condamné, perdu. (Vidocq, Halbert.) — Du vieux mot *flacquer* : lancer violemment. — « C'est donner tout son argent à l'homme enflacqué. » (Balzac.)

Enflacquer (s') : Se perdre (Halbert.)

ENFLANQUER : Perdre, cacher. (Rabasse.)

ENFLÉE : Vessie. (Vidocq.)

ENFONCER : Dominer, écraser. — « Vous n'êtes pas de force au piquet ; je vous enfonce. » (Gavarni.)

ENFONCER : Duper. — « Il m'apprenait la vie qu'il fallait mener pour ne pas être enfoncé. » (E. Sue.)

ENFONCER : « Lorsqu'on réussit à perdre un journal à force de le décrier, ou un théâtre à force de blâmes, cela s'appelle *enfoncer* la feuille rivale ou le théâtre ennemi. » (*Biographie des Journalistes*, 26.)

ENFONCEUR : Agent d'affaires, faiseur. (Vidocq.) — D'*enfoncer* : duper.

ENFONCEUR : Critique violent.

ENFOURAILLER : Arrêter. Mot à mot : fourrer dedans. — « Va-t'en dire à ma largue que je suis enfouraillé. » (Vidocq.)

ENFRIMER : Dévisager. (Vidocq.) V. *Frime*.

ENGAMÉ : Enragé. (V. *Happin, Game.*)

ENGANTER : Être épris d'amour. (Rabasse.)

ENGANTER : Voler, prendre, capter. C'est un équivalent d'*empoigner*. Le gant est pris pour la main. V. *Chêne.* — « Ce jeune homme modèle était méprisé par la demoiselle de comptoir qui, pendant longtemps, avait espéré l'enganter. » (Balzac.)

ENGERBER : Arrêter. — « La police prévenue engerbe les filous. » (Stamir, 67.)

ENGLISH : Anglais. Anglicanisme. — « A la onzième bouteille, j'avais mis l'English sous la table. » (Villemessant.)

ENGRAILLER, ÉGRAILLER, ÉRAILLER : Attraper, prendre. (Halbert.) V. *Raille.*

ENGRAINER : Arriver, être admis. (Rabasse.) Forme d'*engrener.*

ENGUEULEMENT : Bordée d'injures. — « Vadé est le Démosthènes de l'engueulement. » (*Catéchisme poissard*, 44.) — « Quoique ces mots ressemblent beaucoup plutôt aux engueulements de Valentino. » (A. Millaud, 75.)

ENGUEULER : Invectiver. — « Et puis j'vous engueule la vilaine. » (Rétif, 1783.)

ENGUIRLANDER : Circonvenir doucement. V. *Trychine.*

ENLEVÉ : Réussi, très-entraînant. — On dit : *un article enlevé*, au journal ; *une scène enlevée*, au théâtre. — Une œuvre s'enlève à la plume comme une position ennemie à la baïonnette. — « Un article vivant et enlevé. » (J. Lermina.)

ENLEVÉE : Correction, réprimande.

ENLEVER (s') : Mourir de faim. (Halbert.) — Ce mot expressif peint l'homme n'ayant plus rien dans le corps.

ENLEVER LE BALLON : Donner un coup de pied au derrière.

ENMERDEMENT : V. *Emmerdement.*

ENQUILLER : Cacher entre ses jambes un objet volé. V. *Détourneur.*

ENQUILLER : Entrer. Mot à mot : jouer des quilles dans. — Ancien mot, car Du Cange donne *déquiller* : sortir. V. *Baptême.*

ENQUILLEUSE : Voleuse qui a la spécialité d'enquiller. On disait autrefois *anquilleuse*. C'est un vieux mot que le dictionnaire de Trévoux signale comme employé fréquemment dans le texte des arrêts de la Tournelle.

ENQUIQUINER : Insulter grossièrement. Sens intraduisible. — « Briolet et Crinchon, prévenus de coups volontaires sur la personne de Guillaumin, se bornent à dire qu'il les avait enquiquinés. » (*Petit Journal*, 26 août 66.)

ENSECRÉTER : Agencer une marionnette. Mot à mot : lui donner le secret qui la meut. — « *Ensecréter un bouisbouis* consiste à lui attacher tous les fils qui doivent servir à le faire mouvoir sur le théâtre. » (Privat d'Anglemont.)

ENRHUMER : Ennuyer. (Halbert.)

ENROSSER : Donner une rosse pour un bon cheval. — « Des maquignons des Champs-Élysées les ont enrossés. » (Roqueplan.)

ENTAILLER : Tuer avec une arme tranchante. (Halbert.)

ENTAULER, ENTOLER : Pénétrer dans une maison. V. *Taule*.

ENTERVER, ENTRAVER : Savoir. — Du vieux mot *entrever* : entrevoir. — « Électre le parlait, dit-on (l'argot). Iphigénie aussi l'entravait gourdement. » (Grandval, 1723.)

ENTIF (battre l') : parler argot. (Rabasse.)

ENTIFFER : Pénétrer. (Rabasse.)

ENTIFFLE, ENTIFLEMENT, ENTIFLER. V. *Antifle, antifler*, etc.

ENTIFLÉ : Marié, vivant en concubinage. (Rabasse.)

ENTOLER : Pénétrer dans maison (tôle) pour voler.

ENTONNE : Chapelle. (Halbert.) Forme d'*Antonne*.

ENTORTILLER : Circonvenir, capter.

ENTOURNURES (être gêné aux) : Être dans une situation aussi gênante que si l'on portait un habit trop étroit d'entournures.

EN-TOUT-CAS : Ombrelle-parapluie. — « L'ingénue va les deux mains dans les poches de son paletot, l'en-tout-cas accroché à un bouton. » (E. Villars, 66.)

ENTRAINER : Soumettre à un régime d'amaigrissement. — « Il y a des gens entraînés, c'est-à-dire soumis à un régime d'exercice et d'aliments qui débarrasse leur chair de toutes les matières graisseuses. » (A. de Bréhat.)

ENTRAINER : — « Entraîner un cheval, c'est l'animer et l'enivrer graduellement par la course et par des obstacles légers d'abord, dont le plus grand est le dernier. » (A. Karr.)

ENTRAINEUR : Cavalier faisant métier d'entraîner les chevaux. — « Les entraîneurs sont presque tous Anglais. » (Paz.) — *Entraineur* se prend au figuré. « Vienne un homme fatal, sachant s'imposer à cette plèbe, et lui servir d'entraîneur, on sera épouvanté des résultats. » (J. de Précy.)

ENTRANT : Se dit d'un homme plus qu'insinuant, cherchant à tout mener à sa guise. — C'est une importation du provençal « *Intrant, intranta* : intrigant, intrigante, hardi, effronté, qui s'insinue. » (Honnorat, 47.)

ENTRAVAGE : Conception. (Colombey.) V. *Enterver*.

ENTRAVER : Comprendre. V. *Enterver*.

Entraver niberte : Ne pas comprendre. (Rabasse.) Niberte est une forme altérée de *nibergne*.

ENTRÉE DES ARTISTES : Anus. Allusion à la porte d'entrée des artistes d'un théâtre, ordinairement placée derrière l'édifice.

ENTREFILETS : Note de journal insérée entre deux filets. — « Je lis dans le dernier numéro de la *Rue* cet entrefilet étonnant. » (V. Noir.)

ENTROLLEMENT : Vol. V. *Dabe*.

ENTROLLER : Emporter. V. *Antroller*.

ENVOYER EN PARADIS : Tuer. — « Que j' t'y prenne à me faire des queues, j' t'envoie en paradis. » (H. Monnier.)

ÉPARGNER LE POITOU : Prendre des précautions. (Rabasse.)

ÉPATE : Grand étalage. — « Tu fais tes épates avec ta pelure de velours de coton. » (*Les Cocottes*, 64.) — « Ces jeunes troupiers font de l'épate, des embarras si vous aimez mieux. » (Noriac.)

Faire des épates : Faire l'homme important. (Rabasse.)

ÉPATEMENT : Stupéfaction. — « Tout était nouveau pour moi. J'étais dans l'épatement. » (*Commentaires de Loriot.*)

ÉPATER : Écraser d'étonnement. — « Il nous regarde d'une façon triomphante, et il dit : « Je les ai épatés, les bourgeois. » (Privat d'Anglemont.) — « Elle porte toujours des robes d'une coupe épatante. » (*Les Étudiants*, 1860.)

ÉPATEUR : Faiseur d'embarras. (Rabasse.)

ÉPICÉ : Porté à un prix exagéré. V. *Épicier* (cher).

ÉPICER : Railler. (Vidocq.)

ÉPICERIE : Mesquinerie. — « L'épicerie du siècle avait enfin rompu le cercle magique d'excentricité dont Rodolphe s'était entouré. » (Th. Gautier, 38.)

ÉPICE-VINETTE : Épicier. (Colombey.)

ÉPICIER : « Les romantiques n'avaient de commun que leur haine des bourgeois qu'ils appelèrent génériquement épiciers (1830). La société ne se divisa plus à leurs yeux qu'en bourgeois et en artistes, *les épiciers et les hommes.* » (Pr. d'Anglemont.)

ÉPICIER : Mesquin, grotesquement commun. — « Allons vraiment, c'est épicier. » (Balzac.)

ÉPICIER (cher) : Homme qui se fait payer très-cher. — Allusion aux anciens frais de justice dits *épices*, encore plus considérables qu'aujourd'hui.

ÉPINARD : Peint en vert cru dit vert épinard. — « Le mercier amateur de jolis paysages épinard. » (Daumier.)

ÉPONGE : Maîtresse. — C'est *épouse* avec changement de finale.

ÉPONGE D'OR : Avoué. (Moreau C.) — Cette corporation passe pour absorber l'or de sa clientèle.

ÉPOULARDEUSE : « Les épouiardeuses sont de vieilles ouvrières chargées de classer les feuilles de tabac qui arrivent de Cuba à la manufacture du Gros-Caillou. » (Du Boisgobey.)

ÉPOUSER LA FOUCANDIÈ-

RE : Jeter le produit du vol de peur d'être arrêté. (Grandval.)

ÉPOUX, ÉPOUSE :: Amant, maîtresse. — « Vous pouvez amener vos épouses, il y aura noces et festins; nous avons Adèle Dupuis, mademoiselle Millot, ma maîtresse. » (Balzac.) V. *Monsieur*.

ÉQUERRE (fendre son) : Fuir. Les jambes ouvertes figurent une équerre.

ÉQUIANGLE, ÉQUILATÉRAL, ÉQUIPOLLENT : Indifférent, égal. — Ce synonyme géométrique n'est usité que dans les écoles spéciales.

ÉRAILLER :: Tuer. (Grandval.) — Acception ironique du mot qui se dit d'ordinaire pour écorcher légèrement.

ÉRAILLER : Prendre. V. *Engrailler*.

ÉREINTEMENT : Critique excessive. — « Monsieur Wolff, s'écria-t-il, il faudra écrire un éreintement sur le maudit croupier. » (A. Wolff, 75.)

ÉREINTER : Maltraiter. — « Tu pourras parler des actrices... tu éreinteras la petite Noémie. » (E. Augier.) — « Donc le livre de Charles fut éreinté à peu près sur toute la ligne. » (De Goncourt.)

ÉREINTEUR : Critique violent. — « Je me l'étais figuré, d'après sa politique violente, comme un robuste éreinteur. » (*Événement*, mars, 66.)

ES : Escroc. (Halbert.) — Abréviation. V. *Croc*.

ESBASIR :: Tuer. (F. Michel.)

ESBIGNER (s') : S'enfuir. V. *Casser*.

ESBLINDER : Stupéfier, anéantir. — « Ça m'étonne un peu, mais ce qui m'esblinde, comme disent les cocottes de la haute, c'est que M. Castellano ait reçu le drame. » (Le *Tam-Tam*, 75.)

ESBROUFFE : Fanfaronnades, étalage de grands airs. — « Pas d'esbrouffe ou je repasse du tabac. » (P. Borel, 33.) — « Faut pas faire ton esbrouffe, vois-tu ! ça ne prendrait pas. » (Cogniard, 31.)

ESBROUFFER : Intimider, en imposer. — Du vieux mot *esbouffer* : éclabousser. Le *Glossaire* de Ducange cite un exemple de cette acception à la date de 1383. — « Allons, mouche-lui le quinquet, ça l'esbrouffera. » (Th. Gautier.)

ESCANER : Oter. (Halbert.)

ESCAPER, ESCAPOUCHER : Assassiner. Abréviation d'*escarper*.

ESCARCHER : Regarder. — Pour *escracher*.

ESCARGOT : Vagabond. (Rabasse.) — Il porte, comme l'escargot, sa maison sur le dos, puisqu'il n'a pas d'asile.

ESCARPE, ESCAPOUCHON : « Voleur détournant après minuit sur la voie publique, par violence et quelquefois par assassinat. » (Canler.) — Mot à mot homme qui escarpe.

ESCARPER : Assassiner. —

Du vieux mot *escharper* : tailler en pièces. Le mot *entailler* offre la même image. — « Mais tu veux donc que je t'escarpe. » (E. Sue.) V. *Criblage*.

ESCAVER : Empêcher. (Halbert.)

ESCLAVE : Domestique, garçon de restaurant. — Ironie venue avec Rachel et la renaissance de la tragédie. — « Faut-il annoncer mademoiselle Turlurette ? — Pas de bêtises, esclave ! annonce mademoiselle de Plumevert. » (C. Gripp.)

ESCLOT : Sabot. (Halbert.) Vieux mot.

ESCLOTIER : Sabotier.

ESCOBAR : Homme qui escobarde. — Allusion à la subtilité dont le P. Escobar a fait preuve dans ses livres de casuistique religieuse.

ESCOBARDER : Équivoquer sur les mots, agir cauteleusement. — « J'en donne sept francs dix centimes. — Mais j'ai dit avant vous sept francs deux sous. C'est la même chose... Vous voulez escobarder. » (M. Alhoy.)

ESCOFIER : Tuer. — Usité dès 1808. *Escofion* voulait dire autrefois *mauvais coup*. — « Trois sentinelles ont déjà été escofiées. » (Cogniard, 31.)

ESCOUTES : Oreilles. (Grandval.) — Effet pris pour la cause.

ESCRACHE : Passe-port, papiers. — C'est le vieux mot *escrit* avec changement de finale. — « Le curieux a servi ma bille, mais j'ai balancé mes escraches. » (Vidocq.)

Escrache tarte : Faux passeport.

ESCRACHER : Demander le passeport (escrache), interroger.

En passant, le portier vous escrache ;
J'étais fargué, mais l'habit cachait tout.
Le jardinant, je frisais ma moustache ;
Un peu d' toupet et je passe partout.

(Halbert.)

ESGANACER : Rire. (Halbert.)

ESGARD (faire l') : Dérober à ses complices une part de vol. (Vidocq.) Mot à mot : garder en dehors (exgarder).

ESGOUR : Perdu. (Halbert.)

ESGOURDE : Oreille. (Rabasse.) Forme d'*esgourne*.

ESGOURNE : Oreille. — Abréviation d'*esgouverne*.

Pègres traqueurs, qui voulez tous du fade,
Prêtez l'esgourne à mon dur boniment.

(Lacenaire, *Mémoires*, 1836.)

ESGOUVERNE : Oreille. (*Petit Dictionnaire d'argot*, 44.)

ESPAGNOL : Vermine. (Colombey.) Elle ne manque pas en Espagne.

ESPALIER : Réunion de figurantes chargées de garnir un décor comme un espalier garnit un mur. — On rencontre déjà le mot au dernier siècle. — « Les petites filles qui se destinent à être danseuses et qui figurent dans les espaliers. » (Th. Gautier.) V. *Bouisbouis*.

ESPÉRANCES : Espérances d'héritages importants. — « Monsieur est un des oncles qui figurent parmi nos espérances. » (P. Véron.)

ESPIGNER (s') : Fuir. (Grandval.) Pour *s'esbigner*.

ESPRIT FRAPPEUR : Ce mot sert, depuis 1857 environ, à désigner la cause de coups qu'on prétend frappés par des esprits invisibles et qu'on traduit en langue vulgaire au moyen d'un alphabet de convention. Les esprits frappeurs ont leurs sociétés, dites spirites, leurs journaux et leurs souscripteurs.

ESQUE (faire l') : Dérober une part. — Abréviation *d'esgard*.

ESQUINTEMENT : Fatigue extrême.

ESQUINTEMENT : Effraction. — « Cambriolle, tu maquilleras par caroubleet esquintement. » (Vidocq.)

ESQUINTER : Fracturer. — Roquefort donne avec le même sens le verbe *Esquatir*.

ESQUINTER : Battre. — « Ceux qui veulent se faire esquinter peuvent venir me trouver, je m'appelle Bonne-Lame. » (Vidal, 1833.)

ESQUINTER : Harasser, épuiser. — « Que dirais-tu, si au lieu d'avoir le fouet à la main, tu étais obligé de t'esquinter comme nous à la limonière? » (Buchon.) V. *Bridon*.

ESQUINTEUR : Voleur par effraction.

ESSUYER LES PLATRES : Habiter le premier un appartement neuf. — « Ces locataires des bâtisses récentes reçurent dans l'origine le surnom disgracieux, mais énergique, d'*essuyeuses de plâtres*. L'appartement assaini, on donnait congé à la pauvre créature, qui peut-être y avait changé sa fraîcheur contre des *fraîcheurs*. » (Th. Gautier, 45.) Se prend au figuré : « Ses bons amis s'étaient proposé de lui faire essuyer les plâtres de la République. » (Jouvin, 75.)

ESTAFON : Chapon. (Grandval.)

ESTIO : Esprit. (Halbert.) Pour *estoc*.

ESTIME (succès d') : Succès douteux et qui serait plus douteux encore sans l'estime dont jouit un auteur ou un artiste. — « Jusque-là je n'avais obtenu qu'un succès d'estime, mon grand succès commença. » (*Vie parisienne*, 66.)

ESTOC : Esprit, malice. — Acception figurée de *estoc*, pointe acérée. — On dit d'un homme spirituel : *il a de l'estoc*.

ESTOM : Estomac. — Abréviation. — « Je lui appuie le genou sur l'estom. » (Monselet.)

ESTOMAQUÉ : Étonné, stupéfait, interdit comme si on avait reçu un coup violent à l'estomac.

ESTORGUE : Fausseté. — *Chasses à l'estorgue* : Yeux louches. (Vidocq.) Du vieux mot *estor* : duel, conflit. — Les yeux louches, comme on dit dans le peuple, *se battent en duel*. V. *Dévider*.

ESTOUFFER : Empocher sans bruit un bénéfice. — Le mot se comprend facilement.

ESTOURBIR : Tuer. — Pour *étourdir*. *Basourdir* présente la même image. — « En goupinant de cette sorte, les parrains seront estourbis; il sera donc impossible de jamais être marrons. » (Vidocq.)

ESTRANGOUILLER : Étrangler. — Du latin *strangulare*.

ÉTAT-MAJOR. V. *Bureau arabe*.

ESTUQUE : Part de vol. (Colombey.)

ESTUQUER : Être frappé. (Grandval.)

ÉTALAGE (vol à l') : « Le vol à l'étalage se fait en partie double. Un voleur enlève un objet et se sauve. Son complice dit au marchand : On vient de vous voler, et vole à son tour quand le boutiquier se met à la poursuite du voleur. » (Du Camp.) — Le plus souvent aussi, ce vol s'opère à l'aide d'un faux acheteur, et d'un compère recevant par derrière les objets volés.

ÉTEIGNOIR : Nez aussi ouvert qu'un éteignoir. — « Quel nez ! Rien que de l'apercevoir, on se dit : Quel éteignoir ! » (Guinod, 1839.) V. *Piton*.

ÉTEIGNOIR : Personne assez maussade pour éteindre la gaieté de ses voisins, ou assez jalouse pour annihiler ceux qui l'approchent.

ÉTERNUER DANS LE SON : Mourir. (Rabasse.) — N'a dû se dire d'abord que des morts guillotinés dont la tête tombe dans un panier plein de son.

ÉTOILE : Croix d'honneur. — « Ceux qui n'ont pas l'étoile disent : Bon ! je l'aurai une autre fois. » (E. Sue.)

Avoir les deux, avoir les trois étoiles : Être nommé général de brigade, général de division. — Ces étoiles placées sur l'épaulette sont la marque de chaque grade.

ÉTOILE : Femme réputée dans le monde officiel, le monde galant ou le monde dramatique. — « Quand, au sommet de l'affiche, un nom apparaît en gros caractères, c'est une *étoile*. On appelait cette distinction *la vedette*, espèce de sentinelle avancée de l'art; mais les femmes ont préféré *l'étoile*. C'est plus brillant. » (J. Duflot.) — « Il est temps d'éclairer sur le passé de ces étoiles poudrées de riz, qui ont la loge du concierge pour berceau. » (Marx.)

ÉTOUFFE, ÉTOUFFOIR : Maison de jeu clandestine. (Colombey.) V. *Estouffer*.

ÉTOUFFER : Avaler. V. *Bavaroise*.

ÉTOURDIR : Solliciter. (Colombey.)

ÉTRANGÈRE (piquer l') : Penser à des choses étrangères à celles qui doivent occuper. — « Il en est qui ne se font point scrupule de *piquer l'étrangère, bouquiner, piquer un chien*, c'est-à-dire rêver pendant les classes, lire des livres interlopes ou se pelotonner dans un coin pour dormir. » (La Bédollière.)

ÉTRANGLER : Boire. V. *Perroquet*. — « Te v'là toi, rebut des savetiers, étrangleux de d'mi s'tiers. » (*Fort en gueule*, 20, in-12.)

ÊTRE (l') : Être trompé par sa maîtresse ou par sa femme. —

« C'est notre sort... C'en est fait... je le suis. » (De Perthes, 36.) V. *Pincé.*

ÊTRE (l') : Être vierge. — « Je le suis encore, m'a-t-elle dit en riant. » (Rétif, 1786.)

ÊTRE AVEC : Être maîtresse ou amant. — « Être avec un Anglais, c'était pour les femmes une fortune. » (Villemot.)

ÊTRE (en) : Être de la police secrète. — « Il n'est pas assez malin pour en être. » (Balzac.)

ÊTRE (en) :: « Ménage, dans ses *Origines,* dit Tallemant des Réaux, avait commencé sa dissertation sur le mot *Bougre* par ces mots : *Bougre : Je suis de l'avis,* etc. — Ah ! lui dit Bautru en se moquant, vous *en êtes* donc aussi et vous l'imprimez. Tenez ! il y a bien moulé : *Bougre je suis.* » Comme Bautru, et dans le même sens, on dit encore : *Il en est.* Sur ce terrain honteux, les synonymes pullulent; ils prouvent la persistance d'un vice qui semble éprouver, dans les deux sexes, le besoin de se cacher à chaque instant derrière un nom nouveau. Nous rappelons ici pour mémoire et sans les expliquer ailleurs, les mots : *pédé, bique* et *bouc, coquine, pédéro, tante, tapette, corvette, frégate, jésus, persilleuse, honteuse, rivette, gosselin, emproseur, émile, gousse, gougnotte, chipette, magnusse,* etc., etc.

ÉTRENNER : Recevoir des coups, donner des coups. (Rabasse.) — Ces sens contraires se retrouvent dans l'acception la plus populaire d'*étrenner* qui veut dire à la fois *vendre* et *acheter.* « Je n'ai pas encore étrenné, » dit la marchande qui n'a rien vendu. « C'est vous qui m'étrennez, » dit-elle à son premier acheteur. Ces deux derniers sens font allusion au premier jour de l'an, dit des étrennes.

ÉTRILLAGE : Perte d'argent. « Un bon coup d'étrillage est de l'argent prêté. » (Alyge.)

ÉTRILLER : Faire payer trop cher.

ÉTRUSQUE : Suranné. V. *Mâchoire.*

ÉTUDIANTE : Maîtresse d'étudiant. — « Toute étudiante pur-sang fume son petit cigare. » (L. Huart.) V. *Haute, Calicote.*

EURÊKA : J'ai trouvé. — Hellénisme. — « Une demi-heure après, je pouvais, moi aussi, m'écrier comme Archimède : *Eurêka.* » (Privat d'Anglemont.)

ÉVANOUIR (s') : Mourir, s'enfuir.

ÉVAPORER (s') : S'enfuir. — « Il se lève et me dit : Puisqu'il ne vient pas, je m'évapore. » (*Petit Moniteur* du 20 juillet 66.)

EXBALANCER : Renvoyer. V. *Balancer.*

EXCUSEZ, EXCUSEZ DU PEU : Locution ironiquement admirative. — C'est comme si l'on disait : Excusez un si petit chiffre ! (quand ce chiffre est énorme). — « Il y avait 25,000 Français par terre... Excusez du peu ! » (Balzac.)

EXCUSO : Excusez ! — Changement de finale. — « Oh ! attention ! V'là Oscar... il fume un cigare d'un sou... Excuso! ça n' se refuse rien... décidément, je le crois calé. » (Marquet.)

EXÉCUTÉ, EXÉCUTER, EXÉCUTION : « Une exécution en bourse, on le sait, n'est autre chose que la faillite du boursicotier; faillite d'autant plus coupable que l'exécuté savait très-bien, au moment de son marché, qu'il ne pourrait pas tenir ses engagements à l'échéance; mais comme on n'exécute en Bourse que l'honneur, l'exécuté se rit de sa propre exécution. » (*Boursicotiérisme.*)

EXPÉDIER : Tuer. Mot à mot : expédier en l'autre monde.

EXPRESS : Train rapide, conduisant à destination sans les arrêts ordinaires. — Abréviation de train express. Anglicanisme.

EXTRA : D'une qualité supérieure. — Latinisme. — Dans le commerce, on le met à toutes sauces et souvent mal à propos.

EXTRA : Repas plus soigné qu'à l'ordinaire. — « Je crois qu'on peut bien se permettre un petit extra une fois par mois. » (Canler.)

EXTRA : Aux tables d'officiers, un *extra* est un invité.

EXTRA : Au café ou au restaurant à prix fixe, on appelle *extra*, soit un plat demandé en dehors de la carte, soit un garçon supplémentaire venant aider au service.

EXTRA (vin d') : Bouteille de vin fin. — « L'étranger demande une bouteille de vin extra; et voilà que domestiques et patrons délaissent le client d'un an pour le client d'un jour. » (Marx.)

F

FABRIQUÉ (être) : Être arrêté. (Rabasse.)

FACE : Monnaie. (Grandval.) — Allusion à l'effigie (*face*) royale. — « Je n'ai plus de faces. La drôlesse me chasse. » (Decourcelle, 32.)

FACIES : Figure, face. — Latinisme. — « C'est mon épouse... Un assez beau facies, hein ? » (Labiche.) — « Tu mériterais qu'on coulât ton facies en bronze. » (Montépin.)

FACTIONNAIRES : Excréments déposés aux abords de certains murs; comme un factionnaire, ils empêchent d'y passer. — « Dans les escaliers à chaque instant, elle vous pose des factionnaires qui ne crient pas : qui vive ! aux passants. » (Dalès.)

FAD, FADE : Part de vol. — « Ruffart a son fade chez la Gonore, dans la chambre de la pauvre femme. » (Balzac.) V. *Esgourne.*

FADAGE : Partage de vol.

FADARD, FADE : Élégant. — « Eh ! va donc, grand fade ! » (Ricard.) — « Dieu m' damne ! y porte lorgnon ! ! ! est-y fadard ! » (*Catéchisme poissard*, 44.)

FADER : Partager un vol. (Grandval.) V. *Coquer*. — Du vieux mot *fadiar* : assigner.

FADEURS ! (des) : « C'est Anna. — Avec qui est-elle ? — Avec son premier amour, je crois. — Des fadeurs ! » (Monselet.) — C'est comme si l'on disait : A d'autres ! nous savons à quoi nous en tenir sur ces fadeurs.

FAFFE, FAFFIOT, FAFIOT : Papier d'identité, billet de banque. — Les deux derniers mots sont des augmentatifs du premier. *Faffe* est une harmonie imitative des papiers qu'on feuillette. — « On invente les billets de banque ; le bagne les appelle des fafiots garatés, du nom de Garat le caissier qui les signe. Fafiot ! n'entendez-vous pas le bruissement du papier de soie. » (Balzac.)

FAFFIOT FEMELLE, FAFFIOT MALE : « Le billet de mille francs est un *fafiot mâle*, le billet de cinq cents un *fafiot femelle*. » (Balzac.) V. *Camoufler*.

FAFFIOTEUR : Papetier. (Vidocq.)

FAGOT : Aspirant ou élève à l'École des eaux et forêts. — Allusion à ces dernières.

FAGOT, COTTERET, FALOURDE : Ancien forçat. — «Eh ! mais ! je connais cet homme-là. C'est un fagot. » (V. Hugo.) — Vient, dit M. Fr. Michel, de ce que les forçats sont liés deux à deux, comme les fagots. V. *Campe*.

FAGOT : Malfaiteur surveillé. (Rabasse.)

FAGOT AFFRANCHI : Forçat libéré. (Rabasse.)

FAIRE : Faire une conquête galante. — « Est-ce qu'un homme qui a la main large peut prétendre à faire des femmes ? » (Ed. Lemoine, 40.) — Dans une bouche féminine, le mot *faire* unit le lucre à l'amour. — « Tu as donc *fait* ton journaliste ? répondit Florine. — Non, ma chère, je l'aime, répliqua Coralie. »(Balzac.)

FAIRE : Faire la place, commercialement parlant. — « De tous les points de Paris, une fille de joie accourait faire son Palais-Royal. » (Balzac.) — « Je suis heureux d'avoir pris ce jour-ci pour faire la vallée de l'Oise.» (Idem.) — « Méfie-toi de ceux qui te diront : je fais les vins de Bordeaux. » (Monselet.)

FAIRE : Voler. — « Son fils qui *fait* le foulard à ses moments perdus. » (Commerson.) V. *Enfilage, Rade*.

FAIRE : Risquer au jeu. — « Nous faisions l'absinthe au piquet à trois. » (Noriac.)

FAIRE : Faire caca. « Avec ses jambes en manche à balai, il peut faire tout debout sans gâter ses mollets. » (*Catéchisme poissard*, 40.)

FAIRE (la) : Faire croire une

chose qui n'est pas. — « Enfin, Anatole, j'allais devenir mère, lorsque l'infâme... — Je la connais celle-là, tu sais! il ne faut pas me la faire. » (*Vie parisienne*, 65.) — « J'ai choisi du Saint-Émilion 54, et vous me donnez du 57. Vous savez, celle-là, il ne faut pas me la faire. » (Idem, 66.)

FAIRE, REFAIRE AU MÊME : Tromper. — « Garde-moi le secret, brûle ma lettre ; je veux *faire* ces drôles-ci .. » (Rétif, 1776.) — « Les soldats s'imaginent toujours que les sergents-majors les refont au même. » (La Bédollière.) — « Ce brigand-là, dit-il, ferait le diable au même. » (Balzac.)

FAIRE CHIBIS : S'évader. « S'il n'y a pas moyen de me faire chibis d'ici, il n'y aura pas moyen plus loin. » (V. Introduction. Lettre de Minder.)

FAIRE DANS : Faire des affaires de. — On dit : *faire la quincaillerie, l'épicerie, la banque*, etc., pour : Faire des affaires dans la quincaillerie, etc.

FAIRE A (la) : Tromper en simulant tel ou tel sentiment. On dit : *Il nous la fait à l'héroïsme, à la terreur, à l'innocence*, pour : *Il essaie de nous faire croire à son héroïsme*, etc. — « Les comiques au contraire la faisaient à la simplicité. Ils s'abordaient d'un air piteux et bonhomme s'appelant entre eux ma pauvr' vieille. » (Alph. Daudet.)

Les sentiments ont fini par être représentés par des analogies végétales. Ainsi, quand vous entendez : *La faire à l'oseille*, cela veut dire : outrer grossièrement.

M. J. Richard nous apprend dans une chronique de l'*Époque* (mars 66), qu'il faut chercher l'origine du mot dans une gargote de l'ancien boulevard du Temple. Furieuse d'entendre critiquer la confection d'une omelette aux fines herbes qu'on ne trouvait pas assez verte, l'hôtesse du lieu s'écria un jour : « *Fallait-il pas vous la faire à l'oseille?* » Les auditeurs firent la fortune du mot, qui aurait comporté plus tard des variétés innombrables. Nous ne suivrons pas le néologisme sur ce terrain sans bornes. Nous en ferons juge le lecteur par ces derniers exemples : — « Quelle charmante langue! Quelle grâce! Quel atticisme dans tout ce discours! Ce qui n'a pas empêché une jeune femme qui se trouvait à côté de moi à la sortie de résumer ainsi la séance : *Camille Doucet nous l'a fait à la violette et Jules Sandeau à la verveine.* » (P. Dhormoys.)

« Mademoiselle Q... une brune perfide comme Londres, vient d'être délaissée par son protecteur. Aussi elle a transformé son entre-sol en un rocher, du haut duquel *elle nous la fait à la Calypso.* » (Marx.)

FAISEUR : « On entend par *faiseur* l'homme qui crée trop, qui tente cent affaires sans en réussir une seule, et rend souvent la confiance publique victime de ses entraînements. » (Lespès.) — Pris souvent en plus mauvaise part. Le *faiseur* et le *banquiste* se confondent. Pour Vidocq, le *faiseur* n'est qu'un escroc et un chevalier d'industrie.

FAITRÉ (être) : Être sous le coup d'une condamnation infaillible.

FALOURDE : Forçat libéré. (*Petit Dictionnaire de l'argot*; 44.) V. *Fagot*.

FANAL : Estomac. — Comparaison de l'estomac à une lanterne. — « Se bourrer le fanal de bouillon, de rata. » (Wado.) On dit de même : *Mettre de l'huile dans la lampe*.

Ces deux dames se fourraient par le fanal.
Petit vin, superbe hareng.
    (Chansonnier imp. : Stahl.)

FANANDE, FANANDEL : « Ce mot de fanandel veut dire à la fois : frères, amis, camarades. Tous les voleurs, les forçats, les prisonniers sont fanandels. » (Balzac.)

FANFFE, FANVE : Tabatière. (Vidocq.) — On dit aussi *fauve*, *fouffe*, *fauffe*, *fausse*. Peu de mots ont été plus altérés.

FANFOUINER : Priser. — Onomatopée qui rend assez bien le bruit produit par l'aspiration du tabac dans les narines.

FANTAISIE (de) : Fictif. Mot à mot : dû à la seule fantaisie de celui qui annonce une réalité. « La lorette avec aïeux achète ses ancêtres chez les marchands de bric à brac, ou bien elle demande à un peintre un grand-père de fantaisie quand elle ne rencontre pas un aïeul d'occasion. » (M. Alhoy.)

FANTAISIE (de) : Qui n'est pas selon le règlement militaire. Un schako de fantaisie est plus petit que celui d'ordonnance, un pantalon est plus large, etc.

FARA DA SE : Faire seul, se suffire à soi-même. — Italianisme. — Se dit ironiquement chez nous depuis que les Italiens ont repoussé notre aide en criant : *Fara da se*, et en se prétendant assez forts (1849). — « Il aurait murmuré, en parlant de l'épargne individuelle, le *fara da se* des Italiens. » (*Paris-Journal*, juillet 72.)

FANTAISISTE : Homme ne se soumettant à aucune règle, soit dans ses œuvres, soit dans sa conduite. — « Un doux souvenir! me répondit le fantaisiste, les crins qui m'inspirèrent l'histoire du chignon de ma femme. » (Michu.) — « Il était du reste fantaisiste jusque dans les questions financières. On l'avait vu mettre sa montre au Mont-de-Piété, ayant dix mille francs dans son portefeuille. » (De Villemessant.) — « Pichu le paysagiste est ici. Il est toujours le même fantaisiste effréné. » (Marx.) — M. Catulle Mendès a débuté dans les lettres par la *Revue fantaisiste*.

FANTASIA : Démonstration plus bruyante que sérieuse, comme une *fantasia* de cavaliers arabes. — « Avant de faire des acclimatations, avant de se lancer dans la *fantasia* (en pisciculture), multipliez les espèces que vous avez autour de vous. » (H. de la Blanchère.)

Donner dans la *fantasia*, c'est aimer à faire fracas.

FARAUD, FARAUDE : Monsieur, madame, mademoiselle. (Halbert, Grandval.)

FARAUDEC, FARAUDENE : Madame, mademoiselle. (Fr. Michel.)

FARCE : Comique. — « C'est farce ! Mais vous faites de moi ce que vous voulez... » (E. Sue.)

FARCES : Infidélités. — « On ne peut pas faire des farces à sa Nini... v'là ce qui vous chiffonne. » (Gavarni.)

FARCEUR : Homme sur lequel on ne peut compter.

FARCEUSE : Femme galante. — « Lorsqu'une farceuse voudra me séduire, je lui dirai : Impossible. » (*Amours de Mahieu*, 32.)

FARCHER DANS LE PONT : Tomber dans le piége. (Halbert.) Altération de *faucher*.

FARGUE : Charge. (Vidocq.)

FARGUER : Charger. V. *Escracher*.

FARGUER : Devenir rouge. (Grandval.)

FARGUEMENT : Rougeur. (Colombey.)

FARGUEUR : Témoin à charge. (Vidocq.)

FARIDONDAINE (être à la) : Être sans argent. (Rabasse.)

FARNANDEL : Camarade de prison. (Rabasse.) Forme de *fanandel*.

FAROT : Monsieur. Forme de *Faraud*.

FARRE : Vite. — « Farre, farre, la marcandière, nous serions béquillés. » (Vidocq.)

FASSOLETTE : Mouchoir de poche. — Italianisme.

FAUBLAS : Séducteur de femmes. — C'est le nom du héros d'un roman bien connu. — « Tous les hommes de dix-huit ans sont des Dons Juans, à moins qu'ils ne soient des Lovelaces ou des Faublas, ce qui est absolument la même chose. » (E. Lemoine.)

FAUBOURG-SAINT-GERMAIN : Aristocratique. — « *Marshall* : Madame.... je vous en remercie. — *Camélia* : Il n'y a pas de quoi. (*A part.*) Il est Faubourg-Saint-Germain. » (Carmouche.)

FAUBOURIEN : Ouvrier turbulent et batailleur des faubourgs de Paris. — « Ces combats que la jeunesse dorée livrait non sans succès aux farouches faubouriens, aux septembriseurs endurcis. » (Roqueplan.)

Mais v'là le solitaire enfin
Qui d'une main hardie,
Pour défendre Elodie,
Tape partout, ne craint rien,
Comme un faubourien.

(*Le Solitaire*, pot-pourri, 24.)

FAUCHANT, FAUCHEUX : Ciseaux. — Les ciseaux fauchent. (Rabasse, Vidocq.)

FAUCHÉ (être) : Être sans un centime. (Rabasse.)

FAUCHER : Guillotiner. — « Faucher dans leur langage, veut dire l'exécution de la peine de mort. » (Balzac.) V. *Colas*, *Terrer*.

FAUCHER AU PRÉ. V. *Pré*.

FAUCHER DANS LE PONT : Couper dans le pont. V. ce mot.

FAUCHEUR : Voleur coupant (fauchant) les chaînes de montre.

FAUCHEUR : Bourreau. (Halbert.) Il fauche les cous.

FAUCHON : Sabre. V. *Greffier*. — Même allusion que ci-dessus.

FAUSSANTE : Faux nom. (Halbert.)

FAUSSE : Tabatière. (Rabasse.) Forme altérée de *fauve*.

FAUX TOUPET : Suranné, vieillot. V. *Perruque, Mâchoire*.

FAUVE : Tabatière. (Halbert.) V. *Fauffe*.

FAVORI : « C'est le cheval le mieux placé sur la cote et considéré comme ayant le plus de chances de gagner aux courses. » (Parent.)

FÉDÉRÉ : « Bête vous-même, grand fédéré ! » (H. Monnier, 37.) — « Afin de comprendre pourquoi ce terme était pris en mauvaise part, il faut se reporter aux mauvais jours de 1815, où les fédérés, armés pour combattre l'étranger, se distinguèrent autant par leur patriotisme que par leur indiscipline dans les environs de Paris. » Ainsi écrivions-nous dans la deuxième édition de cet ouvrage (61). En mars 1871, nous avons eu d'autres fédérés, mais ce n'était plus l'étranger qu'ils combattaient.

FÉE : Amour. (Halbert.) — Le mot est bien poétique pour des argotiers.

FÉESANT, FÉESANTE : Amoureux, amoureuse. (Idem.)

FÊLÉ (être) : Être un peu fou. Mot à mot : avoir le cerveau *fêlé*. C'est plus que *toqué*, c'est moins que *avoir une fissure*.

FELOUSE : Poche. (Halbert.) Pour *Fouillouse*.

FEMME : Femme de mauvaise vie. — Abréviation. — Il est à remarquer qu'on a fini par donner aux prostituées, tous les mots qui conviendraient à des femmes honnêtes (*femme, fille, petite dame, ces demoiselles*). Tout dépend de l'inflexion de la voix et du sens de la phrase. — « Sans ce gros butor qui me répugne, j'aurais pu passer la nuit avec mon amant... Ah ! mon Dieu ! qu'une *femme*, — mot technique (sic), — est à plaindre. Telles sont les réflexions de ces demoiselles. » (*La Revue de l'an VIII ou les originaux du Palais-Royal.*) — Au XVIIIe siècle, on disait d'une femme entretenue : « C'est une femme du monde. » L'expression complèterait la galerie, si elle s'était maintenue, mais elle est hors d'usage.

FENASSE : Paresseux. Mot à mot : Mou comme du foin. — Du vieux mot *fen* : foin.

FENDRE (se) : Commettre une prodigalité peu habituelle. — « Descends huit bouteilles. — Puisque vous vous fendez, dit le peintre, je paye un cent de marrons. » (Balzac.)

FENDRE L'OREILLE : Mettre à la retraite. — Vient de ce qu'on fend l'oreille des chevaux de cavalerie réformés. — « Le général Le Bœuf n'aura pas le chagrin de se voir fendre l'oreille. » (Blavet.)

FENÊTRE (mettre la tête à la) : Être guillotiné. — Allusion au passage de la tête dans la lunette. — « Qu'il fasse promptement mettre la tête à la fenêtre à l'infâme Brissot. » (Hébert, 1793.) V. *Raccourcir.*

FENÊTRE (faire la) : Raccrocher les galants en se montrant à la fénêtre.

FENOUSE : Prairie. (Vidocq.) — Du vieux mot *fen*, foin, qui a fait *fenaison.*

FÉODEC : Arbitraire. (Idem.) — C'est *féodal* avec la finale changée.

FER-BLANC (de) : Sans valeur, sans solidité (par comparaison au fer.) — « Ils éclaboussent de leur triomphe ces journalistes de fer-blanc, comme ils les appellent. » (Adolphe Guéroult.)

FERLAMPIER : Bandit. (Vidocq.) Vieux mot pris d'abord en moins mauvaise part. Se disait plutôt d'un homme sans valeur. — Abréviation de *frère-lampier*, allumeur des lampes d'une communauté religieuse. (Roquefort.) V. *Frileux.*

FERLANDIER : Bandit. (Rabasse.) — Forme altérée de *ferlampier.*

FERLINGANTE : Faïence, verre. — Harmonie imitative du bruit de leur choc.

FERMÉ (jeu) : Jeu de Bourse. — « Le marché ferme engage à la fois le vendeur et l'acheteur, ses échéances ne dépassent pas deux mois, sa négociation se fait comme celle au comptant. » (*Boursicotiérisme.*)

FÉROCE (c'est un) : C'est un homme tout entier à son devoir; féroce sur l'exactitude avec laquelle il entend le remplir.

Il n'est pas féroce : il n'est pas capable. V. *Méchant.*

FERRÉ (être) : Être arrêté. (Rabasse.) — Terme de pêcheur passé dans l'argot. V. ci-dessous.

FERRER LE GOUJON : Faire mordre à l'appât. — « Le goujon est ferré, style de pêcheur, il n'y a plus qu'à tirer la ligne. » (M. Alhoy.)

FERTANGE, FERTILLANTE, FERTILLE : Paille. (Grandval, Colombey.) — Harmonie imitative de son frétillement. V. *Greffier.*

FERTILLE : Figure. (Halbert.)

FERTILLANTE : Queue. (Vidocq.) — Elle frétille souvent.

FESTON (faire du, pincer un) : Avoir une démarche que l'ivresse accidente comme des festons de broderie. — « Nous nous cavalons, moi et Dodore, en pinçant un feston un peu fiscal. » (Monselet.)

FESTONNER : Faire des festons. — « Il va encore, ma foi, très-droit... c'est à peine s'il festonne. » (E. Sue.)

FÊTE (être de la) : Être riche, avoir les moyens de *festoyer.* — « Moi je suis toujours de la fête, j'ai toujours bogue et bon radin. » (Vidocq.)

FÉTICHE : Signe représentatif d'un enjeu en argent. — « Le nouveau préfet de police veut, dit-on, interdire l'usage des fétiches sur les tables de jeux, dans les cercles. » (*Événement*, mars 66.)

FÉTU : La barre de fer dont le bourreau se servait pour rouer. (Grandval.) — Le mot n'est plus usité, mais il fera comprendre l'ironie de *barre* (aiguille.) — Si l'aiguille devient une barre, la barre doit être un fétu.

FEU (n'y voir que du) : Être ébloui, aveuglé. — « Et tu n'y verras que du feu. » (Cogniard, 33.)

FEUILLE A L'ENVERS (voir là) : S'étendre sous un arbre, dans un bois. Se dit avec un sous-entendu plus ou moins galant.

> Il la jeta sur le gazon.
> Ne fais pas, dit-il, la sauvage ;
> Jouis de la belle saison.
> . . . .
> Ne faut-il pas dans le bel âge
> Voir un peu la feuille à l'envers ?

Cet exemple est pris dans la 177ᵉ *Contemporaine* de Rétif (édit. 1783) ; mais la chanson est plus ancienne, car ses auditeurs ajoutent dans le texte : *Charmante quoique vieille*. — « Dis donc, mam'selle au ruban vert, est-ce que t'as vu la feuille à l'envers : l'derrière de ta jupe est encore tout vert. » *Catéchisme poissard*, 1844.)

FEUILLE DE CHOU : Guêtre militaire, journal sans valeur, titre non valable. — « Dans une de ces feuilles de chou qui encombrent les cafés, nous lisons. » (J. Lovy.)

FEUILLETÉE (semelle) : Semelle usée, dont les feuilles disjointes aspirent l'eau ou la poussière. On l'appelle aussi *pompe aspirante*. — « Parfois aussi elle n'a que des bottines suspectes, à semelles feuilletées qui sourient à l'asphalte avec une gaieté intempestive. » (Th. Gautier, 45.)

FEUX DE FILE (ne pas s'embêter dans les) : Être indépendant. Mot à mot : faire feu à volonté. — « Pour lors, not' coronel, qui ne s'embête pas dans les feux de file. » (*Ancien Figaro*, 27.)

FIASCO : Chute. — Italianisme.

FICELER : Soigner sa tenue. Mot à mot : faire fine taille, la ficeler. — « Voilà maman Vauquer belle comme un astre, ficelée comme une carotte. » (Balzac.) V. *Trente et un*, *Chic*.

FICELLE : Procédé banal, acte de charlatanisme. Se dit à propos de tout. — « M... pour animer la statuaire, emprunte à la peinture quelques procédés ; je n'oserais l'en blâmer, si l'austérité de ce grand art ne repoussait les ficelles. » (Ch. Blanc.) — « Il n'est pas outillé pour le théâtre ; il ne connaît pas les ficelles de la scène. » (P. d'Anglemont.)

FICELLES : « Ce sont ces moyens vulgaires rebattus dont on se sert pour faire une pièce ou une scène, ces moyens qu'on devine. » (Duflot) « Le culte des procédés épuisés et des conventions classiques qu'on a appelées des ficelles. » (Villemot.) — « Ferdinand lui indiqua plusieurs recettes et ficelles pour différents styles, tant en prose qu'en vers. » (Th. Gautier, 33.)

FICELLE : « Employé n'avançant qu'à l'aide de la flatterie, de la délation, de la bassesse. » (Naviaux, 61.)

FICELLE : Chevalier d'industrie.

Cadet Roussel a trois garçons :
L'un est voleur, l'autre est fripon ;
Le troisième est un peu ficelle.
(Cadet Roussel, chanson, 1793. Paris, impr. Daniel.)

FICELLE (cheval) : Cheval de course léger et décousu.

FICELLE : Espèce de menotte. — « On appelle ainsi un fil de laiton qui prend la main droite du détenu et dont l'agent tient un bout. » (Ponson du Terrail.)

FICHAISE : Niaiserie, chose dont on peut se ficher.

Le passé n'est qu'un songe,
Une fichaise, un rien.
(Vadé, 1756.)

FICHANT : Navrant. — « N'est-ce pas, mon vieux, c'est tout de même fichant de se dire !.... » (E. Sue.)

FICHE DE CONSOLATION : Dédommagement. — Terme de whist.

FICHÉ (il est) : Il est bien mis, pommadé. (Rabasse.)

FICHER : (On prononce *fich'* en élidant.) — Ce verbe a un grand nombre de significations que nous allons passer en revue. Il n'est pas admis par le *Dictionnaire de l'Académie* qui donne cependant *fichu*.

Ficher : Jeter. — « On va te fich' au violon. » (Gavarni.) — « Je l'ai fichue à l'eau. » (E. Sue.)

— Dès la fin du XIVe siècle, *ficher* se trouve dans le *Livre du mareschal de Boucicaut*. — « Quand Chateaumorant, avec la compaignée des autres prisonniers feurent arrivez à Venise, adonc on les *ficha* en forte prison. » (Édit. Petitot, t. II, p. 83.)

Ficher : Placer. — « Qui m'a fichu un couvert de la sorte ? Quel désordre ! » (Perrin.)

Ficher : Donner. — « J' lui fiche un soufflet. » (1750, Cailleau.) — « J'y ai fichu des gifles. » (Gavarni.)

Ficher : Faire. — « Mais, voyons, Limousin, avec un méchant budget de 50 millions par an, qu'est-ce que tu peux fiche ? » (Gavarni.)

Ne rien fiche : Ne faire aucune affaire, commercialement parlant.

Ne rien fiche : Ne rien faire, paresser.

Allez vous faire fiche : Allez au diable. — « Ce mot cache un jurement très-grossier. » (Dhautel, 08.) — « Eh bien ! dis à grand'maman qu'elle aille se faire fiche ! » (Gavarni.)

Ficher une colle : Conter un mensonge.

Ficher un point : Coudre un point. — « Car pour l'ouvrage, je vous en souhaite ! Ça ne vous ficherait pas un point. » (Vadé, 1744.)

Ficher (se) : Se mettre à. « C'est un mosieu que je ne connais pas. — Lui as-tu demandé ce qu'il me voulait ? — Oui... il s'est fichu à rire. » (Grévin.)

Se ficher : S'habiller. — « Fauty que ça soit chiche de ne pas se *fiche* en sauvage. » (Gavarni.)

Se ficher : Se poster. — Le *Livre du mareschal de Boucicaut* (édit. Michaud), cité plus haut, dit qu'à une déroute de Sarrasins, « les jardins favorisèrent beaucoup leur retraite, car *s'y fichèrent ceulx qui eschapper peurent.* » (P. 276.) La même année (1399), on nous représente les Vénitiens après un combat maritime s'en allant *ficher* en leur ville de Modon. (P. 283.)

Se ficher : Se moquer. — « Quand j'ai mangé la soupe et le bœuf, je me fiche du reste. » (La Bédollière.) — « Tu saboulis ce grand drille, qui se fichait de moi. » (Rétif, 177e *Contemporaine*, 1783.)

J' t'en fiche, j' t'en ficherai : Formule ironiquement négative, équivalant à : *je t'en moque*. — « Ah bah ! j' t'en fiche ! il m'embrasserait toujours. » (L. Beauvallet.)

Se ficher dans la cervelle, — dans le toupet : S'imaginer. — « Ne va pas te ficher cela dans la cervelle. » (*Le Rapatriage*, parade du XVIIIe siècle.)

Se ficher du monde, du peuple, du public : Se moquer des hommes et de l'opinion. — « Vous vous fichez du monde. » (Vadé, 1755.)

S'en ficher comme de colintampon : Ne faire aucun cas. (Dhautel, 08.) Jadis, on appelait *colins-tampons* les Suisses en garnison à Paris. Les mazarinades en donnent plus d'un exemple de 1648 à 1652.

Ficher dedans : Tromper. V. *Dedans*.

Ficher la misère par quartiers: Mener une vie misérable.

Ficher la paix : Laisser tranquille. — « Fiche-moi la paix. » (Jaime fils.)

Ficher le camp : Décamper. — « Mon enfant, fiche-moi le camp. » (Rétif, 177e *Contemporaine*, 1783.)

Ficher les pattes : Venir. Mot à mot : *mettre les pieds*. — « Si vous vous permettez de fich' les pattes ici quand j'y serai. » (Gavarni.)

FICHTRE : Juron. Forme de f...tre, comme *fouchtra*. — « Six heures! fichtre, il me semble que nous avons failli attendre. » (E. Villars.)

FICHTREMENT : Fièrement. — « C'est fichtrement beau le coup de gueule du lion. » (*Commentaires de Loriot.*)

FICHU : Capable. — « Eh ! là-bas... y sont fichus de ne point ouvrir... y faut donc enfoncer la porte... » (H. Monnier.) — Le *Dictionnaire de l'Académie* admet *fichu* dans toutes ses autres acceptions.

FICHUMACER : Diminutif de *ficher*.

D'mandez-moi donc où c' qu'est
Allé c' flâneux d' Cadet ?
C' qu'il peut fichumacer
   A l'heure qu'il est ?

               (Désaugiers.)

FIDIBUS : Longue bande de papier pliée ou roulée pour allumer la pipe. — Une communication de M. Fey assigne à ce mot une origine allemande. Dans les universités de ce pays, les admonestations officielles commencent par les mots : *Fidibus* (pour *fidelibus*) *discipulis universitatis*, etc. Les délinquants, qui allument par forfanterie leurs pipes avec le papier de l'admonestation, lui ont donné pour nom le premier mot de sa première ligne. — « Un roman de G. Sand dont il fera un fidibus après l'avoir lu. » (Rouget.)

FIELDERS : « Ensemble des individus qui ont fait des paris de courses contre un ou plusieurs favoris. » (Parent.) Angl.

FIER : Grand. (Dhautel.) V. *Blaguer, Venette, Poil.* — « Ça lui portera un fier coup. » (Lubize.)

FIÈVRE CÉRÉBRALE (accès de) : Accusation pouvant entraîner la perte de la tête. (Vidocq.) — Jeu de mots.

FIFI : Vidangeur. Mot à mot : fi ! fi ! — Allusion au dégoût inspiré par le métier. — Vieux mot. Une ordonnance du roi Jean (1350) traite de « l'estat des vuidangeurs appelez *maistres fifi.* »

FIGNOLER : Exécuter avec fini. — « C'est qu'vous fignolait (la contredanse). Dame, il y allait de tête et de queue. » (Rétif, 1783.) — « Quel style ! comme c'est fignolé. » (Labiche.)

FIGNOLEUR : Qui fignole. — « C'est un fignoleux, mais il fait trop le fendant à cause qu'il a du bec. » (Vadé, 1788.)

FIGURE : Derrière. — « Où l'on s'expose à rencontrer des gens dont la figure a mérité les verges. » (Raoul Fauvel.)

FIL DE SOIE : Voleur. Jeu de mots sur *filer*, voler. — « Les grands centres de réunion sont inspectés par la sûreté, car il n'y manque jamais de fils de soie ou de joueurs de passe-passe. » (Stamir, 67.)

FIL EN DOUBLE : Vin. (Grandval.)

FIL EN QUATRE : Eau-de-vie. — « Allons, Auguste, un petit verre de *fil en quatre*, histoire de se velouter et de se rebomber le torse. » (Th. Gautier.)

FILAGE : Action de filer au jeu. « Le filage s'opère à tous les jeux, mais surtout au baccarat. » (Cavaillé.)

FILASSE : Chevelure blanche et blonde comme la filasse.

FILASSE : Matelas. — Le contenu est pris pour le contenant.

FILATURE, FILE : Surveillance exercée par un agent qui suit pas à pas. — « Ils ne le perdirent pas de vue au second jour de file. » (Stamir.)

Faire une filature : Suivre un individu. (Rabasse.)

FILER : Faire avec soin. — Allusion au travail de la fileuse. — « Vous vous êtes donné un mal de nègre pour filer des scènes. » (*Alm. du Hanneton*, 67.)

FILER : Voler. Mot à mot : faire filer un objet qui ne vous appartient pas. De là, *filouter*.

FILER : « Filer, c'est distribuer une carte pour une autre dans le but de se faire ou de se compléter un beau jeu. » (Cavaillé.)

FILER, PRENDRE EN FILATURE : Suivre, espionner. —

« *Être filé* signifie, dans le langage des débiteurs, que le recors vous suit à la piste. » (Montépin.) — « Un garçon va dire à la personne filée que quelqu'un la demande, et là, des sergents de ville l'entourent pour la remiser. » (Stamir.)

Filer la mousse. : Faire ses besoins. (Grandval.) V. *Mousse*.

Filer le luctrème : Introduire une fausse clé. V. *Luctrème*.

Filer le parfait : Faire une cour assidue. Mot à mot : filer le parfait amour.

Filer le plato : « Cela veut dire : filer l'amour platonique. » (J. Duflot.)

Filer son nœud : Partir. — Terme de marine. — « Viens-tu ! ou je file mon nœud. » (H. Monnier.)

Filer une poussée : Repousser violemment. « Le concierge l'arrête ; moi, je file une poussée au concierge et il se faufile. » (Beauvillier.)

FILET : Nuance délicate et tenue comme un *filet* d'eau. — « Peut-être aussi y a-t-il un filet de concetti shakspearien, mais c'est peu de chose. » (Th. Gautier.)

Filet coupé (avoir le) : Être d'une grande loquacité. — Allusion à la petite opération nécessitée par un certain embarras de la langue.

FILEUR : « C'est un homme qui est chargé par la police, et le plus souvent par quelque ténébreuse officine privée, d'en suivre un autre. » (P. du Terrail.)

FILEUR : Qui file au jeu. V. *Filet*. « Point de grec émérite s'il n'est fileur. » (Cavaillé.)

FILEUSE : « Chanteur suivant les voleurs et les prenant en flagrant délit, dans le seul but de faire payer son silence par une remise de 15 p. 100. » (Vidocq.)

FILLE DE MARBRE : Courtisane froidement avide. — Une pièce de M. Barrière a consacré ce terme, vers 1852. — « C'est à Paris que les filles de marbre apprennent péniblement le métier qui les fait riches en une heure. » (J. Janin.)

FILLE DE PLATRE : Courtisane. — Vient du roman écrit sous ce nom par M. de Montépin, pour servir de pendant à la pièce des *Filles de marbre*. — « Ces femmes ne sont que des filles de plâtre. » (*les Étudiants du quartier Latin*, 60.)

FILOCHE : Bourse. (Vidocq.) — Du *filet* qui était employé pour la confection des bourses. — « Si ta filoche est à jeun (si ta bourse est à vide.) » (E. Sue.)

FILOU : Rusé. — L'acception d'escroc se trouve seule dans le *Dictionnaire de l'Académie*. Elle a son origine dans le verbe *filer* : voler.

FILS DE FER : Jambes excessivement minces. — Mot imagé.

FILS DE PUTAIN : Injure à laquelle le peuple n'attache la plupart du temps aucune idée fixe. « J'ai entendu une poissarde dire à son fils : « Petit polisson ! attends, fils de putain, je te ferai voir que je suis ta mère. »

(Dauthel, note manuscrite de son dictionnaire, 08.) Du temps de Rabelais, cette triste plaisanterie était déjà de mode. A la fin de la tempête (livre IV, ch. XXII), Pantagruel appelle un matelot : « Fils de putain. » — « Tu es bien aise, homme de bien, dist frère Jean au matelot, d'entendre nouvelles de ta mère. »

FIN (faire une) : Se marier, en finir avec la vie de jeune homme. — « Cependant il faut absolument faire une fin. Dame ! le siècle est positif. » (Deriége.) V. Papillonner.

FINE : Excrément. — Allusion à la fine moutarde; on dit aussi *la plus fine.* V. Numéro cent. — « Un vidangeur de mes amis, nous a chanté la plus fine. » (Aubry, 36.)

FINE : Fine champagne. V. As, champagne.

FIOLE : Figure. (Halbert.)

FIOLER : Boire. (Rabasse.) — De *fiole* : bouteille.

FION (coup de,) : C'est la dernière main mise à un ouvrage. — « Un François enseignoit à des mains royales à faire des boutons; quand le bouton était fait, l'artiste disoit : *A présent, Sire, il faut lui donner le fion.* A quelques mois de là, le mot revint dans la tête du roi; il se mit à compulser tous les dictionnaires, et il n'y trouva pas le mot. Il appela un Neuchâtelois qui étoit alors à sa cour, et lui dit : « Dites-moi ce que c'est que le *fion* « dans la langue françoise? — « Sire, reprit le Neuchâtelois, le « *fion*, c'est la bonne grâce. » (Mercier, 1783.) — « Elle se lève pour prendre la salière qui doit, dit-elle, donner le dernier fion à la dinde. » (Ricard.) — « Les peintres n'ont plus que trois jours pour donner à leurs tableaux ce qui s'appelle le coup de fion. » (Marx, 66.)

FIONNER : Faire l'élégant. — « Ça s'fionne, ça se pavane et ça se carre. » (Bourget.)

FIONNEUR : Elégant. — « Le fionneur possède une glace, huile antique, pommade du lion et cire à moustaches. » (Bertall.)

FIQUES : Hardes. (Colombey.) — Ce doit être un vieux mot, car beaucoup de paysans disent encore dans le même sens *affiquet*.

FIQUER : Poignarder. (Idem.) — Pour *ficher* : planter.

FISCAL : Elégant. — C'est *Ficelé* avec changement de finale. — « A ses favoris côtelettes... A son costume fiscal... » (Léonard, parodie, 63.) V. Feston.

FISSURE (avoir une) : Être un peu fou, mot à mot : avoir une fissure au crâne. V. Félé.

FISTON : Petit fils, terme amical. — « Par ma fé, mon doux ami, mon fiston. » (Contes d'Eutrapel, XVIe s.) V. Gadoue.

FLA : Note rudimentaire de la batterie du tambour. V. Ra. — « Le tambour-major bat la mesure des *ras* et des *flas*. » (M. St-Hilaire.)

FLACHE : Plaisanterie. (Halbert.) Pour *flanche*.

FLACUL : Sac d'argent. — « Le

vioque a des flaculs pleins de bille; s'il va à Niort, il faut lui riffauder les paturons. » (Vidocq.) — Vient de *flaque*. V. ce mot.

FLACUL : Lit. — Il a la forme d'un grand sac. V. ci-dessus. — « Je raplique au flacul qui m'attend. » (Vidocq.)

FLAFLA : Grand étalage. — Allusion aux claquements de fouet. On dit dans le même sens *faire claquer son fouet*.

FLAMBANT, FLAMBARD : Éclatant, superbe. — « Les caporaux y trouvent une table un peu *flambarde*. » (La Bédollière.) — « T'es flambante comme une Vénus. » (E. Sue.)

FLAMBANT : Artilleur à cheval.

FLAMBART : Matelot. — « Eugène Sue est cause que la plupart des canotiers s'appellent flambards. » (Roqueplan.)

FLAMBARDE : Chandelle (Halbert); elle flambe en éclairant.

FLAMBART : Poignard. (Vidocq.)

FLAMBE : Épée. — Allusion au flamboiement de la lame. Abréviation de *Flamberge*.

FLAMBER : Briller entre tous. — « Des raretés qu'on offre à des filles qui aiment à flamber. » (Balzac.)

FLAMBERT : Poignard. (Halbert.) Forme de *flambart*.

FLAMSIQUE : Flamand. (Colombey.) — Changement de finale.

FLAN (du) : Non. — Abréviation de la formule ironique : *je te paierai du flan*. *Les nèfles! des navets!* sont des négations de même origine. On sait que le flan était une pâtisserie fort populaire à Paris. « Si on leur présentait *zut*, *du flan* et *des navets* comme le fond de la langue des vaudevillistes. » (Villemot.) V. *Zut*.

FLAN (c'est du) : C'est bon. — « J'aime mieux gouêper, c'est du flan. » (Vidocq.)

FLAN (au) : C'est vrai. (Rabasse.)

FLAN (à la) : Sans préméditation, au hasard. V. *Caroubleur*. — Abréviation de *à la bonne flanquette*.

FLANCHE : Malice, ruse, biais. — « Robert voit le flanche, et dit : il faut le fouiller. » (Monselet.) V. *Mettre* (le).

FLANCHE : Jeu de roulette.

FLANCHER, FLACHER : Plaisanter. (Halbert.)

FLANCHEUR : Joueur rusé. (Rabasse.)

FLANELLE : C'est le mot *flâneur* avec changement de finale. — « Lèves-tu ce soir? — Ah ouiche! tous rapiats. — Et celui-là qui t'allume? — Flanelle! » (L. de Neuville.)

FLANOCHER, FLANOTTER : Flâner tout doucement. — « Il fit la rencontre d'un beau page de Marie-Thérèse qui flânochait en rêvant. » (Commerson.) — « Nous flânottons depuis quinze heures. » (M. Michel.)

FLAQUE : Sac de femme. (Grandval.) — Du vieux mot

flac, flacon.—Allusion de forme.

FLAQUER : Aller à la selle. (Vidocq.) — Onomatopée.

Vlà vot' fille que j'vous ramène,
Elle est dans un propr' état :
Depuis la barrière du Maine
Elle a tout flaqué dans ses bas.
(*Chanson connue.*)

FLATAR : Fiacre. (Halbert.)

FLÈME, FLEMME : Paresse subite et invincible. — « Lundi, la flemm' m'accroche. » (A. Cahen.) — Décidément, j'ai la flemme, je vais profiter d'un rayon de soleil. » (*Comm. de Loriot.*)

Jour de flemme : Jour où l'on ne peut travailler.

Battre sa flemme : Flâner, paresser.

FLEURANT : Bouquet. (Halbert.) Pour *fleurissant*.

FLEUR DE MAI, *Fleur de Marie* : Virginité. (Rabasse, Vidocq.) — Allusion à l'Immaculée et au printemps de la vie.

FLEUR DES POIS : Personne à la mode.

FLIC-FLAC (faire le) : « C'est démantibuler la gâche d'une serrure à l'aide du monseigneur. » (Du Camp.) — Forme altérée de *Fric-frac*.

FLIGADIER : Sou. (Colombey.)

FLIGUE A DARD : Agent de police. (Colombey.) Mot à mot : policier à épée. V. *Flique*.

FLINGOT : Fusil d'infanterie.

FLIQUE : « Un commissaire de police est un flique dans l'argot des filles. » (Parent-Duchatelet.)

FLIRTATION : Badinage galant, manége de coquetterie. — Anglicanisme. — « J'occupais mes moments perdus à une innocente flirtation avec le baron de L... » (*Vie parisienne*, août, 72.) — « Lady Elphinsbury réprimait la flirtation dans ses domaines. » (Aubryet, 72.)

FLIRTER : Se livrer à la flirtation. — « La dame reprocha à son infidèle de venir flirter aux Folies. » (*Figaro*, 75.)

FLOPPÉE : Volée de coups. (Halbert.)

FLOPPÉE : Foule.

FLOQUOT : Tiroir. (*Dict. d'argot*, 44.)

FLOTTANT : Poisson. (Vidocq.) Il flotte. V. Flotter.

FLOTTE : Pension en argent. Mot à mot : ce qu'il faut pour flotter pendant quelque temps. Quand on ne peut flotter, on se trouve *à sec, à la côte*. — « Je viens de recevoir ma flotte : 300 fr., plus quelque menue monnaie. » (Villemessant.)

FLOTTE : Réunion de personnes. On dit : *nous étions une flotte*, pour : *nous étions une bande*.

FLOTTER : Nager.

FLOTTER (faire) : Noyer. (Rabasse.). — Ironie.

FLOU, FLOUTIÈRE : Rien. (Grandval.)

FLOU, Vaporeux, fluide. — Répond exactement, comme prononciation, au latin *fluidus* (prononcez *flouidous*.) — C'est en effet un vieux mot. On le retrouve dans le *Testament* de Villon. Ce terme, usité d'abord dans les arts et admis à ce seul titre dans le *Dictionnaire de l'Académie*, a conservé partout la même signification de mollesse harmonieuse. — « Tu as dans le style on ne saurait dire quel moelleux, quelle grâce, quel flou. » (L. Reybaud.) — « Manquant de grâce, de tout ce qui jette du charme et du flou dans l'existence. » (*Paris étudiant*, 54.)

FLOUANT : Jeu. (Halbert.)

FLOUER : Voler au jeu. (Halbert.) Abrév. de *filouter*.

FLOUER : Escroquer. « En prenant l'argent de son prochain, on le vole ; en lui faisant accroire la chose qui n'est pas, on le trompe ; et, en lui faisant faire par ruse une faute quelconque, on l'attrape. En le trompant, l'attrapant et le volant tout à la fois, on le floue. » (Philipon, 40.)

FLOUERIE : Escroquerie, abus de confiance. — « La flouerie est au vol ce que la course est à la marche : c'est le progrès, le perfectionnement scientifique. » (Philipon, 40.)

FLOUEUR : Escroc. — « Il est des floueurs de tout âge, de tout visage et de tout rang. Il existe aussi des floueuses non moins variées. » (Philipon.) Ne s'est dit d'abord que des voleurs au jeu, car Grandval ne donne *floueur* qu'avec ce sens, qu'on retrouve dans l'acception suivante.

FLOUEUR : « Homme dirigeant un jeu de hasard de manière à exploiter la cupidité des badauds. Les jeux principaux dont il se sert sont la jamaffe, les cocanges, les trois paquets, le huit, les couteaux, la bague, les palets, etc. » (Rabasse.)

FLOUME : Femme. (Vidocq.) — Anagramme de *fumelle*.

FLOUTIÈRE : Non, rien. V. *Flou*.

FLUKE : « Course qui, contrairement à toutes les prévisions, a fait perdre le meilleur cheval. » (Parent.) Anglic.

FLUTE : Canon. — Allusion de forme. — « Jusqu'ici il n'y a qu'eux qui aient fait aller leurs flûtes. Les nôtres auront bien leur mérite. Il y en aura bien trois cents de part et d'autre pour ouvrir le bal. » (Gal Christophe, *Lettres*, 12.)

FLUTE, FLUT : Non. — Abréviation du terme suivant. (*Des flûtes*.) — « Le noble étranger m'a lâchée en me disant : Flûte ! » (*Almanach du Hanneton*, 67.) — « Flûte ! s'il grogne trop. » (Villars.) V. *Zut !*

FLUTES (des) : Non ! — On a dit « des flûtes ! » (pains longs) comme on dit *des nèfles, du flan, des navets.* — « *Oscar* : Qu'entends-je ? Mais vous m'aviez promis. — *Le marquis* : Des flûtes ! » (Marquet.)

FLYER : Un cheval très-vite. Vient de *fly* : voler. Argot de courses anglais. (Parent.) Dans un sens plus restreint, on appelle *flyer* celui qui a plus de vitesse que de fond. (Id.)

FŒTUS : Élève de première année à l'école de chirurgie militaire. — Ce terme répond à celui d'*embryon* qui se prend également au figuré dans la langue régulière.

FOIRE D'EMPOIGNE (acheter à la) : Voler. — L'ironie n'a pas besoin d'être expliquée. — « Les tableaux du capitaine Cluseret ont été achetés à la foire d'empoigne. » (*Moniteur*, 31 mai, 72.)

FOIRER : Avoir peur. — On connaît l'effet du danger sur les intestins.

FOIREUX : Poltron. — Vieux mot. — « Vous n'aurez en vostre armée que des foireux en danger d'estre renvoyés aux foyres de Francfort. » (*Paraboles de Cicquot*, 1593.)

FOIROU : Derrière. (Vidocq.)

FOLICHONNER : Folâtrer. — « Puis, nous irons trouver Florine et Coralie au Panorama dramatique où nous folichonnerons avec elles dans leurs loges. » (Balzac.)

FOLICHONNE, FOLICHONNETTE : Fille réjouie, aimant le plaisir. — « Je fus épris, comme un toqué, d'une aimable folichonnette. » (J. Kelm.) — « Une folichonneuse cancane et me plaît mieux. » (Aubry.)

FOLLE DU LOGIS : On donne ce nom très-bien trouvé à l'imagination et aussi à la poésie. — « L'imagination, cette folle du logis, a remplacé les lois naturelles par des lois arbitraires. » (Mismer.)

FONCÉ : Radical. Mot à mot : appartenant au parti rouge foncé. V. *Rouge*.

Qautre sous-préfets et vingt maires
Choisis parmi les plus foncés,
S'épandront en plaintes amères.

(G. Jollivet.)

FONCER : Se précipiter. — Abréviation d'*enfoncer*. — « Trois coquins de railles sur mesigue ont foncé. » (Vidocq.)

FONCER : Donner. V. *Babillard*, *Dardant*.

FONCER : Payer. — Mot ancien. — Abréviation de *foncer à l'appointement*. Un poète du XV° siècle, Coquillart dit déjà :

Il falloit qu'il vint, sus ou jus
La fournir à son appétit.
Car qui ne fonce de quibus.

FONDANT : Beurre. (Colombey.) — La propriété est prise pour l'objet.

FONDRIÈRES (les) : Les poches. (Rabasse.)

FONFE, FONFIÈRE : Tabatière. (Idem.) C'est une forme de *fanffe*. Même harmonie imitative du reniflement de la prise de tabac.

FORESQUE : Marchand forain. (Halbert.) — C'est *forain* avec changement de finale.

FORÊT DE MONT-RUBIN : Égout, cloaque. (Idem.)

FORME : « Un cheval est en forme quand sa santé, sa condition ne laissent rien à désirer. On dit qu'un cheval « a perdu sa forme » ou qu'il l'a « retrouvée. » (Parent.) Anglic.

FORT EN THÈME : Jeune homme qui a eu du succès au collège.

FORT-EN-GUEULE : « C'était aussi le temps de ce qu'on appelait les *engueulements*. On s'engueulait d'une voiture à l'autre ; de fenêtres à voitures, de piétons à fenêtres ; chaque société avait *son* ou *sa forte-en-gueule*, espèce de crécelle à poumons d'acier chargée de répondre à tout le monde. » (Privat d'Anglemont.)

FORTIN : Poivre. (Halbert.) — Diminutif de *fort*, dans le sens de : âcre, fort au palais.

FORTINIÈRE : Poivrière. (Idem.)

FOSSILE : Suranné. V. *Académicien.* — Ironie.

FOUAILLER : Manquer son effet. (*Dictionnaire d'argot*, 27.)

FOUAILLEUR : Libertin. — Un T de plus dans le corps du mot livre son étymologie.

FOUCADE : Idée subite, élan imprévu.

FOUCHTRA : Auvergnat, charbonnier, porteur d'eau. Allusion à son juron favori. — « Fouchtra, vous qui avez une bonne poigne, tirez-moi donc mon pantalon. » (Ed. Morin.)

FOUILLER (pouvoir se) : N'avoir pas de quoi acquérir ou conquérir. Formule ironique se prenant au figuré. — « Les garibaldiens avaient de bons fusils ; sans l'artillerie, nous pouvions nous fouiller. » (*Vie parisienne*, 67.) — « Madame, daignez-vous accepter mon bras ?... Tu peux te fouiller, calicot. » (*Alm. du Hanneton*, 67.)

FOUILLOUSE : Poche. Mot à mot : endroit où l'on *fouille*. — « Et vous aurez, sçavez-vous quoy ? force aubert en la follouse. » (*Vie de saint Christophe*, Grenoble, 1530.)

FOUINER : S'échapper. — Vieux mot. — « S'il est pressé, qué qui l'empêche de fouiner ? » (Vadé, 1755.)

FOUR : Gosier. V. *Chauffer le four.*

FOUR (faire) : Ne pas réussir. — Se disait autrefois des comédiens qui renvoyaient les spectateurs parce qu'ils n'avaient pas assez de monde. Se dit maintenant à propos de tout. — « Nous faisons four, dit Lousteau, en parlant à son compatriote la langue des coulisses. » (Balzac.)

FOUR : Portion la plus élevée d'une salle de théâtre. Allusion à la chaleur qui y règne. — « Je quitte le four et je poursuis ma promenade aux quatrièmes loges. » (De Boigne.)

FOUR BANAL : Omnibus. (Colombey.) — Tout le monde peut s'y enfourner.

FOUR IN HAND : Voiture à quatre chevaux. (Paz.) — Anglicanisme. — « Il nous a été permis d'apercevoir l'élégante Anglaise conduisant elle-même un *four in hand*. » (*Éclair*, août 72.)

FOURBI : Argent provenant de vol. (Rabasse.)

FOURBI : Friponnerie. — Abrév. de *fourberie*, si ce n'est un mot de langue franque, importé par notre armée d'Afrique. — « Quel fourbi, mon Dieu ! quel fourbi ! » (*Comm. de Loriot.*)

FOURCHETTE : Homme de grand appétit, sachant bien jouer de la fourchette. — « Bonne fourchette, excellent gobelet, plus il mangeait, plus il buvait. » (E. Villars.)

Voler à la fourchette : Voler en introduisant les deux doigts dans la poche.

Marquer à la fourchette : « Se dit d'un marchand de vins qui marque à son *débiteur* quatre consommations au lieu d'une. » (*P. Moniteur*, août 76.) Allusion aux quatre dents de la fourchette.

Jouer des fourchettes : S'enfuir.

FOURCHU : Bœuf. (Vidocq.) Ses cornes font fourche.

FOURGA, FOURGAT, FOURGASSE : Recéleur, recéleuse. *Fourgat* est la forme la plus ancienne, car elle est seule donnée par Grandval. — De *fourguer*.

FOURGAINE : Canne de jonc. (Halbert.)

FOURGONNIER : « On nomme ainsi le cantinier du bagne. » (Ponson du Terrail.)

FOURGUE : Recéleur. Abréviation de *fourgat*. « J'irai chez mon fourgue lui porter ce que j'ai à la maison. » (Beauvillier.)

FOURGUER : Vendre à un recéleur. (Rabasse.) — Du vieux mot *fourgager* : placer dehors à moitié profit. Les fourgats payent peu en effet. V. *Poisser*. (2ᵉ art.)

FOURLINE, FOURLINEUR : Voleur à la tire.

FOURLINER : Voler. — Du vieux mot *fourloignier* : écarter. V. *Litrer*.

FOURLOURE : Malade. (Vidocq.)

FOURLOUREUR : Assassin. (Idem.)

FOURMILLANTE : Foule. (Colombey.)

FOURMILLER : Marcher vite.

FOURMILLON : Marché public. — Le mot peint le fourmillement des vendeurs et des acheteurs. V. *Parrain*.

FOUROBER : Fouiller. (Colombey.) — Ce doit être un vieux mot (*four-rober*) comme *fourliner*.

FOURRIER (mauvais) : Homme intègre, servant de son mieux les ayants droit, même à son détriment. On comprend l'ironie de cette locution qui a pris naissance dans l'armée, où les fourriers sont chargés des répartitions.

FOUTAISE : « Bagatelle de peu d'importance. On dit moins incivilement *fichaise*. » (1808, Dhautel.)

FOUTIMACER : Ne faire ou ne dire rien qui vaille. (Dhautel.) — « Ne foutimacez plus les oreilles des dames. » (*Paroles grasses de Caresme-prenant*, 1620.)

FOUTREAU : Combat, action de se f..tre des coups. — « Oh ! il va y avoir du foutreau, le commandant s'est frotté les mains. » (Balzac.)

FOUTRIQUET : Homme nul. — « Tous les foutriquets à culottes serrées et aux habits carrés. » (1793, Hébert.)

FRAIS (faire ses) : Percevoir le dédommagement qu'on croit dû à ses frais d'esprit, d'amabilité ou de toilette. — « J'en obtiens un rendez-vous, et quoi qu'il arrive maintenant... j'ai fait mes frais. » (E. Sue.) — « La littérature, primée en ce moment par la peinture, ne fait pas ses frais. » (Villemot.)

FRALIN, FRALINE, FRANGIN, FRANGINE : Frère, sœur. « J'ai l'honneur de répéter à monsieur que madame n'y est absolument pour personne. — C'est bon, c'est bon, pas tant d'histoires ! et va-s'y lui dire que c'est un vieux frangin qui la demande. » (Grévin.) V. *Servir, Altèque*.

FRANC, FRANCHE : Bas, basse. (Halbert.)

FRANC : Hanté par les *affranchis*. V. ce mot. V. *Tapis, Romamichel*.

FRANCHIR : Baiser. (Halbert.)

FRANÇOIS (la faire au père) : Étrangler quelqu'un en lui jetant autour du cou une courroie à boucle sans ardillon, disposée de façon à faire nœud coulant. Pendant qu'on serre le patient, un complice le fouille. La courroie est nommée *père François*, du nom de l'escarpe qui s'en servit le premier. Cela se rapproche beaucoup de l'ancien *charriage à la mécanique*.

FRANGINE : Sœur. (Rabasse.)

FRANGIN DABE, FRANGINE DABUSCHE : Oncle, tante. Mot à mot : frère de père, sœur de mère. V. *Fralin*.

FRANGIR : Casser. (Colombey.) Vieux mot.

FRAPOUILLE : Guenille, et, au figuré, vaurien. Pour *fripouille*.

FRAPPER AU MONUMENT : Mourir. Mot à mot : frapper à la porte du monument funèbre. V. *Inférieur*.

FRÉGATE : Chapeau bicorne. Terme de marine. Renversé, il ressemble assez à la coque d'un bâtiment. — « Prenez votre frégate, ayez soin qu'elle soit petite, cambrée, inclinez-la à 45 degrés. » (*Vie parisienne*, 67.)

FRÉGATE. V. Être (en).

FRELAMPIER. V. *Ferlampier*.

FRÉMILLANTE : Assemblée. (Halbert.) — C'est une forme ancienne de *fourmillante*. Nous disons encore *fourmillement humain*.

FRÉMION : Violon. (Idem.) — Il vous fait *fourmiller*, danser.

FRÈRE ET AMI : Démagogue. — Allusion à la formule fraternelle usitée dans le parti. Elle eut cours dès 1848. — « Là-dessus, grande colère des frères et amis. On organise chez le marchand de vin du coin une souscription. » (Fr. Sarcey, juin 72.)

FRÈRE FRAPPART : Marteau. — Jeu de mots.

FRETILLANTE : Queue. (Grandval.)

FRETILLANTE, FRETILLER : Danse, danser. (Vidocq.)

FRETILLE : Paille. (Grandval.) Forme de *fertille*.

FRETIN : Poivre. (Idem.) Pour *fortin*.

FRICASSÉ : Perdu, détruit. — « La ruyne générale dont le royaume est menacé si Paris estoit fricassé. » (*Second Courrier françois*, Paris, 1649.) — Le *Dictionnaire de l'Académie* admet *fricasser* : dépenser.

FRIC-FRAC : Effraction. — Onomatopée. C'est le bruit de la chose qu'on casse. V. *Caroubleur*, *Flic-flac*.

FRICHTI : Régal. — Corruption de l'allemand *früstück* : déjeuner. — « Voilà ce que je te conseille : c'est de payer un petit frichti. » (Champfleury.)

FRICOTER : Vivre de maraude, de profits peu réguliers.

FRICOTEUR : Maraudeur. — « Ces mauvais troupiers pillaient tout sur leur passage. On les appelait des fricoteurs. » (M. Saint-Hilaire.)

FRIGOUSSER : Faire des frigousses. (Mot à mot : petits fricots.)

FRILEUX, FRILEUSE : Poltron, poltronne. (Rabasse.) — Allusion au tremblement produit par le froid comme par la peur. — « Je suis un ferlampier qui n'est pas frileux. » (E. Sue.) V. *Frousse*.

FRIME, FRIMOUSSE : Visage, physionomie. — Du vieux mot *frume*. V. *Coquer*, *Altèque*, *Gouêpeur*. — « C'est bien là le son du grelot, si ce n'est pas la frimousse. » (Balzac.)

FRIMER : Feindre, contrefaire. — « Ils commencent par leur battre comtois en *frimant* de se disputer. » (Stamir, 67.)

FRIMOUSSER : Tricher. (Vidocq.) Mot à mot : se réserver les cartes à figures ou *frimousses*.

FRIPOUILLE : Vaurien. (Rabasse.) — De *fripe*, chiffon.

FRIQUET : Mouchard. (Colombey.)

FRISÉ : Juif. (Vidocq.) — La frisure est un signe de la race.

FRISES (toucher les, aller aux) : S'élever au sublime sur la scène dramatique. Mot à mot : montrer un talent assez grand pour toucher la frise du théâtre. — « Toucher les frises est le *nec plus ultra* de l'art du comédien. Mademoiselle Rachel, dans la scène de Camille, touchait les frises. » (J. Duflot.)

FRIT : Perdu, condamné. — Vieux mot — « Nous ne savons plus quel boys tordre. Les gueux sont frits, je le vous dis. » (*La Vie de saint Christophe*, 1530.)

Rien à frire : rien à manger. — « La guerre fut en tous lieux si amère... tellement que plus rien à frire n'entrèrent à Paris. » (*La Juliade*, 1651.)

FRITE : Pomme de terre frite. — « Le modèle lui donne quelques conseils en lui prenant quelques frites. » (Bertall.) — « De même qu'on dit une voile au lieu d'un vaisseau, on dit simplement deux sous de frites. » (*Figaro*, 75.)

FROID AUX YEUX (n'avoir pas) : Être courageux. — Les lâches pleurent et le froid fait pleurer. — « Ces gaillards-là n'auront pas froid aux yeux. » (*Rienzi*, 1826.)

FROISSEUX, FROLLANT, FROLLAUX : Traître, calomniateur. (Vidocq.) De là le nom de Frollo donné par V. Hugo au traître dans *Notre-Dame de Paris*.

FROLLER, FROLLER SUR LA BALLE : Dire du mal.

FROM : Fromage. — Abréviation.

FROTESKA : Danse polonaise qui essaya, il y a une trentaine d'années, de détrôner la polka. — « L'on ne pourrait, le soir, faire vis-à-vis à la reine Pomaré au bal Mabille pour une polka, mazurka ou froteska. » (Th. Gautier, 45.)

FROTIN : Billard. Il est frotté par les billes.

FROUFROU : Froissement d'étoffe. — Onomatopée. — « Son oreille recueille précieusement le froufrou que fait la soie de sa robe. » (Ricard.)

FROUFROUTER : Faire froufrou. — « A ses côtés froufroutait, toutes jupes dehors, l'essaim de nos grandes cocodettes. » (*Figaro*, 76.)

FROUSSE : Peur. Abréviation du vieux mot *frillouseté* : frisson. V. *Frileux*.

FRUIT-SEC : « A l'École polytechnique, les fruits-secs sont ceux qui, après leur examen de sortie, ne sont pas déclarés admissibles dans les services publics. » (La Bédollière.) — « Les autres écoles ont aussi leurs fruits-secs, ou des quatrièmes accessits de Conservatoire. » (Mornand.) — Enfin on a donné ce nom à tous ceux qui ne répondent pas aux espérances qu'ils ont fait concevoir. — « Note bien qu'il est un des fruits-secs de son temps, juge d'après lui ! » (About.) — « C'est un fruit-sec du suffrage universel qui en 1871 obtint 24 voix. » (F. Magnard, 75.)

L'*Intermédiaire* de mai 1865 dit à ce sujet : « Vers 1800, un polytechnicien avait reçu le nom de *fruit-sec* à cause de nombreux envois de fruits secs que lui faisait sa famille. Cet élève n'ayant pas été reconnu capable d'entrer dans les services publics, le nom de fruit-sec passa à tous ceux auxquels un pareil malheur arrive. » — Sans ce renseignement, le mot de *fruit-sec* pourrait s'expliquer fort bien au figuré. Être reçu à l'école, c'est déjà *porter un fruit* ; ne pouvoir s'y maintenir, c'est pour ainsi dire *sécher sur l'arbre* où on espérait arriver à maturité.

FRUSQUER : Donner. (Colombey.)

FRUSQUES : Vêtements. Abréviation du vieux mot *frusquin* : garde-robe, bien mobilier. — « Les vêtements, en terme générique, sont des *frusques* ; une *pelure* est un habit ou une redingote; le pantalon est un *montant*. » (Mornand.) V. *Bibloter*.

FRUSQUIN : Coquetterie de toilette. (Halbert.)

FRUSQUINER : Habiller. (Vidocq.)

FRUSQUINEUR : Tailleur. (Vidocq.)

FUMÉ : Radicalement perdu. — « Trahison ! nous sommes fumés. » (Mélesville.)

FUMER : Se battre. (Grandval.)

FUMER, FUMER SANS TABAC : Bouillir d'impatience. Qui bout fume. — « J'ai cent mille fois, étant au bivouac, fumé sans tabac. » (Duverny, 15.) — « Ma femme à la mod' va se conformer et cela va me faire fumer. » (Metay.)

FUMERONS : Jambes maigres. — Allusion de forme. Le fumeron est un gros brin de fagot. V. *Gueule*.

FUMISTE : Trompeur, mystificateur. Mot à mot : homme qui fait *fumer* les gens.

FURIA FRANCESE : Impétuosité qui caractérise la première attaque d'une troupe française. — Italianisme. — « Les commandants supérieurs mettent des entraves à l'élan, à l'impulsion, à la furia francese. » (*Impressions du siège de Belfort*, 70.)

FUSÉE : Vomissement. — Allusion à la violence de la projection. — « V'là qu' Jean-Louis s' mit à faire z'un renard qu'était comme un' fusée d' la fête du premier vendrémiaire. » (*Catéchisme poissard*, 40.) — « Nous allumâmes un punch de six litres... Gare les fusées ! » (Michu.)

FUSIL : Gosier. — Allusion à la forme ronde et creuse du fusil. — « A présent, mon vieux, colle-toi ça dans le fusil. — Une bouteille de vitriol m'eût moins chauffé. » (*Commentaires de Loriot*.)

Repousser du fusil : Sentir mauvais de la bouche. Jeu de mot. V. *Écarter*.

FUSILLER : Envoyer de petits crachats en parlant. V. *Écarter*.

FUSILLER : Donner un mauvais dîner. — Usité dans l'armée.

Fusiller le plancher : Partir en courant. — Comparaison du bruit sec des pas sur le plancher aux détonations de la mousqueterie. — Tiens ! les deux autres qui fusillent le plancher. — En effet, les deux hommes venaient de partir. » (Du Boisgobey.)

G

GABEGIE : Fraude. Du vieux mot *gaberie* : tromperie. — « Assurément, il y a de la gabegie là-dessous. » (Desiys.)

GABELOU : Employé des contributions indirectes. — Du mot *gabloux* : officier de gabelle. — « Bras-Rouge est contrebandier... il s'en vante au nez des gabelous. » (E. Sue.)

GADIN : Bouchon. (Rabasse.)

GADOUE : Salope. — Du vieux mot *gadoue* : ordure. — « File, mon fiston, roule ta gadoue, mon homme, ça pue. » (*Catéchisme poissard*, 44.)

GAFE, GAFEUR, GAFRE : Soldat en sentinelle, voleur aux aguets pour ses complices, surveillant de prison. Ce terme vient du Midi, où *gaffe* se dit pour *recors*, parce qu'il saisit comme la perche à croc appelée *gaffe*.

GAFER, GAFFER : Guetter. (Vidocq.)

GAFFE (faire le) : Faire le guet. (Rabasse.)

GAFFIER, GAFFRE : Surveillant. — « Les gaffiers sont plus mouchiques que lago. » (Rabasse.) V. *Gafe*.

GAGAT : « Les gagats, c'étaient primitivement les houilleurs et les forgerons de Saint-Étienne ; puis le mot s'est étendu à tous les habitants de la localité sans distinction. » (Rathery.)

GAI : Excité, égayé par la boisson. — « Avoue-le, l'autre jour j'étais un peu lancé, n'est-ce pas ? — Oh ! gai tout au plus. » (Chavette.)

GAIL : Cheval. (Colombey.) — Abréviation de *galier*.

GAITTE : Argent. (Rabasse.) Pour *Guelte*.

GALAPIAT : Galopin. — Modification de finales. — « Il dit aux avocats : Vous êtes un tas de galapiats qui vous fichez du monde. » (Balzac.)

GALBEUX : Bien modelé, séduisant de galbe. — « Il n'est pas très-galbeux, mais je le crois très-roublard. » (Du Boisgobey.)

GALE : Personne aussi incommode et insupportable que la gale.

GALETTE : Matelas. (*Petit dictionnaire d'argot*, 44.) — Le nom dit assez qu'il s'agit d'un matelas mince.

GALETTE : Homme nul et plat ; contre-épaulette portée autrefois par les soldats du centre. — « Pour revêtir l'uniforme et les galettes de pousse-cailloux. » (La Bédollière.)

GALIENNE, GALIÈRE : Jument. (Halbert.) V. ce mot.

GALIER, GALLIER : Cheval.
— Vieux mot. Dans la *Vie de saint Cristophe* (Lyon, 1530), un larron s'écrie :

Cap de Dio ! tout est despendu :
J'ai mon arbaleste flouée,
Et le galier pieça vendu.

GALIFARD : « Commissionnaire, saute-ruisseaux qui porte au client les marchandises vendues au Temple. » (Mornand.)

GALIOTTE, GAYE : Partie entamée entre une dupe et deux grecs. — Le second mot est une abréviation.

GALOCHE : Menton. (Halbert.)

GALON D'IMBÉCILE : Galon de soldat de première classe. Il était donné autrefois à l'ancienneté et non au mérite. — On rencontre l'équivalent de ce mot dans les autres grades. — « Il passa capitaine à l'ancienneté, à son tour de bête, comme il disait en rechignant. » (E. About.)

GALONS (arroser ses) : Payer à boire lorsqu'on est promu sous-officier. — « Je ne dis pas que... avec les camarades, pour arroser mes galons. » (Cormon.)

GALOP : Réprimande énergique. — « Tu as tant fait, que ma mère va me donner un galop. » (Champfleury.)

GALOUSER : Chanter. (Halbert.) — Interversion de *goualer*.

GALTRON : Poulain. (Halbert.) — Diminutif de *galier* : cheval.

GALUCHE : Galon. (Colombey.) — Changement de finale.

GALUCHER : Galonner. — « J'li ferai porter fontange et souliers galuchés. » (Vidocq.)

GALUCHET : Valet de cartes. — Mot à mot : *galonné*. Allusion aux *galons* de sa livrée. — « Cinq atouts par le monarque, son épouse et le galuchet. » (Montépin.)

GALURIN : Chapeau. — *Galurin à viskop* : Chapeau à larges bords.

GALVAUDAGE : Tripotage. — « Surtout pas de galvaudage ni de chipoteries. » (Balzac.)

GALVAUDER (se) : Compromettre sa réputation par des galvaudages. — « Peut-être aurait-il pu trouver un emploi médiocre, mais Delobelle ne voulait pas se galvauder. » (Alph. Daudet.)

GAMBETTIN, GAMBETTINE : Qui est de Gambetta, qui soutient Gambetta. « Pourquoi qualifiait-il la politique gambettine ? » (F. Magnard, 75.)

GAMBETTISTE : Partisan de Gambetta, fonctionnaire nommé par Gambetta pendant l'organisation de la défense en province. — « Il y a dix journaux qui m'ont appelé gambettiste. » (Saint-Genest, 75.)

GAMBILLE : Jambe. Diminutif du vieux mot : *gambe*.

GAMBILLER : Danser. — Vieux mot de langue romane. V. *Coquer*.

GAMBILLEUSE : Coureuse de bals.

GAMBRIADE : Dame bien mise. (Rabasse.)

GAME : Rage, hydrophobie. (Halbert.) C'est un vieux mot.

GAMME : Admonestation sévère. Allusion au *crescendo* des reproches.

Monter une gamme : Gronder, tancer. — Même allusion.

GANCE : Clique. (Halbert.)

GANDIN : Dandy ridicule. Allusion à l'ex-boulevard de Gand, qui fut leur promenade favorite. — « L'œillet rouge à la boutonnière, les cheveux soigneusement ramenés sur les tempes, le faux-col, les entournures, le regard, les favoris, le menton, les bottes; tout en lui indiquait le parfait gandin, tout, jusqu'à son mouchoir fortement imprégné d'essence d'idiotisme. » (*Figaro*, 58.)

GANDIN : Tromperie. — Du vieux mot *gandie* : tromperie.

Monter un gandin : Dans l'armée d'Afrique, c'est essayer de consommer sans payer le cabaretier ou *maltais*. — « Au Temple, tromper un client, c'est monter un gandin. » (L. Lespès.)

Gandin d'altèque : Croix, décoration. (Vidocq.) Mot à mot : tromperie aristocratique.

GANDINE : Grisette. (Rabasse.)

GANDINERIE, GANDINISME : Genre du gandin. — « La population du quartier Latin aspira à la gandinerie, elle n'eut plus qu'un but, le luxe. » (*Le Passé de ces Dames*, 1860.) — « Le gandinisme, c'est le ridicule dans la sottise. » (G. Naquet.)

GANTER : Convenir, mot à mot : aller comme un gant. On dit : *cela me gante !* comme *cela me chausse*.

GANTS (donner pour les) : Donner une gratification en sus du prix convenu. — Cette expression était prise au XVIIe siècle dans l'acception générale de *pourboire*. Elle venait de l'espagnol *paragante*. — « Et le luy rendoit moyennant tant de *paragante*. » (T. des Réaux.)

GANT JAUNE : « Quand on dit d'un homme qu'il porte des gants jaunes, qu'on l'appelle un gant jaune, c'est une manière concise de dire : un homme comme il faut. » (Alph. Karr, 41.) — « Quand on a relevé les cadavres des émeutiers, qu'a-t-on trouvé en majorité ? Des malfaiteurs et des gants jaunes ! » dit M. Granier de Cassagnac dans son apologie du coup d'État de Louis Napoléon.

GARÇON DE CAMBROUSE : Voleur de campagne. — Au moyen âge, *garson* signifiait souvent *vaurien*. — « La cognade à gayet servait le trèpe pour laisser abouler une roulotte farguée d'un ratichon, de Charlot et de son larbin et d'un garçon de cambrouse que j'ai reconobré pour le petit Nantais. » (Vidocq.)

GARDANNE : « Si par rognures vous entendez les morceaux de coupons de soie, ou *gardannes*, vous ne vous êtes pas inquiété d'une branche fort lucrative de l'industrie parisienne. » (Privat d'Anglemont.)

GARDE A CARREAU (avoir une), *Se garder à carreau* : Se tenir prêt à parer tout accident. Ce doit être un jeu de mots ancien. *Carreau* signifiait jadis : trait, projectile. — « Je m'aperçus bientôt qu'il avait plus d'une garde à carreau. » (*Mémoires de Rovigo*, 29.)

GARÉ DES VOITURES : Prudent, rangé. — Allusion aux dangers de la circulation parisienne. — « Je suis honnête homme maintenant... un bourgeois garé des voitures. » (Mme Ratazzi, 66.)

GARGAMELLE : Gosier. — Vieux mot.

GARGARISER (se) : Boire à pleines rasades. C'est l'équivalent exact de *se rincer le gosier*. V. *Taper sur les vivres*.

GARGOT : Gargote. — Abréviation. — « Dans les crèmeries borgnes et dans les gargots de la grande truanderie. » (P. Parfait.)

GARGOUENNE, GARGOUINE, GARGOINE, GARGOUILLE, GARGUE : Gosier. — Tous ces mots dérivent du dernier et doivent être aussi anciens que lui. — Nous disons encore *gargouille* et *gargariser*. — « La gargouine me démange, il faut l'humecter, c' gosier, afin d' pouvoir recommencer. » (*Catéchisme poissard*, 44.) — « Ouvre la gargouine. Prends le bout de ce foulard dans tes quenottes. » (E. Sue.)

GARIBALDI (coup de) : Coup de tête donné par un malfaiteur à celui qu'il veut dépouiller le soir dans la rue. — « Arrivé près de sa victime, il se précipite sur elle en lui donnant un violent coup de tête dans l'estomac. Ils appellent cela le coup de Garibaldi. » (*Notes d'un agent*, 69.)

GARIBALDI : Courte chemise rouge, petit chapeau de feutre. — Allusion au costume du fameux patriote italien. — « On peut faire le dandy, le Garibaldi sur le coin de l'oreille. » (*Le Gai Compagnon maçon*.)

GARNAFIER, GARNAFLE : Fermier.

GARNI : Chambre garnie. — « Un lit en bois peint, une commode en noyer, un secrétaire en acajou, une pendule en cuivre, des vases de porcelaine peinte, cela s'appelle un garni. » (Champfleury.) V. *Poussier*.

GARNI : Petit hôtel meublé. — « Une maison garnie s'appelle aussi un garni en raison du bas prix des loyers. » (E. Sue.)

GARNISON : Vermine à demeure dans un lit ou sur un individu. V. *Grenadier*, *Négresse*.

GARROTAGE (vol au) : C'est le même que le vol du *père François*. (V. ce mot.) Ici la courroie est assimilée au *garrot* espagnol qui étrangle les criminels.

GAS : Malin. — « L'employé était un gas. » (Stamir, 67.) — Mot à mot : un garçon.

GATEAU (avoir du) : Avoir sa part de vol. (Rabasse.)

GATEAU (papa, maman) : Se dit des parents qui gâtent leurs enfants. — Jeux de mots sur le verbe *gâter*, et sur le gâteau qui le représente d'ordinaire vis-à-vis des enfants. — « Soit que le hasard, — ce papa gâteau des rêveurs, — ait à leur endroit des préférences spéciales. » (Marx.)

11.

GATEUSE : Longue capote à la mode en 1875. Allusion aux capotes de la Salpêtrière, hôpital réservé aux gâteux. — « Un petit gommeux complétement crevé dit au cocher d'une voix éteinte, du fond du grand collet de sa gâteuse. » (*Figaro*, 75.)

GATEUX : Imbécile. — Acception figurée d'une infirmité connue. Bien qu'elle soit assez mal-propre, on en use pour remplacer *idiot* et *infect*, qui ont fini par sembler fades. — « Puis il faut avouer, me dit M. de B..., que cet Allemand est un joli gâteux. » (*Nord*, septembre 72.)

GAUCHE (la) : Le parti de l'opposition démocratique. — Ainsi nommé parce qu'il se place d'ordinaire au côté gauche de nos assemblées législatives. — « Des sommets de la gauche, il fit pleuvoir des interpellations. » (E. d'Hervilly.)

GAUCHE (donner à) : Se tromper. Mot à mot, s'écarter de la ligne droite.

GAUCHER : Membre de la gauche de l'Assemblée nationale. — « Y a pas mal de différence entre les gauchers et les droitiers. » (*Figaro*, 75.)

GAUDILLE : Épée. (Grandval.)

GAUDINEUR : Décorateur. — Du vieux mot *gaudiner* : s'amuser. La gaieté des peintres en bâtiment est proverbiale.

GAULÉ : Cidre. Mot à mot : Vin gaulé dans les pommiers.

GAULOIS : « Autrefois c'était peut-être un compliment à un écrivain que de dire : Vous êtes Gaulois. L'esprit gaulois, c'est-à-dire la belle humeur triviale, est devenu un anachronisme. » (Aubryet.)

GAUX-PICANTIS : Pou. (Grandval.) — Halbert dit *époux*, ce qui n'est pas la même chose, mais ce doit être une faute d'impression.

GAVÉ, GAVIOLÉ : Ivre. Mot à mot : gorgé jusqu'au gosier. — Du vieux mot *gaviot*.

GAVOT : Compagnon. V. *Dévorant*.

GAVROCHE : Gamin. — Type des *Misérables* de V. Hugo. — « Augustine Brohan en gavroche. » (*Vie parisienne*, 67.)

GAY : Laid, drôle. (Vidocq.)

GAYE : Fausse partie. V. *Galiotte*.

GAYE, GAYET : Cheval. — Abréviation de *galier*. V. *Garçon*.

GAYERIE : cavalerie.

GAZ (éteindre son) : Mourir. Mot à mot : s'éteindre tout à coup comme un bec de gaz. — « La pauvre vieille éteint son gaz... Une indigestion d'andouillettes. » (About.)

GAZ (lâcher le) : Péter. — Allusion à la nature et au bruit de l'expulsion. — « D'autres dans un coin, mais sans honte, lâchent le gaz et font des renards. » (*Chansonnier*, 36.)

GAZ (faire son) : Aller à la garde-robe. (Grandval.)

GAZON : Perruque mal peignce, ébouriffée comme une touffe d'herbe.

GAZOUILLER : Parler; chanter. — Vieux mot. — « Laquelle de tous les deux qu'a le plus de choses dans le gazouillage ? » (Vadé, 1788.)

GÊNEUR : Importun, causeur gênant. — « On ne pouvait plus faire un pas dans la rue sans rencontrer un de ces gêneurs. » (P. Véron.)

GENEVIÈVE : Gin. Jeu de mots sur le genièvre qui est la même chose que le gin.

GENOU : Tête aussi nue qu'un genou. « Il ébauchait une calvitie dont il disait lui-même sans tristesse : Crâne à trente ans, genou à quarante. » (V. Hugo.) — « Dire au vieux monsieur : lâchez-moi donc le coude, mon bonhomme, et à Chaillot le genou qui renifle. » (G. Rémi, Tam-Tam, 75.)

GENREUX : Homme qui fait du genre, poseur ridicule.

GENTLEMAN : Gentilhomme, dans la langue des anglomanes. — « Nous sommes certes de parfaits gentlemen. » (Frémy.)

GENTLEMAN RIDER : « Homme du monde qui monte dans les courses. » (Paz.)

GENTRY : Société aristocratique. — « Imposant à la gentry par son nom et sa fortune. » (Aubryet.)

GEORGET : Gilet. — Vieux mot.

GERBE : An de prison. (Rabasse.)

GERBER : Juger. (Vidocq.) Mot à mot : réunir tous les actes de la vie passée, en faire une gerbe, un faisceau pour l'accusation ? V. *Manger*.

Gerber à la passe : Condamner à mort. — On dit souvent en parlant de la mort : Il faut la *passer*. — « On va le buter. Il est depuis deux mois gerbé à la passe. » (Balzac.)

GERBERIE : Tribunal. (Vidocq.)

GERBIER : Juge. (Vidocq.)

GERNAFLE : Ferme. — Pour *garnafle*.

GÉRONTOCRATIE : Puissance de la routine représentée au théâtre par le type de Géronte. M. James Fazy, de Genève, a débuté dans les lettres par un ouvrage intitulé : *De la Gérontocratie, ou Abus de la sagesse des vieillards dans le gouvernement de la France*, 28.

GI : Oui. (Halbert.) V. *Gy*.

GIBERNE : Derrière. — Allusion à la place ordinaire de la giberne. — « Il donne en riant une légère tape sur la giberne de Léa. *Léa* : Insolent. » (L. Leroy.) V. *Pinceau*.

GILBOCQUE : Billard. (Halbert.) — Onomatopée. C'est le bruit de la bille qui en rencontre une autre.

GIGOLETTE : Grisette, faubourienne courant les bals publics.

GIGOLO : Petit jeune homme fréquentant les lieux où se rencontre la gigolette.

Si tu veux être ma gigolette,
Oui, je serai ton gigolo.

(Chanson populaire, 1850.)

GILET EN CŒUR : Élégant, fashionable. — « Lundi vous trouviez au Théâtre-Français les gilets en cœur les plus brillants de Paris. » (*Figaro*, 76.) — La description suivante donne l'étymologie du mot : « Cela fait, regagnez votre domicile, glissez les jambes dans un pantalon simulant la vis au cou-de-pied ; encadrez le plastron de votre chemise dans un gilet ouvert jusqu'au nombril, et endossez l'habit noir préalablement orné d'un œillet blanc. » (Marx, 67.)

GILMONT : Gilet. — Changement de finale.

GINGINER : Faire une œillade. — « Elle gingine à mon endroit... » (Gavarni.)

GINGLARD, GINGLET : Piquette. — Du vieux mot *ginguet* : petit vin aigre. — Le vin nouveau qui est aigre s'appelait jadis *jain*. V. Lacombe. — « Nous avons arrosé le tout avec un petit ginglard à six qui nous a fait éternuer... oh ! mais, c'était ça ! » (Voizo.)

GINGUER : Envoyer des coups de jambe. — Du vieux mot *gigue*, jambe.

GIROFLE : Jolie, aimable, bonne. — « Montron drogue à sa largue : bonnis-moi donc girofle. » (Vidocq.) — V. *Coquer*.

GIROFLÉE A CINQ FEUILLES, A PLUSIEURS FEUILLES : Soufflet. — Les cinq feuilles représentent les cinq doigts de la main. — « Je vous lui donnai une giroflée à cinq feuilles sur le musiau. » (Rétif, 1783.)

GIROFLERIE : Amabilité. (Vidocq.) — De *girofle* : aimable.

GIROFLETTER : Souffleter. — De *giroflée* : soufflet. — « Ah ! l'a-t-elle girofletté ! » (Balzac.)

GIROLLE : Oui, soit. (Vidocq.)

GIRONDE : Jolie, bien faite. (Rabasse.)

GIROUETTE : Homme politique dont les opinions changent selon le vent de la fortune. On a publié depuis 1815 quatre ou cinq dictionnaires de *Girouettes*.

GITRE : J'ai. (Grandval.) Mot à mot : *j'itre*. (V. *Itrer*.) Vidocq donne à tort, croyons-nous, le verbe *gitrer*.

GIVERNEUR : Vagabond couchant dans la rue. (Vidocq.)

GLACE : Verre à boire. (Grandval.) De l'anglais *glass* qui a le même sens.

GLACI : Verre de vin. (Rabasse.) — Terme maçonnique.

GLACIÈRE PENDUE : Réverbère. (Halbert.) V. *Pendu*.

GLACIS : Vitres, carreaux. (Rabasse.)

GLAVIOT : Crachat. — Dhautel dit *Claviot*.

GLIER, GLINET : Diable. (Grandval.)

GLISSANT : Savon. (Vidocq.) — Se fait glisser.

GLISSER (se laisser glisser) : Mourir. — On dit plus souvent :

il s'est laissé glisser. Quand on glisse, on tombe, et c'est de la grande chute qu'il s'agit ici. — « C'est là (à un restaurant de la chaussée du Maine), que j'ai appris, entre autres bizarreries, les dix ou douze manières d'annoncer la mort de quelqu'un : Il a cassé sa pipe, — il a claqué, — il a perdu le goût du pain, — il a avalé sa langue, — il s'est habillé de sapin, — il a glissé, — il a décollé le billard, — il a craché son âme, » etc., etc. (Delvau, 65.)

GLORIA : Petit verre d'eau-de-vie versé dans une demi-tasse. — De même que le *gloria patri* se dit à la fin des psaumes, ce gloria d'un autre genre est la fin obligée d'un régal populaire. — « A la chaleur d'une demi-tasse de café bénie par un gloria quelconque. » (Balzac.)

Gloria : Petite demi-tasse. — « Ne fût-ce qu'une absinthe ou un gloria. » (About.)

GLORIEUSES (les) : Les trois journées de la révolution de 1830, qualifiées ordinairement de *glorieuses* dans le langage officiel d'alors. — « Les trois journées de février qui répondirent aux glorieuses de 1830 avec une si fatale symétrie. » (Aubryet.)

GLOU-GLOU : Action de verser du vin à la ronde. — Harmonie imitative du bruit du liquide en s'échappant du goulot. V. *Absorption.*

GLUTOUSE (la) : La figure. (Rabasse.)

GNAN-GNAN : Mais, maise. — Redoublement du vieux mot *niant* : rien. Talma écrit à madame Bourgoin, le 19 septembre 25 : « Vous avez prouvé au public et à vos camarades que vous êtes en état de jouer autre chose que des gnans-gnans. »

GNIAF, GNIAFFE : Savetier, et par extension : homme grossier, mal élevé. — « C'est le cordonnier gniaffe que nous nous sommes proposé surtout de peindre. » (P. Borel.) — « Je dis, monsieur le baron, que vous êtes un gniaf, et que vous me prenez pour un autre. » (E. Villars.)

GNIOL, GNIOLLE, GNOLLE : Sans valeur intellectuelle, niais. — Vient de *gnan-gnan* avec changement de finale. On a écrit ce mot de toutes les façons. La plus ancienne, celle de 1805, doit être préférée. — « Des journalistes très-ignorants se servent du mot césarisme dans une très-mauvaise acception. Il faut avoir été de l'hôtel de ville pour être aussi gniol que cela. » (J. Richard.) — « Mais il est si gniolle, ce gouvernement ! il est si feignant ! si propre à rien. » (Montépin.) — « Pas si gnolle, c'est des gosses, ça. » (Rousseliana, 95.)

GNOGNOTE : Chose sans valeur. — Même étymologie que *gnan-gnan*. — « Josepha... c'est de la gnognote. » (Balzac.)

GNOLE : Tape. — Abréviation de Torgnole. — « Quoi ! tu n' peux ly fiche une gnole dessus la tronche. » (*Dialogues poissards,* XVIIIe siècle.)

GOBANTE (femme) : Femme très-séduisante. Mot à mot : vous

gobant, vous prenant tout entier à première vue.

GOBBE : Calice. (Vidocq.) — Abréviation de *Goblet*.

GOBE-MOUCHE : Espion. (Halbert.) Mot à mot : *mouche*, faisant métier de *gober* (avaler) les gens. V. *Mouche*.

GOBÉ (Être) : Être bien accueilli. (Rabasse.) Mot à mot : être fort goûté par les gens.

GOBELET (sous le) : Sous les verrous, en prison. (Rabasse.) — Comparaison du prisonnier à la muscade couverte par le gobelet d'un escamoteur en plein vent.

GOBER (la) : Mourir, être victime d'un accident. — « Ce poltron-là, c'est lui qui la gobe le premier. » (L. Desnoyers.) V. *Billet (donner son)*.

GOBER : Être fort épris.

GOBER (se) : Se croire une supériorité. — « A la fenêtre d'un restaurant, deux cocottes dégustent des huîtres... — Moi, dit Gavroche, j'aime pas les femmes qui se gobent. » (Brévannes, 67.)

GOBESON : Verre. (Vidocq.) — Diminutif de *Gobbe*.

GOBETTE : Verre. (Halbert.) — « Je n'ai pas le sou. Il faut tout de même gagner de quoi payer la gobette (verre de vin) à la cantine. » (P. de Grandpré.)

GOBEUR, GOBEUSE : Homme crédule, femme crédule. — « Venu au monde avec toute la naïveté d'esprit qui constitue le gobeur, je rencontre à chaque instant des sceptiques. » (A. Marx.)

GOBICHONNADE : Régal, festin. — De gobichonner. — « En avant la gobichonnade ! » (Labiche.)

GOBICHONNER : Se régaler. — Diminutif du vieux mot *Gobiner*. — « Il se sentit capable des plus grandes lâchetés pour continuer à gobichonner de bons petits plats soignés. » (Balzac.)

GOBICHONNEUR : Gourmand. — « Le roi, le triomphateur des gobichonneurs. » (La Bédollière.)

GOBILLEUR : Juge d'instruction. (Halbert.) — Il avale (gobille) les réponses du prévenu.

GOBSECK : Usurier. — Nom d'un type de *la Comédie humaine*, de Balzac.

Avec son cortége damné
De Gobseks à la mine blette,
Qui vous disent d'un ton peiné :
« Ça fa tonc bas vort, la roulede ? »

(G. Jollivet.)

GODAN : Conte *fait* à plaisir. — Du vieux verbe *Goder*, se réjouir, s'amuser (*gaudere*.) — « Quand on parle de doctrines nouvelles aux gens qu'on croit susceptibles de donner dans ces godans-là. » (Balzac.)

GODARD : Mari d'une femme qui accouche.

Bientôt ma femme accouche ;
J'suis d'abord Godard.

(*Chansons*, Toulon, 30.)

Molé leur a dit : *ergo glu !*
Servez Godard, sa femme accouche !
Ce ne sera pas par ma bouche

Que l'édit sera lu, s'il l'est;
Il ne me plaist pas.

(*Le Courrier burlesque*, 1650, 2⁰ partie.)

GODDEM : Anglais. — Allusion au juron favori des Anglais.

Un gros Auvergnat, piqué jusqu'au vif,
Au Goddem mettant le poing sous le pif.

(Festeau.)

GODICHE, GODICHON : Ridicule. — « Que tu es donc godiche, Toinon, de venir tous les matins comme ça ! » (Gavarni.)

GODILLER : Être allumé par le désir, convoiter charnellement. Pour l'origine de ce mot, il faut se reporter au mot *gaudille* qui a été pris au figuré.

GODILLEUR : Convoiteur.

GODILLOT : Soulier de soldat, et par extension : mauvais soulier. C'est le nom d'un fournisseur; appliqué au produit fabriqué sans doute par beaucoup d'autres.

GOFFEUR : Serrurier. (Colombey.)

GOGO : Dupe, homme trop crédule, facile à tromper. — Abréviation du mot *gogoyé* : raillé, plaisanté. Villon paraît déjà connaître *gogo* dans la ballade où il chante les charmes de la grosse Margot qui...

Riant, m'assit le poing sur le sommet,
Gogo me dit, et me lâche un gros pet.

— « C'est encore ces gogos-là qui seront les dindons de la farce. » (E. Sue.) — « Avec le monde des agioteurs, il allèche le gogo par l'espoir du dividende. » (Deriége.)

GOGUENAUX : Lieux d'aisance. — « Il fumera dans les goguenaux aux jours de pluie. » (La Cassagne.)

GOGUENOT : Grand quart, vase de fer blanc de la contenance d'un litre dont se munissent les troupiers d'Afrique. Il va au feu, sert à prendre le café, s'utilise comme casserole et comme gobelet.

GOGUENOT, GOGUENEAU : Pot de nuit, baquet servant de latrines portatives. — « La meilleure place, la plus éloignée de la porte, des vents coulis et du *goguenot* ou thomas. » (La Bédollière.)

GOGUETIER : Membre d'une goguette. — « Le goguetier est Parisien, il est chansonnier; il aime la musique, les refrains bruyants. C'est d'ailleurs un ouvrier laborieux et honnête. » (Berthaud.)

GOGUETTE : Société chantante. — Au moyen âge, ce mot signifiait : Amusement, réjouissance. — « Il y a environ trois cents goguettes à Paris, ayant chacune ses affiliés connus et ses visiteurs. » (Berthaud.)

GOINFRE : Chantre. — Allusion à sa bouche toujours ouverte pour chanter aux offices.

GOITREUX : Niais. — Cette injure est une variante de *crétin*; on sait que les crétins sont généralement goîtreux. — « Il vient à Bullier deux sortes de gens, l'une composée de jeunes goîtreux de l'autre côté de l'eau, de ramollis aux ongles roses. » (A. Brun, 67.)

GOMME (haute) : Fashion ridicule de l'un ou l'autre sexe. Allusion à ce que certaines toilettes ont de trop empesé et de trop brillant. « Quelques renseignements sur les bas de la haute gomme féminine... Il y en a de toutes les nuances... » (F. Magnard, 75.) — « Anna est très-connue dans toute la haute et demi-gomme. » (Vassy, 1875.)

GOMMEUX : C'est le petit crevé de 1875. « La haute et basse bicherie, les purs gommeux et même des journalistes. » (A. d'Aunay, 75.) — « Dans notre ignorance parisienne, nous appelons boyard ce qu'à Saint-Pétersbourg on désigne sous le nom générique de gommeux. » (A. Wolff, 75.)

GONCE, GONCESSE : homme, femme. (Rabasse.)

GONZE, GONZESSE : Niais, niaise. — « Mais votre orange est fichée. Elle n'a point de queue ? — Allez donc, gonze. » (Vadé, 1788.) V. Aplomb, Regout, Raleur.

GOSSE : Jeune enfant. (Rabasse.) Abr. de gosselin.

Gosse : mensonge. — On disait autrefois gausse. — « Conter des gausses, faire des mensonges badins. » (Dhautel, 8.) V. Gnolle.

GOSSELIN, GOSSELINE : Jeune homme, jeune fille. (Rabasse.)

GOSSELIN : V. Être (en).

GOTEUR : Paillard. (Halbert.)

GOTON : Fille de mauvaise vie. — Abréviation de Margoton. — « Est-ce que tu nous prends pour ta goton, avec ta familiarité ? » (Catéchisme poissard, 40.)

GOUALANTE : Chanson. (Halbert.) Mot à mot : chantante.

GOUALER : Chanter. (Halbert.) Mot à mot : faire sortir du gosier. Du vieux mot goule : gosier.

GOUALEUR, GOUALEUSE : Chanteur, chanteuse. (Halbert.) — Eugène Sue a donné ce nom à l'un des types de son roman : les Mystères de Paris.

GOUAPE : Vie de gouapeur. — « J'aime mieux jouer la poule... Parce que t'es un gouapeur, mais ceux qui préfèrent le sentiment à la gouape, c'est pas ça. » (Monselet) — « Mes amis, unissons nos voix pour le triomphe de la gouape. » (C. Reybaud.)

GOUAPE, GOUAPEUR, GOUAPEUSE, GOUÊPEUR : Vagabond, fainéant, débauché.

Sans paffes, sans lime, plein de crotte,
Aussi rupin qu'un plongeur,
Un soir, un gouêpeur en ribote
Tombe en frime avec un voleur.

(Vidocq.)

Le Dictionnaire d'argot publié à la suite du Cartouche de Grandval (édition non datée, 27?) ne donne que la forme gouapeur avec la signification « homme sans asile ». On trouve une physiologie complète du type dans une chanson de J.-E. Aubry, qui a paru en 1836 : le Gouapeur. « Pauvre Dupuis, marchand de vin malheureux, que de gouapeurs trompèrent ta confiance ! » (Monselet.) — « Quant aux vagabonds adultes qu'on désigne en style d'argot des gouêpeurs. » (M. Christophe.)

GOUAPER, GOUÊPER : Vagabonder. — « J'ai comme un brouillard d'avoir gouêpé dans mon enfance avec un vieux chiffonnier. » (E. Sue.)

GOUAPEUR : « Les prisonniers occupés aux travaux des ateliers sont désignés sous le nom de gouapeur par ceux qui ne font rien. » (Rabasse.) — Ironie. V. Gouape.

GOUÉPEUR : V. Gouape.

GOUGNOTTE : V. être (en).

GOUJON (avaler le) : Mourir. — « Quoi qu'on dise et quoi qu'on fasse, il faut avaler le goujon. » (Francis, 15.)

GOULOT : Bouche. — Allusion au goulot de la bouteille. Plomber du goulot, sentir mauvais de la bouche. — Jouer du goulot, absorber des petits verres. (Almanach des Débiteurs.)

GOULU : Poêle. (Vidocq.) — Il est goulu de bûches.

GOULU : Puits. (Idem.) — Il ouvre une grande gueule comme un goulu.

GOUPINE : Mise étrange. (Halbert.)

GOUPINÉ (mal) : Mal vêtu. (Rabasse.)

GOUPINER : Voler. — « Voilà donc une classe d'individus réduite à la dure extrémité de travailler sur le grand trimar, de goupiner. » (Cinquante mille voleurs de plus à Paris, Paris, 30, in-8.) — « J'ai roulé de vergne en vergne pour apprendre à goupiner. » (Vidocq.)

GOUPLIN, GOUPLINE : Pot, pinte. (Halbert.)

GOURBI : Hutte de branchages. — Mot importé d'Afrique. — « On fait des gourbis et des gabions. » (Commentaires de Loriot.)

GOURDEMENT : Bien, beaucoup. V. Pavillonner, Artie.

GOURER : Tromper. (Halbert.) Vieux mot.

GOUREURS : « Les goureurs sont de faux marchands qui vendent de mauvaises marchandises sous prétexte de bon marché. Le faux marin qui vend dix francs des rasoirs anglais de quinze sous... goureur. L'ouvrier qui a trouvé une montre d'or et qui veut la vendre aux passants... goureur. » (Paillet.)

GOURPLINE : Pinte. (Halbert.) Ce doit être une altération du mot goupline, qu'un éditeur négligent aura défiguré.

GOUSPIN : Mauvais gamin. Diminutif du vieux mot gous, chien. — « Quarante ou cinquante jeunes gouspins bruyants et rageurs. » (Commerson.)

GOUSSE : V. Être (en).

GOUSSET PERCÉ (avoir le) : N'avoir pas un sou en poche. — « Comment faire quand on a le gousset percé ? » (Letellier, 39.)

GOUTTE : Portion d'eau-de-vie (un décilitre en général.) — « J'appelai ma mère qui buvait sa goutte au petit trou. » (Rétif, 1783.) V. *Pégossier*.

GOYE : Dupe, niais. Signifie aussi *chrétien* chez les juifs. — « Le goye te mire, le pante te regarde. » (Monselet.)

GRAILLON : Femme sale. Mot à mot : sentant le graillon de la cuisine.

GRAILLONNER : Parler. (Vidocq.) Du vieux mot *grailler* : croasser.

GRAILLONNER : Écrire. (*Petit dictionnaire d'argot*, 44.) Mot à mot : cracher de l'encre sur le papier.

GRAILLONNEUR : Homme qui expectore souvent. — « Comme c'est ragoûtant d'avoir affaire avant son déjeuner à un graillonneur pareil! » (H. Monnier.)

GRAIN : Écu. (Grandval.) C'est un vieux mot qu'on rencontre souvent. Dans la *Vie de saint Christophe* (Grenoble, 1530), deux brigands méditent une attaque contre le premier passant. « S'il avoit des grains, dit l'un d'eux, on lui raseroit le mynois. »

AVOIR UN GRAIN : Déraisonner. Mot à mot : avoir un grain de folie dans le cerveau.

Avoir un grain : Être ivre. (Rabasse.) Même allusion.

GRAISSAGE : Don d'argent fait de la main à la main. On dit *graisser la patte* pour donner de l'argent. — « De là, un graissage de patte à celui qu'on veut gagner qui constitue le plus clair des revenus du pipelet. » (J. Prevel.)

GRAISSE : Argent. — *Il y a de la graisse*, il y a un bon butin à faire.

Voler à la graisse : Voler au jeu. (Rabasse.) Altération de Grèce. V. ce mot.

Voler à la graisse : Se faire prêter sur des lingots d'or et sur des diamants qui ne sont que du cuivre et du strass. (Vidocq.)

GRAISSE : Gratter. (Halbert.) Poster, battre. (Rabasse.)

Graisser la marmite : Payer sa bienvenue dans un régiment.

Graisser ses bottes : Se préparer au départ, et, au figuré : être près de mourir, recevoir les saintes huiles.

GRAND BONNET : Évêque. (Halbert.) — Allusion à sa mitre.

GRAND TURC : Formule négative. — « Ma chère, il pense à toi comme au Grand Turc. » (Balzac.)

GRANDE : Poche. (Colombey.) Celle des voleurs doit être grande.

GRANDE BOUTIQUE : Préfecture de police. (Halbert.)

GRANITIQUE : Grandiose, impérissable. — Allusion à la dureté du granit. — « Ce drame pyramidal, obéliscal et granitique qui m'a fait frémir. » (*Alm. du Hanneton*, 66.)

GRAS (il y a) : Il y a de l'argent. — « Faire tant d'embarras quand dans le gousset il n'y a pas gras. » (Metay.) V. *Train, Vole, Graisse*.

GRAS-DOUBLE : Feuille de plomb. (Grandval.) Il s'agit ici

de la feuille employée pour la toiture et enlevée par des voleurs qui, la roulant autour du corps, sous les vêtements, se donnent un second gras-double, c'est-à-dire un embonpoint factice.

GRASDOUBLIER : Voleur de plomb. V. *Limousineur*.

GRATOUSE : Dentelle. (Grandval.) Elle gratte légèrement la peau.

GRATTE : Abus de confiance. — « Il y a de la gratte là-dessous. » (*La Correctionnelle*.)

GRATTE : Gale. (Colombey.) — Effet pris pour la cause.

GRATTE : Pièce grattée, retenue en cachette par la couturière sur les étoffes confiées par la pratique.

GRATTE-COUENNE : Barbier. (Halbert.) Mot à mot : gratte-peau.

GRATTE-PAPIER : Fourrier. — Allusion à ses fonctions de scribe. V. *Rogneur*.

GRATTER : Arrêter. (Vidocq.)

GRATTER : Voler. Mot à mot : faire la gratte. — « Au diable la gloire; il n'y a plus rien à gratter. » (M. Saint-Hilaire.)

GRATTOIR, GRATTON : Rasoir. — Il gratte la peau.

GREAT ATTRACTION : Grande attraction. — Anglicanisme. — « Le great attraction de la soirée, c'est le début d'Albert Glatigny. » (*La Lune*, 67.)

GREC : Homme faisant métier de filouter au jeu. — Il faut reconnaître que jamais le peuple grec n'a été renommé pour sa bonne foi. Saint Jérôme l'a dit nettement : *Impostor et Græcus est* (épître X *ad Furiam*). Cicéron appelait la Grèce *Græcia mendax*. Toutefois, M. Francisque Michel paraît n'avoir trouvé un exemple de la signification actuelle que dans un livre de 1758 : *L'histoire des Grecs ou de ceux qui corrigent la fortune au jeu*.

GRÈCE : Monde des grecs. « La télégraphie joue un grand rôle dans la Grèce de la bouillotte. » (Cavaillé.)

Voler à la Grèce : Voler au jeu.

GRÈCES : Filous s'entendant pour offrir à leur dupe un bénéfice considérable sur le change des pièces d'or étrangères auxquelles ils substituent, au dernier moment, des pièces fausses. « Les grèces sont perpétuellement en voyage, soit à pied, soit en voiture, pour chercher des victimes. » (*Le Paravoleur*, 26.)

GREFFER : Manquer de nourriture. (Rabasse.)

GREFFIER, GRIFFON : Chat. — Allusion à ses griffes.

C'est la dabuche Michelon
Qu'a pomaqué son greffier,
Qui jacte par la venterne
Qui le lui refilera.

Le dab Lustucru
Lui dit : « Dabuch' Mich'lon,
Allez ! votre greffier n'est pas pomaqué;
Il est dans le roulon,
Qui fait la chasse aux tretons,
Avec un bagaffre de fertange
Et un fauchon de satou.

(Chanson argotique de *la Mère Michel*, citée par M. Fr. Michel.)

GREFFIR : Dérober finement, comme le chat. (Grandval.)

GRÊLE : Patron ou maître tailleur.

GRÊLE : Tapage. (Halbert.) — Allusion au bruit de la grêle.

GRENADIER : Gros pou. Mot à mot : pou d'élite. Il faut se rappeler ici le sens de *Garnison*. V. ce mot.

GRENASSE : Grange. (Grandval.) — Vient de *grain*, comme *grenier*.

GRENOUILLE : Caisse, grosse somme. Mot à mot : réunion de *grains* (écus). V. *Grain*. On a joué sur les mots en écrivant *grenouille* au lieu de *grainouille*. — « Il tenait la grenouille. » (Vidal, 33.) — « Les soldats s'imaginent toujours que les sergents-majors mangent audacieusement la grenouille. » (La Bédollière.) — « Il a fait sauter la grenouille de la société. » (L. Reybaud.)

GRENU, GRENUCHE : Blé, avoine. (Grandval.) V. *Grenasse*.

GRENUE, GRENUSE : Farine. (Idem.)

GRÈS : Cheval. (Colombey.)

GRÉSILLONNER : Demander du crédit. (*Almanach des Débiteurs*.)

GREVIER : Soldat. (Rabasse.) Forme de *grivier*. V. ce mot.

GRÉVISTE : Ouvrier en grève — « La réunion des grévistes a l'honneur de vous faire part de ses conclusions. La journée de travail sera réduite de dix heures à huit, dont trois consacrées au repos. » (Sardou.)

GRIFFARD : Chat. (Grandval.) — Il griffe.

GRIFFLEUR : Brigadier de prison. (Halbert.) — Il fouille et *griffle* ce qu'ont les prisonniers.

GRIFFONNER : Jurer. (Halbert.)

GRIFLER : Prendre. (Grandval.)

GRILLER UNE (en) : Fumer. — « Passe-moi du tabac que j'en grille une. » (L. de Neuville.)

GRIME : Arrêté. (Halbert.)

GRIMPANT : Pantalon. (Rabasse.) Il grimpe le long des jambes. Même allusion que dans *haut de tire*.

GRINCHE : Voleur. — « Après avoir choisi l'écrin, le grinche paye le joaillier. » (Paillet.)

Grinche de cambrouse : « Les voleurs de campagnes, autrement dits *grinches de cambrouse*, *lessiveurs de croyant*, *voleurs au croquant*, exploitent uniquement la province et les foires. » (Rabasse.)

GRINCHER : Voler. V. *Turbinement*, *Plan*, *Douille*.

GRINCHEUX : Grognon.

Es-tu grincheux, es-tu maussade ?
Digères-tu mal tes repas ?
(G. Jollivet.)

GRINCHIR : Voler. (Rabasse.)

GRINCHISSAGE : Vol. V. *Parrain*.

GRINCHISSEUR : Voleur. (Rabasse.)

GRIPIS : Meunier. (Grandval.) V *Grispis*.

GRIPPE-JÉSUS : Gendarme. (Vidocq.) Inventée par des voleurs, l'épithète prouve à quel point on tient à passer pour être honnête dans tous les métiers.

GRIS : Vent. (Grandval.) — Vieux mot de langue romane. La *bise* est la sœur du *gris*. On dit encore : *un froid noir*.

GRISES (en faire voir de) : Faire endurer des souffrances à quelqu'un, qui ne peut voir en rose. — « Ma tante Aurélie qui disait l'autre jour à maman qu'elle t'en ferait voir des grises... » (Gavarni.)

GRISPIN, GRISPIS : Meunier. (Halbert.) — La farine lui donne une couleur grise.

GRIVE : Guerre. (Grandval.) — Vieux mot signifiant *fâcheux*, *méchant*. *Griever* voulait dire jadis *faire du mal*. On dit encore : *grièvement blessé* : dangereusement blessé. — « Les drilles ou les narquois, en revenant de la grive, en trimardant, quelquefois basourdissent les ornies. » (Vidocq.)

GRIVE : Garde, patrouille. (Halbert.) — Mot à mot : *réunion de griviers*.

GRIVIER : Soldat. (Halbert.) De grive (*guerre*).

GROGNARD : Vieux soldat. — Allusion à l'humeur *grognonne* des vétérans. Voici le plus ancien exemple du mot : « On appelle grognard, à l'armée, les soldats qui ont déjà beaucoup de service et qui portent des moustaches. » (Cadet-Gassicourt.)

GROOM : Petit valet. — « Savez-vous ce que c'est qu'un petit groom ? Eh bien ! c'est un petit bas des reins qu'est pas plus haut que ma botte. » (Festeau.)

GROS FRÈRES, GROS TALONS, GROS LOLOS : Cavaliers de réserve. — « Ces solides et imposants cavaliers que nous appelons des gros frères. » (Trochu, 67.) — « Gros lolo, gros talon, c'est le sobriquet donné aux carabiniers et aux cuirassiers. » (La Bédollière.)

GROSSE CAVALERIE : Cureurs d'égout. — Allusion à leurs grandes bottes.

GROTTE (être à la) : Être aux galères, au bagne. (Rabasse.)

GROUCHY (Petit) : « Article arrivé en retard à l'imprimerie. » (Balzac.) — Allusion à la tradition contestée qui impute à Grouchy la lenteur de sa marche sur Waterloo.

GROUIN : Visage. — Animalisme. — « Allons, venez, z'amoureux des vingt mille Vierges, que j' vous applique mon visage sus l' grouin. » (*Catéchisme poissard*, 40.)

GRUE : Sot, sotte. — « Les regnards ne perchent plus au poulailler ; le monde n'est plus grue. » (*Paraboles de Cicquot*, 1593.)

GRUE : « C'est ordinairement une grande belle fille qui, ne sachant que faire, un beau matin s'improvise actrice et s'en va solliciter un engagement dans un théâtre de vaudeville. » (Duflot.)

GRUTOUSE (la) : La gale.

(Rabasse.) — On a dû dire d'abord *gratouse*. Effet pris pour la cause.

GUEDOUZE : Mort. (Colombey.)

GUELTE : « La guelte était une prime accordée aux commis qui réussissent à vendre des marchandises défectueuses... Mais bientôt on s'aperçut que les employés ne s'occupaient que des articles gueltés. Alors on mit de la guelte sur toutes les marchandises. » (Naviaux.) — Germanisme. De *geld* qui veut dire *argent* en allemand.

GUENAUD, GUENAUDE : Sorcier, sorcière. (Halbert.)

GUEULARD : Gourmand. Mot à mot : à grande gueule. — « V'là du résiné pour Zidore; toi, t'auras rien, t'es trop gueulard. » (Ourliac.)

GUEULARD : Braillard.

GUEULARD : Poêle; sac. (Vidocq.) — L'un et l'autre avalent ce qu'on leur présente.

GUEULARDISE : Friandise.

GUEULE : Grosse voix. — La cause est prise pour l'effet. — « Molière était l'ami de l'avocat Fourcroi qui avait une voix de tonnerre. Une discussion s'éleva entre eux à table. Molière finit par dire : « Qu'est-ce que la rai« son avec un filet de voix contre « une gueule comme celle-là? » (Abbé Raynal, *Anecdotes littéraires*.)

Casser, crever la gueule : Frapper à la tête. — « Tu me fais aller, je te vas crever la gueule. » (A. Karr.)

Faire sa gueule : Faire le dédaigneux. Mot à mot : Faire sa tête.

Taire sa gueule : Cesser de parler. — Une caricature de 1840 porte cette légende : « Tu vas taire la gueule, ou j'te repasse un coup de savate par les fumerons. »

GUEULETON : Repas plantureux. Mot à mot : dont on a plein la gueule. — « Je ne vous parle pas des bons gueuletons qu'elle se permet, car elle n'est pas grasse à lécher les murs. » (Vidal, 33.) — « Chacun d'eux suivi de sa femme, *à l'image de Notre-Dame*, firent un ample gueuleton. » (Vadé, 1788.)

GUEULETONNER : Faire des gueuletons.

GUEUSARD : Terme amical. V. *Gueux-gueux*. « Appelle-moi gueusard, scélérat, lui dis-je. » (*Amours de Mathieu*, 32.) — « Et vous flânez souvent, gueusard ! » (E. Sue.)

GUEUSE : Prostituée. — « Il se ruina avec des gueuses, » écrit, en 1712, Saint-Simon, parlant du duc de Sully. V. *Courailler*.

GUEUX, GUEUSE : « Que j'en ai gagné de c'te gueuse d'argent! » (H. Monnier.) — Pris en bonne part.

GUEUX : Chaufferette. — « Les dames des halles se servent de ces horribles petits pots en grès qu'on nomme des *gueux*. Elles les posent sur leurs genoux pour se réchauffer les doigts. » (P. d'Anglemont.)

GUEUX-GUEUX : Mot d'amitié :

Puis quand c'est fini, le gueux-gueux
Se bichonne avec élégance.

(Marquet.)

GUIBE, GUIBOLLE, GUIBON : Jambe. — Vieux mot, car on disait jadis *guiber* pour *se débattre* des pieds. — « Si nous prenions place. Ça me botte, vu que j'ai les guibolles affaiblies. » (J. Ladimir, 42.)

GUICHEMAR : Guichetier. (Vidocq.)

GUIGNOLANT : Malheureux. De *guignon*.

GUIMBARDE : Vieille voiture. — « Monsieur, pourquoi votre guimbarde n'est-elle pas prête ? » (Cormon.)

GUINAL : Juif. (Vidocq.) Mot à mot : circoncis. De *guinaliser* : circoncire.

GUIRLANDE : Chaîne d'accouplement des forçats. — « Le poids de la manille et de la chaîn est de douze livres à peu près. — On appelle cette chaîne *guirlande*, parce que, remontant du pied à la ceinture, où elle est fixée, elle retombe en décrivant un demi-cercle, dont l'autre extrémité est rattachée à la ceinture du camarade de chaîne. » (M. Christophe, 37.)

GUITARE : Rengaîne. — Allusion ironique à l'école des troubadours classiques de 1820. Chaque volume de vers avait alors son portrait d'auteur drapé dans un manteau à grand collet et faisant vibrer son luth (guitare classique) au milieu de ruines éclairées par la lune. — « On désigne au théâtre sous le nom de *guitare* une sorte de plainte incessante, revenant comme un son monotone. » (Duflot.)

GY, GIROLLE : Oui, bien, très-bien. (Grandval.)

H

HABILLÉ DE SOIE : Cochon. — Mot à mot : habillé de *soies*. Jeu de mots.

HABIN, HABINE : Chien, chienne. (Halbert.) Pour *Happin*.

HABIT ROUGE : Anglais. — C'est la couleur favorite de leur uniforme. — « Les habits rouges voulaient danser, mais nous les avons fait sauter. Vivent les sans-culottes ! » (Mauricault, 1793.)

HALÈNES : Outil de voleur. — Allusion aux alènes de cordonnier ? — « Crois-moi, balance tes halènes. » (Vidocq.)

HALLEBARDES (Il tombe des) : Il tombe une forte pluie. Mot à mot : pluie à vous percer jusqu'aux os. — « Je pianoche, quand il tombe des hallebardes. » (Villars.)

HALOT : Soufflet. (Halbert.)

— C'est le vent ou hale du feu.

HANDICAP : Genre de courses dont la distance et les poids ne sont indiqués qu'après l'engagement. (Paz.)

HANDICAPER : Homme chargé de répartir la surcharge entre les chevaux figurant au handicap. (Paz.)

HAPPER LE TAILLIS : Fuir. Mot à mot : gagner précipitamment un fourré de bois. L'image est expressive.

Et lui soudain de happer le taillis,
Laissant le pauvre sot dedans le margouillis.
(Grandval.)

HAPPIN : Chien. (Grandval.) De *happer* : saisir.

HAPPINER : Mordre.

HARIA : Embarras. — Dès le xvᵉ siècle, on trouve *haria* dans les poésies de Coquillard. — « C'est un haria que de chasser si loin. » (Balzac.)

HARIADAN BARBEROUSSE : Christ. — Allusion à la barbe rousse du Christ. — « Il rigolait malgré le sanglier qui voulait lui faire becqueter Hariadan Barberousse. » (Vidocq.)

HARICOTS (l'hôtel des) : Prison de la garde nationale. Elle a disparu avec elle, mais non sans avoir eu ses historiographes. — Le premier bâtiment affecté à cette destination fut le vieux collége de Montaigu, place du Panthéon, dont le régime légumineux était jadis célèbre. Les *haricots de Montaigu* étaient proverbiaux. (Voyez *Barbiste*.) Il n'en a pas fallu davantage pour que les prisons de la garde nationale fussent successivement appelées *hôtels des haricots*. — « A midi, j'arrive à la prison de la garde nationale, vulgairement appelée hôtel des haricots. » (Villemot.)

HARICOT VERT : Voleur maladroit.

HARMONIE (faire de l') : Faire tapage. (Grandval.) — Ironie.

HARNAIS : Habits. V. *Bobe*.

Harnais de Grives : Équipement militaire. — « Harnais » est un vieux mot.

HARPE : Barreau de fer grillant une fenêtre de prison. — Allusion aux cordes de la harpe ou abréviation de *harpion* qui signifiait *griffe* au moyen âge. — *Harpe* se dit aussi d'une grille de fer.

HARPE (pincer de la) : Être en prison. (Rabasse.) — Jeu de mots.

HARPION : Mains, pieds. (Grandval.) V. *Arpion*.

HAUSSIER : Boursier jouant à la hausse. — « Il est bien entendu que le haussier n'achète que pour revendre, comme le baissier vend pour racheter. » (*Boursicotiérisme*.)

HAUSSMANNISER : Exproprier, démolir et reconstruire sur une immense échelle, selon les errements de M. Haussmann, ancien préfet de la Seine. — « Nous sommes décidément haussmannisés, mes chers. La moitié du jardin y passe. » (E. Villars, 66.)

HAUT DE TIRE : Culotte. (Halbert.) C'est l'ancien *haut de chausses* avec changement du dernier mot. V. *Tirant*.

HAUT-TEMPS : Grenier. (Grandval.) Pour *autan* : lieu élevé.

HAUTE (la) : La partie riche d'une caste sociale. Il y a des lorettes de la haute, des voleurs de la haute. Le malheureux qui se trouve en fonds dit en plaisantant : *Je suis de la haute.* — « Jamais aussi le sportman n'a couru les salons et *la haute*, comme on dit au club. » (Ornano, 44.) — « Des dames de la haute, non des étudiantes. » (Carmouche.) — « Il y a lorette et lorette. Mademoiselle de Saint-Pharamond était de la haute. » (P. Féval.) — « Si nous ne soupons pas dans la haute (dans un restaurant fashionable), je ne sais guère où nous irons à cette heure-ci. » (G. de Nerval.)

HAUTEUR (être à la) : Être intelligent. (Rabasse.) Mot à mot : A la hauteur de sa mission. On dit : Il n'est pas à hauteur.

HAVANE : Petit chien de race havanaise.

Havane : Tabac, cigare de la Havane. — « Le boudoir fume le Havane. » (A. Montémont.)

Havane : De couleur blond brun, comme le cigare de la Havane.

HAVRE, GRAND HAVRE : Dieu. (Halbert.) Mot à mot : port, grand port. — Dieu est le port du salut.

HERPLIS : Liard. (Halbert.)

HERS : Maître. (Colombey. — Vieux mot dans lequel on retrouve le *herus* latin, sinon le *herr* allemand.

HIC (voilà le) : Voilà le difficile de l'affaire : — Latinisme. — Vieux mot.

HIGH LIFE : Grand monde. — Anglicanisme. — « Les chroniqueurs de high life trempent leurs plumes pour décrire les magnificences du bal. » (*L'Eclair*, 72.) — « Madame de Blanchet, une de nos charmantes élégantes du high life parisien. » (*Moniteur*, 2.)

HIT : Annonce de *tipster*, confirmée par les faits. V. *tipsters*.

HOMICIDE : Hiver. (Halbert.) — Sa rigueur tue les misérables.

HOMMES A PASSIONS : V. *Passions*.

HOMME DE BOIS : Nom qu'on donne dans les imprimeries à celui qui rajuste les planches avec des petits coins en bois. (*Cabarets de Paris*, 21.) — Jeu de mots.

HOMME DE LETTRE : Faussaire. (Vidocq.) Jeu de mots.

HOMME DE PAILLE : Homme étranger aux choses accomplies sous la responsabilité de son nom. — « Quoi qu'il arrive, M. Bitterlin aurait été... son homme de paille, son gérant, son compère. » (About.) — « J'ai un prête-nom, un homme de paille, je lui confie mon argent, et il s'en sert à mon profit. » (Montépin.)

HOMME MALADE : L'empire de Turquie. — Terme ironique inventé par un ministre anglais. — On sait que cette puissance n'existerait plus en Europe sans les secrètes rivalités des gouvernements chrétiens. — « Quand il dissertait avec le ministre d'Angleterre sur l'héritage prochain de l'homme malade. » (John Lemoinne, 75.)

HOMMELETTE : Homme sans force et sans énergie. (Dhautel.) — Jeu de mots.

HONNÊTE : Printemps. (Halbert.)

HONTEUSE : V. *Être (en)*.

HOPITAL : Prison. (Vidocq.) V. *Malade* et *Fièvre cérébrale* qui complète l'allusion.

HORREURS : Propos libertins.

Quand les bégueules ont des masques,
Elles raffolent des horreurs.
(Festeau.)

Horreurs (faire des) : En venir des paroles à l'action.

HORSEFLEST : « Littéralement *viande de cheval*. On dit un connaisseur en horseflest d'un homme qui connaît de tout ce qui concerne le cheval. » (Parent.) Anglicanisme.

HORSE (clipping) : Cheval de haute qualité. — *Game horse*, cheval courageux. — *Maiden horse* : cheval qui n'a jamais gagné de prix. — *Pumped-out horse* : cheval épuisé. — *Big horse* : cheval insuffisamment entraîné. (Parent.) Argot de courses anglais.

HOTERIOT : On nomme ainsi la hotte des chiffonniers. (P. d'Anglemont.) — Diminutif de *hotte*.

HUGOLATRE, HUGOPHILE : Admirateur exclusif de Victor Hugo. — « Ah! tu es hugophile. Tu es donc un géant pensif? » (Michu.)

HUILE : Argent. (Grandval.) V. *Beurre*.

HUILE : Soupçon. — Il pénètre et s'étend comme une tache d'huile. — « L'huile, c'est le soupçon. » (Du Camp.)

HUILE DE BRAS : Vigueur corporelle.

HUILE DE COTRET : Coup de bâton. (Dhautel.) — « Il n'a plus à courir après l'offenseur, chargé de cotrets. » (*Le grand Gersay battu ou la canne de M. de Beaufort*. Paris, 1649, in-4.)

Nos bastonnades sont sûres,
Nous panserons les blessures
Avec l'huile de cotret.
(A. Letillier, *Ronde des gourdins*.)

HUIT RESSORTS : Voiture très suspendue. — « Jamais Anna Deslion, Julia Barucci, Adèle Courtois, n'ont dans le huit ressorts promené de mine aussi noble. » (*Les Cocottes*.)

HUITRE : Graillon. — Allusion d'aspect. — « Dis donc, cousin d' mon chien! mangeux d'huîtres sans citron. » (*Cat. poissard*, 40.)

Huître : Imbécile. — « Combien il a fallu d'huîtres pour fournir un pareil collier! disait un vaudeviliste à la jolie femme. — Oh! il n'en a fallu qu'une! répondit-elle en souriant. » (Marx.)

Huître de Varennes : Fève de marais. (Halbert.)

HUITRIFIER : Abrutir.

HUMANITAIRE : L'humanitaire est le zélateur d'une secte

récente... « L'humanitaire est le radical par excellence. Petites ou grandes, à ses yeux, toutes les réformes se tiennent. » (Michel Raymond, 33.)

HUMECTER : Boire. V. Casque.

HUNTER : Cheval de chasse. (Paz.) Anglicanisme.

HURÉ : Riche. (Halbert.) Pour *Huppé*.

HUSSARD A QUATRE ROUES : Conducteur d'artillerie, soldat du train des équipages. — « Aussi partagent-ils avec le train des équipages militaires le sobriquet de *hussards à quatre roues*. » (Labédollière.)

HUSSARD D'ABBAYE : Gendarme. (Rabasse.) C'est-à-dire *hussard d'échafaud*. V. *Abbaye de monte à regret*.

HUSSARD DE LA GUILLOTINE : « Le gendarme a différents noms en argot : quand il poursuit le voleur, c'est un *marchands de lacets* ; quand il l'escorte, c'est une *hirondelle de la Grève* ; quand il le mène à l'échafaud, c'est un *hussard de la guillotine*. » (Balzac.)

HUST-MUST : Grand merci. (Grandval.)

I

ICICAILLE, ICIGO : Ici. — Adjonction finale. V. *Dardant*.

IDÉALISTE : Artiste ou écrivain plaçant l'idée au-dessus de la réalité dans l'exécution. — « Ces idéalistes-là trouvent toujours qu'il y a trop de couleur ! pourquoi pas trop de toile ! » (J. Richard, 72.)

IDÉE (Une) : On dit une *idée*, un *soupçon*, un *scrupule*, une *larme*, pour *quelques gouttes de* liquide.

Idées (avoir des) : Avoir d'amoureux désirs.

IDIOT : Insulte vague. Elle peut s'adresser à des gens d'esprit. — « Il a l'air d'un chien de chasse. Est-il idiot, hein ? — Aussi, tu l'agaces, ma chère. » (E. Villars.)

IERGUE (terminaison en) : — V. *Aille*.

IGO : Ici. Abréviation d'*icigo*. — « Ce maudit ponton qui nous à trimballés igo après nous avoir secoués pendant quinze relais au milieu des prés salés. » (Rabasse.) V. *Loubion*.

ILLICO : De suite. Latinisme. — « Sans égards pour vos larmes, ils vous conduiraient *illico* à Saint-Lazare. » (*Evénement*, 1866.)

ILLICO : Grog confectionné en fraude dans les hôpitaux. — Allusion à un terme de formulaire.

IMMORTEL : Membre de l'Académie française.

IMPAIR : Bévue, ânerie dans le monde des coulisses. (Duflot.) — On dit de celui qui se trompe : « Il a fait un impair. »

IMPÉRIALE : Bouquet de poil plus grand que la *mouche* et moins grand que la *bouquine*. — « Sous le règne de Napoléon, la royale, peu en vogue du reste, prit le nom d'impériale. » (*Histoire de la Cravate*, 54.)

IMPORTANCE (d') : Fortement. — « La grosse Irma, j' vas t' la moucher, mais... d'importance, aie pas peur. » (H. Monnier.)

IMPOSSIBLE : Impossible à figurer. — « Avec son col exorbitant et ses lunettes impossibles. » (Delvau.)

IMPOT : Automne. (Halbert.)

INCOMMODE : Réverbère, (Colombey), lanterne. (Rabasse.) — La lumière incommode les voleurs.

INCOMMODÉ (être) : Être arrêté en flagrant délit. Même allusion que dans *malade*. V. ce mot.

INCONSÉQUENT : « Lorsque dans le monde, une jeune dame n'a pas très-bien su étendre le voile par lequel une femme honnête couvre sa conduite, là où nos aïeux auraient rudement tout expliqué par un seul mot, vous vous contentez de dire : « Ah ! oui, elle est fort aimable, « mais... — Mais quoi ? — Mais « elle est souvent bien *inconsé-* « *quente*. » (Balzac.)

INDE IRÆ : De là les colères. — Latinisme. — « M. Littré, scrupuleux observateur de la loi, vient de voter le rétablissement des écoles des frères. *Inde iræ !* » (*Liberté*, 72.)

INDIFFÉRER : Être indifférent. — « J'ai beau consulter mon pauvre cœur : — Oscar m'indiffère, Chamoisy m'est égal. » (Marquet.)

INEXPRESSIBLE : Pantalon. — « Au sortir des bancs du collége, où nous avions usé pendant huit années ce que la pruderie anglaise exprime par *inexpressible*. » (Mornand.)

INFANTE : Se dit ironiquement, comme *donzelle*, d'une fille de médiocre vertu.

INFÉRIEUR (ça m'est) : Cela m'est indifférent. Mot à mot : je suis au-dessus de cela. — « Après ça, que le momignard frappe au monument, ça m'est inférieur. » (De Goncourt.)

INFECT : Laid, sot. — L'infection est prise au figuré. — « Viens-tu voir la petite nouvelle ? — Pardieu ! et si elle n'est pas trop infecte, nous l'emmènerons à la Maison-d'Or. » (*Ces Petites Dames*, 62.) — « Tout ce qui se dit, s'écrit, se pense à l'heure qu'il est, est incontestablement infect. » (*Vie parisienne*.)

INFECTADOS : Cigare d'un sou. — L'ironie n'a pas besoin d'être expliquée.

INGLICHMANN : Anglais. —

« Avec ça que l'amiral l'avait fait habiller en inglichmann. » (Louis Desnoyers.)

INGRAT (être) : Ne pas savoir voler. (Rabasse.)

INGRISTE : Peintre de l'école d'Ingres. — « A vous Lehmann, Ziegler, Flandrin et autres *ingristes*. » (C. Blanc.)

INODORES : Latrines. — « Fournier aux inodores présente le papier. » (*Revue anecdotique.*) V. *Calme*.

IN PETTO : Secrètement. — Italianisme. « C'était un plat en faïence italienne que B. trouva splendide in petto. » (Frébault.)

INTÉRESSANTE (situation) : Grossesse. V. *Polichinelle*. — « Il était marié depuis six mois et sa veuve est dans un état intéressant. » (Marcade, 75.)

INSOLPE : Insolent. (Colombey.) — Changement de finale.

INSTRUIT (être) : Être adroit voleur. (Rabasse.)

INTERMEZZO : Intermède. — Italianisme. V. *Chauviniste*.

INTER POCULA : En buvant. Mot à mot : au milieu des coupes. « Ses modèles ne posent qu'après boire... devisant inter pocula. » (*Éclair*, 1872.)

INTERVER : Comprendre. (Grandval.) Pour *enterver*.

INTIME : Claqueur. — C'est un intime pour le théâtre. — « Adolphe allait en intime au Théâtre de Madame. » (*Cinquante mille voleurs de plus à Paris*, 30.)

INTRANSIGEANTS : Politiques exaltés des partis extrêmes, n'admettant aucune espèce de transaction. — « La langue s'est enrichie, il y a quelque deux ans, d'un nouvel adjectif... Les ennemis de la légalité gouvernementale établie à Madrid s'appelaient intransigeants... Le public français s'empara immédiatement du mot... » (*Petit Moniteur*, 8 oct. 75.) — « M. Madier Montjau, dans le petit voyage intransigeant qu'il opère à travers les pays rouges. » (F. Magnard.)

INVALO : Invalide. Changement de finale. — « Viens-tu entendre tousser le brutal sur l'esplanade des invalos? » (*Alm. du Hanneton.*)

INVITE : Invitation secrète. — Expression du jeu de whist qui a été prise au figuré. — « Elle est si coquette qu'elle ferait des invites à un bedeau. » (Ignotus, 75.)

IRONISTES : « Ces ironistes, qui sont capables de toute la compassion. » (Blaze de Bury, 1875.)

IRRÉCONCILIABLE : Ennemi irréconciliable du gouvernement de Napoléon III. — Le mot date des dernières années de l'Empire.

ISOLER : Abandonner. — Effet pris pour la cause. — On isole celui qu'on abandonne.

ITRER : Avoir. — Abréviation de *litrer*. — Il se conjugue sans le *t*. — « Ires-tu picté ce luisant : as-tu bu aujourd'hui? » (Halbert.)

J

JABOT : Estomac. Comparaison ornithologique. — « Enlevé la miche ! cinq minutes après nous l'avions dans le jabot. » (*Comment. de Loriot.*)

JACQUELINE : Fille de mauvaise vie. — Dans son *Vieux Cordelier*, Camille Desmoulins apostrophe ainsi Hébert : « Le banquier Kocke, chez qui toi et ta Jacqueline vous passez les beaux jours de l'été. »

JACTANCE (la) : La parole. (Rabasse.)

JACTER : Parler, crier. Mot à mot : jeter (*jactare*) les hauts cris. V. *Greffier, Loubion*.

JAFFIER : Jardin. (Halbert.)

JAFFIN : Jardinier. (Idem.)

JALO : Chaudronnier. (Halbert.)

JAMBE (faire une belle), *Rendre la jambe mieux faite* : Donner un avantage illusoire. — « Tu as maudit ton père de t'avoir abandonné ! — Ça m'aurait fait une belle jambe. » (E. Sue.)

JAMBE (s'en aller sur une) : Ne boire qu'une tournée. — « Dès l'aube, on s'offre la goutte, on s'offre le canon, on s'offre le rhum, on s'offre l'absinthe ou le bitter, et l'on ne veut jamais s'en aller sur une jambe. » (La Bédollière.)

JAMBE (lever la) : Danser le cancan (haute école). — « Elle levait la jambe avant Rigolboche. » (*Les Étudiants*, 60.)

JAMBON : Violon. — Allusion de forme et de couleur. — « Il y avait longtemps que je n'avais entendu râcler le jambon en pleine rue. » (Th. Gautier.)

JAPPE : Bavardage. — « Tais ta jappe. » (*Almanach du Hanneton*, 67.)

JAR, JARS : Argot. — Vieux mot jadis usité dans la bonne société. Voir *les Psaumes des Courtisans, dédiés aux braves esprits qui entendent le jars de la cour*. petit in-12 publié en 1620. — *Jar* est une abréviation de *jargon*.

Dévider le jars : Parler argot.

JARDINER : Ricaner, parler en se moquant. V. *Escracher*.

JARDINER QUELQU'UN : Faire parler quelqu'un. (Rabasse.)

JARDINEUR : Homme qui cherche à savoir. (Rabasse.)

JARDINIER : Voleur à l'américaine. V. *Charriage*.

JARGOLLE, JERGOLE : Normandie. (Halbert.) — On appelle les Normands *Jargoliers* ou *Jergoliers*.

JARNAFFE : Jarretière. — Changement des dernières syllabes. C'est aussi le nom d'un jeu de hasard où la jarretière joue le rôle principal.

JARS. V. *Jar*.

JARRETIÈRE : Chaîne de montre. (Rabasse.)

JASANTE : Prière. (Halbert.)

JASER : Prier. (Halbert.) — Allusion au récitatif de la prière.

JASPIN : Oui. (Grandval.)

JASPINEMENT : Aboiement. (Colombey.) — On dit aussi *jaspiner* pour aboyer.

JASPINER : Parler, causer. — Vieux mot dont *jaser* nous paraît le père. — « Ils jaspinaient argot encore mieux que français. » (Grandval, 1723.) — « Je lui jaspine en bigorne : N'as-tu rien à morfiller ? » (Vidocq.)

JAUNE : Été. (Halbert.) — All. à la couleur du soleil.

JAUNE : Eau-de-vie. — Allusion de couleur. — Nous lisons dans la *Maison du Lapin blanc*, brochure publiée vers 1858, sur le dernier « tapis » de la Cité :

Lapin blanc, que me veux-tu ?
Avec ton jaune et ton camphre
Tu déranges ma faible vertu.

JAUNE D'ŒUF (aimer avec un) : Tromper. — Allusion à la couleur du cocuage. — « Vous murmuriez à l'oreille de madame Cocodès : Je vous adore ! — Avec un jaune d'œuf, vous répondit-elle. » (Monselet.)

JAUNET : Pièce d'or. — « Un seul regret, celui de n'avoir pu débarrasser les pigeons de leurs jaunets. » (Paillet.)

JAVANAIS : « Argot de Bréda où la syllabe *va*, jetée dans chaque syllabe, hache pour les profanes le son et le sens des mots, idiome hiéroglyphique du monde des filles qui lui permet de se parler à l'oreille, — tout haut. » (De Goncourt.) — Exemple : Jaunet, *javaunavet* ; jeudi, *javeudavi*, etc.

JAVARD : Lin. (Halbert.)

JAVOTTE : Bavard. — « Tu n'es qu'une mauvaise langue, une javotte. » (Marquet.)

JAVOTTER : Bavarder. — Forme de *jaboter*. — « Elle sifflotte, elle parlotte, elle javotte. » (*Physionomie du Protecteur*, 41.)

JEANFESSE, JEANF—TRE : Coquin, misérable. — « Ça, c'est un jeanfesse. » (Ricard.) — « Grande colère du père Duchesne contre les jeanf—tres de chasseurs, qui ont voulu faire une contre-révolution. » (Hébert, 1793.)

JEAN-JEAN : Conscrit, naïf, niais. « On qualifie de *Jean-Jean* le jeune indigène que la conscription a arraché à l'âge de vingt ans d'un atelier ou d'une charrue. » (M. Saint-Hilaire.)

JE NE SAIS QUOI : Cachet indéfinissable. — « Le savoir-vivre, l'élégance des manières, le je ne sais quoi, fruit d'une éducation complète. » (Balzac.)

JEANNETON : Servante d'auberge, fille de moyenne vertu. (Dhautel.)

JÉSUITE : Dindon. (Vidocq.) — C'est aux jésuites qu'on doit l'acclimatation du dindon.

JÉSUITE : Cafard. — « On

l'appelle le jésuite, il dénonce un peu, il espionne beaucoup, il y met de l'adresse ; on y est toujours pris. » (Balzac, 42.)

JÉSUS : « Jeune et beau garçon lancé comme appeau près des sodomites que veut exploiter le chanteur. » (Canler.) V. *Chanter*. *Être (en)*.

JETTARD : Cachot. (Halbert.)

JEUNE (trop) : Dépourvu d'expérience. — Cela peut se dire à un octogénaire.

JEUNE FRANCE : « Les romantiques se divisèrent en *Bouzingois* et en *Jeune France*. » (Privat d'Anglemont.) — « Ils ont fait de moi un *Jeune France* accompli. J'ai un pseudonyme très-long et une moustache fort courte ; j'ai une raie dans les cheveux à la Raphaël. Mon tailleur m'a fait un gilet... délirant. Je parle art pendant beaucoup de temps sans ravaler ma salive, et j'appelle bourgeois ceux qui ont un col de chemise. » (Th. Gautier, 33.)

On appelait *la Jeune France* le parti des romantiques. — « La *Jeune France* est encore une de ces tournures cabalistiques qui a la prétention d'exprimer une idée grande, terrible, volcanique, sublime. » (Miss Trolloppe, 35.)

JEUNE HOMME (Avoir son) : Être gris. Mot à mot : avoir bu le broc de quatre litres que les marchands de vin appellent *Petit homme noir*. V. ce mot. — « Chaque fois qu'il rentrait avec son jeune homme. » (Privat d'Anglemont.) — « Un individu en blouse qui semblait avoir son petit jeune homme. » (G. de Nerval.)

JEUNESSE : Fillette. — « Une jeunesse, une marchande de cols. » (Cormon.)

JI : Je comprends, oui, je connais. (Rabasse.) — Forme de *gy* qui semble plus ancien.

JIROBLE : Joli. (Halbert.) Pour *Girofle*.

JOB : Niais. — Abréviation du vieux mot *jobé* : nigaud. — « Si j'étais assez job pour croire que vous me donnez toute une fortune. » (E. Sue.)

JOB (monter le) : Tromper. — *Job* est ici pour *jobard*. — *Se monter le job* : S'en faire accroire. (Rabasse.) — Dans le dialecte lillois, on dit *battre le jobre* (job), pour *faire l'innocent*.

JOBARDER : Duper. — « Je ne veux pas être jobardé. » (Balzac.)

JOBERIE : Niaiserie. (Vidocq.)

JOBISME : Pauvreté. — « Desroches a roulé comme nous sur les fumiers du jobisme. » (Balzac.) — Allusion biblique.

JOCKO : Pain long à la mode depuis 1824, année où le singe Jocko était à la mode. — « Des gens qui appellent un pain jocko un singe de quatre livres. » (Bourget.)

JOCKO : Boulanger. (*Almanach des Débiteurs*, 51.)

JOLI GARÇON : Dans une vilaine position. — Ironie : « Nous v'là jolis garçons. » (Désaugiers.)

JONC : Or. (Vidocq.) — Allusion à sa couleur jaune. — « *C'est un jonc* : C'est en or véritable. (Rabasse.) V. *Bogue, Bobe.*

JONCHER : Dorer. (Halbert.)

JORNE : Jour. — Vieux mot. V. *Poisser.*

JOSEPH (faire son) : Affecter un air chaste. V. *Putipharder.* — « Je me disais aussi : voilà un gaillard qui fait le Joseph. Il doit y avoir une raison. »(Dumas fils.)

JONQUILLE : Trompé par sa femme : Allusion à la couleur du cocuage. — « Personne ne dessine mieux que lui la tête d'un mari jonquille. » (Rivarol de 1842.)

JOUER DE : Faire marcher à sa guise. — « Nachette, en un mot, joua parfaitement du baron. » (De Goncourt.)

JOUER DE L'ORGUE : Ronfler. (Halbert.) — On dit souvent ronfler comme un tuyau d'orgue.

JOUER DES DOMINOS : Manger. (Rabasse.)

JOUER DU VIOLON : Scier des fers, (Colombey), scier des barreaux. (Rabasse.) — La scie va et vient comme l'archet.

JOUSTE : Près. V. *Juxte.*

JOUVIN : Gant de la fabrique Jouvin. — « Mes Jouvin eussent atténué peut-être l'effet de cette pression inconnue. » (Marx, 66.)

JUDACER, JUDAISER, JUDASSER : Trahir, faire de fausses amitiés. — Allusion biblique. — « Judacer, c'est dénoncer quelqu'un. » (Du Camp.)

JUDÉE : Préfecture de police. Allusion à la rue de Jérusalem.

JUGE DE PAIX : Bâton. (Colombey.) — Jeu de cartes. (Rabasse.)

JUGEOTTE : Jugement, avis. — « Dis-moi z'un peu franchement là-dessus ta petite jugeotte. » (*Léonard*, parodie, 63.)

JUGULER : Comprimer, étrangler (au figuré). — « Cottereau est mort jugulé par la Faculté. » (Raspail.)

JULES : Pot de nuit. (Rabasse.)

JUS DE BATON : Coup de bâton. — « Pour passer votre rhume, j'ai du jus de bâton. » (Aubert, 13.)

JUSTE : Cour d'assises. (Vidocq.) — Épithète invraisemblable dans la bouche d'un malfaiteur.

JUSTE-MILIEU : Parti ou partisan du *statu quo* politique, se maintenant entre la *gauche* et la *droite.* V. *Centrier.* « Voilà quels hommes composent le gouvernement dit juste-milieu. » (*L'Écho français*, 33.)

JUSTE-MILIEU : Derrière. — « Mayeux envoya la pointe de sa botte dans le juste-milieu de Mlle Justine. » (Ricard.)

JUXTE, JOUSTE : Près, contre. (Halbert.) — Vieux mot. C'est le *juxta* latin que nous avons conservé dans *Juxtaposer.*

JY : Oui. (Colombey.) Pour *Gy.*

K

KAISERLICK : Autrichien. — De l'allemand *Kaiserlich* : impérial. — « Les Kaiserlicks ont été étourdis du coup. » (Balzac.) — On dit, en altérant, *kinzerlitz*.

KOGXNOFF, KOXNOFF : Très-bien. — Abréviation de *Chocnosoff*. V. ce mot.

KOLBACK : Petit verre (sans doute parce qu'il porte à la tête.) V. *Colback*. — « Cette bienvenue se distribue au moyen d'un kolbac ou petit verre par tête. » — (A. Lecomte, 61.)

L

LA (Donner le) : Donner le ton. — Allusion musicale. — « Boyards et boyardes donnent le *la* de l'élégance en ce moment. » (*Vie parisienne*, 66.) — « Quelques articles inspirés donnent le *la* dans les grandes circonstances. » (J. de Précy.)

LABAGO : Là-bas. (Colombey.)

LA-BAS : Maison de correction de Saint-Lazare. — « *Julia à Amandine* : Comme ça, cette pauvre Angèle est là-bas ? — Ne m'en parle pas. Elle était au café Coquet à prendre un grog avec Anatole. Voilà un monsieur qui passe, qui avait l'air d'un homme sérieux avec des cheveux blancs et une montre. Il lui offre une voiture, elle accepte, un cocher arrive, et... emballée ! Le monsieur était un inspecteur ! » (*Les Cocottes*, 64.)

LA-BAS : Au bagne. — « Ils croyaient m'avoir vu là-bas. Là-bas, cela veut dire au bagne. » (Lacenaire, 36.)

LABOURER : Préparer les voies. (*Almanach des Débiteurs*, 51.)

LACHER : Négliger l'exécution d'un travail. — « Elle vit Lousteau travaillant au dernier moment et lâchant, comme disent les peintres d'une œuvre où manque le faire. » (Balzac.)

LACHER DE (se) : Livrer avec effort. — « Je suis obligé de me lâcher de ma douille en marronnant. » (Monselet.)

Lâcher d'un cran : Abandonner. « Nous verrons la semaine prochaine. Aujourd'hui j'ai ma migraine. Ernest, lâchez-moi d'un cran. » (A. Tantot.)

Lâcher de l'eau, lâcher l'écluse : Uriner. « Allons, il faut lâcher l'écluse du bas-rein. » (Parodie de Zaïre, xviii° s.) V. *Lascailler*.

Lâcher le coude : Laisser en

repos, mot à mot : quitter celui auquel on parle, ceux qui marchent bien ensemble, « se sentent les coudes, » comme on dit militairement : — « Lâchez-nous donc le coude, avec votre politique ! » (Zola.)

Lâcher la perche : Mourir. « Le plus blakbollé, le plus inconnu pendant sa vie devient, aussitôt qu'il a lâché la perche, un grand homme. » (*Corsaire*, 68.)

Lâcher la rampe : Mourir.

LÂCHEUR : Homme sur lequel on ne peut compter. Mot à mot : qui *lâche* ses amis. — « Le lâcheur est la lorette de l'amitié. » (A. Scholl, 58.) — « M. R... essaye de transiger. M. R... est un lâcheur. » (A. Millaud, 75.)

LAGO : Là. (Rabasse.)

LAGOUT : Eau à boire. (Halbert.) Mot à mot : *l'agout*. Du vieux mot provençal *agua*, eau (prononcez *agoue*).

LAINE : Mouton. (Vidocq.) — Partie prise pour le tout.

LAISSER ALLER (se) : Manquer de vertu, de courage, de santé.

LAIT A BRODER : Encre. (Vidocq.) — Allusion ironique à la couleur de l'encre.

LAIUS : Discours. — « A l'école polytechnique, tout discours est un *laïus*, depuis la création du cours de composition française en 1804. L'époux de Jocaste, sujet du premier morceau oratoire traité par les élèves, a donné son nom au genre. Les députés à la Chambre, les avocats au barreau, les journalistes dans les premiers- Paris, *piquent des laïus*. » (La Bédollière.)

LAIZÉE : Prostituée. (Rabasse.) Semble équivaloir à *Laisée, la facile*.

LA MINE : Le Mans. (Halbert.) — Transposition de lettres.

LAMPAS : Gosier. — De *lamper* : boire. « Pour l'histoire de s'assurer de la qualité du liquide et s'arroser le lampas. » (Ladimir.)

LAMPION : Bouteille. — De *lamper* : boire. — « Y a pu d'huile dans le lampion, dit Boizamort. » (Ladimir, 41.)

LAMPION : Chapeau à cornes. — « Je passe le pantalon du cipal et je coiffe le lampion. » (Bourget.)

LAMPION : Sergent de ville. — Allusion au chapeau.

LAMPION : Œil. — Il éclaire.

Si j' te vois fair' l'œil en tir lire
A ton perruquier du bon ton,
Calypso, j' suis fâché d' te l' dire.
Foi d'homme ! j' te crève un lampion.

(*Chanson populaire.*)

LANCE : Eau. — « C'est gagné ! faites servir ! six litres de vin ! six litres sans lance ! (*Catéchisme poissard*, 44.)

LANCÉ : Gris. — « Patara, au moins aussi lancé que le cheval, tapait sur la bête à tour de bras. » (*Phys. du Matelot*, 48.)

LANCÉ : Rapide projection de la jambe. — « Paul a un coup de pied si vainqueur et Rigolette un si voluptueux saut de carpe ! Les admirateurs s'intéressaient à cet assaut de *lancé* vigoureux. » (Vitu, 47.)

LANCEQUINER : Pleuvoir. (Grandval.) V. *Lansquiner*.

LANCER : Pisser. Mot à mot : lâcher l'eau.

LANCER : Bien poser, mettre en renom. — « *Poil - de - biche !* Nous ne la connaissons pas... Elle ne doit pas être lancée. » (Villars.)

LANCER SON PROSPECTUS : Distribuer des œillades chargées d'autant de promesses qu'un prospectus de marchand. — « Qu'elle aperçoive son Arthur regarder langoureusement les actrices, la lorette s'écrie : Adolphe, avez-vous bientôt fini de lancer votre prospectus ? » (M. Alhoy, 41.)

LANCEUR : Homme expert en l'art de lancer une affaire. — « La gravure et le journal ont coûté bien de la peine aux lanceurs d'affaires. » (Villemessant.)

LANCIERS (les) : C'est comme si l'on disait : Quelle rengaîne ! — « Et tu donnes là dedans ? Allons donc ! les lanciers ! » (Monselet.) — Allusion à la danse de ce nom, en vogue vers 1857.

LANDAU à BALEINES : Parapluie. (Grandval.) Mot à mot : voiture conduite à la nage par des baleines. — Jeu de mots ironique.

LANDERNAU (il y aura du bruit dans) : Se dit ironiquement d'une chose destinée à émouvoir un certain monde seulement. — « Il y aura bien eu des potins dans le Landernau de la convoitise. » (*La Cloche*, août 72.) — « Les expositions annuelles seraient supprimées. Il y aura un fier bruit dans Landernau. » (A. Wolff, 75.)

Landernau a été mis là sans raison, comme une petite ville éloignée dont le nom a paru bizarre. C'est ainsi que Carpentras, Pézénas ou Brives-la-Gaillarde ont été mis de même à contribution.

LANDIER : Blanc. (Halbert.)

LANDIER : Commis d'octroi. (Colombey.)

LANDIÈRE : Boutique de foire. (Colombey.) — De la foire du Landit.

LANGUE : (avaler sa) : Mourir.

LANGUE AUX CHIENS, AUX CHATS (donner sa) : Renoncer à deviner. — « Je donne ma langue aux chiens, dit Jérôme, je renonce. » (E. Sue.)

LANGUINER : Pleuvoir. (Halbert.) — Pour *lansquiner*.

LANSQ : Partie de lansquenet. — « Cette espèce de cornichon qui l'a dansé de 1,500 francs hier, au lansq. » (Jaime.)

LANSQUINER : Pleurer, pleuvoir. — De *lance* : eau. — « Bien des fois on rigole qu'on devrait lansquiner. » (Vidocq.)

LANTERNE : Fenêtre. (Grandval.)

LANTERNES DE CABRIOLET : Yeux fort saillants. — « Oh ! c'est vrai ! t'as les yeux comme les lanternes de ton cabriolet... » (Gavarni.) Ce mot fait image.

LANTIMÈCHE : Allumeur de becs de gaz. Mot à mot : l'antimèche. — Jeu de mots. Le gaz n'a pas de mèche. — Lantimèche est aussi un synonyme de *Chose, Machin*.

LAPIN : Homme déterminé. (Grandval.) — On a dit d'abord *vieux lapin*, et voici pourquoi : « Plus un lapin avance en âge, plus il augmente en chair, en peau et en poil. De là l'expression vulgaire par laquelle on désigne un homme de talent et de vertu en disant : C'est un vieux lapin. » (*Dict. des Ménages*, 36.) — « C'est un fameux lapin, il a tué plus de Prussiens qu'il n'a de dents dans la bouche. » (Ricard.) — « L'homme qui me rendra rêveuse pourra se vanter d'être un rude lapin. » (Gavarni.)

LAPIN : « Et puis, le jeune homme était un *lapin*, c'est-à-dire qu'il avait place sur le devant, à côté du cocher. » (Couailhac.)

LAPIN : Apprenti compagnon. — « Pour être compagnon, tu seras lapin ou apprenti. » (Biéville.)

LAPIN : Enfant dépravé. Argot du collége. Vient du vieux mot *lespin* : prostitué.

LAPIN (voler au) : « Se dit des conducteurs d'omnibus qui sonnent à leur cadran moins de voyageurs qu'il n'en monte et empochent la différence. » (Rabasse.) — *Lapin* est pris ici dans le sens général de *voyageur*.

LARBIN : Valet de cartes. — « Le roi sur le neuf n'osa plus enjamber, le larbin reparut. » (Alyge.)

LARBIN, LARBINE : Domestique. (Vidocq.) — « Le faux larbin va se poster sous la porte cochère. » (Paillet.)

Larbinerie : Valetaille.

LARCOTTIER : Paillard. (Vidocq.) — Pour *larguottier* : amateur de largues. V. ce mot.

LARD (faire du) : Paresser au lit. — « La femme ronfle et fait du lard. » (Festeau.)

Faire son lard : Se rengorger.

LARDER : Percer d'un coup de pointe.

LARDOIRE : Épée. — « Vous verrez si je manie bien la *lardoire*. » (Ricard.)

LARGE (N'en mener pas) : Être mal à son aise. — Se dit soit au physique, soit au moral.

LARGE DES ÉPAULES : Avare : (Dhautel.) — Équivoque ironique sur le mot *large* qui signifie aussi *généreux*.

LARGUE, LARQUE : Femme de voleur, prostituée âgée. (Halbert.) V. *Ménesse*. — « Si j'éprouve quelque malheur, je me console avec ma largue. » (Vidocq.) V. *Coquer, Momir*.

LARIFLA : Refrains. — Allusion au refrain d'une chanson populaire au quartier Latin. — « Je mêle des lariflas dans mes plaidoiries. Je rêve un costume de débardeur sous ma toge. » (*Paris étudiant*, 54.)

LARTIE, LARTIF, LARTON : Pain. On devrait dire *l'artie*, *l'artif*, *larton*.

LARTIN : Mendiant. (Grandval.)

LARTON BRUTAL : Pain noir. Mot à mot : pain brut.

LARTON SAVONNÉ : Pain blanc. Mot à mot : aussi blanc que du linge savonné. — « La tortillade est la même pour la quantité, mais le pivoi est plus chenu, et le larton plus savonné que lago. » (Rabasse.)

LARTONNIER : Boulanger.

LASCAILLER : Pisser. (Grandval.) — De *lance* : eau. On dit encore *lâcher de l'eau*.

LASCAR : Fantassin. — De l'arabe *el-askir*, qui a la même signification. — « Le contraste était vraiment trop drôle entre ce sous-lieutenant de demoiselles et les lascars à tous crins qu'il venait commander. » (About.)

LATTIFE : Linge blanc. (Halbert.) — Vient de *s'attifer* : faire toilette.

LAUMIR : Perdre. (Halbert.) Ce doit être une faute d'impression, si ce n'est une altération de *chaumir*.

LAVABES : Billet ou porteur de billet à prix réduit pour le service de la claque. — « Les lavabes sont ceux que l'on fait entrer au parterre des théâtres, en ne payant que quinze sous par place. » (50,000 *voleurs de plus à Paris*, 30, in-8.) — « Gustave achetait un *lavabe* pour les Variétés. » (Idem.)

LAVAGE, LESSIVE : Vente au rabais, opération désastreuse. — « Les quatre volumes in-12 étaient donnés pour cinquante sous... Barbet n'avait pas prévu ce lavage. » (Balzac.)

LAVEMENT AU VERRE PILÉ : Verre d'eau-de-vie. — L'alcool éraille le gosier comme le verre pilé. — « Todore fait venir deux lavements au verre pilé que nous avalons en douceur. » (Monselet.)

LAZAGNE : Lettre (Vidocq.) — Italianisme. V. *Balancer*.

LAVER, LESSIVER : Vendre, c'est-à-dire envoyer ses effets à une lessive dont ils ne reviennent jamais. — Même allusion dans *Passer au bleu* et *Nettoyer*. — « Comme ce n'était pas la première fois que j'avais lavé mes effets sans savon. » (Vidal, 33.) — « Il a lavé sa montre, ses bijoux, pour dire qu'il les a vendus. » (Dhautel, 08.)

LAVER SON LINGE : Purger une condamnation. Une fois la peine accomplie, on redevient blanc comme neige devant la loi.

LEADER : Orateur. — Anglicanisme. — « On ne voudrait pas que les préfets de la République conservatrice descendissent jusqu'à une espèce de polémique avec les *leaders* de la démocratie rouge. » (*Moniteur*, 72.)

LÉGITIME : Épouse légitime. — « Ces messieurs battent la campagne tandis que leurs légitimes sont à leurs trousses. » (E. Blavet.)

LÉGITIME (manger sa) : Dissiper sa fortune légitime.

LÈGRE : Foire. (Vidocq.)

LÉGRIER : Marchand forain.

LEM (parler en) : Cette méthode spéciale consiste : 1° à ajouter la syllabe *lem* à chacun des mots qu'on a l'intention de changer ; 2° à troquer la lettre *l* de *lem* contre la première lettre du mot qu'on prononce. — « Et alors que tous les trucs seront *lonbem* (bons). » (*Patrie*, 2 mars 52.) — Cet argot a été d'abord spécial à la corporation des bouchers.

On parle en *luch* comme en *lem*. On combine quelquefois les deux.

LÉON : « Léon n'est autre que le président de la Cour d'assises. » (Du Camp.)

LERMON : Étain. (Halbert.)

LERMONER : Étamer. (Idem.)

LESCAILLER : Pisser. (Halbert. — Pour *lascailler*.

LESSIVE, LESSIVER : Voir *Lavage, Laver*.

LESSIVANT : Avocat. (Rabasse.) Il cherche à vous blanchir devant le tribunal.

LESSIVE : Plaidoyer. (Rabasse.)

LESSIVEUR : Avocat. (Colombey.)

LESSIVEUR DE CROQUANT : V. *Grinche de Cambrouse*. *Lessiver* est ici synonyme de *nettoyer*.

LETTRE DE JÉRUSALEM : Lettre écrite par un détenu pour demander de l'argent. (Vidocq.) Elle partait du dépôt de la Préfecture de police, autrefois rue de Jérusalem.

LEVAGE : Opération consistant de la part d'un homme, à conquérir ou *lever* la première femme venue. De la part d'une femme, c'est amener un homme à lui faire des propositions. —

« Pas de levage, pas d'entrain. » (Mané, 61.)

LEVÉE : Arrestation. — « Si la levée a lieu dans un café, on en fait part au patron. » (Stamir, 67.)

LÈVE-PIEDS : Escalier, échelle. (Vidocq.) — Effet pris pour la cause.

LEVER : Voler. — Abréviation de Enlever. — « Robert dit : « Je suis levé, » et il nous appelle filous. » (Monselet.) — « Tiens, dit le voleur, voici un pantre bon à lever. » (Canler.)

LEVER : Faire un levage. — « Tiens, Xavier qui vient d'être levé par Henriette. » (Monselet.) — « J'irai ce soir à Bullier, et si je ne lève rien... (Lynol.) V. *Flanelle*.

LEVER : Capter. — « Il lève un petit jeune homme. Vous verrez qu'il en fera quelque chose. » (De Goncourt.)

LEVER : Arrêter.

J' lui dis qu' j'aimerais mieux m' pendre,
Ayant trop peur d'être levé.
        (A. Meigne, *Ch.*)

Être levé : « Dans l'argot des débiteurs et des créanciers, avoir à ses trousses un recors, qui vous a vu dans la rue ou déterré quelque part. » (Montépin.)

LEVER DE RIDEAU : Pièce en un acte jouée au commencement d'une soirée. — « La petite pièce, celle qu'on nomme vulgairement lever de rideau, celle qui fait vivre les vaudevillistes intimes et fricoteurs. » (*Phys. du théâtre*, 41.)

LEVER DE RIDEAU : Prime en argent. — « Il y a l'auteur qui, outre ses droits et ses billets, touche une prime sous le nom de lever de rideau. » (*Physiologie du théâtre*, 41.)

LÉZARD : Camarade sur lequel on ne peut compter. (Colombey.) — Il lézarde au soleil ou se cache dans les trous.

LÉZARD : « Le lézard vole des chiens courants, des épagneuls et surtout des levrettes. Il ne livre jamais sa proie sans recevoir la somme déclarée. » (*Almanach du Débiteur*, 51.)

LEZINER : Hésiter. (Colombey.)

LEZINER : Tromper au jeu. (Idem.)

LICHARD, LICHEUR : Buveur. Vieux mot.

LICHE (être en liche) : Faire bombance.

LICHER : Boire. (Grandval.) — Les glossaires du moyen âge disent *licharder*.

> Puis il liche tout' la bouteille ;
> Rien n'est sacré pour un sapeur.
> (Houssot.)

LICHETTE : Petit morceau.

LICHEUR : Qui aime à boire aux dépens d'autrui. (Grandval.) — « Boizamort, menuisier, bon enfant, mais licheur. » (Ladimir.)

LIÉGE : Gendarme. (Colombey.) — Il *lie* les gens arrêtés.

LIGNARD : Officier ou soldat d'infanterie de ligne. — « Les obus de nos forts viennent d'allumer un incendie, et nos lignards se gaudissent à cette vue. » (P. Véron.)

LIGNE (avoir la) : Avoir une certaine pureté de contours. — « Mon Dieu, elle n'est pas très-jolie ; mais vous savez, elle a la ligne. » (Yriarte.)

LIGNE (pêcheur à la), faiseur de lignes : Rédacteur qui tire à la ligne. — « Le pêcheur à la ligne, dit M. de Balzac, est un rédacteur qui, comme le pêcheur, vit de sa ligne. » (Marc Fournier, 44.)

LIGNE (tirer à la) : Écrire des phrases inutiles dans le seul but d'allonger un article payé à tant la ligne.

LIGNE! (vive la) : « Je rapporte un petit magot. Ah ! quelle chance! Vive la ligne! » (*Léonard, parodie*, 63.)

Ce vivat, fréquent à certains jours d'émeute où on a voulu gagner les troupes de ligne, s'applique ironiquement à tous les cas d'enthousiasme.

LIGNE A VOLEUR : Ligne blanchie à dessein de façon qu'il reste un mot pour commencer une ligne nouvelle payée comme entière. — Argot des typographes.

LIGORE : Cour d'assises. (*Petit Dictionnaire d'argot*, 44.)

LIGORNIAU : garçon maçon. (Rabasse.)

LIGOTANTE, LIGOTE : Corde servant à lier les mains d'un malfaiteur. Vieux mot qui est le frère de *ligament*.

LIGOTTAGE : Action de ligotter.

LIGOTTER : « Il est urgent de le ligotter, c'est-à-dire de lui attacher une ou deux mains. » (Rabasse.)

LILLANGE : Lille. Adjonction de finale.

LILLOIS : Fil. (Vidocq.) — On en fait beaucoup à Lille.

LIMACE, LIMASSE, LIME, LYME : Chemise. (Vidocq, Grandval.) — Vieux mots, car le glossaire de Du Cange donne *limas*, et on trouvera en se reportant au mot *passant* (soulier), un exemple ancien de *lyme*. — « Quand la limace est bien blanche, avec ses creux et ses montagnes, ça me met sens sus d'sous. » (L. de Neuville.) V. *Batousse*.

LIMACIER : Chemisier.

LIMANDE : Homme nul et plat comme le poisson de ce nom. (Vidocq.)

LIME : Chemise. Abréviation de *Limace*.

LIMONADE : Assiette. (Vidocq.) Comparaison de l'assiette à une rouelle de limon.

LIMOUSIN : Maçon. — Allusion au pays d'où la plupart des maçons sont originaires. « La nuit, ça représente encore, mais le jour ça ferait renauder des Limousins. » (*Courrier français*, 1ᵉʳ février 68.)

LIMOUSINE : Plomb. V. *Limousineurs*.

LIMOUSINEURS : « On donne le nom de *voleurs au gras-double* ou de *limousineurs* à des ouvriers couvreurs qui volent le plomb des couvertures, en coupent de longues bandes avec de bonnes serpettes, puis l'aplatissent et le serrent à l'aide d'un clou. Ils en forment ainsi une sorte de cuirasse qu'ils attachent, à l'aide d'une courroie, sous leurs vêtements. » (*Petit Journal.*) — De là le nom de Limousineur qui compare ces vêtements de plomb aux gros manteaux nommés *limousines*.

LIMOUSINIER : Entrepreneur de maçonnerie. — « Celui-ci était un *limousinier* (maçon qui dresse les murs). Il avait des avances : il loua un terrain pour y bâtir. » (Privat d'Anglemont.)

LINGE (avoir du) : Avoir de la toilette. — « Et Bovarine ! qu'est-ce que c'est ? Ça a-t-il du linge ? » (L. de Neuville.)

LINGRE : Couteau. (Vidocq.) Allusion à Langres, si renommée pour sa coutellerie.

LINGRER : Frapper à coups de couteau.

LINGRERIE : Coutellerie.

LINGRIOT : Canif.

LINGUER : Tuer. (Rabasse.) Forme altérée de *lingrer*.

LINSPRÉ : Prince. (Vidocq.) — Anagramme.

LION : Homme à la mode. — « Depuis que nous avons attrapé ce mot anglais, qui s'applique, à Londres, à toutes sortes de notabilités, nous en avons fait abus comme du calicot et du fil d'Écosse. Il ne se fait pas un vaudeville, un feuilleton, un roman de mœurs contemporaines, qui ne parle des *lions* de Paris. Aujourd'hui, pour être *lion*, la moindre chose suffit : avec un pantalon jaune, un chapeau neuf, des moustaches, vous êtes reçu *lion* d'emblée. Nous avons eu des *muscadins*, des *incroyables*, des *impayables*, des *élégants*, des *beaux*, quelques *fashionables;* mais appeler *lions* des jeunes gens qui mangent doucement de pauvres patrimoines, c'est une parodie bien amère. » (Roqueplan, 41.)

Le lion du jour : L'homme dont on parle le plus, à un titre quelconque. — Anglicanisme.

LIONCEAU : Lion ridicule. — « La moustache cirée d'un jeune lionceau. » (L. de Neuville.)

LIONNES : « C'étaient de petits êtres féminins, richement mariés, coquets, jolis, qui maniaient parfaitement le pistolet et la cravache, montaient à cheval, prisaient la cigarette. » (Deriége.)

LIONNERIE : Monde des lions. — « Nous étions installés dans un restaurant cher à la lionnerie. » (Mornand.)

LIQUID : Liquidation de Bourse. — « Liquid est mis ici pour liquidation. Le coulissier facétieux se plaît à abréger ses formules, et dit *liquid* comme on dit *d'autor, d'achar, soc* ou *démoc.* » (Mornand.)

LISETTE! (pas de ça) : Formule négative. — « Un jeune drôle fait la cour à ma nièce. Pas de ça, Lisette! » (Ricard.) L'expression se trouve déjà dans une brochure publiée en 1786, *l'Ane promeneur.* « Il m'enfilerait. Non, pas de ça, Lisette! »

LITRER : Contenir, posséder. — Vient de *litre* comme *cuber* vient de *cube.* — « J'avais balancé le bogue que j'avais fourliné et je ne litrais que nibergue en valades. » (Vidocq.)

LOCANDIER : « Le *locandier* est une des nombreuses variétés des voleurs au bonjour. Sous prétexte d'examiner un logement à louer, il vole avec dextérité. » (A. Monnier.)

LOCHE : Oreille.

LOCHER : Écouter. (Vidocq.)

LOFAT : Aspirant au grade de compagnon. — « C'était pour le baptême d'un lofat... On devait le baptiser à la Courtille. » (*La Correctionnelle.*)

LOFFIAT : Maladroit, naïf, imbécile. (*Petit Dictionn. d'argot*, 44.)

LOFFITUDE : Naïveté. (Idem.)

LOIR : Prison. V. *Motte.*

LOLO : Lait. — Mot redoublé.

LOLO, LORETTE : La première syllabe du mot est seule conservée et redoublée. — « On donne le nom de lolos aux jeunes beautés du quartier Notre-Dame de Lorette... La lolo déjeune souvent avec un pain de gruau, mais elle boit du champagne. » (*Almanach du Débiteur*, 51.)

LONDRÈS : Cigare de la Havane. — « Je me rejetai dans le fond de la voiture et j'allumai un londrès. » (Mornand.)

LONG : Niais, simple. (Grandval.)

LONGCHAMP : « Cour oblongue, bordée d'une file de cabinets dont nous laissons deviner la destination. Comme c'est le seul endroit où, pendant les heures d'étude, les élèves de l'École polytechnique puissent aller fumer, le *longchamp* a acquis une grande importance. » (La Bédollière.)

LONGUE, LONGE : Année passée au bagne. (Grandval.) — L'année y est longue à passer. — « Quelle veine que t'as. Dix longes, ça se tire, mais perpette! pas toujours! » (Stamir.)

LONTOU : Toulon. (Rabasse.) Anagramme.

LOPHE : Faux, contrefait. — Anagramme précédé d'une L. V. *Fafiot*.

LOQUE (parler en) : Même procédé que pour parler en *lem*. V. *Lem*. « Tu vas peut-être me traiter de loufoque d'aller au turbin avec des objets pareils. » (Beauvilliers.)

LOQUES : « Le gamin de Paris a sa monnaie qui se compose de tous les petits morceaux de cuivre façonné qu'on peut trouver sur la voie publique. Cette curieuse monnaie prend le nom de *loques*. » (V. Hugo.)

LORETTE : Femme galante. « *Lorette* est un mot décent inventé pour exprimer l'état d'une fille ou la fille d'un état difficile à nommer, et que dans sa pudeur l'Académie a négligé de définir, vu l'âge de ses quarante membres. Quand un nom nouveau répond à un cas social qu'on ne pouvait pas dire sans périphrase, la fortune de ce mot est faite. Aussi la *lorette* passa-t-elle dans toutes les classes de la société, même dans celles où ne passera jamais une lorette. Le mot ne fut fait qu'en 1840, sans doute à cause de l'agglomération de ces nids d'hirondelles autour de l'église dédiée à Notre-Dame de Lorette Ceci n'est écrit que pour les étymologistes. » (Balzac.) — « Chassées des quartiers sérieux, les plus ou moins jeunes personnes qui se livrent à la perdition des fils de famille refluent donc vers ces constructions, qui forment une espèce de ville nouvelle, partant du bout de la rue Laffitte jusqu'à la rue Blanche, comprenant les rues Neuve-Saint-Georges, La Bruyère, Bréda, Navarin, et prenant son nom de la rue principale, Notre-Dame-de-Lorette. L'ensemble de ces rues s'appelle le quartier des Lorettes, et par extension toutes ces demoiselles reçoivent dans le langage de la galanterie sans conséquence le nom de lorettes. » (Roqueplan, *Nouvelles à la main*, 41.) — « Les lorettes, moi, j'aime cela ; c'est gentil comme tout, ça ne fait de mal à personne !... des petites femmes... qui gagnent à être connues. » (Gavarni.)

LORGNE : Borgne. (Vidocq.) — Abréviation de *Calorgne* : borgne (vieux mot).

LORGNE : As. (Ibid.) — C'est une carte borgne.

LOUBION : Bonnet. — « Il faut igo avoir le loubion en poigne pour leur jacter. » (Rabasse.)

LOUBIONNIER : Bonnetier.

LOUCHE : Main. — Comparaison de la main à la grande cuiller appelée *louche*.

LOUCHER (faire) : Faire changer de manière de voir, d'opinion. — « Avec qui que tu veux que je soye ? Est-ce que ça te fait loucher ? » (Monselet.)

LOUCHÉE : Cuillerée. (Halbert.) V. *Louche*.

LOUFOQUE : Aliéné. (Rabasse.) — C'est le mot *fou* soumis au procédé argotique de déformation en *loque*. — « Tu vas peut-être me traiter de loufoque d'aller au turbin avec des objets pareils. » (Beauvilliers.)

LOUGÉ : Agé. (Idem.)

LOULOTTE : Petite dent. Allusion aux dents du loup dont on parle toujours aux petits enfants.

LOULOU : Mot d'amitié. — Redoublement de Loup. On dit aussi *mon gros loup*. — « Mon loulou, j'suis heureux quand je t'embrasse. » (Aug. Hardy.) — « C'est la louloute à son chéri. » (Montépin.)

LOUP : Sottise, erreur.

LOUP : Dette criarde, créancier. (Dhautel, 1808.) — « Un loup ! un créancier, si vous aimez mieux. » (Décembre-Alonnier.) — Au théâtre, *un loup* est une scène manquée.

LOUP DE MER : Marin aguerri.

> Pour mener à bien son esquif
> Le vrai loup de mer se dispense
> De longer toujours un rescîf.
>   G. Jollivet.

LOUPE : Fainéantise, flânerie — « Ma salle devient un vrai camp de la loupe. » (Decourcelle, 36.)

LOUPER : Flâner. — « Quand je vais en loupant, du côté du Palais de Justice. » (*Le Gamin de Paris*, 38.)

LOUPEUR : Rôdeur. — « Que faisaient-elles, ces loupeuses ? » (Lynol.)

LOURDAUT : Portier. (Grandval.)

LOURDE, LOURDIÈRE : Porte. — On ne les faisait pas légères jadis et pour cause. V. *Bocson, Tremblant*.

Lourde à pessigner : Porte à enfoncer. (Rabasse.)

LOURDIER : Concierge. (Rabasse.)

LOUSTEAU : Domicile, diable. (Halbert.) — Dans le sens de domicile *lousteau* est un mot ancien qu'on doit lire *l'ousteau*, c'est-à-dire *l'hôtel*, *l'habitation particulière*.

LOUSTO (aller à) : Aller en prison. (Rabasse.) — *Lousteau* doit être une forme de *lousteau* (maison), ce qui veut dire ironiquement *rentrer au domicile*. La prison est le domicile naturel des malfaiteurs.

LOVELACE : Séducteur de femmes. C'est le nom du héros du roman de *Clarisse Harlowe*. (Richardson.) Voyez *Faublas*.

LUCARNE : Lorgnon, monocle. — « Du malheureux monde comme ça, ça n'y voit que d'un œil, et encore pas sans lucarne. » (Gavarni.)

LUCH (parler en) : V. *Lem*.

LUCHEBEM : Boucher. (Rabasse.) — C'est *boucher* déformé en *lem*. (V. ce mot.)

LUCTRÈME : Fausse clef. — « Mon Dartagnan file le luctrème dans la porte » (Beauvilliers.)

LUISANT, RELUIT : Jour. — Allusion de lumière. « Pitachons pivois chenâtre jusques au luisant. » (Grandval.)

LUISANTE : Nuit, fenêtre. (Halbert.)

LUISANTE : Lune. (Vidocq.)

LUISARD : Soleil. (Idem.)

LUISARDE : Lune. (Halbert.) — « Tous les chiffonniers savent ce patois énergique qui appelle la lune une luisarde. » (La Bédollière.)

LUMIGNON (le grand) : Le soleil. (Rabasse.)

LUNCH : Collation. — C'est d'Amérique que viennent le mot et la mode. — « Les frais de ce *lunch* ne sont plus à la charge des mariés. » (*Petit Moniteur*.)

LUNDI (faire le) : Manquer à son travail ; continuer, le lundi, l'inaction du dimanche.

LUNE, PLEINE-LUNE, DEMI-LUNES : Derrière. — Allusion de forme. — « En voilà une bonne ! il a pris la lune de Pétronille pour sa figure. » (P. de Kock.) V. *Cadran*.

LUNE : Figure ronde comme la lune. — « Cora P. est à Maisons-Laffitte, elle engraisse énormément. C'est tellement visible qu'on ne l'appelle plus que la lune rousse. » (*Éclair*.)

LUNE : Variation d'humeur influant sur l'homme comme la lune influe sur le temps. — « C'est un musicien qui ne doit pas être commode, il doit avoir des lunes. » (*Comment. de Loriot*, 69.)

LUQUES, LUQUETS : Faux papiers, images. (Grandval.)

LURON : Saint-Sacrement. (Colombey.) — Allusion au rond de l'hostie.

LUSQUIN : Charbon. (Halbert.)

LUSQUINES : Cendres. (Idem.)

LUSTRE : Juge. (Idem.)

LUSTRE (admirateur, chevalier du) : Claqueur posé au parterre sous le lustre. — « Les admirateurs du lustre donnèrent, mais le public resta froid. » (L. Reybaud.)

LUSTRER : Juger. (Halbert.)

LYCÉE : Prison. (Rabasse.) C'est le mot *collége* approprié aux exigences modernes. V. *Collége*.

LYONNAISE : Soierie. (Vidocq.) — Lyon est le centre de la fabrication des soieries.

M

M ! : Abréviation d'une injure employée déjà par Rabelais. « Merde ! mot ignoble et grossier, dont le bas peuple se sert dans un sens négatif, » écrivait Dhautel en 1808. Ce n'est pas seulement dans le bas peuple que M... est usité, comme on va le voir par le second des textes suivants. Celui-ci est extrait du *Temps* du 16 août 1872 :

INCIDENT D'AUDIENCE AUX ASSISES.

L'accusé Lhermine est un jeune homme de vingt-cinq ans, mais qui paraît à peine âgé de dix-huit ; blond, grêle, court. Sa petite figure blême et vicieuse semble taillée en lame de couteau. Il n'a pas commis moins de quarante-sept vols qualifiés. C'est lui-même qui, au cours de l'instruction, les a indiqués au magistrat et en a fait vérifier les détails. Il est en outre accusé de coups volontairement portés à sa mère légitime. M. le président se tourne vers l'accusé et, comme il est prescrit par la loi, il l'interroge.

M. le président : Accusé, levez-vous. Vos nom et prénoms ?
L'accusé : Auguste Lhermine.
M. le président : Votre âge ?
L'accusé : Merde !

Ce mot ordurier, prononcé à haute voix, est entendu par tout le monde. L'auditoire fait entendre des rumeurs.

M. le président : Accusé, dans votre propre intérêt, je dois vous engager à la circonspection. Vous avez peut-être été victime d'habitudes grossières ou d'un mouvement irréfléchi. Magistrats, nous voulons bien oublier cet outrage, qui ne saurait d'ailleurs nous atteindre. Veillez sur vous désormais. Votre défenseur va vous entretenir. Il vous conseillera. Je le répète, c'est dans votre propre intérêt que je parle.

Après un quart d'heure de suspension, les jurés reprennent place, au milieu de l'émotion vive de l'auditoire, et la cour reprend séance.

M. le président : Messieurs les jurés, mon devoir m'oblige à faire subir, avant la prestation de votre serment, un interrogatoire à l'accusé pour constater son identité, je vais le reprendre... Accusé, vos nom et prénoms ?

L'accusé ne répond pas.

M. le président renouvelle sa question.

L'accusé, d'une voix plus décidée : Merde !

Des murmures éclatent dans toute la salle. Sur les réquisitions du ministère public, la cour condamne Lhermine à deux ans de prison. C'est le minimum de la peine en cas d'outrage à la cour.

Notre second texte (pris dans la *Liberté* du 8 septembre), rend compte d'une affaire jugée le 7 septembre 1872, par le tribunal de Pont-l'Évêque. Voici la déposition d'un témoin :

Le troisième témoin, Leprêtre (Auguste-Émile), vingt-quatre ans, douanier à Deauville, est appelé. Lecture est donnée de sa déposition devant le juge d'instruction : « Le 14 août, vers cinq heures, j'étais de service sur la jetée de Deauville, avec mon camarade Ollivier, lorsque je vis rentrer une embarcation. Des personnes qui s'y trouvaient criaient : « Vive Napoléon ! A bas Thiers ! Vive la France ! Merde pour Thiers ! » Ces cris ont été poussés à plusieurs reprises par quatre personnes. Ils ont continué jusqu'à l'avant-port. Nous laissâmes approcher l'embarcation et pûmes prévenir notre capitaine Je remarquai surtout une personne criant. » Mis en présence de l'inculpé, le témoin a reconnu M. de V... pour être la personne la plus animée.

M. de V... fut condamné à trois jours de prison, mais la politique s'en mêlant, il vit plaider sa cause par un certain nombre de journaux, dont pas un n'exprima son dégoût pour le mot.

Dire m.... : Insulter, emmerder. — « Moi, si j'étais nommé, je monterais à la tribune et je dirais : Merde !... Oui, pas davantage ; c'est mon opinion. » (Zola.)

MAC, MAQUE, MACQUE, MACCHOUX, MACROTIN : Souteneur, entremetteur. — Le dernier mot est un diminutif de *maquereau* ; l'avant-dernier est une modification du même mot par changement de finale ; les trois premiers sont des abréviations. Il y a de plus des synonymes innombrables, rappelant tous le côté ichthyologique du mot. Tels sont *barbeau, barbille, barbillon, dauphin, dos vert, dos d'azur, brochet, poisson*, etc. Aussi a-t-on été chercher vainement de ce côté l'origine du mot. Le poisson n'y est pour rien ; *maquereau* est un simple jeu de mots, comme *grenouille*. Au moyen âge, le mot *maque* signifiait : *vente, métier de marchand*. De là sont venus *maquerel* et *maquillon*, qui a fait *maquignon*. Le maquereau n'est autre chose qu'un maquignon de femmes, et pendant tout le moyen âge il s'est appelé *maquerel* ou *maqueriau*.

« Le métier de mac n'était guère exercé autrefois que par des voleurs et des mouchards... » (Vidocq.) — « Le macque est le souteneur des filles de la plus basse classe. Presque toujours c'est un repris de justice. » (Canler.)

MACA : Entremetteuse, femme vieillie dans le vice. (Dhautel, 08.) — Même origine que le mot précédent.

MACAIRE : Malfaiteur affectant les dehors d'un homme du monde. Le mot date du drame de *l'Auberge des Adrets* ; il doit moins sa fortune à Frédérick-Lemaître, créateur du rôle de Macaire, qu'aux nombreuses caricatures qui ont fait ensuite de l'assassin Macaire le type du filou cynique. — « Ils se croyaient des Macaires et n'ont été que des filous. » (Luchet.)

MACAIRISME : « Le macairisme, c'est la filouterie érigée en système. » (*Boursicotiérisme*, 58.)

MACARON : Dénonciation. — Même origine que *mac*. Celui-ci vend des hommes au lieu de vendre des femmes. — « Dans le nez toujours tu auras macarons et cabestans. » (Vidocq.)

MACARONER : Trahir. (Halbert.)

MAC-FARLANE : Pardessus sans manches, avec grand collet sur le devant. — Anglicanisme. « Ils portent des mac-farlanes. » (*Les Étudiants*, 60.)

MACHABÉE : « On appelle Machabée tout être, homme ou animal privé de vie, que l'on rencontre flottant sur un cours d'eau ou échoué sur le rivage. » (V. Dufour.) — Faut-il y voir une allusion à la légende populaire des sept Machabées qui périrent tous pour la foi, ou un dérivé du vieux mot *macquer* : briser, écraser, frapper ? En langue d'oc, on dit *macat* pour *écrasé*, *brisé*. Je n'irai pas chercher d'étymologie dans le grec, mais je ne puis m'empêcher de faire observer que *makarios* veut dire *privée de vie*. Le Breton même a *mach'an* : estropié, mutilé.

MACHABÉE : Juif. — Allusion biblique.

MACHER (ne pas le) : Parler sans détour. Mot à mot : sans mâcher les paroles entre ses dents. — « Quand j'ai lieu d' vous en vouloir. Ah ! n'ayez pas peur que j' vous l' mâche ! » (Longchamps, 09.)

MACHIN : Homme ou chose dont on ne se rappelle pas le nom. « Monsieur Machin, pardon ! je ne me rappelle jamais de votre nom. » (H. Monnier.) — Dans la *Gabrielle* d'E. Augier, l'avoué Chabrière prie sa femme de lui faire « un machin au fromage. » V. *Chien*.

MACHINE : Œuvre quelconque, œuvre dramatique. — « C'était à Nohant, l'illustre écrivain venait de lire trois actes. L'auditoire semblait hésitant : « Allons, dit l'auteur, il faudra faire une autre machine, » et elle jette le manuscrit au feu. » (E. Lemoine.)

MACHOIRE : Suranné. — « L'on arrivait par la filière d'épithètes qui suivent : *ci-devant*, *faux toupet*, *aile de pigeon*, *perruque*, *étrusque*, *mâchoire*, *ganache*, au dernier degré de la décrépitude, à l'épithète la plus infamante, *académicien et membre de l'Institut*. » (Th. Gautier, 33.) — « *Vieille mâchoire* : Personne sans capacité, ignorant, sot. » (Dhautel.)

MADRICE : Malice. (Colombey.)

MADRIN : Malin. (Idem.) — C'est *madré*, avec changement de finale.

MAGNUSSE : V. *Être (en)*.

MAIL COACH : Voiture attelée à quatre chevaux en poste à grandes guides. (Paz.)

MAIN : Série de coups heureux au baccarat ou au lansquenet. — « Au baccarat, pour gagner, il faut avoir une main. » (Cavaillé.) V. *Pharamineux*. — On a pris cette expression au figuré, et on dit : *il a la main*, pour : il obtient une série de succès.

MAIN CHAUDE (jouer à la) : Être guillotiné. V. *Raccourcir*.

MAINS COURANTES : Pieds. (Rabasse.) Jeu de mots commercial.

MAISON (être en) : Faire partie d'une maison de tolérance.

MAISON (fille, femme, maîtresse de) : Habitante ou propriétaire d'une maison de tolérance. Le mot est plus vieux qu'on ne croirait. Un petit livre intitulé *la Revue de l'an VIII*, contient une description des filles qui se promenaient au Palais-Royal : « Leurs bas de soie à coins brodés que la dame de maison, c'est le mot technique (sic), avait lavés le matin, se dessinaient sur un mollet arrondi. »

MAJOR DE TABLE D'HOTE : Officier de contrebande, portant un grade et des croix qui ne lui ont jamais appartenu. — « Laissez-moi donc tranquille, s'écria une espèce de major de table d'hôte. » (G. Vassy, 75.)

MAJOR : « Le chirurgien, le tambour-major, le sergent-major sont dénommés indistinctement *majors*. » (Louis Huart.)

MAKACH : Formule négative originaire d'Algérie. « Les Mauresques ont des costumes adorables. Quant à leurs figures, makach!... Incognito complet. » (Loriot.) — « Tu trouveras des concombres. Quant aux poires, makach! comme dit l'Arabe. » (A. Lecomte, 61.)

MAL (faire) : Faire pitié. — — « Qu'on vienne baiser son vainqueur ! — Comme tu me fais mal. » (Gavarni.)

MALADE : Prisonnier. V. *Maladie*.

MALADE (être) : Être fautif. (Rabasse.)

MALADE DU POUCE : Fainéant dont la paresse constitue la seule infirmité.

MALADIE DU POUCE : Avare. — Cet exemple explique l'allusion : « Il est malade du pouce. Ça empêche les ronds de glisser. » (Monselet.) V. *Rond*.

MALADIE : Emprisonnement. (Vidocq.)

MAL BLANCHI : Nègre. — « Va donc, mal blanchi, avec ta figure de réglisse. » (Bourget.)

MALHEUREUX : Trompé par sa femme. — S'il est malheureux dans son intérieur, il le sait, tandis qu'à Paris un employé peut n'en rien savoir. » (Balzac, 41.)

MALINGRER : Souffrir. (Vidocq.) — *Malingre* se dit encore pour *souffreteux*.

MAL PEIGNÉE : « Pour le moment, c'est sous cette épithète que l'on désigne une courtisane (nous avons pour ces dames un vocabulaire qui menace de devenir par trop volumineux). » (P. de Kock, 65.) — Allusion aux chevelures hérissées, dont la mode commença vers 1865.

MALTAIRE : Louis d'or. (Halbert.) — Pour *maltaise*.

MALTAIS : Café-restaurant de bas étage. — Cabaretier. — Beaucoup de Maltais exercent cette profession en Algérie.

MALTAISE : Pièce d'or. (Colombey.)

MALTOUZE : Contrebande. V. *Pasquiner*.

MALTOUZIER : Contrebandier.

MANCHE (faire la) : Faire la quête. — « La fille du barde fait la manche. Elle promène sa sébille de fer blanc devant les spectateurs. » (H. Monnier.)

MANCHE DE VESTE (jambe

en) : Arquée comme une manche d'habit. — « Mosieur Belassis, moi j'ai pas des jambes en manches de veste. » (Gavarni.)

MANCHE A (être) : Avoir fait autant de progrès qu'un adversaire. Mot à mot : être manche à manche. — Terme de whist. — « Ça nous met manche à manche. A quand la belle ? » (E. Sue.)

MANDOLET : Pistolet. (Halbert.)

MANETTE (Mlle) : Malle. (Vidocq.) Jeu de mots sur *manne* (malle) et sur le nom propre.

MANGER : Avouer. (Grandval.) — « Paumé, tu ne mangeras dans le taffe du gerbement. » (Vidocq.) — « François a mangé sur vous. » (Canler.)

MANGER DU FROMAGE : Aller à l'enterrement. — Allusion à l'usage populaire à Paris de collationner chez le marchand de vins au retour du cimetière. — « Aux gens qui ne manquent pas d'aller faire un repas toujours fortement arrosé en revenant du cimetière. Ce qu'on appelle vulgairement manger du fromage. » (P. Moniteur, 75.)

C'est surtout au *mangeur de fromage* que s'applique la définition précédente, car si *manger du fromage* n'entraîne pas l'idée d'un excès, *mangeur de fromage* se dit de l'homme qui le commet volontiers.

MANGER LE MORCEAU : Dénoncer : « Le morceau tu ne mangeras, de crainte de tomber au plan. » (Vidocq.)

MANGER DE CE PAIN-LA (ne pas) : Refuser des moyens d'existence dont la source ne paraît pas honorable. « Moi, que j'dis, merci, je n' mange pas de ce pain-là ! » (H. Monnier.)

MANGER DU PAIN ROUGE : Vivre du produit d'un assassinat.

MANGER LA SOUPE AVEC UN SABRE : Avoir une grande bouche. — Ironie. « Une bouche grande à faire croire que le prévenu mange la soupe avec un sabre (style de régiment). » (*Courrier de l'Ouest*, 72.)

MANGER SUR L'ORGUE : Dénoncer. (Vidocq.) L'orgue complète ici l'allusion, car l'orgue est un instrument de musique. V. *Musique*.

MANGER SON NIÈRE : Dénoncer son complice. (Rabasse.)

MANGERAIT (on en) : Appétissant. — Se dit de tout ce qui peut éveiller la tentation, ailleurs que dans le monde comestible.

Le crevé murmurait ces mots tout en marchant :
Quelle taille ! quels pieds !! quels cheveux en forêt !!!
Elle tranquillement dit : On en mangerait.

(*Alm. des p. crevés*, 68.)

MANGEUR : Dissipateur.

MANGEUR DE BLANC : Homme vivant de la prostitution. (Dhautel.) — « Le mangeur de blanc se fait donner des appointements fixes par ses maîtresses. » (*Almanach du Débiteur*.)

MANGEUR DE BON DIEU, *Mangeur de messes* : Dévot.

Allusion au symbole de l'hostie. — « Quittez vos tanières, antiques comtesses, mangeuses de messes. » (*Départ de la Cour*, 30.)

MANGEUR DE GALETTE : Délateur vivant de dénonciations. (Colombey.) *Galette* est ici une variante de *morceau*. — C'est aussi un fonctionnaire vénal, selon Vidocq.

MANIÈRE (1re, 2e, 3e) : Se dit de manières de faire en rapport avec l'âge, le talent ou les calculs d'un individu. — « Faustine en était encore au désintéressement, sa première manière, ainsi qu'elle disait elle-même, en empruntant le langage des artistes. » (A. Achard.)

MANIÈRES : Airs d'importance. — « Ça fait des manières et ça a dansé dans les chœurs... » (Gavarni.)

MANILLE : Anneau de forçat. V. *Guirlande, Martinet*.

MANIVAL : Charbonnier. (51, *Almanach des Débiteurs*.)

MANNEQUIN : Homme ou femme méprisable. — « Va donc, mann'quin d'marchand de vin ; va-t'en donc avec tous tes vieux lapins... » (*Catéchisme poissard*, 44.)

MANESTRINGUE, MANNEZINGUE, MINZINGUIN : Marchand de vin. — Les trois mots doivent être des formes adoucies de *mannetrinque*, et *mannetrinque* paraît la forme intervertie de l'allemand *trinckmann* : l'homme du boire, chez lequel on boit. « Quel est celui-là ?... Un ami, un vrai marchand de vin... — Un mannezing ? » (G. Bourdin.) — « Le roi est un bon zigue, qui protége les minzinguins. » (Cabassol.)

MANON : Prostituée. (Rabasse.) — Abrévation de Manon Lescaut (?).

MANQUILLER : Faire. (Halbert.) Pour *maquiller*.

MANQUE (affaire à la) : Mauvaise affaire.

MANQUESSE : Mauvaise note. — « Le quart d'œil de Rochefort nous a rafilé la manquesse. » (Rabasse.)

MAQUE : V. *Mac*.

MAQUI (mettre du) : Se mettre du rouge. (Grandval.)

MAQUILLAGE : Travail. V. *Roulant*.

MAQUILLAGE : Action de se farder, mettre du maqui — « Le maquillage est une des nécessités de l'art du comédien. » (J. Duflot.)

MAQUILLAGE : « Le maquillage est l'artifice au moyen duquel le grec reconnaît les cartes. Dans le Midi, cette filouterie s'appelle *la musique*. » (Cavaillé.)

MAQUILLE : Procédé employé pour le maquillage des grecs. « La plupart des maquilles servent à tous les jeux. » (Cavaillé.)

MAQUILLÉE : Femme ridiculement fardée. — « Dans certains théâtres on voit de jeunes aspirantes qui se font des yeux jusqu'aux oreilles et des veines d'azur du corset jusqu'aux tempes ; ce ne sont pas des femmes, ce sont des pastels. Cette première catégorie de *grues* s'appelle *les maquillées*. » (J. Duflot, *Dict. des Coulisses*.)

MAQUILLER : Farder. — « J'espère qu'en voilà une qui se maquille ! murmure Thélénie à une de ses voisines... » (Paul de Kock.)

MAQUILLER : Agir, machiner, travailler. — « C'est par trop longtemps boire ; il est, vous le savez, heure de maquiller. » (Grandval, 1723.) V. *Mac, Momir*.

Maquiller un suage : Se charger d'un assassinat.

Maquiller son truc : Faire sa manœuvre.

Maquiller une cambriolle : Dévaliser une chambre.

Maquiller les brèmes : Jouer aux cartes.

MAQUILLER : Chicaner, battre. (Halbert.)

MAQUILLER (se) : Se déguiser. (Rabasse.)

MAQUILLEUR : Joueur de cartes. — « Par cent coups contre toi, les maquilleurs s'amassent, mais, bientôt nettoyés, autour de toi croassent. » (Alyge.)

MAR : Désinence arbitraire, de la même famille que *rama* dont elle paraît être l'anagramme. V. *Aille*. — « On se bornait (vers 1840), à retrancher la dernière consonnance pour y substituer la syllabe *mar*. On disait *épicemar* pour épicier, *boulangemar* pour boulanger, *cafemar* pour café, et ainsi de suite. C'était de l'esprit dans ce temps-là. » (Pr. d'Anglemont.) — « Méfie-toi... Le jeune épicemar est très-fort au billard et au piquet. » (Champfleury.)

MARCANDIER : Celui qui dit avoir été volé. (Grandval.)

MARCASSIN : « Le marcassin est le rapin du peintre d'enseignes. » (E. Bourget, 45.)

MARCHAND D'HOMMES : Agent de remplacement militaire. — « D'un marchand d'hommes, je vois l'enseigne. » (*Léonard*.)

MARCHAND DE LACETS : Gendarme. — Allusion aux menottes qu'il tient en réserve. V. *Hussard de la guillotine*.

MARCHAND DE SOUPE : Maître de pension spéculant sur la nourriture de ses élèves. — « Style universitaire : Les marchands de soupe doivent être bien fiers. » (L. Reybaud.)

MARCHANDISE : Excrément. — Allusion au commerce de la vidange.

> Y s' roul' dans la marchandise,
> Qué cochon d'enfant !
> (Colmance.)

MARCHE A TERRE : Fantassin. — « Quand tu étais dans la cavalerie, tu n'étais pas dans les marche à terre. » (Vidal, 33.)

MARCHER, MARCHER AU PAS (faire) : Contraindre à obéir. — « Empereur Nicolas, les Français et Anglais te feront marcher au pas. » (Layale, 55.)

MARCHER, MARCHER TOUT SEUL : Se dit du fromage et des aliments corrompus.

Le mot fait supposer que les vers grouillent assez pour donner à un objet matériel une sorte de vie, au figuré, *pour le faire marcher.* — Dans le même ordre d'idées, *cela danse* indique le plus haut degré de la décomposition.

MARCHER DESSUS : Travailler une affaire, préparer un vol. (Rabasse.)

MARCHEUSE : « La marcheuse est un *rat* d'une grande beauté que sa mère, fausse ou vraie, a vendu le jour où elle n'a pu devenir ni 1er, ni 2e, ni 3e sujet de la danse, et où elle a préféré l'état de coryphée à tout autre par la grande raison qu'après l'emploi de sa jeunesse, elle n'en pouvait pas prendre d'autre. » (*Balzac.)*

MARCHEUSE : « Un simple bonnet la coiffe; sa robe est d'une couleur foncée et un tablier blanc complète ce costume. Les fonctions de la marcheuse sont d'appeler les passants à voix basse, de les engager à monter dans la maison qu'elle représente, où, d'après ses annonces banales, ils doivent trouver un choix exquis de jeunes personnes. » (Béraud.)

Autrefois le rôle de la marcheuse était plus nomade. — « Enfin arrivent les marcheuses. Elles marchent pour les filles demeurant en hôtel garni; celles-ci n'ont qu'une chaussure et un jupon blanc. Faut-il qu'elles exposent dans les boues leur unique habillement, la marcheuse affrontera pour elles les chemins fangeux. » (1783, Mercier.)

MARE (terminaison en) : V. *Mar. Aille.*

MARÉCAGEUX (œil) : Œil langoureux, à demi noyé, d'où cette humide allusion,

Mais que tu danses bien la galope,
Avec ton œil marécageux !

(*Chanson populaire.*)

MARGAUDER : Décrier la marchandise. —« Madame trouve moyen de margauder. » (*La Correctionnelle.*)

MARGOT, MARGOTON : Fille de mauvaise vie. — Diminutif de *Marguerite.* — « Nom fort injurieux donné à une courtisane, à une femme de mauvaise vie. » (Dhautel, 08.) — « Nous le tenons. Nous savons où demeure sa margot. » (E. Sue.)

MARGOULETTE : Bouche. Pour *gargoulette.* —« Tu ne sortiras pas d'ici sans avoir la margoulette en compote. » (Vadé, 1756.)

MARGOULIN : Débitant, dans la langue des commis-voyageurs. — « Parfois le margoulin est fin matois. » (Bourget.)

MARGUINCHON : C'est *Margot* avec changement de finale. Même signification. —« Entends-tu, Marie-Couche-toi-là, la marguinchon de tous les goujats. » (*Catéchisme poissard*, 40.)

MARIAGE A L'ANGLAISE : Mariage après lequel chacun vit de son côté. — « Après une lune de miel fugitive, M. de L..., reprit ses habitudes de garçon. N'avait-il pas fait ce que l'on appelle un mariage à l'anglaise ? » (E. Villars.)

MARIN DE LA VIERGE MARIE : Marinier d'eau douce. — « Ce sont les carapatas ou marins de la vierge Marie, ainsi nommés parce qu'ils ne courent jamais aucun danger, race amphibie qui ne vit que sur les canaux. » (Privat d'Anglemont.)

MARINGOTTE : Grande voiture de famille de saltimbanques. — « C'était une des deux grandes voitures nommées maringottes servant à la caravane en voyage. » (O. Féré.)

MARIOL : Malin. (Grandval.) — « Si c'est un mariol, on emploie le surin, et on joue des jambes. » (Colombey.)

MARIVAUDER : Se complaire dans les détails; défaut reproché aux écrits de Marivaux. — « Allons un peu plus vite, tu marivaudes. » (Balzac.) — L'action de *marivauder* s'appelle du *marivaudage*.

MARLOU, MARLOUSIER : Souteneur. — C'est le vieux mot *marlier* (sacristain), avec changement de finale. Les souteneurs étaient autrefois appelés *sacristains*. — « Un marlou, c'est un beau jeune homme, solide, sachant tirer la savate, se mettant fort bien, dansant le *chahu* et le *cancan* avec élégance, aimable auprès des filles dévouées au culte de Vénus, les soutenant dans les dangers imminents. » (50 *mille voleurs de plus à Paris*, 30.) — L'optimisme ironique de la facétie que nous venons de citer n'est rien à côté de la citation suivante : — « La plus sublime de ces positions c'est celle du marlou. Qu'on me pardonne le mot; les plus prudes femmes ne craindraient pas de le lire s'il était vieux de deux siècles, s'il chatoyait en style suranné à côté de Ribaudes et de Ribeliers qui ne veulent pas dire autre chose. » (Fr. Soulié, 35.)

MARLOU : « Par extension, on appelle marlou tout homme peu délicat avec les femmes, et même tout homme qui a mauvais genre. » (Cadol.)

MARLOU (c'est un) : C'est un malin. (Rabasse.)

MARLOUSERIE : Malice. (Colombey.)

MARMIER : Berger. (Idem.) Vieux mot.

MARMITE : Fille publique *nourrissant* un souteneur. — L'allusion se comprend. — « Un souteneur sans sa marmite, est un ouvrier sans ouvrage. » (Canler.)

La Marmite de terre est une prostituée ne gagnant pas d'argent à son souteneur. — La *Marmite de fer* gagne un peu. — La *Marmite de cuivre* rapporte beaucoup. (Halbert.)

MARMOT (croquer le) : Être dans la situation d'un homme qui ne voit pas arriver ce qu'il attend. — *Croquer le marmot* n'est qu'un équivalent de *marmotter*, comme le prouve cet exemple : « Marmonnant de la langue : mon ! mon ! mon ! comme un marmot. » (Rabelais, *Pantagruel*, L. IV, ch. XV.)

On a, comme cela se produit souvent, pris l'effet pour la cause. V. *Marronner*.

MARMOT (Nourrir le) : Préparer un vol. (Rabasse.)

MARMOTTIER : Savoyard. (Colombey.) — Mot à mot : montreur de marmottes.

MARMOUSE : Barbe. (Halbert.)

MARMOUSET : Pot, marmite. (Idem.)

MARNER : Se livrer à un travail pénible. (Vidocq.) Abrév. de marronner : murmurer.

MARNER : Voler. — Du vieux mot marronner : pirater. — « Il y a des cambrioleuses très-habiles, qui, feignant une erreur, s'élancent dans les bras du voyageur qu'elles veulent marner : « C'est « toi, mon loulou, s'écrient-elles, « viens donc que je t'embrasse ! » On prétend que ces donneuses de bonjour sont rarement mises à la porte. » (A. Monnier.)

MARON : Sel. (Grandval. V. Muron.

MAROTTIER : Marchand ambulant.

MARQUANT : Ivrogne. (*Petit Dictionnaire d'argot*, 44.)

MARQUANT : Souteneur. (Halbert.) Mot à mot : homme de la marque. V. ci-dessous.

MARQUE : Prostituée. (Halbert.)

MARQUE (vol à la) : C'est une variété du vol au papillon (blanchisseur). Une voiture de blanchisseur stationne, et un compère s'en approche et tâche de reconnaître la marque des paquets déposés sur le devant de la voiture. Puis son complice vient les demander de la part du patron. (Rabasse.)

MARQUE DE CÉ : Femme légitime de voleur. (Colombey.) Mot à mot : femme d'argent. V. *Cé*.

MARQUE FRANCHE, MARQUISE : Maîtresse de voleur. (Idem.) V. *Marque*.

MARQUÉ : Mois. (Rabasse.)

MARQUER MAL : Se faire remarquer sous de mauvais rapports.

MARQUET : Mois. — « Pour une méchante paire de trottines je vais payer sur le *pré au Dabe court toujours* treize marquets et j'ai déjà fait pas mal de plan de couillé. » *(Journal man. d'un prisonnier de Mazas.)*

MARQUIN : Couvre-chef. (Halbert.)

MARQUISE : Breuvage composé de vin blanc, d'eau de Seltz, de sucre et de citron.

MARQUISE : V. *Marque franche*.

MARRON : En flagrant délit de vol ou de crime. — Du vieux mot marronner : faire le métier de pirate, de corsaire.

Paumer marron, servir marron : Prendre sur le fait. — « J'ai été paumé marron. » (*La Correctionnelle.*) V. *Servir, Estourbir, Raille*.

MARRON : En contravention. — « Le cocher marron est un cocher mal vêtu, mal chaussé, ayant mauvaise mine, conduisant une mauvaise voiture et un mauvais cheval. » (P. du Terrail.)

MARRONNER : Bouder, murmurer. — Du vieux mot *marmonner*. — « Tu pourras marmonner tout bas : Ah ! couyon, tu ne me tiens pas. » (*La Berne Mazarine*, 1654.) — « J'peux pas voir ça, moi ! je marronne tout haut. » (Cogniard, 31.) V. *Lâcher*, *Marmot*.

MARRONNER UN GRINCHISSAGE : Manquer un vol. (Colombey.)

MARSEILLAISE : Pipe courte et poreuse fabriquée à Marseille. « Et tout en parlant ainsi, il chargeait et allumait sa marseillaise. » (Luchet.)

MARTEAU (avoir un coup de) : V. *Toqué*.

MARTINET : « Fer de correction au bagne. Cet instrument répressif qui vient captive la jambe du forçat, a une trempe plus forte que celle de l'acier. » (Moreau Christophe, 37.)

MASQUER EN ALEZAN : « Les maquignons dissimulent un vilain cheval sous une couche de peinture qui tombe au premier lavage ; ils nomment ce système de teinture *masqué en alezan*. » (Rabasse.)

MASSER : Travailler. (Rabasse.)

MASTAR AU GRAS DOUBLE (faire la) : Voler du plomb sur les toitures en se faisant passer pour ouvrier plombier envoyé par l'architecte. (Rabasse.)

MASTAROUFLEUR : Voleur de plomb. (Rabasse.)

MASTIC : Tromperie, mystification. — « De dimanche, nous commencerons à donner la liste de toutes les ignominies que nous offrirons aux crétins qui nous honorent de leur confiance... Quel mastic ! » (Commerson, 75.)

MASTROC : Marchand de vin. (Rabasse.) Abréviation de *mastroquet*.

MASTROQUET : Marchand de vin. — Mot à mot : *l'homme du demi-setier*. De *demi-stroc* : demi-setier. — « Le cocher avale vivement son mêlé-cassis et sort de chez le mastroquet. » (Sauger.) V. *Corne*.

MATCH : « Pari entre deux chevaux pour une distance convenue. » (Paz.)

MATELOT : « Tous deux amis et se nommant mutuellement mon matelot : ce qui est le plus grand terme d'affection connu sur le grand gaillard d'avant. » (*Phys. du Matelot*, 43.)

MATHURINS : Dominos. (Halbert.) — Abréviation de *mathurins plats*. Allusion au costume des moines dit Mathurins qui, avec leur robe blanche et leur manteau noir, paraissaient avoir le revers noir et la face blanche, comme les dominos.

MATIGNON : Messager. (Halbert.)

MATIN, MATINE : Personne déterminée, brusque, aussi peu commode que le chien de garde dit *mâtin*. — « Kléber, un grand mâtin qu'a descendu la garde, assassiné par un Égyptien. » (Balzac.) — « Ah ! mâtine de Turquie. » (Remy, *Ch.*, 54.)

MATRIMONIUM : Mariage. — Latinisme.

MATURBES : Dés à jouer. (Grandval.) — C'est *mathurin* avec changement de finale.

MAUGRÉE : Directeur de prison. (Halbert.) — Il *maugrée* par état.

MAUVAISE (elle est) : Cette plaisanterie n'est pas bonne : Ce procédé est mauvais. — On dit aussi : Je la trouve mauvaise. — « Avouez, mesdames, que vous ne vous attendiez pas à celle-là, et que vous vous dites peut-être : Je la trouve mauvaise. » (Villars.)

MAUVE : Parapluie rougeâtre. — « Sa forme conserve une certaine ressemblance avec la feuille de mauve, ce qui lui a fait récemment donner le nom de cette plante. La mauve est toujours en coton rouge ou vert. » (*Phys. du parapluie*, 41.)

MAYEUX : Bossu. — *Mayeux* est une forme du vieux nom *Mahieu* (Mathieu). Vers 1830, les caricatures populaires de Traviès donnèrent ce nom à un bossu, type d'homme ridiculement contrefait, vaniteux et libertin, mais brave et spirituel à ses heures. De là son nom donné à ceux qu'afflige la même infirmité. — « Ici d'affreux petits mayeux. » (De Banville.)

MAZARO : Prison militaire, à ne pas confondre avec la salle de police (*ours*). Dans celle-ci, on passe seulement la nuit sur une paillasse ; dans l'autre on reste jour et nuit sur la planche. — « Mon ami, c'est le trou, le clou, le mazaro, la salle de police. » (*Commentaires de Loriot.*)

MAZAGRAN : Café servi dans un verre.

MEA CULPA (faire son) : Confesser sa faute. — Latinisme. — « Il leur faudra faire leur *mea culpa* de cette fameuse démarche du 20 juin. » (*Moniteur*, juillet 72.)

MEC : Maître, chef, patron, souteneur. — De *Mège*. V. ce mot.

Mec des mecs : Dieu. (Vidocq.) C'est-à-dire chef des chefs. V. *Rebâtir*.

Mec des mecs : Individu redouté. — (Rabasse.)

MÉCANISER : Vexer, critiquer. — « Canalis regarda fixement Dumay qui se trouva, selon l'expression soldatesque, entièrement mécanisé. » (Balzac. — « Ne vous avisez pas de mécaniser son ouvrage, car alors, qui que vous soyez, il ne vous resterait plus qu'à numéroter vos os. » (Moisand, 41.)

MÉCHANT (pas) : On dit d'une toilette mesquine, d'un homme inepte, d'un livre sans valeur : *Ça n'est pas méchant, ça ne mord pas !* — « Achetez un caloquet plus méchant, votre tuyau de poêle n'est pas trop rup. » (L. de Neuville.)

MÈCHE (il y a) : Il y a moyen d'arriver, il y a possibilité de faire. Mot à mot : on peut allumer l'affaire : — « Lorsque les ouvriers proposent leurs services au prote de l'imprimerie, ils demandent *s'il y a mèche*, c'est-à-dire si on peut les occuper. » (Dhautel,

1808.) — « Il voudrait en garder un pour la montre, mais il n'y a pas mèche. » (*Rienzi*.)

Être de mèche : Être de moitié. (Vidocq.)

Six plombes et mèche : Six heures et demie.

MÉCHI : Malheur. (Vidocq.) — Abréviation du vieux mot *méchief*.

MECQUE : Homme. — Pour *meg*. — « T'as refroidi au moins un mecque. » (Stamir.)

Mecque à la colle forte : Voleur redoutable. (Idem.) Mot à mot : Voleur dont on se débarrasse difficilement. V. *Meg des megs*.

MÉDAILLE : Pièce d'or. — « La jolie voix! dit Schaunard en faisant chanter les pièces d'or. Comme c'est joli, ces médailles! » (Mürger.)

MÉDAILLON : Derrière. (Vidocq.) Allusion de rondeur.

MÉDECIN : Avocat. (Vidocq.) — Il soigne les *malades*. V. ce mot.

MÉDECINE : Conseil. Même allusion.

MÉDIUM : Homme qui prétend servir d'intermédiaire entre ses semblables et certains esprits invisibles. — Ses évocations sont désignées aussi par un adjectif nouveau : *médianimique*. — « C'est un sultan qui n'a qu'à jeter un mouchoir, un médium qui fascine les dames. » (P. de Kock, 65.)

MEG : Maître, Dieu. V. *Chique*. Du vieux mot *Mége*, chef souverain. « *L'abbé* : Au nom du Père. — *Coutandier* : Du ?... Ah! du meg. »(*Dernier jour d'un condamné*.)

MÉGO : Boni, excédant de la recette sur la dépense. — « Quand il y a du mégo, je le mets dans un tirelire. » (P. de Kock, 40.)

MÉGOT : Bout de cigare. (Rabasse.) C'est un *mégo* pour celui qui le ramasse.

MÊLÉ : Mélange d'eau-de-vie et de liqueur. — « Aimez-vous l'eau-de-vie? Dame! on vend ytout du mêlé. » (Vadé, 1755.) V. *Noir*.

MELET, MELETTE : Petit, petite. (Halbert.)

MÉLO : Mélodrame. — Abréviation. — « La soirée d'hier a été mortellement ennuyeuse; le bon gros *mélo* a fait son temps. » (*Paris-Journal*, août 72.)

MELON : Élève de première année à l'École Saint-Cyr. — « Me brimer, moi, malheureux melon. » (*Souvenirs de Saint-Cyr*.)

MELON : Imbécile. — « Vous êtes si melons, à Châtellerault. » (Labiche.)

MENDIGO (faire au) : Contrefaire le mendiant. C'est *mendiant* soumis au procédé en *go*. V. ce mot. — « Cette classe importante compte une foule de types : la fausse veuve avec enfant, le faux martyr politique, le mendiant à domicile, le faux épileptique, le faux ouvrier sans travail, le faux mari dont la femme se meurt faute d'argent pour un remède, etc., etc. » (Rabasse.)

MENÉE : Douzaine. (Grandval.)

MENER PAS LARGE (n'en) : Être mal à son aise. — « Quel rugissement ! Nous n'en menions pas large, je t'assure. » (Loriot.)

MENESSE : Prostituée, maîtresse. (Halbert.)

MENESTRE : Potage.—Vieux mot.

MENTEUSE : Langue. (Vidocq.)

MÉPHISTO : Diabolique. — Abréviation de Méphistophélétique qui a paru trop long.

MÉQUARD : Commandant. (Vidocq.) —Augmentatif de *mec* : maître.

MÉQUER : Commander. (Idem.)

MERCADET : Faiseur. — De la pièce de Balzac, *Mercadet le faiseur*. — « A une époque où la fièvre du *bibelot* sévit, il est bon de connaître les ficelles des Mercadets. » (Frébault.)

MERDE (faire sa) : Faire l'important. V. *M...*

MERDEUX : « Terme injurieux, qui se dit d'un poltron, d'un fat sans esprit. » (Dhautel, o8.) Se prend plutôt dans le sens de « individu sans valeur. » V. *Bâton*.

MÈRE : Aubergiste recevant des compagnons. — « Lorsqu'un compagnon va au siége de la société, il dit : Je vais chez la mère. Si l'aubergiste chez lequel se tiennent les réunions n'était pas marié, on dirait de même : Je vais chez la mère. » (Perdiguier.)

MERLAN : « Sobriquet donné à un perruquier à cause de la poudre qui couvre ordinairement ses habits. » (Dhautel.) — « La Peyronie est chef de perruquiers qu'on appelle merlans parce qu'ils sont blancs. » (*Journal de Barbier*, 1744.)

MERLAN FRIT (œil de) : Œil pâmé. — « Enfin cet homme de brelan a les yeux faits comme un merlan. » (*Troisième Suite du Parlement burlesque*, 1652.)

MERLANDER : Coiffer.

MERLIN : Jambe. — Allusion à la hache dite *merlin*. Le fer figure le pied, et le manche est un vrai *fumeron*.

I veut se r'lever, mais j' le redouille
A coups d' passifs dans les merlins.
(*Chanson de Fanfan le Bâtonniste*.)

MERLOUSSIER, MERLOUSSIÈRE : Rusé, rusée. (Colombey.) — Pour *marlou*.

MERRIFLAUTÉ : Chaudement vêtu. (Halbert.)

MÉRUCHÉ, MÉRUCHON : Poêle, poêlon.

MERVEILLEUX : Homme à la mode. — Théophile Gautier a laissé ce superbe portrait du merveilleux de 1833 : « A l'avant-scène se prélassait un jeune *merveilleux* agitant avec nonchalance un binocle d'or émaillé. Un habit de coupe singulière, hardiment débraillé et doublé de velours, laissait voir un gilet d'une couleur éclatante et taillé en manière de pourpoint, un pantalon noir, collant, dessinait exactement ses hanches; une chaîne d'or pareille à un ordre de chevalerie chatoyait sur sa poitrine; sa tête sortait immédiatement de sa cravate de satin sans le liséré blanc de rigueur à cette époque : on aurait dit un portrait de François Porbus. Les cheveux rasés à la Henri III, la barbe en éventail, les sourcils troussés vers la tempe, la main longue et blanche, avec une large chevalière ornée à la gothique, rien n'y manquait; l'illusion était des plus complètes. »

MESIGO : Moi. (Colombey.)

MESS : Cercle d'officiers. — « Les officiers mangent par corps en mess. » (*Vie parisienne*, août 67.) — Bien que le mot soit d'importation britannique, il est plus français qu'on ne pense, et il en est de lui comme de *tunnel*, qui n'est pas autre chose que notre mot *tonnelle*. Ainsi le grand glossaire de Du Cange donne *prendre metz* avec le sens de *manger ensemble*. Il cite même une lettre de rémission de l'an 1443, mentionnant des compagnons associés pour *prendre metz* pendant les travaux de la moisson.

MESSE DU DIABLE : Interrogatoire subi par un accusé. (Rabasse.)

MESSIERS (les) : Les habitants. (Rabasse.) Ce doit être une forme de *Méziére*.

MESSIÈRE : Une victime. (Rabasse.) Forme de *Méziére*.

MÉTAL : Argent. — « Et t'as pas de métal. » (Ricard.)

MÉTIER : Habileté d'exécution. — « Vois toutes ces esquisses : il y a de la main, du métier mais où est l'idée? » (L. Reybaud.)

Faire du métier : Travailler dans le seul but de gagner de l'argent, sans tenir à la gloire.

METTRE A QUELQU'UN (le) : En faire accroire, tromper. — « Du reste, c'est un flanche. Vous voulez me le mettre... Je la connais. » (*Le dernier jour d'un condamné.*)

METTRE A TABLE (se) : Dénoncer. — On se met à table pour *manger*. V. *Table*, *manger*.

METTRE AVEC (se) : Vivre maritalement. — « En se mettant avec Lise, le général aurait dû nous dire : J'ai ça et ça à payer; il ne l'a pas dit, et ce n'est pas délicat. » (Ricard.)

METTRE DEDANS : Mettre au violon, à la salle de police. V. *Dedans*.

METTRE DEDANS : Griser : V. *Dedans*.

METTRE DEDANS : Tromper. (V. *Dedans*.)

METTRE LA TÊTE A LA FENÊTRE : Être guillotiné. V. *Fenêtre*.

MEUBLE : Personne de triste mine. — « Voyez c'vieux crocodile. Ah! l'beau meuble ! » (Vadé, 1756.) — « Prends garde à toi, vieux meuble, affreuse bohémienne! » (*Les Folles Nuits du Prado*, 1854.)

MEULARD : Veau. (Vidocq.) Allusion au mugissement du veau. V. *Pavillonner*.

MEUNIER : Recéleur achetant le plomb volé. (Colombey.)

MEZIÈRE : Homme simple, bon à voler. (Grandval.) V. *Regout*.

MÉZIÈRE : Acheteur. (Rabasse.)

MEZIÈRE, MEZIGUE : Moi. (Idem.)

MEZZO TERMINE : Terme moyen, compromis. — Italianisme. — « Elle ne s'y refusa pas, et trouva même ce *mezzo termine* fort commode. » (De Villemessant.)

MICHÉ : Niais. — Du nom propre *Michel*, qui avait jadis ce sens proverbial. V. *Mikel*. — « *Loupat* : Le sergent, j'imagine, m'en voudra. *La Ramée à part* : Le bon miché ! » (Vadé, *les Racoleurs*.) — « Miché se dit d'un sot qui s'est laissé duper. On le montre au doigt en disant : voilà le miché. C'est un terme bas. Dans Cotgrave, il est défiguré sous le nom de *Michon*. » (*Dict. de Trévoux*, 1771.)

MICHÉ : Homme fréquentant et payant les filles. Même étymologie que ci-dessus :

D'où vient qu'on appelle miché
Quiconque va de nuit et se glisse en cachette
Chez des filles d'amour, Barbe, Rose ou Fanchette ?

(Mérard de Saint-Just, 1764.)

Dans une liste de fausses *Protestations des filles de Paris* contre la guerre (1790), on lit : « Ce pourfendeur de Mars avait bien affaire aussi de se présenter pour nous enlever nos michés. »

— « Les jeunes gens dont ces dames font leurs amants de cœur, et que certaines susceptibilités des *michés* empêchent d'avoir un facile accès. » (Vermorel, *Ces dames*.)

MICHÉ DE CARTON : Amant peu généreux ou peu fortuné. — V. *Carton*.

MICHÉ SÉRIEUX : Amant riche et généreux. — « Le *miché sérieux* équivaut à l'*entreteneur*... Les jeunes gens se disent souvent, comme un mot d'ordre : *Messieurs, ne parlez pas à la petite une telle, elle est ici avec son miché sérieux.* Le même individu se désigne aussi par ce mot : *Ponteur*. Ce dernier mot, pris dans le vocabulaire des jeux, vient du verbe *ponter*. » (Cadol.) — « Les avant-scènes sont réservées aux michés sérieux. » (*Petits mystères de l'École lyrique*.) — « Et toute cette succession de michets sérieux défile sous les yeux de Claridon. » (*Droits de l'homme*, 3 avril 76.) V. *Persiller*.

MICHETON : Petit miché. — « All' me dit : « Mon fiston, « étrenne ma tirelire. » Je lui réponds : « Ma poule, tu m' prends « pour un mich'ton. » (*Le Bâtonniste à la Halle*, 13.)

MICHON : Argent. (Halbert.)

MIDI (il est) : Il n'est plus temps. Date du temps où midi était l'heure du repas, celle où cessait toute affaire.

MIE DE PAIN : Vermine. (Vidocq.) — Allusion à la démangeaison causée par une mie de pain égarée.

MIETTE (une) : Un peu. — « Minute ! je me chauffe les pattes une miette. » (Gavarni.)

MIGNON : Maîtresse. « Un commencement de jalousie me prend et je fais sortir mon mignon de la maison. » (Beauvillier.)

MIKEL : Miché, dupe. (Vidocq.) — C'est le nom de Michel. V. *Miché*.

MILIEU : Derrière. — « L'arme de Pourceaugnac convient à nos grands hommes. Elle atteint ce milieu, leur amour et leur but. » (Nugent, *Étrennes à Lobau*, 33.)

MILLIARD : Gueux porte-bissac. (Grandval.)

MILLERIE : Loterie. (Halbert.)

MILORD : On donne moins ce nom aux Anglais qu'à ceux dont les largesses rappellent l'opulence britannique. — « Le gros tailleur se dit négociant. A sa tournure, il n'est pas milord russe. » (Sénéchal, 52.) — « Être sur le boulevard de Gand, se donner un air milord. » (Éd. Lemoine.) — « Je ne suis pas précisément un milord, je n'ai pas des millions. » (*Semaine*, 47.)

MILORD : Entreteneur. — « Le notaire est son milord. » (Balzac.)

MILORD : « La lorette professe un enthousiasme fébrile pour le cabriolet à quatre roues, dit cabriolet milord. » (Alhoy, 41.)

MINCE : Locution fréquemment employée à Paris et dont il est difficile de rendre un compte exact. Elle semble équivaloir à *oui, certes*.

Il fait nuit, l' ciel est opaque
Minc' que j' vas poisser d' l'auber.
(Richepin.)

MINCE : Très-médiocre en n'importe quoi. Mot à mot : de mince valeur. — Abréviation.

MINCE : Papier à lettres. (Vidocq.) Allusion à son peu d'épaisseur.

MINET, MINETTE : Mot d'amitié. — Synonyme de *mon chat, ma chatte*. — « Oui, minette, je me calme. » (De Courcy.)

MINEUR : Manceau. (Halbert.)

MINOTAURE, MINOTAURISÉ : Trompé, conjugalement parlant. « Quand une femme est inconséquente, le mari serait, selon moi, minotaurisé. » (Balzac.) V. *Dernier de M. de Kock*.

MINUIT : Nègre. (Vidocq.) — Allusion de couleur. — Il est noir comme la nuit.

MINZINGUIN : Diminutif de Mannezingue. V. ce mot.

MIOCHE : Bambin. V. *Mion*.

MION : Bambin. *Mion* est un vieux mot que *mioche* reproduit avec changement de finale. — « C'est à moi que reviendra le droit d'être le parrain de tous les mioches. » (Bourget.) V. *Dardant*.

MION DE BOULE : Filou. (Grandval.)

MIRADOU : Miroir. (Vidocq.)

MIRETTE : Œil (Idem.) — L'œil est un petit miroir.

MIREUR : Observateur. (Rabasse.) Nous disons encore en ce sens *point de mire.*

MIRLIFLOR : Élégant à la mode de 1820. V. *Œil de verre.*

MIROBOLAMMENT : Merveilleusement. — « A meubler mirobolamment sa maison. » (Balzac.)

MIROBOLANT : Merveilleux. — « La cravate mirobolante. » (E. Lemoine.) — « Je me sens d'une incapacité mirobolante. » (Balzac.)

MIROIR A PUTAINS : Garçon d'une beauté vulgaire.

MIRZALE : Boucle d'oreilles. (Vidocq.)

MISELOQUIER, MISELOQUIÈRE : Acteur, actrice. (Vidocq.) Mot à mot : metteur de loques (costumes). V. *Misloque.*

MISÉRABLE : Petit verre. Il possède moins de liquide que le *Monsieur.* V. ce mot.

MISERERE : Supplication. Mot à mot : ayez pitié. — Latinisme. — « La marchande à la toilette épie le moment où l'entreteneur se trouve là pour recommencer son miserere. » (*Almanach du Débiteur,* 51.)

MISLOQUE : Comédie. (Vidocq.) V. *Miseloquier.* — « Je joue la mislocq pour un fanandel en fine pégrenne. » (Balzac.)

Jouer les misloques : Jouer la comédie. (Rabasse.)

MISLOQUEUR : Acteur. (Rabasse.)

MISTON : V. *Allumer.*

MISTOUFLES (faire des) : Tracasser, peiner quelqu'un. (Rabasse.)

MITAINES (prendre des) : Prendre des précautions. (Rabasse.) — C'est une variante de *prendre des gants* qui a le même sens.

MITRAILLE : Monnaie de cuivre. Altération du mot *mitaille* : bronze (M. Age.)

Si celui-là fait danser ta mitraille,
Tâch' d'amasser quelques sous en secret.
(Debraux.)

MITRE : Cachot. (Vidocq.) — Au moyen âge, le *mitre* était le bourreau.

MOBILE : Garde mobile, soldat de la garde mobile (1830, 1848). — Une caricature de Traviès, datée de 1830, représente Mayeux s'échappant du domicile conjugal en criant : « Lâchez-moi, madame Mayeux, je suis de la mobile, n...de D...! » — « Qui sait comment cela eût fini si la mobile ne s'en fût mêlée? Brave mobile! » (L. Reybaud, 1848.)

MOBLOT : Garde mobile (1870-71). — Diminutif de *mobile.* — « J'ai vu passer un jeune sous-lieutenant de la garde mobile, et derrière lui un simple *moblot.* » (P. Véron.)

MODERNE : Fashionable. — « J't'en vas donner du goujat, moderne! » (Gavarni.)

MOELLE : Énergie. — « On a de la moelle ou on n'en a pas. T'as jamais eu de la moelle pour un décime. » (Monselet.)

MOITIÉ (la plus belle) : Le sexe féminin. Mot à mot : la plus belle moitié du genre humain. On abrége aussi en disant *la belle moitié.* — « Je ne vois pas pourquoi on obligerait *la belle moitié* à vivre avec l'autre. » (E. Villemot.)

MOINEAU : Homme de mince valeur. — Le moineau n'est pas un aigle. Si ce terme était ancien, l'allusion ne serait plus ornithologique mais monacale. Au moyen âge, le *moineau* était un petit moine. — « Voilà un beau moigneau pour se f..... des airs de qualité. » (*Catéchisme poissard,* 40.)

MOKA : Café. — Ce nom de provenance est généralement ironique. — « Il s'achemine ensuite vers son café, y savoure le moka (chicorée pur-sang). » (*Phys. du Parapluie,* 41.) V. *Café.*

MOLANCHE : Laine. (Halbert.) Elle est *molle* au toucher.

MOLLARD : Graillon, expectoration laborieuse. Du vieux mot *moller* : s'efforcer.

MOLLASSE : Mou. — « Ils sont mollasses. » (J. Arago, 38.)

MOMAQUE, MOME : Petit enfant. — Du vieux mot *momme :* grimace, qui a fait *momerie ;* les petits enfants en font beaucoup. — « Les rats dont nous voulons parler sont des mômes. »(Paillet.)

Taper un môme : Commettre un infanticide. — « Car elle est en prison pour un môme qu'elle a tapé. » (*Lettre de Minder.* Introduction.)

MOMIÈRE, TIRE-MOMES : Sage-femme.

MOMIGNARD : Petit enfant. Diminutif de *môme.* — « Elle entré avec un enfant dans un magasin et en faisant semblant de poser son momignard à terre. » (Paillet.) V. *Inférieur.*

MOMIR : Accoucher. — « Ma largue aboule de momir un momignard d'altèque qu'on trimbalera à la chique à six plombes et mèche, pour que le ratichon maquille son truc de la morgane et de la lance. » (Vidocq.)

MONAC : Sou. — Abréviation de *monaco.* — « C'est là ce qui estouffe les monacs, aux poches les attache. » (Alyge, 54.)

MONACO : Sou. — Appellation ironique dont il faut chercher la cause dans l'exemple suivant : — « Honoré V; mort de dépit en 1841, de n'avoir pu faire passer pour deux sous en Europe ses monacos, qui ne valaient qu'un sou. » (Villemot.) V. *Coller.*

MONANT, MONANTE : Ami, amie. (Vidocq.)

MONARQUE : Roi de cartes. — « Ou si c'est un roi qu'elle relève, elle s'écrie : « Je pince le « monarque. » (Alhoy.)

MONARQUE : Pièce de cinq francs. (Grandval.) Allusion à l'effigie royale. — « Il va nous donner quéqu'vieux monarque pour y boire à la santé... » (Gavarni.)

MONNAIE DE SINGE : Grimace. — « Il la payait, comme dit le peuple, en monnaie de singe. » (Balzac.)

MONOCLE : Lorgnon à un œil. — « Adapte donc un monocle à l'arcade de ton œil gauche! » (Montépin.)

MONSEIGNEUR : Au xviii° siècle, ce mot désigne déjà une petite pince à forcer les portes. V. le *Cartouche* de Grandval. — Jeu de mots. Quelle est la porte ne s'ouvrant pas devant Monseigneur? Si, comme l'affirme M. Fr. Michel, on dit aussi *Monseigneur le Dauphin*, et par abréviation *Dauffe*, nous voyons encore là un calembour sur le *dos fin* de la pince qui permet son introduction. — « Le monseigneur est une barre de fer ayant la forme d'une pince à dépaver, mais plus petite (45 de haut, 25 de circonférence). Elle sert au malfaiteur à forcer une porte. On l'introduit près de la serrure, et, avec une pesée, on ouvre sans trop de bruit. » (Rabasse.) V. *Caroubleur. Bibi.*

MONSIEUR : Entreteneur. V. *Amant de cœur.* — « En argot de galanterie, le mot d'*époux* désigne l'entreteneur; mais il n'est pas le seul. Suivant le degré de distinction d'une femme, elle dit : *mon époux, mon homme, mon monsieur, mon vieux, monsieur chose, mon amant, monsieur*, ou enfin *monsieur un tel*. — Sauf dans la haute aristocratie, où l'on dit : *Monsieur un tel*, ce mot *mon époux* est général, il se dit dans toutes les classes. » (Cadol.)

MONSIEUR : Mesure de capacité. — « Il existe de plus une certaine eau-de-vie dont le prix varie suivant la grandeur des petits verres. Voici ce que nous lûmes sur une pancarte: Le monsieur, *quatre sous* ; la demoiselle, *deux sous* ; le misérable, *un sou*. » (G. de Nerval.)

MONSIEUR (faire le) : Trancher du maître, du fashionable. — « Sa suffisance le fait haïr, il fait le monsieur. » (Hilpert.)

MONSTRE : Monstrueux. — « J'en ai assez de vos monstres de concerts. » (P. de Kock.) V. *Crapaud.* — N'est pas toujours pris en mauvaise part. Une femme peut appeler *monstre d'homme* celui qu'elle adore.

MONSTRE : Colossal, monstrueux de grandeur. — « Elle lui apporte un bouquet monstre. » (Alhoy.)

MONSTRICO : Petit monstre. — « Ce petit monstrico! » (Balzac.)

MONT : Mont-de-piété. — Abréviation. — « Elle tient comme qui dirait un petit mont bourgeois.... elle prête sur gages et moins cher qu'au grand mont. » (E. Sue.)

MONTAGE DE COUP : Action de monter le coup. V. *Couper.*

Mon vieux, entre nous,
Je n' coup' pas du tout
Dans c' montag' de coup;
Faut pas m' monter l' coup.

(Aug. Hardy.)

MONTANT, MONTANTE : Pantalon. — Il monte le long des jambes. V. *Tirant, Grimpant, Frusques.*

MONTANT : Qui excite les désirs. — « La robe la plus montante.... c'est une robe décolletée. » (Decourcelle.)

MONTANTE : Échelle. (Colombey.) — Elle sert à monter.

MONTER : Enflammer, surexciter, enivrer de vin, de colère ou d'amour. — « *Vrinette* (apercevant Florestan qui la regarde par-dessus le paravent) : Qu'est-ce que vous faites? Vous montez sur une chaise pour me voir? *Florestan* : Oui! ça me monte!... » (L. de Neuville.)

MONTER A L'ÉCHELLE : Être guillotiné. Mot à mot : monter à l'échelle de l'échafaud. — « Galetto ne veut pas monter à l'échelle seul. « Il faut, au- « rait-il dit, que Ribetto, qui m'a « dénoncé, m'y accompagne. » (*Petit Moniteur.*)

MONTER LE COUP (se) : Se tromper.

MONTER LE VERRE EN FLEURS (se) : S'illusionner. Mot à mot : mettre sous globe les fleurs de son imagination.

MONTER SUR LA TABLE : Avouer ses crimes et ceux de ses complices. (Vidocq.) — Augmentatif de *se mettre à table*. V. *Table*.

MONTER UN ARCAT : Escroquer. V. *Arcat*.

MONTER UN COUP : Inventer un prétexte, tendre un piége. — « C'est des daims huppés qui veulent monter un coup à un ennemi. » (E. Sue.) — « Je monte plus d'un coup pour vanter l'auteur Dorville. » (Brazier, 17.)

MONTER UN GANDIN : Tromper. V. *Gandin*.

MONTER UNE GAMME : Gronder. V. *Gamme*.

MONTER UNE SCIE : Mystifier. V. *Scie*.

MONTER UNE PARTIE : Réunir quelques artistes pour aller donner hors de Paris une ou deux représentations dramatiques dites *d'amateurs*.

MONTEUR DE COUPS : Menteur, mystificateur, escroc. — « Je serai le seul monteur de coups à qui tu r'passeras en arrière tes gros sous. » (Festeau.)

MONTEUR DE PARTIE : Artiste dramatique ayant pour spécialité de monter des parties. — « Une femme qui fait beaucoup de frais, voilà le rêve des monteurs de parties. » (*P. Mystères de l'école lyrique*, 67.)

MONTMORENCY : Cerise. — Du nom de l'endroit où elles sont réputées. — On dit de même *Montreuil* pour pêche, *Fontainebleau* pour raisin et *Valence* pour orange.

MONTRE-TOUT : Veston ne descendant pas plus bas que la taille. Mot à mot : montrant le derrière.

MOQUER COMME DE L'AN 40 (s'en) : Sous-entendu de l'an 40 de la république, c'est-à-dire d'un an qui n'arrivera point. Expression due sans doute aux royalistes de la première Révolution. — « Je m'en moque comme de l'an 40. » (Jaime.)

MORASSE : Ennui, inquiétude. — *Avoir la morasse* : Être tourmenté. (Rabasse.)

MORASSE (battre) : Crier à

l'assassin. (Vidocq.) Mot à mot : *à la mort, à l'assassinat.*

MORCEAU : Fille sale.

MORCEAU (enlever le) : Être plus mordant que dans ses propos.

MORCEAU (faire le) : Briller dans le détail, artistiquement parlant. — « Bien que Léopold Robert n'eût pas de grandes vues, il faisait très-bien le morceau. » (Th. Silvestre.)

MORCEAU (manger le) : Dénoncer. V. *Manger.*

MORDANTE : Scie, lime. (Rabasse.) — Toutes deux mordent sur le bois et sur le fer.

MORDRE (ne pas) : Être sans force, sans esprit, sans talent. On dit aussi : *Ça ne mord pas* pour exprimer l'impossibilité de faire croire ce qu'on dit ou d'emmancher une affaire. Expression empruntée aux pêcheurs à la ligne.

MORFE : Repas, mangeaille. (Halbert.)

MORFIANTE : Assiette. (Grandval.) — De *morfier.*

MORFIER, MORFIGNER, MORFILER : Faire, manger. — *Morfier* est un vieux mot d'où les deux autres dérivent. — « Calvi morfile sa dernière bouchée. » (Balzac.) V. *Chêne.*

MORGANE : Sel. (Vidocq.) — De *Morganer.* Le sel est un mordant. » V. *Momir.*

MORGANER : Mordre. (Idem.) — Vieux mot.

MORICAUD : Broc de vin. (Vidocq.) — Allusion à sa couleur sombre.

MORILLO : Chapeau à petits bords. — « C'était le temps de la lutte de l'Amérique méridionale contre le roi d'Espagne, de Bolivar contre Morillo. Les chapeaux à petits bords étaient royalistes et se nommaient des morillos; les libéraux portaient des chapeaux à larges bords qui s'appelaient des bolivars. » (Victor Hugo.)

MORNANTE : Bergerie. (Halbert.)

MORNE : Mouton. (Vidocq.) — Du vieux mot *moraine* : laine.

MORNÉE : Bouchée. (Halbert.) — Ce doit être une abréviation de *morganée.* V. *Morganer.*

MORNIER : Berger. (Idem.) — De *morne.*

MORNIFLE : Monnaie. (Colombey.)

MORNIFLEUR TARTE : Faux-monnayeur.

MORNOS : Bouche. (Grandval.)

MORT, MORTE : Condamné, condamnée. (Colombey.) V. *Malade.*

MORT : Enjeu augmenté après coup par le procédé de la *poucette.* (V. ce mot.) « Et surtout, s'écrient les banquiers : pas de morts! Traduction : Pas d'enjeux intempestifs. ». (Cavaillé.)

MORT (faire un) : Jouer le whist à trois personnes, en découvrant le jeu d'un quatrième partenaire qui n'existe pas. — « M. d'Ajuda proposa d'aller faire *un mort* avec le duc de Grandlieu » (Balzac.)

MORUE : Femme abjecte. — « Vous voyez, Françoise, ce panier de fraises qu'on vous fait 3 francs ; j'en offre 1 franc, moi, et la marchande m'appelle... — Oui, madame, elle vous appelle... *morue !* » (Gavarni.)

MOTS (avoir des) : Échanger des reproches. — « En rentrant du bal avec ton amant, vous avez eu des mots, et il t'a flanquée à la porte. » (Montépin.)

MOTTE : Maison centrale. — « On vient de tirer mon portrait et on va l'envoyer dans toutes les mottes et dans tous les loirs. » (*Lettre de Minder*. Introd.)

MOUCHAILLER : Regarder. (Grandval.)

MOUCHARDE : Lune. Elle moucharde les voleurs. V. *Cafarde*. — « Mais bientôt la patraque, au clair de la moucharde, nous reluque de loin. » (Vidocq.)

MOUCHE : Mauvais, vilain. Abréviation de *mouchique*. — « *Mouche*, pour ceux qui ne comprendraient pas le langage parisien, signifie *mauvais*. » (Troubat.) « — Avez-vous été hier soir aux Variétés ? — Toc. — Et Ambroise ? — Mouche. » (Lemercier de Neuville.)

MOUCHE : Bouquet de barbe placé sous la lèvre inférieure. Allusion à sa petitesse. — « Le ministre de la guerre vient de trancher la question du port de la mouche. » (Du Casse.)

MOUCHE (faire) : Tirer assez juste pour aplatir la balle sur un point noir (mouche), au centre de la cible. — « Elles font mouche à tout coup et tuent les hirondelles au vol. » (A. Second.)

MOUCHES (tuer les) : Infecter. Mot à mot : avoir une haleine assez infecte pour empoisonner les mouches au vol. — On dit aussi *tuer les mouches à quinze pas*.

Tiens, Paul s'est lâché du col ;
Est-y fier depuis qu'il promène
Clara, dont la douce haleine
Fait tomber les mouches au vol.

(Colmance.)

MOUCHER : Remettre les gens à leur place, *éteindre* leur insolence. — « Nous allons donc les moucher ces *lanternes* (journaux) qui peuvent faire croire à l'abrutissement général de la nation. » (*La Mouchette*, 68.)

MOUCHER : Frapper, battre. — « Allons, mouche-lui le quinquet, ça l'esbrouffera. » (Th. Gautier.)

MOUCHER : Tuer. Mot à mot : éteindre la flamme de la vie. — « Aussi ne se passait-il guères d'heures sans qu'il n'y eût quelqu'un de mouché. » (*Mém. de Sully*, xvie siècle.) — « Je l'enfile par un coup droit. Encore un de mouché. » (Randon.)

MOUCHER : *Non, c'est que je me mouche, non, c'est que je tousse* : Négation ironique équivalant à une affirmation pour n'importe quel sujet.

MOUCHER (se) : « Les garçons de jeu se mouchent fréquemment au tapis vert, ce qui

.eur permet d'escamoter un ou deux louis dans leurs mouchoirs. L'expression est devenue proverbiale. On dit d'un garçon qui escamote un louis de quelque manière que ce soit : Il s'est mouché d'un louis. » (Cavaillé.)

MOUCHER DU PIED (ne pas se) : Agir en homme bien élevé, et non comme celui qui, après s'être mouché avec les doigts, efface du pied sa morve. — « Mais c'est des artistes, qui ne se mouchent pas du pied. » (Désaugiers.)

Pris ensuite au figuré pour signifier une supériorité quelconque, comme le prouve cet exemple : — « Ce petit vin colorié ne se mouche pas du pied. » (Moinaux.)

Le besoin de varier a fait dire dans le même sens : *Ne pas se moucher du talon.* — « C'est un gaillard qui ne se mouche pas du talon. » (P. de Kock.)

MOUCHERON : Enfant. — « La portière et son moucheron. » (*Léonard*, parodie, 63.)

MOUCHERON : Garçon de marchand de vins. (Il voltige autour des tables des consommateurs.) « Une deuxième tournée est commandée au moucheron. » (Ladimir, 42.)

MOUCHETTES (des) : Non. « — Tu m'as volé? tu vas rendre! — Des mouchettes! » (*Léonard*, parodie, 63.)

MOUCHIQUE : Vilain, mauvais. — Forme de *moustique*. V. ce mot. « On s'en dégoise de mouchiques, quand les uns s'appellent feignants, les autr's leur z'y répond'nt : muffs. » (Cabassol.) V. *Gaffier*.

MOUILLANTE : Soupe, morue. (Halbert.)

MOUILLÉ (être) : Être apprécié à sa valeur. (Colombey.) — Allusion aux tissus qu'on mouille pour voir s'ils se rétrécissent.

MOULE : Visage irrégulier. Ironie.

MOULE A GAUFRE : Visage fort grêlé. — On sait qu'un moule à gaufre est criblé de trous. — « Le moule à gaufre qui tient en chef les destinées de l'*Univers*. » (*Tam-Tam*, 76.)

MOULE DE GANT : Soufflet. — La main est un moule de gant. — « Te goberges-tu de nous? Je te bâillerai d'une paire de moules de gant. » (Vadé, 1744.)

MOULE EST CASSÉ, ON N'EN FAIT PLUS (le) : Se dit d'un personnage exceptionnel, inimitable.

MOULIN : Magasin de recéleur. (Colombey.) V. *Meunier*.

Aller au moulin : Vendre du plomb volé. (Rabasse.) Mot à mot : allez chez le recéleur.

MOULINER : Bavarder. (Idem.) — Allusion au *tic tac* perpétuel du moulin. — On appelle de même *moulin à paroles* un bavard.

MOULOIR : Bouche. (Halbert.) — Elle moule les aliments.

MOURIR (tu t'en ferais) ! Tu t'en ferais crever! — Ces formules négatives s'emploient surtout contre ceux qui sont trop avides ou qui manifestent des prétentions excessives. — « Un joueur propose, à quoi l'on répond, si l'on refuse : « Tu t'en « ferais mourir. » (Boué de Villiers.) V. *Cylindre*.

MOUSCAILLER : Faire ses besoins. V. *Mousse*.

MOUSSANTE : Bière. (Colombey.) — Effet pris pour la cause.

MOUSSE : Excrément. — Se trouve déjà dans le *Dictionnaire blesquin* de 1618. Dans le peuple, on s'injurie encore par ces mots : *Vent et mousse pour toi!*

MOUSSELINE : Pain blanc. (Halbert.) — Allusion de douceur et de blancheur.

MOUSSELINE : Pièce d'argent. (*Petit Dictionnaire d'Argot*, 44.) — Même allusion.

MOUSSELINE : Fers de prisonnier. (Rabasse.) Ironie.

MOUSSER : S'impatienter, s'irriter. Mot à mot : écumer de colère. — « Ne moussez pas comme ça. » (Labiche.)

MOUSSER : Faire sa *mousse*. V. ce mot.

MOUSSER (se faire) : Se faire valoir. (Rabasse.) — Mot à mot : Se faire monter plus haut.

MOUSSERIE : Latrine. (Halbert.)

MOUSSEUX : Redondant. — « J'estime celui qui est un peu mousseux dans sa façon de parler. » (La Bédollière.)

MOUSSUE : Châtaigne. (Halbert.)

MOUSTIQUE : Mauvais. Mot à mot : malfaisant, irritant comme un moustique. — « Je bonnirai qu'ils nous ont embroqués d'une chasse moustique. » (Rabasse.)

MOUZU : Mamelle. (Halbert.)

MUETTE : Conscience. (Rabasse.) — Le mot nous paraît trop ingénieux. Ce doit être (comme pour *arche de Noé*) une invention de Saint-Edme qui a rédigé l'œuvre de Vidocq, où *muette* a paru pour la première fois.

MUETTE : Exercice dans lequel, par espièglerie ou par antipathie pour un chef, les élèves de Saint-Cyr ne font pas résonner leurs fusils. — « Lorsque vient le tour de commandement d'un gradé ou d'un chef détesté, on convient de lui donner une muette. » (De la Barre.) — *Muette* se faufile en ce moment dans la langue politique. — « Dès qu'on a vu M. G. établir autour de M. N. une sorte de muette... » (*Ignotus*, 75.)

MUFFETON, MUFFLE : Homme bête et grossier. — « Eh! dis donc, la belle blonde, tu vas quitter ces deux muffles et t'en venir avec moi. » (E. Sue.) — « Vois-tu, muffeton, lui disait la dame. » (G. de Nerval.)

MUFLE : Maçon. (Rabasse.)

MURON, MURONNER, MURONNIÈRE : Sel, saler, salière. (Halbert.) Vieux mots.

MUSARDINE : Habitué femelle des Concerts-Musards, de 1858 à 1860. — « On dit une musardine, comme jadis on disait une lorette. » (A. Second.) — C'était du temps de l'hôtel d'Osmond; le

Concert-Musard d'aujourd'hui est infiniment plus chaste.

MUSETTE : Figure. — C'est *museau* avec changement de finale. V. *Couper.*

MUSICIEN : Dénonciateur. Jeu de mots sur *haricot* et *péter*. (V. ci-dessous.) V. *Péter, Coqueur.*

MUSICIENS : Haricots. (Colombey.) — Allusion au bruit des vents qu'ils forment.

MUSIQUE : Filouterie de jeu. V. *Maquillage.*

MUSIQUE (passer la) : Être confronté avec les dénonciateurs ou *musiciens.*

N

NAGEOIR : Poisson. (Vidocq.) — Il nage.

NAGEOIRE : Favori large s'écartant de la joue comme une nageoire de poisson. — « L'ampleur de ses favoris qu'il persiste à appeler des nageoires. » (M. Saint-Hilaire.)

NASE, NAZE : Nez. — Vieux mot. — « Elle est mieux que la Hollandaise, mais ça n'est pas pour mon nase. » (Mme de Solms, 66.)

NATURALIBUS (in) : Dans l'état de nature, nu. — Latinisme. — « Mon Joseph eut avec elle un tête-à-tête *in naturalibus.* » (Beaufort, *Elle et Moi,* Troyes, an VIII.) — « L'autre regardant à l'horizon *in naturalibus.* » (Commerson.)

NAVETS (des) : Non. — « Est-ce que j'en suis ? Toi, mon bonhomme, beaucoup de navets ! » (Montépin.) — « M'exposer à Saint-Lazare pour ça... Des navets ! » (Jaime.)

NAVET : « Hypocrite de salon, tartufe à l'eau de rose, il était de ceux qu'on appelle dans le vieux style un pédant, et dans notre belle langue un *navet.* » (A. de Pontmartin.)

NAZARET : Grand nez. V. *Dariole.* — Augmentatif de *naze.*

NAZE : Nez. V. *Nase.*

NAZICOT : Petit nez. — Diminutif.

NAZONANT, NAZONAUT : Gros nez. (Grandval, Halbert.) Augmentatif.

NE TE GÊNE PAS DANS LE PARC : Veston assez court pour n'avoir pas besoin d'être retroussé en cas de nécessité. — « On a successivement appelé les vestons : *saute-en-barque,* — *pet-en-l'air* (pardon, madame), — *montretout* (pardon, mademoiselle), — *pince-nez,* — *ah ! gandin, je te vois,* — *club-cleub-clob,* — *newmarket,* — *cucheval,* — *couche-avec.* — Hier encore, on les appelait des *suivez-moi, mademoi-*

selle. Mais aujourd'hui, on appelle ces coquets vestons des *ne te gêne pas dans le parc.*» (*Vie parisienne*, 9 mars 67.)

NÈFLES (des) : Non. — « Souper avec vous, des nèfles ! Les panés, il n'en faut pas. » (*Les Cocottes*, 64.) — « Rends-moi mon verre, Auguste, flanches pas ! — Jamais, des nèfles... je ne rends jamais qu'après. » (*Tam-Tam*, 76.)

NÉGOCIANT (faire le) : « Aller se promener, terme suprême du matelot pour exprimer un homme qui n'a rien à faire. » (*Physionomie du Matelot*, 43.)

NÉGOCIANT : Entreteneur. (Halbert.)

NÉGRESSE : Paquet couvert de toile cirée noire. (Vidocq.)

NÉGRESSE : Punaise. — « Je sentis bien, quand nous étions couchés, qu'il ne manquait pas de négresses et même de grenadiers. » (Lecart.) — Allusion à la couleur foncée de la punaise. Quant aux *grenadiers*, qui sont des poux de forte taille, il faut se rappeler le sens argotique de *garnison*. Les deux mots marchent bien de compagnie.

NÉGRESSE : Bouteille. (Colombey.) — Allusion à son aspect foncé. — « Encore une négresse qui avait la gueule cassée. » (Zola.)

NÉNAIS, NÉNET : Sein. — « Tenez, mon cœur, voilà le corset, ajustez-moi ça sur mes nénets. » (Ricard.) — « Petite maman s'est fait des nénais avec du coton. » (Gavarni.)

NÉO : Néo-chrétien — Je passai en revue les diverses sectes des néo-chrétiens dont Paris était inondé. Il y avait les néo-chrétiens du journal l'*Avenir*, les néo-chrétiens de M. Gustave Drouineau, les néo-catholiques et une foule d'autres, tous possédant le dernier mot du problème social et religieux. » (L. Reybaud, 43.)

NEP : Voleur brocantant de faux bijoux, de fausses décorations. (Vidocq.)

NERF, NERF DE LA GUERRE : Argent. V. *Os*. — « Le nerf de la guerre manquait à ce point qu'il n'avait pas le strict nécessaire. » (*Vie parisienne*, 67.)

NERFS (avoir ses) : Être sous l'empire d'une irritation nerveuse. Jadis on disait : *J'ai mes vapeurs*. — « Madame aurait ses nerfs ? Nerfs contre nerfs. Apportez-moi le nerf de bœuf. » (Michu.)

NETTOYER : Ruiner, vendre, dévaliser. — « Je lui nettoie sa pelure du haut en bas. J'trouve une demi-veilleuse. » (Monselet.) V. *Lavage, Maquilleur*.

NETTOYER : Tuer. — « Oh ! les gredins, je les nettoierai. » (F. Pyat.)

NEZ QUI A COUTÉ CHER A METTRE EN COULEUR : Nez dont la teinte rouge atteste que son porteur a payé plus d'une bouteille. — « En voilà un nez qui a coûté cher à mettre en couleur. » (Gavarni.)

NEZ (avoir dans le) : Détester quelqu'un. Mot à mot : ne pouvoir le sentir. — « Il ne faudrait pas que la demande vînt de vous.

M. Faviaux vous a dans le nez. » (About.)

NEZ CREUX (avoir le) : Être malin, perspicace. — Les nez creux ont plus de capacité que les autres. — « Oh! elle avait le nez creux, elle savait déjà comment cela devait tourner. » (Zola.)

NEZ LONG (avoir le), faire son nez : Paraître désappointé. — « Nous nous sommes payé le billard, j'en ai rendu vingt de trente à Lahure, qui faisait un nez aussi long que sa queue de billard. » (Voizo.) — On dit en abrégeant, dans le même sens, *avoir un nez*.

NEZ (se piquer le) : S'enivrer. — Un nez piqué rougit comme celui qu'empourpre l'ivresse. — « Qui ne s'est pas piqué le nez une pauvre fois dans sa vie ? » (Grévin.)

NEZ OU IL PLEUT : Nez tout à fait retroussé. — On voit d'ici l'allusion. — « Mlle Kid était une petite drôlette, avec un nez où il pleut dedans. » (Stop, *Journal amusant*, 70.)

NI VU, NI CONNU! JE T'EMBROUILLE : Locution placée ordinairement à la fin d'un récit pour peindre la rapidité d'un acte et la difficulté de l'expliquer. (Dhautel, o8.)

NIAIRE : C'est lui, c'est moi. (Rabasse.) — Ce doit être une forme de *nière* (complice), servant de signe de reconnaissance.

NIB, NIBERGUE, NIBERTE, NIENTE : Rien. — *Niente* est un italianisme. *Nib* semble une abréviation de *Nibergue*, qui est un anagramme de *bernique?* —

« N'avoir pas le sou, s'articulait *nib de braise* ou *nisco boursicoto*. » (Lespès.)

NIBE : Silence! ne dis rien. (Rabasse.) — Forme de *nib*.

NIBE AU TRUC : Ne rien dire sur un vol. (Rabasse.)

NIBÉ : Tais-toi! taisez-vous! (Rabasse.) V. *Nibe*.

NICDOUILLE, NIGUEDOUILLE, NIGAUDINOS : Nigaud. — « Vous vous êtes en allé fâché, désespéré, nigaudinos. » (Balzac.) — « Tais-toi donc, nicdouille. » (*Phy. du Matelot*, 43.)

NICHONS : Seins. — Allusion à la double niche qu'ils occupent dans le corsage. — « Nana ne se fait plus de nichons avec des boules de papier, il lui en est venu deux. » (Zola.)

NIÈRE : Complice. V. *Manger*.

N — I — NI, C'EST FINI : Formule négative. — Redoublement de la dernière syllabe de *fini*. — « Ne me parlez plus de rien..., n i, ni, fini. » (*Rousseliana*, o5.) — « N i, ni, c'est fini, plus de Malvina. » (L. Reybaud.)

NINI, NINICHE : Mot d'amitié. Diminutif d'Eugénie. — « Quand maman aime bien petit papa, elle appelle petit papa ma niniche. » (Gavarni.)

NIOLLE : Vieux chapeau. — C'est une forme de *gniolle* : personne sans consistance. Un chapeau déformé a perdu aussi la sienne. — « Un niolle est un chapeau d'homme retapé. Les niolleurs sont les marchands de vieux chapeaux. » (Mornand.)

NIOLLEUR : Marchand de vieux habits. — Extension du sens du mot précédent. V. *Niolle*.

NIORT (aller à) : Nier. — Jeu de mots sur la ville et le verbe. — « Je vois bien qu'il n'y a pas moyen d'aller à Niort. » (Canler.) V. *Outil*.

NIQUE DE MÈCHE : Sans complicité. (Rabasse.) Mot à mot : pas de moitié. V. *Mèche*.

NISCO, NIX : Non. — *Nisco* est un diminutif du vieux *nis* : pas un. — *Nix* est un germanisme altéré par la prononciation française (*nicht*). — « Fût-il un phénix, nix. » (Désaugiers.)

NISETTE : Olive. (Halbert.)

NIVET, NIVETTE : Chanvre, chanvrière, filasse. (Idem.)

NOBLING : « Acte frauduleux qui consiste à faire des paris de courses qu'on ne peut perdre. » (Parent, Angl.)

NOCE : Débauche. — Allusion aux excès gastronomiques qui accompagnaient les noces d'autrefois. — « Alors je bois, je chante, je fais la noce pour oublier. » (P. de Grandpré.)

NOCER : Faire la noce. — « Est-ce que tu as nocé aujourd'hui ?... — Nocé ! ah, bien oui ! » (Eug. Sue.)

NOIR : Café. — Allusion de couleur. — « Je paye le noir et le mêlé, et je m'enfile de douze sous. » (Monselet.)

NOM D'UN ! : Nom d'un nom ! Nom d'un petit bonhomme ! Nom d'un tonnerre ! — Il faut voir ici l'abréviation de trois synonymes de *nom de D...!* que les jureurs ont modifié de façon à ne se voir reprocher aucun blasphème. — « 86,000 francs par an ! nom d'un petit bonhomme ! c'est joli. » (L. Reybaud.) *Nom d'un petit bonhomme* fait allusion à Jésus enfant.

NOM D'UNE PIPE : Juron de fumeurs ; leur dieu est leur pipe. — « Nom d'une pipe ! si vous m'approchez... » (Mélesville, 30.)

NOMBRIL : Midi. (Halbert.)

NON POSSUMUS : Impossible. Mot à mot : nous ne pouvons pas. — Latinisme. — Allusion aux termes employés dans une déclaration du pape Pie IX. — « Les plénipotentiaires turcs ont maintenu très-résolûment le *non possumus* de la Porte. » (*Figaro*, 76.)

NONNE (faire) : Faire un attroupement simulé pour aider à un vol. (Vidocq.)

NONNEURS : Compères de voleur à la tire. — Ils s'attroupent et créent des embarras (nonnes) pour l'aider à voler.

NORMALIEN : Élève de l'école normale. Se dit aussi de celui qui en est sorti. — « Je dois reprendre chez ce jeune normalien une citation qui a juré à mon oreille. » (B. Jouvin 75.)

NOTAIRE : Épicier qui fait crédit. (*Almanach des Débiteurs*.) — Il note les achats.

NOUEUR : Complice. (Rabasse.) — Forme de *nière*.

NOUJON : Poisson. (Habert.)

NOUNOU : Nourrice. — Abréviation avec redoublement de la première syllabe. — « La maman ne peut pas se payer de bonne ni de nounou. » (Figaro, 75.)

NOURRIR : Préparer de longue main. — « Ce garçon qui devait avoir nourri ce *poupon* pendant un mois. » (Balzac.) V. *Poupard*. (Vol.)

NOURRISSEUR : « Les *nourrisseurs* préparent et nourrissent une affaire ; ils savent le moment où le rentier touche sa rente et les jours de rentrée du négociant ; ils étudient la maison et les habitudes des gens qu'ils veulent faire voler. » (A. Monnier.)

NOUSAILLES, NOUZAILLES, NOUZIERGUE, NOUZIÈRES, NOUZIGO : Nous. (Halbert, Colombey.) — Adjonctions de finales.

NOYAUX : Pièces de monnaie. — Du vieux mot *noiau* : bouton d'habit.

Le sacré violon qu'avait joué faux
Voulut me demander des noyaux.

(Vadé, 1760.)

NOYAUX DE PÊCHE (rembourré de) : Se dit des sièges fort durs : Allusion à leurs aspérités et à leur dureté. « On est en train de remplacer les noyaux de pêches des stalles par des nouveaux beaucoup plus frais. » (*Éclair*, 72.)

NUMÉRO (bon) : « Deux papas très-bien, ce sont deux papas d'un bon numéro. Comprenez-vous ? — Pas trop. — Deux pères parfaitement ridicules. » (Th. Gautier.)

NUMÉRO (gros) : Maison de prostitution. — Allusion au gros numéro peint sur la porte pour toute enseigne.

NUMÉRO UN, PREMIER NUMÉRO : Premier par ordre de mérite. — « C'est de la folie à l'état de numéro un. » (Jules Janin.) — « Une lanterne de premier numéro et d'un tel reflet qu'on dirait un phare. » (Deslys.)

NUMÉRO SEPT : Crochet de chiffonnier. — Le 7 ressemble effectivement à un crochet.

NUMÉRO CENT : Latrines. — Jeu de mots né dans les petits hôtels à chambres numérotées, où les latrines portent le numéro 100 pour que personne ne s'y trompe. C'est aussi le numéro qui *sent* le plus. — « Dans toutes les maisons du monde, j'ai ma chambre au numéro cent. » (J. Choux.)

NUMÉRO (connaître le) : Être fixé sur la valeur morale : — « Je sais d'où tu viens, je sais par où tu as passé, je connais tous tes numéros. » (*Ces Dames*, 60.)

NUMÉRO (retenir le) : Ne pas oublier. — « C'est bon ! *je retiens ton numéro.* » Se dit quand on menace quelqu'un de représailles.

NUMÉROTER SES OS : S'apprêter à être roué de coups. Mot à mot et ironiquement : s'arranger de façon à pouvoir retrouver ses os pour les remettre en place si on les casse. V. *Démolir*.

NYMPHE : Femme galante. — Allusion railleuse aux comparaisons mythologiques affectionnées par nos pères. V. *Piger*.

O

OBJECTIF : But. — On a fait un abus incroyable de ce mot depuis 1870, époque où le général Trochu s'en servit fréquemment dans ses rapports militaires. « Napoléon III protesta que son objectif était l'alliance avec l'Angleterre. » (Figaro.)

OBÉLISCAL : Merveilleux. — Date du transport de l'obélisque sur la place de la Concorde. — « Admirable! pyramidal! obéliscal! » (*Almanach de la Polka*, 45.) V. *Granitique*.

OBJET : Amante. Mot à mot: objet d'amour. — « Il apprend que le cher père a cloîtré son objet. » (Désaugiers.)

OCCASE : Occasion. — Abréviation. — « Deux francs cinquante de bénef, profitez de l'occase. » (A. Second.)

OCCASION : Chandelier. (Halbert.)

OCCIR : Tuer. — Vieux mot relevé par les romantiques. — « O surprise! j'avais occi le bandit qu'on cherchait depuis huit jours. » (Marx.)

ŒIL : Crédit. — Se trouve dans le Dictionnaire de *Cartouche* de Grandval (éd. de 1827). « Je vous offre le vin blanc chez Toitot; j'ai l'œil. » (Chenu.) — « La mère Bricherie n'entend pas raillerie à l'article du crédit. Plutôt que de faire deux sous d'œil, elle préférerait, etc. » (Pr. d'Anglemont.) — « La fruitière n'a jamais voulu ouvrir l'œil : elle dit qu'elle a déjà perdu avec des artistes. » (Champfleury.)

ŒIL : Bon effet produit à première vue. — Se dit de n'importe qui et de n'importe quoi. — « La chose a de l'œil. C'est léger. » (A. Scholl.)

ŒIL (mon) : Formule négative. — Abréviation d'une autre phrase reçue qui consiste à dire : Regarde de quelle nuance est mon œil. — « Et quand tu m'auras bien aimée, en serai-je plus avancée, je te prie? Regarde donc de quelle nuance est mon œil. » (Monselet.) — « Quand le démonstrateur expose la formation des bancs de charbon de terre, mon voisin s'écrie avec un atticisme parfait : *Oui, mon œil!* » (Villetard.)

ŒIL (avoir l') : Avoir crédit.

ŒIL (faire de l') : Lorgner amoureusement. — « Sous prétexte de voir essayer le chapeau, il ne manquait pas de faire de l'œil à la modiste. » (P. de Kock.)

ŒIL (se mettre le doigt dans l') : Ne pas voir juste.

ŒIL (ouvrir l') : Veiller attentivement, faire crédit.

ŒIL (tape à l') : Borgne. — Mot à mot : endormi d'un œil.

— Il tape d'un œil, bien malgré lui. V. ci-dessous.

ŒIL (taper de l') : Dormir. — C'est le *clore la paupière* du peuple. — « Monsieur, faites pas tant de bruit, je vais taper de l'œil. » (Vidal, 33.) V. *Taper dans l'œil.*

ŒIL (tirer l') : Attirer l'attention.

ŒIL (tortiller, tourner de l') : Mourir. — « J'aime mieux tourner la salade que de tourner *de l'œil.* » (Commerson.) — « J' voudrais ben m'en aller, dit le pot de terre en râlant. Bonsoir, voisin, tu peux tortiller de l'œil. » (Thuillier.)

ŒIL DE VERRE : Lorgnon. — « Ces mirliflors aux escarpins vernis, aux yeux de verre. » (Festeau.)

ŒUF (casser son) : Faire une fausse couche.

OGRE, OGRESSE : Usurier, marchande à la toilette. — Ils finissent toujours par dévorer financièrement leur clientèle.

OGRE : « Il y a deux espèces de compositeurs d'imprimerie : 1° les *ogres*, bons pères de famille qui travaillent pour leurs enfants ; ils sont à la conscience, c'est-à-dire qu'ils gagnent un prix fixe par jour ; 2° les *caleurs* ou *goippeurs* qui à chaque instant se dérangent : ceux-là travaillent aux pièces. » (Moisand, 41.)

OGRE : Agent de remplacement. (Vidocq.) — Il a toujours besoin de chair humaine.

OGRE : Chiffonnier en gros, receleur, *patron de tapis franc.* — Allusion à leurs bénéfices dévorants. — « Les chiffonniers donnent ce nom à celui qui achète le produit de leurs recherches nocturnes pour les revendre en gros. Il fut un temps où ce nom était synonyme de receleur. Dans ce but, *l'ogre* possédait à côté de son établissement d'achat de chiffons un débit de liqueurs qu'il faisait gérer par un affidé ou un compère ; il y recevait clandestinement des malfaiteurs qui apportaient là les produits de leurs rapines. » (Castillon.)

OGRESSE : Maîtresse de maison. (Halbert.) — Elle est comme les ogres en quête de chair fraîche (féminine).

OIGNES (aux petits) : abrév. de *Oignons (aux petits.)* — « Ça n' t'empêchera pas de faire ça aux petits oignes. » (L. de Neuville.)

OIGNON : Montre. — Allusion de forme.

OIGNONS (aux petits) : Très-bien. — Les oignons sont en grande faveur dans la cuisine populaire. — « Les *lanciers !* demandez la nouvelle danse, arrangée aux petits oignons. » (Randon.)

OIGNON (il y a de l') : Il y a des gémissements. — Allusion aux pleurs que l'oignon fait verser. — « S' prend' de bec, c'est la mode, et souvent il y a de l'oignon. » (Dupeuty.)

OISEAU : Triste personnage. — « Minute ! quel est c't oiseau-là ? » (*Léonard*, parodie.)

OISEAU FATAL : Corbeau. Vidocq.) — Le corbeau a depuis longtemps cette réputation.

OISEAUX (aux) : Très-bien. — « Il est meublé aux oiseaux. » (Balzac.) — « Pour exprimer qu'un homme est très-bien fait, qu'une femme est très-belle, on dit qu'ils sont *aux oiseaux*. » (Dhautel, 68.)

OISEAUX (se donner des noms d') : Roucouler amoureusement. — « Nous nous donn'rons des noms d'oiseaux. » (Hardy.)

OLIVET : Ognon. (Halbert.)

OMETTRE (l') : Le tuer (Rabasse.) Au figuré, on disait *envoyer dans le royaume d'oubli*. Serait-ce un équivalent ?

OMNIBUS : Prostituée. Mot à mot : femme *à tous*. — Latinisme. — « On y remarque aussi quelques pauvres beautés omnibus. » (*La Maison du Lapin-Blanc*.)

OMNIBUS DE CONI : Corbillard. (Vidocq.) Mot à mot : voiture publique de mort.

ONCLE : Usurier. — « Ce mot symbolise l'usure, comme dans la langue populaire *ma tante* signifie le prêt sur gage. » (Balzac.)

ONCLE : Portier-consigne de prison. « L'oncle est venu prendre ma camoufle et m'a dit le centre de ma pige. » (V. Introduction. *Lettre à Minder*.)

ONCLESSE : Femme du concierge de la prison. (Idem.)

ONE (*A Stiff*), *a dead one, a safe one* : Littéralement un cheval raide, un cheval mort, un cheval sauf. Autant d'expressions pour indiquer un cheval qui ne gagnera point ou qu'on ne veut pas faire gagner. » (Parent.) Terme de courses anglais.

ONGUENT : Argent. (Rabasse.) C'est en effet un onguent pour bien des maux.

OPPORTUNISME : Ligne de conduite modérée adoptée par les partis qui ne passent pas pour amis de la modération. Il va sans dire que l'exemple suivant n'est point une appréciation pour nous : « On me demande ce que c'est que l'opportunisme... C'est Marat jouant Tartuffe. » (A. Karr, oct. 76.)

OPPORTUNISTE : Partisan de l'opportunisme. « Les pontifes de l'infaillibilité radicale fulminent contre les opportunistes. » (*P. Moniteur*, oct. 76.)

ORANGE A COCHONS : « La pomme de terre est aussitôt saluée par l'argot d'orange à cochons. » (Balzac.)

ORDINAIRE : Portion de bouillon et de bœuf. « On lui donnait un ordinaire, c'est-à-dire un bouillon et un bœuf. » (Scholl, 66.)

OREILLARD : Ane. (Vidocq.) — Allusion à ses longues oreilles.

ORFÉVRE : Personne cherchant à faire prévaloir ses intérêts particuliers sous un autre motif. — Abréviation d'une réponse bien connue : « *Vous êtes orfévre, monsieur Josse ?* » faite par Sganarelle à l'orfévre Josse, qui lui conseille l'achat d'un écrin comme le seul moyen de guérir la mélancolie de sa fille. (Molière, *Amour médecin*.)

ORGUE (*terminaison en*). V. *Aille*.

ORGUE (*causer sur l'*) : Causer sur lui. (Rabasse.) Si cette définition est exacte, on devrait écrire *lorgue* et non *l'orgue*, car ce ne serait que le mot *lui* déformé par la terminaison en *orgue* (V. ci-dessus). Même observation pour *manger sur l'orgue* (dénoncer).

ORGUE (*jouer de l'*) : Ronfler. — Allusion aux ronflements des tuyaux d'orgue. — « Il prenait toujours une stalle sur le derrière de l'orchestre, afin de ne pas être dérangé. Il s'y installait commodément, et là *il piquait son chien*, comme nous disions au collége; *il cassait sa canne*, comme nous disons aujourd'hui ; *il jouait de l'orgue*, comme disent les titis; ou bien il *roupillait*, selon les linguistes. » (Privat d'Anglemont.)

ORIENT : Or. (Rabasse.) — Adjonction de finales.

ORLÉANS : Vinaigre. (Vidocq.) Celui d'Orléans est le plus renommé.

ORNIE, ORNICHON, ORNION, ORNIE DE BALLE : Poule, poulet, chapon, dinde.

ORPHELIN : Orfévre. (Vidocq.) — Changement de finale.

ORPHELIN DE MURAILLE : Excrément isolé. Mot à mot : abandonné par son *auteur* contre un mur.

ORPHELINS : « C'est sous ce nom que l'on veut dire en argot: une bande de voleurs. » (A. Durantin.)

OS : Argent. — Si l'argent est *le nerf* de la guerre, pourquoi ne serait-il pas *l'os* de la vie civile ? Cette étymologie nous paraît préférable à celles qu'on a risquées jusqu'ici. — « Dans la langue populaire parisienne, on appelle *os* le numéraire. » (Mornand.)

OSEILLE : Argent. — C'est le mot *os* avec une terminaison arbitraire en *eille*.

OSEILLE (*avoir de l'*) : Avoir de l'argent. (Rabasse.)

OSEILLE (*la faire à l'*) : Réussir un bon vol. (Rabasse.) Ne pas confondre ce sens avec celui de *la faire à l'oseille* : tromper grossièrement. V. *Faire*.

OSEILLE (*scènes de l'*): « C'est-à-dire, en argot de coulisses, les scènes où les petites femmes font leur apparition en costume plus ou moins fantaisiste. » (Escudier, 76.)

OTHELLO : Mari jaloux. — Allusion à l'Othello vénitien. — « Modifier vos bonnes et douces habitudes pour vous métamorphoser en Othello, c'est vous y prendre un peu tard. » (Ed. Lemoine.)

OUICHE : C'est un *oui* ironique. — « Croyez-vous qu'il viendra me chercher?... Ah bien! ouiche! » (About.) — « Ah ouiche! v'là encore un beau pleutre! » (*Le Chirurgien anglais*, parade, 1774.)

OURS : « Ancien compagnon pressier. Le mouvement de va-et-vient qui ressemble assez à celui d'un ours en cage, par lequel les pressiers se portent de l'encrier à la presse, leur a valu sans doute ce sobriquet. » (Balzac.)

OURS : Salle de police. — « Je fus passer deux jours dans un lieu ténébreux qu'on appelle l'Ours. » (*Souvenirs de Saint-Cyr.*) V. *Mazaro*.

OURS : Pièce qui a vieilli dans les cartons d'une direction de théâtre. Elle ne se joue que dans la belle saison, quand les théâtres sont déserts. — Allusion à l'ours qui dort pendant l'hiver et qui se montre pendant l'été. M. Marty-Laveaux m'a montré dans La Fontaine, un premier germe de cette allusion. Il est fort curieux :

Mon opéra, tout simple n'étant sans spectacle,
Qu'un ours qui vient de naître et non encore léché.
(Épître à Mᵐᵉ de Thiange.)

— « Au théâtre des refusés, d'ours il fait commerce. » (Al. Flan.)

OURS (envoyer à l') : Envoyer promener. Mot à mot : envoyer voir l'ours au Jardin des Plantes, si cher aux flâneurs.

OURSERIE : Disposition prononcée pour la vie solitaire. « Vous savez que j'avais quelques dispositions à l'ourserie. » (Mérimée.)

OURSON : Bonnet à poil d'ours. — « J'allais me coiffer de l'ourson dévolu aux voltigeurs. » (L. Reybaud.)

OUTILS : Instruments de voleur. — Ils servent à son travail. V. *Vague*. — « Je vais à Niort, mais mon imbécile avait gardé son outil. » (Beauvillier.)

OUTRANCIER : Nom inventé pour ridiculiser ceux qui voulaient la résistance à outrance en 1871 et qui ne se battaient point. « Il marchait à la mort tandis que les outranciers se prélassaient à la mairie. » (A. Marcade, 75.)

OUTSIDER : « Cheval que l'on considère comme n'ayant que peu ou point de chance de gagner. » (E. Parent.)

OUVRAGE : Vol. (Vidocq.)

OUVRIER : Voleur. (Idem.)

OVALE : Huile. (Halbert.)

P

P (faire le) : Faire mauvaise mine. (Grandval.) V. *Pet*.

PACANT : Homme de campagne. (Halbert.)

PACANT : Passant. (Grandval.)

PACQUELIN, PACLIN, PASQUELIN : Pays. (Vidocq, Halbert.)

PACQUELINAGE : Voyage. (Idem.)

PACQUELINEUR, NEUSE : Voyageur, voyageuse. (Idem.)

PACSIN : Paquet. (Grandval.) — Changement de finale.

PAF : Eau-de-vie. V. *Paffer*.

PAF : Locution usitée pour indiquer une chose subitement et promptement arrivée, comme la chute d'un corps qui fait *paf* en tombant. — « Voyant ça, paf ! il en tombe amoureux. » (Stop, 75.)

PAF : Ivre. — Abréviation de *Paffé*. V. *Paffer*. — « Vous avez été joliment paf hier. » (Balzac.)

PAFFS : Souliers. (Rabasse.) Abréviation de *Passif*. V. *Gouépeur, Empaffe*.

PAFFER, EMPAFFER : Enivrer. Mot à mot : remplir de *paf*. — Le *paf* représentait au dernier siècle *la goutte* d'aujourd'hui. En voici de nombreux exemples. — « Viens plutôt d'amitié boire avec nous trois un coup de paffe. » (Vadé, 1758.) — « Voulez-vous boire une goutte de paf ? — J'voulons bien. — Saint-Jean, va nous chercher d'misequier d'rogome. » (L'Écluse, 1756.) — « Il m' proposit le paf. Ça me parlit au cœur si bien, que j'y allis... dans une tabagie de la rue des Boucheries, où que j' bure du ratafia après le coco. » (Rétif, 177ᵉ *Contemp.*, 1783.) — « Au milieu de cette plèbe bariolée qui se paffe de vin bleu. » (Delvau.) — « Nous allons à la Courtille nous fourrer du vin sous le nez, quand nous sommes bien empaffés. » (Vidal, 33.)

PAGNE : Secours envoyé à un détenu par un ami. (Vidocq.) — Abréviation de *panier* à provisions.

PAILLASSE : Sauteur politique. — Allusion à la chanson de Béranger.

Paillass', mon ami,
N' saut' pas à demi,
Saute pour tout le monde, etc.

De là aussi le synonyme de *Sauteur*.

PAILLASSE : Ventre. — Les intestins s'en échappent comme la paille d'une paillasse. — « Il s'est fait crever la paillasse, il s'est fait tuer. » (Dhautel, 08.)

PAILLASSE, PAILLASSE DE CORPS DE GARDE : Prostituée de dernier ordre. Comme les paillasses de corps de garde, elle change journellement de coucheurs. — « Qu'es-tu, toi ? larronnesse, paillasse de corps de garde ! » (*Dialogues poissards*, XVIIIᵉ siècle.)

PAILLASSON : Homme fréquentant les paillasses. V. ci-dessus. — « Quand finirez-vous, libertin, de courir les catins ? Encore, ce vieux paillasson, parl'-t-il d' morale en action ! » (*Catéchisme poissard*.)

PAILLE : Dentelle. (Vidocq.) — Elle est légère comme une paille.

PAILLE : Filouterie de jeu. — C'est la même que le Pont. V. *Couper*. — « Cette excavation qui a pour résultat de faire revenir les cartes dans l'ordre où elles se trouvaient, a reçu le nom de paille, d'où l'expression *couper dans la paille.* » (Cavaillé.)

PAILLE AU CUL (avoir la) : Être mis à la réforme. — On expose, d'ordinaire, avec un bouchon de paille, les objets à vendre isolément. — « La paille au cul, repassez la frontière, cafards. » (*La Paille au cul,* 32.)

PAILLE DE FER : Dans le récit d'un combat, H. Monnier fait dire à un vieux sergent : — « A toi, à moi la paille de fer. » — Allusion au hasard qui expose chaque combattant à un *coup de pointe.*

PAILLER : Préparer une paille en battant les cartes. « Au baccarat banque, la taille substituée est paillée souvent à l'avance. » (Cavaillé.)

PAIN ? (Et du) : As-tu de quoi manger ? — Donnez des conseils à un malheureux affamé, il vous ramène à la question par ces trois mots : *Et du pain ?* — Gavarni montre un masque abordant à l'Opéra un domino femelle, qui l'attend, binocle à l'œil : — « Pus qu' ça de lorgnon, dit-il. Et du pain ? » — La question déchire d'un seul coup les faux dehors de cette élégante qui n'a peut-être pas dîné pour acheter des gants.

PAIN-LA (Ne pas manger de ce) : Se refuser à vivre d'argent mal acquis.

PAIN ROUGE (Manger du) : Vivre d'assassinats. (Halbert.)

PALADIER, PALLADIER : Pré. (Halbert.)

PALETTE : Dent, main. (Colombey.)

PALLAS : Boniment de saltimbanque. — « Il salua les visiteurs qu'avait attirés la parade. Bientôt il commença son pallas. » (Champfleury.)

PALLAS (faire) : Faire des manières. — L'argot paraît s'être piqué là de connaissances mythologiques, car Minerve faisait parfois la renchérie. — « Au pré finira ton histoire, et là l'on n'y fait plus Pallas. » (Vidocq.)

PALOT, PALLOT : Paysan. (Halbert.) C'est un mot de vieux français.

PALLOTTE : Paysanne. (Vidocq.)

PALPER : Toucher de l'argent. (Dhautel, 08.)

PALPITANT : Cœur. (Halbert.) — C'est le cœur ému. V. *Battant, Coquer.*

PAMPINE : « Et toi où qu' t' iras, vilaine pampine, figure à chien, tête de singe. » (*Dialogues poissards.*)

PANACHE (faire) : « Tomber en passant par-dessus la tête de son cheval. » (Paz.) — Mot imagé.

PANA : « Vieux *pana* se dit d'un homme avare, laid et âgé. » (Champfleury.) — Même étymologie que *panas.*

PANADE : Sans consistance, mou et délayé comme la soupe de ce nom. — « Notre gouvernement est joliment *panade* ! » (Ricard.) — Se prend aussi substantivement. « Oh la la ! quelle panade que ce pauvre cousin Duraplas. » (E. Simon.)

PANADE : Objet repoussant,

femme laide. (Colombey.) Même origine que *panas*.

PANAMA : Chapeau tressé avec des joncs que nos fabriques vont chercher à Panama. — « J'ai dû chanter contre la crinoline et m'égayer aux frais du panama. »

PANAS : « S'emploie dans le *Dictionnaire de la Curiosité* avec le sens de tessons, de loques, de débris de toutes sortes; ceux qui les vendent sont des *panailleux*. » (Champfleury.) — Vient du vieux mot *panne* : haillon.

PANDORE : Gendarme. — Nom d'un des gendarmes de la fameuse chanson de Nadaud. — « Il n'y avait plus à en douter, j'avais tous les Pandores de la contrée à mes trousses. » (Marx.)

PANIER : Voiture basse, à caisse d'*osier*, à la mode vers 1860. — « Ange! tu m'as transporté... je suis homme à mettre à tes pieds un panier en pur osier. » (*Les Pieds qui r'muent*, 64.)

PANIER A SALADE : Voiture de prisonniers. — « Ce surnom vient de ce que primitivement la voiture était à claire-voie de tous côtés. » (Balzac.) — « L'on nous fit entrer vingt-quatre dans un ignoble panier à salade. » (Chenu.)

PANIER AUX CROTTES : Jupon. — Il ramasse la boue. « Pas de clarinette pour secouer le panier aux crottes des dames. » (Zola.)

PANNE, PANE : Misère, manque d'argent. — Du vieux mot *panne* : haillon. Roquefort donne *pannoseux* dans le sens de couvert de haillons, misérable. — « Il est dans la panne et la maladie. » (Ricard.) V. *Décatir*.

PANNE : Se prend au théâtre dans un sens figuré. — « La panne est le mot par lequel se désigne au théâtre un mauvais rôle de quinze ou vingt lignes. » (De Jallais, 54.)

PANNÉ : Misérable. — « Ça marche sur ses tiges, ben sûr! Pas pus de braise que dans mon œil. Ohé! panné! panné! » (Ricard.)

PANOUFLE : Perruque. (Vidocq.) — Du vieux mot *panufle* : guenille.

PANTALON ROUGE : soldat. « Gervaise, lui... demandait si elle donnait dans les pantalons rouges. » (Zola.)

PANTE, PANTRE, PANTINOIS, PANTRUCHOIS : Parisien, et, par extension, bourgeois bon à exploiter ou à voler. — *Pante* et *Pantre* sont des formes abrégées de *Pantinois* et *Pantruchois* qui veulent dire *Parisiens*. V. *Pantin*. L'étymologie grecque de *pantos* que reproduisaient encore les journaux de juillet 1876, n'est pas sérieuse. — « J'ai reniflé des pantes rupins. » (Paillet.) V. *Lever, Pantre, Abouler*.

PANTHÈRE : Vers 1840, il a été de mode d'appeler panthères les beautés à la mode. C'était, par analogie, une race inférieure à celle de la *lionne*, qui florissait vers le même temps, mais elle était plus carnassière, plus mangeuse d'hommes. — « Dans les griffes d'une panthère ou d'une lionne du boulevard de Gand, le parapluie est d'une délicieuse coquetterie. » (*Phys. du parapluie*, 41.)

PANTHÈRE (faire sa) : « Il passait tout son temps à rôder dans le faubourg, d'un cabaret à un autre, à faire sa panthère, comme disent les ouvriers parisiens, par allusion sans doute à ce mouvement de va-et-vient qu'ils voient aux fauves encagés... au Jardin des Plantes. » (A. Daudet.)

PANTIN, PANTRUCHE : « Pantin, c'est le Paris obscur, quelques-uns disaient le Paris canaille, mais ce dernier s'appelle, en argot, *Pantruche*. » (G. de Nerval.) — Cette définition manque de justesse. *Pantin* est aussi bien le Paris beau que le Paris laid. Et la preuve, c'est qu'on dit : *dans le goût de Pantin*, pour : *élégant, à la mode de Paris*. V. *Pantinois*. — *Pantruche* est son seul péjoratif. Il est probable que le peuple a donné à Paris, par un caprice ironique, le nom d'un village de sa banlieue (Pantin). V. *Pré*. — « Là ! v'là qu'est arrangé dans le goût de Pantin. » (Zombach.)

PANTINOIS : Parisien. (Halbert.) V. *Pante*.

PANTOUFLE (et cætera) : Homme nul, sans valeur aucune. — « L'animal le traitait alors de fainéant, de poule mouillée et d'et cætera pantoufle. » (L. Desnoyers.)

Et cætera pantoufle : « Quolibet dont on se sert lorsqu'un ouvrage pénible et ennuyeux vient à être terminé. » (Dhautel, 08.)

PANTRE : Dupe. Abréviation de *Pantruchois*. V. *Pante* et *Pantin*.

Pantre argoté : Imbécile.

Pantre arnau : Volé s'apercevant du vol. Mot à mot : pantre qui renaude.

Pantre désargoté : homme difficile à voler. (Halbert.)

PANTRUCHE : Paris. V. *Pantin*.

PANTRUCHOIS : Parisien. V. *Pante*.

PANTURNE : Fille de mauvaises mœurs. (Grandval.)

PANUCHE : Femme élégamment mise.

PAPA (à la) : Bourgeoisement, sans éclat. — « Ce sont des enchères à la papa. Tout s'y passe à la douce. » (Champfleury.)

PAPA (à la) : Supérieurement. — Le père est maître au logis.

On nous aura r'quinqués à la papa...
Tu riras là, mais j' dis à la papa...
Ou sinon d' ça, j' te brosse à la papa...
(*Le Casse-Gueule*, ch. 14.)

Il va nous juger ça à la papa.
(Désaugiers.)

PAPELARD : Papier. (Vidocq.) — Changement de finale.

PAPIER JOSEPH : Billet de Banque. (Rabasse.) — Allusion de consistance.

PAPILLON : Blanchisseur. (Idem.) — Comme le papillon, il arrive de la campagne, et ses ailes blanches sont représentées par les paquets de linge qu'il porte sur l'épaule.

PAPILLON (vieux) : Vieil-

lard conservant les allures galantes de la jeunesse.

PAPILLONNEUR : Voleur exploitant les voitures des blanchisseurs qui apportent le linge à Paris. (Vidocq.)

PAQUECIN, PAQUEMON : Paquet. — Adjonctions de finales. « Ne faut-il pas que *baluchons* et *paquecins* disparaissent subitement? Personne n'égale le cambrioleur dans l'art de déménager. » (A. Monnier.)

PAQUELIN : Flatteur. (Halbert.) — C'est *patelin* avec changement d'une consonne.

PAQUELIN : Enfer. (Halbert.) Abréviation de *paquelin de raboin* : pays du diable.

PAQUET : Homme sans valeur. (Rabasse.) — Se dit aussi d'une femme sans tournure et sans grâce.

PAQUET (faire son) : Se préparer à la mort, au voyage éternel.

D' père on d' vient plus tard grand père,
C'est là qu' commence l' déchet;
Voyant qu'on n' peut plus rien faire
On pense à fair' son paquet.

(L. Audréhan.)

PAQUETS (faire des) : Tricher en interposant des cartes préparées dans son jeu.

PARADIS (porter en) : « Vous voulez parler du coup de poing... Oh! le beau jeune homme ne portera pas cela en paradis! » (Ricard.) — C'est-à-dire : il me le payera avant sa mort. V. *Envoyer*.

PARALANCE : Parapluie. (Vidocq.) Mot à mot : pare l'eau. V. *Lance*.

PARÉ : Prêt à répondre. (Rabasse.) Abrév. de *préparé*.

PARISIEN : Homme indiscipliné et négligent. — « Ah! mille noms! faut-il être Parisien! j'ai oublié l'ampoulette! » (*Phys. du Matelot*.)

PARLEMENTARISME : Doctrine subordonnant tout au contrôle parlementaire. — « Le parlementarisme y fleurit avec une splendeur inquiétante. » (F. Magnard, 75.)

PARLER PAPIER : Écrire, mot à mot : parler sur le papier. — « C'est lui qui parle papier pour moi à mon oncle. » (Vidal, 33.)

PARLOTTE : Lieu où l'on parle, où l'on confère. — « La Chambre des députés n'est plus qu'une buvette, un cercle, une parlotte. » (A. Karr.)

PARNASSIEN : Poëte. — Ce terme paraît moins dû aux procédés d'une école particulière qu'au retentissement d'un recueil imprimé vers 1866 sous le titre de *Parnasse contemporain*; on y trouvait réunies des pièces de vers inédites de tous les poëtes vivants. « Le parnassien se met à lire à Cham deux ou trois pièces. » (P. Véron.)

PAROISSIEN : Individu. — « Que de paroissiens fameux dont il ne serait plus question par ici, si un homme de talent n'était là pour leur y tailler une couronne de n'importe quoi sur la mémoire. » (Gavarni.)

PAROLE, MA PAROLE ! : Je t'en donne ma parole d'honneur, je le jure ! — Abréviation. — « Tu me plais ! non, parole ! écoute, j'ai pas d'amant. Veux-tu me l'être ? » (H. Monnier.)

ROSEMONDE.
M'enlever, juste ciel ! Tout de bon ?

ALCINDOR.
..... Ma parole !

On dit de même *ta parole ?* pour dire : garantirais-tu ceci en donnant ta parole d'honneur ? — A presque toujours un sens ironique ou dubitatif.

PAROLIER : Auteur de livret d'opéra ou de romance. — « Parolier pour chansonnettes, il a eu l'insigne honneur d'être mis en musique par Offenbach. » (E. Blondet.)

PARON : Carré, palier. (Colombey.)

PAROUFLE : Paroisse. (Halbert.) — Changement de finale.

PARRAIN : Témoin. — Allusion à la fonction du parrainage. — « Des parrains aboulés dans le burlin du quart d'œil ont bonni qu'ils reconobraient ma frime pour l'avoir allumée sur la placarde du fourmillon, au moment du grinchissage. » (Vidocq.)

Parrain : Avocat. V. *Bécheur.*

Parrain d'altèque : Témoin à décharge. (Id.)

Parrain fargueur : Témoin à charge. (Id.)

Parrainage : Témoignage. (Id.)

PARTAGEUR, PARTAGEUX : Communiste croyant à la possibilité du partage égal de tous les biens.

PARTERRE (prendre un billet de) : Tomber. — Calembour.

PARTI : Endormi. — « Allons, les voilà partis, dit Vautrin en remuant la tête du père Goriot et celle d'Eugène. » (Balzac.) On dit aussi *parti pour la gloire.* Allusion aux rêves du dormeur.

PARTI : Ivre. — Même allusion que pour *lancé*. C'est un degré de moins.

PARTICULE : Se dit de la particule *de* qui précède les noms aristocratiques. — « Ce maître d'écriture, fou de la particule, se prétendait d'origine nobiliaire. » (Néel de Lavigne, 50.)

PARTICULIER, PARTICULIÈRE : Bourgeois, bourgeoise, individu quelconque. — Argot de l'armée.

PARTICULIÈRE : Prostituée. — Mot ancien. — « Tu t'es meslé et accouplé avec des putains et des infâmes particulières. » (*Le tableau du tyran Mazarin*, 1649.) — « Les mauvaises têtes du quartier qui tiraient la savate pour les particulières de la rue d'Angoulême. » (Ricard.) — « Voilà qu'un mouchard m'amène une particulière assez gentille. » (Vidal, 33.)

PARTICULIÈRE : Maîtresse. — « Ce terme, si trivial en apparence, appartient à la galanterie raffinée et remonte aux bergers du Lignon. On lit à chaque instant dans *l'Astrée* : *Particulariser une dame, en faire sa particulière dame,* pour lui adresser ses hommages. » (Marty-Laveaux.)

PARTIE : Représentation dramatique exceptionnelle où figurent des artistes amateurs. — « Santiquet monta une partie au théâtre Chantereine. » (De Boigne, 57.) V. Monter.

PARTIES (fille à) : « La fille à parties n'est qu'une prostituée en carte ou isolée, mais avec plus de formes... elle se fait suivre par sa tournure élégante ou par un coup d'œil furtif... » (F. Béraud.) La maison où aboutit la rencontre, se nomme maison à parties ou maison de passe. L'acte des clientes est qualifié de passe ou passade. Le terme remonte au XVIIIe siècle.

PARTIES CHARNUES : Derrière. — C'est la partie la plus charnue du corps. V. Postérieur.

PAS (n'être pas rien, n'être) : Négation ironiquement employée comme affirmation : — « Ernest : Avec qui que tu veux que je soye donc ? Eugène : Merci, tu n'es pas rageur. » (Monselet.) — On dit de même : Il n'est pas rien chien, pour il est avare ; — il n'est rien dégoûté, pour il est difficile.

PAS GRAND'CHOSE : Personne de médiocre vertu. — « Tu as filé avec ta pas grand'chose. » (P. de Kock.)

PASQUELIN, PACLIN : Pays. (Halbert.)

PASQUINER LA MALTOUSE : Faire la contrebande. (Halbert.)

PASSACAILLER : Se faufiler avant les autres, supplanter. (Vidocq.)

PASSANT : Soulier. — Il sert à faire des pas. — « Les passants rompus et la lyme trouée. » (Vie de saint Christofle, Grenoble, 1530.)

PASSE. V. Parties (fille à).

PASSE : Secours. — « Demander la passe, c'est demander un secours aux ouvriers où l'on passe. » (Moisand, 41.)

PASSE : Guillotine. V. Gerber. — Allusion à la passe de la fatale lunette.

PASSE (faire une) : Se prostituer. V. Parties.

PASSE (gerber à la) : Condamner à la guillotine. V. Gerber.

PASSE-CRICK : Passeport. (Vidocq.)

PASSE-LACET : Fille publique. (Vidocq.)

PASSE-LANCE : Bateau. (Vidocq.) V. Lance. Mot à mot : passe-eau.

PASSE-PASSE : Flouerie de joueurs ; elle consiste à passer une carte. — « Plus tard, il deviendra grec, étudiera les passe-passe, se servira de la tabatière d'or poli pour voir le jeu de son partenaire. » (Almanach des Débiteurs, 1851.)

PASSE-PASSE (joueur de) : Filou. V. ci-dessus. Du temps de Rabelais jouer de passe-passe, signifiait déjà voler. — « Qui desrobe, ravist et joue de passe-passe. » (Pantagruel, liv. 3, ch. XVIII.)

PASSE-SINGE : Roué, homme dépassant un singe en malice.

PASSER AU BLEU : S'effacer, disparaître. — On sait quel rôle le bleu joue dans le blanchissage. — « Le pont rouge est passé au bleu... bien et dûment écroulé. » (De Charny.) — « Plus d'un jaunet passe au bleu. » (Jouvet.) V. *Laver, Nettoyer, Lessiver*.

PASSER AU DIXIÈME : Devenir fou. — Terme usité parmi les officiers d'armes spéciales. Frappés du nombre de camarades que leur enlevaient des atteintes d'aliénation mentale, ils disent : *Il est passé au dixième* (*régiment*), pour montrer combien ils sont *décimés* par des pertes, sur lesquelles l'étude des sciences ne serait pas, dit-on, sans influence. — « L'officier du génie passe souvent au dixième. » (*Vie parisienne*, 67.)

PASSER DE BELLE (se) : Ne pas recevoir sa part de vol. (Vidocq.)

PASSER DOUCE (se la) : Vivre sans souci.

PASSER DU VIN EN CONTREBANDE : S'enivrer hors barrière et rentrer plein comme un baril.

PASSER L'ARME A GAUCHE : Mourir, militairement parlant. Aux enterrements, le soldat passe l'arme sous le bras gauche. — « Toute la famille a passé l'arme à gauche. » (Lacroix, 32.)

PASSER LA JAMBE : Donner un croc-en-jambe, et, par extension, renverser. — « Son ennemi roulait à ses pieds, car il venait de lui passer la jambe. » (Vidal.)

PASSER LA JAMBE A THOMAS : Être de corvée à la caserne pour l'enlèvement des *goguenots*. — Allusion à l'action de les renverser dans les latrines.

C'est un vrai velours que la goutte
Pour les débiles estomacs,
Surtout si cela te dégoûte
De passer la jambe à Thomas.

(Raoul Fauvel.)

PASSER LA MAIN : Céder son tour. Terme de joueur pris au figuré. « Nous passons aujourd'hui la main à deux de nos amis qui s'entendent à parler. » (*Tam-Tam*, 76.)

PASSER LA RAMPE (ne point) : « Les comédies en vers et les comédies morales sont destinées à ne point passer la rampe, c'est-à-dire à ne point entrer dans l'esprit du public. » (J. Duflot.)

PASSER SOUS LA PORTE SAINT-DENIS (ne pouvoir) : Être trompé par sa femme. — Allusion à la hauteur des cornes symboliques du cocuage. — « Quelque méchante bête affectait en sa présence de dire qu'il ne pouvait plus passer sous la Porte Saint-Denis. » (Zola.)

PASSIER, PASSIF, PASSIFLE : Soulier. Formes diverses de *passant*. V. *Merlin*.

PASSIFLEUR : Cordonnier.

PASSIONS (homme, femme à) : « Vous êtes trop jeune pour bien connaître Paris ; vous saurez plus tard qu'il s'y rencontre ce que nous nommons des *hommes à passions*. Ces gens-là n'ont soif que d'une certaine eau prise à une certaine fontaine et souvent croupie. » (Balzac, *Père Goriot.*)

PASTILLE : « En implorant une pièce de 50 centimes, une pastille, une belette, une pepette comme ils disent dans leur argot. » (Cavaillé.) — Allusion de forme.

PASTIQUER : Passer. — Changement de finale. V. *Abadis.*

PASTIQUER LA MALTOUSE : Passer de la contrebande.

PATAFIOLER : Écraser. — « Aux gardes du commerce !... Que le bon Dieu les patafiole !...» (Gavarni.) — Mot provençal.

PATAPOUF : Gros homme toujours essoufflé. — Onomatopée. — « Chaque fois que j'allais chez ce gros patapouf de M. Frontboisé...» (L. Bienvenu.)

PATARD : Monnaie de billon. — En 1808, on donnait ce nom à un gros sou double. (V. Dhautel.) Le patar était une monnaie flamande qui valait un sou au XVe siècle. V. *Du Cange.*

PATE (la) : Lime. (Grandval.) — Sans doute pour *patte.* La lime griffe le fer comme la patte griffe la peau.

PATÉE : Correction. — « Il avait voulu manger un grand gaillard. Aussi a-t-il reçu une pâtée.» (Delagny, *les Souteneurs,* 1861.)

PATENTE : Papier de sûreté. (Rabasse.)

PATENTE : « C'était une de ces casquettes molles rabattant sur le nez qui font aux souteneurs de barrières une coiffure si caractéristique. Comme elle n'est portée que par eux, elle est en quelque sorte la patente de leur ignoble métier. » (P. Parfait, 72.)

PATIRAS, PATITO : Souffre-douleur, homme qui pâtit. — Le second mot est italien. Le premier semble le futur du verbe *pâtir.* — « Moi qui tout à l'heure étais le *patiras* de tout le monde. » (E. Sue.) — « Le professeur se traîne dans les fers de la signora, grevé des servitudes d'un patito. » (Heine.)

PATISSIER (sale) : Homme malpropre, tripoteur d'affaires véreuses. V. *Boulette.*

PATOCHE : Main. Péjoratif de patte. — « Retire tes patoches, colle-moi ça dans un tiroir. » (Zola.)

PATRAQUE : Patrouille. (Vidocq.) — Changement de finale qui a pu être un jeu de mots. Les anciennes patrouilles marchaient aussi mal qu'une patraque. V. *Moucharde.* — Se dit par extension d'une administration mal organisée.

PATRON-MINETTE : Association de bandits.

PATRONET : Apprenti pâtissier. — « Le matin il faut que le petit patronet soit debout pour aller à la halle avec son maître.» (Vinçard.)

PATROUILLE (en) : En train de se griser, s'arrêtant de marchand de vins en marchand de vins, comme la patrouille s'arrête de poste en poste. — « Quatre jours en patrouille, pour dire en folies bachiques. » (*Cabarets de Paris*, 21.)

PATROUILLER : Faire patrouille. — « En ma qualité de caporal postiche de voltigeurs, j'ai passé la nuit à patrouiller. » (Festeau.)

PATROUILLER : Manier, patiner. Mot à mot : *rouler dans ses pattes*. — « Mais c'est vrai, tiens ! ça vous patrouille c'te marchandise, et puis ça part. » (Vadé, 1788.)

PATTE : Habileté de main. — « Mal dessiné, mais beaucoup de chic. — Oui, il a de la patte. » (L. de Neuville.)

PATTE : Pied, main. — Se trouve déjà dans le *Testament de Villon*. — « On en voit qui se faufilent dans des omnibus. Le reste s'en retourne à pattes, honteusement. » (Alb. Second.)

PATTE (coup de) : Propos méchant.

PATTES DE MOUCHE : Écriture très-fine. — « Et l'écriture, il écrit avec des petites pattes de mouche bien agréables. » (Festeau.)

PATURON : Pied, pas. (Halbert.) — Animalisme. V. *Flacul*, *Rebâtir*.

PAUMER : Perdre. — « Je ne roupille que poitou ; je paumerai la sorbonne si ton palpitant ne fade pas les sentiments du mien. » (Vidocq.) V. *Marron*.

PAVÉ : Éloge maladroit. — Allusion au pavé de la fable. — « C'était un journal pavé de bonnes intentions ; mais on y rencontrait plus de pavés encore que de bonnes intentions. » (A. Second.)

PAVÉ (c'est tout) : Ironiquement pour dire : C'est très-loin d'ici, mais la route est bonne !

PAVÉ DE BONNES INTENTIONS : Se dit ironiquement d'une maladresse commise avec de bonnes intentions. — « On a aussi chanté un hymne *A ceux qui sont morts pour la France*, pavé de patriotisme et de bonnes intentions. » (*Moniteur*, juillet 72.)

PAVILLON : Personne à tête folle, dont les idées flottent à tous les vents comme l'étoffe d'un pavillon.

PAVILLONNER : Faire des folies, déraisonner. — « On renquillera dans la taule à mesigue pour refaire gourdement, et chenument pavillonner, et picter du pavois sans lance. » (Vidocq.)

PAVOIS : Fou. (Halbert.) — Mot à mot : *pavoisé*. Allusion au navire qui se pavoise en multipliant ses pavillons. Or Pavillon veut dire en argot *un peu fou*.

PAVOIS : Gris. (Rabasse.) — « Être *pavois*, c'est être dans la vigne du Seigneur, dans toute la joie de Bacchus. » (Ch. Coligny.)

PAVOISER (se) : Faire toilette. — Terme de marine. V. *Astiquer*.

PAYER (tu vas me le) : Se dit, en plaisantant, à quelqu'un qui vient de faire ou dire quelque chose d'exceptionnel. On ajoute souvent *Aglaé*, sans doute par allusion à quelque chanson populaire. — « *Tu vas me le payer,*

Aglaé, est un mot qui touche à certains côtés intimes de la vie parisienne. » (Mané, 63.)

PAYER (se) : Se passer la fantaisie de. — « Cette liaison est la seule toquade sérieuse qu'il se soit payée. » (*Vie parisienne*, 66.)

PAYER : Rosser d'importance. — (*Almanach des Débiteurs*, 51.)

PAYOL : « Forçat employé aux vivres ou à la comptabilité. » (M. Christophe.)

PÉ (il y a du) : V. *Pet*.

PEAU : Laide ou vieille prostituée. — En provençal, s'appelle aussi *peou* : peau. On dit souvent aussi *peau de chien*. — « Est-ce que je la connais, moi, cette peau. » (Zola.)

PEAU (être dans la) : Être à la place. — « Je ne voudrais pas être dans la peau du suborneur. » (Gavarni.)

PEAU (être en) : Être en robe décolletée, mot à mot montrer sa peau. — « L'autre soir elle se préparait à se rendre à un dîner décolletée, tout en peau, comme on dit aujourd'hui. » (*Figaro*, 75.)

PEAU DE BALLE (faire) : N'avoir rien découvert. (Rabasse.)

PEAU COURTE (avoir la) : Péter. (Delvau.) — Comparaison du ventre distendu par des vents à une peau trop courte éclatant avec bruit.

PEAU FINE : Jeune homme coquet, efféminé.

PEAU DE LAPIN : « Les mêmes industriels font le soir la peau de lapin. On appelle ainsi, en argot, le commerce des contre-marques de théâtre. » (A. d'Aunay.)

PEAUSSER (se) : Se déguiser. Mot à mot : se cacher dans la peau de. — « Je vais me peausser en gendarme. » (Balzac.)

PÉCUNE : Argent. — Vieux mot.

PÉDÉ, PÉDÉRO : — Abréviation de *pédéraste*. V. *Être* (en).

PÉDESOUILLE : Paysan. (Rabasse.) Mot à mot : pied crotté, *pied souillé*. — « Il s'emballa au point de traiter Coupeau de pedzouille. » (Zola.)

PÉGOCE : Pou. (Halbert.) — Vient du vieux mot *pegous* qui signifiait *tenace*.

PÉGOSSIER : Pouilleux. — « Et le *Grand-Saint-Nicolas*, l'estaminet des pégossiers. » (Privat d'Anglemont.)

PÈGRE : Caste de voleurs. Elle se divise en *haute* et *basse pègre*. — « La haute pègre est l'association des voleurs les plus anciens et les plus exercés ; ils ne commettent que de gros vols et méprisent les voleurs ordinaires qui sont appelés dérisoirement *pégriots*, *chiffonniers*, *pègres à marteau* ou *blavinistes*, par un pègre de la haute. » (Vidocq.) — « Des Paganini de ruisseau, des domestiques qui ne cherchent pas de place, des soldats *en bordée*, des *grinches de la petite pègre*. » (Privat d'Anglemont.)

PÈGRE : Voleur. — « Un jour

à la Croix-Rouge, nous étions dix à douze, tous pègres de renom. » (Vidocq.) V. *Esgourne*.

PÉGRENNE : Faim, misère.

PÉGRENNER : Faire maigre chère. V. *Baçhasse*.

PÉGRIOT : Voleur maladroit ou malheureux. — « Quiconque ne se fait pas un nom dans la caste criminelle qu'il s'est choisie est un *pégriot* de la basse pègre. » (A. Monnier.)

PÉGRIOT : « Apprenti voleur se faisant la main aux étalages. » (Canler.) V. *Boucarnier*, *Pègre*.

PÉGRIOT (brûler le) : Effacer la trace d'un vol. (Halbert.)

PEIGNE : Clef. (Vidocq.) — Le mot doit être imagé et ancien, car les clefs du moyen âge affectent souvent la forme d'un peigne.

PEIGNÉE : Lutte dans laquelle on s'empoigne aux cheveux, et, par extension, combat. — « Là-dessus, elles commencent à se repasser une peignée des mieux administrées, se rossant comme deux enragées. » (Vidal, 33.)

PEINTRE : Balayeur. — Allusion au balai ou *pinceau* dont il est armé. V. *Pinceau*.

PEINTURE (ne pouvoir voir en) : Détester quelqu'un au point de ne pouvoir souffrir son image.

PEINTURLURER : Peindre grossièrement.

PÉKIN : « On nomme *Pékin* tout ce qui n'est pas militaire, comme nous appelons *militaire* tout ce qui n'est pas civil. » (Talleyrand.) — Ce doit être une forme du mot *péchin* qui signifie encore *petit* dans le Midi. Pour les gens de guerre d'autrefois, les bourgeois étaient de petites gens.

Dans la bouche du militaire, *je suis pékin* veut dire aussi je suis dégagé de toute obligation. Un élève sortant de Saint-Cyr se dit *pékin de bahut*. — « Le Saint-Cyrien abandonne avec joie cette école... il est pékin de bahut. » (Lubet.)

PÉLAGO : Prison de Sainte-Pélagie. (Colombey.) — Changement de finale.

PÈLERIN : Se dit de tout homme déterminé à une entreprise. — « J'embusque mes pèlerins et nous tombons sur la cavalerie. » (Général Christophe, *Lettres*, 12.)

PELLARD : Foin. (Vidocq.) — Diminutif du vieux mot *pel* : poil. L'herbe est le poil de la terre. Nous disons encore *pelouse*.

PELLE : Chemin. (Idem.)

PELLE AU CUL (recevoir la) : Être mis violemment à la porte. — « Retrais-toy... ains qu'on te frappe au cul la pelle. » (Villon, 1456.)

PELLO (n'avoir pas un) : N'avoir pas un sou. (Rabasse.)

PELOTAGE : Flatterie.

PELOTAGE : Caresse. — « Pas de pelotage! Guillotinez-moi, mais ne me flétrissez pas. » (*Le dernier jour d'un condamné*.)

PELOTAGE (avoir du) : Avoir des appas rebondis.

PELOTE : Bourse. (Grandval.) — Il s'agit sans doute ici de la bourse pleine.

PELOTER : Caresser. — « La fière crevette outrée... défiait Latygne de la peloter ainsi. » (Michu.)

> Vive la pomme et les pommiers !
> Leur aspect seul nous ravigote.
> L'on doit baiser les deux premiers,
> Avec les seconds l'on pelote.
>
> (Mémoires de Bachaumont, 19 février 1779. *Les Pommes*, vers à Mme la Comtesse de P.)

PELOTER : Flatter avec intention. Acceptation finale du mot précédent. — « Il ne blaguait plus le sergent de ville en l'appelant Badingue... Il paraissait surtout estimer Virginie... C'était visible, il les pelotait. » (Zola.)

PELOTER : Battre. Mot à mot : rouler comme une pelote. — « Partout, l'on se collete et on se pelote. » (Mahalin, 67.) — « Aussi, comme on les pelotait ! On inventait des bottes exprès pour eux. » (De Villemessant.)

PELOTEUR : Flatteur. — « Se montrer rampant, peloteur et bêta. » (Wado.)

PELOUET, PELOUETTE : Loup, louve. (Halbert.) — Diminutif avec transposition du *p* final.

PELURE : Vêtement de drap. — Vieux mot. *Pelisse*, son synonyme, est resté dans la langue. — « Garde une de tes belles pelures. » (Balzac.) V. *Épates, Frusques, Nettoyer, Renversant.*

PENDANTE : Boucle d'oreille. (Vidocq.) — Elle pend à l'oreille.

PENDANTE : Chaîne de montre. (Grandval.) — Elle pend au gilet.

PENDU GLACÉ : Réverbère. (Vidocq.) — Allusion à la suspension et au vitrage de l'ancien réverbère. V. *Glacière.*

PENNE : Clef. (Vidocq.) — Forme de *peigne.* V. ce mot.

PENSUM : Sergent de ville. Mot à mot : pince-hommes. — Ce calembour sort évidemment du collége.

PENTE : Poire. (Halbert.)

PENTE (avoir une) : Etre ivre à trébucher sur un terrain plat comme sur une pente.

PÉPÉE : Poupée. — Redoublement de la seconde syllabe. — « Ah ! ma jolie pépée, une morveuse qu'on aurait dû encore moucher. » (Zola.)

PEPETTE : Pièce de 50 centimes. Corruption de *piécette.* V. *Pastille.*

PÉPIN : Vieux parapluie. — Allusion au parapluie que portait toujours Pépin, l'un des accusés du procès Fieschi. — « Ne pas avoir le plus piètre rifflard, la plus hideuse mauve, le plus méchant pépin à lui donner ! » (*Phys. du parapluie*, 41.)

PÉQUIN : Bourgeois. V. *Pékin.*

PERCHE (tendre la) : Tirer quelqu'un d'embarras, comme si on tendait une perche à un homme en danger de se noyer. — « Le souffleur aide l'acteur tremblant, il tend la perche aux faibles. » (J. Duflot.) V. *Lâcher.*

PERCHER : Loger. — Allusion à la multiplicité et à la hauteur des étages parisiens. — « Où perches-tu, petit? fit le réaliste au novice. » (Michu.)

PÈRE FRAPPART : Marteau. — Calembour.

PERFORMANCES : « L'ensemble des résultats heureux ou malheureux obtenus sur le turf par un cheval. » (E. Parent.) — Anglicanisme.

PERFORMER : « Un bon ou mauvais performer est tout simplement un cheval dont les performances sont bonnes ou mauvaises. » (Id.)

PERPETTE (à) : Condamné à perpétuité. V. *Longe*.

PERPIGNAN (un) : Manche de fouet. — « De Perpignan vient le manche de fouet flexible qu'on appelle un perpignan. » (Le Héricher, 64.)

PERROQUET (étouffer, étrangler, plumer, asphyxier un) : Boire un verre d'absinthe. — Allusion à la couleur verte du liquide qui teinte le verre dont la main du buveur étrangle le cou. Le perroquet est ordinairement de cette couleur. — « Étouffer un perroquet : cette locution signifie, dans le langage des ateliers, prendre un verre d'absinthe. » (Marc-Bayeux.) — « Quelques vieux absinthiers préfèrent courir le risque de plumer un perroquet de plus. » (*Vie parisienne*, 65.) V. *Étrangler*.

PERRUQUE : Suranné, comme les grandes perruques du vieux temps. — « C'est Grétry ressuscité et avec moins de petitesse dans la manière. Sa musique est aussi un peu *perruque*, qu'on me passe ce terme de coulisse, qui est si pittoresque. » (Beyle, *Rome en* 1817; Paris, 27.) — « C'est plus que *faux toupet*, c'est *empire*, c'est *perruque*, c'est *rococo*, c'est *Pompadour*. » (Th. Gautier, 33.)

PERSIGNER : Enfoncer. (Rabasse). C'est *percer* avec allongement de finale.

PERSIL, PERSIL EN FLEUR : Commerce de prostitution. (Halbert.)

PERSIL (mesdames du) : Nom ironique donné à l'aristocratie galante qui se fait voiturer chaque jour au bois, sur le bord du lac.

PERSILLER, CUEILLIR DU PERSIL, FAIRE SON PERSIL, ALLER AU PERSIL : Raccrocher le passant. (Halbert.) — « Elles explorent les boulevards, persillent dans les squares nouveaux, dans l'espoir d'y rencontrer des michés sérieux. » (Lynol.)

PERSILLEUSE. V. *Être* (en).

PERSILLÉ : Émaillé, garni. V. *Zing*.

PERTE DE VUE (à) : A perpétuité. (Rabasse.)

PESCILLER : Prendre. V. *Servir, Criblage*.

PÈSE (avoir du) : Avoir de l'argent. (Rabasse.) Forme de *pèze*.

PESSIGNER : Recevoir. (Rabasse.) — « Je te raccorde par une lazagne du truc dont les artoupans nous ont pessignés. » (Rabasse.)

PET (il y a du) : Il y a du danger, la police est proche. (*Dictionnaire d'argot*, 44.) — Faire le pet : Faire mauvaise mine. (Grandval, 1727.) — Les vocabulaires que nous venons de citer donnent P et non Pet. Cette dernière leçon a l'avantage d'être plus conforme à la prononciation et d'offrir un sens. *Il y a du pet* serait un synonyme de : *Ça sent mauvais*, qui a le même sens. Péter veut dire d'autre part *se plaindre en justice*. — Il est enfin à remarquer que les écoliers emploient une exclamation analogue (*Vesse*) pour annoncer l'apparition d'un surveillant.

PÉTARD, PÉTEUX : Derrière. — On entend de reste l'étymologie de ce bruyant synonyme. — « Sur son péteux, v'là que je l'étale. » (*Le Casse-Gueule*, 4r.) — « Elle agirait prudemment en mettant sa fessée sous verre... Et ce ne serait pas long, elle pouvait apprêter son pétard. » (Zola.)

PÉTARD : Haricot. (Vidocq.) — Effet pris pour la cause.

PÉTARD : Soufflet. — Allusion à son bruit. — « Si tu n'te tais, je t'allonge un pétard sur ton vilain masque. » (*Dialogues poissards*, XVIII° siècle.)

PÉTARD (faire du) : Faire un éclat.

> Que j'suis bête..., j'en pleure...
> Mais d'vant lui j'f'rai du train.
> Oh! oui, j'f'rai du pétard
> En te r'voyant, Oscar.

(*Les Rigolos*, almanach chantant p. 1869.)

PÉTER : Se plaindre en justice. (Vidocq.)

PÉTEUR : Dénonciateur. Le mot *musicien* pris dans le double sens de *haricot* et de *dénonciateur*, offre la même allusion à double entente. V. *Proute*.

PÉTESEC : Personne acariâtre, officier raide dans le service. — « Il l'appelle tête de pioche, boîte à ragots, Mme Pétesec. » (Zola.)

PÉTEUX. V. *Pétard*.

PETIT (faire le) : Uriner. — Par opposition à *faire le gros* qui veut dire... le reste.

PETIT BONHOMME DE CHEMIN (aller son) : Suivre tranquillement et modestement sa voie. V. *Nom d'un...*

PETIT CAPORAL : Napoléon Ier. — Allusion au grade imaginaire que lui décerna l'enthousiasme de ses soldats, au lendemain d'une victoire. — « Le souhait de S. M. Prussienne et les appréciations du petit caporal. » (M. Saint-Hilaire.)

PETIT HOMME NOIR : Broc de vin. — Allusion de forme et de couleur noirâtre. — « Bourgeois, ajouta Boizamort, passe-nous un petit homme noir. » (Ladimir, 41.)

PETIT MANTEAU BLEU : Homme bienfaisant. — Ce synonyme est la plus belle récompense qu'ait décernée le peuple à un philanthrope bien connu. — « On parlerait de toi comme d'un petit manteau bleu. » (Balzac.)

PETIT MONDE : Lentille. (Vidocq.)

PETIT TONDU : Napoléon Ier.

— Sobriquet soldatesque. Il fut donné bien entendu lorsque le premier consul eut coupé les longs cheveux du conquérant de l'Égypte.

PETITE BÊTE (chercher la) : « Un artiste qui, se défiant de l'intelligence du public, souligne chaque mot qu'il récite, *cherche la petite bête.* » (J. Duflot.) — En art et en littérature, *chercher la petite bête,* c'est se donner beaucoup de mal dans un but qui n'en vaut pas la peine.

PETITE DAME : Femme galante. — « Il y a trente ans, on ne disait pas encore une lorette, ni une biche, ni une petite dame, ni une cocotte. » (Dumas fils, 1850.) — « Des petites dames dont nous rencontrions grande quantité dans de petites voitures. » (Mérimée, 67.)

PETITE ÉGLISE : Coterie. — « Il faut que ce prince revienne par la petite église à laquelle ils appartiennent. » (Saint-Genest, 75.)

PETOUSE : Pistolet. V. *Pétroux.*

PÉTROLE : Verre de cognac. — Il incendie l'estomac. V. *Cogne.*

PÉTROLER : Incendier au pétrole. — « Et pourquoi ne pillerait-on pas ? Pourquoi ne pétrolerait-on pas ? Ils sont quatre aujourd'hui ; dans six mois ils seront vingt. » (*Paris-Journal,* septembre 72.)

PÉTROLEUR, PÉTROLEUSE : Homme ou femme ayant incendié Paris sous la Commune, ou sympathisant avec les incendiaires. — « Cette fois, monsieur avait pris les devants et dénoncé madame comme pétroleuse. » (Lelioux.) — « Le jury de peinture refuse là-bas les tableaux de C.... comme pétroleur. » (*Marseille Tintamarre.*)

PÉTROUSQUIN : Badaud. V. *Bouline.* — C'est un synonyme de Pierrot qui est pris dans le même sens, car Pétrousquin est un nom d'homme, diminutif de *Petrus* (Pierre).

PETUN : Tabac. (Vidocq.) C'est un vieux mot.

PETUNIÈRE : Tabatière. (Id.)

PEU (un) : Se dit ironiquement pour *certainement, beaucoup.* On dit aussi *un peu, mon neveu !* V. *Ça, Chouette.*

PÈZE : Argent. (Vidocq.) De *pesos,* monnaie espagnole.

PHARAMINEUX : Étonnant. Mot à mot : éblouissant comme un phare. — « Comment, vous voilà ? C'est pharamineux ; mais d'où sortez-vous ? » (L.-G. Jacques.) — « Partez, nobles ponteurs, et cherchez la main pharamineuse. » (Alyge.)

PHAROS : Gouverneur. (Halbert.) C'est le mot grec dans toute sa pureté, en apparence du moins. Car tant qu'on ne m'aura pas établi sa transmission par des exemples, je n'y verrai qu'une forme de *faraud :* qui a de beaux habits et qui en est fier.

PHILIBERT : Filou. (Colombey.) — Changement de finale.

PHILIPPE : Écu à l'effigie de

Louis-Philippe. — « On dit que tu as poissé nos philippes. » (Balzac.)

PHILIPPIENNE « La mode des *vielliebchen* s'infiltre au sein de la bonne société. A ceux qui ignorent les douceurs de ce badinage germanique, nous dirons que pour faire un *vielliebchen*, et non *philippienne*, comme on le dit à tort, il faut deux personnes et une amande double. Celui ou celle qui a le bonheur de briser la coque de l'amande partage avec son voisin. A dater de ce moment, les voilà liés par un contrat qui force à un cadeau celui qui n'a pas eu la présence d'esprit de dire le premier, dès le lendemain : « Bonjour, *vielliebchen !* » — Ce qui veut dire : bonjour, *très-cher.* » *Monde illustré,* 65.)

PHILISTIN : « A propos, qu'est-ce qu'un *Philistin?* Autrefois, en Grèce, il s'appelait *béotien ;* on le nomme *cokney* en Angleterre; *épicier* ou *Prudhomme* à Paris, et les étudiants d'Allemagne lui ont conféré l'appellation de *Philistin.* » (De Neuville.)

PHILOSOPHE : Savate, vieux soulier revenu des vanités de ce monde. V. *Arpion.*

PHILOSOPHE : Grec. Il faut voir ici soit *filou* avec changement de finale comme dans *Philibert*, soit une allusion à la Grèce, patrie de la philosophie. V. *Travailleur.*

PHILOSOPHE : Chiffonnier (Rabasse.) — Comparaison de la lanterne du chiffonnier à celle de Diogène.

PHOTO : Photographe, photographie. — Abréviation.— « Je fais comme le photo du coin, j'opère tout seul. » *(Notes d'un agent,* 69.) — Si on dit *une photo*, cela veut dire *une photographie*.

PI (parler en) : Ajouter *pi* à chaque syllabe du mot prononcé. « Ainsi, « pour dire *attaquons,* ils diront *atpitapiquonspi.* » (Rabasse.)

PIAF : Vanité, orgueil. (Vidocq.) — Du vieux mot *piafart :* fastueux. Mot expressif. Le vaniteux piaffe comme un cheval de luxe. — C'est un vieux mot de patois picard, comme le montre ce passage d'une chanson du cru. — « J'avais pour foère (faire) el piafe eine belle culotte. » (Chanson picarde citée par l'abbé Corblet, 51.)

PIANOTER, PIANOCHER : Jouer médiocrement du piano. — « On ne devait pas pianoter pendant la nuit. » (Balzac.) V. *Hallebarde.*

PIASTRE : « De grosses pièces blanches, des piastres (pièces de cinq francs) sont engagées. » (Cavaillé.)

PIAULE : Maison, chambre, taverne. V. *Artie.*

PIAUSSER : Se coucher. (Halbert.) V. *Pieu.*

PIAUX : « Ils vont raconter des piaux aux autres caleurs. Piaux est un terme trivial, bien connu dans l'imprimerie; il signifie blagues, mensonges. » (Moisand, 41.)

PIC (Tomber à) : Tomber juste à point.

PICAILLONS: Écus. — « J'leur donnerons des picaillons. Vive la paix ! Vive la nation ! » (Tourneur fils, 1800.)

PICCOLET : Petit vin de pays. — Diminutif de *picton*, avec même changement de finale que ses synonymes *briolet* et *ginglet*.

> En joyeux fils de Grégoire,
> J'aime le piccolet.
>
> (Aug. Hardy.)

PICCOLO : Augmentatif de *piccolet*. Bien que plus moderne, il a déjà droit de cité dans certains restaurants, y compris le buffet du *Moniteur*, où il figure sur la carte des vins, à 90 c. le litre (1876).

PICHE : Pique, couleur de cartes. Changement de finale. — « Vous entendrez dire, en jetant du pique sur la table : — Je joue piche. » (Alhoy.)

PICHENET : C'est encore une variante de *piccolet*. — « Le pichenet et le vitriol l'engraissaient positivement. » (Zola, 77.)

PICKPOCKET : Voleur à la tire anglais. Mot à mot : *pique-poche*, et par extension, voleur quelconque. — « Il n'en est pas moins vrai que ces pickpocket du désert sortaient de chez lui. » (*Comment. de Loriot.*)

PICKPOCKETER : Voler. — « Un Anglais ! malheureuse, nous sommes pickpoketés. » (*Almanach du Hanneton*, 67.)

PICORAGE : Vol commis sur la grande route. (Vidocq.) C'est le passant qui est picoré.

PICOUSE : Haie d'épines. — Elle pique. V. *Défleurir*.

PICPOU, PICPRUNE : Tailleur. V. *Piquepou, Picqueprune*.

PICTER : Boire. — De *Picton*. V. *Pavillonner*.

PICTON, PIQUETON : Vin supérieur. — Augmentatif de *piquette*. — « Si l'ancien picton n'est que de la piquette, espérons c't' année en fair' de meilleur. » (Layale.) V. *Biture*.

PICTONNER : Boire, s'enivrer. (Rabasse.)

PIÈCE A FEMMES : Pièce dont la réussite est basée sur l'exhibition de jolies femmes. — « Avez-vous vu cette reprise d'*Orphée*?... Voilà une pièce à femmes. » (Villemot.)

PIÈCE A POUDRE : Pièce dramatique, dont le sujet remonte aux règnes de Louis XV ou Louis XVI, et comporte des personnages à coiffure poudrée.

PIÈCE A TIROIRS : « Pièce où l'acteur joue *huit* rôles différents », dit, en 1825, la *Chronique indiscrète*, mais on peut se contenter à moins.

PIÈCE A TRUCS : Pièce où les changements à vue sont nombreux. Les féeries sont les pièces à trucs par excellence.

PIÈCE DE BŒUF : « Grand article sur les choses du moment. On l'appelle aussi la *pièce de résistance*. Un excellent journal qui ne servirait pas tous les jours à ses abonnés la pièce de bœuf ne serait pas sûr de réussir. » (*Biog. des Journalistes*, 26.) — On dit aujourd'hui *tartine*.

PIÈCE DE RÉSISTANCE : Gros morceau de viande sur lequel un maître de maison compte pour satisfaire l'appétit de ses convives.

PIÈCE FORCÉE (vol à la) : « Il s'exécute avec deux compères. Le premier donne en payement une pièce reconnaissable à un signe quelconque. Le second arrive ensuite, achète, ne paye pas, prétend avoir payé. Dénégation du marchand confondu en retrouvant dans sa caisse la pièce signalée. » (Rabasse.)

PIED (Donner un coup de) : Marcher vivement. (Dhautel.) — « Je vais donner un coup de pied jusque dans les salons. » (About.)

Ne pas se donner de coups de pied : Se vanter.

PIED (Mise à) : Mise en non-activité. — « Une mise à pied enseigna à notre inspecteur à faire plus exactement son service. » (Canler.)

PIED A DORMIR DEBOUT : Pied fort large. Mot à mot : assez large pour empêcher de tomber si on dort debout. On disait jadis *souliers* au lieu de *pieds*. — « Souliers à dormir debout sont souliers larges. » (Oudin, 1640.) — « C'est pas votre général qui a des pieds à dormir debout ? » (Gavarni.)

PIED BLEU : Conscrit. Allusion aux guêtres de toile bleue du paysan. — « Le pied bleu ne prête pas longtemps à rire par sa gaucherie. » (La Bédollière.)

PIED DE COCHON : Pistolet. — Allusion de forme.

Jouer un pied de cochon : Tromper, décamper. — « Vous avez donc voulu nous jouer un pied de cochon. » (Canler.)

PIED DE MARMITE (Nez en) : Nez disgracieusement relevé.

PIERREUSE : « Ce sobriquet a été donné aux femmes, parce qu'elles font ordinairement leur honteux commerce dans les lieux où l'on bâtit. » (Dhautel, 08.) — « La pierreuse est une prostituée qui, dans sa sphère de turpitudes, est tombée au plus bas degré de l'abjection... elle cherche toujours les ténèbres... derrière des monceaux de démolition, des tas de *pierres*. » (Béraud.) Cet avant-dernier mot donne l'étymologie.

PIERROT : Collerette à grands plis comme celle de Pierrot. — « Madame Pochard a vu aplatir sur son corsage les mille plis d'un pierrot taillé dans le dernier goût. » (Ricard, 20.)

PIERROT : Naïf, niais, comme Pierrot de la comédie. — « Le valet de cantine se fait rincer l'bec par les pierrots. » (Wado.)

PIERROT : Verre de vin blanc. — Allusion de couleur. — « J'étais-t-allé à la barrière des Deux-Moulins, histoire d'asphyxier le pierrot. » (*La Correctionnelle*, 44.)

PIEU : Lit. — Corruption du vieux mot d'argot *piau* : lit. Il nous en est resté *piausser* : se coucher. — « On peut enquiller par la venterne de la cambriolle de la larbine qui n'y pionce quelpoique, elle roupille dans le pieu du raze. » (Vidocq.)

PIEUVRE : Femme galante épuisant le corps ou la bourse d'un amant. — Allusion à la pieuvre, qui joue un rôle si absorbant dans *les Travailleurs de la mer*, de Victor Hugo. — « Un monsieur se présenta chez la pieuvre, maîtresse du logis. » (*Événement*, 11 avril 66.) — « La femme entretenue, récemment nommée pieuvre. » (Boué de Villiers, 66.)

PIF, PIVASE : Nez de grande et forte dimension.

> L'autre jour, rue Saint-Martin,
> Voilà qu'un plaisant gamin
> Me dit, en riant aux éclats :
> C' cadet-là, quel pif qu'il a !
>
> (Guinaud, 39.)

PIFFARD : qui a un grand nez.

PIFFER : N'être pas content. Mot à mot : faire son nez.

PIGE : Année. (Vidocq.) Heure. (Rabasse.) Dans les deux cas, c'est une mesure de temps. V. *Piger*.

PIGE : Prison. — Abréviation de *piget*. V. *Oncle*.

PIGEON : Dupe. — Comme l'oiseau de ce nom, elle est destinée à être plumée. — On trouve souvent ce mot au xviiie siècle. V. *Jaunet*. — « Bien que le pigeon (joueur honnête) soit à notre avis peu digne d'intérêt. » (Cavaillé.)

PIGEONNER : Duper. Mot à mot : plumer comme un pigeon. — « Un de ceux qui se laissent *pigeonner*. » (*Dialogues de Tahureau*, 1586.)

PIGER : Mesurer. — Les ouvriers nomment *pige* un morceau de bois donnant la longueur indiquée par le plan. — Au moyen âge, on appelait *pigours* les fabricants de mesures.

PIGER : Considérer. Mot à mot : *mesurer de l'œil*. — « Pige-moi ça, regarde-moi un peu ce chique ! » (La Bédollière.) — « Avise ta nymphe, j'ai pigé la mienne qui est un peu chicarde. » (Ladimir.)

PIGER : Arrêter. — « Vous tenez donc absolument à me faire piger. On ne jouera plus chez moi. C'est fini ! » (Cavaillé.)

PIGER : Prendre. — « N' vous gênez pas, pigez tout ce que j'ai, prenez ! ça me fera plaisir. » (H. Monnier.)

PIGET : Château. (Vidocq.)

PIGNARD : Postérieur. — Du vieux mot *pigné*.

PIGNOCHER (Se) : Se battre. Dérivé du verbe *se peigner*. V. ce mot. — « Dupanloup et l'Université se pignochent à qui mieux mieux. » (Mahalin.)

PIGNOUF : Chez les cordonniers, le maître s'appelle *pontife*, l'ouvrier *gniaf*, et l'apprenti *pignouf*.

PIGNOUF : Voyou, homme grossier, mal élevé. C'est le mot précédent pris au figuré. — « C'est des pignoufs, passez-moi l'expression. » (*Almanach du Hanneton*.)

PILCHE : Étui. (Colombey.)

PILER DU POIVRE : Marcher avec des pieds endoloris, en souffrant comme si du poivre pilé brûlait la chair

PILER DU POIVRE (Faire) : Terrasser quelqu'un plusieurs fois en le laissant retomber comme un pilon. — Même allusion pour ce qui regarde une autre partie du corps.

PILER LE BITUME : Raccrocher sur le trottoir qui est le plus souvent bitumé. On dit de même *polir l'asphalte*.

PILIER : Habitué de café ou d'estaminet, n'en bougeant pas plus que le pilier chargé de soutenir le plafond. — « Murger répondant à quelqu'un qui lui reprochait de tourner au pilier de café : Vous avez raison, car je soutiens ce qui m'écrase. » (P. Véron.)

PILIER : Maître, commis.

PILLE : Cent francs. — Abréviation de *pile de cent francs*. — « Je ne manque pas le coche (l'occasion de voler) de deux pilles chez un troquet. Premier sapement. Six mois. » (Beauvillier.)

PILOCHE : Dent. (Colombey.) Elle pile les aliments.

PILOIR : Doigt. (Colombey.)

PIMPELOTTER (Se) : Se régaler. — « Elle n'haït pas de gobichonner et de se pimpelotter. » (*La Correctionnelle*.)

PIMPIONS : Espèces monnayées. — Vieux mot. — Le *pimpion* était une petite monnaie espagnole du XIII° siècle.

PINCE (chaud de la) : Paillard. — Corruption de mot.

C'était un chaud de la pince,
Qui peuplait dans chaqu' province
L'hospice d's enfants trouvés.

(Festeau.)

PINCÉ-CUL : Bal public de dernier ordre. — Allusion aux licences qu'on s'y permet. — « Ce bal inouï que l'argot téméraire de ses habitués avait surnommé le pince... » (P. Féval.) V. *Casse-Gueule*.

PINCEAU : Pied. — « Je lui détache un coup de pinceau sur la giberne. » (Monselet.)

PINCEAU : Balai. — Tous deux se ressemblent. — « Les hommes de corvée sont tous là prêts, le pinceau en main, je veux dire le balai en joue. » (Vidal, 33.) — « Tenant en main un pinceau, plus vulgairement appelé balai de bouleau. » (La Bédollière.)

PINCE-LOQUE : Aiguille. (Halbert.) — Elle raccommode les loques.

PINCEZ-MOI ÇA : « Énorme nœud que les femmes portent au bas de la taille, dans le dos, et qui se complète par deux rubans très-larges, très-longs et retombant. » (*Figaro*, 1er février 68.)

PIOCHER : Travailler assidûment. — « Tu peux piocher douze heures par jour. » (Reybaud.)

PIOCHER : Battre. — « Je te pioche, je te fais danser la malaisée. » (Paillet.)

PIOCHEUR : Travailleur assidu. — « Il y avait là de vieux piocheurs qui s'installaient à une table. » (G. Sand.)

PIOLE : Maison, chambre. (Rabasse.) V. *Piaule*.

PIOLET : Gobelet. (Halbert.)

PIOLLE : Cabaret. (Grandval.) — De *pioller*.

PIOLLER : S'enivrer. Vieux mot. — De *piot* : vin, boisson, qui se retrouve dans notre mot : *pépie*.

PIOLLIER : Cabaretier. (Grandval.)

PION : « C'est le nom du maître d'études... Le pion gagne un morceau de pain tous les jours et 400 francs tous les ans... et il n'a pas d'autre perspective. » (Ourliac, 41.)

PION : Ivre. — Du vieux mot *pier* : boire.

PIONCER : Dormir. — Forme de *piausser*. — « Nous nous sommes mis à pioncer, nous ne pensions plus à l'appel. » (Vidal, 33.)

PIOU, PIOUPIOU : Jeune fantassin. — Ce doit être le mot *piéton* avec changement de finales. — « Entre le jeanjean et le tourlourou, il y a un intermédiaire, le pioupiou. » (M. Saint-Hilaire.)

PIPE (Casser sa) : Mourir. — Ceux qui sont morts ne fument plus. — « Casser sa pipe : oh ! c'est déjà vieux ! ça a de la barbe. On a dit depuis *casser son crayon* et on dit maintenant *lâcher la rampe*, ou *remercier son boulanger*, ou *dévisser son billard*. » (Villars.)

PIPELET, PIPELETTE : Portier, portière. — Du nom d'un portier ridicule des *Mystères de Paris*, d'E. Sue. — « Il continuera à apprendre aux vingt-deux pipelettes hydropiques qui forment ce qu'il appelle ses char-mantes lectrices. » (Tam-Tam, 75.)

PIPER : Fumer la pipe. — « Il me semble qu'on a pipé ici. » (Gavarni.)

PIPER UN PÈGRE : Arrêter un voleur. (Rabasse.)

PIPET : Château. (Halbert.) — C'est sans doute *piget*.

PIQUAGE (voler au) : Percer des fûts de vin ou d'alcool et soustraire une partie de leur contenu pendant qu'on les amène à domicile.

PIQUANTE : Épingle. (Vidocq.)

PIQUANTINE : Puce. (Halbert.)

PIQUE-EN-TERRE : Volaille.

PIQUÉ DES VERS, DES HANNETONS (Pas) : Aussi frais, aussi sain que la feuille respectée par les hannetons, ou le fruit respecté par les vers. — « Une jeunesse entre quinze et seize, point piquée des hannetons, un vrai bouton de rose. » (Montépin.) — « Une sylphide qui n'est point du tout piquée des hannetons. » (J. Arago, 38.)

C'est qu'elle n'était pas piquée des vers,
Eh oui, morbleu !
C'est c' qu'il faut à Mathieu.

(*Les Amours de Mathieu*, 32.)

PIQUEPOUX : Tailleur. (Rabasse.) C'est sans doute une allusion du genre de celle qui suit.

PIQUE-PRUNE : Tailleur. — Le mot est populaire, mais son origine paraît inconnue dans le métier. — Rabelais y ferait-il allusion quand, parlant d'un tailleur affolé qui ne sait plus ce qu'il fait, il dit : « Au lieu d'un sayon, il tailloit un chappeau à prunes sucées. » (*Pantagruel*, l. IV, ch. LII.) — Ce qui est certain, c'est que, au XVIIe siècle, les compagnons s'appelaient non *pique-prune* mais *croque-prune*. On pourrait voir ici une comparaison du va-et-vient de l'aiguille au va-et-vient des prunes prises une à une et portées à la bouche.

PIQUER l'étrangère, un chien, un laïus, un renard, un soleil, se piquer le nez. V. ces mots.

PIQUER SUR QUATRE : Gagner une partie d'écarté presque perdue, lorsque votre adversaire a sur vous quatre points d'avance.

PISSAT D'ANE : Eau-de-vie, bière. — « Donnez-nous de la jaune, de votre pissat d'âne premier numéro. » (Zola.)

PISSE-FROID, PISSE-VERGLAS : Homme glacial, insensible. — « Coquin ! Voleur ! Vicomte de le piperie ! Pisse-verglas dans la canicule. » (*Catéchisme poissard*, 40.)

PISSER (Envoyer) : Éconduire, congédier. — Cette injure est vieille. Au mot *Pissare*, le glossaire de Du Cange cite une lettre de rémission de 1465, où, entre autres « grandes parolles » reprochées au délinquant, on rapporte *qu'il envoia pisser* son adversaire.

PISSER DES LAMES *de rasoir en travers* (faire) : Tourmenter au suprême degré.

PISSER SA COTELETTE : Accoucher, mettre au monde un enfant. — Allusion à la côte d'Adam qui fit Ève. — Dhautel emploie dans le même sens *pisser des os*.

PISSER DES YEUX : Pleurer. — « Elle eut beau pisser des yeux. C'était peine perdue. » (Vadé, 1744.)

PISTOLE : « Il y a à la pistole une jeune dame très distinguée... On appelle ainsi les cellules réservées qu'on peut mettre à la disposition des détenues... Le nom vient probablement de ce qu'anciennement on payait une pistole par mois. » (De Grandpré.)

PISTOLET : Homme singulier. — « On rit avec toi et tu te fâches... En voilà un drôle de pistolet ! » (Gavarni.)

PISTOLIER : Prisonnier à la pistole. — « Les *pistoliers* ont seuls le droit de rester, pendant le jour, dans leurs chambres, et d'y conserver de la lumière après l'heure du coucher. » (Moreau Christophe, 37.)

PISTON : Appariteur, préparateur d'un cours de physique. — Allusion à ses manipulations.

PISTON : Importun. — On connaît l'agaçante régularité du coup de piston.

PISTONNER : Importuner.

PITANCHER : Manger, boire. (Halbert.) Mot à mot : manger sa pitance. — « Pitancher de l'eau d'aff, c'est boire de l'eau-de-vie. » (A. de Bréhat.)

PITON : Nez rond comme un piton vissé dans une planche. —

« Ah ! quel nez, quel beau piton ! C'est un marchand d'éteignoirs.» (Pecquet.)

PITRE : Paillasse chargé d'attirer la foule autour d'un banquiste. — « Hé ! Paillasse ! avec ta face bourgeonnée, pitre de tireurs de cartes, amasseur de badauds ! » (*Catéchisme poissard,* 44.)

PITROUX, PÉTOUZE : Pistolet. (Grandval, Vidocq.) Mot à mot : arme qui pette. Au moyen âge, on appelait *petereaux* de petites bouches à feu.

PITUITER : Déblatérer. — Allusion aux crachats de la pituite. — « On en a déjà assez pituité sur notre compte. » (Lynol.)

PIVASE : Grand nez. V. *Pif.*

PIVASTE : Enfant. (Halbert.)

PIVER : Ressort dentelé de montre ou de pendule servant à scier les barreaux. — Il revient à la charge comme le piver contre l'arbre qu'il perce de son bec.

PIVOIS, PIVRE : Vin. — Allusion à la couleur rouge de la pivoine ? Peut-être aussi est-ce un diminutif du vieux mot *piot* : vin ? — « On s'pousse du pivois à six ronds dans l'battant. » (*Chansonnier,* impr. Sthal, 36.) — « Avons-je du vin ?... Non... Apportez du pivois, hé vite ! » (Vadé, 1788.)

Pivois citron : Vinaigre. (Halbert.)

Pivois savonné : Vin blanc. (Idem.)

PIVOT : Plume. V. *Servir.* — Le bec d'une plume figure un petit pivot.

PLACARDE : Place. — Augmentatif. V. *Parrain.*

PLACE D'ARMES : Estomac. — Les aliments y défilent tous les jours. — « Frappant sur son estomac, un baigneur dit: « Rien à la place d'armes ?... » (*Vie parisienne.*)

PLAFOND : Boîte du crâne. — C'est le plafond du cerveau.

Avoir une araignée (ou *des trichines*) *dans le plafond* : Déraisonner. — « T'as trop de trichines au plafond. » (*Almanach du Hanneton,* 67.)

PLAN : Prison. — « Tu voudrais que je grinchisse sans traquer de tomber au plan. » (Vidocq.) V. *Manger.*

PLAN : Mont-de-piété. — *De plan* : Prison. Le mont-de-piété est une prison d'objets engagés. « On mettra tout en plan plutôt que de refuser un cataplasme à ce pauvre chéri. » (L. Reybaud.)

PLAN (Il y a) : Il y a moyen de réussir. (Rabasse.)

PLAN (Laisser en) : Abandonner. — Mot à mot *laisser sur le terrain.* « Et cet animal de barbier qui me laisse en plan. » (Cormon.)

PLAN (Rester en) : Rester dans un hôtel ou un restaurant pour répondre d'une dépense faite par plusieurs.

PLAN DE COUILLÉ : Prison préventive. Mot à mot : Prison de niais. *Couillé* est ici pour *couyon.* — V. *Marquet.*

PLAN DE COUYÉ : Prison

subie pour un autre. (Halbert.) Forme du terme ci-dessus.

PLANCHE (Faire sa) : Montrer de la roideur, être guindé.

PLANCHE (Sans) : Sans façon. — Abrév. de « sans faire sa planche. » — « L'écaillère de ses propos poissards vous entretient sans *planche*. » (*Cabarets de Paris*, 21.)

PLANCHE AU PAIN : Banc des prévenus, tribunal. (Halbert.)

PLANCHÉ : Condamné. (Colombey.) De *planche au pain*. V. ce mot.

PLANCHER : Moquer. — « Est-ce que tu planches ? pour : Te moques-tu de moi ? » (Dhautel, 08.)

Ne pas plancher : Être exact. (Rabasse.)

PLANCHERIE : Plaisanterie.

PLANCHEUR : Mauvais plaisant. (Colombey.)

PLANQUE : Cachette. (Halbert.) V. *Bayafe*.

PLANQUE : Observation. — On se cache pour bien observer. V. *planquer*. — « J'allai en compagnie de H..., et le laissant en planque (en observation), je montai chez Chardon. » (Canler.)

PLANQUER : Cacher. V. *Déplanquer*.

PLAQUE (Être en) : Se déguiser en commissionnaire. — Allusion à sa plaque légale. — « Un affilié lira qu'il faut être en habit ou en plaque. » (*P. Parisien*, 77.)

PLAQUER : Jeter là, abandonner : — « Elle te quitte pour un autre cornard, et tu te trouves plaqué. » (*Compte rendu d'un habitué de réunions publiques*, 69.)

PLAQUER SON MAIRE : Abandonner son ami.

PLASTRONNEUR : Gandin faisant grande exhibition d'un immense devant de chemise à la mode depuis 1869.

PLATINE : Verve. — « Il a une bonne platine, se dit d'un grand babillard. » (Dhautel.)

PLATRE : Argent. (Vidocq.) — L'argent comme le plâtre sert à boucher les trous. — « On m'écrit pour me demander d'où vient la locution « avoir du plâtre, » synonyme « d'être au sac. » (*Tam-Tam*, 75.) — *Il est au plâtre* : il a de l'argent. (Rabasse.)

PLEIN, PLEIN COMME UN ŒUF, COMME UN SAC : Saoul. — « Un homme plein comme un œuf, pour avoir trop mangé. » (Le Duchat, 1738.)

PLEIN DE SOUPE : Personnage épais et maladroit. — « Deux gros pleins de soupe chez qui le moindre coup de poing un peu sec s'imprimerait comme dans un fromage. » (Jean Rousseau, 75.)

PLEURANT : Oignon. (Vidocq.) — Il fait pleurer. Effet pris pour la cause.

PLEUT (Il) : « Ces mots *il pleut* signifient en langue de franc-maçonnerie : Taisons-nous, parce qu'on nous écoute. » (*Aventures de Jérôme Sharp*, 1789.)

PLEUT (Il) : Formule négative.

PLIANT: Couteau. (Grandval.) — Il s'agit ici du couteau à lame pliant sur le manche.

PLOMB : « Gaz caché dans les fentes des pierres et qui tue comme la foudre le vidangeur qui en est atteint. » (Berthaud.)

PLOMB : Mal vénérien. (Vidocq.)

PLOMB: Gosier.—Allusion aux réservoirs dans lesquels se déversent à Paris les eaux sales de chaque étage. — « Préault buvait coup sur coup. Gautier affligé... lui dit : « Ah çà ! tu f... ça dans le plomb, toi ! » (Deschanel.)

PLOMBE : Heure. — Onomatopée. *Plombe* est le bruit grave d'une sonnerie de grosse horloge. V. *Crosser*.

PLOMBE : Année. (Halbert, Rabasse.)

PLOMBER : Puer. Allusion aux plombs parisiens qui sentent souvent mauvais. — « Ce sont mes pieds, ils plombent, comme dit notre collaborateur Albert Monnier. » (V. Blouet.)

PLOMBER : Donner le mal vénérien.

PLONGEUR : Misérable, déguenillé. (Vidocq.) Mot à mot : aussi nu qu'un plongeur. V. *Paffe*.

PLOYANT, PLOYÉ : Portefeuille. — Un portefeuille se *ploie*. — « Les dimanches tu grinchiras, dans les toles, bogues et ployants. » (Vidocq.)

PLUMADE : Paillasse. (Halbert.) — De *plume de Beauce*.

PLUME : Pince à effraction. V. *Caroubleur*.

PLUME DE BEAUCE : Paille. — La Beauce est riche en céréales. — « Quelle poésie ! la paille est la plume de Beauce. » (Balzac.)

PLUMET (Avoir son) : S'enivrer, s'empourprer le visage comme un plumet d'uniforme. — « N'est-ce pas que j' dois vous faire l'effet d'avoir c' qui s'appelle un plumet ? Messieurs, c'est le picton ! » (Voizo.)

PLUS QUE ÇA *de chic ! Plus que ça de monnaie ! Plus que ça de genre* : Quel chic ! quelle fortune ! quel genre ! Mot à mot : Tu n'as pas plus que ça de chic ? etc. La négation est ironique comme dans *Il n'est rien chic*. V. *Rien*. — « Mazette ! pus que ça de chic ! » (E. Blondet.) — « Mon homme a la croix d'honneur. Pus que ça d' monnaie ! » (Ricard.)

Pour abréger, on dit aussi *Que ça* : « C'est la voiture du vicomte de Saint-Remy. — Que ça de genre ? merci ! » (E. Sue.)

PLUS SOUVENT : Jamais. — « Ma sainte te ressemble, Nini. — Plus souvent que j'ai un air chose comme ça ! » (Gavarni.) V. *Rasoir*.

POCHARD : Ivrogne, ivre. Mot à mot : buveur qui a rempli sa *poche* ou son estomac. — « Je ne sais pas ce que j'ai... je crois que je suis un peu pochard. » (M. Michel.)

POCHARDER : Enivrer.

Puisque tu soldes ma dépense,
Je n' me pochard'rai qu'avec toi.
(Festeau.)

POCHARDERIE : Ivrognerie. (Vidocq, 37.)

POCHE : Même sens que *pochard*, dont il est l'abréviation.

POCHON : Contusion. — « Suivant qu'un pochon bien appliqué vient nuancer un œil ou froisser un nez. » (H. Rolland.)

POÉTRIAU : Petit poëte sans valeur. — « Des peintres, des poétriaux. » (Balzac.)

POGNE : Voleur. — Mot à mot : qui empoigne. V. *Empogne*. — « La pogne pour fendre un archer levait déjà le bras. » (Grandval, 1726.) V. *Poigne*.

POGNON, *Poignon* : Argent. (Halbert.) — Mot à mot : ce qui se prend et passe dans la main ou *pogne*. — « Casque donc ton pognon, mon vieux. » (*Almanach du Hanneton*, 67.) — « Est-il homme à lâcher son poignon ? » (Cavaillé.)

POIGNE, POGNE : Main. (Vidocq.) — La main *empoigne*. — « J'ai la poigne solide, ça me suffit, et je vous étrangle. » (E. Lemoine.) V. *Loubion, Bridon*.

POIGNE (A) : Qui n'hésite pas à prendre des mesures de rigueur. Mot à mot : qui *empoigne* ou fait empoigner (arrêter) sans hésiter. C'est un mot du second empire où on a parlé beaucoup des préfets à poigne (prononcez *pogne*). — « Un de ces ministres à poigne qui ne reculent devant aucun moyen. » (*Liberté*, 75.)

POIGNET (Mme veuve) : Onanisme. — Cette image sinistre en dit plus que tout le traité de feu Tissot sur le danger d'une telle monomanie.

POIGNON : V. *Pognon*.

POIL : Réprimande. — « Et quand tu es rentré, tu as dû attraper un fier poil ? — Ne m'en parle pas, on m'a envoyé coucher sans souper. » (*Evénement*.) — « Je suis allé rendre visite au colonel qui m'a administré un poil. » (*Comm. de Loriot*.)

POIL (A) : Résolu. Mot à mot : ayant du poil au cœur. V. plus bas. — « Des bougres à poil, déterminés à vivre libres ou mourir. » (Hébert, 1793.)

POIL (A) : De talent. — « M'est avis qu'il faut z'être un artiste à poil pour ça. » (Désaugiers.)

POILS (A) : Nu. Mot à mot : sans autre vêtement que ses poils.

POIL AU CŒUR (Avoir du) : Avoir du courage. — Le poil est un signe de virilité. Le plus souvent *cœur* est remplacé par un mot qui a la même lettre initiale. — « Quoi ! dit-il, ta valeur lassée !... Popule, as-tu du poil au cœur ? » (A. Lagarde, *le Bonhomme Popule*, Pau, 36.)

POIL DANS LA MAIN (Avoir un) : Être fainéant. (Dhautel.) — On dit plus longuement : *Il a un poil dans la main qui l'empêche de travailler*, pour faire entendre que la cause de son inaction est imaginaire.

POIL (Faire le) : Surpasser. Mot à mot : raser. — « Il n'y a pas moyen de me faire le poil. » (Vidal, 35.)

POILS (Monter à) : Monter un cheval sans selle. Mot à mot : n'ayant que ses poils pour couverture. — « Je sautai à bas de mon cheval. Il me regarda, disant étonné : Comment ! à poil !.. » (Souvenirs de Krettly, 09.)

POIL (Tirer le), *Tomber sur le poil* : Battre. Mot à mot : prendre aux poils, c'est-à-dire aux cheveux.

POINT : Monnaie. V. *Croix*.

POINT DE COTÉ : Créancier, chanteur exploitant les hommes qui ont certains vices. — Allusion à la gêne causée par le mal de ce nom.

POINTE (Avoir sa) : Avoir un commencement, une pointe d'ivresse.

POIRE (Faire sa) : Jouer le dédain. — Allusion à la moue qui allonge les lèvres en gonflant les joues. — « Je pourrais m'en targuer et faire ma poire. » (L. Pollet.)

POIREAUX (Il est comme les) : Il est vert et vigoureux malgré ses cheveux blancs. — Allusion à la racine chevelue et blanche du poireau. — L'expression n'est pas d'hier. — « Tu me reproches mon poil grisonnant et ne consydère point comment il est de la nature des pourreaux esquelz nous voyons la teste blanche et la queue verte, droicte et vigoureuse. » (Rabelais, l. III, ch. xviii, *Pantagruel*.)

POISON : « Sobriquet outrageant que l'on donne aux courtisanes les plus viles. » (Dhautel, 08.) — « O poison ! disait mademoiselle P... — Égout des cœurs !

répliquait mademoiselle T... » (J. Janin.) V. *Drogue*.

POISSE : Voleur. (Halbert.) — De *poisser*.

POISSER : Voler. — Allusion aux propriétés de la poix qui retient tout ce qu'elle touche. V. *Baite, Billon, Philippe*.

POISSER : Arrêter. (Rabasse.) — « Au bout d'un an, poissé avec une pesée de gigot que j'allais fourguer. » (Beauvillier.)

POISSER : Enivrer. Mot à mot : s'imbiber à en devenir poisseux, gluant. — « Quand j'ai vu qu'il allait se poisser, je l'ai aidé à vider les bouteilles ; c'était pour le sauver. » (*La Correctionnelle*.)

POISSEUR : Filou. (Rabasse.)

POISSON : Souteneur. — Abréviation de *poisson d'avril*, comme le prouve cet exemple : « On appelle poisson d'avril un poisson qu'on nomme autrement maquereau, et, parce qu'on appelle du même nom les entremetteurs des amours illicites, cela est cause qu'on nomme aussi ces gens-là poissons d'avril. » (*Dict. de Trévoux*, 1771, art. *Avril*.) — « Jeune, beau, fort, le poisson ou barbillon est à la fois le défenseur et le valet des filles d'amour qui font le trottoir. » (Canler.)

POISSON : Verre. — Du vieux mot *poçon*, tasse. — « J' n' suis pas trop pompette, viens, je régale d'un poisson » (*Les Amours de Jeannette*, ch. 43.) V. *Camphre, Soiffer*.

POITOU : Nulle chose. Mot à mot : point du tout. — Jeu de mots analogue à celui de *Niort*. — « Tout est à notre usage. N'épargnons le poitou. » (Vidocq.)

POIVRE : Ivre. — Du vieux mot *poipre* : pourpre. — Une trogne de buveur s'empourpre volontiers. — « Je voyais bien qu'il était poivre. » (Monselet.)

POIVRE (Ch..r du) : S'enfuir.

POIVRE (Piler du) : V. *Piler*.

POIVRE ET SEL : « Être vieux et jeune ; poivre et sel, comme on dit de ces chevelures qui ne sont plus brunes et qui répugnent à devenir blanches. » (Monselet.)

POIVREAU : Vol commis par un poivrier. (Rabasse.)

POIVREAU : Ivrogne. — De *poivre*. — « Je me pique trop le nez, je préfère en finir avec mon existence. Ce sera un *poivreau* de moins. » (*Moniteur*, 10 septembre 72.)

POIVREMENT : Payement. — *Poivre*, pris dans ce sens, doit remonter au temps reculé où on appelait *épices* ce qui était dû aux juges pour les frais de justice.

POIVRER : Vendre trop cher. — On dit aussi : *Saler*. (Dhautel, 08.)

POIVRER : Donner le mal vénérien. — « Pour se venger d'un homme, elle prit du mal exprès afin de le poivrer. (Tallemant des Réaux, xviie siècle.)

POIVREUR : Payeur.

POIVRIER : Habitude d'intempérance. (Rabasse.)

POIVRIER : Homme ivre. V. *Trou*.

POIVRIER : « Voleur dont la spécialité est de dévaliser les ivrognes. » (Canler.)

POIVRIER (Faire le) : Dévaliser les ivrognes. — « Fais-tu toujours le poivrier ? — Si je le fais, ce n'est pas vous qui me prendrez. » (*Notes d'un agent.*)

POIVRIÈRE : Femme malade, mot à mot : femme qui poivre. — « Va, poivrière de Saint-Côme, je me fiche de ton Jérôme. » (Vadé, 1744.)

POIVROT : Ivre — Forme de *poivreau*.

Quand qu'alle rapplique à la niche
Et qu' nous sommes poivrots,
Gare au bataillon d' la guiche !
C'est nous qu'est les dos.

(Richepin.)

POLICHINELLE : Canon d'eau-de-vie de même capacité que le *poisson*. C'est l'enfant (en argot *polichinelle*) de la chopine. — « Polichinel... C'est ainsi que les fiacres nomment une chopine en deux verres. » (*Cabarets de Paris*, 21.)

POLICHINELLE : Nouveau-né. — Comparaison de ses cris aigus à ceux de Polichinelle. — « On lui donne cent francs, et il reconnaît le polichinelle. » (A. Scholl.)

POLICHINELLE DANS LE TIROIR (Avoir un) : Être enceinte. — « Sais-tu ? lui dit sa femme, je crois avoir un polichinelle dans le tiroir. Le mari comprend : la femme est *inté-ressante.* » (*Figaro.*) — « *La comtesse* : C'est-il donc arrivé ? — *La marquise* : Un polichinelle. — *La comtesse* : Ciel ! — *La marquise* : Dans le tiroir, ma chère. — *La comtesse* : Pauvre petite. » (E. Villars, 66.)

POLIR L'ASPHALTE, Polir le bitume : faire le trottoir, raccrocher.

POLISSON : Bourrelet attaché au-dessus des hanches pour étoffer la croupe. A la mode vers 1823. — « Le polisson, c'était un mouchoir empesé que les dames plaçaient au-dessous de la taille pour donner de l'épaisseur à la démarche et de l'ampleur aux tissus. » (Léo Lespès, 55.) V. *Tournure.*

Vainement, je voudrais vous dire
Tout ce que cache un polisson.

(E. de Pradel, 23.)

POLISSON, POLISSONNE : Terme amical comme *gueux*, *coquin*, etc. — « Qué noce ! oh ! mes enfants ! qué polissonne de noce ! » (Sardou.)

POLITICIEN : « Qu'est-ce que c'est, les trois quarts du temps que ce que l'on appelle les hommes de parti, les politiciens ? Ce sont des hommes qui n'ayant pas le courage de suivre une carrière tracée, toujours longue et pénible, se disent : Je vais faire comme à la roulette... Si ma couleur sort, je serai tout d'un coup ministre, préfet, receveur... » (Saint-Genest, 75.) — « Les politiciens, l'engeance dangereuse et vermineuse qui vit de la politique. » (*Journal de Paris*, 75.) — Ce terme vient d'Amérique, où la politique est, comme on sait, un métier lucratif.

POLKA : « Disons quelques mots de cette gigue anglaise croisée de valse allemande, qui fait sautiller aujourd'hui les Parisiens comme autant de coqs d'Inde sur une plaque brûlante. » (E. Arago, 44.)

C'est en ce temps de vogue qu'on a dit un moment *à la polka*, pour dire *très-bien*.

POLKA : Photographie où figurent des groupes obscènes. — « Ces photographies obscènes que leur argot appelle des polkas. » (Du Camp.)

POLKA (Petit) : On appelle ainsi dans le monde un petit jeune homme niais, tiré à quatre épingles, et danseur infatigable. — « Les jolies femmes dédaignent les petits polka. » (*Figaro.*)

POLKER : Danser la polka : « En attendant que la polka décline, on la conjugue... On dit polquer à l'infinitif. Polque, dit une femme à son mari. » (*Charivari*, 44.)

POLKEUR : Danseur de polka.

POLKISTE : Partisan de la polka. « Les polkistes ont essayé de se diviser en deux camps : les partisans de Cellarius et ceux de Laborde, autre professeur de polka. La *Revue de Paris* est cellariste enragée, et le *Feuilleton des Théâtres* est labordiste furieux. Dans le journal *le Siècle* une guerre civile s'est déclarée. » (*Charivari*, 44.)

POLOCHON : Traversin. (Halbert.)

POMAQUER : Perdre. V. *Greffier.*

POMMADER : Flatter, dénoncer. (Rabasse.)

POMMADEUR : « Brocanteur achetant les meubles brisés ou vermoulus et mastiquant leurs défauts avec de la gomme laque et de la cire. » (Pélin.) On l'appelle pommadeur, parce que sa marchandise trop vernie semble pommadée.

POMMADEUR : Flatteur. (Rabasse.)

POMMADIER : Perruquier, coiffeur. (Rabasse.)

POMMADIN : Élégant ridicule et par trop pommadé. — « Jetez ces anges sur le bitume à la merci des pommadins. » (Michu.)

POMMARD : Bière. (Halbert.) — Est-ce parce qu'elle a la couleur du cidre qui a bien plus de titres à s'appeler *pommard* ?

POMMÉ : Réussi en n'importe quel genre. — « Ah çà ! c'est gentil, c'est pommé. » (Zola.) — *Il nous en a dit une pommée :* il nous a conté une chose drôle.

POMME DE CANNE : Tête ridicule comme celle qu'on sculpte sur les pommeaux de certaines cannes.

POMMES (Aux) : Très-bien. V. *Ognons.* — Ce superlatif fut sans doute causé par la passion qu'avait jadis le gamin parisien pour le chausson aux pommes. Après avoir lu l'exemple suivant, on pourrait y voir une locution plus âgée. — « Le feu duc de Brissac (mort en 1651) aimoit tant les pommes de reinette que, pour bien louer quelque chose, il ajoutait toujours *de reinette* au bout, tellement qu'on lui ouït dire quelquefois : C'étoit un honnête homme *de reinette.* » (Tallemant des Réaux.) — « J'ai mijoté pour ce numéro un petit éreintement aux pommes. » (J. Rousseau.)

POMPADOUR : Coquet, galant, digne de l'époque où Mme de Pompadour était en faveur. — « C'est régence, justaucorps bleu, Pompadour, XVIIIe siècle, tout ce qu'il y a de plus maréchal de Richelieu, rocaille. » (Balzac.)

POMPADOUR : Suranné, vieillot. Acception ironique du sens précédent. V. *Perruque, Poncif.*

POMPE : Atelier de tailleurs. V. *Pompier.*

POMPE ASPIRANTE : Semelle trouée pompant la boue. (Halbert.)

POMPER : Boire copieusement. — « A la Courtille, je fais des bêtises quand j'ai pompé le sirop. » (Mélesville, 30.)

POMPETTE : Ivre. — Du vieux mot *pompette :* pompon. Cette allusion à la trogne rouge des buveurs se retrouve dans *plumet* et *cocarde.* Parlant d'un nez d'ivrogne, Rabelais dit : *nez purpuré, à pompettes.* (Livre II, ch. 1er). — « Lupolde, à tout (avec) son rouge nez à pompette, conclud tous ses contes par vin. »

(*Contes d'Eutrapel*, XVIe siècle.) — « Ce scélérat de vin de Champagne avait joliment tapé ces messieurs ; quant à nous autres, en vérité, je crois que nous étions un peu pompettes aussi. » (Festeau.)

POMPIER : Ivrogne ayant l'habitude de *pomper*. — « Le pochard aperçoit un ami, et le dialogue s'engage entre les deux pompiers. » (Ladimir.)

POMPIER : Ouvrier tailleur travaillant à la journée. — « Les pompiers réunis forment la *pompe*. Il y a la *grande* et la *petite pompe* : la grande, pour les habits et redingotes ; la petite, pour les pantalons et gilets. » (Roger de Beauvoir.)

POMPON : Tête. — « Il vous y envoie des pavés que ça brise les pompons. » (H. Monnier.)

POMPON : Premier rang. — Allusion au pompon qui distinguait avant 1869 les compagnies d'élite. — « A moi le pompon de la fidélité. » (Marco Saint-Hilaire.) — « A vous le pompon ! Aussi c't' air-là est fièrement bien faite. » (Carmouche, 26.)

PONANTE : Fille publique. (Vidocq, 37.) — Mot à mot : couchante. Du vieux mot *ponant* : couchant.

PONCIF : Se dit de ce qui est banal et ne justifie aucune prétention à l'originalité. — S'emploie substantivement et adjectivement. — Vient du mot *Poncis* : dessin piqué à jour et poncé d'une façon particulière pour faire un calque. — « Si chacun de nous racontait ses bonnes fortunes ? — Allons donc poncif ! Pompadour ! A bas la motion ! » (Th. Gautier, 33.) — « Le poncif, c'est la formule de style, de sentiment, d'idée ou d'image qui, fanée par l'abus, court les rues avec un faux air hardi et coquet. Exemples : *C'est plus qu'un bon livre, c'est une bonne action. — On ne remplace pas une mère. — L'horizon politique se rembrunit*, etc. » (Aubryet.)

PONIFFE, PONISSE : Fille publique. — C'est *ponante* avec changement de finale.

Et si la petite poniff' triche
Sus le compte des rouleaux,
Gare au bataillon de la guiche,
C'est nous qu'est les dos.

(Richepin, 77.)

PONT : « Le pont consistant à remettre les cartes après la coupe dans la position où le grec les a préparées, il va de soi que, lorsque le pigeon aura coupé dans le pont, le tour sera joué. » (Cavaillé.)

On dit *faire le pont, couper dans le pont*. V. *Couper*.

PONT A FAUCHER : Piége tendu. (Rabasse.)

PONTE : Réunion de ponteurs. « Le jeu tombe en longueur et la ponte glapit sans force. » (Alyge.)

PONTER : Payer.

PONTES POUR L'AF : Assemblée de fripons. (Colombey.)

PONTEUR : Bailleur de fonds. V. *Miché*.

PONTEUR : Joueur. — « J'aime mieux un ponteur qui, orné de son carton, lentement le promène, qu'un ponteur exalté. » (Alyge.)

PONTIFE : Maître cordonnier. V. *Pignouf.* — Ce mot est expliqué par celui de *porte-aumusse*, qui fait allusion à la forme du tablier de cuir.

PONTON D'AMARRAGE : Vaisseau-prison. Les déportés y sont comme amarrés. — « Mon cher camerluche, me voilà enfin démarré de ce maudit ponton d'amarrage. » (Rabasse.)

PONTONNIÈRE : « Fille publique fréquentant le dessous des ponts. » (Canler.)

POPOTTE : Table d'hôte, ratatouille, et au figuré, gâchis. — Onomatopée rappelant le clapotement des mets placés sur le feu. — « On m'annonçait de chez nous un envoi de jambons qui devait remonter la popotte pour un mois. » (About.)

Des officiers se *mettent en popotte*, lorsqu'ils font faire leurs repas par un cuisinier militaire, sans recourir à un restaurant bourgeois.

PORC-ÉPIC : Saint-sacrement (Moreau Chr.) — C'est évidemment une allusion aux rayons de métal qui se dressent autour du saint tabernacle comme les soies d'un porc-épic.

PORTANCHE : Portière. (Colombey.) Changement de finale.

PORTE-AUMUSSE : Maître cordonnier. — Allusion au tablier de cuir. — « Nous lui délivrons le brevet de porte-aumusse, pour le faire admettre dans la Société. » (*Vieux farceur.*)

PORTE BIEN (Qui se) : Vigoureux, fort. — « Je lui fiche une paire de gifles qui se portaient bien. » (*Petit Moniteur* du 20 juillet 66.)

Il se porte bien se dit ironiquement d'un homme gris.

PORTEFEUILLE : Lit. — Le coucheur s'y glisse comme un papier dans un portefeuille. — « Il est temps d'aller nous glisser dans le portefeuille, comme disent les troupiers. » (A. Lecomte, 61.)

PORTE-MAILLOT : Figurante bonne à porter des maillots, mais incapable de jouer un rôle. — « Je vous demande un peu ! une porte-maillot comme ça. » (Gavarni.)

PORTE-MINCE : Portefeuille. (Vidocq.) — Mot à mot : porte-papier.

PORTE-MORNIF : Porte-monnaie. (Rabasse.)

PORTE-PIPE : Bouche. — « Si je lui payais la goutte, car il aime furieusement à se rincer le porte-pipe. » (Vidal, 33.)

PORTE DE PRISON : Personne revêche. (Dauthel.) — « Les Avignonnais qui sont aimables comme des portes de prison. » (*Commentaires de Loriot.*)

PORTE-POIGNE : Gant. (Rabasse.) C'est à la *poigne* qu'on le porte.

PORTE-TRÈFLE : Culotte. (Vidocq.) — Mot à mot : porte de l'anus.

PORTÉE : Filouterie de baccarat. — « La portée consiste en un paquet de cartes préparées...

de telle manière que le banquier ait pendant un certain nombre de coups un point supérieur. » (Cavaillé.)

PORTER (En) : Être trompé. Mot à mot : porter des cornes. — « Dis donc, Miroux..., de quoi donc que madame Miroux te fait porter ? » (Gavarni.)

PORTER A LA PEAU : Exciter le désir. — « Cette créature porte à la peau. » (L. de Neuville.)

PORTRAIT : Figure. — Effet pris pour la cause. — « Je m'allonge. Mais v'là-t-il pas ma patte gauche qui lâche le trottoir. Je m'étale et je me dégrade le portrait. » (Monselet.) — « Lord Seymour criait à Drake : Tape au portrait, c'est-à-dire : vise à la figure. » (Villemessant.)

POSE : Étalage mensonger, attitude maniérée, vaniteuse. — « L'amour platonique !...en voilà une pose ! » (Gavarni.)

POSER : Mettre en évidence. Le *Dictionnaire de l'Académie* admet le verbe *poser* dans le sens de « faire étalage, chercher à paraître ce qu'on n'est pas. » — « Voilà un ménage qui pose une femme. » (Balzac.)

POSER (Faire) : Mystifier. — « Il croyait toujours qu'on allait ce qui s'appelle le faire poser et se moquer de lui. » (Méry.)

POSER SA CHIQUE : Garder le silence. On a commencé par dire *poser sa chique et faire le mort*.

Le roi règne sans gouverner.
Si le nôtre, un jour, s'en écarte,
Qu'il aille interroger la Charte !

Elle lui répondra d'abord :
Pos' ta chique et fais l' mort.
(J. Leroy.)

POSER ET MARCHER DANS : S'embrouiller, se vendre. (Halbert.) — Allusion scatologique.

POSER UN GLUAU : Prendre, arrêter, emprisonner. — On connaît les effets de la glu. — « Mes anciens compagnons de vol s'étaient fait poser un gluau, et j'étais encore une fois isolé. » (Lacenaire, 36.)

POSEUR, POSEUSE : Homme qui pose, femme qui pose. Se prend aussi adjectivement. — « Tutoyez les femmes, et si elles protestent contre vos privautés, insinuez brutalement que vous détestez les poseuses. » (Marx.) — « Ces jolis poseurs à vestons de velours. » (P. Véron.)

POSITIVISTE : Doctrinaire de l'école d'Auguste Comte qui a fondé la religion positive. — « Le citoyen Grossetête écrit pour dénoncer la conduite du député positiviste. » (*Liberté*.)

POSTE AUX CHOUX : C'est ainsi que dans la marine on appelle le canot qui sert, en rade, aux provisions.

POSTÉRIEUR : Derrière. — On dit aussi, par pure délicatesse, *le bas du dos, le bas de l'épine dorsale, le bas des reins, les parties charnues, le bienséant*, etc., etc.

POSTICHE : Parade de saltimbanque. — « Il s'était acquis une certaine réputation dans le *boniment*, la *postiche* et la *parade*. On nomme ainsi le prologue que les saltimbanques jouent devant leur baraque. » (Privat d'Anglemont.)

POSTICHE : Rassemblement sur la voie publique.

POSTILLON : « Un postillon est une boulette de mie de pain pétrie entre les doigts et renfermant un avis adressé à un détenu. » (Canler.) — L'allusion se devine.

POSTILLON : « On appelle postillon les cartes qui indiquent le début ou la fin d'une passe au baccarat-chemin de fer et à quel tableau aura lieu l'abattage au baccarat-banque. Au chemin de fer il y a autant de postillons que de passes, et l'ensemble des passes s'appelle des séquences. » (Cavaillé.)

POSTILLONS (Envoyer des) : Crachotter en parlant. — « Les élèves de M. G. projettent ce qu'on appelle des postillons dans un certain monde. » (Marx.)

POTACHE, POTACHIEN : Collégien. — Le premier mot est une abréviation. Allusion au chapeau de soie, dit *pot à chien*, porté dans les collèges avant le képi. — « Écoutez, jeunes potaches, qui au lieu de décliner *rosa* la rose, allez vous balader. » (*Figaro*, 75.) V. *Bahut*.

POT-AU-FEU : Casanier, arriéré. — « Ce n'est pas cet imbécile qui m'aurait éclairée... il est d'ailleurs bien trop pot-au-feu. » (Balzac.)

POT-AU-FEU : « Les faux monnayeurs désignent leur creuset ou leur marmite à fusion sous le nom de pot-au-feu. » (Rabasse.)

POTARD : Apprenti pharmacien. — Allusion aux nombreux *pots* dont il est gardien.

POTASSE, POTASSEUR : Ce mot désigne un piocheur malheureux, candidat très laborieux, mais échouant aux examens. — Forme de *potache* (?)

POTASSER : Travailler assidûment. — « C'est Chauvin. Oncques ne l'ai vu depuis que nous étions cornichons ensemble au bahut et que nous potassions notre bachot. » (*Vie parisienne*, 66.)

POTEAU : Camarade. — « Bien réussi un pédé au chantage avec mon poteau Coconas. » (Beauvilliers.)

POTEAUX : Grosses jambes. (Dhautel.) — Gavarni définit ainsi celles d'une danseuse qui ruine ses amants : « Deux poteaux qui montrent la route de Clichy. »

POTIN : Commérage. — « Le petit B. est au milieu des bavardages, des cancans, des potins. » (*Vie parisienne*.)

POTIN : Bruit, querelle, chamaillerie. — « La séance de l'Assemblée a été calme... Un instant on nous avait annoncé qu'il y aurait quelque chose, ce qu'en termes de couloirs, on appelle du potin. » (*Figaro*, mai 75.)

POTINER : Commérer.

POTINEUR, POTINEUSE : Commère mâle ou femelle.

POTINIER : Même sens que potineur. — « Le Parisien causeur, bavard, potinier que le moindre fait divers passionnait. » (A. Wolff.)

POUCE! (Et le) : S'emploie pour dire : Il y a beaucoup plus que vous ne prétendez.

POUCE (Donner le coup de) : Étrangler.

Il y a aussi *le coup de pousse* du détaillant qui lui permet de vendre à faux poids avec des balances exactes.

POUCETTE : « Pratiquer la poucette, c'est augmenter son enjeu quand on est certain de gagner. A Paris, les grecs associés pour cette filouterie s'appellent des cousins. » (Cavaillé.) — L'argent s'avance à l'aide du pouce, d'où le mot *poucette*.

POUCHON : Bourse. (Halbert.) Forme de *pochon* : petite poche.

POUF : Chute, déconfiture. — « Les pertes que vos trous dans la lune, où vos poufs, pour parler le style du local, lui occasionnent. » (Vidal, 33.) V. *Puff*.

POUFFIACE : Femme sale, avachie.

POUIC : Rien. (Grandval.) — Du vieux mot *poic* : peu.

POUIFFE : Argent. (Halbert.)

POULAILLER : C'est le dernier étage du théâtre. Les spectateurs y sont juchés comme sur un perchoir. — « Des baignoires, du parterre, de l'orchestre et surtout de l'aérien poulailler. » (Boué de Villiers.)

POULAINTE : Escroquerie sous prétexte d'échange. (Colombey.)

POULE D'EAU : Blanchisseuse. (Halbert.) — Se tient comme cet oiseau sur le bord des cours d'eau.

POULET D'INDE : Cheval. — « Trois poulets d'Inde et puis monsieur feraient un fringant attelage. » (Vadé, 1755.)

POUPARD, POUPON : Vol préparé de longue main. — La comparaison n'a pas besoin d'explication. — « Un petit poupard que nous nourrissons depuis deux mois. » (E. Sue.)

POUPÉE : Prostituée. Elle s'achète comme un joujou. — « Je m'en fus rue Saint-Honoré pour y trouver ma poupée. » (Vidal, 33.) — En 1808, on disait *poupée à ressorts*. Au dernier siècle, on appelait *catins* les poupées, et il est à remarquer que le synonyme a été pris au figuré dans la même acception.

POUPOULE : Mot d'amitié. — « Reste avec ta poupoule. » (L. Lemoine.)

POURRI : Vénal, corrompu. — « Dans le cas où M. de la Baudraye serait acquis au gouvernement, Sancerre devenait le bourg pourri de la doctrine. » (Balzac.)

POURRI : Rempli. — « Je suis une femme hors ligne, unique, pourrie de chic. « (*Vie parisienne*, 66.) — « Quoique né roturier, de galbe il est pourri. » (*Idem*.)

POUSSE : Police. — Elle *pousse* les justiciables en prison. — « Archers, recors, exempts, et tout ce que la pousse a nourri de vaillant. » (Grandval.)

POUSSE (Ce qui se) : L'argent. Mot à mot : ce qui se pousse de la main à l'instant où l'on paye.

POUSSE-CAFÉ : Petit verre de cognac pris après le café. — « Ensuite nous avons pris le café, le pousse-café, le repousse-café. » (Voizo.)

POUSSE-CAILLOUX : Fantassin. Mot à mot : piéton poussant les cailloux du pied. — « Votre frère était dans les dragons, moi, j'étais dans les pousse-cailloux. » (Balzac.)

POUSSÉ : Ivre. — Abréviation de *poussé de boisson*. — « Quand il y en a un qui est poussé de boisson jusqu'à la troisième capucine, il lui met une adresse sur le dos, et l'emballe dans un sapin. » (*La Correctionnelle*, 40.)

POUSSÉE : Action de battre, de faire reculer. — « Nous leur avons f—u une belle poussée, » se dit après une attaque victorieuse.

POUSSÉE : Réprimande. (Dhautel.)

POUSSÉE (Belle) : Se dit ironiquement d'un avantage illusoire. On dit le plus souvent : « Voilà une belle poussée, » d'un acte qui ne mène à rien.

POUSSER DANS LE BATTANT (Se) : Boire. V. *Pivois*, *Battant*.

POUSSIER : Mauvais lit. — « Je lui paye son garni de la rue Ménilmontant, un poussier de quinze balles par mois. » (Monselet.)

POUSSIER : Monnaie. (Vidocq.) — Synonyme exact de *ce qui se pousse*. V. plus haut.

PRATIQUE : Homme débauché. Mot à mot : *pratique de mauvais lieux*. — « Pour ouvrir les portes du ciel, pourquoi choisir cette pratique ? » (*Rienzi*, 26.) — « C'était une pratique qui se démenait comme un enragé entre les mains de la garde. » (Vidal, 33.) — « Tout cela n'est que de la pratique ; ils t'ont fait voir le comme des gueux. » (Monselet.) V. *Carotteur*, *Bordée*.

PRATIQUE : Instrument servant à imiter les cris de Polichinelle. — « Polichinelle doit renfermer sa pratique. » (*Complainte sur les jours gras*, Paris, 26.)

PRE : Premier. — V. Preu.

PRÉ, GRAND PRÉ : Travaux forcés. — Voir l'étymologie ci-dessous. — « Ne crains pas le pré que je brave. » (Vidocq.) — « Du grand pré tu te cramperas, pour rabattre à Pantin lestement. » (Idem.)

Aller faucher au pré quinze ans : Avoir quinze ans de galères. Le *grand pré* est ici la mer dont les galériens coupaient jadis de leurs avirons les ondes verdâtres, comme des faucheurs rangés dans une prairie. On sait que les condamnés ramaient sur les galères du roi.

PRÉ AU DAB COURT TOUJOURS : Prison de Mazas. Allusion à la surveillance qu'on y exerce. V. *Marguet*.

PRÉ SALÉ : La mer. (Rabasse.) Ce mot imagé, qui est en même temps un jeu de mots, confirme notre précédente étymologie de *faucher au pré*. V. *Igo*.

PRÉDESTINÉ : Mari prédestiné à être trompé. — « Prédestiné signifie destiné par avance au bonheur ou au malheur... Nous donnons à ce terme une signification fatale à nos élus. » (Balzac.)

PRÉFECTANCHE : Préfecture de police. — Changement de finale.

PREMIER, PREMIÈRE : Chef de rayon dans un magasin de nouveautés. — « Ces premières qui dans les magasins de nouveautés regardent d'un air imposant les petites gens qui se permettent de marchander. » (Alph. Daudet.)

PREMIER NUMÉRO : Incomparable. — « Sac à vin, pochard premier numéro, il est dans l'ivresse du picton à quatre sous, sans lance, qu'il vient de passer en contrebande à la barrière. » (*Catéchisme poissard*, 44.)

PREMIER-PARIS : « Un grand article, appelé Premier-Paris, c'est une série de longues phrases, de grands mots qui, semblables aux corps matériels, sont sonores à proportion qu'ils sont cerux. » (A. Karr.)

PREMIÈRE : Première lettre. — Réminiscence des épîtres des apôtres. — Ne se dit qu'en fait de polémique. — « Aurore écrivit à son frère sa première aux Parisiens. » (Michu.)

PREMIÈRE : Première représentation. — « Parbleu ! est-ce que je manquerais une première du Palais-Royal ! » (Villemot.)

PRENDS GARDE DE LE PERDRE : Locution ironique adressée au propriétaire d'une personne ou d'une chose considérée comme perdue ou sans valeur. « Il ordonne de le faire empoigner, mais prends garde de le perdre. » (*Commentaires de Loriot.*)

PRESSE (Il n'y a pas de) : Il n'y a pas besoin de se presser, *pour dire* : je n'irai pas. — « Tu viendras, dis ? — Plus souvent ! Y a pas de presse. » (A Tantot.)

PRESSE (Mettre sous) : Mettre en gage. — Les objets engagés sont empilés au mont-de-piété. — En 1808, on disait *Mettre en presse*.

Dans le monde galant, *être sous presse* signifie : « Être en conférence intime. »

PREU : Premier. — Abréviation ancienne qu'on trouve déjà dans la *Farce de Pathelin*. — « Tiens ! v'là le bijoutier du n° 10 qui vous a loué tout son preu (1er étage). » (H. Monnier.)

PRISE DE BEC : Dispute. — « Entendez-vous son organe ! Elle a une prise de bec avec Angelina. » (*les Étudiants*, 60.)

PRISTI : Juron. — Abréviation de *Sapristi*. V. ce mot.

PROFONDE : Poche. Elle est profonde, par opposition au gousset. — « Ils se désignent entre eux sous le nom de fouilleurs de profondes. » (Paillet.)

PROFONDE : Cave. Elle est au plus profond de la maison. — « Je vais à la profonde vous chercher du frais. » (Vidocq.)

PROIE : Derrière. (Halbert.)

PROMONCERIE : Procédure. (Vidocq.)

PROMONT : Procès. (Vidocq.) — Changement de finale.

PRONIER, PRONIÈRE : Père, mère. (Halbert.)

PROTECTEUR : Entreteneur. — On a publié en 1841 une *Physiologie du protecteur*.

PROTÉGER : Entretenir. — « Votre monstre d'homme protége Jenny. » (Balzac.)

PROUTE : Pet, plainte. — Onomatopée. V. Pet.

PROUTER : Se plaindre, se fâcher.

PRUDHOMME, MONSIEUR PRUDHOMME : Bourgeois sentencieux et banal, comme le type populaire créé par Henry Monnier. — « En face de ce paradoxe en peinture, il semble qu'on ait peur de passer, si on ne l'admet pas, pour un philistin, un bourgeois, un Joseph Prudhomme, un goîtreux. » (Th. Gautier.) — « Les principes, la religion, le pays, c'est pour les naïfs, c'est pour les Prudhomme. » (St Genest, 75.)

PRUDHOMMIE : Radotage sentencieux. — « C'est là la vraie politique. Tout le reste n'est que prudhommie et banalité. » (St Genest, 75.)

PRUNE, PRUNEAU : Projectile. — Allusion de forme. — « C'est tout de même vexant d'avoir échappé si souvent aux *prunes* pour être tué comme un chien. » — « Quand j'ai reçu le pruneau, j'ai dit : Bien, c'est le bon ! » (L. Reybaud.)

PRUNE DE MONSIEUR : Évêque. (Vidocq.) — Il est habillé de violet comme une prune.

PRUSSE (Pour le roi de) : Gratis. — Vient de ce que cet État ne payait point le 31 du mois à ses employés. — « S'ils viennent, ce sera pour le roi de Prusse. » (Cogniard, 31.)

PRUSSIEN : Derrière. — Allusion aux dyssenteries qui décimèrent l'armée prussienne, pendant l'invasion de 1792. On a pris le tout pour la partie. — « Et puis après, la Prusse est entrée en France d'où la gourmandise l'a forcée de sortir, car elle tachait toutes ses chemises. » (Reys, 15.) — En 1825 on a publié le *Manuel du Prussien ou guide de l'artilleur sournois*.

PUANT : Homme qu'on ne peut sentir, qui vous pue au nez. — A commencé par se dire des élégants par trop parfumés. — « Ce petit puant... un petit-maître, toujours sans conséquence. » (*Parodie de Zaïre*, XVIIIe siècle.)

PUCES (Trouver des), Chercher des puces : chercher querelle. Mot à mot : sauter sur le moindre motif comme si on cherchait à prendre une puce au bond. — « Et pourtant la Giraudeau a trouvé moyen de me trouver des puces. » (*La Correctionnelle*.)

PUDIBARD : Faussement pudibond.

PUDIBARDERIE : « Leur pudeur est de la pudibonderie, je dirai même de la pudibarderie. » (Mme Rattazzi.)

PUER, PUER AU NEZ : Être

intolérable. — « J'ai été pris huit jours de la nostalgie. La caserne me pue. »(*Commentaires de Loriot.*)

PUFF : Banqueroute. — « Il serait homme à décamper gratis. Ce serait un puff abominable. » (Balzac.) V. *Pouf*.

PUFF : Réclame effrontée. — Mot anglais. — « Le Lafayette du puff qui en matière de réclames est le héros des deux mondes. » (Heine.)

PUFFISTE : Faiseur de puffs. — « Ne laissant nulle trêve à l'essaim des puffistes. » (Commerson.)

PULLING : V. *Robing*.

PUNAISE : Fille publique. — Vieux mot signifiant *infecte*. — « La scène se passe faubourg Montmartre. Une fille arrête un coupé et s'y glisse en criant : Cocher ! au bois ! — Au bois de lit, punaise ! fait un gamin qui passe. » (*Revue anecdotique*, 62.)

PUR : Homme sacrifiant tout à ses principes. On dit : c'est *un pur*. — Souvent ironique. — « Les purs de la droite ont applaudi. » (A. Millaud, 75.)

PUR-SANG : Cheval de race. — « Célestine hochait la tête comme un pur-sang avant la course. » (Balzac.)

PURÉE : Cidre. (Vidocq.)

PURÉE DE POIS : Absinthe. Allusion de couleur. V. *Cogne*.

PUREUSE : Détenue rendant des services à l'administration. V. *Topiser*.

PURGATION : Plaidoyer. (Vidocq.) — Il purge de toute culpabilité.

PUTIPHARDER : Violer sans plus de façons que la femme de Putiphar. — « Ces diables de gens, il faut vraiment les putipharder pour avoir l'honneur de peindre leurs silhouettes. » (Champfleury.)

PYRAMIDAL : Aussi remarquable que les pyramides d'Égypte. V. *Granitique*.

Q

QUANTUM : Caisse, somme d'argent. — Latinisme. — « Encore cent mille francs ! il est allé faire une saignée nouvelle à son *quantum*. » (Ricard.)

QUANTUM MUTATUS : Combien il a changé ! — Latinisme. — « Ce vieillard qui a eu tant d'esprit autrefois, quantùm mutatus ! » (A. Millaud, 75.)

QUARANTE (Les) : Les quarante membres de l'Académie française. — Se dit même quand elle n'est pas au complet.

QUARANTE-CINQ A QUINZE : Exclamation proverbiale, toutes les fois qu'on voit briser beaucoup de verre ou de vaisselle. (Dhautel.) Signifie sans doute : quarante-cinq *pièces* à quinze *sous*. — « Bon ! quarante-cinq à quinze ! » (H. Monnier.)

QUART (Battre, faire son) : Se dit de la station d'une fille sur la voie publique. Tolérée par la police de sept à onze heures du soir, elle équivaut au *quart* des marins. — « La tourterelle y fait le quart et vous a des gestes de lupanar. (*Vie parisienne*, 66.)

QUART D'AGENT : Propriétaire du quart de la valeur d'une charge d'agent de change. — « Une bourrasque fit sombrer son quart d'agent dans l'océan de la Bourse. » (Achard.) — Il y a des *cinquièmes*, *sixièmes* et des *dixièmes d'agent*, sans compter le reste.

QUART D'AUTEUR : Auteur ayant toujours travaillé en collaboration.

QUART DE MARQUE : Semaine. (Vidocq.) V. *Marque*.

QUART DE MONDE : Monde assez libre, si on veut se reporter à ce qu'est le *Demi-monde* (V. ce mot dont il est un dérivé). — « Marguerite a quitté le quart de monde pour le nouveau. Traduction libre : elle va jouer en Amérique. » (*Mystères de l'École lyrique*, 68.)

QUART D'ŒIL : Commissaire de police. — « Quarante-huit commissaires de police veillent sur Paris, comme quarante-huit providences au petit pied ; de là vient le nom de *quart d'œil* que les voleurs leur ont donné dans leur argot, *puisqu'ils sont quatre par arrondissement*. » (Balzac.) — Comme le mot est antérieur à l'organisation susdite, on doit y voir plutôt, avec M. Michel, une allusion à l'ancienne robe noire des commissaires, dite *cardeuil*. V. *Parrain*.

QUASIMODO : Homme hideusement contrefait. — Du nom d'un type de la *Notre-Dame* de V. Hugo.

QUATRE COINS : Mouchoir. Il a quatre coins.

QUATRE-YEUX : Yeux doublés de lunettes. — « Voyez donc ce grand escogriffe avec ses quatre-s'yeux. » (*Catéchisme poissard*, 40.)

QUELPOIQUE : Rien. (Halbert.) Mot à mot : *quel poique !* c'est-à-dire *combien peu ! Poique* est ici pris pour *pouic*. V. ce mot.

QUELQUE PART : Au derrière. — « Toutes les fois que ce gredin-là me tutoie, c'est comme si je recevais un coup de pied quelque part. » (Sardou.)

QUELQUE PART (Aller) : Aller aux commodités. — Terme ancien. Les *Mémoires secrets* de Bachaumont en offrent un exemple dans cette repartie superbe du financier La Popelinière à un courtisan qui lui avait dit d'un air dédaigneux : « Il me semble, monsieur, vous avoir vu quelque part. » A quoi le financier répondit : « En effet, monsieur, j'y vais quelquefois. »

QUELQUE PART (Avoir) : Être ennuyé au suprême degré. Augmentatif d'*en avoir plein le dos*. Seulement, cela se prolonge un peu plus bas. — « Pour ce qui est de la rousse et du guet, je les ai queuqu'part. » (Cabassol.)

QUELQU'UN (Faire son) : Trancher du personnage. — « Si madame fait un peu sa quelqu'une. » (Balzac.)

QUENIENTE : Pas, point. (Halbert.) — Mot à mot : *que non pas*. Italianisme.

QUENOTTE : Petite dent. (Dhautel.) « Ouvre la gargoine. Prends le bout de ce foulard dans tes quenottes. » (E. Sue.)

QUENOTTIER : Dentiste.

QUEUE : Dégénérescence, pâle imitation. — « Cet art-là n'est même pas la queue embourbée du genre Marie-Antoinette. (Th. Silvestre.)

QUEUE : « A Bruxelles, plus d'un journal quotidien compte de quatre à cinq *queues*, c'est-à-dire qu'il transforme son titre en conservant la même matière de texte ou à peu près, et sert ainsi plusieurs catégories d'abonnés. » (*Figaro*.)

QUEUE (Faire la) : Faire une infidélité galante. — « Je connais un général à qui on a fait des queues avec pas mal de particuliers. » (Gavarni.)

QUEUE (Faire la) : Escroquer une somme due. — Mot ancien. F. Michel l'a retrouvé dans une chronique de M. Aye (*la Branche des royaux lignages*). « Ainsi li firent-ils la queue par art et desloiauté. » — « Sitôt que le fourrier s'est éloigné, les chambres retentissent de clameurs :

C'est dégoûtant ! on nous *fait la queue*. » (La Bédollière.)

QUEUE (Faire la) : Tromper. — « Il faut se contraindre, et vous avez un fameux toupet si vous parvenez à faire la queue au père Lahire. » (*Phys. de la Chaumière*, 41.)

QUEUE DE MORUE : Habit noir. — Cette allusion à la forme ancienne des pans (à bouts croisés faisant presque la fourche) n'est plus justifiée aujourd'hui. De là le mot *sifflet* qui répond mieux à l'aspect actuel.

QUEUE ROMANTIQUE : Jeu de mots altérant le sens raisonnable de la phrase. Mürger a ridiculisé cet exercice dans la *Vie de Bohême*. Dès 1620, paraissait le *Coq à l'asne sur le mariage d'un courtisan grotesque* qui peut passer pour un recueil complet de ces stériles tours de force. En voici la première phrase : « Le courtisan sortit du palais de la bouche, vestu de vert de gris, il portait un manteau de cheminée, le bas de mulet et les mulles d'Auvergne. »

QUEUE-ROUGE : Paillasse du genre de Bobèche. — Allusion à la perruque de Bobèche qui était nouée par un ruban rouge. — « Le public préfère généralement le queue-rouge au comédien. » (La Fizelière.)

QUEUE DE RAT : Tabatière. — Allusion à la longue lanière de cuir qui sert pour l'ouvrir. — « Une de ces ignobles tabatières de bois vulgairement appelées *queues de rat*. » (V. Hugo.)

QUEUE DE RENARD : Vomissement projeté de façon à laisser une longue trace. — « Un homme sans éducation qui a fait une queue de renard dans le plat de son voisin. » (*Cabarets de Paris*, 11.) V. *Renard*.

QUIBUS : Écus, argent. — Mot ancien. C'est une abréviation expliquée par l'exemple suivant : « Il a du quibus, c'est-à-dire des écus, *de quibus fiunt omnia.* » (Le Duchat, 1738.)

QUILLE : Jambe. Allusion de forme. — Mot ancien. — En 1455, les gueux ou *coquillards* de Dijon se servaient déjà du mot *quilles* dans le même sens, comme le prouve un texte curieux qu'a publié l'archiviste de la Côte-d'Or, M. Garnier. — « La madame du pavillon qui met ses bas ! — Plus que ça de quilles. » (Gavarni.)

QUIMPER : Tomber. (Halbert.)

QUINQUETS : Yeux brillants. (Vidocq.) Mot à mot : brillants comme la lampe Quinquet, renommée jadis pour son éclat. V. *Esbrouffer*.

QUINZE ANS ET PAS DE CORSET : Se dit à tout âge d'une femme dont les appas ont la fermeté de la jeunesse. — « Oui, c'était ça ! quinze ans, toutes ses dents et pas de corset ! » (Zola.)

QUINZE-VINGT : Aveugle. — Allusion à l'établissement de ce nom. — « Je suis obligé de demander mon chemin comme un quinze-vingt. » (*La Correctionnelle.*)

QUOI (Avoir de) : Être dans l'aisance. Mot à mot : avoir de quoi vivre.

QUOS EGO : Cela vient de moi. — Latinisme. — « Si l'Assemblée trouve à redire au procédé, M. de Bismarck lui lancera un quos ego quelconque et tout sera dit. » (*Moniteur*, 72.)

R

RABAT : Manteau. — Allusion au grand collet des manteaux anciens qui se rabattait à volonté sur la tête ou les épaules.

RABATEUX DE SORGUE : Voleur de nuit. Mot à mot : chasseur, rabatteur de nuit. (Grandval.)

RABIAGE : Rente. (Halbert.)

RABIBOCHER : Raccommoder. — « N'en parlons plus ! Il faut que je me rabiboche avec vous. » (E. Sue.)

RABIOT : Restant de soupe laissée au fond de la gamelle, temps passé par le soldat à son corps, après sa libération.

RABOIN : Diable. (Vidocq.) V. *Abadis*.

RABOTEUX : Voleur de nuit. (Halbert.) — Pour *rabateux*.

RABOULER : Revenir. V. *Abouler*.

RACCORDER : Remémorer, prévenir. — Forme de *recorder*. — « Tu m'as bonni avant de décarrer que je te raccorde par une lazagne. » (Rabasse.)

RACCOURCIR : Guillotiner. — La perte de la tête raccourcit. — Mot de création révolutionnaire ainsi que les synonymes ci-joints, tous recueillis dans *le Père Duchêne*, 1793 : « 1º La louve autrichienne va enfin être raccourcie... 2º Jusqu'à ce qu'ils aient tous craché dans le sac... 3º Pour faire mettre promptement la tête à la fenêtre à la louve autrichienne... 4º Ses bons avis à la Convention pour qu'elle fasse promptement jouer le général Moustache à la main-chaude... 5º Qu'il fasse promptement passer sous le rasoir national le traître Bailly. »

Le *Rasoir national* est le fatal couperet. — *Cracher dans le sac* montre la tête coupée sautant avec un jet de sang dans le sac de son. — *Mettre la tête à la fenêtre, jouer à la main-chaude* font allusion à l'attitude du supplicié, mettant la tête à la *lunette*, à genoux, mains liées derrière le dos, attendant le coup comme à la *main-chaude*.

RACLÉE : Rossée. — Elle racle la peau. — « Ça lui procura de leur part quelques bonnes raclées. » (L. Desnoyers.)

RACLETTE : Ronde de police. — Elle racle les gens sans aveu sur son passage. (V. *Balai*.) — Se dit aussi de la police en général.

RACONTAR : Racontage. — Anglicanisme. — « La bonhomie de ses racontars honnêtes et modérés. » (P. Véron.) — « Dans une loge d'hommes, les racontars de clubs vont leur train. » (*Vie parisienne*, 67.)

RADE, RADEAU : Comptoir, tiroir. — Genre incertain. Vient de *radis*. — « La rade est le comptoir du marchand de vin. » (A. Monnier.)

Faire le rade : Voler au comptoir. — « Dix-huit ans, je faisais le rade et la condition. » (Beauvillier.)

RADICRER : Remoudre. (Halbert.) — Onomatopée.

RADICREUR : Rémouleur. (Idem.)

RADIN : Gousset. (Colombey.)

RADIN, RADIS : Argent monnayé. — « Le *radin*, c'est l'argent du comptoir, on dit n'avoir pas un *radis* pour n'avoir pas un sou. » (A. Monnier.) — *Voler au radin*, c'est voler le tiroir d'un comptoir en l'absence du patron. Quand on se sert d'un enfant, cela s'appelle voler *au radin, au pégriot*. Il y a toujours un compère, faux acheteur, qui fait le guet.

Faire un radin : Voler l'argent du comptoir.

RAFFALE : Misère. (Vidocq.) Mot à mot : tourmente, mauvaise fortune. — *Être dans la raffale* : Être dans la misère. (Rabasse.) Nous vient sans doute de la marine.

RAFFALÉ : Misérable. —

« Tous les hommes sont des raffalés, des pingres. » (Lynol.)

RAFFURER : Regagner. V. *Affurer*.

RAFIAU : Bâtiment léger. — « J' vas joliment gréer notre rafiau, tu verras. » (*Phys. du matelot.*)

RAFILER : Donner. V. *Manquesse*. — Forme de *refiler*.

RA-FLA : Notes rudimentaires de la batterie du tambour. — « Le tambour-major bat la mesure des *ra* et des *fla*. » (M. Saint-Hilaire.)

RAFRAICHIR D'UN COUP DE SABRE (se) : Se battre. — Allusion à la sensation du froid qu'on éprouve en sentant la lame pénétrer dans les chairs. — « Tu caponnes... D'un coup de sabre avec moi t'as peur de te rafraîchir. » (*Rienzi*, 26.)

RAGOT : Conte absurde. — « La Bourse particulièrement se laisse influencer par des ragots qui ne mériteraient pas cinq centimes de baisse. » (*Le Temps*, 67.)

RAGOUTER : Éveiller les soupçons. (Rabasse.) C'est-à-dire : exciter le désir de la police.

RAIDE : Difficile à croire ou à supporter. — « Des choses qu'on ne saurait répéter devant vous, mademoiselle... — C'est donc bien raide, répliqua l'ingénue. » *Figaro*, juin 72.) — « Un gros volume, sept francs. C'est raide. » (Al. Dumas fils.)

RAIDE, RUDE : Eau-de-vie. — Elle gratte le gosier. — « Comme dit le proverbe, un peu de raide fait grand bien. » (Bardas.)

RAIDE COMME LA JUSTICE : Être ivre sans vouloir le paraître, en se redressant avec affectation. — « Il est assez raide comme cela. C'est la faute au petit bleu. » (*Vie paris.*, 66.) — « Dis donc, Jules, tu as bien dîné ?... Il est raide comme la justice. » (Monselet.)

RAIDE COMME BALLE : Rapide comme un projectile. — « Il a filé son chemin, raide comme une balle. » (Vidal, 33.)

RAIGUISÉ : Perdu. — « Le propriétaire des couteaux attend encore, et ses amis lui dirent en langue verte : Tes couteaux sont raiguisés, mon vieux. » (*Figaro*, 76.) — Se dit pour un homme mort comme pour une chose disparue.

RAILLE : Police. — Du mot *érailler*, arrêter. — « La raille maron te servira pour un deuxième gerbement. » (Vidocq.)

RAILLE : Inspecteur de police. — « Les inspecteurs de police sont des *rails* dans le langage des prostituées. » (Parent Duchatelet.)

RAISINÉ : Sang. (Halbert.) — Allusion de couleur. — « Tu es sans raisiné dans les vermichels. » (Balzac.)

RALEUR : Homme qui marchande sans acheter. — « Le râleur marchande, c'est son occupation. Il admire plus d'une chose, mais il faut qu'il réfléchisse. Il repassera demain. » (Champfleury.)

RALEUSES : « Racoleuses ou

courtières lâchées par les marchands (du Temple) sur le *gonze* pour le forcer à acheter. » (Mornand.)

RAMA : « Les riens constituent chez certaines classes parisiennes un esprit drôlatique dans lequel la bêtise entre comme un élément principal et dont le mérite consiste particulièrement dans le geste et la prononciation. Cette espèce d'argot varie continuellement. La récente invention du Diorama, qui portait l'illusion de l'optique à un plus haut degré que dans les panoramas, avait amené dans quelques ateliers de peinture la fantaisie de parler en *rama*... « Eh bien ! monsieur « Poiret, dit l'employé, comment « va cette petite santé *rama* ? » (Balzac, *Père Goriot*.)

RAMASSER : Arrêter, faire prisonnier. — « Les coquins étaient terribles. J'en ai ramassé trois mille sans compter les morts et les blessés. » (Général Christophe, *Lettres*, 11.) — « A la clameur du quartier, la police ramassait une belle demoiselle. » (A. Arnault, 34.)

RAMASSER (se) : Se relever après une chute. — « Se ramassant, le vieux cria : « Faussaire ! » (F. Desnoyers.)

« *Ramasser des fourreaux de baïonnettes*, c'est (traduction libre pour les pékins) arriver après la bataille. » (F. Magnac.)

RAMASTIQUEUR : Filou *ramassant* à terre des bijoux faux perdus par un compère et les cédant à un passant moyennant une prime qui dépasse leur valeur réelle. — C'est le mot *ramasseur* avec changement de finale. — « Le ramastique (*sic*) possesseur d'un bijou faux qu'il vend pour de l'or. » (Phil. Chasles.)

RAMBUTEAU : Guérite-Urinoir. Du nom du préfet qui en a doté la voie publique.

RAME : Plume. (Halbert.) — Elle ressemble à une rame de bateau.

RAMENER : Ramener ses cheveux sur les tempes pour déguiser un commencement de calvitie. — « Ce brave Dubreuil commence à arborer le genou... Ne blaguons pas Dubreuil, il y a déjà deux ans que je ramène. » (*Vie parisienne*, 66.)

RAMENEUR : Homme qui ramène ses cheveux, comme ci-dessus.

RAMOLLI : Imbécile. — Allusion aux effets du ramollissement cérébral. — « Pour ne pas tomber dans la classe des ramollis. » (*Vie parisienne*, 67.) V. *Goîtreux*. — « Les ramollis de l'Opéra. » (Briollet.)

RANGÉ DES VOITURES : Revenu à une vie calme, honnête. Mot à mot : à l'écart des dangers de la circulation parisienne. — « A vingt et un ans, rangé des voitures ! » (Beauvillier.) Dans ce dernier exemple, cela veut dire *je ne vole plus*.

RAOUT : Réception de jour. — Mot anglais. — « Ces chevaliers d'industrie que l'on voit à Paris dans les raouts. » (P. de Kock, 40.)

RAPATU : Pou. (Halbert.) — Allusion à la ténacité de ses pattes.

RAPE D'ORIENT : Diamant. (*Petit Dict. d'argot*, 44.)

RAPIAT : Avare, avide, pillard. — Abréviation de *rapineur*. — « Je les connais tous, ces *rapiats*-là. » Balzac.)

RAPIN : « Ce joyeux élève en peinture qu'en style d'atelier on appelle un rapin. » (Balzac.)

RAPIOTER : Rapiécer. Mot à mot : *rapiéçotter*. — « Monsieur, faites donc rapioter les trous de votre habit. » (Mornand.)

RAPPLIQUER : Revenir, répliquer. V. *Flacul, Suage*.

Rappliquer à la niche : Rentrer au logis. V. *Poivrot*.

RASER : Railler. — Jadis on disait *faire la barbe*. — « Pour aviser au moyen de faire la barbe à la municipalité de Paris. » (Hébert, 1793.) — « Nous avons été voir les Mauresques. Dieu! les avons-nous rasées avec nos plaisanteries. » (*Comm. de Loriot*.)

RASEUR : « Le raseur est l'individu qui croit vous intéresser infiniment par le récit des choses les plus ennuyeuses. Une fois qu'il tient votre bras, le raseur ne vous quitte plus. » (A. Scholl, 53.)

RASOIR : Raseur. V. ce mot.

RASOIR : Qui rafle tout, qui rase tout. « Une de ces mains inépuisables qu'on appelle dans l'argot des joueurs des mains rasoirs. » (Cavaillé.)

RASOIR : « Le conte, l'histoire, l'anecdote ou le bon mot, dans la bouche d'un raseur, se nomment *rasoir*. » (J. Duflot.)

RASOIR : Jamais. Mot à mot : c'est rasé. — « Tu lui aurais rendu sa politesse?... Plus souvent! A un daim de ce tonneau! Rasoir! » (Monselet.)

RASPAIL : Eau-de-vie. — Allusion à l'alcool camphré souvent prescrit par Raspail. C'est ainsi que l'eau-de-vie est appelée aussi *camphre*.

RAT : Voleur exploitant dans les auberges de campagne les chambres à plusieurs lits. — « Il se relève, fouille les poches des voisins, jette par la fenêtre à un complice le produit du vol et se recouche pour crier le matin *au voleur!* plus fort que tous les autres. » (Rabasse.)

RAT : Élève danseuse. — Allusion à son trot menu et à ses proportions mignonnes.

« A l'Opéra, le type de la figurante se subdivise en plusieurs catégories : la choriste, la danseuse, le rat (élève danseuse), la figurante simple ou marcheuse. » (*Physiologie du Théâtre*, 41.) — « Le *rat* est un des éléments de l'Opéra, car il est à la première danseuse ce que le petit clerc est au notaire... — Le rat est produit par les portiers, les pauvres, les acteurs, les danseurs. Il n'y a que la plus grande misère qui puisse conseiller à un enfant de huit ans de livrer ses pieds et ses articulations aux plus durs supplices, de rester sage jusqu'à dix-huit ans, uniquement par spéculation, et de se flanquer d'une horrible vieille, comme vous mettez du fumier autour d'une jolie fleur... » (Roqueplan, 41.)

RAT : Bougeoir. — Bougie

dont le brin mince et tortillé rappelait la queue du rat. — « Je vous demanderai la permission d'allumer mon rat. » (H. Monnier.)

RAT : Voleur de pain. (Colombey.)

RAT : Employé des contributions indirectes. Abréviation de *rat de cave*, qui fait allusion aux lieux où sa charge l'envoie exercer.

RAT : Avare. — « Je vous dénonce mon propriétaire, qui est un rat fini. » (Bertall.)

RAT, RATON : « Petit *pégriot* se cachant à la brune sous un comptoir, afin d'ouvrir, la nuit, la porte du magasin à ses collègues. » (A. Monnier.)

RAT : Caprice, fantaisie trottant de nuit dans la cervelle. (Dhautel.)

RAT : « Cette expression s'applique à tout retardataire de l'École polytechnique. Quiconque, après son examen de sortie, est exclu par son rang des ponts et chaussées est *rat de ponts* ; le *rat de soupe* est celui qui arrive trop tard à table. » (La Bédollière.)

RAT (mon) : Terme d'amitié. — « Que tu es belle, mon chat... Adorable, mon petit rat ! » (E. Villars.)

RAT DE PRISON : Avocat. — Allusion à ses visites aux prisonniers.

RATA : Abréviation de *ratatouille*. — « Pour le *rata*, faites bouillir de l'eau, prenez des pommes de terre, ajoutez 3 kilogrammes de lard par cent hommes et servez. » (La Bédollière.)

RATAFIA DE GRENOUILLES : Eau. — « C'est la nourriture, le ratafia de grenouilles qui m'ont dérangé. » (*Comm. de Loriot.*)

RATÉ : « Un médecin sans diplôme, un poëte sans éditeur, un chanteur sans engagement, des déclassés, des fruits secs, des ratés, tous enragés comme lui contre la société qui ne voulait pas de leurs talents. » (A. Daudet, 76.)

RATIBOISER : Rafler. Diminutif de *ratisser* : « Ces messieurs m'ont ratiboisé 120 francs, mais là ! haut la main. » (Cavaillé.)

RATICHON : Peigne. (Halbert.) Mot à mot : petit râteau. L'image est exacte.

RATICHON : Prêtre. Mot à mot : *ratissé, rasé*. — Allusion à sa tonsure et à sa figure rasée. V. *Momir, Rebátir*.

RATICHONNER : Peigner. (Halbert.)

RATICHONNIÈRE : Couvent. (Vidocq.)

RATISSÉ (être) : Être évincé. — « Allons ! cette fois je suis bien ratissé ! » (Marquet.)

RATISSER : Ruiner. — « Pas nous qui avons perdu de l'argent... Pas vous non plus, puisque vous êtes ratissés. » (Zola.)

RATISSER : Escroquer. (Rabasse.)

RATISSER LA COUENNE : Faire la barbe.

RATON : V. *Rat* (7e article.)

RAVAGEUR : « Les ravageurs commettent des vols sur les bateaux-lavoirs... Ils s'emparent du linge étendu... Ce genre de vol s'appelle *vol au ravageur.* » (Rabasse.)

RAVAGEURS : « Ils travaillent un instant après la pluie. Alors l'eau a charrié dans les rigoles ménagées par le pavé tous les morceaux de clous et de ferraille qu'elle a pu emporter en passant... La besogne faite, ils vendent un sou la livre leur misérable butin. » (Berthaud, 46.) — Les *Mystères de Paris* montrent cette industrie s'exerçant sur la Seine : « Le ravageur puise à l'aide d'une drague le sable sous la vase, puis il le lave comme un minerai, et en retire une grande quantité de parcelles métalliques. » (E. Sue.)

RAVIGNOLÉ : Récidive. — « Je n'ai pas coqué mon centre, de taffe du ravignolé; ainsi si vouzailles brodez à mezigue, il faut balancer la lazagne au centre de Jean-Louis Laurant, au castuc de Canelle. » (Vidocq.)

RAZE, RAZI : Curé. (Halbert.) — Il est rasé. V. *Ratichon.*

RAZZIA : Enlèvement général. — Le mot date de notre guerre d'Afrique. En France, au XVe siècle, on disait *reize*, ce qui était la même chose. — « Il exerçait de véritables razzias à l'endroit des tasses de chocolat. » (A. Second.) — « On n'oublie pas assez le chemin de ces tripots. L'autre jour, encore, on a opéré une razzia sur les hauteurs de Batignolles. » (P. Véron.)

RÉAC : Réactionnaire. — Date de 1848. — « Il s'agira seulement d'applaudir nos orateurs, et d'aplatir les réacs. » (Chenu.) Se prend aussi adjectivement.

« Mais lui, ce reporter, lui qui naguère encore, en style réac, mais hardi, urinait ses échos... » (R. Fauvel.)

RÉALISME : Culte exclusif de la réalité dans l'art ou la littérature. — « A l'heure qu'il est, le mot réalisme a fait son trou dans le Dictionnaire. » (Champfleury, 58.)

RÉALISTE : Artiste ou romancier s'appliquant à reproduire les scènes de la vie réelle, sans reculer devant leurs laideurs. — Rétif de La Bretonne a employé ce mot dans une critique littéraire de son *Monsieur Nicolas*; il parle des *réalistes du jour* parmi lesquels il tenait, sans s'en douter, la première place.

REBATIR : Tuer. — Pour rebâtir, il faut *démolir.* — « Si tu consens à nous laisser rebâtir le ratichon et sa larbine, nous irons pioncer dans le sabri du rupin de ton villois, à cinquante paturons de la chique de la daronne du mec des mecs. » (Vidocq.)

REBECTAGE : Lutte. — « Au bout de six mois malade à Saint-Lazare! Rebectage de mon côté, plus d'argent. » (Beauvillier.)

RÉBÉQUER (se) : Se défendre. Mot à mot : riposter à coups de bec. — « Allez-y : tapez sur la bête!... Et il ne fallait qu'elle s'avisât de se rébéquer. » (Zola.)

REBIFFE : Vengeance. (Vidocq.)

REBIFFER (se) : Se redresser. — Un soldat qui se rebiffe est un homme au port martial. — Un cheval qui se rebiffe porte haut la tête.

REBONNETER : Flatter. (Vidocq.)

REBOUISER : Considérer attentivement. (Idem.)

REBOUISEUR : « Au marché du Temple, les *rebouiseurs* ou *ressuceurs* achetaient les vieilles hardes pour les remettre à neuf. » (E. Sue.)

REBOURS : Déménagement clandestin.

RECEVOIR SON DÉCOMPTE : Mourir. — « Tué roide sur le champ de bataille, le beau tambour-major avait, pour parler en style de bivouac, reçu son décompte. » (Ricard.)

RÉCHAUFFANTE : Perruque. Elle réchauffe les chauves.

RÉCHAUFFÉ (c'est du) : C'est un vieil argument, c'est une manœuvre usée, comme les mets de la veille qu'on réchauffe le lendemain.

RÉCHAUFFER : Ennuyer. (Vidocq.) — Même allusion que dans *bassiner, faire suer*.

RECHIGNER : Renoncer. (Rabasse.)

RECONNOBRER, RECONNOBLER : Reconnaître. (Vidocq, Rabasse.) — C'est *reconnaître* avec changement de finale. V. *Parrain*.

RECOQUER : Rendre. (Grandval.)

RECORDER : Tuer. (Halbert.)

RECORDER : Prévenir. (Idem.) — Vieux mot.

REDANI : Grâce. (Idem.)

REDIN : Bourse. Pour *Radin*.

REDOUBLEMENT DE FIÈVRE : Charge nouvelle surgissant pendant une instruction.

REDOUILLER : Riposter. V. *Merlins*.

REDRESSE (être à la) : Être rusé. (Rabasse.)

RÉDUIT : Bourse. — C'est le réduit de la monnaie.

REFAIRE, REFAIRE AU MÊME, REFAIRE DANS LE DUR : Tromper. — « Dindonné, ce que nous appelons refait au même. » (Balzac.) V. *Faire*, dont *refaire* est l'augmentatif.

REFAIRE : Manger. (Halbert.) Nous disons *se refaire* dans le même sens.

REFAITE : Repas. (Vidocq.) — Vieux mot.

REFAITER : Prendre un repas.

REFILER : Retrouver. V. *Greffier*.

REFILER : Donner. Voir *Chouette*.

REFILER, REPASSER : Donner un vol *nourri*. V. *Camelotte*.

REFROIDIR : Tuer. Effet pris pour la cause. V. *Mecque, Suage*.

REGALIA : Cigare de la Havane : Mot à mot : cigare royal. — « La chique, c'est la sœur cadette du londrès, du regalia. » (Vermersch.)

RÉGENCE : Digne des roueries galantes de la cour du régent. — « Si on allait lui faire un crime de la fragilité de ses mœurs un peu *régence*? » (P. Borel, 33.)

REGINGLARD : Vin nouveau, piquette. C'est un *Ginglard* redoublé. — « A Paris, à Sens, on nomme *reginglard* le vin léger et légèrement acide. » (L'*Intermédiaire*.)

REGON : Dette.

REGONSER : Devoir. (Halbert.)

REGOUT : Rancune. — « Y' vous aime. Raccommodez-vous donc là, sans r'goût. » (*Catéchisme poissard*, 40.)

REGOUT (faire du) : Être arrêté. (Halbert.)

Dans le glossaire de Colombey, *faire du regout* est *manquer de prudence*, ce qui parait plus vraisemblable.

REJACQUER : Crier. (Grandval.) — Vieux mot. — En patois lorrain, on appelle encore *jaque* le geai, qui est un oiseau fort bruyant.

RÉJOUISSANCE : Os glissé par les bouchers dans la viande pesée à leurs pratiques. — « Les bouchers ajoutent encore des os qu'on appelle ironiquement *réjouissances*. » (Mercier, 1783.)

RÉJOUISSANCE : A fini par se dire ironiquement d'une femme maigre. — « Faut voir ça au déballage. Y a peut-être plus de réjouissance que de viande là-dessous. » (Neuville.)

RELEVANTE : Moutarde.

(Colombey.) Elle relève les aliments.

RELEVER (la) : Se faire donner de l'argent.

RELICHER : Embrasser. — Forme de relécher. « Qu'elle se laissât surprendre à se faire relicher dehors... Il lui couperait le cou. » (Zola.)

RELUIT : Jour, œil. Les yeux reluisent. V. *Coquer, Luisant, Chasse*.

RELUQUER : Examiner. — Vieux mot. *Allucar* se disait déjà en langue romane pour : *regarder fixement*. V. *Rembroquer*.

RELUQUEUR : Homme qui regarde obstinément les femmes.

REMAQUILLER : Refaire. (Vidocq.)

REMBROCÀBLE : Reconnaissable. (Idem.)

REMBROCAGE DE PARRAINS : Confrontation. V. *Rembroquer*.

REMBROQUANT : Miroir. (Halbert.) En se mirant on *se rembroque* soi-même.

REMBROQUER : Examiner avec attention. Mot à mot : embrocher du regard. Nous disons aussi *regard perçant*. V. *Abadis, Béquille, Moucharde*, etc.

REMERCIER SON BOULANGER : Mourir. Mot à mot : n'avoir plus besoin de manger du pain. V. *Pipe (casser sa)*.

REMISER : Conduire en prison. V. *Filer*.

REMISIER : Courtier d'opérations de bourse sur lesquelles il a une remise.

REMOUCHER, REMOUQUER : Observer. V. *Rembroquer*.

> R'mouchez-moi un peu c' larbin
> Sous sa fourrure de cosaque.
>
> (Richepin.)

REMPARDEUSE : Prostituée de rempart. (Rabasse.)

REMPLISSAGE : Prose ajoutée dans le seul but d'allonger un texte. — « Il a trouvé beaucoup de remplissage dans mon dernier livre. » (Ricard.)

RENARD : Second degré du compagnonnage. — « Pour être compagnon, tu seras lapin ou apprenti, plus tard tu passeras renard ou aspirant. » (Biéville.)

RENARD : Vomissement. — Le voyageur Jacques Lesaige dit déjà en parlant des effets du mal de mer : « Loué soit Dieu ! j'avois bon apétit, car je n'avois fait que escorchier le regnart. » (1518.) V. *Piquer, Queue*.

RENARD : « Il va prendre son renard : un bouillon et une chopine de vin dedans. » (*Le Sublime*, 72.) — Allusion au mot *renard* (vomissement), qui représente un mélange d'aliments.

RENARDER : Vomir. — « Je suis gris... Vous me permettrez de *renarder* dans le kiosque. » (Balzac.) Jadis on disait *renauder*.

RENARDER : Trahir. Le renard est renommé pour sa traîtrise. — « Polyte et toi avec, vous avez renardé... — Trahir les amis, jamais ! » (Ponson du Terrail.)

RENAUDER : Refuser. (Vidocq.) Du vieux mot *renauder* : vomir. — « Quand elle quête, merci ! chacun renaude ou détale. » (Léonard.)

RENAUDEUR : Qui n'est jamais content. (Rabasse.)

RENCONTRE (vol à la) : « Variété du vol à la tire. Il est opéré par deux compères : le premier heurte un passant dont il détache la chaîne qui est aussitôt remise au second ; puis il s'éloigne en s'excusant et se laissant fouiller, si on découvre le vol. » (Canler.) — Ce vol se fait souvent aussi en simulant une méprise. On bouscule le volé qu'on a pris pour un autre. Si on se sauve, on l'étourdit d'un coup de poing sur la figure. (Rabasse.)

RENCONTRE (faire à la) : « Le malheureux reçoit dans la poitrine un terrible coup de tête. C'est ce qu'on appelle en argot le faire à la rencontre. » (Ad. Rocher, 67.)

RENDEZ-MOI (voler au) : Voler un marchand en lui demandant la monnaie d'une pièce de 5 ou de 20 francs qu'on a déposée sur le comptoir, puis remise subtilement dans sa poche. (Rabasse.)

RENDRE SES COMPTES : Vomir. Mot à mot : rendre les comptes que vous demande un estomac trop chargé. — « A la dix-huitième canette, le néophyte rendit ses comptes. » (Michu.)

RÊNE (saisir la troisième) :

S'accrocher à la crinière du cheval sur lequel on ne peut se maintenir.

RENFONCEMENT : Bourrade. — « Il m'envoya un renfoncement que j'en ai vu trente-six mille chandelles romaines. » (Ladimir.)

RENFRUSQUINER : Vêtir.

RENG : Cent. (Halbert.)

RENGAINER : Se taire. (Rabasse.) C'est-à-dire *rengainer sa parole*.

RENGAINER SON COMPLIMENT : Ne pas dire ce qu'on voulait.

RENGRACIER : Devenir honnête. Mot à mot : rentrer *en grâce de la société*. — « Jamais tu ne rengracieras. Plutôt caner en goupinant. » (Vidocq.)

RENGRACIER : Ne rien dire. (Rabasse.)

RENIFLER : Boire d'un trait, en aspirant, comme si on reniflait. — « Et nous avons chacun reniflé cinq litres à dix sous. » (Moinaux.)

RENIFLER : Sentir, deviner. V. *Pante*.

RENIFLER : Refuser. — « Le premier jour, j'ai reniflé sur ma gamelle et j'ai lâché ma portion de bœuf. » (*Commentaires de Loriot*.)

RENIFLEUR DE CAMELOTTE A LA FLAN : Voleur dépouillant les étalages. — *Renifleur* rend bien la vitesse aspirante du procédé. On sait que *à la flan* veut dire *au hasard, comme cela se trouve*.

RENQUILLER : Rentrer.

RENVERSANT : Superbe. — « Parfait! aux petits ognons! Je vous ai vues à l'ouverture des Bouffes... Des pelures renversantes. » (Villars.)

REPIGER : Rattraper. — « Attends, toi! si je peux te repiger un jour! » (Moinaux.)

REPINCER : Rattraper. — « J'en suis encore pour mes vingt centimes, je te repincerai, vieux carottier! » (Marquet.)

REPIQUAGE : Action de repiquer. — « Quatre à z'un... Bon! Le repiquage sur quatre, c'est infaillible!... » fait dire M. Boué de Villiers à un joueur d'écarté dans *le Petit Bonhomme d'Évreux*.

REPIQUER : Reprendre le dessus, soit au jeu, soit en affaires, soit en cas de maladie.

REPIQUER : Recommencer. — « On repiqua son chaste cancan. » (Privat d'Anglemont, 46.)

REPIQUER : Se rendormir. De *piquer son chien*. — « Au plus fort de la chaleur, on repique dur. » (*Vie parisienne*, 66.)

REPLATRÉE : Grossièrement fardée. — « Des vieilles replâtrées, des jeunes très-sales. » (Zola.)

RÉPONSE : Opération de bourse expliquée par l'exemple suivant : — « A chaque liquidation, les acheteurs à prime déclarent s'ils abandonnent la prime, ou s'ils maintiennent leur marché : ce qui s'appelle en boursicoterie donner sa *réponse*.» (*Boursicotiérisme*, 58.)

18

REPORT : Opération de bourse. V. ci-dessous.

REPORTAGE : Métier de chroniqueur ou *reporter*. — « Un de ces journaux où les Marguerite Gautier (lorettes) du reportage se refont une virginité. » (L. Bienvenu.)

REPORTER : « Si vous êtes acheteur de rente et si la rente baisse, vous pouvez continuer votre opération en vous faisant reporter. On ajoute alors au cours le prix du report, plus un nouveau courtage. La cherté des reports tempère souvent les dispositions à la hausse. » (De Mériclet, 56.) — « Je l'avais dit à Ernest : reporte ! Il n'a pas reporté. Et tu vois... Il plonge. » (L.-G. Jacques, 68.)

REPORTER : Nouvelliste. Mot à mot : *rapporteur* de nouvelles. — « La presse de Paris compte ici de nombreux reporters. » (A. Rocher, 67.) — « Il n'y a pas de député qui ne soit reporter à ses heures. » (*Figaro*, 75.)

REPOUSSANT : Fusil. — Il repousse l'épaule.

REPOUSSER : Sentir mauvais. (Rabasse.) — Effet pris pour la cause.

REQUILLER : Remettre d'aplomb. Mot à mot : sur ses quilles.

RESOLIR : Revendre.

RESPIRANTE : Bouche. — Effet pris pour la cause. — « Il lui bouchait la respirante par c't' argument du port Saint-Nicolas... » (Cabassol.)

RESUCÉ, DE LA TROISIÈME

RESUCÉE : Flétri par l'usage, fané, usé. — Allusion au bâton de sucre d'orge que se repassent plusieurs gamins. — « Gervaise, un jour que Coupeau regrettait leur mariage, s'emporta. Ah ! elle lui avait apporté la resucée des autres. » (Zola.)

RESUCEUR : V. *Rebouiseur*.

RÉSURRECTION (la) : La prison de Saint-Lazare. — Allusion biblique à Lazare le ressuscité.

RETAPE (faire sa) : Chercher galant. — Vient de l'argot des voleurs qui disaient autrefois *aller à la retape* pour : *s'embusquer sur le grand chemin*. — « C'est moi qui lui ai donné l'idée de faire sa retappe (sic), avec un costume décent et un carton à chapeau à la main. » (*Cinquante mille voleurs de plus à Paris*, Paris, 30.)

RETAPEUSE : Raccrocheuse.

En robes plus ou moins pompeuses,
Elles vont comme des souris ;
Ce sont les jeunes retapeuses
Qui font la gloire de Paris.

(A. Glatigny.)

RETIENS (je te) : Se dit ironiquement pour : *Je retiendrai ce que tu dis* ou *ce que tu fais*. — « *L'amie* : Il fallait aller jouer ailleurs. — *Irma* : Où cela ? en province ? Merci !... Je te retiens, toi. » (Monselet.)

RETIENS POUR LA PREMIÈRE CONTREDANSE (je te) : Je ne manquerai pas la première occasion de te battre. Mot à mot : de te faire danser.

RETIRO : Lieu retiré. — Mot

espagnol. En vieux français on disait *retrait*, et on ne le dit plus, je ne sais pourquoi. — « Ce retiro a eu la gloire d'entendre prononcer, par Samson, le plus joli mot. » (*Figaro*, 75.)

RETOQUER : Refuser. — Allusion au choc produit par une chose qui en repousse une autre.

RETOURNE (De quoi il) : Ce qui se produit de nouveau, de capital. — Terme de jeu de cartes où la retourne de l'atout domine la situation. — « Voici de quoi il retourne pour le quart d'heure. » (Texier.)

RETOURNER (savoir se) : Se tirer d'embarras; mot à mot : faire face de tous côtés aux exigences d'une situation mauvaise. — « La démocratie française a déjà pris son parti. Elle va, comme l'on dit dans nos cercles populaires, se retourner. » (*République française*, 75.)

RÉUSSI : Beau, réussi d'exécution. — Mme de Juliamé était belle ce soir-là... Il ne l'avait jamais vu si réussie. » (Aubryet.)

RÊVEUR : Homme dénué de sens pratique. — « Le rêveur est celui qui se complaît dans une œuvre médiocre. »(Champfleury.)

RIBOUI : Abréviation de *Rebouiseur*.

RICHE : Beau, bon. — En inventant cette acception, l'argot a donné un pendant à *pauvre*, qui est admis dans le sens contraire. — « Par exemple : C'était une riche idée. Le soir, aux lumières, elle pouvait encore faire des conquêtes. » (Zola.)

RICHELIEU : Digne de la galanterie du maréchal de ce nom. — « Tout le benjoin d'une galanterie à 80 degrés *Richelieu*. » (Mürger.)

RICHEMENT LAID : Aussi laid que possible.

RIEN (ne) : Locution affirmative. V. *Pas* (*ne*). — On dit : Il ne fait rien froid, pour il fait très-froid; il n'est rien embêtant, pour il est très-embêtant, etc., etc. — « Quel vieux birbe : il n'était rien folichon ! » (Zola.)

Nous somm's rien bat'! Nous épatons
Du cabochard aux trottignolles.
(Richepin.)

Traduction : « Nous sommes très-bien. Nous frappons d'admiration de la tête aux pieds. »

RIFF, RIF, RIFFE, RIFLE : Feu, flamme. — « Je remouche au coin du rifle un sinve qui roupillait. J'ai sondé dans ses profondes. » (Vidocq.)

RIFFAUDANTE : Flamme. (Grandval.)

RIFFAUDAT : Incendie. (Idem.)

RIFFAUDER : Brûler, se chauffer. V. *Flacul*.

Riffauder est un vieux mot, car les anciens gueux qui se prétendaient ruinés par un incendie s'appelaient *les riffaudés*.

RIFFAUDEUR : Chauffeur ou voleur brûlant les pieds de ses victimes pour leur faire livrer leur argent caché. (Vidocq.)

RIFFLE (prendre de) : Prendre sans hésiter. (Rabasse.)

RIFLARD : Parapluie. — D'une pièce de Picard, *la Petite*

Ville (01), où l'acteur chargé du rôle de Riflard portait un énorme parapluie. — « Il pleuvait à verse, elle était sous son riflard. » (Lubize.)

RIGODONS : Souliers. (Rabasse.)

RIGOLADE, RIGOLAGE : Amusement. — *C'est pour la rigolade* : c'est l'histoire de rire. — *Rigolage* est un mot ancien. — « Ma vie est une rigolade perpétuelle, rien ne m'affecte. » (Blondelet.)

RIGOLBOCHE : Danseuse de bal public. — Ce fut d'abord le nom d'une célébrité du cru. — « Les Rigolboche qui peuplent les bals publics ont plus de goût pour la rigolbochade que pour la vertu. » (*A propos de calicots*, 1861.)

RIGOLBOCHE : Amusant, drôle. — C'est *rigolo* avec changement de finale. — « C'était au Prado. La querelle allait son train... Laissez-les donc! c'est bien plus rigolboche! — Le mot fut sur-le-champ acclamé. » (*Mémoires de Rigolboche*, 60.)

RIGOLBOCHER : Danser comme Rigolboche, danseuse à la mode dont je viens d'expliquer le nom. — « Nous rigolbochons parfois à Bullier. » (60.)

RIGOLER : Rire, se divertir. — Vieux mot. Dès 1373, Du Cange en cite des exemples. — « Et frère Jean de rigouller, jamais homme ne feut tant courtois ny gracieux. » (Rabelais.) — « Qu'est-ce qui chante? je veux de quoi rigoler, moi! » (Champfleury.)

RIGOLETTE : V. *Rigolot*.

RIGOLEUR : Bon vivant. — Dans un bouchon de Romainville, nous étions vingt-cinq rigoleurs. (Blondel.)

RIGOLO : amusant, comique. — « C'est d'un rigolo à faire pâlir Xavier de Montépin. » (E. Simon.) — « Allons donc! le verbe *sortir* est bien plus rigolo. Je sors ou je m'esbigne, tu te la brises, ou mieux tu te la casses. » (Villars.)

RIGOLOT, RIGOLETTE : Fille rieuse, joyeux garçon. — « Rigolos et vous rigolettes, gais enfants d'l'atelier. » (A. Joly.)

RINCÉE : Correction, forte pluie. — « Il a reçu une bonne rincée, il a été battu, étrillé comme il faut. » (Dhautel.)

RINCER : Dévaliser. — « Des malfaiteurs crurent pouvoir rincer la caisse du juif. » (Balzac.)

RINCER : Battre. — « Un général fond sur l'ennemi et vous le rince. » (Favard, 1750.)

RINCER LE GOSIER, LA CORNE, LE CORNET, LE SIFFLET, L'AVALOIR, LA DALLE (Se) : Boire. V. ces mots.

RINCETTE : Petit verre d'eau-de-vie versé dans la demi-tasse où l'on vient de boire le café. Le second verre s'appelle *surrincette*.

RING: « L'ensemble des bookmakers, » selon M. Ernest Parent. « L'enceinte du pesage dans un champ de courses, » selon M. Paz. — Anglicanisme. — « Elle était là sur le turf, au milieu du ring et des ringueurs. » (*Vie pa-*

risienne.) — « Quand le favori gagne, le ring est en perte. Quand c'est un outsider qui l'emporte, le ring fait d'énormes bénéfices. » (E. Parent.)

RINGUER : Stationner dans le ring. — « On ringuait à tout casser. J'ai empoché quelques monacos. » (Villars.)

RINGUEUR: V. *Ring.*

RIOLE, RIOLLE : Divertissement. — De *rigoler.* — « Pitanchons, faisons riolle jusqu'au jugement. » (Grandval.)

RIOLE (Se mettre en riole) : — « S'amuser pendant le temps du travail. » (Dhautel, 08.)

RIPATON : Soulier. (Rabasse.)

RIPATONNER : Rafistoler. — « On ripatonne un livre en publiant une édition revue et corrigée; on ripatonne un édifice en le récrépissant. » (La Bédollière.)

RIQUIQUI : Mélange d'eau-de-vie et de liqueur. — « Tiens! pour te guérir, je t'apporte une goutte de riquiqui. » (*La Femme comme on en voit peu,* 1789.)

RIVANCHER : V. *Tremblant.*

RIVETTE. V. *Tante.*

RIZ-PAIN-SEL: « A l'armée où les agents du service des subsistances distribuent les vivres, on leur donne le sobriquet de *riz-pain-sel.* » (La Bédollière.)

ROBER : Dérober. (Vidocq.) — Vieux mot dont nous avons fait *dérober.*

ROBERT MACAIRE : Variété du cancan. — « Allusion à la danse de Robert Macaire au premier acte de *l'Auberge des Adrets.* » (*Phys. de la Chaumière,* 41.) — V. *Macaire.*

ROBIGNOLE : Petite boule de liége dont on se sert pour le jeu de cocanges. (Rabasse.)

ROBIGNOLEUR : Floueur, tenant un jeu de cocanges. (Rabasse.)

ROBINET (Lâcher le) : Pleurer. — Mot à mot : lâcher le robinet de la fontaine des larmes.

ROBINSON : Parapluie. — « Usité depuis la représentation d'une pièce de Pixérécourt, où Robinson paraît avec son grand parasol. »

ROCAILLE : Dans le goût de l'époque de Louis XV, où les coquilles et les rocailles ont été très-souvent utilisées comme ornements. — « L'amour des rocailles, mot qui caractérise l'ameublement du règne de Louis XV. » (Roqueplan.)

ROCHET : Curé. (Vidocq.) — Allusion à son rochet ou camail.

ROCOCO : Le rococo est le genre *rocaille* exagéré. De là ce changement de finale redoublé.

ROCOCO : Suranné. — « Ce mot nouveau me semble être appliqué, par la jeunesse innovatrice, à tout ce qui porte l'empreinte des temps passés. » (Miss Trollope, 35.)

ROGNEUR : Fourrier. — Abréviation de *rogneur de portions.* — Allusion aux vivres de campagne sur lesquels un fourrier peu délicat prélève une dîme indue.

Gratte-papier, rogneur, traîne-patla$e,
Hardi pillard aux deux galons d'argent,
De vingt surnoms que sur lui l'on entasse,
Le fourrier rit et se moque en chantant. (Wado.)

ROGNURES : Acteurs médiocres. — « Un vaudeville en un acte que la troupe de ferblanc, vulgairement appelée *Rognures*, exécute de 6 heures 1/2 à 7 heures 1/4 devant les banquettes désertes et les ouvreuses impatientes. » (J. Duflot, 61.)

ROMAGNOL, ROMAGNON : Trésor enfoui. (Colombey.)

ROMAIN : Claqueur. — Allusion aux Romains qui applaudissaient Néron. — « Sous le lustre avec les *romains* du parterre. » (P. Borel, 33.)

ROMAIN : Fantassin. — Allusion à la forme romaine du poignard d'infanterie (ancien modèle).

ROMAMICHEL, ROMANICHEL, ROMANITCHEL : Voleur de race bohémienne. De *Romani*, qui veut dire en argot espagnol *gitano*, *bohémien*. — « Ils exploitent l'Europe entière sous les allures de marchands forains. Ils se marient entre eux, voyagent constamment sans être réunis en apparence. Leurs femmes, coiffées généralement de madras, vont de porte en porte offrir de la toile et des mouchoirs, elles étudient les lieux et prêtent assistance à leurs complices en cas d'arrestation. » (Canler.) — Ils endorment souvent leurs victimes en mêlant du *datura stramonium* à leur boisson. De là, le nom d'*endormeur* qui leur est aussi donné.

ROMANTIQUE : Dédaignant les règles classiques en art ou en littérature. L'an 1833 marque l'apogée de l'école. Elle était alors âgée de vingt ans. — « L'expression du genre romantique ne se montre qu'une seule fois dans le livre de l'*Allemagne* et semble y demander grâce pour sa nouveauté. » (*Les Scrupules littéraires de madame de Staël*. Paris, 1814.)

ROME : Choux. (Halbert).

ROND : Ivre. Mot à mot : Gonflé par la boisson. « Descendant d' la guinguette, un soir que j'étais rond. » (*Les Amours de Jeannette*, ch. xiii.)

ROND : Soût. — Il est rond. — « Aboule tes vingt ronds, bêta ! » (Montépin.)

RONDACHE, RONDINE, RONDINET : Bague. (Halbert.)

RONDELETS, RONDINS : Seins. (Idem.) — Allusion de forme dans ces mots comme dans les précédents.

RONDIN JAUNE : Pièce d'or. (Rabasse).

RONDINE : Canne. — Elle sert à rondiner les gens. V. *Vague*, *Rondache*.

RONDINER : Battre à coups de bâton. Mot à mot : de rondin. — « Qu'il est doux de pouvoir rondiner un ingrat ! » (*Le Rapatriage*, parade du xviiie siècle.)

RONDINER DES YEUX: Faire les yeux ronds.

RONFLER A CRI : Feindre de dormir. (Halbert.)

ROPING (*The*), *The pulling* : « Ces deux mots expriment l'acte de faire perdre volontairement un cheval en le retenant. » (Parent.) — Anglicanisme.

ROSSARD, ROSSE : Homme mou, lâche. — « Quell' rosse qu' tu fais ! T'es mon ami tout d' même. » (Protat.) — « Entre nous ce sont des rossards, les Arabes. Eux à cheval, la femme courant derrière. » (*Comm. de Loriot.*)

ROSSÉE : Grêle de coups, action de rosser. — « Fafouillas écoutait aux portes, ce qui lui attirait une rossée exemplaire. » (*Commentaires de Loriot*, 69.)

ROSSIGNANTE : Flûte. (Halbert). Abr. de *rossignolante*.

ROSSIGNOL : « Sobriquet donné par les libraires aux ouvrages qui restent *perchés* sur les casiers dans les solitudes de leur magasin. » (Balzac.) — Les marchands de nouveautés donnent le même nom aux étoffes démodées, qui, comme les livres non vendus, restent remisées près du plafond ainsi que des oiseaux en cage.

ROSSIGNOL : Fausse clef. (Halbert.)

ROSSIGNOLER : Ouvrir avec un rossignol.

Après, je n'manquerai pas de raisons
Pour rossignoler les maisons.
(Festeau, 72.)

ROSSIGNOLER : Chanter. (Grandval.) Mot à mot: chanter comme un rossignol.

ROTIN : Sou. — Diminutif de *rond*. « Si, par hasard, ils se lâchent d'un déjeuner de vingt-cinq rotins. » (Lynol.)

ROTIN (le) : La corde. (Rabasse.)

ROUBION : « Une fille publique laide est un roubion, dans le langage de leur métier. » (Parent-Duchatelet.)

ROUBLARD : Laid, incomplet, gâté. (Colombey.)

ROUBLARD : Adroit, roué. — C'est *roué* avec changement de finale, comme dans *roumard*. — « Non, non, je n'ai pas confiance, car je connais ces balançoires, je suis roublard. » (Lem. de Neuville.)

ROUBLARDER : User de roublardise. « Ils ne trichaient guère, mais pardonnez-moi l'expression, ils roublardaient. » (Cavaillé.)

ROUBLARDISE : Rouerie, — « Lui régnant sur la blonde et sur la brune, s'engraissait de sa roublardise. » (Zola.)

ROUCHI, ROUCHIE : Homme dégoûtant, femme répugnante. Du vieux mot *rouchi* : mauvais cheval. — « Veux-tu te cacher, vilain rouchi, tu reviendras quand tu seras blanchi. » (*Catéchisme poissard*, 44.)

Elle prouva bientôt, fière catin,
Qu'elle était rouchie.
(A. Pothey.)

Rouchie ne se prend pas toujours en mauvaise part : « Il est l'amant de cœur d'une jolie rou-chie des grands quartiers. » (*Le Sublime*, 72.)

ROUE DE DERRIÈRE : Pièce de cinq francs. — Allusion au grand diamètre des roues de derrière de voitures. — « Roues de derrière est une expression des cochers, pour dire pièces de cinq francs. » (*Cabarets de Paris*, 21.) — Autrefois, c'était un écu de six livres. — « Je peux solir pour une roue de derrière ce qui m'a coûté cinquante ronds, c'est-à-dire vendre pour six francs ce qui m'a coûté cinquante sous. » (*Avent. de J. Sharp*, 1789.)

ROUE DE DEVANT : Pièce de deux francs. — Les roues de devant de voitures sont les plus petites.

ROUÉ : Juge d'instruction. (Vidocq.) — Il l'est par métier.

ROUEN (Aller à) : Marcher à sa perte. (Halbert.) Mot à mot : se couler, se ruiner. — Je deu mots. V. ci-dessous.

ROUEN (Envoyer à) : Couler, ruiner. — Allusion à la Seine qui *coule* de Paris à Rouen. — « Vous voulez donc couler l'atelier, vous voulez m'envoyer à Rouen. » (*Le Sublime*, 72.)

ROUFFION : « Les rouffions sont les apprentis du commerce de la nouveauté. Ils font et défont les étalages, replient les étoffes, font les courses. » (*Naviaux*, 61.) — « Pourquoi roufion ? Je l'ignore, il est plein d'ardeur, joueur, léger, mais attentif. » (Noriac.)

ROUFLAQUETTE : Grosse mèche de cheveux ramenée et collée sur la tempe.

J' sais rien m' coller eun' rouflaquette
Tout l' long d' la tempe, jusqu'à l'œil.

(Richepin, 77.)

ROUGE : Révolutionnaire acceptant le drapeau rouge. — « Les hameaux devenant plus rouges que les faubourgs, c'est là le caractère nouveau de cette rechute. » (Aubryet.) — On dit aussi *la rouge* pour « la république rouge. »

ROUGET : Cuivre. (Vidocq.) C'est le cuivre rouge. Le cuivre jaune est le *paillon*.

ROUILLARDE : Bouteille de vieux vin. (Vidocq.) Allusion à l'aspect rouillé de la bouteille.

ROULANCE : Roulement général que font les ouvriers typographes à coups de composteurs sur leurs casses, à la rentrée d'un confrère qu'ils viennent de mystifier. — (Ladimir.)

ROULANT : Pois. (Halbert.)

ROULANT : Marchand d'habits ambulant. V. *Chineur*.

ROULANT, ROULANTE : Voiture. V. *Roulette*.

ROULANT VIF : Chemin de fer. (Rabasse.) « La science change la face de la civilisation par le chemin de fer, l'argot l'a déjà nommé le roulant vif. » (Balzac.) — *Vif* veut dire ici *allant vivement*.

ROULANTE : Voiture. (Rabasse.)

ROULÉE : Vigoureuse correction.

ROULEMENT DE TAMBOUR : Aboiement de chien. (Vidocq.)

ROULER : Battre, mot à mot : Faire rouler sous les coups.

ROULER : Tromper, duper, mystifier. — Ce mot présente la même image que *charrier* et *faire aller*. A vrai dire, tromper les gens, c'est les envoyer bien loin de la vérité. — « Enfin je suis seul contre le gouvernement avec son tas de tribunaux, et je les roule. » (Balzac.)

ROULER : Voyager. — *Roulier* est resté. V. *Gadoue*.

Ça roule : Je me porte bien, je fais de bonnes affaires.

Ça roule se dit d'une manœuvre exécutée sans ensemble, lorsque les fusils ne résonnent pas à la fois d'un seul coup.

ROULEUR : Fripon, trompeur. — « Cela ne serait pas bien ; nos courtiers passeraient pour des rouleurs. » (Lynol.)

ROULEUR : « Ses fonctions consistent à présenter les ouvriers aux maîtres qui veulent les embaucher et à consacrer leur engagement. C'est lui qui accompagne les partants jusqu'à la sortie des villes. » (G. Sand.)

ROULEUSE : Prostituée. Mot à mot : femme roulant dans les endroits publics en quête de chalands. — « Angélina ne se souvint plus de la lorette *rouleuse*, ni de la lorette *soupeuse*. » (*Boursicotiérisme*.) — « En attendant elle gardait seulement les mauvaises payes, les rouleuses. » (Zola.)

ROULOTTAGE (Grinchir au) : Voler les maisons de roulage.

ROULOTTE : Voiture, charrette. « Tout ce maquillage ne te fera pas démarger en roulotte (aller en voiture). » (Paillet.)

ROULOTTIER : Voleur de voiture, c'est-à-dire de roulotte. « Au lieu de travailler en chambre, il travaille en voiture. Il saisit un colis sur un camion de roulage et s'éloigne avec sa proie. » (A. Monnier.)

ROULOTTIN : Charretier.

ROULURE : Rouleuse. (V. ce mot.) « Encore une roulure pour les boulevards... Elle leur chiera du poivre avant six mois. » (Zola.)

ROUMARD : Roué. (Grandval.) Changement de finale.

ROUPIE : Punaise. (Vidocq.) — Elle a la forme et la couleur d'une roupie de tabac.

ROUPIE DE SINGE : Rien. *Roupie* a ici le sens de monnaie. V. *Monnaie de singe*.

ROUPILLER : Dormir. — « Il est bien temps de roupiller. » (*Henriade travestie*.)

ROUPILLEUR, LLEUSE : Dormeur, dormeuse. (Halbert.)

ROUPIS : Vieux priseur ayant la roupie au nez. — « Garçon ! me dit un vieux roupis. » (E. Debraux.)

ROUSCAILLANTE : Langue. (Halbert.) — Mot à mot ? parlante.

ROUSCAILLER BIGORNE : Parler argot.

ROUSPANT : Entremetteur au service des tantes.

ROUSSE, ROUSSIN : Agent

de police. Du vieux mot *rouchin* : rosse, mauvais cheval. — « C'était l'agent de change que suivaient les roussins. » (Vidocq.) — « A quoi penses-tu ? tu bois avec des rousses. » (Chenu.)

ROUSSE : Police. — « Ils croient voir partout la rousse. » (Paillet.)

ROUSSI : Mouchard de prison. (Colombey.)

ROUSSIN : V. *Rousse*.

ROUSSINER : Faire arrêter par la police.

On vous roussine,
Et puis la tine
Vient remoucher la butte en rigolant.
(Lacenaire.)

ROUSTI (Être) : être arrêté. (Rabasse.)

ROUSTIR : Escroquer. — « La plupart des banquistes ont un truc pour roustir les gonzes, c'est-à-dire une supercherie pour attraper les bonnes gens. » (*Aventures de Sharp*, 1789.)

ROUSTISSEUR, EUSE : Voleur, voleuse. — « On accuse donc c'te pauvre fille d'être une roustisseuse et d'avoir fait sauter l'argenterie. » (Voizo.)

ROUSTISSURE : Volerie, chose ne valant rien.

ROUSTURE : Homme en surveillance de la police. (Halbert.)

ROYALE : « Louis XIII rasait bien, et un jour il coupa la barbe à ses officiers et ne leur laissa qu'un petit toupet au menton. » (T. des Réaux.) De là sans doute ce mot, dit Monmerqué. La *royale* devint l'impériale sous le régime napoléonien.

RUBAN DE QUEUE : Longue étendue de route tranchant à l'œil comme un ruban sur la terre où ses courbures lui donnent l'aspect d'une queue d'animal. — « Comme ces grandes routes, rubans de queue de quatre ou cinq lieues de long qui, rien qu'à les voir toujours toutes droites, vous cassent les jambes. » (E. Sue.)

RUDE : Remarquable. — « Mon vieux sabre, tu peux te vanter d'appartenir à un rude lapin. » (About.) V. *Raide, Balle, Doux*.

RUDEMENT : Remarquablement. — « Faut que je sois rudement malheureuse. » (*Vie parisienne*, 66.)

RUE AU PAIN : Gosier. C'est par là que les aliments passent. — « Commence, mon vieux, par arroser la rue au pain, dit la chiffonnière en remplissant le verre du voisin. » (C. Rabou.)

RUE DE RIVOLI : Six de jeu de cartes. (Alyge.) — Allusion à son aspect aligné et régulier.

RUER A LA BOTTE : Être susceptible. — Allusion aux chevaux chatouilleux qui ne peuvent sentir l'approche de l'éperon. — Terme de cavalier.

RUETTE : Gosier. Même allusion que dans *rue au pain*. — Dans le *Compliment de Jérôme, Fanchon et Cadet*, Jérôme, qui a chanté mal, dit : « Vous sentez qu'un homme n'a pas le passage de la ruette fait pour la musique. » (*Catéchisme poissard*, 40.)

RUP, RUPART, RUPIN, RUPINÉ : Élégant, homme riche, — Du vieux mot *drup*, *drupe* : homme distingué. V. le *Dict.* de Lacombe (1760). — « Madame, en v'là un rup ! il m'a dit de garder la monnaie pour moi. » (Jaime.) — « Pour enfoncer un rupiné je sers d'exemple. Malheur à qui contemple mon petit minois chiffonné. » (Mouret.) — Se prend adjectivement. — « Tu étais dans une société assez rup. » (Montépin.) — « Faisons un bout de toilette ! que chacun soit rupin. » (Chenu.)

RURAUX : Les agitateurs de la Commune donnaient ce nom aux membres de l'Assemblée nationale à Versailles. — « Hier, 30 mars, les ruraux n'ont point tenu de séance. Sont-ils retournés à la messe, sont-ils allés à vêpres, nous l'ignorons. » (*Le Vengeur*, 31 mars 71.)

RUSTIQUE : Greffier. (Halbert.)

RUSTIQUE (n'être pas) : N'être pas vigoureux. Du vieux mot *ruste* : fort.

RUSTU : Greffe. (Halbert.)

RUTIÈRE : Raccrocheuse volant dans la rue. (Colombey.)

S

SABLE : Estomac. (Halbert.) — Vieux mot, d'où notre verbe *sabler* : boire.

SABLER : Assommer avec une peau d'anguille bourrée de sable. (Vidocq.)

SABOCHE : Homme qui déplaît. (Halbert.)

SABOT : Voiture, navire. — Triple allusion de forme.

SABOT : Violon. — « Jeune homme ! emparez-vous de ce sabot. » (Dumersan.)

SABOULER : Battre, cogner. — Vieux mot. — « Vous me saboulez la tête avec vos mains pesantes. » (Molière, *Comtesse d'Escarbagnas*.) — « Je te tanne le casaquin, je te saboule. » (Paillet.)

SABOULER : Crier. (Halbert.) Décrotter. (Vidocq.)

SABOULEUR : Décrotteur. (Vidocq.)

SABOULEUX : Faux épileptique. (Vidocq.)

SABRE : Bâton. (Grandval.)

SABRENOT : Savetier. (Halbert.)

SABRER : Auner. (Id.) De *sabre* : bâton et par extension *aune*.

SABREUR, TRAINEUR DE SABRE : Militaire bruyant et fanfaron. — « Vous me faites pitié, tout sabreur que vous êtes. » (P. Borel, 33.)

SABRI : Forêt. (Halbert.) On s'abrite à son ombre. V. *Rebâtir*.

SABRIEUX : Voleur de bois.

SAC (avoir le) : Avoir de l'argent. Mot à mot : avoir le sac aux écus. — « A-t-elle le sac ? Cela veut dire en langage des halles : A-t-elle de l'argent ? » (G. de Nerval.)

SAC (cracher dans le). V. *Raccourcir*.

SAC (donner le) : Mettre à la porte.

SAC (homme à) : « Le bailleur de fonds, c'est ce qu'on appelle en argot de théâtre, un homme à sac, sac d'argent bien entendu. » (De Jallais, 1854.) — *En avoir plein son sac* : Être complétement ivre. — « Laissons-le reposer, il en a plein son sac. » (Chenu.) — *Mettre dans son sac* : Dévorer un affront sans pouvoir le venger. — « Le montreur de bêtes fut donc obligé de mettre les calottes dans son sac. » (E. Sue.)

SAC-A-PAPIER : « A l'ouvrage, messieurs ! Sac-à-papier ! on ne fait rien ici. » (Balzac.) — Juron exprimant l'ennui d'être dans une situation embrouillée. *Sac-à-papiers* se disait autrefois de la réunion des pièces d'un procès qui se plaçaient dans un sac de toile.

SACRE : Argent. (Halbert.)

SACRE : Sergent de Ville. (Id.) Acception figurée de *sacre* qui signifiait jadis *oiseau de proie*.

SACREBLEU, SACREDIEU, SACRELOTTE, SACRISTIE, SACRÉ NOM, SACRÉ TONNERRE : Jurons chargés d'exprimer indifféremment la colère, la joie, la surprise ou le chagrin. — On a dit ensuite *Saprebleu, Saprelotte*; puis, en abrégeant, *Crebleu, Crelotte, Prelotte, Pristie, Nom d'un...*, etc., etc.

L'idée d'évocation divine fut d'abord contenue dans toutes ces locutions. On prenait Dieu et les choses sacrées à témoin de tel ou tel fait; *Sacré nom d'un petit bonhomme* s'adresse à Jésus enfant. Aujourd'hui on prononce ces jurons à propos de tout, sans penser à leur signification primitive fort défigurée, il est vrai, par les abréviations qu'a entraînées le désir de satisfaire à l'habitude, sans avoir l'air de blasphémer.

SACRÉ CHIEN : Eau-de-vie et par extension : feu, flamme artistique ou littéraire. — « Vous nous râperez le gosier avec le *trois-six* et le *sacré chien* dans toute sa pureté. » (Th. Gautier, 33.) — « Les voilà parties chez Caplain où elles demandent un demi-septier de sacré chien. » (Vadé, 1788.) V. *Chien*.

SACREMENT : Sacrement du mariage. — « Oscar m'offrit le sacrement. » (Festeau.)

SACRISTAIN : Amant ou mari de maquerelle. (Vidocq.) V. *Marlou*.

SACRISTIE : Juron. V. *Sacrebleu*.

SAFRAN (Accommoder au): Faire une infidélité conjugale. — Allusion de couleur. — « Je ne suis pas fâché qu'elle ait accommodé au safran ce voltigeur de Louis XIV. » (E. Augier.)

SAINDOMME : tabac. (Rabasse.)

SAINT-GEORGES : Cavalier et tireur d'épée aussi accompli que l'était le chevalier du même nom au XVIIIe siècle. « Tu passes dans le monde pour un Saint-Georges. » (Ricard.)

SAINT-JEAN (Être de la) : Être bête et crédule. « Oh! je ne suis pas de la Saint-Jean! je ne prends pas des crapauds pour des grenouilles. » (P. de Kock.)

SAINT-JEAN (n'être que de la) : Être de qualité inférieure.

SAINT-JEAN (faire le) : Oter son chapeau pour donner un signal à ses complices. (Colombey.)

SAINT-LAZ (confrérie de) : Monde de la prostitution. — On sait que la prison de Saint-Lazare lui est spécialement affectée. Abréviation. — « De Saint-Laz je connais toute la confrérie. » (L. de Neuville.)

SAINTE N'Y TOUCHE : Jeune fille qui fait la sainte et qui n'a pas l'air d'y toucher, qui se tient avec affectation en dehors de tout ce qui est mondain. « Je serais désolé de ne trouver parmi les jeunes personnes que des saintes n'y touche ou de petites grues. » (E. Villars.)

SAIS (tu) : Locution fréquemment employée et précédant toujours une menace ou un avertissement peu agréable. « Ah! tu sais, baise cadet... (baise mon c-l). Garçon! deux litres de vieille! » (Zola.)

SALADE : Fouet. (Colombey.) Il vous sale.

SALAMALEC : Salutation cérémonieuse. Importation arabe. — Une caricature de Grandville (1830) représente le fusilier Dumanet dans le harem du dey d'Alger, avec cette légende : « Assez de salamaleck comme ça... *qu'on m'apporte de suite vingt sultanes, avec le brûle-gueule du dey.* »

SALADE : Réponse. — Jeu de mots. Il y a une espèce de salade qu'on nomme *raiponce*. — « Voilà notre dernier mot. Nous attendrons ta salade. » (Vidocq.)

SALBIN : Serment. (Halbert.)

SALBINER : Prêter serment. (Halbert.)

SALÉ (morceau de) : Enfant nouveau né. (Rabasse.)

SALER : Faire payer trop cher. — Même allusion que dans *épicier*. — « Les Chamouillez ont paré une de leurs chambres dans l'espoir de la louer à un prix salé. » (E. d'Hervilly.)

SALER : Critiquer, gronder vivement. — Allusion à l'action mordicante du sel. — « N'oubliez pas que vous m'avez promis d'oublier votre douce bonté, et salez-moi bien cet article. » (Geoffroy, *Journal des Débats.* — *Lettre à Mme de Valory*, 10.)

SALIÈRES : Cavités pectorales. (Dhautel.) Mot à mot : cavités aussi prononcées que celles d'une salière. — On dit d'une femme maigre décolletée qu'elle *montre ses salières.* — « Je me vois refuser un quadrille par la petite G... qui a un million dans chacune de ses salières. » (*Vie parisienne*, 66.)

SALIN : Jaune. (Halbert.)

SALIR : Vendre un objet volé. (Rabasse.) Forme altérée de *Solir*.

SALIVERGNE, SALIVERNE : Écuelle, salade. (Vidocq.)

SALLE DE PAPIER : « C'est, en argot théâtral, une salle remplie à l'aide d'entrées de faveur. Allusion aux billets donnés. » (Hostein.)

SALLÉ A LA BANQUE (demander du) : Veut dire demander de l'argent d'avance dans une imprimerie. (Moisand, 41.)

SALONNIER : Critique d'art chargé par un journal de parler de l'exposition artistique annuelle dite Salon de peinture. « Voici les noms des Salonniers de la Presse Parisienne pour l'exposition de 1876. » (*Vie littéraire*.)

SALSIFIS : Doigts. — L'allusion n'a pas besoin de s'expliquer. « Je lui serre d'avance et cordialement les salsifis. » (*Tam-Tam*, 76.)

SANG DE POISSON : Huile. (Vidocq.)

SANGLIER : Prêtre. — Jeu de mots. Le *sanglier* ou *sans-glier* est le *sans-diable*. (V. *Glier*.) Allusion à la mission divine du prêtre qui est d'enlever les condamnés au démon. V. *Hariadan*.

SANS CHASSES : Aveugle. Mot à mot : sans yeux.

SANS-CŒUR : Usurier. (Vidocq.)

SANS CONDÉ : Clandestinement, sans permission. *Condé* est un vieux mot du Nord qui a le sens de *pièce officielle*.

SANS-CULOTTES : Républicain terroriste dont les jambes dédaignaient les culottes courtes. — Après avoir désigné le costume, le nom de *sans culottes* désigna l'opinion. — « Mais le sans-culotte Jésus n'a pas dit dans son livre. » (Camille Desmoulins, 1790.)

SANS-DOS : Tabouret. (Vidocq.) — Le tabouret est sans dossier.

SANS LE SOU : Pauvre. — « Farnèse fit un mouvement ; elle avait senti le sans le sou. » (Jaime.)

SANTU : Santé. (Grandval.) — Changement de finale.

SAP : Cercueil de sapin. Abréviation. — « Avant d'être mis dans le sap. » (Festeau.)

SAPEMENT : Condamnation. « Au bout d'un an, poissé !... Deuxième sapement. » (Beauvillier.)

SAPER : Condamner. Mot à mot : *abattre*. V. *Copeaux*.

SAPERLIPOPETTE : C'est un *saprelotte* délayé. « Mais saperlipopette ! que ça ne nous amène pas un nouvel Empire ! » (A. Karr, 76.)

SAPIN : Planche. (Halbert), et par extension, cercueil.

SAPIN : Soldat. (Colombey.)

SAPIN : Fiacre. — On lit dans un pamphlet de la révolution de 1789 (*l'Apocalypse*) : — « M. Desmoulins, l'abbé Noël, MM. de Beaumont et Keralio avaient loué pour toute la soirée un *sapin* national pour se faire voir dans la promenade. »

SAPIN (sentir le) : Faire pressentir une mort prochaine. — On dit : *Voilà une toux qui sent le sapin.* — Usité dès 1808. — « Pliée en deux par une toux qui sonnait joliment le sapin. » (Zola.)

SAPREBLEU, SAPRELOTTE : Jurons. — C'est le *sacrelotte* et le *sacrebleu* des gens qui ne veulent pas *sacrer*, par scrupule de conscience. « Jouissons de notre reste, saprelotte ! » (De Goncourt.)

SAPRISTI : Juron. Forme de *sacristi* due à la même cause que ci-dessus.

SARDINES : Galons de sous-officier. — Allusion de forme et de brillant. — « L'un portait la sardine blanche. » (Nadaud.)

SATISFAIT : Député conservateur, satisfait de l'ordre de choses.

SATOU, SATTE : Bois, bâton, forêt. — Vieux mot. V. *Greffier*.

SATOUSIER : Menuisier. (Vidocq.)

SAUCE (donner une) : Gronder. (Dhautel.) — On dit de même : *bien accommoder* quelqu'un.

SAUCÉ : Mouillé jusqu'aux os. (Dhautel.)

SAUTER : Puer. (Halbert.) — *Ça saute* est un augmentatif de *ça danse*. Allusion aux vers produits par la décomposition. V. *Danser*.

SAUTER : Cacher un produit de vol à ses complices. Mot à mot : sauter par-dessus sans le compter.

SAUTER A LA CAPAHUT : Assassiner un complice pour prendre sa part de vol. (Vidocq.) V. *Capahuter*.

SAUTER DESSUS : Attaquer brusquement.

SAUTER LA BANQUE (faire) : Forcer une banque de jeu à fermer, faute de fonds. — « Qu'y avait-il d'étonnant à voir cet escroc faire quelquefois sauter la banque ? » (Sirven.)

SAUTER LE PAS : Mourir. (Dauthel.) Sauter le pas qui sépare la vie de la mort.

Un étudiant dans sa mansarde
Disposait de sa dernière harde,
Puis après voulait sauter le pas.

(*Chansonnier de 1830*.)

SAUTERELLE, SAUTEUSE : Puce. (Vidocq.)

SAUTEROLLES, SAUTERONDS : Agent de change. (Halbert.) — Par métier, il fait sauter les *ronds*.

SAUTEUR : Intrigant éhonté, mot à mot : homme prêt à sauter en l'honneur de tous les partis. — « Il avait appelé sauteur un plumitif multicolore. » (Marx.) V. *Paillasse*.

SAUTEUR : Médisant (Rabasse), c'est-à-dire *qui vous saute dessus en paroles*.

SAUTEUSE : Danseuse de théâtre. — Pris en mauvaise part.

SAUVAGE : Complétement nu. — « Quand on est bâti

comme ça, faut-il être chiche de ne pas se fiche en *sauvage !* » (Gavarni.)

SAUVAGE (s'habiller en) : « Tu ne sais pas encore que s'habiller en sauvage c'est vendre sa chemise. » (Vidal, *la Caserne*, 33.)

SAVATE : « La savate, que l'on appelle aujourd'hui chausson, est la boxe française, avec cette différence que la savate se travaille avec les pieds, et la boxe avec les poings. » (Th. Gautier, 45.)

SAVATE : « Correction militaire appliquée par les soldats entre eux pour certains délits non justiciables d'un conseil. Le patient est étendu sur un banc, la chemise retroussée, et chaque soldat de la compagnie lui applique trois coups d'un soulier neuf et bien ferré. » (Vidal et Delmare, *la Caserne*, 33.)

SAVOIR LIRE : Connaître toutes les ruses. (Vidocq.)

SAVON : Réprimande sévère. On dit de même *Laver la tête*, pour réprimander quelqu'un.

SAVONNÉ : Blanc. Mot à mot : blanchi. *Pivois savonné* : Vin blanc. V. *Douille, Larton*.

SAVOYARD : Rustre. — « C'est donc toi, savoyard ! A genoux, obstiné ! » (Ourliac.)

SAVOYARDE : Malle. — Le commissionnaire qui la portait à Paris avant 1848 était ordinairement Savoyard.

SAXE : Porcelaine de vieux saxe. — « Vous avez un tas de bric-à-brac, des saxes. » (Carmouche.)

SCHABRAQUE (Vieille). Vieille prostituée, ayant servi à plus d'un cavalier, comme une vieille schabraque d'uniforme.

SCHENICK : Eau-de-vie. V. *Chenique*. — « Un verre de chenick scella nos serments. » (Lombard de Langres, 1792.)

SCHNAPPS : Eau-de-vie. — Mot russe. — M. de Fontenay, auteur d'un *Voyage agricole en Russie*, 1272, dit qu'on n'y distille guère que les grains, surtout le seigle. « Le produit s'appelle *snapp* et sert à griser une foule de gens. »

SCHOKING : Indécent. — Anglicanisme. — « Je dis *culotte* et vous ne dites pas shoking. » (A. de Pontmartin, 75.)

SCIE : Tourment, mystification répétée d'autant plus de fois qu'elle paraît agacer l'auditeur. — Allusion à la *scie* qui revient toujours en grinçant sur elle-même. — « Les femmes c'est la *scie* pour les domestiques. » (Ricard.) — « Les scies les plus farouches l'avaient trouvé inébranlable. » (Mürger.)

SCIER, SCIER LE DOS : Tourmenter. « Laisse-moi, Cadet, tu me scies. » (*Rousselliana*, 05.)

SCIONNER : Assassiner.

SCIONNEUR : Assassin. V. *Escarpe*.

SEC (être à) : Être sans argent, n'avoir rien à boire.

SÉCOT : Maigre. — « L'une est grasse, l'autre est sécot. » (Pecquet.)

SECOUER : Traiter rudement

en paroles ou en actions. — « Quand la blanchisseuse l'avait secouée, la vieille ne ménageait pas ses expressions. » (Zola.)

SEIGNEUR A MUSIQUE : Assassin. (Halbert.) Jeu de mots. — Il saigne ses victimes.

SEMAINE DES QUATRE JEUDIS (la) : La semaine qui n'arrivera jamais, puisqu'elle n'existe pas. — « C'est comme la robe que vous m'avez promise... Tu l'auras... La semaine des quatre jeudis. » (H. Monnier.) — « Ça, c'est pour la semaine des quatre jeudis, puisque nous n'avons pas bougé du camp. » (Commentaires de Loriot, 69.)

SENAQUI : Pièce d'or. (Colombey.) Anagramme de sequin.

SENT MAUVAIS (ça) : Cela va mal tourner.

SENTIMENTALISME, SENSIBLERIE : Sensibilité inopportune. — « C'est la guerre, la guerre pour tuer, pour vaincre, comme doit être la guerre, sans sentimentalisme ! » (L. Detroyat.)

SENTINELLE : Excrément isolé. V. Factionnaire.

SENTIR : Aimer. (Vidocq.)

SENTIR (ne pas) : Détester. — On dit de même : Je l'ai dans le nez, en parlant de quelqu'un qu'on ne peut sentir.

SENTIR LES COUDES A GAUCHE : Marcher avec ensemble, comme les hommes d'un peloton, en sentant les coudes du voisin afin de se maintenir sur la ligne du guide. Dans une caricature de juillet 1830, Levasseur fait dire à deux combattants : « Que sentiez-vous en voyant tomber vos camarades à côté de vous ? — C' que j' sentais !... les coudes à gauche. » — Se dit au figuré de plusieurs personnes qui marchent bien d'accord à leur but.

SÉQUENCE. V. Postillon.

SER : Signal. (Vidocq.) V. Sert.

SER (faire le) : Faire le guet. Mot à mot : Signaler. (Halbert.)

SERGE, SERGO : Sergent de ville. — Changement de finale et abréviation. — « Son caban de sergo ne l'empêchait pas de grelotter. » (Alph. Daudet.)

SERGOLLE : Ceinture. (Halbert). Mot à mot : serregole. — Du vieux mot gole, ouverture de tunique.

SÉRIEUX : Pour les lorettes, un homme sérieux est un homme riche. — Pour les gastronomes, un repas sérieux est un repas bien compris. — Pour les artistes et les lettrés, un homme sérieux est celui qui s'est acquis une valeur personnelle. — Pour les bourgeois, être sérieux, c'est avoir une position dans le monde.

SERIN : Niais. Mot à mot : naïf comme un serin. — « Tu ne sais pas ce que c'est que d'être l'amant d'une femme... Es-tu serin à ton âge ! » (E. Sue.) — « Élodie Charnu, qui ne regarde plus les camarades depuis qu'elle a trouvé un serin de monsieur pour se marier. » (Gavarni.)

SERINER : Divulguer. V. Serinette.

SERINETTE : Enfant ayant

plus de mémoire que d'intelligence.

SERINETTE : « On appelle serinette, les infâmes qui font contribuer un passant en le menaçant de divulguer (seriner) au public ou même à l'autorité de coupables dépravations. »(Paillet.)

SERINGUE (chanter comme une) : Avoir la voix fausse et discordante. (08, Dhautel.)

SERRANTE : Serrure. (Vidocq.)

SERRÉ : Avare, peu fortuné. — « Il paraît même qu'il est très-serré. » (H. Monnier.)

SERRER : Mettre en prison. — On n'y est pas au large. — « La plus cruelle injure qu'une fille puisse jeter à une autre fille, c'est de l'accuser d'infidélité envers un amant serré. » (Balzac.)

SERRER LA VIS : Étrangler. — « La victime avait été volée, et enfin Moreux était obligé de reconnaître qu'il lui avait « serré la vis un peu trop fort. » (*Moniteur*, mai 1872.)

SERT : Signe d'entente à l'usage des grecs.

SERVIETTE : Portefeuille. (Halbert.) Il se plie comme une serviette.

SERVIETTE : Canne. (Colombey.)

SERVIR : Prendre, arrêter. — « Frangin et frangine, je pesigue le pivot pour vous bonnir que mezigue viens d'être servi maron à la lègre de Canelle (Caen). » (Vidocq.)

SERVIR DE BELLE : Dénoncer à faux.

SERVIR LE TRÈPE : Faire ranger la foule. V. *Curieux*.

SÉVÈRE : Digne de réflexions sévères. — « Ah! je vous raconterai ma vie. Je vous en dirai des sévères, mon bon ami. » (Ricard.)

SÈVRES (passer à) : Ne rien recevoir. (Rabasse.) Jeu de mots sur *Sèvres*, nom de lieu, et sur le verbe *sevrer*.

SEZIÈRE, SEZIGUE, SEZINGO, SEZINGUARD : Lui. (Halbert, Colombey.)

SIC ITUR AD ASTRA : C'est ainsi qu'on passe à l'immortalité, mot à mot *aux astres*. Ironie. « Après la séance, l'huissier ramasse les croquis et les met de côté. Sic itur ad astra. » (A. Marx, latinisme.)

SIFFLE : Gosier. V. *Sifflet*.

SIFFLER : Boire. — « Il a sifflé, pour dire : il a bu, parce que les lèvres ont à peu près le même mouvement. » (Le Duchat, 1738.) — « Tiens, vieux chéri, siffle-moi ça, ça va te remettre. » (E. Sue.)

SIFFLET : Gosier. — Comparaison facile à deviner. Vidocq donne aussi *sifflet* pour voix. — « Qu'en te coupant le sifflet, quelqu'un délivre le royaume. » (*La Nouvelle Mazarinade*, 1652.)

SIFFLET D'ÉBÈNE : Habit noir. Allusion de forme et de couleur. — « Tous font leur entrée revêtus du classique sifflet d'ébène, lisez habit noir. » (*Figaro*, 77.)

SIFFLET (se rincer, s'affûter le) : Boire. — « Là, plus d'un buveur venait se rincer le sifflet. » (Colmance.) — « Faut pas aller chez Paul Niquet six fois l'jour s'affûter le sifflet. » (P. Durand, 36.)

SIGLE, SIGOLLE : Pièce de vingt francs. « Mets-moi dans un pâté deux ou trois sigolles. » (Lettre de Minder. V. l'Introd.) — Altération de *cigale*.

SIGUE : Pièce de vingt francs. (Halbert.) — Pièce de cinq francs. (Rabasse.) — Abréviation de *cigale*. V. ce mot.

Double sigue : Pièce de quarante francs. (Halbert.)

SIMON : La maison où les vidangeurs travaillent est appelée par eux *atelier* et le propriétaire de cette maison est appelé par eux *Simon*. (Berthaud.)

SINE QUA NON : La chose indispensable. — *Sine qua non possumus* s'entend ordinairement de l'argent. — « L'entretien est le *sine qua non* de l'élégance. » (Balzac.) — Latinisme.

SINGE : Chef d'atelier, patron, maître. (Albert.) — « On ne peut pas bouger, le singe est toujours sur votre dos. » (Zola.)

SINGE (monnaie de) : Grimace. — « Il la payait, comme dit le peuple en son langage énergique, en monnaie de singe. » (Balzac.) V. *Roupie*.

SINGE : Voyageur juché sur l'impériale d'une voiture.

SINGE : Compositeur d'imprimerie. — « Ainsi nommé à cause du continuel exercice qu'ils font pour attraper les lettres dans les cinquante-deux petites cases où elles sont contenues. » (Balzac.)

SINVE : Dupe. (Halbert.) Simple, crédule. (Rabasse). — Forme de *simple*. V. *Affranchir, Rifle*.

SIONNER : Assassiner (Rabasse.) — Abr. de *Scionner*.

SIROP : Vin. — Il a la couleur du sirop de groseille. V. *Pomper*.

Avoir un coup de sirop : Être gris. — « Lui avait déjà un joli coup de sirop. » (Zola.)

SIROTER : Boire avec excès. — « Son bonheur était d'aller siroter le vin à dix de la Courtille. » (Ricard.)

SIROTEUR : Buveur. — « Prenez trois étudiants, vous obtenez deux siroteurs. » (Michu.)

SIT NOMEN : Argent. — Les anciens écus frappés à l'effigie des rois (Louis XV et Louis XVI) portaient au revers l'écu fleurdelisé entouré de la devise religieuse : *Sit nomen Domini benedictum*.

SKATEUR : Skatineur. — « Ils n'avaient qu'une ambition : lui voulait être skateur ; elle voulait être skateuse. » (*Figaro*, 11 fév. 77.)

SKATINAGE : V. *Skating*.

SKATINEUR : Patineur. — « Les types de skatineurs sont variés et curieux. » (*Figaro*, mai 76.)

SKATING : Skatinage, patinage à roulettes. « Le skating est devenu la manie du jour. » (*Figaro*, 24 avril 76.) « Le skatinage est à la mode. » (*Id.*, mai 76.)

Skating-rink : Établissement

de patinage. — « On démolit les maisons pour en faire des skating-rinks. » (*Idem.*) — Anglican.

SIX : Chandelle de six à la livre. « J'allume ce bout. Tiens ! vous usez des six, Plumet. C'est comme moi. » (Ricard.)

SMALAH : Ménage, réunion de la femme, des enfants et du mobilier. — Le mot vient d'Algérie.

SNOBOYE : Très-bien. V. *Chocnoso*.

SOC : Socialiste. Abréviation. V. *Démoc*.

SOCIALE : République sociale. — « M. N... clamait : Vive la sociale ! » (*Figaro*, 75.)

SOCIÉTÉ D'ADMIRATION MUTUELLE (être de la) : Faire partie d'une association secrète de gens qui se sont engagés à se pousser respectivement dans le monde, en feignant de se témoigner une admiration mutuelle. On a beaucoup parlé d'une société de ce genre à l'armée d'Afrique. Quoi qu'il en soit, c'est un procédé pratiqué en tous temps et en tous pays.

SOCIÉTÉ DU DOIGT DANS L'ŒIL (être de la) : Avoir les illusions de la vanité. V. *Doigt*. — « La société du doigt dans l'œil devra être reconnue et autorisée comme institution régulière. » (*Figaro*, 11 fév. 77.)

SŒUR : Maîtresse. — Terme ironique inventé pour railler ceux qui dissimulent leurs liaisons sous des liens de parenté fictifs. — On dit en ce sens : *J'ai rencontré X... avec sa sœur*.

SŒUR (et ta) : Abréviation de *Et ta sœur, est-elle malade ?* qui se dit encore, mais moins souvent. Cette interrogation peut se traduire mot à mot ainsi : « Et ta maîtresse, comment va-t-elle ? » — Il va sans dire que c'est une insulte; elle se lance souvent à Paris, à propos de tout, et les trois quarts de ceux qui la formulent ne se doutent pas de ce qu'elle signifie. — « Sais-tu ce qu'il m'a répond ? « *Et ta sœur ?* » — Je l'aurais cogné. » (Monselet.) — Philarète Chasles a révélé que la pudique Allemagne est aussi avancée que nous sous ce rapport. Elle appelle *buhl schwester* (sœur d'amour) une fille galante. « Quant à *et ta sœur ?* ajoute-t-il, les Allemands ne disent pas autre chose avec les deux mots : *Ja Kuchen.* »

SOIFFARD, SOIFFEUR : Grand buveur. — « Ce sacré soiffard se portait comme un charme. » (Zola.)

SOIFFER : Boire outre mesure comme si on avait grand'soif. — « Là, j' soiffons chacun nos trois poissons, » (*Les Amours de Jeannette*, 13.)

SOIGNÉE : Fait à noter soigneusement. — « Oh ! en v'là une soignée. » (La Bédollière.)

SOISSONNÉ : Haricot. — Soissons est la patrie des haricots.

SOLDAT DU PAPE : Mauvais soldat. — En 1738, Le Duchat disait déjà : « *Soldats* du pape, méchantes troupes. » Machiavel a dit que les compagnies de l'Église sont le déshonneur de la gendarmerie.

SOLEIL (avoir un coup de) : S'enivrer. (Dhautel.) V. *Coup*.

Piquer un ou *son soleil* : Rougir.

Recevoir un coup de soleil : Tomber amoureux. — « Mesdemoiselles, nous avons reçu un coup de soleil soigné. » (Villars.)

SOLIR. — Vendre : « J'ai rencontré marcandière qui du pivois solisait. » (Vidocq.)

SOLITAIRE : Spectateur qui, pour payer moins cher sa place, entre au théâtre dans les rangs de la claque. Son nom indique qu'il ne se croit pas obligé de faire chorus avec ses bruyants compagnons. — « Grâce à une pièce de cinquante centimes, j'entrai en qualité de solitaire. » (A. Second.)

SOLLICEUR : Marchand. (Vidocq.) — De *Solir*.

SOLLICEUR DE LACETS : Gendarme, mot à mot : marchand de menottes.

SOLLICEUR DE ZIF : Escroc vendant sur faux échantillons. (Idem.)

SOLLICEUR A LA POGNE : Marchand ambulant. (Colombey.) — Il lui faut de la pogne pour pousser sa petite voiture.

SOLLISAGE : Vente. (Colombey.) V. *Solir*.

SOMMEIL (marchand de) : Logeur à la nuit. (Rabasse.)

SONDE : Médecin. (Vidocq.)

SONDER : Espionner, chercher à savoir.

SONDEUR : Commis d'octroi. (Rabasse.) — Il sonde les voitures.

SONDEUR : Espion. (Vidocq.)

SONDEUR : Observateur, chercheur.

SONNETTE : Pièce d'argent. Elle sonne dans la poche. — « J'accours à l'Opéra et les sonnet's en poche. » (Désaugiers.)

SONNETTE DE BOIS (déménager à la) : Emporter ses effets sans avoir payé sa chambre, en tamponnant la sonnette d'éveil qui signale la sortie d'un hôtel garni. — « Car il était réduit à déménager à la sonnette de bois. » (Chenu.)

SON NIAIRE : Moi, lui, eux. (Rabasse.) *C'est à son niaire* : c'est à moi, c'est à lui. (Idem.)

SOPHIE (faire sa) : Se donner des airs de sagesse. Jeu de mots sur le nom propre et le mot grec. — « A quoi ça m'aurait avancé de faire ma Sophie ? » (Monselet.)

SORBONNE : Cerveau. — « La sorbonne est la tête de l'homme vivant, son conseil, sa pensée. » (Balzac.) — Date du temps où les décisions de la Sorbonne pesaient d'un grand poids.

SORBONNER : Penser. (Halbert.) Raisonner. (Rabasse.)

SORGE, SORGUE : Soirée, nuit. (Vidocq, Halbert.) — Au moyen âge, on disait *sorne*. V. *Baite, Sorne*.

SORGUER : Passer la nuit. — « Content de sorguer sur la dure, va, de la bride (chaîne) je n'ai pas peur. » (Vidocq.)

SORGUEUR : Voleur de nuit.

SORNE : Noir. (Halbert.)

SORT (il me) : Il m'est insupportable.

SORTIR LES PIEDS DEVANT : Être mort. Mot à mot : sortir dans un cercueil. — « Le bruit courut que la jolie fille était séquestrée dans un cabinet noir et qu'elle n'en sortirait que les pieds devant. » (About.)

SOTONNADE : Bastonnade. (Rabasse.) Forme altérée de *satonnade*. V. *Satou*.

SOUDRILLARD : Libertin. (Vidocq.)

SOUFFLANT : Pistolet. — Allusion à la décharge. V. *Bayafe*.

SOUFFLÉ : Pris, arrêté par la police.

SOUFFLET (voler au) : Entrer brusquement dans un magasin où une dame solde des objets de luxe, la souffleter en jouant au mari indigné et disparaître avec son porte-monnaie. (Rabasse.)

SOULASSE : Traître, trompeur. (Colombey.)

SOULASSE (grande) : Assassinat. (Idem.) — « Qu'est-ce que vous faites maintenant, père Salambier ? Toujours la grande soulasse, mes enfants. » (Du Boisgobey.)

SOULEVER : Voler.

SOULOGRAPHE : Vieil ivrogne.

SOULOGRAPHIE : Ivrognerie. (Vidocq, 37.) — « Ils feront de la *soulographie*, et adieu votre typographie, plus de journal ! » (Balzac.)

SOUPÇON : Quantité si minime, qu'on se demande si elle existe. De là le terme de *soupçon*. — « Rien que de l'eau chaude avec un soupçon de thé et un nuage de lait. » (A. de Musset.)

SOUPE (tremper une) : Battre. Mot à mot : faire avaler une correction. — « Où qu' tu vas, Polyte ? — Je vas tremper une soupe à ma femme qu'est une feignante qu'a pas travaillé, » fait dire Gavarni à un souteneur allant rouer de coups la malheureuse qui n'a pas trouvé d'argent.

SOUPE AU LAIT : Homme colère. — Le lait bouillant déborde avec rapidité.

SOUPEUR : Viveur, passant les nuits à souper. — « Est-ce que les soupeurs savent jamais ce qu'ils boivent et ce qu'ils mangent ? » (Frémy.)

SOUPEUSE : Fille raccrochant dans les restaurants où on soupe. — « Survint une autre soupeuse... pour lui souffler son adorateur. » (Vassy, 75.)

SOUPLE : Bleu. (Halbert.)

SOURICIÈRE : Piège tendu par la police. — « Tendre une souricière pour le faire pincer par la police. » (E. Sue.)

SOURICIÈRE : Dépôt des prévenus, à la préfecture de police. (Halbert.)

SOURICIÈRE : Giberne d'infanterie d'ancien modèle. « Tout en ayant soin de placer ma giberne ou, comme on dit, ma souricière. » (Vidal, 33.)

SOURICIÈRE : Lieu surveillé par la police. — « C'est une vraie souricière que votre tapis franc. Voilà trois assassins que j'y prends. » (E. Sue.)

SOUS-VENTRIÈRE : Écharpe, ceinture. — Allusion à la pièce de harnachement qui passe sous le ventre du cheval. Le mot vient évidemment d'une caserne de cavalerie.

SOUTADOS : Cigare d'un sou. — Ironie avec finale havanaise. « La fumée du soutados qu'il ne fume pas lui semble moins âcre. » (Touchatout.)

SPADE : Épée. — Vieux mot. — *Espadon* nous est resté.

SPECK : Lard. — Germanisme.

SPEECH : Allocution. — Mot anglais. — « Quelque gars... qui ne sache point faire de speechs. » (Heine.)

SPIRITE : Personne prétendant évoquer des esprits invisibles. — *Spiritisme* se dit de la croyance aux esprits.

SPORT : Exercices en plein air : course, chasse, canotage, etc., etc. — Mot anglais.

SPORTSMAN : Homme de loisir se consacrant aux exercices du sport. — Mot anglais.

STERLING : Grand, considérable. — Allusion à la valeur relative de la livre anglaise qui était vingt-quatre fois plus forte que la livre française : On parle des galanteries *sterling* d'un entreteneur dans un roman de Rutlidge. (*Vice et Faiblesse*, 1786.) « La dévote a fait une scène, une scène sterling. » (Balzac.)

On dit de même *s'ennuyer à vingt-cinq francs par tête*.

STICK : Canne-cravache. — Mot anglais.

STOCK : Contingent, assemblage de choses en magasin. — Anglicanisme. — « Il se trouvait encore à juger un stock de 15 à 20 laitiers prévenus d'avoir introduit de l'eau dans leur marchandise. » (*Figaro*, 75.)

STROC : Setier. V. *Demi-stroc*.

STUC, STUQ : Part de vol. (Grandval, Halbert.)

STUD-BOOK : Livre des haras. (Paz.) — Terme anglais.

STUQUER : Partager. (Halbert.)

STYLISTE : Écrivain uniquement préoccupé du style, c'est-à-dire de la forme, et non du fond.

SUAGE : Assassinat. V. *Suer (faire)*. — « Nous voulons bien maquiller le suage de ton rochet, mais à la condition de tout connir. Il n'y a que les refroidis qui ne rappliquent nibergue. » (Vidocq.)

SUBLIMER : Travailler pendant la nuit. — « Afin de tromper la surveillance des adjudants (de l'École polytechnique), celui qui sublime place son lit renversé sur quatre tabourets, rabat la couverture par-dessus, et étendu sous cet abri, rumine en paix les problèmes ardus des mathématiques transcendantes. » (La Bédollière.)

SUBLIMER (se) : Se raffiner. — « Les jeunes biches se sont sublimées au contact des anciennes. » (Lynol.)

SUBTIL : Dur. (Halbert.)

SUÇON : « Faire une consommation fanatique de sucres d'orge dits *suçons*. » (Rolland.) — On les *suce* très-longtemps.

SUCRE (casser du) : Dénoncer. V. *Casser*.

SUCRE (c'est du) : C'est bon. — Se prend au figuré.

SUCRE (faire manger du) : Soigner l'entrée d'un acteur, l'applaudir. Cette comparaison canine a pour pendant : *appeler Azor*.

SUER (faire) : Tuer. Mot à mot : faire suer du sang. V. *Chêne*.

SUER (faire) : Accabler d'ennui quelqu'un. — « Vous me dites, mignonne, avec l'accent de l'âme : Tais-toi donc ! tu me fais suer. » (*Almanach du Hanneton*, 67.)

SUER (faire) : Se faire donner sa part d'un vol. (Halbert.) Faire donner de l'argent. (Rabasse.)

SUI : Suivi. — Abréviation. — « Eh ben ! est-y mort ? — Y'en sais rien, j'étais sui, j'ai pas évu le temps d'y demander. » (H. Monnier.)

SUIF : Réprimande. — « On dit *donner un suif*. »

SUIFFARD, SUIFÉ : Élégant. V. *Astiquer*. — « Était-il assez suiffard, l'animal !... Du linge blanc et des escarpins un peu chouette. » (Zola.)

SUISSE (faire) : « Le soldat a le point d'honneur de ne jamais manger ou boire seul. Cette loi est tellement sacrée que celui qui passerait pour la violer serait rejeté de la société militaire, et on dirait de lui : *Il boit avec son suisse*, et le mot est une proscription. » (Vidal, 33.) — « Un soldat français ne doit pas *faire suisse*, ne boit jamais seul. » (La Bédollière.)

Le premier exemple donne la clef du mot. Le soldat ne peut boire avec son suisse (concierge), puisqu'il n'en a pas, donc il boit seul. Ironie inventée pour rappeler quelque engagé d'opulente famille aux règles de la fraternité.

SUISSESSE : Mélange d'absinthe et d'orgeat. Il est plus doux, plus féminin, que l'absinthe dite *suisse*.

SUIVEUR : « Le suiveur est très-drôle à observer ou à suivre. Une femme passe devant lui, le suiveur accélère son pas, dépasse sa victime, et se retourne bientôt pour juger de la beauté de l'objet de sa poursuite. » (Roqueplan.)

SUIVEZ-MOI, JEUNE HOMME : « Ce sont ces deux grands rubans flottants au-dessous des cols de manteaux des dames... Une grande couturière de Paris les a appelés ainsi. » (Lespès, 66.)

SUPERLIFICO, SUPERCOQUENTIEL, SUPERCOQUENTIEUX : Merveilleux. Abréviation du mot *supercoquelicantieux* employé par Rabelais dans le livre III. — « Lorsqu'un épicier étale devant sa boutique un superlicoquentieux morceau de fromage, n'est-ce pas tenter le peuple ? » (Ch. Fourier, 36.)

SURBINE : Surveillance. (Vidocq.) — « On calcule les dépenses que fait le mecque en surbine. » (Stamir.) — *Être en surbine* : Être en surveillance.

SURBINER : Surveiller. (Rabasse.)

SURET : Vin acide, sur. — « Et j'lampe au cabaret le suret. » (Charrin.)

SURETÉ (la) : Police de sûreté. V. *Fil de soie*.

SURFINE : Sœur de charité. (Colombey.)

SURGEBER : Condamner en appel. (Vidocq.) Pour *surgerber*. V. *Gerber*.

SURIN : Couteau. — De *suer*, assassiner. V. *Chemin*.

SURINER : Assassiner. (Rabasse.) Mot à mot : tuer au couteau.

SURINEUR : Donneur de coups de couteau.

SYDONIE : « Les têtes de bois qui servent à monter les coiffures ont un nom. Cela se nomme une Sydonie chez tous les marchands. » (Lespès.)

T

TABAC : Position critique. — « Ceux qui ont supporté tout le tabac, prenant ce qu'on leur donne. » (*Commentaires de Loriot*.)

TABAC (donner du) : Battre. — « Si tu m'échauffes la bile, je te f... du tabac pour la semaine! » (Vidal, 33.)

TABAR, TABARIN : Manteau. (Grandval.) — C'est un vieux mot.

TABATIÈRE (ouvrir sa) : Peter. — Allusion au bruit qu'on faisait en ouvrant les tabatières sans charnière. — « Que son ponent te serv' de tabatière. » (*L'Après-souper de la Halle*, xviiiᵉ siècle.)

TABLE (se mettre à), *Monter sur la table* : Dénoncer à la justice. — Même image que dans *manger le morceau, manger sur l'orgue*, etc.

TAF, TAFE, TAFFERIE, TAFFETAS : Peur. — Pour l'étymologie, voyez *taffer*. — « Ce n'est pas toi ni tes paysans qui nous f... le tafe. » (Vidal, 33.) — « Seigneur! qu'est-ce qu'il a donc, répétait Gervaise prise de taf. » (Zola.)

TAFFER : Avoir peur. — De l'allemand *taffen*. V. *Tirer*.

TAFFEUR : Peureux. (Rabasse.)

TALENT : « L'ensemble des connaisseurs réunis sur un hippodrome. On dit qu'un cheval a été soutenu par *the talent*. » (Parent.) Angl.

TAILBIN : Billet de complaisance. (Vidocq.)

TALBIN : Contre-marque de théâtre. Abréviation de *tailbin*. « J'ai goipé au théâtre, fesais la portière, et je vendai des talbins, cigare et du feu. » (Beauvillier.)

TALBIN : Billet de banque. (Rabasse.)

TALON ROUGE : Aristocrate. — Le droit de porter des talons rouges était un signe de noblesse. — « Tous les talons rouges de l'ancien régime qui trahissent le peuple. » (Hébert, 1793.)

TAMBOUR : Chien. — Allusion aux roulements de son aboiement.

TAMPON : Poing. — « Je lui ai envoyé un coup de tampon sur le mufle. » (Th. Gautier, 45.)

TAM-TAM : Fracas prémédité. — Allusion au bruit du tam-tam. — « Trop de boursouflure. trop de tam-tam dans ce factum. » (*Éclair*, 23 juin 72.)

TANDEM : Voiture à deux chevaux attelés l'un devant l'autre. — « Nul ne porte mieux un habit, ne conduit un *tandem* mieux que lui. » (Balzac.)

TANGENTE, TANGENTE AU POINT Q : Épée. — Jeu de mots. — « Le conscrit de l'École polytechnique est souvent absorbé avant d'avoir endossé l'uniforme et senti battre sur sa cuisse gauche l'arme que les élèves nomment une tangente au point q. » (La Bédollière.)

Échapper par la tangente, prendre la tangente : S'échapper. V. *Absorption, Colle*. — « Expression empruntée à la dynamique… elle doit être sortie de l'École polytechnique, car elle est familière aux élèves de cette école. » (Faucheux, 70.)

Tangente se dit aussi pour *surveillant de collège*.

TANNER : Ennuyer, assommer. — Un poëte du XIIIe siècle, Rutebeuf, dit déjà : « Quar le réveil me tanne assez quand je m'esveil. »

« Les communes de Flandre, qui déjà commençaient à *tanner*, et désiraient fort de retourner en leur pays, lui demandèrent congé. » (1411, Monstrelet.) — « C'est insupportable. — Hein! est-ce tannant! » (E. Sue.)

Tanner le cuir : Rosser. — « Si vous vous permettez, je connais une personne qui vous tannera le cuir. » (Gavarni.)

TANNER LE CUIR, TANNER LE CASAQUIN : Rosser. — « Si vous vous permettez, je connais une personne qui vous tannera le cuir. » (Gavarni.)

TANTE : « Homme qui a des goûts de femmes. » (Vidocq, 37.) — « Avril offrait 2,000 f. pour buter avec lui une tante, et vous savez, initiés que vous avez été aux secrets de cet horrible langage, comment ces mots désignaient clairement Chardon. » (Partarrieu-Lafosse, *Réquisitoire* contre Lacenaire, 36.) — « Pour donner une vague idée du personnage qu'on appelle une *tante*, il suffira de rapporter ce mot magnifique du directeur d'une maison centrale à feu lord Durham qui visita toutes les prisons pendant son séjour à Paris. Le directeur, après avoir montré toute la prison, désigne du doigt un local en faisant un geste de dégoût : Je ne mène pas là Votre Seigneurie, dit-il, car c'est le quartier des *tantes*... — Hao! fit lord Durham, et qu'est-ce ?... — C'est le troisième sexe, milord. » (Balzac.) — « Enfants, on les appelle *mômes* ou *gosselins* ; adolescents, ce sont des *cousines* ; plus âgés, ce sont des *tantes*. » (Moreau Christophe.) — Dans un chapitre détaillé consacré à cette espèce, M. Canler reconnaît quatre catégories appartenant à diverses classes sociales : *persilleuses, honteuses, travailleuses* et *rivettes*. Cette dernière est seule exploitée par les chanteurs.

Dans le vocabulaire des injures, *tante* a fini par se dire comme *bougre*, sans portée précise. — «Bougre de greluchon... A-t-on jamais vu des *tantes* pareilles !... » (Zola.)

TANTE : Mont-de-piété. — Terme ironique à l'adresse de ceux qui déguisent la source d'un emprunt en disant qu'ils ont eu recours à leur famille. — « Tous mes bijoux sont chez ma *tante*, comme disent mes camarades lorsqu'elles parlent du mont-de-piété. » (Achard.)

TAPÉ, TAPÉ A L'AS, TAPÉ DANS LE NŒUD : Émouvant, frappant, réussi. — « Aussi a-t-on fait plusieurs couplets sur tous les ministres dont le portrait est bien *tapé*. » (1742, *Journal de Barbier*.) — « C'est un peu *tapé* dans le nœud. » (La Bédollière.) — « Une manière de sentiment bien r'*tapé*. » (1755, Vadé.) — « La gauche bat des mains à ce propos rudement *tapé*. » (A. Millaud, 75.) — « Je crois vous faire plaisir en vous adressant le récit d'une cure *tapée* à l'as, comme vous dites si élégamment. (*Tam-Tam*, 76.)

TAPEDUR : Serrurier. (Vidocq.)

TAPÉE : Grosse réunion. — « Quelle *tapée* de monde, bon Dieu ! » (*Commentaires de Loriot.*)

TAPER : Aborder quelqu'un. (Rabasse.)

TAPER, TAPEUR : Emprunter par métier, emprunteur. — « Le roi des *tapeurs* vous accoste ; il vous prend le bras, il se penche à votre oreille ; — vous êtes *tapé*. Aurais-tu cent sous à prêter à ton ami ? vous dit-il. » (*Almanach du Hanneton*.) — « Aujourd'hui, elle les *tapait* de dix sous ; demain, ce serait de vingt. » (Zola.)

TAPER : Enivrer. — « Ce scélérat de vin de Champagne avait joliment *tapé* ces messieurs. » (Festeau.)

TAPER DANS L'ŒIL : Séduire, attirer.

TAPER DE L'ŒIL : Dormir. — « Il y avait plus d'une heure que je *tapais* de l'œil quand je m'entends réveiller. »

(*Œuvres badines* de Caylus, 1750.)

TAPER SUR LA BOULE : Enivrer.

Dans le gosier comme ça coule !
Comme ça tape sur la boule !

(J. Moineaux. *Ch.*)

TAPER SUR LES VIVRES, SUR LA BOISSON : Manger et boire avec avidité.

D'avoir trop tapé sur l' pichet,
Qu'en avaient pleins la gargamelle.

(*Chansonnier de* 1836.)

TAPETTE. V. *Être* (en).

TAPEUR : V. *Taper*.

TAPIN : Tambour. — Il tape sa caisse. — « Le tapin qui tambourinait en tête de l'escouade. » (La Bédollière.)

TAPIS, *topis franc.* : Auberge, cabaret. (Vidocq.) *Tapis* vient du vieux mot *tapinet* : lieu caché ; *franc* fait allusion aux habitués qui sont des *affranchis* (voleurs). V. *Empoivrer, Crosser*.

Tapis de grives : Cantine, cabaret de soldats.

Tapis de malades : Cantine de prisonniers.

Tapis de refaite : Table d'hôte.

TAPISSIER : Cabaretier. V. *Baptême, Ogre*.

TAQ, TAQUER, TAQUINE : Haut, hausser, hauteur. (Halbert.)

TAROQUE : Marque. V. *Détaroquer*.

TARTE : Qualité bonne ou mauvaise. (Vidocq.) — Plus souvent mauvaise. V. *Escrache*.

TARTINE : « Immenses phrases lardées de mots emphatiques, si ingénieusement nommées *tartines* dans l'argot du journalisme. » (Balzac.)

TARTINES : Souliers. (Rabasse.) Allusion à la forme des semelles qu'on *tartine* en pleine boue.

TARTINER : Rédiger. — « Tu n'as pas assez de style pour *tartiner* des brochures. » (Balzac.)

TARTUFERIE : Acte d'hypocrisie, air de Tartufe.

TAS (prendre sur le) : Prendre un voleur sur le fait, en présence du tas formé par les objets volés.

TASSE (la grande) : La mer. Ironie. — « C'est vrai qu'un peu plus vous buviez à la grande tasse. » (Ricard.)

TATOUILLE : Volée de coups. — Abréviation de *ratatouille*. — On met son adversaire en *tatouille* comme on le met en *compote*. C'est la même allusion culinaire. — « Tu étais moins fort que moi. J'en ai profité pour t'administrer une horrible tatouille. » (L. Bienvenu.)

TAUDION : Petit logement, *petit taudis*. — « J'ai vendu ce que j'avais pour payer le taudion où nous couchons. » (Lynol.)

TAULE, TOLE : Maison. — « Dans une tôle enquille en brave, fais-toi voleur. » (Vidocq.)

TAUPAGE : Égoïsme. (Vidocq.)

TAUPER : Travailler. (Idem.)

TAUPES (Royaume des) : « Il est au royaulme des taupes, il est mort. » (Oudin, 1640.)

TAUPIER : Égoïste. (Idem.)

TAUPIN : Élève de mathématiques spéciales. — « Le simple *taupin*, le candidat qui se présente à la *colle* d'admission à l'École polytechnique, possède déjà des connaissances supérieures. » (La Bédollière.)

TEINT (bon) : Véritable, authentique. — Allusion aux étoffes mauvais teint qui ne durent pas. — On dit *mauvais teint* pour *faux, mensonger.* — « Une vraie comtesse ?... Tout ce qu'il y a de meilleur teint. » (Brunesœur.)

TEINTÉ : Enluminé par l'ivresse.

TEINTURIER : Marchand de vins frelateur. — « Enfoncé Desnoyer le teinturier et son vin ! » (E. Bourget, 1845.)

TEINTURIER : « Tous les hommes politiques ont besoin d'avoir auprès d'eux des *sous-hommes* politiques ou des supérieurs qu'ils consultent, qu'ils laissent écrire ou qu'ils s'assimilent... Dans le style des affaires publiques, ceux qui exercent cette influence s'appellent des *teinturiers*, parce qu'en effet ils se chargent de donner de l'étoffe à des hommes d'État des couleurs différentes. » (Roqueplan.)

Il y a aussi des teinturiers littéraires. On lit dans les *Mémoires secrets* (25 sept. 1775) : « La comtesse de Beauharnais a fait présenter une comédie. Elle a été reçue : on ne doute pas que le sieur Dorat ne soit son teinturier. »

TEMPÉRAMENT (à) : A crédit. Mot à mot : en tempérant l'obligation de payer. « Vous me payerez quand vous pourrez, à tempérament. » (*Alm. du Hanneton*, 67.)

TEMPLE : Manteau. (Colombey.)

TEMPS (voir le coup de) : Prévoir à temps pour parer. — Terme d'escrime. (Dhautel, 08.)

En deux temps : En un instant. — Terme d'escrime. — « En deux temps, j' remouque et j' débride. » (Halbert.) — « En deux temps sa lessive est faite. » (*Le Casse-Gueule*, ch. 41.)

Prendre des temps de Paris signifie, au théâtre, préparer ce que l'on a à dire par une pantomime pour augmenter l'effet. Le mot a été inventé par des comédiens de province. (Couailhac.)

TENANTE : Chopine. (Halbert.)

TENIR (en) : Aimer d'amour. — « Est-ce de l'amour ? Alors, il faut qu'elle en tienne furieusement, puisqu'elle fait de tels sacrifices. « (Ricard.)

TENIR (se), **TENIR SUR SES PIEDS** : Être bien composé, bien agencé. Se dit d'une œuvre littéraire ou dramatique. — « Passez-moi le manuscrit : ça a l'air de se tenir sur ses pattes. » (*Alm. du Hanneton*, 67.)

TENIR (se) : Se bien conduire, se faire respecter. C'est l'opposé de *se laisser aller*.

TERNAUX : Châle de la fabrique Ternaux. — « Elle prit un schale de coton ; — le ternaux était au... Mont-de-Piété. » (Ricard.)

TERRER : Tuer. — Mot à mot : enterrer. — « Dans dix ans, je reviendrai pour te terrer, dussé-je être fauché. » (Balzac.)

TERRIÈRE : Raccrocheuse hantant les terrains vagues. (Rabasse.)

TÉTARD : Homme de lettres. (Rabasse.)

TÊTE (faire sa) : Prendre de grands airs. — « Tu y gagnes d'avoir l'exercice une fois de plus par jour pour apprendre à faire ta tête. » (Vidal, 33.)

TÊTE CARRÉE, TÊTE DE CHOUCROUTE : Allemand. — « On ne résiste pas à tant d'attraits. La tête du baron, une tête carrée pourtant, tourne. » (E. Villars.)

TÊTE DE TURC : Plastron, homme en but à toutes les attaques. — Allusion à la tête de turc couronnant les mécaniques sur lesquelles on frappe aux jours de foire pour éprouver la force de son poing. — « M. Duvergier de Hauranne est écouté. Mais comme il faut une tête de turc à l'Assemblée, le général X... devient le souffre-douleur. » (Paris-Journal.)

TÊTES DE CLOUS : Caractère usé. — « Un journal, tiré sur papier à sucre, avec des caractères flétris du sobriquet de têtes de clous. » (Villemessant.)

TÉZIGUE : Toi. V. Zigue.

THIÉRISME : Sympathie pour la politique de M. Thiers. — « Ce journal flotte entre le droit divin, le radicalisme, l'orléanisme et le thiérisme sans se brouiller avec l'Empire. » (Giraudeau.)

THOMAS : Baquets faits en forme de petits tonneaux défoncés par le haut... avec des oreilles en fer de façon à être transportés et vidés facilement. — Équivoque sur les mots *vide Thoma* de l'hymne populaire de Pâques. — « Ce serviable meuble est baptisé du nom de Thomas. » (A. Lecomte, 61.) On l'appelle aussi *job*. — « Parmi les consignés occupés à *passer la jambe à Thomas* (vider les baquets d'urine.) » (La Bédollière.)

THUNE : Argent. V. *Bille, Tune*.

TIGNASSE, TIGNE : Chevelure en désordre. — Du vieux mot *tigne* : teigne. V. *Aplomb*.

TIGNE (la) : Le monde. (Rabasse.)

TIGRE : Groom. — « Leur chapeau à cocarde noire, leurs bottes à retroussis, leur veste bleue et leur gilet bariolé, couvrent des gamins arrachés au plaisir de la pigoche. » (A. Deriège, 1841.)

TIGRE : « Le rat débute et danse un pas seul ; son nom a été sur l'affiche en toutes lettres ; il passe tigre et devient premier, second, troisième sujet. » (Th. Gautier.)

TIP : Prophétie, annonce de tipster.

TIPSTER : Homme faisant métier d'annoncer à des abonnés les succès probables sur les champs de courses. Littéralement : prophète. (Parent.) Angl.

TIQUER : Voler à la care. (Colombey.)

TIRADES : Fers de forçat. (Rabasse.) Ils sont tirés par la jambe.

TIRAGE (il y a du) : c'est long, c'est difficile. — Terme de cocher. Plus le chemin est rude, plus le cheval tire. — « Autrefois il avait eu joliment du tirage. Mais le travail menait à tout. » (Zola.) — « On tirait au sort. Un tire, prend un bon numéro... Courage, les autres ! Moi, j'en suis sorti sans trop de tirage. » (Flair.)

TIRANT : Bas. — On le tire pour le mettre. — « Ses tirants et sa montante, et son combre galuché, son frusque, aussi sa lisette. » (Vidocq.)

TIRANTE : Jarretière. (Halbert.)

TIRANT RADOUCI : Bas de soie. (*Petit Dict. d'Argot*, 44.) — Jeu de mots.

TIRE (faire la) : Voler à la tire. — « Ils font la tire à la chicane, en tournant le dos à celui qu'ils dépouillent. » (Du Camp.)

TIRE-BOGUES : Voleur de montre. (Vidocq.)

TIRE-FIACRE : Viande dure. (Rabasse.)

TIRE-JUS : Mouchoir (08).

TIRE-MOMES : Accoucheuse. V. *Môme*. — Autrefois on disait madame *Tiremonde*. Le *Dictionnaire* de Trévoux donne cette expression comme proverbiale.

TIRER : Passer, achever. — Un troupier libérable dans un semestre dit : « J'ai encore six mois à tirer. »

TIRER : Voler à la tire. — « Vous commencez par tirer en valade, puis au grand truc vous marchez en taffant. » (Lacenaire, 36.)

Tirer le chausson : S'enfuir. (Moreau Chr.)

TIRER (se la), SE TIRER : S'enfuir.

TIRER A LA LIGNE : Amplifier dans le seul but de gagner plus d'argent.

TIRER D'ÉPAISSEUR (se) : Sortir d'embarras. (*Almanach des Débiteurs*. 51.)

TIRER DE LONGUEUR (la) : Abréviation de *tirer une carotte de longueur*.

TIRER LA FICELLE : Passer à un autre, comme les montreurs de diorama qui tirent la ficelle pour amener un autre décor. — « Sur leurs discours, crois-moi, tir' la ficelle. » (Debraux.)

TIRER L'ÉCHELLE : Cesser par impossibilité d'aller plus loin. Mot à mot : de monter plus haut. Très-usité quand on termine une énumération de choses étonnantes.

TIRER L'ŒIL : Attirer l'œil. V. *Œil*.

TIRER LES PIEDS (se), **TIRER LES PATTES** : S'enfuir. (Rabasse.) — « Nana avait un chic pour se tirer les pattes. » (Zola.)

TIRER SA COUPE : Aller se promener. — Terme de nageur.

D' temps en temps nous tirons not' coupe
Su' l' grand boulevard...
(Richepin.)

TIREUR : Voleur *à la tire*.

TIROIR : Filouterie de jeu. Elle consiste en l'enlèvement des trois as. — « Le tiroir peut se faire non-seulement en mêlant les cartes, mais aussi en passant la main. » (Cavaillé.)

TITI : Gamin de Paris. — « Mousqueton est le titi par excellence, c'est le vrai gamin de Paris avec sa gaieté, sa souplesse, ses bons mots. » (Alhoy.)

TOASTER : Porter des toasts, des santés. — Anglicanisme. — « Le mot anglais pourrait bien venir de l'ancien verbe français *toster*, qui signifiait choquer. » (Rozan.)

TOC : Cuivre doré, faux or. — Allusion à la différence de sonorité qui existe entre le cuivre et l'or. — « Bagues, boutons de manchette et croix de ma mère en toc, 6 fr. 5o. » (*Les Cocottes*.)

TOC . Bourreau de bagne. (Rabasse.) Ainsi nommé de *toc* : méchant, ou parce que son métier est de toquer ou bâtonner les condamnés. V. *Bridon*.

TOC, TOCARD, TOCASSE, TOCASSON : Laid, méchant, de mauvaise qualité, faux comme le cuivre doré. V. *Toc* (1). — « L'article de Cascaret est toc. » (J. Rousseau.) — « Croiriez-vous qu'en parlant d'une femme laide, on dit : « Elle est toc, elle est « tocarde... C'est un vieux to- « card, c'est un vieux tocasson ! » (N. Vanecke.) — « Il goûta le pain dont les prisonnières se plaignaient : « Chouette ! dit-il, « j'en ai mangé de plus toc. » (Chenu.)

TOCASSERIE : Méchanceté. (Vidocq.)

TOILES SE TOUCHENT (les) : Il n'y a pas d'argent. Mot à mot : mes poches sont vides, puisque les toiles se touchent. — « Diable ! les toiles se touchent aussi chez moi. » (Ladimir.)

TOISE (à la) : Se dit des choses et des gens où la qualité cède à la quantité.

TOLÈDE (de) : De première qualité.—Se dit ironiquement par allusion aux fameuses lames de Tolède dont la littérature romantique faisait grande consommation. — « Allons ! arborez vos bons binocles de Tolède. » (*Petits mystères de l'école lyrique.*) — « L'Assemblée nationale a retrouvé son calme de Tolède. » (A. Millaud, 77.)

TOLLARD, TOLLE : Bourreau. (Grandval.)

TOLLARD : Lit des forçats au bagne. Enchaînés deux à deux sur ce lit de camp qu'on nomme tollard. » (Ponson du Terrail.)

TOMBAGE : « Le tombage est un impôt prélevé sur une personne qui ne reverra jamais son argent. C'est le chantage pratiqué par des grecs à l'égard d'autres grecs. » (Cavaillé.)

TOMBER : Terrasser. Mot à mot : faire tomber. — « La couleur Metternich a tombé le Bismarck. » (*Vie parisienne*, 67.)

TOMBER DESSUS : Maltraiter en paroles ou en actions. — « Que demain je lâche ma place ! on me tomberait fièrement dessus. » (De Goncourt.)

TOMBER MALADE : Être arrêté. (Moreau Chr.)

TOMBEUR : Acteur trop mauvais pour être accepté nulle part. » (Ch. Friès.)

TOMBEUR : Lutteur invincible. — « Le tombeur de Renan y vient de temps en temps mépriser l'humanité. » (*Les Cocottes*, 64.)

TONDRE : Primer une carte, au jeu. — « Je joue piche ! (pique.) — Au lieu de dire je prends, une autre répond : « Je tonds. » (Alhoy.)

TONDU (le petit) : Napoléon Ier. — Il avait coupé ses longs cheveux de général. — « L'Empereur lui-même, le petit Tondu. » (L. Reybaud.)

TONNEAU : Degré. — « Tu lui aurais rendu sa politesse. — Plus souvent ! à un daim de ce tonneau ! » (Monselet.) — Ce terme de comparaison n'a pu être inventé que par des buveurs. Il est ancien. — « Ha ! ha ! vous estiez en estat de péché mortel. — Cestuy là, dist Panurge, est d'un aultre tonneau. » (Rabelais, *Pantagruel*, l. IV, ch. LII.)

TOP-WEIGHT : « Le cheval le plus chargé dans un handicap. » (Parent.)

TOPER : « Chaque fois qu'un dévorant rencontre un autre ouvrier, il doit lui demander de quelle société il est. Ça s'appelle toper. (Biéville.)

TOPISER : Dévisager, reconnaître. — « Il est venu une pureuse pour me topiser. » (Lettre de Minder. *Introduction*.)

TOPO : Officier d'état-major, plan topographique. — On sait que la topographie est une attribution de l'état-major.

TOQUADE : Caprice amoureux.

Je ressentis (effet de la musique)
Une toquade à l'endroit du ténor.
(E. Grangé.)

« Hortense est sur le chemin de la fortune... Une simple toquade, et elle est perdue. » (*Les Pieds qui r'muent*, 64.)

Toquade sérieuse : Amour vrai.

TOQUADE : Manie. — « Prémary a une toquade. On le débine, on le nie, on veut le tuer. » (A. Scholl.)

TOQUANTE, TOCANTE : Montre. — Harmonie imitative du toc-toc de la montre. — « Un monsieur qui me trouva gentille m'offrit un jour une toquante d'or... La montre me tentait. » (Rétif, 177e *Contemporaine*.) — « Le premier emporta la montre de Malvina qui regrettait sa tocante. » (L. Reybaud.)

TOQUÉ : A moitié fou. C'est un mot d'ancien français, car on le trouve dans la plupart de nos patois provinciaux. — On dit de même : il a reçu un coup de marteau. C'est-à-dire : son cerveau est bien près de se fêler. — « Ma chère, les hommes, c'est farce ! toujours la même chanson : une femme à soi seul ! Toqués ! Toqués !! » (Gavarni.) — « Les collectionneurs sont toqués, disent leurs voisins. » (Balzac.)

TOQUER : Sonner. (Colombey.)

TOQUER (se), ÊTRE TOQUÉ : S'éprendre. — « Par exemple, il n'est pas toujours toqué de Lanrose. » (About.) — « Un homme si respectable qui se toquait d'une petite coureuse. » (Zola.)

TOQUET (en avoir dans le) : Être ivre. V. *Casquette*, qui a la même étymologie. — « Chez Dénoyer j'entre, un peu dans le toquet. » (Decourcelle, 39.)

TORCHÉ (bien) : Vigoureusement peint, bien fait. — « A ce couplet bien *torché* on crie dans la salle : Bis ! bis ! » (Marquet.)

TORCHER (se) : Se battre. Pour *se donner un coup de torchon*.

TORCHER LE NEZ (se) : Se passer. On dit de même qu'une chose *passe devant le nez*. — « Tout cela vient de Pitt envoyé par les alliés, mais ils s'en sont torchez le nez. » (Mauricault, Ch., 1793.)

Se torcher le cul : Faire peu de cas.

Torcher la gueule : Frapper au visage. — « Si j' prends mon sabot, je vous en torcherai la gueule. » (1744, Vadé.)

TORCHETTE (net comme) : Aussi net que si la *torchette* (torchon) y avait passé.

TORCHON : Fille aussi sale qu'un torchon de cuisine.

TORCHON (se donner un coup de) : Se battre. — « Allons jusqu'aux chouans leur donner un coup de torchon. » (Henry, 36.)

TORCHON BRULE A LA MAISON (le) : Se dit pour annoncer une querelle domestique.

Je ne suis plus son Jupule,
Son chou, son rat, son trognon ;
L' torchon brûle à la maison.
(Dalès.)

TORD-BOYAUX : Mauvaise eau-de-vie. — Elle donne la colique. — « Avaler un verre de tord-boyaux, comme l'appelait notre amphitryon. » (Vidal, 33.)

TORNIQUET : Moulin. (Vidocq.) — Allusion au tournoiement de sa roue.

TORSE : Estomac. — « Un verre de fil en quatre... Histoire de se velouter le torse. » — (Th. Gautier.) — « Il s'était, outre mesure, bourré le torse ; langage d'atelier. » (P. Borel, 33.)

TORSE (avoir du) : Avoir un beau corps.

TORSE (poser pour le) : Exhiber avec complaisance ses avantages physiques.

TORSEUR : Poseur. « Le torseur emprunte tous ses effets à son torse, toujours bardé d'une cravate à gros nœuds et d'un gilet bien étudié. Le torseur projette sa poitrine sur le devant d'une loge ou dans l'embrasure de portes d'un salon, ou dans l'intervalle de deux rideaux de croisées. » (Roqueplan.)

TORTILLADE : Nourriture. (Rabasse.) V. *Larton*.

TORTILLARD : Boiteux. (Vidocq.) Mot à mot : qui tortille en marchant.

TORTILLÉ (être) : Être mort. — « Il lui avait cassé quelque chose à l'intérieur. Mon Dieu ! en trois jours, elle a été tortillée. » (Zola.)

TORTILLER : Manger. — « En trois jours nous aurons tout tortillé. » (Vidal, 33.) — « Voyez-vous, j'avais tortillé une gibelotte et trois litres. » (Ricard.)

TORTILLER : Faire des façons. — « L'ordre est formel. Il n'y a pas à tortiller. » (Desnoyer.)

Tortiller de l'œil : V. *Œil*.

TORTILLER : Avouer. (Vidocq.) — C'est un synonyme de *manger le morceau*, dénoncer.

TORTORER : Manger. (Rabasse.)

TORTU : Vin. (Vidocq.) Mot à mot : *jus de bois tortu*. (vigne).

TORTUE (faire la) : Jeûner. (Vidocq.) — La tortue mange peu.

TOTO : Sein. — De *teter*.

TOUCHE : Se dit des dehors d'un personnage considérés en leur ensemble. — « *Quelle touche !* » s'écrie-t-on à l'aspect d'un grotesque. — Le mot a dû naître dans les ateliers de peinture.

TOUCHÉ : Séduisant de figure. V. *Touche*. — « Hé ! hé ! pas mal touchée, la bobonne. » (Villars.)

TOUCHÉ : Peint, pensé ou écrit, vigoureusement fait. — Terme de peinture dans l'origine. — « Comme c'est écrit ! comme c'est touché ! » (L. Reybaud.)

TOUCHÉ (il est) : Il est profondément atteint, il ne s'en relèvera pas. — Se dit au moral comme au physique.

TOUCHER : Frapper fort. — Ironie.

TOUPET : Grande effronterie. — Jeu de mots. — Le toupet est *supérieur* au *front*. — « Et dire qu'avec du toupet et de la mémoire tout le monde en f'rait autant. » (H. Monnier.) V. *Créper*.

Se payer de toupet : Payer d'audace. — « Que de gens font étalage. S'payant de toupet, N'ont rien dans leur ménage. » (Chanson, 32.)

Se mettre dans le toupet : S'entêter à croire. — « Et mosieu se fichera dans le toupet que tout sera dit. » (Gavarni.)

Toupet de commissaire : Audace excessive. — Mot inventé par les gens que le commissaire de police interroge d'habitude.

TOUPIE : Femme de peu, tournant en toutes mains comme une toupie. — « Le roi autorisa la Lange à se livrer à toutes les extravagances qui sont l'unique mérite de la plus grande partie de ces toupies. » (*Précis de la vie de la comtesse Du Barry*, 1774.) — « L'insolent traite sa grande sœur de toupie. » (Colmance.)

TOUR (faire voir le) : Tromper. V. *Pratique*. — « Tu veilleras à ce que la donzelle n'essaye pas de nous faire voir le tour. » (Montépin.) — *Connaître le tour* : Connaître toutes les ruses.

TOURLOUROU : Soldat du centre, lorsque l'infanterie était divisée en compagnies du centre et compagnies d'élite. Du vieux mot *turelureau* : soldat de garnison. (V. Du Cange.) — Au XIVe siècle, la *turelure* (prononcez *toureloure*) était une sorte de château flanqué de tourelles. — « Si le tourlourou est solide sur l'école de peloton, il n'est pas moins ferré sur l'école de la séduction. » (M. Saint-Hilaire.)

TOURMENTE : Colique (Vidocq.) — Mot expressif.

TOURNANTE : Clef. (Rabasse.) — Elle *tourne* dans la serrure. V. *Tremblant, Lourde*.

TOURNÉE : Pile, correction faisant tourner et retourner la victime. — « Après, je donne une tournée à la *Chouette*. Je tiens à ça. » (E. Sue.)

TOURNÉE : Rasade offerte devant le comptoir du marchand de vins. — Ainsi nommée parce qu'elle fait le *tour* de l'assemblée. — « Il offre une tournée au café Robert. » (Monselet.)

« *Oscar* (le lorgnon dans l'œil). — Oui, vraiment. — Dites-moi, marquis, la belle Yseult ne serait pas de trop... si elle daignait accepter une tournée !

Le Marquis. — Toujours galant !

Oscar. — Quelque chose de doux... du mêlé ? » (Marquet.)

Tourner au vinaigre : devenir malheureux. — « Tourné au vinaigre ! Hélas ! plus de femmes, je l'avais perdue. » (Beauvillier.)

TOURNER DE : Faire les frais de. — « Lorsqu'il arrivait à Blossac de dire : Les dalles de la Morgue me réclament, Grimaille se contentait de dire : Je vais tourner d'un déjeuner. » (D. Alonnier.)

TOURNER DE L'ŒIL : Mourir. — « Du poison !... Allons, bois... tu vas tourner de l'œil tout de suite. » (Chenu.)

TOURNER L'ŒIL : S'assoupir. — « Trois ou quatre méchantes chopines... et ça tourne l'œil. » (Gavarni.)

TOURNEVIS : Soldat d'infanterie.

A la santé des gros talons,
Des tournevis et des canons !

(*Vieille Ch. du Hussard en camp.*)

TOURNURE : « Toutes les dames et demoiselles qui, pour suppléer au manque de rondeur de certaines parties, portent ce que Mme de Genlis appelle tout crûment un *polisson* et que nous appelons une *tournure*. » (Th. Gautier, 33.)

TOURTE : Tête. — Comparaison de la croûte à la boîte osseuse du crâne, et de la garniture à la cervelle. V. *Vol-au-vent*.

TOURTOUSE, TORTOUSE, TOURTOUSINE : Corde à menottes.

TOURTOUSER : Garrotter. (Vidocq.) — Mot expressif indiquant l'action de lier *tout autour*. V. *Criblage, Coltiger*.

TOUSER : Aller à la selle. (Colombey.)

TOUSSE (Non ! c'est que je) : Négation ironique. V. *Mouche*.

TOUT : Individu fréquentant les champs d'entraînement pour renseigner sur les chances probables des meilleurs chevaux de courses. (Parent.) Angl.

TOUT DE CÉ : Très-bien. (Vidocq.)

TOUTIME : Tout. (Halbert.)

TOUT PARIS : Le monde élégant.

« Le mois de juin est venu, mois fâcheux où tout Paris quitte Paris. » (De Boigne, 57.)

TRAC : Peur. — Onomatopée. — On donne le nom de trac à une maladie qui cause un frisson perpétuel. — Pendant le siège de Paris, on a publié le *Trac, journal des peureux*. — « Bien ! voilà mon trac qui me reprend. » (Marc Michel.)

TRAIN (du) : Vite, à grand train. — « Asie prit un fiacre et dit au cocher : « Au Temple ! et du train ! il y a gras. » (Balzac.)

TRAIN (en) : En train de se griser. — « Ce sera fort heureux si votre ami reste, car je le crois un peu en train. » (P. de Kock.)

TRAINÉE. — Prostituée, qui traîne dans les mauvais lieux.

TRAINE-PAILLASSE : Fourrier. — C'est lui qui règle avec l'employé le prix des dégradations des lits militaires. V. *Rogneur*.

TRAIT : Infidélité. — Abréviation de *trait d'inconstance*. — « Son mari lui avait fait tant de traits, qu'elle l'avait quitté. » (Champfleury.) — « On ne peut plus faire de traits à sa Nini, c'est ce qui vous chiffonne. » (Gavarni.)

TRALALA : Grand appareil. — « Et puis, grand genre. Tout le tralala. Et du linge ! » (E. Villars.) — « La fougue, l'audace et tout le grand tralala de l'excentricité féminine. » (Monselet.)

TRANQUILLE : Comme Baptiste.

TRAQUER : Avoir le trac. V. *Esgourne*.

TRAQUEUR : Peureux. — V. *Vrai*. — « Il était très-traqueur et ne se souciait pas de finir à Bicêtre. (Zola.)

TRAVAIL : Filouterie de jeu. — « Un grec dont l'habileté est telle que, pendant trente années de travail, il n'a pas été pris une seule fois. » (Cavaillé.)

TRAVAILLER : Ce mot s'applique indistinctement à toute œuvre, bonne ou mauvaise, exécutée dans le but de gagner de l'argent.

Travailler, pour un malfaiteur, c'est tuer ou voler. Pour la prostituée, c'est provoquer le passant. — « X... était prudent ; il travaillait toujours seul, et son receleur était des plus fins. » (*Figaro*.)

TRAVAILLER : Battre, tourmenter. — « Je vais la travailler dans le numéro de demain. — Et il écrivait : « *Madame Desbrosses quitte enfin le théâtre... Bonheur!* » (Philipon).

Travailler la tire : Voler dans les poches. (Rabasse.)

TRAVAILLEUR : Voleur au jeu. — « Le grec a aussi reçu le nom de *philosophe*, de *travailleur.* » (Cavaillé.)

TRAVERSE : Bagne. (Rabasse.)

TRAVESTI : Rôle de femme travestie en homme. — « Madame Peschard débutait à ce théâtre dans un travesti. » (Bénédict, 75.)

TRAVIOLES (avoir des) : Avoir des inquiétudes. (Rabasse.)

TRÈFLE : Tabac. — Allusion à la couleur brune de ce fourrage, quand il est sec. — « Lui qui avait remué tant de trèfle de la régie. » (Aubryet.)

TRÈFLE : Anus. — C'est une image qu'on devine.

TRÉFOUIN : Tabac. (Rabasse.) — Déformation de *trèfle.*

TREIZIÈME (marié au) : En état de concubinage. — Pour comprendre l'ironie, il faut se rappeler que, avant 1859, cet arrondissement n'existait point à Paris. — « Jamais elle n'a été ma femme, pas même au treizième arrondissement. (Bertall.)

TREMBLANT : Lit.

TREMBLANTE : Fièvre. (Rabasse.)

TREMBLEMENT : Réunion, mêlée générale. — « A l'union de l'infanterie, de la cavalerie, de tout le tremblement. » (La Barre.)

TREMBLEMENT : Bataille, engagement général. — « Mais, la veille du tremblement, fallait voir les feux des postes avancés. » (Chanson, 54.)

TREMPÉE : Correction. — V. *Soupe.* — « Si je ne me respectais pas, je vous ficherais une drôle de trempée. » (Gavarni.)

TRENTE ET UN, TRENTE-SIX (se mettre sur son) : Mettre sa plus belle toilette. — « Elle s'était mise sur son trente et un, et je puis vous assurer qu'elle était bien ficelée. » (Vidal, 33.)

TRENTE-SIX DU MOIS : Jamais. — Le mois ne dépasse pas 31 jours. — « Elle prenait du plaisir, ce qui lui arrivait le trente-six du mois. » (Zola.)

TRENTE-SIXIÈME DESSOUS (dans le) : Même sens que *Troisième dessous.* — Le pauvre vicomte a été enfoncé dans le trente-sixième dessous. » (Montépin.)

TRÈPE : Foule. — C'est *troupe* avec modification de la première syllabe. V. *Garçon.*

TRÉPIGNÉE : Rossée.

TRÉPIGNER : Battre. — Mot à mot : trépigner sur le corps.

TRETON : Rat. — Diminutif de *trotteur.* V. *Greffier.*

TRICORNE : Gendarme. (Rabasse.)

TRICOTER : Battre. — Du vieux mot *Tricote* : gros bâton.

Prends vite un bâton,
Tricote cet homme sans cesse.

(*Chanson carnavalesque*, 1851.)

TRICOTER : Danser, fuir. — Comparaison du jeu des jambes à celui des aiguilles. — « La peur m'a galopé et j'ai tricoté des fils de fer. » (*La Correctionnelle*.)

TRIFFOIS : Tabac. (Halbert.) — Pour *Tréflois*. V. *Trèfle*.

TRIFFOISIÈRE : Tabatière. (Idem.)

TRIMAR : Grande route où *triment* les voyageurs. — « Travailler sur le grand trimar, c'est voler sur le grand chemin. » (*Cinquante mille voleurs de plus à Paris*.)

Aller au trimar : Voler. (Rabasse.)

Faire son trimar : Raccrocher sur la voie publique. V. *Quart*.

TRIMARDER : Cheminer. (Grandval.)

TRIMBALLER : Marcher. Mot à mot : baller sur la trime, aller sur le chemin.

TRIMBALLEUR *de conis* : Croque-mort. (Vidocq.) — Mot à mot : trimballeur de cadavres.

TRIME : Rue. (Vidocq.)

TRIMELÉ : Fil. (Colombey.)

TRIMIN : Chemin. — Diminutif de *Trimard*.

Sur mon trimin rencontre
Un pègre du quartier.
(Vidocq.)

TRIMOIRE : Jambe. (Halbert.) — Elle trime par métier.

TRINGLETTE : N'avoir rien trouvé. (Rabasse.)

TRINGLOS : Soldat du train. — Diminutif de *train*. — « Ce que les tringlos, soldats du train des équipages militaires, ne pourront nous apporter. » (A. Camus.)

TRINQUER (faire) : Faire battre. (Rabasse.) — Mot à mot : faire choquer. On choque en trinquant.

TRIPOLI : Eau-de-vie. — Allusion à l'eau-de-vie qui entre dans la composition du tripoli. V. *Astic*.

TRIPOT : Garde de police. (Halbert.)

TRIPOTÉE : Correction. — Du vieux mot *tripeter* : fouler aux pieds. — « Oh! quelle tripotée je vous ficherais, ma poule! » (Gavarni.)

TRIPOTIER : « Les tripotiers, c'est-à-dire les individus qui donnent à jouer clandestinement sont nécessairement plus ou moins tarés. » (Cavaillé.)

TRIQUE : Dent, cabriolet. (Halbert.)

TROGNON : Mot d'amitié. — « En lorgnant la brunette, j' lui dis : Mon petit trognon. » (*Les Amours de Jeannette*, 13.)

TROIS-ÉTOILES : Personne réelle ou fictive, dont on cache, ou dont on paraît cacher le nom. — « La femme légitime de ce peintre est la maîtresse du gros trois-étoiles. » (A. Second.)

TROIX-SIX : Eau-de-vie forte. — Allusion au degré d'alcool. V. *Sacré-chien*. — « Au moins, moi, j' dis pas que j'aime pas le troix-six. » (Gavarni.)

TROISIÈME DESSOUS : « Dans le troisième dessous des sociétés, pour emprunter à l'art dramatique une expression vive et saisissante, le monde n'est-il pas un théâtre? Le troisième dessous est la dernière cave pratiquée sous les planches de l'Opéra, pour en recéler la rampe, les apparitions, les diables bleus que vomit l'enfer. » (Balzac.)

TROMBINE : Physionomie ridicule. — « Tous ces imbéciles, ça vous a des trombines prédestinées. » (*Vie parisienne.*)

TROMBLON : Gosier. — Il s'évase comme un tromblon. — « Vous avez demandé dans la guinguette du bleu pour rincer le tromblon. » (*Almanach du Hanneton*, 67.)

TROMBLON : Chapeau ridiculement évasé, comme l'arme à feu du même nom. — « Il ramasse les deux couvre-chef et tend au monsieur un horrible tromblon. » (*Figaro*, 75.)

TROMPETTE : Visage. — « Quelles drôles de binettes ! Quelles vilaines trompettes ! » (A. Meigne.)

TROMPETTE : Colporteur de nouvelles. — Allusion à la trompette allégorique de la Renommée. On dit d'un bavard : « C'est une fameuse trompette. »

TROMPETTE : Nez mouché avec bruit. — *Nez en trompette* : Nez relevé.

TRONCHE : « La Sorbonne est la tête qui pense, qui médite ; la Tronche est la tête lorsque le bourreau l'a séparée du tronc. » (Vidocq, 37.) — « Gare la tronche ! prends garde à la tête. » (Dhautel, 1808.)

TRONE (sur le) : Sur la lunette d'un cabinet d'aisances. Allusion au siége qui a souvent des marches comme un trône. V. *Trou de balle.*

TROQUET : Marchand de vins. Abréviation de mastroquet. V. *Pille.*

TROTTANTE : Souris. (Vidocq.)

TROTTE : Course pénible. — « J'étais sortie pour éviter ces trottes-là à Alfred. » (E. Sue.)

TROTTEUR : Rat. (Vidocq.)

TROTTIGNOLLES : Pieds. — Diminutif de *trottin.* V. *Rien.*

TROTTIN : Employé chargé des courses. Je trotte par la ville. — « Le trottin, toujours choisi parmi les grisettes les plus jeunes et les plus espiègles du magasin. » (L. Huart.) — « Et de trottin toujours crotté, on en fit un petit commis. » (*Troisième suite du Parlement burlesque de Pontoise*, 1652.)

TROTTINE : Botte, bottine. (Marquet).

TROTTINS : Pieds. — Les pieds trottent. — « Il faut trousser ses quilles et ses trottins de peur d'être pris de ce galliot. » (*La Comédie des Proverbes*; 1714.)

TROTTOIR (grand) : Au théâtre, veut dire : haut répertoire.

TROTTOIR (faire le) : Se dit des filles inscrites qui, le soir, se promènent sur le trottoir voisin de leur logis.

TROTTOIR (femme de) : Prostituée.

TROU (faire son) : Arriver à une bonne position, faire sa trouée dans la foule des ambitieux.

TROU SOUS LE NEZ (avoir un) : Être grand buveur. — « C' n'est pas tout encore, sachez que c'te pécore a z'un trou sous l' nez impossible à combler. » (*Catéchisme poissard*, 44.)

Être dans le trou : Être enterré.

Être dans le trou : Être en prison. — « Voilà pourquoi je suis dans le trou, c'est pour un malheureux poivrier, que je me suis permis de fouiller. (Ch. de Mouchabœuf, 65.)

TROU D'AIX, TROU DE BALLE : Anus. (Colombey.) — « Ils rirent de ce qu'elles le trouvaient en fonctions, son trou de balle au grand air. » (Zola.)

TROUBADE, TROUBADOUR : Fantassin. — Comme le troubadour, le fantassin fait en tous pays résonner sa *clarinette*. — Rousselot a fait *le Troubade*. (Chansonnette, 60.) — « Le troupier aujourd'hui est un troubadour qui compte tout au plus vingt ans de services. » (Marco Saint-Hilaire, 41.)

TROUBADOUR (GENRE), TROUBADOUR-ABRICOT, TROUBABOUR-PENDULE : Genre littéraire à la mode vers 1820, où l'on affectait, sans grand savoir archéologique, de se reporter aux troubadours des premiers temps de la monarchie. Les troubadours étaient représentés au théâtre armés de lyres et vêtus de tuniques à crevés couleur *abricot*. L'horlogerie même s'était emparée pour ses *pendules* du sujet à la mode. — « M. Paul Delaroche et tous ceux qui firent la première campagne du *romantisme* riaient des partisans du genre chevalier-troubadour-abricot. » (Privat d'Anglemont.)

TROUÉE : Dentelle. (Vidocq.) — La broderie fait trou.

TROUFIGNARD, TROUFIGNON : Mot à mot : *Trou de la fine*. V. ce mot. — « Et il menaçait de lui enlever le troufignon. » (Zola.)

TROUILLOTER DU GOULOT : Avoir une haleine infecte. — « Augustine, qui devait avoir mangé ses pieds, tant elle trouillotait du goulot. » (Zola.)

TROUSSEQUIN : Derrière. — Nom de la partie de la selle avoisinant le derrière du cavalier.

TROUVÉ : Neuf, original.

TRUC : Manière de voler. V. *Roustir, Lem, Tirer*. — Du vieux mot *truche*. — La truche était l'art d'exploiter la pitié des gens charitables. Au moyen âge, les mots *truche, truffe, trulle* et *trut* avaient le même sens de finesse et d'imposture. Ce dernier, qui ne diffère pas beaucoup de *truc*, se trouve, dès le XIVe siècle, dans une chronique rimée du duc de Bretagne, Jean IV. (Lobineau, t. II, col. 730.)

François prenoient trop divers noms
Pour faire paour aux Bretons ;
Mais ils avoient plus de vieil trut
Que vieille truie qui est en rut.

On a donné au mot *truc* cinq sens : 1° Au théâtre, c'est la machine destinée à produire un changement à vue. Les féeries sont des *pièces à trucs*. — « Cette donnée a fourni matière à un certain : ombre de trucs, de décors, de changements à vue. » (R. Deslandes, 49.) — 2° Pour un auteur dramatique, le *truc* est la science des détails. On dit d'un écrivain qui file la scène avec difficulté : *il manque de truc*. — 3° C'est aussi un moyen d'existence. — « Il daigna nous donner quelques renseignements sur son truc, c'est-à-dire le métier qui le fait vivre. » (P. d'Anglemont.) — 4° Le truc est encore une ruse, un dehors trompeur. — « La vertu qu'on fait pour mieux cacher le vice, voilà le truc d'un sesque trompeur. » (*Rousseliana*, 05.) — 5° *Faire du truc* : faire un commerce illicite. (Rabasse.)

TRUFFE : Nez difforme du genre *tubercule*. V. ce mot.

TRUFFES (aux) : Soigné. — La truffe est un aliment de luxe. — « Tu me feras un compte rendu aux truffes ! » (E. Augier.)

TRUFFÉ : Bourré. — Pris au figuré. — La petite machinette est truffée de chic. » (*Petite Revue*, 66.)

TRUMEAU : Personnage suranné. — La mode des trumeaux date du siècle dernier. — « Il se l'est brisée, mon Bourdonnard... Vieux trumeau, va ! » (*Almanach des Toqués*, 64.)

TRUQUER : Vivre de rouerics. (Halbert.)

TRUQUER : Commercer illicitement. (Rabasse.)

TRUQUEUR : Fabricant de fausses antiquités. — Champfleury a donné une physiologie du *Truqueur* dans son *Hôtel des commissaires-priseurs*.

TRUQUEUR : « A Paris, on appelle surtout truqueurs les vendeurs de contremarques et les ouvreurs de portières de voitures, qui parfois volent à la tire. On les trouve aussi sur les champs de course vendant des bouquets et des cigares. » (Rabasse.)

TRUQUEURS : « Gens qui passent leur vie à courir de foire en foire, n'ayant pour toute industrie qu'un petit jeu de hasard. » (P. d'Anglemont.) — C'est aussi un homme usant de *trucs*, dans toutes les acceptions définies plus haut. V. *Bouline*.

TRYCHINE : Prostituée. — L'épithète, qui date du temps où on parlait fort des risques que faisaient courir les trychines dans la viande du cochon (1865), ne paraît pas s'être acclimatée. — « Trychines, qui dorez les vices, enguirlandez-moi. » (Michu.)

TUANT : Ennuyeux à crever. On dit aussi *crevant*.

TUBE : Estomac : *Se fourrer dans le tube* : manger. — Même allusion que dans *fusil*.

TUBE : Chapeau de soie. — Allusion à sa forme cylindrique.

TUBERCULE : Nez à loupes et à verrues, ressemblant au tubercule par excellence, à la pomme de terre.

TUER les mouches au vol, — à quinze pas : Avoir une haleine infecte. — « Mais, chère amie, si je tuais les mouches comme tu te plais à le dire, il y a longtemps que tu ne vivrais plus. » (Grévin.)

TUER *le ver* : Boire de l'eau-de-vie ou du vin blanc ; libation matinale désignée par ces mots : Tuer le ver. (Murger.) — « Les ouvriers étaient allés tuer le ver chez le marchand de vins le plus proche. (*Figaro*, 76.) — Prise à jeun, et par exception, l'eau-de-vie a des propriétés vermifuges.

TUFFRE : Tabac. (Halbert.) — Anagramme de *trèfle*, du moins pour cinq des premières lettres. V. *Trèfle*.

TUILE : Accident. — Allusion à la tuile qui tombe d'un toit sur la tête du premier passant venu. — « La tuile est forte, mais on peut s'en relever. » (L. Reybaud.)

TUILER : Toiser, dévisager. — Terme maçonnique.

TULIPE ORAGEUSE : Cancan. — « Tous quatre frétillant des tulipes de plus en plus orageuses. » (E. Sue.)
La jupe d'une danseuse qui lève la jambe à la hauteur de l'œil, tend à prendre la forme du calice de la tulipe. De là le mot.

TUNE : Pièce de cinq francs. — « J'allais dans les bureaux de placement avec une tune. » (Beauvillier.) Abrév. de *Thune*.

TUNE : Prison de Bicêtre. C'est un dépôt de mendicité. — De *tuner* : mendier. Vieux mot.

TUNEÇON : Maison d'arrêt. Diminutif de *Tune*.

TUNER : Mendier.

TUNEUR : Mendiant.

TU QUOQUE : Et toi aussi, tu en es donc ? — Latinisme. — « La république de Saint-Marin vient d'envoyer à l'empereur Guillaume le grand cordon de ses ordres. *Tu quoque !* » (*Moniteur*, juin 72.)

TURBIN : Travail de voleur. — « A vingt-deux ans, je me remets au turbin. » (Beauvillier.)

TURBIN : Travail pénible.
Bon sang d' bon Dieu ! quel turbin,
J' viens d' mettr' mon pied dans un flaque.   (Richepin.)

— *Mettre une femme sur le turbin* : La livrer à la prostitution et en tirer parti. — « Je la mets sur le turbin pendant dix mois, gagneuse d'argent gros comme elle. » (Beauvillier.)

TURBINEMENT : Jour de travail. — « Pour grinchir tu préféreras les fêtes aux turbinements. » (Vidocq.)

TURBINER : Travailler. (Rabasse.) — « Nous turbinons, en attendant, de façon à prendre Tlemcen en grippe. » (*Comm. de Loriot*, 69.)

TURBINEUR : Travailleur. (Vidocq.)

TURCO : Tirailleur indigène de l'armée d'Afrique. — « Un carré de turcos vint se former sous nos pieds. » (Mornand.)

TURF : Champ de course, et par extension, arène quelconque. — « Voilà de quoi faire envahir par toutes les fashions le turf littéraire. » (Aubryet.)

TURLUTINE : « La turlutine,

qui joue le principal rôle de l'alimentation du soldat en campagne, se prépare en faisant cuire du biscuit pilé avec du riz et du lard. » (Cler, 56.)

TURNE : Logis malpropre. Du vieux mot *tourne* : prison. — « L'immeuble!... je me suis tout de suite souvenu de cette turne. » (Montépin.)

TUTTI QUANTI : Tous ceux qui sont tels. — Italianisme. — « Philippe de Girard, avec sa machine à filer; Sauvage, avec son hélice, et *tutti quanti*, n'étaient que des idéologues... (*Éclair*, juillet 72.)

TUYAU DE POÊLE : Chapeau rond, botte à l'écuyère. Allusion de forme. — « Il donna un coup de poing dans son tuyau de poêle, jeta son habit à queue de morue. » (Th. Gautier, 33.) V. *Méchant*.

TUYAU DE POÊLE : Botte.— Allusion de hauteur, de forme et de couleur.

TYPO : Ouvrier typographe.

U

UCHE (terminaison en). V. *Aille, Lem*.

ULSTER : « Il renfonça sa tête dans le collet relevé de son immense pardessus gris à la Mentschikoff, — ce que nous appelons à Paris un ulster. » (*Figaro*, 76.)

ULTRA : Homme voulant au delà (*ultra*) de ce que désire son parti. — « Je crois qu'il faut user d'indulgence pour les ultras. » (Desmoulins, 1790.) — « Ces royalistes surnommés ultras par l'opposition. » (Balzac.)

ULTRA : Ultramontain clérical dévoué à Rome, au delà des Alpes (*ultra montes*).

UNE! ET D'UNE! D'ABORD ET D'UNE! Ces trois locutions servent indifféremment à ceux qui ont une énumération à faire et qui la soulignent pour ainsi dire en numérotant chaque article, ou plutôt le premier article, car ils s'en tiennent à celui-là : — « D'abord et d'une, faut que je me débarrasse de ma fille Yseult. » (Marquet.)

URFFE (c'est) : C'est soigné, bien fait. (Rabasse.)

URLE : Parloir de prison. (Halbert.) Mot à mot : lieu où l'on *hurle*. — Les grilles séparent assez les visiteurs pour les forcer à parler haut.

V

VACHE : Prostituée avachie. — « Les jours de dispute, elle traitait très-bien sa mère de chameau et de vache. » (Zola.) V. *Blagueur*, *Veau*.

VACHE ET LE VEAU (prendre la) : Épouser une fille enceinte. — La faire épouser, c'est *donner la vache et le veau*. — Animalisme. « Un beau jour, la mère s'aperçut qu'elle estoit grosse…, elle ne fut pas mal habile; elle trouva à qui donner la vache et le veau. » (T. des Réaux)

VACHE ESPAGNOLE (PARLER FRANÇAIS COMME UNE) : Parler un très-mauvais français. Certains néologistes ont imaginé de modifier encore cette expression qui devient alors tout à fait dépourvue de sens : — « Incontestablement, M. B… s'est montré habile… sa rhétorique, comme celle de M. L…, parle un français de vache enragée et prétentieuse. » (*Paris-Journal*, juillet 72.) — Pour s'expliquer le mot, il faut savoir qu'on a dit dans le principe : *Parler comme un vacce espagnol*, par allusion aux habitants des provinces *basques* de l'Espagne cédées à la France (Bayonne et Mauléon), qui s'exprimaient difficilement en français. On disait alors *vacce* pour *basque*. On a dit ensuite *vache* pour *vacce*, ce qui n'est plus du tout la même chose, et on dit enfin *vache enragée* pour *vache espagnole*, ce qui est pis encore. Qu'on se moque après cela des étymologistes !

VACHERIE : Acte entièrement bestial. — Bachaumont, dans le *Constitutionnel* (juin 72), nous donne cet exemple du mot : « On s'étonnait auprès d'elle de sa liaison avec un comédien qui la brutalise et la ruine. — « Que « voulez-vous, dit-elle, c'est de « la vacherie ! »

VACQUERIE (aller en) : Sortir pour voler. (Colombey.) — Diminutif de *vague*.

VA DE LA BOUCHE : Goinfre. — « A ces va de la bouche, tu faisais l'œil et te trouvais heureux. » (Monselet.)

VADE : Attroupement. (Vid.)

VADE RETRO : Arrière. — Mot à mot : rétrograde, retire-toi ! — Latinisme. — « A la bêtise peinte sur leur figure, il les a reconnus. *Vade retro*, calicots. » (*A propos de calicots*.)

VA DONC! : Abréviation de : Va donc te promener ! — « Eh ! va donc, grand fade ! » (Ricard.) V. *Allez donc*.

VAGUE (aller au) : Rôder avec la résolution de voler à l'occasion.

VAGUE (coup de) : Vol à la *flan*. Son auteur est dans le *vague* sur le butin qu'il en pourra tirer.

Un soir que j'étais dans la débine,
Un coup de vague il me fallut donner.
Pour travailler j' mis au plan ma rondine,
Et mes outils nous fûmes les déplanquer. (Halbert.)

VAISSELLE DE POCHE : Argent. — On ne peut pas manger sans celle-là. (Debraux, 32.)

VALADE : Poche de derrière d'un habit. (Vidocq.) — Du vieux mot *avaler* : descendre. V. *Litrer, Tirer*.

VALSER : Fuir. (Rabasse.)

VALSER : Courir. V. *Cheval*. *Faire valser* : Accabler de coups. — « Nous ferons valser les Prussiens. » (Henry, *Ch.*, 38.)

VALTREUSE : Valise. — Changement de finale.

VALTREUSIER : Voleur de valise.

VANNAGE (faire un) : « Allécher par un petit profit l'homme qu'on se réserve de dépouiller. » (Vidocq.) — Comparaison de l'escroc au meunier qui lâche un peu d'eau de sa *vanne* pour faire tourner le moulin.

VANNER : S'en aller. (Rabasse.)

VANTERNIER : « Le *vanternier* est encore une variété du cambrioleur. Seulement, au lieu d'entrer par la *lourde*, il préfère s'introduire par la fenêtre. » (A. Monnier.) V. *Venterne*.

VASE NOCTURNE : Pot de nuit. — « Mais un vieux taciturne verse le contenu d'un vase nocturne. » (Bailly, *Ch.*, 36.)

VA-TE-LAVER : Correction, volée de coups. — Allusion à la nécessité d'effacer les traces sanglantes laissées sur ceux qui en sont victimes. — « Il regardait les gens, tout prêt à leur administrer un va-te-laver. » (Zola.)

VAUTOUR : Propriétaire exigeant et dur. — Dès 1587, on lit dans les *Contes d'Eutrapel* : « Vaultours que signifient ils autres que les avaricieux qui, comme ces animaux sont aspres et désordonnément actifs à posséder les biens de ce monde. » — En 1806, Désaugiers donnait *M. Vautour* au théâtre des Variétés.

VEAU : Jeune fille de joie, condamnée au rôle futur de *vache*. V. *Catégorie, Vache*. — « Veux-« tu souper ? — Pas avec toi! « s'écriait la femme, tu sens « l'ail! » Ce à quoi Bressant répondait : « Cela ne t'arrivera « jamais; on n'en met pas dans « le veau! » (A. Wolff, 65.)

J' rencontre à la barrière
Un veau,
Un veau.

(*Chanson populaire*, 1840.)

VÉCU (avoir) : Avoir expérimenté la vie. — « Il savait tant de choses, il avait vécu. » (La Cassagne.)

VEDETTE : « Qu'est-ce que la vedette? C'est la faveur toute spéciale de voir son nom imprimé en caractères trois fois plus gros que celui de ses camarades. Les administrations théâtrales n'accordent cette faveur qu'aux acteurs et actrices qui font recettes. » (De Montépin.)

VEINARD : Homme ayant habituellement de la veine. — « Il est sorti sain et sauf... c'est un veinard. » (*Commentaires de Loriot*, 69.)

VÊLER : Accoucher. — Animalisme. — « Une paysanne de la Saintonge était sur le point de vêler. » (*Événement*, 8 août 75.)

VÉLO : Postillon. (Vidocq.) — Abréviation de *véloce*.

VÉLOCE : Poste aux chevaux. (Vidocq.) — En vieux français, *véloce* veut dire *vite*. Nous avons conservé *vélocité*.

VÉLOCE : Vélocipède. — Abréviation.

VENDU : Remplaçant militaire.

VENT ET MOUSSE : Rien pour toi ! — Vent signifie ici *pet*. V. *Mousse*.

VENTERNE : Fenêtre. — Elle donne accès au *vent*. V. *Vanternier*, *Pieu*.

VENTRE (avoir dans le) : Être capable de. — « Ce petit Lucien n'avait que son roman et ses premiers articles dans le ventre. » (Balzac.) — On retrouve cette locution en Orient avec le sens de *penser*. — « Personne, même son ministre le plus intime, ne sait « ce que le maître a dans le ventre, » pour me servir d'une locution habituelle à Harar. » (*Revue britannique*, *Premier pas dans l'Afrique orientale*, par Burton, année 56.)

VENTRU : Député conservateur. — « Les *centriers*, les *ventrus* et les *satisfaits*, c'est-à-dire cette espèce ruminante qui vit en tout temps à l'auge du budget. » (A. Dumas.)

VERBE (solir sur le) : Acheter à crédit. (Vidocq.) — Mot à mot : acheter sur parole.

VERGNE : Pays. — « J'ai roulé de vergne en vergne pour apprendre à goupiner. » (Vidocq.)

VERMICHEL : Veine. — Allusion de forme. — V. *Raisiné*.

VERMINE : Avocat. (Vidocq.) — Mot de condamné. Les avocats sont par métier inséparables des prévenus.

VERRE EN FLEURS : « Cette tricherie consiste à donner au pigeon ou au compère un jeu qui, au premier abord, semble assurer la vole, mais avec lequel on perd. » (Cavaillé.) De là l'expression *se monter le verre en fleurs*, pour *s'illusionner*. — Comparaison ironique assez heureuse d'un faux espoir à des fleurs fausses qui singent les fleurs vraies.

VER RONGEUR : Voiture prise à l'heure pour faire des visites qu'on abrége dans le but d'avoir moins à payer au cocher. — « La lorette arrive en cabriolet et dit en entrant : « Docteur, « prêtez-moi donc de quoi ren- « voyer mon *ver rongeur*. » (M. Alhoy.)

VERSAILLAIS, VERSAILLAISE : Fidèle au gouvernement établi, lorsque son siége fut transféré à Versailles pendant l'insurrection de la Commune. — « Après avoir dénoncé aux communeux son mari comme Versaillais de cœur. » (Le-lioux.)

VERSIONNAIRE : Personnage faisant métier de composer en version latine, pour les candidats bacheliers plus riches que savants.

VERT : Campagne. — Origine chevaline. — On se met au vert comme les coursiers. — « Nous partons pour Fontainebleau, huit à dix jours de vert... de l'hygiène. » (E. Villars.)

VERTUBLEU! VERTUCHOU! : Jurons innocents. — Si nous en croyons cet exemple, il paraît que la vertu n'y est pour rien. On a commencé par dire *vert* et non *vertu*. — « Vert et bleu! dist frère Jan, il me desplaist grandement qu'encores est mon estomac à jeun. » (Rabelais, *Pantagruel*, livre IV, chapitre II.)

Vertuchoux équivaudrait en ce cas à *vert chou* (chou vert).

VESPASIENNE : Chaise percée, couverte et ambulante. On s'en servit dans les rues de Paris vers 1840. — « La Vespasienne parisienne à l'observateur arrêté, offre asile et commodité. » (Festeau.)

VESSE : Peur. (Dhautel.) — On connaît son action sur les intestins. — « Dans le langage qu'affectionnent les collégiens, on dit, pour avoir peur : avoir la vesse. » (*L'Intermédiaire*.)

VESTE (remporter une) : Échouer. — Mot à mot : perdre les pans de son habit dans une fâcheuse affaire. — « Dans la veste que j'ai remportée dans ma guerre contre l'opérette. » (A. Wolff.) — « Je crois que le filou qui compterait trop sur cette robe ne remporterait qu'une *veste*. Vous savez que *veste* est synonyme d'insuccès. » (A. Monnier.)

VESTIGES : Légumes secs. (Halbert.) — Mot à mot : légumes à *vesses*. On connaît leur effet sur les intestins.

VEUVE : Guillotine. — Elle voit mourir tous les hommes couchés sur elle. — « Si je n'avais pas eu peur de la veuve, je l'aurais butté. » (*Notes d'un agent.*)

VIANDE (montrer sa) : Être en toilette décolletée. Usitée dès 1808.

VIAUPER : Faire la vie. — « Coupeau, soûl comme une grive, recommençait à viauper et disait que c'était le chagrin. » (Zola.)

VICE (avoir du) : Être ingénieux, malin. — « A-t-il du vice ce matin de Couturat! » (De Goncourt.) — "Nonore, un petit avorton de femme qui a la réputation d'avoir du vice. (*Ces dames.*) V. *Méchant*.

VICTOIRE : « La chemise, c'est au marché Saint-Jacques, chez mademoiselle Victoire, qu'ils (les chiffonniers) vont la chercher. Ils l'appellent du nom de la marchande, une *victoire*. Elle leur coûte dix sous. » (Berthaud.)

VIDANGE (largue en) : Femme en couches.

VIE (faire la) : Mener une vie débauchée (08).

VIE (faire une) : Faire une vie de Polichinelle. (Abrév.)

VIE DE POLICHINELLE : Vie tapageuse. Polichinelle est un type de bambocheur effréné.

VIEILLE : Vieille eau-de-vie. — « J'en distinguai trois qui dégustaient des carafons de vieille. » (Marx.)

VIEILLE : Vieille garde de Napoléon Ier. — « Un vieux soldat de la vieille garde ; le vieux de la vieille, comme on dit. » (Balzac.)

VIEILLE (ma) : Mon vieil ami. — « Eh bien ! Raoul, ma vieille, comment que ça va ? » (Jaime.) — L'emploi du féminin a sans doute paru plus tendre.

VIEUX : Entreteneur, amant d'un âge mûr. — Une caricature de 1830 porte cette légende : « A qui qu' c'est donc, ces bottes-là, Angélina ? c'est-y vot' vieux qu'a des éperons comme ça ? »

VIGNES (être dans les) : Être ivre. Abréviation. — « On dit d'un homme ivre : Il est dans les vignes du Seigneur. » (Dhautel, 08.) — « C'est pas être un homme que d'être toujours dans les vignes. » (Balzac.)

VILLOIS : Village. — Vieux mot. V. *Rebâtir*.

VIN DE QUATRE COULEURS : « On donne aux vins épais du Midi, à Bordeaux, le nom de *vin de quatre couleurs*, c'est-à-dire qu'additionnés de quatre fois leur volume de vin blanc, presque incolores, ils font encore les délices des bourgeois de Paris, sous le nom fallacieux de *Saint-Julien, Médoc*. » (*L'Intermédiaire*, n° 124.)

VINGT-DEUX : Couteau. (Halbert.)

VIOLON : Prison de poste où sont menés les gens arrêtés, en attendant l'interrogatoire du commissaire. — Vieux jeu de mots qui date du temps où c'était l'*archer* qui vous conduisait au *violon*. — « On appelle *violon*, à Paris, une prison que chaque section a dans son enceinte pour enfermer ceux qu'on arrête la nuit et qui sont, le lendemain, transférés dans une maison d'arrêt. » (*Almanach des Prisons*, 95.)

Sentir le violon : devenir misérable. (Vidocq.) — On met au violon les vagabonds.

VIOQUE : Vieux. — Changement de finale. V. *Flacul*.

VIOQUE : Vie. — « Quelle vioque je ferais avec mon fado de carle. » (Balzac.)

VIRGULE : Cicatrice. — Allusion de forme. — « Un' balle m' rase le front. Ça m'a fait une virgule. » (*Le Gamin de Paris*, ch., 184.)

VIS-A-VIS : Un des deux couples nécessaires pour danser le quadrille. — « Le vis-à-vis de ces deux danseurs était non moins ignoble. » (E. Sue.)

VISAGE DE BOIS : Porte fermée. — « Fontenay Coup-d'Épée n'en fit que rire, et il retourne, mais il trouve, comme on dit, visage de bois. » (Tallemant des Réaux.)

VISAGE, GROS VISAGE, VISAGE SANS NEZ: Derrière. — Allusion aux rondeurs qui font l'office de joues. V. *Borgne*.

VISE AU TRÈFLE: Apothicaire infirmier. Mot à mot : *vise à l'anus*.

VITELOTTE: Nez rouge et tuberculeux comme la pomme de terre de ce nom.

VITRE: Lorgnon. — « Le petit A. de... a l'œil éteint derrière sa vitre. » (*Vie parisienne*.)

VITRIERS: Chasseurs de Vincennes. — Ils portèrent d'abord des sacs en cuir verni reluisant au soleil comme les pièces de verre que les vitriers portent sur leur dos.

VITRIOL: Eau-de-vie. — Allusion à ses effets corrosifs sur les estomacs alcoolisés. « Il l'accusait de faire sa Sophie devant le vitriol. » (Zola.)

V'LAN (avoir du): Avoir l'élan et l'imprévu que caractérise l'adverbe. — « On ne dit plus avoir du chien, on dit avoir du v'lan. » (*Figaro*, nov. 67.)

VOIR EN DEDANS: Être ivre. — Allusion à l'air extatique de certains ivrognes. V. *Cocarde*.

VOIR LA LUNE: Perdre son innocence. — « Une femme qui a vu la lune et qui est travailleuse, vaut mieux qu'un feignant. » (Zola.) V. *Lime*.

VOIR TRENTE-SIX OU TRENTE-SIX MILLE CHANDELLES: Recevoir à la tête un de ces coups qui semblent illuminer le cerveau de mille lueurs subites, comme celles des pièces d'artifices dites *chandelles romaines*. On n'ajoute guère le mot *romaine*, mais l'usage primitif de cette finale nous livre l'étymologie. « J'avoue que ce soufflet m'a fait voir trente-six chandelles. » (Cam. Desmoulins, 90.)

VOIRIE: Homme ou femme méprisable. Mot à mot : digne d'être jeté à la voirie. — « Va-t'en donc, vilaine voirie, vierge de la rue de la Tannerie. » (*Catéchisme poissard*, 44.)

VOITE: Voiture. (Halbert.) — Abréviation.

VOLAILLE: « Élève des établissements préparatoires de Versailles qui injectent de science et d'histoire les aspirants à l'École de Saint-Cyr. Il a un uniforme prodigieusement militaire, des éperons, des brides d'épaulettes et une cravache. — Les conscrits lui portent les armes. » — « Quel est le département qui ne fournit son contingent d'aspirants à l'École spéciale militaire, ce grand et immortel *bahut*!... A Versailles, c'est l'amarante ou jonquille *volaille* échappée des poulaillers de Barthe et Buron ; à Paris, c'est le *cornichon* extrait des bocaux de Barbet, Loriol et autres ; à la Flèche, c'est le bataillon des purs enfants de *Brutium*; dans tous les lycées, le bouillant *pot à chien*. » (Loubet.)

VOLAILLE: Prostituée voleuse. — Jeu de mots. — « Sauve-toi donc, maudite carogne, vilaine volaille à ivrogne, » s'écrie une poissarde dans le *Catéchisme poissard*, où, quelques lignes plus haut, il est déjà reproché à une femme de voler les hommes soûls.

VOLAILLON : Mauvais voleur. (Rabasse.)

VOL-AU-VENT (avoir une écrevisse dans le), DANS LA TOURTE : Avoir la tête dérangée. — Le vol-au-vent représente la tête, et l'écrevisse, la folie. — « Ce fils de propriétaire a une écrevisse dans le vol-au-vent. » (*Alm. du Hanneton*, 67.)

VOL-AU-VENT : Plume. (Vidocq.)

VOLANT : Manteau. (Vidocq.) — Il vole volontiers au vent.

VOLANT : Volaille, oiseau. — L'acte est pris pour l'acteur.

VOLÉ (être) : Être trompé dans son attente. — Capelle, dans ses *Contes* (1818), fait dire à Richelieu, près duquel une fille d'Opéra s'était fait passer pour une paysanne : « Grands dieux ! je suis volé ! » — « Un homme *vole* une femme galante lorsqu'il ne lui donne pas une somme promise. L'homme est au contraire *volé*, lorsque la femme ne lui a laissé que du désenchantement. » (Cadol.) — Un voleur se dira *volé*, s'il trouve peu de butin.

VOLEUR AU CROQUANT. V. *Grinche de cambrouse*.

VOLTAIRIEN : Partisan des idées antireligieuses de Voltaire. — « Le bourgeois voltairien laisse insulter le prêtre. » (S. de Wœstyne, 75.)

VOLTIGEUR DE LOUIS XIV : Émigré rétabli par la Restauration sur les cadres de l'armée. — « Cet ennemi personnel de l'égalité, ce détracteur narquois de notre révolution..., ce voltigeur de Louis XIV. » (E. Augier.)

VOUZAILLES : Vous. V. *Ravignolé*.

VOYAGE AU LONG COURS : Bagne. (Stamir, 67.) Allusion à la traversée de Cayenne et à la durée de la peine.

VOYOU, VOYOUTE : Gamin, gamine, vagabondant sur la *voie* publique. Par extension, *voyou* se dit de l'homme qui a tous les vices du peuple sans en avoir les qualités. — « Le gamin de Paris est accessible à tous les bons sentiments. Le voyou de Paris possède tous les vices. » (A. de Caston.)

« *C'est un vrai voyou. Quel voyou !* » Se dit d'homme de tout âge et de toute classe, crapuleux de terme ou de conduite.

VOYOUCRATE : Partisan de la voyoucratie.

VOYOUCRATIE : Despotisme de la dernière classe du peuple sur les autres classes. Mot à mot : aristocratie du voyou. — « Je le dis sans crainte, que MM. les journalistes de la Presse voyoucratique m'appellent presse immonde. » (J. Richard, 28 août 72.)

VRAI : Homme véritable ; c'est-à-dire vraiment digne de ce nom. — « Eh bien ! vous n'êtes pas un traqueur, vous, à la bonne heure ! Vous êtes un vrai. Permettez-moi de vous donner la main ! » (*Figaro*, mai 75.)

VRILLE (voleur à la) : « Vo

leur pénétrant dans les maisons en pratiquant aux volets une ouverture carrée à l'aide de quatre trous de vrille entre lesquels il fait jouer une scie très-fine. » (Canler.)

WALK-OVER : « Littéralement *promenade dessus*. L'acte de parcourir la piste seul, faute de concurrents. » (Parent.) Angl. Argot de courses.

WALLACE : Eau des fontaines publiques données généreusement par sir Richard Wallace à la ville de Paris.

Comme ils adorent boire à la fraîche, à la glace,
Ils s'ingurgitent du Wallace.
(Richepin.)

WELSHER : « Parieur de courses qui a pour règle de s'esquiver s'il perd. » (Parent.) Angl.

X

X : Secret. — En mathématiques, X représente l'inconnu. — « On cherche l'X du cœur. » (Texier.)

X : Calcul. — « Depuis l'année 40, le fort en X est en proportion constante. » (*Les Institutions de Paris.*)

X (tête à) : Tête organisée pour le calcul. — Calembour sur la formule qu'on prononce *théta X*, employée en mathématiques. — « L'ancien est évidemment une tête à X. » (La Bédollière.)

X : Polytechnicien. — Allusion aux connaissances mathématiques exigées pour entrer à l'école.

Y

YANKEE : Américain. — « Parbleu ! tous les yankees s'appellent Atkins, s'écria M. Jules. » (Du Boisgobey.)

YEARLING : Poulain d'un an. (Parent.) Angl.

YOUTE, YOUTRE : Juif. — Germanisme.

Z

ZÉPHIR : « L'infanterie légère d'Afrique, dont les hommes sont généralement désignés sous le nom de zéphyrs. » (Gandon.)

ZIF : Marchandise imaginaire. V. *Solliceur*.

ZIG, ZIGUE : Compagnon,

ami. — « Entrez, entrez, nous sommes tous ici de bons zigues. » (Monselet.) — « Je suis un bon zig, il a l'air d'un bon enfant, nous nous entendrons. » (Montépin.)

ZIGUE : Finale ajoutée arbitrairement à certains mots : « Cavale tezigue vers mezigue : Cavale-toi vers moi. » (Paillet.)

ZINC : Argent monnayé. — C'est une variante de *métal* (argent). V. *Fusil de toile*.

ZINC, ZING : « On ne dit plus chic, à ce qu'il paraît. C'est rococo. C'est bourgeois. Et quand une femme a du genre et de l'élégance, on dit qu'elle a du zing. » (*Événement*, 18 août 66.) — « Une toilette par exemple... pourrie de zing et persillée de chien. » (*Vie parisienne*, 66.) — Acception figurée de *zinc* : argent.

ZINC : « Se dit principalement des chanteurs dont la voix est métallique et solide. *Il a du zinc* s'applique également aux acteurs en tous genres qui possèdent un organe sonore. » (J. Duflot.)

ZINC (sur le) : Sur le comptoir du marchand de vin. Allusion au métal qui le recouvre.

Quand avec les zigs, sur eul' zinc,
J'ai pas d' braise pour m' fend' d'un li-
[tre.
(Richepin, 77.)

ZOUZOU : Zouave. — Abréviation redoublée. — « Ils ne ressemblent en rien aux zouzous qu'on voit sur les boulevards. » (J. Noriac.)

ZUT : Non. — « Zut et bran pour eux. » (P. Borel, 33.) — « Ah ben! non, zut!... du flan! Je ne veux pas rester à côté d'Adolphe. » (Jaime.)

FIN.

AVIS NÉCESSAIRE

Découvertes et regain de la dernière heure. — Influence des dialectes provinciaux sur l'argot parisien. — Un nouveau contingent de vétérans. — De quoi se compose notre supplément. — De la quantité, de la qualité et de la sincérité en matière lexicographique. — Documents justificatifs.

A peine cette annexe est-elle terminée qu'il me faudrait donner le supplément du supplément. Chaque jour amène un mot ou une expression de plus. Condamné à n'être jamais complet, me voici donc offrant aux derniers venus, faute de mieux, l'hospitalité de cette première page. Au moins la France apprendra dès maintenant que nos anglomanes courent des *drag*, pratiquent le *yachting* et deviennent des *yachtsmen* accomplis (1), que nos malfaiteurs disent *bourriques* au lieu de *roussins* (2), et qu'ils préfèrent la *Nouvelle* (3)

1. *Drag*, course où tous les cavaliers suivent un chef de file, qui attache n'importe quoi à la queue de son cheval. En Angleterre, on ne dédaigne pas d'y mettre un hareng, mais le hareng se prêterait mal à la *curée chaude* de cet exemple. « Fontainebleau, 27 juillet 1879. Les officiers du 11e hussards ont couru un drag avec l'équipage de M. Servant... La curée chaude a eu lieu dans la vallée de la Solle. » (*Figaro*, août 79.)
Yachting : « La pêche ou plutôt le yachting, ce sport nautique embrassant tous les plaisirs qu'on peut se donner sur l'eau. » (*Figaro*, 1er oct. 1879.)
Yachtsman : « Les yachtsmen bordelais se préparent déjà pour les grandes régates de Nice » (Idem.)
2. *Bourrique* : agent de la sûreté. — « Il se perdit dans le passage Vero-Dodat en criant aux autres : *voilà les bourriques !* » (*Petit Journal*, 6 avril 1879.)
3. *Nouvelle* : Nouvelle-Calédonie. — « Comme je suis en récidive, à bientôt le voyage pour la Nouvelle, j'aime autant cela. » (Idem.)

au régime des prisons centrales. Après avoir accueilli le substantif *lâcheur,* il est urgent de savoir que notre langue politique ne dédaigne point le verbe *entreprendre* (4) et qu'elle adopte l'adjectif *Jéromiste* (5). Auprès des Cigaliers qui célèbrent à Paris la Provence, il convient d'annoncer les Sartaniers, leurs frères du Vaucluse (5 *bis*). Et quand nos poètes aimés ne dédaignent pas d'immortaliser en passant le nom d'une mode (5 *ter*), comment résister à la tentation de leur dérober deux vers ?

Puis, c'est le théâtre qui donne au verbe *être* à un sens nouveau qu'il importe de préciser pour la sécurité de ses futurs commentateurs. Ainsi dans le *Voyage en Suisse,* qui a fait la fortune des Variétés pendant l'automne de 1879, un voyageur de chemin de fer s'écrie : « *Je vais voir si ce mécanicien est à la cascade.* » Gardez-vous de penser aux nécessités hydrauliques de la machine, et traduisez : « *Je vais voir si ce mécanicien* entend la plaisanterie, veut m'aider à faire une charge. »

N'oublions pas notre armée, qui n'a garde de rester en arrière; elle a voulu avoir ses *carapatins* comme la marine a ses *carapatas;* elle appelle *gladiateurs* ses souliers et *vingt-huit jours* ses réservistes (5 *quater*).

---

4. *Entreprendre* : commencer une suite d'attaques. « Il avait, dans son dernier numéro, entrepris M. Boucher. » (*La Paix.* oct. 1879.)

5. *Jéromiste* : partisan du prince Napoléon, fils du roi Jérôme. « La feuille Jéromiste voit la décomposition faire des progrès dans le parti monarchique. » (*Paix,* 1er oct. 1879.)

5 *bis*. *Sartane* : Société des Sartaniers. En provençal, *sartan* signifie : poêle à frire. — *Sartanier* : membre de la société de la Sartane. — « Les cigaliers auxquels s'étaient joints les sartaniers ou Vauclusiens présents à Paris... La Sartane a pour président M. Escoffier, du *Petit Journal.* » (*La France,* oct. 1879.)

5 *ter*.   L'homme actuel, sublime à la fois et mesquin,
   Est vêtu d'un complet comme un Américain.
              De Banville (*La Vie Moderne,* 1879).

On sait que le complet est un habillement taillé dans le même drap (jaquette, gilet et pantalon).

5 *quater*. *Carapatin,* fantassin, dérivé de *court-à-pattes.* Voir *Carapata.*

Combien de synonymes n'a-t-on pas trouvés pour gazer l'image répugnante évoquée par le verbe *vomir*. Le plus discret nous manquait jusqu'ici. Hâtons-nous de réparer cette lacune par une ligne des souvenirs anecdotiques, que M. Saint-François publie sous le titre : *Vieux péchés*. « Sur six convives, il y en eut quatre qui *restituèrent*, » dit-il, en rappelant un dîner macabre, fait chez un conservateur de cimetière qui brûlait de vieilles croix pour rôtir le gigot.

Le *Figaro* du 16 octobre 1879 me fournit encore deux exemples précieux; l'un pour : *tomber dans la limonade*, être en déconfiture. (« Ils vous mangeront comme vous les avez mangés; vous serez dans la limonade »); l'autre pour la formule dénégative *Des plis!* donnée dans ce supplément sur la foi de M. Lucien Rigaud. (« Aujourd'hui on nous dit : Faut les délivrer. Des plis alors; vous ne comprenez pas? des nèfles!!... »)

Ce qu'il n'importe pas moins de saisir au passage, c'est l'acception nouvelle de mots déjà connus. Exemples :

Dans l'origine, *flirter*, c'était toujours ce que nous avons toujours appelé *coqueter*, c'est à-dire s'aimer sans conclure; (de l'anglais : *flirtation*, coquetterie). Aujourd'hui *flirteuse* devient synonyme de *lorette*, ce qui est tout l'opposé. On le voit par ce troisième exemple tiré du *Figaro* (20 octobre 1876) : « De ces eaux-fortes, l'une est ravissante, elle représente tro' flirteuses aux Folies-Bergère et un vieux monsieur. »

D'autre part, *siffler au disque* n'est plus *attendre de l'argent*, c'est attendre n'importe quoi, même une bonne fortune. « Rien à faire de cette femme-là!... J'ai sifflé au disque assez longtemps... Pas mèche! la voie es barrée, » dit un prince facétieux dans les *Rois en exil* d'Alphonse Daudet.

— « Ils reprennent le chœur en cadence répètent avec les vieux carapatins. » (R. Maizeroy. *La Vie Moderne*, oct. 1879.)

Vingt-huit jours : réserviste. — Allusion au temps exigé pour leur service. « Les vingt-huit jours cro ent déjà humer les émanations de la soupière. » (*Idem*.)

Gladiateurs : souliers. « Lèv. donc tes gladiateurs pour ne pas faire de poussière. » (*Idem*.) Allusion ironique au cheval de course Gladiateur.

Un peu plus loin, nous trouvons dans *gaga* un nouveau synonyme de *gâteux*. C'est un redoublement de première syllabe bon à retenir pour les arriérés, qui ne connaissent sous ce nom que les habitants de Saint-Étienne. (Voyez *Gagat*, page 186 du Dictionnaire.) Que deviendraient-ils en lisant ce passage : « Il vaut mieux qu'elle meure au combat que de finir dans un fauteuil de gaga. »

A la page 286 du même roman, nous rencontrons *pavé*, avec le sens que voici : « Les fâcheux et les créanciers, ce qu'en argot parisien on appelle les *pavés*, c'est-à-dire des personnes ou des choses qui gênent la circulation. » Vers 1840, les débiteurs forcés d'éviter une rue, disaient : « *On pave*, c'est-à-dire : *Il y a des créanciers ici, il n'y faut point passer.* » C'était une double allusion aux embarras de la circulation et aux prétextes allégués pour éviter toute fâcheuse rencontre.

On possédait déjà cinq sens néologiques pour *clou* (mont-de-piété, prison, baïonnette, mauvais ouvrier, outil de graveur). Le critique musical de l'*Événement* (31 octobre 1879) en donne un sixième dans ce compte rendu d'opérette : « C'est le clou de la partition, comme on dit aujourd'hui. C'en est le bijou, aurait-on écrit autrefois. » — *Clou* désigne ici une partie remarquable, digne de *fixer l'attention*. *Fixer* aura paru faible, car en France on roule toujours sur la pente des superlatifs, et on aura dit *clouer*, ce qui est fixer forcément et pour longtemps.

Mais ce qui me tient le plus au cœur, c'est l'erreur à reconnaître et à réparer. Ainsi, je ne me pardonnerais point, si j'oubliais de dire que la lettre de forçats, citée dans notre dernière Introduction (page 11), a paru pour la première fois dans l'*Intérieur des Bagnes*, par Sers (Paris, Dépée, 1845, in-8, p. 35); la date en est donc bien plus ancienne que le manuscrit de M. Rabasse ne me l'avait fait penser.

Autre remords de conscience. *Manger sur l'orgue* (dénoncer), que j'ai traduit mot à mot (p. 78) par *manger sur lui*, doit être traduit *manger sur l'homme*, puisque nous constatons plus loin (p. 92) que *orgue* voulait dire *homme*. Rectification d'autant plus importante que le mot similaire *musique* (réunion de dénonciateurs dans une prison) m'avait jusqu'ici fait prendre *orgue* au pied de la lettre. C'est surtout en fait d'étymologies, que le vraisemblable n'est pas toujours le vrai.

Pour les exemples justificatifs, j'ai le regret de ne pas toujours mettre la main sur les plus anciens qui sont les plus précieux. Ainsi ai-je lu trop tard les Mémoires de Boucher de Perthes (*Sous dix rois*), où *crucifié* se trouve daté de 1814. « La foule des titrés ne peut être comparée à celle des crucifiés, écrivait-il le 19 juillet; quel déluge de croix et de rubans ! »

Nous ne sommes pas encore au bout. C'est dans la restitution des mots appartenant à notre ancienne langue que nos découvertes de la dernière heure sont les plus nombreuses. On connaît notre opinion sur la matière. Le temps n'est plus où les chercheurs faisaient sérieusement venir *argot* du grec *argos* et *gniaf* du grec *gnaphô* (6). On a reconnu, et, parmi les premiers, nous avons affirmé qu'il n'était pas besoin d'aller chercher des origines si loin. La part faite aux vieux mots de langue d'oc et de langue d'oïl va s'élargissant dans chaque édition. On verra qu'il en est de même dans ce supplément, en dehors duquel il y a beaucoup à trouver encore, puisqu'il me faut ajouter ceci à la dernière heure.

En commençant par les dialectes et patois, qui sont des monuments de la langue nationale, nous retrouvons *louffe* (vesse) dans le breton *louf* et dans le provençal *loufia* ; — *hosto* et *lousteau* (prison) dans le flamand *ostiau*; *scionner* (frapper) dans le normand ; *harpe* (grille de fer) dans le cham-

---

(6) Je n'invente rien, comme on peut le voir par cet extrait des *Français peints par eux-mêmes* : « Le mot *gniaffe*, comme tout ce qui est greffé sur l'argot, nous a semblé plus populaire et plus expressif. L'étymologie d'ailleurs en est brillante : ainsi *que la plus grande partie du jargon des voleurs*, ce terme est d'origine hellénique et vient du mot grec γναφεύς, cardeur ou peigneur, et dérisoirement racleur ou gniaffe, formé de γνάφω, racler, c'est-à-dire racler ou ratisser de vieux cuir. » (P. Borel.)

penois; *faire des emballes* (faire de l'étalage) dans le manceau; *emballe* (orgueilleux), *balot* (lèvre épaisse), et *graffignoux* (écrivain, huissier) dans le poitevin. Le Midi est un terrain particulièrement fertile. On y rencontre *bobine* (figure) dans *bobin* : moue, grimace; — *conni* (mort) dans *caunit* : trépassé; — *harpion* : griffe; — *palot* : rustre; — *pichenet* (petit vin) dans *pichoun* : petit (de même pour *piccolo*); — *rapiat* dans *rapateou* : qui enlève tout; — *tourtousine* (corde) dans *tourtouras* : tordu. — *Sabernau* (savetier ambulant) est aussi connu depuis longtemps en Provence. Du reste, *sabrenauder* se trouve déjà dans le Dictionnaire de Trévoux de 1718 avec le sens de *travailler grossièrement*. N'oublions pas que *baluchon* vient de la partie du Berri qui confine à la Creuse.

Enfin l'expression *ah malheur!* qui a passé jusqu'ici pour éminemment parisienne, est d'origine campagnarde. C'est une exclamation d'étonnement sans idée d'exciter la compassion, écrit le comte Jaubert dans son *Glossaire du Centre*. — On dit : « Ah! malhureux! que de bestiaux dans ce pré! » Nous avons entendu un Berrichon, venu pour la première fois à Paris, s'écrier à chaque objet qui excitait son admiration : « *Ah! malhureux* (7)*! c'est-il beau!* »

Si nous nous reportons maintenant aux répertoires de notre ancienne langue, nous pouvons encore rallier un assez grand nombre de vétérans.

Le lecteur pourra les joindre à ceux qu'énumère la page 3 de notre Introduction.

Ainsi *bille* (argent monnayé), que je croyais abrégé de *billon*, semble plutôt une forme du vieux mot *pille*, qui a le même sens; — les illusions vaniteuses caractérisées par se *gober*, *gobeur*, se retrouvent dans *gobe* : vain, plein de gloire et d'ostentation; — *goret* (compagnon cordonnier) est admis par le dictionnaire de Ménage; — de la *pelure* moderne au

---

7. C'est-à-dire : « Combien je m'estime malheureux (pauvre) devant une telle magnificence! » L'admiration se manifeste ici dans un humble retour sur soi-même.

vieux mot *pelé* (habit fourré), il n'y a pas bien loin. — Au xvɪᵉ siècle, dans les *Nuits de Straparole*, il est question d'un personnage qui, à coups d'un gros bâton « peigne son homme de toutes façons. » C'est bien la même image que nous avons conservée dans *peignée*. — D'un autre côté, *peloter*, qui se dit aussi pour *battre*, me paraît maintenant bien proche de *pelauder* : rosser, étriller. *Rognioner* (grogner) est un vieux mot donné tel, comme les précédents, par le dictionnaire de la langue romane de Roquefort. De même pour *paumoier* (saisir) et *paumer* (tomber en défaillance), d'où viennent *paumer* (prendre) et *paumer* : perdre (7 bis). Je ne retrouve pas d'exemple aussi ancien de *stuc* (part de vol), mais un arrêt rendu par le Parlement de Paris contre un recéleur, n'a pas dédaigné d'en conserver trace ; il est du 22 juillet 1722. (Paris, Delatour et Simon, 1722, in-4º.) *Avoir son arnaud*, (être de mauvaise humeur), est une déformation du vieux mot *renos* (fâcheux, grondeur), et lorsque j'ai fait observer qu'au lieu du *renarder* moderne, on disait autrefois *renauder*, j'aurais dû ajouter que *renaud* se disait autrefois pour *renard*, ce qui rétablit une similitude parfaite entre les deux expressions...

Rabelais a usé d'un verbe qui est bien l'équivalent de nos *morfier* et *morfiler* (avaler), quand il dit : « Là, là ! c'est morfiaillé cela. O lacryma Christi !... c'est vin pineau. »

Enfin, j'ai été assez heureux pour trouver un texte décisif sur une question bien controversée dans le monde de la philologie argotique.

Dans cet autre passage : « Verse tout, verse de par le diable ! verse deçà tout plein, la langue me pelle : *Lans stringue!* », Rabelais confirme mes premières conjectures (8) sur l'origine germanique de notre mannstringue (marchand de vin). —

---

7 bis. Ce double sens de *paumer*, en apparence si contradictoire, s'explique mieux si on considère le premier *paumer* comme une forme de notre verbe *empaumer*, tandis que le second vient de *pausmer* qui voulait dire autrefois : *se pâmer, défaillir*.

8. « Mannezingue : mot à mot homme (*mann*) vendant à boire (*zu trinken*). On a dit d'abord *mannstringue*. » — *Excentricités du langage*. 5ᵉ édition.

Dès 1725, l'ancien commentateur de Rabelais, Le Duchat, dit en effet que *lans stringue* est l'abréviation d'une formule populaire employée par les soldats qui demandaient à boire : *landsmann, ʒu trinken* (paysan, donne à boire !). Notre armée aura nationalisé à Paris ce *man ʒu trinken*, qui sera devenu le père du moderne *mannstrinque*. aujourd'hui *manneʒing*. Le *lands* est resté en route, selon notre coutume abréviatrice.

Cela ne veut pas dire que je sois toujours heureux dans mes conjectures. En matière étymologique, le temps et la réflexion font tout; on n'improvise ni les rectifications, ni les découvertes. Et si j'arrive à ne voir dans *salé* (paiement de typographes) qu'un simple jeu de mots sur *salaire*; si le vieux mot *persepoux* (tailleur couturier) me prouve que, de tout temps, les néologistes facétieux ont tenu à caractériser le va-et-vient d'aiguille que je crois avoir deviné dans *piqueprune*, d'autre part, je reconnais m'être trompé dans mes conjectures sur *gaffe:* bouche (9), qui est une formule populaire de *gave*, comme le verbe populaire *se gaffer* est une forme de *se gaver*. Et ce *gave*, je le retrouve dans *gavion*, *gaviot* (gosier), qui sont évidemment ses dérivés. Heureusement que *Don Carlos* est là pour me consoler. Selon le glossaire argotique d'Halbert, on appelle *Don Carlos* l'homme qui paye les filles. J'allais me perdre en Espagne, quand j'ai pensé à *carle* (écu), et j'ai compris le jeu de mots. C'était bien simple sans doute, mais le plus simple n'est pas toujours le plus aisé à reconnaître du premier coup.

Notre supplément est de 2784 mots (avant-propos compris). Ce chiffre est considérable, mais il est loin de représenter en réalité un contingent entièrement neuf; on y trouvera beaucoup d'expressions négligées jusqu'ici à dessein, parce qu'elles

---

9. Il est bon de préciser, car aux cinq ou six sens connus de *gaffe*, le *Figaro* du 25 septembre 1879 vient d'ajouter celui-ci : « La gaffe est synonyme d'impair; faire une gaffe ou faire un impair signifie *pour tout Paris*, dire la chose précise qu'il ne faut pas dire. »

ne pouvaient se justifier par des exemples. Pour ne m'en point passer plus longtemps, j'ai pris le parti de les placer sous la garantie des auteurs qui les ont publiées.

Les 2784 mots se décomposent ainsi : 1º Mots nouveaux, additions et rectifications, 926. — Mots placés sous la garantie de M. Fr. Michel, E. Colombey, Al. Pierre (10), Halbert, Vidocq, Delvau, etc., 990. — 3º Mots placés sous la garantie de M. Lucien Rigaud, 868 (11). — Cette méthode nous a paru bonne en ce qu'elle offre une date de constatation, sans enlever à chaque auteur le mérite et la responsabilité de ses petites découvertes.

Tout dictionnaire redonnant d'ordinaire comme siens les mots déjà donnés par les dictionnaires précédents, attribuer à chacun la part qui lui revenait en propre, n'a pas été une tâche sans longueurs ni sans difficultés. J'ai, de plus, constaté les variations et l'origine de chaque mot lorsque cela m'a été possible.

En livrant au lecteur tout le détail de ce triage, j'obéis au scrupule de conscience qui doit, selon moi, servir de règle pour la préparation d'un glossaire ; il ne suffit pas d'annoncer des inconnus, il faut les légitimer en quelque sorte, c'est-à-dire prouver leur existence autrement que par une simple affirmation. Précaution essentielle sur le terrain de l'argot où le contrôle est difficile, où rien ne paraît assez bizarre, ni assez étrange, à des lecteurs souvent trop crédules. L'auteur en vient alors à placer en première ligne la question de chiffres, et c'est à qui donnera beaucoup (12), le répertoire conte-

---

10. *Argot et Jargon*, par Alexandre Pierre, directeur de l'administration des recherches et renseignements. Seule édition de l'argot des filous qui n'est intelligible qu'entre eux. — Imp. Bonaventure et Ducessois, 1850 à 1860? Placard in-folio.

11. Lucien Rigaud. *Dictionnaire du jargon Parisien*, Paris, Ollendorff, 1878, in-12, de 347 pages à 2 col., 5 francs. Ce livre très substantiel, dont le titre et le plan serrent d'aussi près que possible notre 6ᵉ édition (*Dictionnaire de l'Argot parisien*), contient bon nombre de mots qu'on chercherait vainement ailleurs.

12. C'est cette misérable question d'effectif qui a fait donner comme argotiques par d'autres livres, les mots suivants que je livre à l'étonnement du lecteur :

nant le plus de mots étant tenu pour le meilleur. On n'a pas le temps d'apprécier si la masse est de bon aloi ; on la salue au passage et tout est dit, car le dieu du jour est la quantité. Le sacrifice que je lui offre à regret exigeait du moins ces réserves.

Plus que jamais aussi, je maintiens que toute la force de mon entreprise réside dans le choix et la multiplicité des exemples. Un avis placé en tête du texte dit pourquoi j'ai dû m'en priver trop souvent. Mais ceux que j'ai pu réunir ici ne m'en sont que plus précieux. Un traité fort intéressant de Justin Améro (13) m'a permis de bien caractériser les importations de l'anglomanie ; le *Sublime* de M. Denis Poulot m'a servi beaucoup pour ce qui regarde la classe ouvrière ; M. Richepin, le poète des *Gueux*, m'a donné quelques bonnes rectifications ; les glossaires d'argot militaire, typographique et théâtral de MM. Désiré Lacroix, Boutmy et Bouchard m'ont été utiles. Enfin les romans de l'école naturaliste, qui reconnaît pour chef M. Zola, m'ont apporté des exemples que je désespérais d'avoir, car les études de mœurs n'ont jamais assez de hardiesses pour les chercheurs qui poursuivent la constatation de certains mots. L'essentiel est que ces hardiesses soient reproduites sincèrement, sans atténuation comme sans amplification.

Terminons par un document de date relativement récente.

« Mandrin, mangeaille, manger sur le pouce, manigance, manivelle, maquerelage, maquerelle, maquignonnage, maquignonnes, marmaille, margouillis, marmiteux, marmonner, marmot, marmotte, matois, mauvais coucheur, mazette, meublant, mijoter, minois, minable, mitonner, mitron, monter sur ses ergots, monter sur ses grands chevaux, gouge, gouine, gourd, gourgandine, gandin, gourme (jeter sa), gousset (sentir du), graisser la patte, greluchon, grève, gribouiller, grigou, gringalet, avoir en grippe, grivois, grogner, grugeur, gruger, gueuserie, guigner, guignon, guindé. » — Je n'ai pris que dans deux lettres. On peut par là juger du reste. Ce qui n'empêchait pas le lexicographe susdit d'affriander le lecteur par cette pompeuse annonce : « J'ai cueilli sur leur tige et ramassé sur leur fumier natal tous les mots de mon dictionnaire. »

13. *L'anglomanie dans le français et les barbarismes anglais usités en France*, par Justin Améro. Paris, Dramard-Baudry, 1878, in-12.

AVIS NÉCESSAIRE.

J'ai déjà montré que, dans le langage comme dans la correspondance des malfaiteurs, l'argot ne comptait jamais que pour une faible partie du texte. Plusieurs lettres ont été citées comme preuves à l'appui ; en voici une autre non moins inédite et non moins curieuse. Le lecteur est prié de remarquer qu'elle est généralement orthographiée. Je regrette de ne pouvoir reproduire l'en-tête illustré et peint qui représente un groupe de chérubins entourant une croix. Au-dessous de cette pieuse composition, on lit :

Paris, ce 30 mai 1876.

Ma chère petite femme,

Un des grands bonheurs, c'est d'écrire une lettre d'amitié à une petite femme que l'on aime.

Je te recommande une chose, c'est : qu'aussitôt ta mise en liberté, de venir me voir et ensuite d'aller chez ma mère. Tout ce que j'ai à te recommander, c'est qu'une fois sortie de ne pas faire de bêtises, et de te rendre au gré (répondre aux demandes) de M. P..., car il y a peu de juges d'instruction qui ont une pareille bienveillance, envers les détenus, ce serait donc lui faire arriver des désagréments si tu ne te rendais à lui selon sa volonté.

Ma chère petite femme, j'ai appris que les idées à Marie Loudevig, étaient changées à l'égard de Jean Keipp, mais si Marie l'a gamelé, je te dirai aussi qu'il nous a attachés un bidon le jour que je t'ai vue à l'instruction, pour aller avec Henri Chevet, il nous a quittés réellement comme un petit muffe et même sans nous prévenir, je te prierai de croire qu'il ne boira plus à notre table à l'avenir, ou bien si il y boit ce sera vraiment dans la grande tasse, car Ursin et Billon, ne sont pas trop contents après lui.

Mon cher petit bébé chéri, une chose essentielle que j'allais oublier c'est : que quand tu viendras me voir, je te prierai de m'envoyer mon foulard, mes chaussettes ainsi que de l'encre bleue, de l'encre rouge, des crayons de toutes sortes de couleurs sans oublier du papier à lettres.

Tant qu'à ce qui concerne la famille, tu pourras aller voir les parents et sans aucune crainte, car au contraire cela leur fera un sensible plaisir, voici leurs adresses : La mère, rue N....., n° 27 (en face la rue H....), aux 2 Moulins, ce n'est aucunement de ma faute si je ne t'en mets pas plus long, car je pars pour l'instruction.

Je crois que tu ne pourras pas faire de jardin sur cette petite lettre, car il n'y a pas de mauvais bonniments, si il n'y en a pas long c'est assez joli ; car Billon a embelli ma lettre en y faisant les anges et les dessins qui sont en tête.

Je termine en t'embrassant 45 minutes sans baver. Ton homme qui n'aime que toi pour la vie !

C. E.

U... vous souhaite le bonjour à toi et à Marie.

Mazas, 6ᵉ Don 86.

Mais nous ne saurions laisser le lecteur en une telle compagnie. Ajoutons, pour terminer, que si nous puisions plus largement aux sources manuscrites, on verrait combien l'argot fait de chemin, non plus dans les dernières couches sociales, mais dans la classe la plus intelligente et la plus relevée. J'en peux donner une preuve curieuse entre toutes, recueillie dans la collection d'autographes de M. Eugène Minoret, qui possède une partie de la correspondance intime de George Sand. Vers la fin de sa vie, à propos de théâtre, elle écrit à un vieil ami de la famille qui l'accompagnait dans ses voyages à Paris ou à Palaiseau :

« ... Tu es un rude *gobeur* comme moi ; tu écoutes et tu ne critiques pas pendant la pièce... » (28 novembre 1865.)

« ... Je n'ai pas eu un cil mouillé, et tu sais si je suis *gobeuse*. » (19 mars 1865.)

Le verbe *piocher* revient souvent sous la plume de cette grande travailleuse.

« J'ai bien pioché, dit-elle le 1er janvier 1866. — Du moment que tu pioches, c'est bon ! écrit-elle encore vingt-cinq jours après. » (25 janvier 1866.)

Et plus loin :

« ... Tu es un fameux *loupeur;* on ne te trouve jamais chez toi... » (15 avril 1866.)

« ... Je broie du noir... » (15 avril 1866.)

« ... J'ai très bien dormi avec mon perdreau *dans le fusil*... » (4 janvier 1867.)

« ... Tâche de nous avoir des *passes* pour que nous puissions voyager *à l'œil.* » (4 janvier 1867.)

« ... Il paraît que la *panne* te tient en haleine et en progrès... »

« ... Tu n'as pas soixante-cinq ans dans ton coffre. » (31 octobre 1868.)

« ... Les Parisiens sont des *lâcheurs*. » (2 janvier 1875.)

Toutes ces facéties étaient signées George Sand. Comme elles n'étaient pas destinées à la publicité, leur divulgation ne saurait porter atteinte à une réputation littéraire qui reste, à bon droit, des plus pures. Elle montre seulement qu'aux heures de repos, l'écrivain se dédommageait volontiers de toute contrainte grammaticale, usant des libertés de langage à la mode dans le petit cénacle d'artistes qui admirait en elle le plus simple et le plus cordial des camarades. A son exemple, d'ailleurs, Balzac et d'autres grands esprits de notre temps furent enclins à s'amuser d'une expression nouvelle, comme des enfants. Mieux que personne, les maîtres en l'art difficile de formuler la pensée se laissent prendre au côté imagé, inventif, de nos irrégularités de langage. Et dans quel monde aurait-on le droit de le leur reprocher ? Est-ce dans le bon public, qui se jette sur les *combles* (14) après s'être enthousiasmé des *questions*?

La raison d'être de l'argot va plus loin que ces modes fugitives. *Cherchez le Bulgare* (15) n'eut qu'un jour ; *gobeur* et *gobeuse* dureront aussi longtemps que la naïveté française.

LORÉDAN LARCHEY.

Paris, 8 novembre 1879.

---

14. Le comble est un jeu de mots fort à la mode de l'année 1879. Voici deux exemples des oppositions d'idées qui en font le charme :

« *Le comble de la gourmandise, c'est de dévorer un affront.* »

« *Le comble de l'habileté pour un pêcheur à la ligne, c'est d'accrocher son hameçon à une ligne d'omnibus.* »

On est parti de là pour dire : *un comble*. « M. P... poussant les gens à la modestie. Cela ne semble-t-il pas un comble ? » — (Fr. Sarcey. *Le XIXe siècle* du 15 octobre 1879.)

15. Nom d'une des premières *questions* qui furent à la mode vers 1877, au moment où les affaires d'Orient entraient dans la période militante. La question consistait, si on s'en rappelle, à retrouver certaines figures dans un dessin qui paraissait contenir tout autre chose au premier coup d'œil. Ainsi une gravure représentait un jardin, avec un arrosoir au premier plan. Au-dessous, cette légende : « *Voici l'arrosoir, où est le jardinier ?* » (De là, le mot *question*.)

En cherchant dans les arbres qui ornaient le jardin, on retrouvait un profil d'homme figuré tant bien que mal par le contournement des branches. Ce n'était pas en proportion. Rien n'annonçait un profil de jardinier plus que celui de tout autre. Mais le public ne critiquait pas ; il devinait et il était heureux.

Les éclaircissements, les exemples nouveaux et les rectifications sont distingués par un astérisque renvoyant au même mot dans le corps du Dictionnaire.

SUPPLÉMENT

Le supplément de cette troisième édition est considérable.

Outre beaucoup d'*errata* et d'explications nouvelles, il s'y trouve un grand nombre d'expressions négligées jusqu'ici à dessein.

Depuis vingt ans, j'avais pris à tâche de justifier chaque mot par des exemples pris dans des livres connus (voyez page xxviii de l'introduction), mais, à leur dféaut, des publications similaires m'ont depuis offert une compensation inespérée. Ainsi grâce au *Dictionnaire de la langue verte* de Delvau, au *Dictionnaire du jargon parisien*, de M. Lucien Rigaud, et au *Dictionnaire d'argot militaire* (inédit encore), de M. Désiré Lacroix, pourrai-je présenter un contingent auquel je n'aurais osé toucher sans la garantie du nom de leurs auteurs : ils seront ici scrupuleusement cités.

Enfin les romans de l'école *naturaliste* m'ont fourni un appoint d'exemples fort précieux.

A

ABAT-JOUR : Visière. — Vient de l'armée d'Afrique où la visière de képi est surtout appréciée à ce point de vue. (D. Lacroix.)

ABATTAGE : Action d'abattre son jeu au baccarat. — « Il y a abattage toutes les fois qu'un joueur a d'emblée le point de neuf ou de huit. » (Rigaud.)

ABATTAGE : Ouvrage vivement exécuté. (*Idem.*)

ABATTAGE : Sévère réprimande. « Le patron est un bon garçon ; il avait raison de lui foutre un abattage. » (*Le Sublime.*)

ABATTOIR : Cachot des condamnés à mort. — Ils y vont

pour périr, comme les animaux. (A. Pierre.)

ABCÈS : Homme à visage boursouflé. (Delvau.) — Allusion à son apparence malsaine.

***ABOMINER** : Vieux mot employé déjà par Marot.

ABONNÉ AU GUIGNON : N'avoir pas de chance. (Delvau.) — On dit aussi plus simplement : *il est abonné* — de celui auquel arrive à plusieurs reprises soit un bonheur, soit un accident.

ABORGNER (S') : Regarder avec attention. Argot de voleurs. (Rigaud.) — Mot à mot se rendre borgne. — On ferme un œil pour mieux voir de l'autre. C'est bien *s'aborgner* en ce sens.

ABOTÉ : Mal ajusté. V. *Choufliqué.* — Pour *saboté*.

ABREUVOIR : Cabaret. (Delvau.)

ABRUTI : Élève assidu à l'étude. (*Id.*) Se dit aussi par abréviation d'un homme abruti par les excès.

ABS : Absinthe. (*Id.*)

ABSINTHER (S') : Boire de l'absinthe. (Rigaud.) Se dit aussi des vieux buveurs pour caractériser leur passion dominante : Que devient X ? — Il s'absinthe. — C'est-à-dire il se grise quotidiennement en buvant plusieurs verres d'absinthe.

ACCENTUER SES GESTES : Se livrer à des voies de fait. (Delvau.)

ACCŒURER : Accommoder de bon cœur. (*Id.*)

ACCROCHER UN PALETOT : Mentir. Argot du peuple. (Rigaud.)

***ACHATE** : Latinisme employé de très-ancienne date. On l'écrivait *acate* ; on a même dit *acatesse* pour amitié.

ACRÉ : Paix ! silence ! — Il y a de l'acré : cela va mal, le patron n'est pas content. (Rigaud.) *Acré* semble une forme d'*acrée* qui est de date plus ancienne.

ACRÉE, ACRIE : Le répertoire d'Al. Pierre donne Acrée avec le sens de *méfier* ; Delvau donne *acrée, acrie* : méfiance.

ACTIONNAIRE : Homme crédule et simple. (*Id.*) — Mot expressif dû aux nombreuses déconfitures de sociétés par actions.

ADROIT DU COUDE : Ouvrier buveur. (Delvau.) — Mot à mot ; adroit à lever le coude. V. p. 120.

AFF (avoir ses) : Avoir ses affaires. (V. page 3.) — Abréviation.

*** AFFURE** : Avance d'argent sur un ouvrage. On dit aussi *avoir du poulet*, jargon d'ouvriers. (Rigaud.)

AGATE : Faïence. (Delvau.) — Elle reluit comme l'agate et se colore souvent comme elle.

AGOBILLE : Outil. Jargon de voleur. (A. Pierre.)

AGRÉMENT (avoir de l') : Obtenir des applaudissements. Argot théâtral. (Bouchard.)

ALENTOIR : Aux environs. — Argot de voleur. (Vidocq). —

C'est *alentour* avec changement de finale.

ALLER A COMBERGE : Aller à confesse. (Delvau). — Comberge est ici abréviation de *combergeante*

ALLER A LA CHASSE AVEC UN FUSIL DE TOILE : Mendier. (*Id.*) — *Fusil* est ici pour *sac*, car le mendiant est un vrai chasseur à la charité.

ALLER A LA COUR DES AIDES : Tromper son mari. (*Id.*) — Mot à mot : lui chercher des aides. Jeu de mots sur une ancienne juridiction. Je ne crois pas que ce mot ait encore cours. Il est donné par Leroux.

ALLER A SES AFFAIRES : Faire ses nécessités. (*Id.*)

ALLER AU CARREAU : Se faire engager. Argot des musiciens qui ont l'habitude en pareil cas de se réunir rue du Petit-Carreau. (*Id.*)

ALLER AU SAFRAN : Manger son bien. (*Id.*)

ALLER AU TROT : Aller faire le boulevard. Argot des filles. (*Id.*) — Allusion à la vitesse de leur marche.

ALLER SE FAIRE FAIRE : Le second *faire* est ici pour *fiche*. V. p. 7.

ALLER EN GALILÉE : Remanier. (Terme d'imprimerie.) « C'est faire des remaniements qui nécessitent le transport d'une portion de page du marbre dans la galée, sur la casse. » (Sauvestre.) — C'est un jeu de mots sur *galée*.

ALLER EN GERMANIE : Remanier. (*Idem.*) — « Lorsqu'il est forcé de remanier un long alinéa, on dit qu'il va en Germanie. » (Boutmy, 1878.) — Jeu de mots. *Germanie* est ici pour *je remanie*.

ALLER POUR L'ARGENT : « Quand le propriétaire a parié pour son cheval, qui porte, alors, l'argent de l'écurie, *le cheval va pour l'argent* ; *ne pas aller pour l'argent* a une signification tout opposée. » (*Carnet des Courses*, 77.)

ALLEZ DONC VOUS LAVER : Allez-vous-en donc ! (Delvau.) — C'est-à-dire au figuré : retirez-vous, vous êtes trop sale.

ALLIANCE : Poucettes. (Delvau.) — Allusion ironique à la bague de mariage.

ALLUMER DES CLAIRS : Regarder avec attention. (*Idem.*) — Mot à mot : allumer ses yeux. On a dit ensuite *allumer* par abréviation. V. *Clair*, p. 108.

ALLUMETTE (avoir son) : Être pris de boisson. — Dans l'argot des mécaniciens cité par *Le Sublime* on dit *avoir son allumette ronde*, ou *son allumette de marchand de vin*, ou *son allumette de campagne*, pour caractériser les trois premières phases de l'ivresse qui *allume* le visage de ses victimes.

ALPAGA : Habit. (A. Pierre.)

ALPION : Homme qui triche au jeu. (Delvau.)

AMADOUAGE : Mariage. Argot de voleurs. (*Id.*) — Ce doit être une ironie quand on se reporte au sens argotique d'*amadouer*. Au figuré, beaucoup de nouveaux mariés se griment en effet pour tromper.

AMADOUER : Se grimer pour tromper. (Delvau.) — L'amadou était employé jadis pour jaunir la face des gueux et mieux apitoyer le passant.

AMBASSADEUR : Cordonnier. (A. Pierre.) — Souteneur. (Delvau.)

AMBES : Jambes (*Id.*). — Vieux mot d'argot qui a fait le verbe *amber*. C'est *jambes* avec suppression d'initiales, et non une forme moderne du latin *ambo*, comme on l'a dit. On disait jadis *gambe*, et les voleurs n'ont jamais appelé le latin à leur aide pour fabriquer des mots nouveaux.

AMBULANTE : Raccrocheuse. — Elle est ambulante par métier. — « Les ambulantes sont là qui ne demandent pas mieux. » (*Le Sublime.*)

AMÉRICAIN : Même sens que *tramway*.

AMI : Voleur émérite, d'après Balzac. (Rigaud.)

AMINCHE, AMINCHEMAR, AMINCHEMINCE : Ami. Allongements de finales. — AMINCHE D'AFF : Complice. Argot de voleur. (*Id.*) — Ce dernier terme veut dire mot à mot : *ami d'affaire* (vol).

AMOCHER : Donner des taloches. (*Id.*)

AMPHI : Amphithéâtre. — Abrév. usitée dans les collèges et les écoles spéciales.

AMUNCHE : Ami. (Delvau.) — Changement de finale.

ANASTASIE : Censure des journaux. (Rigaud.)

ANDERLIQUE : Tonneau de vidange, V. *Bonbonnière*.

ANGE GARDIEN : Homme reconduisant les ivrognes à domicile. Ce métier se trouve détaillé dans le *Paris anecdote* de Privat d'Anglemont.

ANGLAISE (danser à l') : Métier que font beaucoup de femmes, les soirs de bal à l'Opéra. Au lieu d'aller à l'Opéra, elles se rendent chez un restaurateur et y attendent une pratique qui fait rarement défaut. (Type dépeint par H. de Rochefort dans les *Français de la Décadence.*)

ANGLAISE (pisser à l') : S'éloigner sous prétexte d'un besoin et ne pas revenir. — « Elle avait demandé à son vieux trois sous pour un petit besoin et le vieux l'attendait encore. Dans les meilleures compagnies, cela s'appelle pisser à l'anglaise. » (Zola.)

ANGLAISES : Cabinet d'aisances, monté à l'anglaise.

*ANGOULÊME : Jeu de mots sur la bouche et la ville.

ANISETTE DE BARBILLON : Eau claire. « Un bon zig ne se donnera pas de collège avec cette anisette de barbillon là ! » (De Goncourt.)

ANQUILLEUSE : V. *Enquilleuse*.

APASCLINER (s') : S'acclimater. (Delvau.) — Mot à mot : se faire au pays. De Paquelin : pays.

APIC : ail. (*Id.*) — Mot à mot : *à pique*. La saveur de l'ail est *piquante*... Le mot *arbif* est construit de la même façon.

APIC, ASPIC : Œil. Jargon de voleur. (Rigaud.) — *Ail* et *œil* se ressemblent si fort, typographiquement parlant, qu'il doit y avoir ici une faute d'impression.

APLOMBER : Étourdir à force d'aplomb. (Delvau.)

APOLLOTTE : sain. (A. Pierre.) — N'est-ce pas plutôt *sein* ?

APOTHICAIRE SANS SUCRE : Ouvrier mal outillé, marchand mal fourni. (Delvau.) — Allusion au rôle essentiel du sucre dans les préparations pharmaceutiques.

APPAREILLER : Sortir. Argot des marins. (*Id.*)

AQUARIUM : Réunion de souteneurs. (Rigaud.) — Allusion aux poissons qui s'y donnent rendez-vous. V. *Poisson*, p. 288.

AQUILIN (faire son) : Faire la mine. (*Id.*) — *Nez aquilin* vient aussitôt en tête, mais comment font ceux qui en sont dépourvus ? Ce serait alors se donner un nez long, et au figuré prendre une mine courroucée.

ARBIF : En colère. (A. Pierre.) — Mot à mot : *a rebiffe*. « Se rebiffer » est pris ici dans le sens de : résister avec vigueur, se dresser haut et ferme.

ARCASINEUR : « Ce mot désigne dans l'argot parisien les mendiants à domicile. » (*Figaro*, 77) — Acception nouvelle d'un mot déjà connu. V. *Arcasien*.

ARÇONNER : Faire parler. (A. Pierre.) — Mot à mot : *faire l'arçon*. On ne parle librement qu'après s'être reconnu entre malfaiteurs. V. *Arçon*.

ARDOISE (avoir l') : Avoir crédit chez le marchand de vin. Allusion au compte tracé sur l'ardoise. (Rigaud.)

ARDOISE : Tête, chapeau. (*Id.*) — Comparaison de l'homme à la maison dont l'ardoise peut être considérée comme la tête ou le chapeau. Cette dernière image est plus juste et mieux colorée.

ARGOT : Bête. (A. Pierre.)

ARGOTÉ : Qui se croit spirituel. (*Id.*)

ARGOTIER : Voleur. (Delvau.)

ARGOUSIN : Contre-maître. — Argot des ouvriers qui se comparent à des forçats. (Rigaud.)

* ARGUCHE (*Erratum*). — Au lieu de *Arguche* : Diminutifs lisez : ARGUCHE : Argot. — Diminutif.....

ARGUCHE : Niais. (*Id.*) Péjoratif d'*argot* pris dans ce sens.

ARNACQ : Agent de sûreté. (A. Pierre.) — Forme d'*arnac*. V. page 15. La police prémédite ses captures.

'ARNELLE : Rouen. — Du nom de La Renelle, petit cours

d'eau qui traverse cette ville. On a pris la partie pour le tout.

ARRACHER DU CHIENDENT : Attendre vainement. (*Id.*) — Le chiendent est long à arracher.

ARRANGEMANER : Duper. (*Id.*) — C'est *arranger* avec allongement de finale.

ARRONDISSEMENT (chef-lieu d') : femme enceinte. (Rigaud.) — Elle s'*arrondit*.

ARROSAGE : Acompte payé au créancier. (*I.I.*)

ARROSEUR DE VERDOUZE : Jardinier. (Delvau.) — Mot à mot : arroseur de verdure.

ARSENAL : Arsenic. (*Id.*) Changement de finale.

ARSONNER : Fouiller. (*Id.*) — Devrait s'écrire *arçonner*. V. ce mot. C'est le sens d'*interroger* pris au figuré. On interroge les poches.

ARTILLEUR : Ivrogne. (*Id.*) — Il est habitué au maniement du canon. Jeu de mots.

ARTILLEUR : Refrain en vogue dans les écoles de Paris, prélude forcé de toute manifestation bruyante. — L'artilleur est la marseillaise des collégiens. On dit : « piquer un artilleur. »

ARTILLEUR DE LA PIÈCE HUMIDE : Pompier. (Rigaud.)

*ARTON : Pain. — Vieux mot qui semble venir du provençal *artoun* (pain).

AS DE CARREAU : Ruban de la légion d'honneur. (Delvau.) — L'image n'est pas exacte, ce qui n'est pas ordinaire en argot.

AS DE PIQUE : Anus, écusson noir distinguant le collet des zéphyrs. (*Idem.*) V. page 364.

ASINVER : Abêtir. (*Id.*)

ASPIC : avare. (*Id.*) — V. *Apic.*

*ASSEOIR (allez vous) : On dit aussi *Va t'asseoir sur le bouchon.* Voy. Maigre. On dit aussi *il peut s'asseoir* pour *qu'il ne bouge plus!*

ASSOMMOIR : Nom d'un cabaret de Belleville, devenu celui de tous les débits de liquides frelatés qui tuent (assomment) le peuple. (*Id.*)

ASTICOT : Maîtresse de souteneur. (Rigaud.) — Ici le *poisson* souteneur amorce avec l'*asticot*. C'est le monde renversé.

ATIGÉ : Malade. (*Id.*) — Mot à mot : frappé. V. *Attiger*, p. 19.

ATOUT : Estomac. Argot de voleurs. (Delvau.)

ATTACHER UN BIDON : Dénoncer quelqu'un. — « Faire la *casserole* » aura paru trop connu et on aura fabriqué ce synonyme. Voyez *Gameler*.

*ATTAQUE (d') : *Exemple* : « Coupeau marchait de l'air esbrouffeur d'un citoyen qui est d'attaque. » (Zola.)

ATTIGNOLES : Tripes à la mode de Caen. — « Nous nous empâtons quéqu' fois de saucisses et d'attignoles. » (Richepin.)

ATTRAPE-SCIENCE : Apprenti compositeur d'imprimerie. — Le nom fait image. — « L'attrape-science reçoit une banque qui varie entre 1 fr. et 10 fr. par quinzaine. » (Boutmy, 78.)

ATTRAPER LE LUSTRE : Ouvrir la bouche pour laisser passer une note qui ne vient pas. Argot théâtral. (Bouchard.)

*ATTRIMER : « Des habits! Il les faut attrimer. » (*La Comédie des Proverbes*, 1714.)

AU PRIX OU EST LE BEURRE : Au prix où sont toutes choses. — La partie est prise pour le tout, parce que l'augmentation progressive du prix du beurre excitait particulièrement les doléances des ménagères. — « Au prix où est le beurre et où sont les loyers, une femme seule ne peut pas vivre de son travail. » (H. de Rochefort, 67.)

AUSTO : Salle de police. — Pour *ousteau*. — « Le caporal : Allons! allons! à l'austo, et sans traîner. » (Durandeau, 78.) Voyez *Lousto*, page 224.

AUTEL DE BESOIN : Fille publique. (Rigaud.) — *Autel* doit être ici pour *hôtel* (un de ces *hôtels* ouverts à tous ceux qui payent)

AUTRE (être l') : Être dupe. (Rigaud.)

AUVERGNAT (avaler l') : Communier. (*Id.*)

AUVERPINCHE : Gros soulier d'Auvergnat. (*Id.*) — Changement de finale.

AVALÉ LE PÉPIN (avoir) : Être enceinte. Allusion à la pomme qui perdit Adam et Ève. (*Id.*)

*AVALER SA FOURCHETTE : Mourir. — Mot à mot : Ne plus manger.

Et comme on dit vulgairement,
L' pauvre homme avala sa fourchette.
(Dalès.)

AVANT-COURRIER : Mèche anglaise à percer. (A. Pierre.) — C'est effectivement elle qui fraye la voie aux scieurs de portes et de volets.

AVARO : Avarie, accident. (Boutmy, 78.) — C'est le mot *avarie*, avec changement de finale comme *sergo*, *invalo*, etc.

AVOINE : Eau-de-vie. Argot militaire. (Rigaud.) — Elle excite comme l'avoine.

AVOIR ENCORE (l') : Avoir sa virginité. (Rigaud.) — On dit aussi par abréviation *il l'a* ou *elle l'a*.

AVOIR DES PLANCHES : Être à l'aise sur la scène. Argot théâtral. (Bouchard.)

B

BABILLAUDIER : libraire. (Delvau.) — De *babillard* : livre.

BAC : Abréviation de *bacho* qui était déjà une abrév. de Baccalauréat. V. *Piston*.

BACHE : Casquette. Elle couvre la tête comme la bâche couvre la marchandise. (Rigaud.)

BACHOTIER : Préparateur au bacho ou examen de baccalauréat. (Rigaud.)

BACKER : C'est l'opposé du *bookmaker*. Il ne parie que pour un cheval. (Parent.) Anglicanisme.

BACREUSE : Poche. Jargon d'ouvrier. (Rigaud.) — *Ba* semble une superfétation, car on aura dit *creuse* comme on dit *profonde*.

BADIGEON : Fard blanc ou rouge. (Delvau.)

* **BADIGEONNER** : se garder. — *Lisez* Badigeonner : se farder page 23).

BADIGEONNER LA FEMME AU PUITS : Mentir. C'est-à-dire farder la vérité. Jargon des voleurs. (Rigaud.) — Ces voleurs ferrés sur l'allégorie deviendront les émules des précieuses.

BAFOUILLER : Bredouiller. (Rigaud.)

BAFOUILLEUR : Bredouilleur. (*Id.*)

BAGNOLE : Petite chambre malpropre. (*Id.*)

BAGNOLE : Chapeau de femme ridicule. Argot du peuple. (Delvau.)

BAGOULARD : Bavard. (*Id.*) — De *Bagoult*.

BAGUENAUDE : Poche. (*Id.*)

BAGUENAUDE RONFLANTE : Poche garnie d'argent. (Rigaud.) Allusion aux murmures de la monnaie.

BAGUETTE DE TAMBOUR : Jambe maigre.

> Une jambe faite au tour,
> Qu'a-t-elle, ôtant le postiche,
> Deux baguettes de tambour.
>
> (Tostain.)

* **BAHUTER** : S'est dit autrefois pour *plaisanter, s'amuser*. — « Philippin, à quel jeu jouons-nous, de bon ou pour bahuter ? » (*La Comédie des Proverbes*, 1714.)

BAIGNE DANS LE BEURRE : Souteneur. Allusion au beurre dont le maquereau est friand. (Rigaud.)

BAIGNEUSE : Tête. Argot de voleur. (Delvau.) — Extension du sens de *chapeau* qui est le plus ancien. V. page 24.

BAIGNOIRE A BON DIEU : Calice. (Delvau.) — Allusion à

la présence de la Divinité dans le vin du calice.

BAILLER AU TABLEAU : N'avoir qu'un bout de rôle dans une pièce nouvelle. Argot théâtral. (Bouchard.) — Allusion au tableau de la mise en répétition de la pièce.

BAIN-MARIE : Personne tiède. (*Id.*) — Allusion au chauffage dit *au bain-Marie* qui n'approche pas du feu.

BAISER LE C-L DE LA VIEILLE : Ne pas faire un point. Argot de joueurs. (Delvau.)

BAJAF : Gros butor. (*Id.*) V. *Bayafe*, p. 33.

BAL : Prison. — Abrév. de *ballon* qui a le même sens. (Rigaud.) — POTEAUX DE BAL : Amis de prison. (*Id.*)

*** BALAI** : Agent de police. (Delvau.)

BALAI : Plumet militaire. Nom donné pour la première fois à l'aigrette de crin vert qui surmontait le schako d'infanterie sous le second empire. (D. Lacroix.)

BALANCER LA TINETTE : Vider le gogueneau (V. ce mot); partir, vider les lieux, — ce qui est un jeu de mots sur le premier sens. (Rigaud.) — Le gogueneau se balance avant de donner plus de force à la projection du contenu dans la fosse.

BALANCEUR DE BRAISE : Changeur. (Rigaud.) — Allusion aux petites balances professionnelles.

BALANÇON : Marteau de fer. Jargon de voleur. (Rigaud.) — Il est à noter que Vidocq lui donne d'autre part le sens de *barreau de fer*. V. *Balançoir*. p. 25.

BALAYAGE : élimination. — « Le balayage des conservateurs est complet. » (*Pays*, journal. Janvier 79.)

BALCON (il y a du monde au) : Se dit d'une femme avantagée sous le rapport de la gorge. (Rigaud.) — Le balcon est le corset et la tête du spectateur figure l'appas.

BALCONNIER : Orateur qui parle du haut d'un balcon. (*Id.*)

BALLADE, BALLADER, BALLADEUR : Voyez ces mots avec une seule *l*, page 25.

BALLE : Secret. (Rigaud.) — FAIRE LA BALLE : Suivre les instructions. (*Id.*)

BALLON (en) : En prison. — Jeu de mots sur *emballé*. Rigaud.)

BALLONNÉ : Emprisonné. (*Id.*)

BALLOT : Chomage. Argot de tailleurs. (*Id.*)

BALLOTER : Manquer d'ouvrage, jeter. — BALLOTER UN CLIENT AVALANT : Jeter un homme à l'eau, c'est-à-dire en aval, au cours de l'eau. (*Id.*)

BALOTS : Lèvres. V. *Benoit*.

BAMBOCHE (être) : Être en état d'ivresse. (Delvau.) — Abrév. de *Bambocheur*.

BANC DE TERRE-NEUVE :

Partie des boulevards comprise entre la Madeleine et la Porte Saint-Denis. — Allusion aux *morues* (V. ce nom) qu'on y va pêcher. On dit, pour abréger, *le banc*. — « Quand on s'ennuie, on dit : Viens-tu au banc faire un tour ? » (*Le Sublime.*)

BANDER LA CAISSE : Se sauver avec la caisse. (Delvau.) — Jeu de mots sur l'acte des tambours qui bandent la caisse pour taper dessus.

BANNIÈRE : Se dit de la chemise gardée pour tout vêtement. Elle flotte au vent comme la bannière. — « Elle rabattait le pan de devant. Ça c'est la bannière, dit-elle. » (Zola.)

BANQUE : « Le prote fait la banque aux metteurs en pages qui, à leur tour, la font aux paquetiers. »(Boutmy, 78.) V. *Salé*.

BAPTÊME : Tête. Argot de faubouriens. — Allusion à l'ondoiement baptismal de la tête. (Delvau.)

BARAQUE : armoire de collégien. Elle a remplacé l'ancien pupitre.

BARAQUE : Chevron galonné cousu sur la manche des soldats pour indiquer un certain temps accompli sous les drapeaux. (D. Lacroix.) — Allusion à l'aspect conique du chevron qui simule le profil d'une baraque. — « C'est un ancien à trois baraques, dira le jeune soldat en parlant d'un troupier à trois chevrons. » (D. Lacroix.)

BARBEAU : Souteneur. Voyez *Barbillon*, p. 29.

BARBILLON DE BEAUCE : Légume. — Mot de vieil argot qui ne semble plus usité. Il est ironique. On ne trouve guère de poissons dans le pays sec de la Beauce. — BARBILLON DE VARENNE : Navet. — *Varenne* est ici pour *garenne*, terrain sablonneux. Même ironie.

BARIL DE MOUTARDE : Derrière. (Rigaud.) — L'image breneuse se devine.

BARRE (compter à la) : Compter en traçant des barres sur une ardoise. (*Id.*)

BARRER : Réprimander. (Delvau.)

BARRES : Mâchoire. — Chevalisme. V. Rafraîchir (se).

BASCULE : Guillotine. (Delvau.) — La partie est mise pour le tout.

BAS DE PLAFOND : De très-petite taille. (*Id.*) V. *Plafond*, p. 284.

BASSE : Terre. — Argot de voleur. (*Id.*) — La terre est sous nos pieds, ce qui est aussi bas que possible.

BASTIMAGE : Travail. Argot de voleur. (*Id.*)

BASTRINGUE : Scie à scier le fer. (A. Pierre.) — C'est la partie prise pour le tout. Voyez le même mot, p. 31.

BATONS DE CHAISES (noce de) : Noce à tout casser. V. *Luron*.

BATON DE CIRE : Jambe. (*Id.*) — Sans doute : jambe maigre.

BATE (être de la) : Être heureux. (Rigaud.) — Même origine que *Bath*. V. page 31.

BATIAU (jour du) : Jour où le compositeur arrête son compte de travail pour la semaine ou la quinzaine. — PARLER BATIAU : Parler des choses du métier. (Boutmy.)

BATIMENT (être du) : Exercer la même profession. (Rigaud.)

BATIR SUR LE DEVANT : Prendre du ventre. (*Id.*) — Expression pittoresque et assez juste. L'édifice abdominal des gastronomes est bien leur œuvre.

BATOUSIER : Tisserand. (Delvau.) — Allusion au battement du métier.

BATTAQUA : Femme à robe sale. (A. Pierre.)

*BATTERIE, BATTRE : *Étymologie* : Du vieux mot *baster* : tromper.

BATTEUR DE BEURRE : Agent de change. (Rigaud.)

BATTRE LE BEURRE : Spéculer à la Bourse. (Rigaud.) — Mot à mot : battre l'argent, frapper la monnaie. Jeu de mots. V. *Beurre*.

BATTRE ENTIFLE : Faire le niais. Argot de voleur. (Delvau.) — Pour *Antifle*, p. 12.

BATTRE JOB : Dissimuler, tromper. (*Id.*) V. *Job* (monter le), page 212.

BATTRE LA COUVERTE : Dormir. Argot de soldat. (*Id.*) — Battre doit être une abréviation de Rabattre. Le dormeur rabat la couverte sur lui.

BATTRE LA MURAILLE : Être complétement ivre. (*Id.*) On connaît ces vers de Piron :

> Dn corps battant la muraille,
> Escortés de cent canailles,
> Ils regagnent la maison.

BATTRE EN RUINE : Visiter. (Rigaud.) — Doit venir de l'argot des voleurs que les visites domiciliaires ruinent ordinairement.

BAUDROUILLER : Filer. (Delvau.) — De *baudru*.

BAUDRU : Fil. (*Id.*)

BAUSSE FONDU : Chef d'établissement ruiné. (Rigaud.)

BAVARD : Avocat. (Delvau.)

*BAVER : *Exemple* : « On pouvait baver sur leur compte, lui savait ce qu'il savait. » (Zola.) — *Baver*, toujours pris en mauvaise part, est plus une acception figurée de *baver* qu'une abréviation de *bavarder*, comme je l'ai cru d'abord.

BEAU BLOND : Soleil. Argot de voleurs. (*Id.*) — Allusion mythologique au blond Phébus des chansons de l'ancienne école ?

BÉ : Hotte de chiffonnier. (Rigaud.) — Abrév. de *Berri*.

BÉBÉ : Femme déguisée en bébé. (Costume fréquemment porté dans les bals masqués depuis une trentaine d'années.) — « Un bébé ouvre la porte d'un cabinet où siègent deux dominos. » (*Alm. des Cocottes*, 67.)

BÉCANE : Machine à vapeur.

— « Il dit que c'est vexant de conduire une bécane. » (*Le Sublime*.)

BECQUANT : Poulet. Jargon de voleur. (Rigaud.)

BECQUETANCE : Nourriture. — « Quand il y en a pour le marchand de *béquetance*, il y en a pour le marchand de sommeil. » (A. de Lafaille.)

BÉDOUIN : Grec, voleur au jeu. « Les sept mille Grecs de France se divisent en cinq catégories dont les noms font tous moins allusion à la Grèce (ou graisse). Voici ces néologismes de l'équivoque. 1. *suiffards*; 2. *graisseurs*; 3. *bédouins*; 4. *grecs*; 5. *philosophes*. » (*Figaro*, 70.)

BÈGUE : Bezigue. (Rigaud.) — Abréviation.

BEIGNE ? coup. — Vieux mot. « Oui, ma chère, plus de beignes et des pépètes. » (Huysmans, 79.)

BÉLANT : Mouton. (Delvau.)

BELGE : Pipe en terre de Belgique. (Rigaud.)

BELLE PETITE. Mot à mot : « belle petite dame. » C'est la lorette de 1878-1879. — « Il y a peut-être une ou deux belles petites qui se sont glissées en fraude. » (*Vie paris.* 79.)

BENI-MOUFFETARD : Parisien du quartier Mouffetard, spirituellement canaille. — « Le nez est franchement beni-mouffetard, camard, aux narines ouvertes, point bridé mais spirituel. » (C. des Perrières, 73.) — Le néologisme date du temps où les guerres d'Afrique ramenaient continuellement dans les journaux des noms de tribus arabes commençant par *Beni*.

BÉNIR BAS : Donner un coup de pied quelque part. — Ce mot me semble rentrer dans la classe des mots faux que j'ai signalée page 14. Delvau l'a donné le premier pour faire plaisir à Babou qui l'avait inventé, et depuis ce temps les glossaires le répètent.

BÉNIR DES PIEDS : Être pendu. (Delvau.) — Allusion aux derniers gigottements du suicidé.

BENOIT : Souteneur. — « Les Benoits toujours lichent et s'graissent les balots. » (Richepin, 77.)

BEQ : Portion de bois à graver. Argot d'artiste. (Delvau.) — Abréviation de *béquet*.

BÉQUILLARDE : Guillotine. (Rigaud.) — Augmentatif de béquille (V. p. 36) qui signifiait *potence*.

BERDOUILLE : Ventre. (A. Pierre). — Allusion aux murmures intestinaux ou bredouillements de ventre. — Un roman de M. Huysmans (*Les sœurs Vatard*) décrit la berdouille d'une femme géante en exhibition à la foire de Saint-Cloud.

BERGE : Année. (Delvau.)

BERGÈRE : « Dans la langue typographique comme dans les autres argots, ce mot désigne une femme. » (Boutmy, 78.) —

Allusion ironique aux ariettes pastorales du dernier siècle, où l'amante est toujours la bergère de Tircis ou de Colin.

BERLU : Aveugle. (Delvau.) — Mot à mot : qui a la berlue.

BERNARD : Postérieur. (Delvau.) — ALLER VOIR BERNARD : Aller aux lieux d'aisances. Allusion à saint Bernard, représenté d'ordinaire ayant en main des tablettes qui passent pour le papier de rigueur. (Rigaud.)

BERRI : Hotte. Argot de chiffonnier. (*Id.*)

BERTELO : Pièce d'un franc. Argot de voleur. (Delvau.)

BERZÉLIUS : Montre. Jargon de collège. (Rigaud.)

BÊTE A BON DIEU : Personne réputée aussi inoffensive que l'insecte appelé bête à bon Dieu. — « Cette enfant-là lui était venue si bonne, si malléable, une vraie bête à bon Dieu! » (Hennique.)

BÊTE A PAIN : Entreteneur. Il apporte le pain quotidien. — « On en trouve à gogo, des bêtes à pain, quand on sait s'y prendre. » (Huysmans, 79.)

BETTANDER : Mendier. (Delvau.) — Sans doute pour *battander*. Les Battandiers formaient une tribu de la cour des miracles.

BEURLOQUIN : Patron d'une maison de chaussures de dernier ordre. (Rigaud.)

BEURLOT : Petit maître cordonnier. (*Id.*)

BEURRE DEMI-SEL : Fille galante mais non tout à fait perdue. (Delvau.) — Une fille perdue s'appelait autrefois une dessalée.

BEZEF : Beaucoup. Vient d'Afrique. (Rigaud.)

BIBARDER : Vieillir honteusement. (Delvau.)

BIBASSIER : Radoteur, maussade, tatillon. — « Vieux bibassier va! » (Boutmy, 78.) — Forme abrégée de *birbassier*. Voyez dans le corps du Dict. *Birbasse*, *Birbasserie*.

·BIBELOTTER : Composer, machiner. — « Il dessine ou bibelotte une invention qui souvent réussit. » (*Le Sublime*.)

BIBI (envoyer à) : Envoyer à la maison des fous. — Abrév. de *Bicêtre*, avec redoublement de la première syllabe. — « On envoie à Bibi ceux dont les pallas paraissent insensés. » (Boutmy, 78.)

BIBINE : Sœur de charité, bière, cabaret de dernier ordre. (Rigaud.)

BIBLI : Bibliothèque. — Abrév. usitée dans les collèges.

BIBOIRE : Petit vase en cuir ou en caoutchouc dont les écoliers se servent pour boire à la fontaine en récréation. — Argot des écoles.

BICARRÉ : V. *Bizut*.

BICHE (ça) : Cela va bien. (Rigaud.) — Pour *cela baise*. Quand on se baise, on est d'accord.

BICHON : Synonyme de *Jé-*

sus. (Delvau.) — Allusion à sa frisure habituelle.

BIDACHE : Viande. (A. Pierre.) — Pour *Bidoche.*

BIDONNER : Boire copieusement. — Le bidon est une forte mesure de capacité. « Nom d'un bonhomme! on a rien bidonné depuis hier soir! » (Huysmans, 79.)

BIEN FAIRE (en train de) : En train de manger. (Rigaud.)

BIFFE : Métier de chiffonnier. (*Id.*) — Il est à remarquer que *biffe* veut dire *chiffon* en vieux dialecte champenois.

BIFFER : Exercer le métier de chiffonnier. (*Id.*)

BIFFETON : Contremarque. (*Id.*) — Mot à mot : chiffon.

BIFFETON : Lettre. — V. l'Introduction, page 14.

BIFFIN : Fantassin. (*Id.*) — Comparaison du havresac à la hotte du *biffin* ou chiffonnier.

BIFTECK DE CHAMARREUSE : Saucisse plate. (Delvau.) — Allusion à la charcuterie qui est trop souvent le rôti des ouvrières.

BIFTECK DE GRISETTE : Saucisse plate. (Rigaud.) — Extension du terme ci-dessus.

BIFTECK A MAQUART : Sale individu. Mot à mot : bifteck à équarrisseur (*Id.*) — C'est un équivalent de *charogne*.

BIFTECK (faire du) : Frapper. — Allusion à la viande frappée par le cuisinier pour la rendre moins dure. — A ce sujet, nous dirons que le bifteck ou beefsteak anglais veut dire tranche de bœuf tout bonnement. « Nos pères disaient *grillade*, fait observer M. Justin Améro, et ils ne se portaient pas plus mal pour parler français. »

BIFTECK (faire du) : Monter sur un cheval qui trotte dur, c'est-à-dire qui fatigue le postérieur de son cavalier. — Même allusion que ci-dessus.

BIFURQUÉ : Collégien abandonnant l'étude des lettres pour celle des sciences.

BIGEOIS : Dupe. (Rigaud.) — Vidocq donne en ce sens *bige* et *bigeot.*

BIGORNION : Mensonge. (Rigaud.) — Dérivé de *Bigorne* qui vient de *biguer* : Changer. Le mensonge est le changement de la vérité. V. page 40.

BIJOUTER : Voler des bijoux. (*Id.*)

BIJOUTERIE : Frais avancés, argent déboursé. Argot d'ouvrier. (Delvau.)

BIJOUTIER EN CUIR, BIJOUTIER SUR LE GENOU : Cordonnier. (*Id.*)

BILBOQUET : Menus travaux d'imprimerie. (Boutmy.)

BILBOQUET : Litre de vin. (Rigaud.) — Comparaison de la bouteille au bilboquet. Le bouchon de l'une s'enlève comme la boule de l'autre.

BILLE DE BŒUF : Saucisson. (*Id.*)

BILLER : Payer. (*Id.*) — De *Bille* : Argent.

BIRBASSIER : V. *Bibassier*.

BIRMINGHAM (de) : Très ennuyeux. — Les rasoirs de Birmingham sont célèbres. (*Id.*) — V. *Rasoir* et *Raseur*, p. 307.

BISER : Embrasser. (*Id.*) — Élimination de l'*a*. On va encore plus loin et on dit *bise* par abréviation.

BISSARD : Pain bis. (A. Pierre.) — Augmentatif.

BIZUT : Élève de 1re année en mathématiques spéciales. — L'élève de 2e année est le *carré*, celui de 3e le *cube*, celui de 4e le *bicarré*, on s'arrête là. — On dit de même dans un langage algébrique : Il est ennuyeux à la 15e *puissance*. Argot des écoles.

BISMARQUER : S'approprier par tous les moyens. — Inutile de développer son étymologie. Chose singulière, le mot paraît plus usité à l'étranger qu'en France. — « Le portugais possède à un haut degré la faculté si précieuse de s'approprier des locutions étrangères, de croître et de se développer comme un organisme vivant. M. Latouche cite le mot français *bismarquer*, bien connu, paraît-il, de ses lecteurs, anglais. » (*Bibliothèque universelle et Revue suisse*, 1877.)

BLAFARD : Pièce d'argent. Allusion de blancheur. — « Un écu flambant neuf ! Un blafard de cinq balles. » (Richepin, 77.)

*BLAGUE : S'il fallait remonter au delà de 1808, date de notre plus ancien exemple, nous serions presque tenté de voir dans *blague* une forme intervertie de l'ancien catalan *bagol* qui a fait notre *bagou*. Le sens est le même et les cas d'interversion ne sont pas rares.

BLAGUE A TABAC : Sein flétri. (Rigaud.) — Allusion de forme et de consistance.

BLAIR : Nez. Argot de voleur. (Rigaud.) — *Flair* se comprendrait mieux.

BLAIREAU : Balai, conscrit. — « Le soldat appelle blaireau le balai... Il nomme encore cet instrument le pinceau du bleu (conscrit. Voir *Bleu*). » (D. Lacroix.) — Les pinceaux de coloriste étant faits de poils de blaireau et le balai étant d'autre part appelé *pinceau*, on voit le rapprochement qui a formé ce nom nouveau. De là aussi le nom de *blaireau* donné aux nouveaux soldats qui font plus souvent que les autres la corvée du balayage.

BLANC : Eau-de-vie de marc. (Rigaud.)

BLANC (Jeter du) : Interligner. Terme d'imprimerie. (*Id.*)

BLANCHIR : Créer des alinéas, multiplier les tirets dans un texte. (*Id.*) — Argot des gens de lettres

BLASÉ : Enflé. Argot des voleurs qui ont pensé à l'allemand *blasen* : Souffler. (Delvau.)

BLAVIN : Pistolet de poche. Argot des voleurs. (Rigaud.) — Un revolver s'empoche en effet comme un blavin ou mouchoir, et il se *tire* pour *moucher*... les gens. V. *Moucher*.

BLÈCHE : Médiocre, vilain, mauvais. — Du vieux mot *blaiche* : Mou, paresseux.

FAIRE BANQUE BLÈCHE : Ne pas toucher de banque. (Boutmy.)

FAIRE BLÈCHE : Amener un coup nul.

*BLEU : Le sens de *conscrit* donné à *bleu* remonte à la Révolution qui donna des habits bleus à l'infanterie au lieu d'habits blancs. Ce remplacement n'ayant lieu que graduellement, les nouveaux soldats portèrent les premiers la nouvelle tenue et se reconnaissaient au premier aspect.

BLEU : Stupéfait. Mot à mot : congestionné de stupéfaction. — « Le lendemain il en était bleu quand il a vu la figure de sa femme. » (*Le Sublime*.)

BLEUE (elle est) : Elle est forte, elle est difficile à croire ou à supporter, en parlant d'une nouvelle.(Rigaud.) — Mot à mot : elle est à vous rendre bleu, elle est stupéfiante.

BLÉZIMARDER : Se couper la parole. Argot théâtral. (*Id.*)

BLONDE : Bouteille de vin blanc. (*Id.*)

BLOQUER : Consigner. (D. Lacroix.) — Terme de billard. La boule bloquée ne peut sortir.

BLOQUER : Faire défaut, faillir, dans l'argot des typographes qui en ont fait une acception figurée de leur *bloquer* : remplacer provisoirement un signe manquant par un autre qui ne doit pas rester. « Bloquer le mastroquet, ne pas payer le marchand de vin. » (Boutmy.)

*BLOUSER : Tromper. *Étymologie* : Dans le Nord, on dit *bleusse* pour *mensonge*.

*BOBÉCHON : Tête. Comparaison de la tête de l'homme à celle du chandelier. — *Se monter le bobéchon* : se monter la tête. (Rabasse.)

BOBELINS : Bottes. Argot du Temple. (Delvau.)

*BOBINETTE. Page 42. Au lieu de *bobinette* v. *bobine* : lire *bobinette ou trombinette*.

BOBONNE : Bonne. Redoublement. « La machine tournoyait... Des bobonnes califourchonnaient des dadas peints. » (Huysmans, 79.)

BOBOSSE : Bossue. — Redoublement. « Bobosse, elle n'en avait pas moins su pêcher un homme du monde. » (Huysmans, 79.)

BOCKER : Prendre des bocks, boire de la bière. (Rigaud.)

BOCOTTER : Grogner. (Rigaud.) — Mot à mot : Bêler comme une *bocquotte* (chèvre).

BOCQUE : Montre. (A. Pierre.) — Forme de *Bogue*.

BŒUF : Roi de jeu de cartes. Allusion à sa rotondité. V. *Borgne*.

BŒUF : Second ouvrier cordonnier, ouvrier tailleur faisant les grosses pièces. (*Id.*) — Comme animal de trait, le bœuf a de grosses charges.

*BŒUF (avoir son) : « Le bœuf est un degré de mécontentement plus accentué que la chèvre. » (Boutmy.) — On sous-entend probablement *bœuf enragé*.

BOIRE DANS LA GRANDE TASSE : Se noyer, être noyé. — Ironie. Voyez *Gameler*.

BOIRE DU LAIT : Être applaudi. (J. Duflot.)

BOIRE UNE GOUTTE : Être sifflé. (Bouchard.) — Opposition à l'image ci-dessus. Le lait est doux, mais la goutte est raide.

BOIS (remettre du) : Pousser à l'enthousiasme. Argot théâtral. — « Il y en a aussi un qui fait les couloirs pendant les entr'actes,... qui chauffe, qui remet du bois, en style de coulisses. » (Dumas fils.)

BOIS AU-DESSUS DE L'ŒIL. JARD : Il sait et entend l'argot. (A. Pierre.) — *Jard* est une forme de *jar* qui veut dire *argot*. (V. p. 210.) *Bois au-dessus de l'œil* fait sans doute allusion à un signe de reconnaissance.

BOISSEAU : Litre de vin. (Rigaud.) — Allusion du genre de celle qui fait donner à un verre d'eau-de-vie le nom d'*avoine*.

BOITE : Atelier. V. *Contrecoup*.

BOITE D'ÉCHANTILLONS : Tonneau de vidange. Allusion à la diversité des provenances de son contenu. (Rigaud.)

BOITE AUX RÉFLEXIONS : « Salle de police,... séjour où tout porte aux réflexions, puisque toute distraction y est interdite. » (D. Lacroix.)

BOITE AU SEL : Tête. (Delvau.) — *Sel* est ici pris dans son acception figurée.

BOITE AUX CAILLOUX : Prison. (*Id.*) — Mot à mot : « Maison pavée. » On y couche sur la dure.

BON ENDROIT : Derrière. Ironie. « Elle reçut un maître coup de soulier, juste au bon endroit. » (Zola.)

BON JEUNE HOMME : Jeune homme candide. — « Il s'agit de respecter les illusions d'un bon jeune homme qui croit encore aux grisettes. « (*Vie paris.*, 79.)

BON POUR BERNARD : Bon pour le cabinet. (*Id.*) V. *Bernard*.

BON SANG DE BON SANG ! : Exclamation poussée en apprenant une nouvelle surprenante. Je ne puis la traduire qu'en l'écrivant ainsi : *bon sens !* et en faisant une abréviation de l'exclamation *y a-t-il du bon sens !* qui se dit communément. — « Le maçon gueula : bon sang de bon sang ! » (Hennique.)

BONBON : Bouton au visage. (Rigaud.) — Allusion de forme.

BONBONNIÈRE : Tonneau de vidange. Ironie. — « J'étais pour la réparation des bonbonnières et des anderliques. » (*Le Sublime.*)

*BONBONNIÈRE A FILOUS : C'est là que les filous cherchent leurs bonbons dans la poche des voisins. (Rigaud.)

BONDIEUSARD : Fabricant commerçant d'objets de sainteté. (Id.)

BONDIEUSARDISME : Cagotisme. — « Il faut supprimer comme entachées de bondieusardisme (c'est leur mot) les rues de l'Abbaye, de l'Abbé-de-l'Épée, etc. » (*Figaro*, 76.)

BONDIEUSERIE : Objet de dévotion. Commerce d'objets de dévotion.

BONIMENT : Propos. V. *Jardin*.

*BONIR : Se taire. (Delvau.) *Bonir* : Parler, étant trop connu, on lui aura donné le sens contraire, pour dérouter.

BONISSEUR : Discoureur. — BONISSEUR DE LA BATTE : Témoin à décharge. (Rigaud.) — Mot à mot : témoin du beau, du joli.

BONNET : Ligue secrète entre plusieurs ouvriers d'un atelier. — « Le bonnet est tyrannique, injuste et égoïste comme toute coterie. » (Boutmy.)

BONNET JAUNE : Pièce d'or. Argot des filles. Mot à mot : bonne et jaune. (Delvau.)

BOOK : Livre de courses, combinaison de paris. (Parent.)

BORDÉ (être) : Avoir renoncé à l'amour. Jargon des filles. (Rigaud.) — Quand on est bordé, on est couché, on ne se lève plus.

BORGNE : As. — Il est unique comme l'œil du borgne. — « Quinze et cinq, trois borgnes, trois bœufs, tierce major dans les vitriers, trois colombes. » (*Le Sublime.*)

BORGNER : Regarder. (Delvau.) — Pour mieux voir, on se fait borgne en fermant un œil.

BOSSELARD : Chapeau haut de forme. Argot de collège. (M. Tourneux.) — C'est *bosselé* avec changement de finale. Les gamins ne ménagent guère leurs coiffures.

BOTTER : Donner la botte au derrière. (Rigaud.)

BOUANT : Cochon. Il se plaît dans la boue. — Argot de voyous. (Delvau.)

BOUBOUILLE : Cuisine misérable faite sur un fourneau portatif. (Rigaud.)

BOUCLAGE : Menottes, liens. Argot de prisonniers. (Delvau.)

BOUIF : Faiseur d'embarras, mauvais ouvrier. (Rigaud.)

BOULAGE : Rebuffade, refus. (Boutmy.) — Mot à mot : action de bouler, battre. V. page 56.

BOUILLONNER : Ne pas vendre, manger dans un bouillon restaurant. (Rigaud.)

BOULE : Chien terrier. (*Id.*) — C'est le *bull* anglais.

BOUL-MICH : Boulevard Saint-Michel. (*Id.*) — Abréviation. Je dois faire observer à ce sujet qu'on dit aussi *boul-ger* pour *boulevard Saint-Germain*. Ouvrir la porte à des néologismes de cet ordre expose à de grands et peu utiles envahissements.

*BOULER : Tromper. — Du vieux mot *boule* : Tromperie, astuce.

BOULET A COTES, BOULET A QUEUE : Melon. Argot de faubourien. (Vidocq.)

BOULEUR, BOULEUSE : Acteur ou actrice jouant comme doublure. (Rigaud.)

BOULINGUER : Déchirer (argot de voleur), gouverner, conduire (argot de vagabond). (Delvau.) — Dans le premier sens, je crois que *boulinguer* se rapproche du mot *boulin* qui mot à mot veut dire *trou*. Voyez *Bouliner*, p. 56.

BOULONNAISE : Fille publique exploitant le bois de Boulogne. (Rigaud.)

BOULOT : Haricot rond. (Delvau.) — Allusion de forme.

BOUQUET (c'est le) : C'est le comble. Se dit indifféremment d'un malheur ou d'un bonheur succédant à un autre. — Allusion au bouquet qui termine un feu d'artifice.

BOUQUET : Cadavre. Argot de voyou. (Delvau.)

BOURDON : Femme prostituée. (A. Pierre.) — Elle bourdonne des invitations à l'oreille du passant.

BOURGUIGNON : Soleil. (Delvau.) Il fait mûrir le vin, et le vin de Bourgogne est le vin préféré du peuple.

BOURLINGUE : Congé. — BOURLINGUER : Donner congé. — BOURLINGUEUR : Patron menaçant toujours de congédier l'ouvrier. (Rigaud.)

BOURREBOYAUX : Gargote. (Rigaud.)

BOURREUR DE PÈGRES : Code pénal. Il bourre les malfaiteurs. (*Id.*)

BOURRASQUE : Razzia de police. Argot de voleurs. (Delvau.) — Une bourrasque rase tout.

BOURRE-COQUINS : Haricots. Argot du peuple. (Delvau.) — Les haricots ou fèves jouent le premier rôle dans la nourriture des bagnes.

BOURRE DE SOIE : Fille entretenue. Argot de voyous. (Delvau.) — C'est *bourdon* avec un changement de finale qui fait un jeu de mots.

*BOURRICHON : Tête. — Comparaison de la tête à une bourriche d'huîtres.

BOURSER (se) : Se coucher. (Rigaud.) — Même image que dans *se glisser dans le portefeuille*. Ne doit se dire que des lits étroits.

BOUSILLER : Travailler vite et mal. Mot à mot : comme s'il s'agissait de bâtir avec de la boue. (Delvau.)

BOUSILLEUR, BOUSIL-

LEUSE : Mauvais ouvrier, gaspilleuse. (*Id.*)

BOUSINGOT : Cabaret. Diminutif de *bousin*. — « On alla à la Puce qui renifle, un petit bousingot où il y avait un billard. » (Zola.)

BOUT : Congé. — FLANQUER SON BOUT : Donner son congé. Argot de tailleur. (Rigaud.) — Abréviation. Pour *bout du service*.

BOUT DE CUL : Petit homme. « Un abominable bout de cul, coiffé d'une casquette de velours. » (Huysmans, 79.) Voyez *Bout d'homme*, p. 58.

BOUTANCHE, BOUTOQUE : Boutique. Argot de prison. (Delvau.) — C'est *boutique* avec changement de finale.

BOUTEILLE : Nez. Argot de faubouriens. (Delvau.) — C'est le vin bu qui vient l'empourprer.

BOUTON DE PIEU : Punaise. (Rigaud.) — Elle garnit les lits (pieux) du dernier ordre comme les boutons garnissent une robe. Et Dieu sait qu'on ne les ménage guère aujourd'hui !

BOUTON : Passe-partout. Argot de voleur. (Delvau.) — Allusion au bouton de porte qu'il suffit de tourner pour ouvrir.

BOYAU ROUGE : Bon buveur. Argot du peuple. (*Id.*) — Allusion à la couleur du vin qui remplit l'ivrogne.

BRADER : Vendre à vil prix. Argot de marchand. (*Id.*)

BRAILLANDE : Caleçon. Argot de voleurs. (Delvau.) — Pour *braillarde*.

* BRANCHE : Peut venir aussi du vieux mot *branché* : compagnon associé dans une affaire.

BRANCHER : Loger. — Synonyme de *percher*. Animalisme. — « Je m'embête d'être branché en garni. » (De Goncourt.)

* BRAS : Grand. — C'est une importation bretonne. *Braz* a le même sens en breton.

BRÈME : Carte de fille soumise. (Rigaud.) — Allusion à la carte à jouer dite brème. — ÊTRE EN BRÈME : Être sous la surveillance de la police. (*Id.*)

BRICHETON : Mot. — « Le troupier dit aussi que son pain est du bricheton, du brignolet. » (D. Lacroix.)

* BRICULÉ : Officier de paix. (A. Pierre.) — L'accent manque dans le répertoire d'Halbert. V. p. 61.

BRIDE, VIEILLE BRIDE : Objet de rebut. — Le premier mot est une abréviation. — « Comment une bride de son espèce se permettait de mauvaises manières à l'égard d'un camarade. » (Zola.) — « Entendez-vous, vieille bride, de l'eau, c'est bon pour éteindre le feu. » (*Le Sublime*.) — Ce péjoratif doit venir, comme *schabraque*, de la cavalerie. (V. p. 328.)

BRIGAND, BRIGEANT. Cheveu. Argot de voleur. (Delvau.)

BRIFFE : Gras double ?

Nous nous empâtons
D'arlequin, d' briffe et d' rogatons.

Richepin.

BRIMARD : Briseur. Argot des voyous. (Delvau.) — Pour *brisemar*.

* **BRIMER** (p. 62). *Étymologie*. En poitevin, *brimer* a le sens analogue de *rendre malade*.

* **BRIOCHE** : Castil Blaze a prétendu donner l'origine de ce mot par je ne sais quelle histoire de musiciens d'Opéra que je ne vois justifier par aucun texte.— Règle générale : il faut se méfier des anecdotes qui fourmillent dès qu'il s'agit d'expliquer un mot d'argot. Dans les trois expressions très populaires *faire un pâté*, *faire une boulette*, *faire une brioche*, je vois un air de parenté qui nous mène loin de l'orchestre de l'Opéra.

BRIQUEMONT : Sabre. Argot de voleur. (Delvau.) V. *Briqmann*, p. 62.

BROBUANTE : Bague. Argot de voleurs. (Delvau.)

BROCANTE : Vieux soulier. (Rigaud.) — C'est-à-dire soulier de brocante.

BROCHES : Dents. (*Id.*) Animalisme.

BROUILLE : « En langage de palais on appelle la *brouille*, c'est-à-dire ces nombreux petits artifices de procédure qui font rendre à une affaire tout ce qu'elle peut donner de bénéfice. » (*Petit Journal*, déc. 78.)

BRULÉ : Affaire manquée. (A. Pierre.) — Mot à mot : « affaire brûlée. »

BRULER (se) : S'approcher plus près de la rampe que le rôle ne le comporte. Argot théâtral. (Bouchard.) — Allusion aux feux de la rampe.

BUEN RETIRO : Cabinet d'aisances. — Ironie espagnole. — « Une dame sortant d'un buen retiro à quinze centimes. » (*Figaro*, 76.)

BURETTES : Paire de pistolets. Argot de voleur. (Delvau.) — Elle sortait de la ceinture comme les burettes de leur étui.

BUTIN : « Le butin du soldat, c'est l'ensemble de ses effets d'ordonnance. » (D. Lacroix.)

BUTRE : Plat. (Delvau.)

BUVEUR D'ENCRE : « Par ce surnom, le troupier désigne tous les militaires employés dans les bureaux, et plus particulièrement les fourriers. » (D. Lacroix.)

C

ÇA (il a de) : Il a de l'argent, il a du courage. — ELLE A DE ÇA : Elle a des appas. (Rigaud.) — IL Y A DE ÇA : Il y a de l'argent.

CABANDE, CABOMBE : Chandelle. — Jargon d'ouvrier. (Rigaud.)

CABASSER : Bavarder. — CABASSEUR : Cancanier. (Delvau.) — Du verbe *cabosser* : bosseler, pris au figuré.

CABOCHARD : Tête. — Augmentatif de *Caboche*. V. *Rien*.

CABOCHON : Contusion. (*Id.*)

CABOMBE : V. *Cabande*.

*CABOT : Chien. V. *Cabo*, p. 67.

*CABOULOT : *Étymologie* : Vieux mot qui a signifié d'abord *cabane*, puis *guinguette*.

CACA : Double-quatre de dominos. (Rigaud.) — Redoublement de la première syllabe de *quatre*.

CACHE-MISÈRE : Vêtement boutonné jusqu'au menton, pour dissimuler l'absence de chemise. (Delvau.)

CACHE-FOLIE : Postiche en cheveux (Rigaud), caleçon. (M. Tourneux.)

CACHEMAR, CACHEMINCE, CACHEMUCHE : Cachot. (Rigaud.) — Changement de finale.

CADAVRE : Corps. — Ironie philosophique et religieuse. — « SE METTRE QUELQUE CHOSE DANS LE CADAVRE : Manger. » (Delvau.)

CADOR : Chien. CADOR DU QUART : Secrétaire du commissaire. Jargon de voleurs. (Rigaud.) V. *Chien de commissaire*, *Quart d'œil*. — Du mot de langue d'oc *cadel* : petit chien.

CADRATIN : Chapeau de haute forme. (Boutmy.) — Allusion à la forme du cadratin d'imprimerie.

CAGE : « A Paris, l'ouvrier a donné le nom de cage à tout atelier recouvert de vitres. » (Ladimir.)

CAGNE : Agent de police. — Pour *cogne*. (Rigaud.)

CAHUAH : « Par ce nom, les soldats qui ont été en Afrique désignent le café. » — POUSSE-CAHUAH : Eau-de-vie. Mot à mot : pousse-café. (D. Lacroix.) — Ce doit être un équivalent du mot indigène.

CAILLASSE : Caillou. Argot du peuple. (Delvau.) — Changement de finale.

CAILLOU : Nez. (*Id.*) — Allusion de forme.

CAISSE D'ÉPARGNE : La bouche. (*Id.*) — Jeu de mot des buveurs qui y font des versements quotidiens. — On le peut prendre ironiquement aussi, car c'est là que se place tout l'argent du pauvre monde.

CALANCHER : Mourir. Argot de vagabonds. (Delvau.) — Augmentatif de *caler* : ne rien faire. La mort est le repos éternel.

CALANDE : Promenade. Jargon de voleurs. (Rigaud.) — Mot à mot : action de caler (ne rien faire). V. page 71.

CALANDRINER LE SABLE : Traîner sa misère. Argot de voyous. (*Id.*) — Diminutif du verbe *calandrer* : presser, lustrer. Le terme de *polir le bitume* (faire le trottoir) rappelle exactement la même image.

CALENCE : Manque d'ouvrage. Jargon d'ouvrier. (Rigaud.) — Mot à mot : action de ne rien faire, de caler.

*CALER : Rester sans ouvrage par nécessité, et non par paresse. (Boutmy.) — Du vieux mot de langue d'oc *calar* : discontinuer.

CALER DES BOULINS : Faire des trous. V. *Bouliner*, p. 56. — CALER SA BITTURE : Faire ses besoins. Mot à mot : donner congé à sa nourriture. — SE CALER LES AMYGDALES : Manger. (Rigaud.)

CALETER : Décamper. (*Id.*)

*CALEUR : Ouvrier sans travail. (Boutmy, 78.)

CALEUR : Ouvrier paresseux (Rigaud.) V. *Caler*, p. 71.

CALEUR : Garçon. De l'allemand *Kellner*. (*Id.*)

CALIGULER : Ennuyer. — Allusion à la chute du *Caligula* de Dumas père au Théâtre-Français. (Delvau.)

CALOT : Œil saillant : — Acception figurée de *calot* : coquille de noix.

CALOTTÉE : Boîte à asticots. Argot de pêcheurs à la ligne. (Privat d'Anglemont.)

CAMARO : Camarade. — Abréviation. — « Amusez-vous. Je reste de cœur avec les camaros. » (Zola.)

CAMBRIAU : Chapeau. (A. Pierre.) — Forme de *Combriau*.

CAMBROUX : V. *Cambrouse*, p. 73.

CAMBRURE : Savate. (Rigaud. — Ironie.

CAMÉLIA, DAME AUX CAMÉLIAS : « Quand la lorette arrive à la postérité, elle change de nom et s'appelle *dame aux camélias*. Chacun sait que ce nom est celui d'une pièce de Dumas fils, dont le succès ne semble pas près de finir au moment où nous écrivons. » (E. Texier, 52.)

CAMELOTE : Prostituée de bas étage. (Rigaud.) — Mot à mot : mauvaise marchandise.

CAMOUF : Chandelle. (A. Pierre.) — Abrév. de *Camoufle*.

CAMOUFFLÉ : Homme portant fausse barbe. (A. Pierre.) — De *Camoufler* (se) : se déguiser. Mot à mot : *cacher son mufle*.

CAMOUFLE : Signalement. — V. page 13 de l'introduction.

CAMOUFLER LA BIBINE, LE PIVE : Falsifier (mot à mot : déguiser) la bière, le vin. (Rigaud.)

*CANAPÉ : Lieu public fréquenté par les pédérastes. (Vidocq.) — Allusion ironique aux parapets des quais et aux bancs de certains boulevards.

CANARDER : Plaisanter. (A. Pierre.) — Mot à mot : conter des canards.

*CANARD : « Nom familier par lequel on désigne les journaux quotidiens. » (Boutmy.)

CANARDIER : Compositeur de journal. (Id.)

*CANASSON (vieux) : Mot d'amitié. — « Tu vas venir avec nous, mon vieux canasson. » (Huysmans, 79.) — On prononce can'son.

CANER : Faire ses nécessités. Argot du peuple. (Delvau.) — La peur produit parfois ce résultat, et caner c'est avoir peur. La cause est prise ici pour l'effet.

CANETON : Petit journal sans importance. (Id.)

CANONNER : Boire beaucoup de canons. — CANONNEUR : Buveur. (Delvau.)

CAPISTON : Capitaine. — CAPISTON BÊCHEUR : Capitaine adjudant-major. (Rigaud.) — Ce dernier a la police de son bataillon et bêche par devoir.

CAPITAINE : Capitaliste, agioteur. Argot des voleurs.

(Delvau.) — C'est capitaliste avec changement de finale.

CAPITONNÉE (elle est) : Se dit d'une femme assez grosse.

CAPITONNER (se) : Garnir sa robe d'avantages en coton. (Delvau.)

CAPITOLE : « Nom donné aux arrêts ou cachot, qui est souvent un grenier. On dit : « monter au Capitole. » — Allusion à la citadelle romaine du Capitole. — Argot des écoles.

CAPOULS : Coiffure féminine à bandeaux en cœur, inaugurée par le ténor Capoul, adoptée par les élégants et les commis qui visent à l'élégance. (Rigaud.)

CAPRE : Chèvre. (Id.) — Vieux mot.

CAPSULE : Schako d'infanterie. (D. Lacroix.) — Allusion de forme.

CARABINER : Jouer timidement. Argot de joueurs. (Delvau.) — Allusion aux tirailleurs qui ne risquent qu'à bon escient leur coup de carabine.

CARAFE : Gosier. Jargon de voyous. — On y verse l'eau et le vin, comme dans la carafe. — FOUETTER DE LA CARAFE : Avoir l'haleine infecte. (Rigaud.)

*CARAPATA : Pour comprendre son étymologie il faut se reporter à Carapater : Courir. V. plus bas. Le carapata court à pattes en effet. Allusion au va-et-vient qu'il exécute en appuyant sur sa perche pour faire avancer son bateau. De même dans l'artillerie, les servants à cheval appellent *court à pattes* un servant à pied.

CARAPATER : Courir. Mot à mot : « courir à pattes. » — « Dans mon Paris j' carapate comme un asticot dans un mort. » (Richepin, 77.)

CARAVANES : Aventures galantes. Argot du peuple. (Delvau.) — On a cru qu'il y avait ici un rappel de la *Fiancée du roi de Garbe*, mais je crois que le peuple a fait tout bonnement allusion aux chameaux de caravanes. V. *Chameau*, p. 91.

CARCASSE (états de) : Reins. — Jargon de voleurs. (Rigaud.)

CARCASSIER : Habile dramaturge. (Delvau.) — Mot à mot: homme habile à établir la carcasse ou scénario d'un ouvrage dramatique.

CARDER : gratigner. Argot du peuple. (Delvau.) — Comparaison des ongles aux pointes des peignes à carder.

CARISTADE : Secours en argent. (Boutmy.) — C'est une forme méridionale qui se rapproche du *caritat* (charité) provencal.

* CARME : Miche. — Appelée ainsi sans doute parce qu'elle était blanche de farine comme une robe de carme (dominicain).

CARME A L'ESTORGUE : Fausse monnaie. (Rigaud.) V. *Carme*, p. 81.

CARMER : Donner de l'argent. (*Id.*)

CAROTTE (cheveux) : Cheveux très roux. (Rigaud.)

CAROTTE DANS LE PLOMB (avoir une) : Chanter faux, avoir l'haleine infecte. Argot de faubouriens. (Delvau.) — Comparaison du gosier au canal d'eaux ménagères dit *plomb*. V. page 286.

CAROUBLE : Soir, nuit. Jargon de voleur. (Rigaud).

CARRE (à la) : Mettre de côté. (A. Pierre.) — Une traduction plus exacte serait *en cachette*. V. Carrer, p. 82.

CARRÉ : Voyez *Bizut*.

CARRÉ DES PETITES GERBES : Police correctionnelle. Mot à mot : chambre des petits jugements. (Rigaud.)

CARRÉ DU REBECTAGE : Cour de cassation. Mot à mot : chambre de la médecine. (*Id.*) — La médecine est faite pour les *malades* (prisonniers).

CARREAUX BROUILLÉS : Maison de tolérance de dernier ordre. — Les fenêtres sont dépolies par ordre de police. — « Il va aux carreaux brouillés. C'est son pain quotidien. » (*Le Sublime.*)

CARRÉE : Chambre. Jargon d'ouvrier. (Rigaud.) — Allusion de forme.

CARRELURE DE VENTRE : Réfection plantureuse. Argot du peuple (Delvau.) — Comparaison du ventre plein au soulier carrelé à neuf. Les marins disent de même *se radouber l'estomac*.

CARREUR : Receleur. (A. Pierre.) — De *Carrer* : Cacher.

*** CARTAUD** (page 83) : Lisez *Cartaude*.

CARTE (piquer la) : Marquer la carte pour les reconnaître. Argot des Grecs. (Rigaud.)

CASQUE (avoir du) : Avoir la faconde du saltimbanque. Allusion au casque d'un marchand de crayons en plein vent nommé Mangin, qui eut de 1850 à 1861 son heure de célébrité à Paris. (Rigaud.)

CASQUE (avoir le) : Avoir la tête lourde un lendemain d'ivresse. (*Id.*) — Allusion au poids du casque.

CASQUE (avoir le) : Avoir un caprice. Argot de filles. (Delvau.) — C'est l'équivalent de *être coiffé*.

*** CASQUER** : Donner dans un piège. — *J'ai casqué pour le roublard* : Je l'ai pris pour un malin. (Delvau.)

CASSANT : Noyer, biscuit de mer. (*Id.*) — Le noyer produit la cassante : noix. (V. page 85) et le biscuit de mer est dur à casser les dents.

CASSE-GUEULE : Eau-de-vie de première force. — Elle emporte la bouche, comme on dit familièrement. — « Elle regarda ce que buvaient les hommes, du casse-gueule qui luisait pareil à de l'or. » (Zola.)

CASSE-MUSEAU : Coup de poing. Argot de faubourien. (Delvau.) — Coup destiné, bien entendu, au visage.

CASSER LA MARMITE : S'enlever tout moyen d'existence par une folie. Argot de faubourien. (*Id.*) — C'est-à-dire *de souteneur*. Pour comprendre le terme, voyez *Marmite*, page 234.

CASSER SA FICELLE : S'évader. Argot de voleur. (*Id.*) — V. *Ficelles* : Menotes, p. 171.

CASSER UNE ROUE DE DERRIÈRE : Entamer une pièce de cinq francs. (Rigaud. — V. *Roue*, p. 329.

*** CASSEROLE** : Agent de police. (*Id.*) — Le sens primitif est *dénonciateur*. V. Casserole, p. 86. — V. *Gameler*.

CASSEROLE : L'hôpital du Midi, à Paris. Argot des faubouriens. (Delvau.) — On y soigne les vénériens. Voyez *Casserole*, p. 86.

CASSEUR DE SUCRE A QUATRE SOUS LE MÈTRE : Prisonnier des compagnies de discipline. Il est employé en Algérie à l'empierrement des routes. Les pierres cassées lui sont payées à quatre sous le mètre cube. (D. Lacroix.)

CASSIN : Petite maison, petite boutique. — Abréviation de *cassine*. — « Il est bien avec la bourgeoise du cassin, il a l'œil là-dedans. » (*Le Sublime*.)

CASSOLETTE : Pot de chambre, tombereau de boueux. (Delvau.) — Allusion ironique aux parfums de cassolette.

*** CATAPLAMIER** : Infirmier. (D. Lacroix.) — Mot à mot : poseur de cataplasmes.

CATHOLIQUE A GROS GRAINS : Catholique peu pratiquant. Argot de bourgeois. (Delvau.) — Mot à mot : ne disant de prières qu'aux gros grains de son chapelet.

CAUCHEMARDER (se) : S'inquiéter, se tourmenter. — « Hein ! est-elle assez canulante ! Il faut qu'elle se cauchemarde. » (Zola.)

CAVALER AU REBECTAGE : Se pourvoir en cassation. Mot à mot : galoper à la médecine. (Rigaud.) — *Rebectage* veut dire *médecine*, et *médecine* veut dire à son tour *conseil d'avocat*. V. p. 238. — Le *malade* est l'*inculpé*. V. p. 229.

CAVALER CHER AU REBECTAGE : Se pourvoir en grâce. (*Id.*) Mot à mot : courir au triple galop à la médecine. — *Cher* est ici pour *rude, raide*.

CAYENNE : Atelier, cimetière *extra muros*. Argot du peuple. (Delvau.) — Allusion au Cayenne de la Guyanne qui passait pour un vrai cimétière. Pour le premier sens, c'est une assimilation de l'ouvrier au condamné aux travaux forcés.

CENDRILLON : Jeune fille sacrifiée dans l'intérieur de sa famille. — Allusion à Cendrillon du conte de fées. (*Id.*)

CENTRAL : Détenu de maison centrale. (Rigaud.)

CENTRÉ (être) : Avoir fait de mauvaises affaires. Argot d'ouvriers du fer. (*Id.*)

CENTRE DE GRAVITÉ (perdre son) : Être ivre, gris. Mot à mot : être assez ivre pour ne plus se tenir bien droit. « Après le dîner, il perd ses belles manières et souvent son centre de gravité. » (*Vie paris.*, 77.)

***CERCLE** (page 89) : Lisez *Cerclé*.

CHABIER : S'évader. V. page 13 de l'*Introduction*. Verbe construit sur les expressions *faire M. Chibis*, voir *M. Chibis*, qui ont le même sens.

CHACAL : Zouave. « Le chacal, animal rusé et maraudeur, a été pris comme type par le zouave qui s'est donné à lui-même ce surnom. » (D. Lacroix.)

CHAFFOURER (se) : S'égratigner. (Delvau.) — Allusion aux griffes du chat.

CHAMBERLAN, CHAMBRELAN : Ouvrier en chambre. (Rigaud.) — Deux formes anciennes du mot *chambellan* qui signifiait bien *officier de la chambre*.

CHAMBRE A LOUER (avoir une) : Être fou. (Delvau.) — Mot à mot : avoir une case vide dans le cerveau.

CHAMBRELAN : V. *Chamberlan*.

***CHAMEAU** : Rusé exploitant toujours ses compagnons. (Delvau.) — C'est le sens du *chameau* femelle appliqué au masculin. Les prostituées sont des exploiteuses.

CHANDELIER : Nez. — Il en sort des chandelles. (Rigaud.)

CHANDELLE : Mucosité. « Celui-ci reniflant de merveilleuses chandelles, celui-là sa chemise au vent. » (Hennique.)

*CHANDELLE : *Bouteille. Étymologie : elle éclaire l'ivrogne et lui fait voir... en dedans. V. *Voir* p. 362.

CHANGER SON POISSON D'EAU : Uriner. (Rigaud.) — Allusion au robinet lâché d'un petit aquarium.

CHANGEUR : Marchand d'habits fournissant aux voleurs de quoi se déguiser. (Delvau.)

CHANGEUR : Filou prenant les pardessus neufs dans les cafés en échange des vieux dont il fait tout exprès collection. (Rigaud.)

CHANTEUR : Voleur spéculant sur l'humanité. (A. Pierre.) — Allusion aux faux chanteurs qui mendient dans les cours.

CHANTIER : Embarras, complication. — Allusion à l'encombrement des chantiers.

Minuit sonnait. Ah! quel chantier!
Mon épouse va gronder peut-être.
   (Guy Marie, chans.)

CHAPARDEUR : Mari qui trompe sa femme. (Rigaud.) — Il chaparde l'amour conjugal.

CHAPELLE : Comptoir de marchand de vins. (*Id.*) — Les burettes n'y manquent pas. Puis il y a presque toujours une niche figurée au fond.

CHARCUTIER : Chirurgien. (Delvau.) — Ouvrier estropiant l'ouvrage. (Rigaud.)

CHARENTON : Absinthe. — Elle trouble la raison de ses fidèles. (Rigaud.)

*CHARGER : Avoir trouvé un galant. Argot de filles qui se comparent aux cochers. (*Id.*)

CHARMER LES PUCES : Être ivre. (Delvau.) — Mot à mot : ivre à griser ses puces.

CHARRIEUR-CAMBROUSIER : Voleur à l'aide de moyens chimériques. (A. Pierre.) — Mot à mot : *voleur campagnard* n'ayant point la force des voleurs de ville.

CHARRIEUR DE VILLES : Voleur appelant la chimie à son aide (*Idem*)?

CHARRON : Voleur. (Vidocq.) — Voyez Charon, page 94.

CHASSE-COQUIN : Bedeau. (Rigaud.)

CHASSE-MARAIS : Chasseur d'Afrique. (*Idem.*) Pour *chasse-mar.* V. ce que nous avons dit de cette désinence arbitraire. (*Mar.* page 232.)

CHASSIS : Œil. V. *Chasse*, p. 95.

CHAT : Couvreur. Il court les toits comme le chat. (Rigaud.)

CHAT : Enrouement subit. (*Id.*) — On ne peut alors chanter, on miaule. De là, l'expression *avoir un chat dans le gosier*.

CHATEAUBRIAND : Beefsteak cuit entre deux autres,

d'après une recette de Chateaubriand. (Delvau.)

CHATTE : Pièce de cinq francs. Argot de filles. (*Id.*) — Nom d'amitié.

CHEMIN DE FER : Baccarat où chaque joueur tient à son tour les cartes. Cela va plus vite. (Rigaud.)

CHENILLON : Avorton. Diminutif de *chenille*. — « Veux-tu décaniller de là, bougre de chenillon ! » (Zola.)

CHER : Beaucoup. (Rigaud.) — On dit de même *il est richement laid* pour *très laid*. La richesse devient un superlatif général.

CHÉTIF : Enfant de Limousin, apprenti maçon. (Rigaud.)

CHEULARD : Licheur. — « Ah ! les cheulards ! dit-il... J'ai senti ça. Hein ? Qu'est-ce qu'on mange. » (Zola.)

CHEVAL DE TROMPETTE (bon) : Aguerri. — « Moi, d'abord, je suis bon cheval de trompette. Le bruit ne m'effraie point » (H. Monnier.)

CHEVALIER DE LA GRIPPE : Filou. (Rigaud.) — Lisez *de l'agrippe* (d'*agripper* : prendre).

CHEVANCE : Ivresse. (*Id.*) — Vieux mot qui signifiait *gros bien, richesse*. L'ivrogne a toutes les richesses de la terre en imagination.

CHEVEU : Caprice amoureux. On dit *avoir un cheveu pour un homme*. (Delvau.) — Ce doit être une variante de *Coiffé*, car sans *cheveu*, on ne saurait être *coiffé*, c'est-à-dire : être tout à fait épris.

CHEVEU : « Travail difficile, ennuyeux et peu lucratif. » (Boutmy.)

CHEVEUX (trouver des) : Trouver à reprendre tout. (Rigaud.) — Allusion aux vétilleux qui cherchent des cheveux dans le potage.

*** CHÈVRE** (gober sa) : En 1660, Molière dit déjà :

D'un mari sur ce point j'approuve le
[souci,
Mais c'est prendre la chèvre un peu
[bien vite aussi.

CHEVROTIN : Irascible, mécontent. (Boutmy.) — Mot à mot : qui a souvent sa chèvre. V. page 99.

CHIADE : Bousculade. — Argot des écoles.

CHIASSE : Chose sans valeur, marchandise avariée, maîtresse. Argot du peuple. Delvau.)

CHIBIS (faire), voir *M. Chibis* : S'évader. — Argot des voleurs de province. V. l'Introd. p. 13 et 14.

*** CHIC** (V. p. 100) : Je dois tenir note de l'étymologie qui en fait une forme du *schick* allemand (tournure, talent), qui est lui-même une abréviation du mot ancien *geschick* (même sens). Comme nous usions déjà du mot *chic* sous le premier empire, dans l'armée, ce serait, en ce cas, un mot qui aurait repassé le Rhin avec les armées républicaines.

CHICORÉE : Réprimande. (Rigaud.) — La chicorée est amère.

CHIÉ (tout) : Tout à fait ressemblant. (*Id.*)

CHIEN (faire du) : Faire un ouvrage payé d'avance. (*Id.*)

CHIEN (avoir un) : Avoir un caprice pour un homme. (*Id.*)

CHIEN DE FUSIL (se tenir en) : Se replier sur soi-même. — Allusion au profil du chien de fusil. — « Sur le tas de paille, Gervaise, toute habillée, se tenait en chien de fusil. » (Zola.)

CHIEN PERDU : On appelle ainsi un *fait divers* de journal. — « Le metteur en pages a besoin d'un chien perdu pour boucher un trou quand les rédacteurs n'ont pas fourni assez de copie. » (Boutmy.)

CHIER DANS LE PANIER DE QUELQU'UN : Lui jouer un tour impardonnable. — On dit : « il a chié dans mon panier jusqu'à l'anse. » — On lit déjà dans la satire Ménippée, au XVIe siècle : « Cettuy-là a fait caca en nos paniers. » (Delvau.)

CHIER DUR : Travailler ferme. — CHIER DANS LA MAIN : Être trop familier. — CHIER DU POIVRE : Se dérober quand on a besoin de vous. — ENVOYER CHIER : Éconduire. — FAIRE CHIER : Obséder. (Rigaud.)

CHIEUR D'ENCRE : Employé de bureau, homme de lettres. (*Id.*) — Même genre de plaisanterie que dans *buveur d'encre*.

CHIFFARD : Pipe.(A. Pierre.) Pour *Chiffarde*.

CHIFFE : Langue. Abrév. de Chiffon rouge. (*Id.*) V. p. 103.

CHIFFON : Fille à minois chiffonné. (Delvau.)

CHIFFONER : Contrarier. — Vieux mot qui s'est dit en langue romane *achaifonner*. — « On ne peut plus faire de farces à sa Nini ; c'est ce qui vous chiffonne. » (Gavarni.)

CHINE (aller à la) : Crier dans les rues : vieux habits, vieux galons! (Rigaud.) — Pour « aller en Chine. » Allusion à la longueur des tournées quotidiennes des marchands d'habits.

CHINER : Aller à la chine. (*Id.*)

* CHINEUR (page 104). Mot à mot : allant à la chine. Voyez *Chine*.

CHIPE : Action de chiper. (Rigaud.)

CHIQUE (avoir sa) : Être de mauvaise humeur. (*Id.*) — Allusion à la moue que produit une chique logée dans la bouche.

CHIQUE (avoir une) : Être saoul. (Delvau.) — Pour avoir *chiqué* (mangé et bu) outre mesure.

* CHIQUER : Manger. Vieux mot.

* CHIQUER : Faire de chic, c'est-à-dire sans les études nécessaires. « Voyez ces deux fragments... Comme c'est négligé, comme c'est chiqué! Ne dirait-

on pas une gravure à deux sous.» (V. Bouton.)

CHIQUEUR DE BLANC : Souteneur. (Rigaud.) — Même étymologie que Mangeur de blanc. V. *Mangeur.*

CHIRURGIEN EN VIEUX : Savetier. (Delvau.) — Il travaille la peau comme le chirurgien.

CHOCOTTE : Os gras. Jargon de chiffonnier. (Rigaud.)

CHOLÉRA : Zinc, zingueur. (*Id.*) — Viande malsaine. (Delvau.)

CHOLET : Pain blanc délicat. — Du vieux mot de langue d'oïl *chollat* qui a le même sens.

CHOQUOTTE : Doit être une forme de Chocotte.

Tout cela s'rait de la choquotte,
Mais c' qu'est triste, hélas!
(Richepin, 77.)

CHOUFFLIC : Mauvais ouvrier. (Boutmy.) — Forme française de l'allemand *schuflick* : savetier.

CHOUFLIQUÉ : Mal fait. Mot à mot : saveté. — « C'est tout des bons à rien. Comme c'est choufliqué, saboté! » (*Le Sublime.*)

CHTIBBE. — Germanisme. Déformation de l'allemand *Stiefel* : botte, qui se prononce *schtiffle*.

CHYLE (se refaire le) : Faire un bon dîner. (Rigaud.) — Si le mot est populaire, il doit avoir un point de départ scientifique. On dit aussi *faire du chyle.*

CIGALIER : Membre d'une société poétique du Languedoc nommée *La Cigale.* — « Cigalier de cœur et d'âme. » (Bardoux, 78.)

CINGLER LE BLAIR : Se souler. (Rigaud.) — Mot à mot : se piquer le nez. V. *Nez*, p. 253.

CINQ CENTIMADOS : Cigare de cinq centimes. (*Id.*) — Ironie à l'adresse de la Havane.

CINQ ET TROIS FONT HUIT : Boiteux. (*Id.*) — Mot à mot : faisant cinq pas d'un pied et trois de l'autre pour arriver à huit.

CIRÉ : Nègre. (Rigaud.) — Mot à mot : passé au cirage.

CISEAUX (travailler à coup de) : Compiler. — *C'est fait à coups de ciseaux* : Il n'y a rien de neuf.

CISEAUX (tenir les) : Tenir le poste de secrétaire de rédaction dans un journal. Il coupe les extraits.

CITRON : Tête. Argot de voleurs. (Rigaud). — Allusion de forme.

CIVADE : Avoine. (Vidocq.) — C'est le mot de langue d'oc *civada.*

CIVARD : Pâturage. (*Id.*) — De *Cive.*

CIVE : Herbe. (*Id.*) — Vieux mot. La *cive* était une ciboule; de là notre mot *civet* (ragout aux cives).

CLAMART : Cimetière des suppliciés. — « L'hippodrome désormais destiné à devenir le Clamart, le champ des navets de la musique. » (*Vie parisienne*, 79.)

CLAPOTER : Manger. (Rigaud.) — Allusion au bruit de la mastication.

CLAQUE (en avoir sa) : En être repu, las. — Mot à mot : plein à claquer, à éclater. — « Toujours la même rengaine... Je finis par en avoir une claque. » (Durandeau, 78.)

CLAQUE-DENTS : « Il fut introduit par quelques amis dans les cercles appelés vulgairement claque-dents. » (*National*, janv. 79.) — Est-ce parce qu'on y claque (mange) son argent, ou parce que la fièvre du jeu vous y ruine. Avoir la fièvre c'était jadis *aller au pays de claque-dent*. Allusion au frisson qui commence l'accès.

CLAQUER : Vendre. (Delvau.) — Acception figurée de *manger*.

*CLARINETTE : Fusil. On a dit d'abord *clarinette de cinq pieds*. La baïonnette figurait le bec, et la crosse s'évasant figure le pavillon.

*CLÉ : — « Il y a des femmes à la clé, il y a des côtelettes à la clé : Il y aura des femmes à la réunion, il y aura des côtelettes au repas. » (Delvau.)

CLICHE : Diarrhée. (Rigaud.)

CLIENT : Individu volé ou à voler. A remplacé *pante*. (*Id.*) — Ironie. Les voleurs ont suivi la mode des boutiquiers qui appellent *clients* tous ceux qui leur font gagner de l'argent.

CLOQUE : Pet. (Rigaud.) — Onomatopée.

CLOQUER : Péter. (*Id.*)

CLOU : « Le soldat appelle clou sa baïonnette. (D. Lacroix.) — Allusion de forme.

CLOU : Ouvrier travaillant mal. (Rigaud.) — Le clou accroche et déchire.

CLOUS : Outils de graveur sur bois. (*Id.*) — Allusion de forme.

COCARDE : Excès de boisson. Il rougit et bleuit le visage comme une cocarde. — « On était bien venu à lui reprocher une cocarde prise de temps à autre. » (Zola.)

COCARDER : Avoir sa cocarde. V. ce mot. — « On était gai. Il ne fallait pas maintenant se cocarder. » (Zola.)

*COCHONNERIE : « L'amour ! L'amour ! ne me parlez jamais de cette cochonnerie-là. » (Hennique.)

COCO : Mauvaise eau-de-vie. — *Marchand de coco* : Mauvais marchand de vin. (Rigaud.) — Ironie. Le coco est une boisson d'eau et de réglisse.

COCO : Soulier. Argot du peuple. (Delvau.) — Se trouve déjà au dernier siècle dans le *Monsieur Nicolas*, de Rétif.

*COCO (monter le) : Monter la tête, exciter. — « Ça te chatouille les belles frusques. Ça te monte le coco. » (Zola.) V. *Coco*.

*COCODETTE : « La cocodette est un type féminin du second empire, comme la *merveilleuse* le fut du Directoire, et la *lionne*, de la monarchie de juillet. Semblable à la courtisane par son faste et ses allures, elle en diffère par la régularité de sa position sociale. Son existence est une pose incessante. » (*Souvenirs d'une cocodette*, 78.)

CŒUR (par) : Pour mémoire. Ironie. — « Dîner par cœur, c'est dîner en esprit, immatériellement, c'est-à-dire négativement. V. *Danse devant le buffet*.

COFFIN : Table volante pour le travail, en souvenir du général Coffinières qui a donné ce meuble aux polytechniciens. (Rigaud.)

COLLARDÉ : Prisonnier. (*Id.*) — Augmentatif de *Collé* : emprisonné.

*COLLER : Punir. (Argot des écoles.)

*COLLER (se) : Avaler. (Rigaud.) — Pour *se couler*.

COLLEUR : Homme qui se lie trop facilement. (Delvau.) — Mot à mot : qui colle volontiers. V. *Coller*, p. 113.

COLLIGNON : Mauvais cocher. — Allusion à un cocher de fiacre qui tua son voyageur dans un accès de colère, il y a vingt ans environ.

COLO : Colonel. — Abrév. (Rigaud.)

COLOMBE : Dame de jeu de cartes. Jeu de mots. *Colombe* désigne aussi une femme aimée. V. *Borgne*.

COLONNE (avoir chié la) : Être adroit dans son métier. (Rigaud.) — Mot à mot : faire une chose jugée impossible. Ce terme s'emploie plutôt négativement (*il n'a pas chié la colonne*, il n'est pas fort). — Il s'agit ici de la colonne Vendôme, autrefois fort admirée par le peuple.

COLTIN : Fort de la halle. Partie prise pour le tout. V. *Colletin*, p. 113.

COLTIN, COLTINER : V. *Colletin, Colletiner*.

COLTINEUSE : Ouvrière de gros ouvrage. — « Ma sœur n'est pas une coltineuse..., elle fait les travaux délicats. » (Huysmans, 79.)

COMBERGE : Confession. Abrév. de *Combergeante*.

*COME : Abrév. de *Comite* : officier de galères. Vieux mot.

COMÉDIE (envoyer à la) : Faire chômer. — Quant on va au théâtre on ne travaille pas. — « C'est y pas vexant d'envoyer comme ça les ouvriers à la comédie ! » (*Le Sublime*.)

COMÈTE : Jettatore. — Argot de joueurs. (Rigaud.)

*COMFORT : Vieux mot plus français qu'il n'en a l'air. — « Tout le monde sait que nous avons repris aux Anglais les termes autrefois français de *comfort, comfortable*; mais nous avons laissé entre leurs mains celui de *discomfort*. Pourtant *discomfort*, (*malaise, désagrément*), se trouve dans nos anciens poètes, notamment dans Charles d'Orléans. » (J. Amero.)

COMMANDITE : Association d'ouvriers pour un travail quelconque. (Boutmy.) — Ironie, car c'est le contraire de la commandite.

COMPOSE : Composition. Argot des écoles. — Abrév.

COMPRENDRE (la) : Voler. (Rigaud.) — Jeu de mots sur les deux dernières syllabes.

COMPTE : Comptoir de marchand de vin. (*Id.*) — Abrév.

CONDITION (en) : « Le *cheval en condition* est dans un haut état de santé, il n'a ni chair ni graisse superflues. » (*Carnet des courses*, 77.)

CONDUITE (acheter une) : Mener un nouveau genre de vie. (Rigaud.) — Se dit surtout des fous auxquels il en coûte d'être sages.

***CONDUITE DE GRENOBLE** : « Jérôme prend un bâton et fait la conduite à l'exempt, conduite que le vulgaire appelle *de Grenoble*. » (P. 21, 2ᵉ partie, *Paulin ou les aventures du comte de Walter*. Paris, Desenne, 1792.)

CONFIRMER : Souffleter. (Rigaud.) — Allusion à la petite tape de la confirmation.

CONFRÈRE DE LA LUNE : Mari trompé. (Delvau.) — Allusion aux deux cornes de la lune.

CONILLER : Chercher à se soustraire. (Rigaud.) — Du vieux mot *conil* : lapin. On connaît l'adresse avec laquelle cet animal fuit le chasseur.

***CONNASSE** : Femme stupide. (Rigaud.)

CONNOBRE : Connaître. (*Id.*) — Abrév. de *Connobrer*. V. page 116.

CONSCIENCE (homme de) : Ouvrier typographe payé à la journée et non aux pièces. — Allusion à la conscience nécessaire dans un travail aussi libre.

CONSERVATOIRE : Mont de piété. (Michel.) — On y conserve les effets engagés.

CONSERVES : Pièces du vieux répertoire. Argot théâtral. (Rigaud.) — Ce ne sont pas des primeurs dramatiques.

CONSIGNE : Tisonnier de poêle. Argot militaire. (*Id.*)

CONTRE-COUP : Contre-maître. — « C'est vous qu'êtes le contre-coup de la boîte. » (*Le Sublime.*)

CONTREMARQUE DU PÈRE LACHAISE : Médaille de Sainte-Hélène. (Delvau.) — Les vétérans qui la reçurent sous le second Empire étaient déjà vieux. Néanmoins, il en reste encore pour donner à cette ironie anti-nationale un glorieux démenti.

COP : Copie. Argot de typographe. (*Id.*) — Abrév.

COPIE SUR QUELQU'UN (faire de la) : « C'est au figuré dire du mal de lui ou médire. » (Boutmy.) — Allusion aux articles méchants des petits journaux.

COQUARD : Œil. (Rigaud.) — Mot à mot : œil à la coque, gros œil bouffi.

COQUARDEAU : Mari imbécile, mari trompé, entreteneur ridicule. — Surnom ravivé par la vogue des caricatures de Gavarni où *Mosieu Coquardeau* joue un rôle constamment ridicule. Au moyen âge, le coquardeau était un jeune fanfaron d'amour, un *gâteux*. On connaît ces *vers* du *Blason des fausses amours* :

> S'un (si un) coquardeau
> Qui soit nouveau
> Tombe en leurs mains,
> C'est un oiseau
> Pris au gluau.
> Ne plus ne mains (moins).

COQUILLARD : Œil. (Rigaud. — Diminutif de *coquard*.

COQUILLARD : Pèlerin. Argot de faubouriens. (Delvau.) — Je ne crois pas toutefois ce mot connu des faubouriens de notre siècle qui n'ont jamais vu de pèlerins (à pèlerines garnies de coquilles, d'où le vieux nom de *coquillard*.) Le coquillard était le faux pèlerin de la cour des miracles.

*****CORBEAU** : Se prend aussi pour *prêtre* en général. — « Six francs! le prix d'une messe à l'autel des pauvres. Certes, il n'aimait pas les corbeaux. » (Zola.)

CORBUCHE LOF : Ulcère factice. (Delvau.) — *Lof* est évidemment l'adjectif *faux* écrit *fo* et soumis à un procédé de déformation en *l*, qui consiste à remplacer par *l* la première lettre du mot qu'on rejette à la fin. *Fo* fait ainsi *lof*. Voyez *lem parler en*), p. 218.

CORDE (dormir à la), coucher à la corde : Passer la nuit au cabaret. (Delvau.) — S'est dit d'abord d'un marchand de vins de dernier ordre qui faisait payer à ses dormeurs le droit de s'accouder sur une corde.

CORDER : S'accorder. (*Id.*) — Abrév.

CORDES (faire des) : Être constipé. (*Id.*) — Mot imagé.

CORNAGE : « Respiration bruyante et difficile : le cheval est dit *corneur. joueur de flûte.*» (Carnet des Courses, 77.)

CORNET D'ÉPICES : Capucin. (Vidocq.) — Allusion au capuchon et au papier brun de l'épicerie. Le mot est donné de nos jours comme appartenant à l'argot des voleurs, mais il a disparu dès 1789.

CORNICHERIE : Niaiserie. Abréviation de Cornichonnerie, mot à mot : acte de cornichon. V. ce mot, page 118.

CORVÉE (aller à la) : Se livrer au travail professionnel. Argot des filles. (Rigaud.) — *Faire passer à la corvée* se dit de plusieurs hommes réunis, traitant, de gré ou de force, une femme en prostituée.

CORVET (page 119) : Lisez *Corvette*.

COSAQUE : Poêle à chauffer. (Rigaud.)

COSMO : Cosmographie. — Argot des écoles.

COTE (frères de la) : Commis d'agent de change. (*Id.*) — Jeu de mots qui fait allusion à la cote de la bourse et au roman populaire consacré par Emmanuel Gonzalès aux boucaniers gentilshommes appelés Frères de la côte.

COTE (G), page 119. Lisez *Cote G*.

COTÉ COUR : Coulisses de droite. — **COTÉ JARDIN** : Coulisses de gauche. Argot théâtral. (Bouchard.)

COTELARD : Melon. — Allusion à ses côtes. Argot du peuple. (Michel.)

COTELETTE DE PERRUQUIER, COTELETTE DE VACHE, COTELETTE DE MENUISIER : Morceau de fromage de Brie. (Delvau, Rigaud.) — La facétie peut s'appliquer de même à tous les corps de métier, ce qui promet encore bien des pages aux dictionnaires spéciaux.

COTERIE : Assemblée d'ouvriers. (Rigaud.) — Désigne aussi l'ouvrier seul. « Hé ! la coterie ! » dit un maçon à un autre maçon.

***COTON** (donner du) : Donner de la peine. — « Ça ne fait rien, il lui a donné du coton. » *Le Sublime*.)

COTRETS : Jambes. Argot de faubouriens. (Delvau.) — Comparaison d'une jambe maigre à un brin de fagot dit cotret. V. son synonyme *Fumeron*, p. 185.

COUCHE (il y) : Se dit de quelqu'un qui se trouve continuellement dans une maison, sans y passer toutefois la nuit.

***COUENNE** : Joue pendante. Argot du peuple. (Delvau.)

COUINER : Parler en larmoyant. (Rigaud.) — Abrév. de *Couyonner*.

COULE : Abrév. de *Coulage*. V. p. 121.

COULE (mettre à la) : Mettre au courant. — « Ça commence à venir. On les a mis à la coule. » (*Le Sublime.*)

COULER (en) : Mentir. Mot à mot : couler des mensonges. (Delvau.)

COULER DOUCE (la) : Vivre sans souci, couler une douce existence. — « La vérité est qu'il la coulait douce. » (Zola.)

COULEUR (Être à la) : Être convenable, faire bien les choses. Mot à mot : offrir la couleur qu'on désire. — « Vous n'êtes pas rat, vous êtes chouette et à la couleur. » (*Le Sublime.*)

COULEUR : Soufflet. — Il colore la joue. — « Je vous ficherai une couleur sur la figure. » (Huysmans, 79.)

COULEUVRE : Femme enceinte. (Delvau.)

COUP : Manœuvre faite dans le but de tromper. On dit : *il m'a fait le coup* (il m'a trompé) ; *c'est le coup du suicide* (c'est un faux suicide annoncé pour attendrir la dupe).

COUP D'ACRÉ : Extrême-onction. Argot de voleurs. (Rigaud.) — Mot à mot : coup du *défions-nous*. Voyez *Acré*. Les plus braves n'ont pas leur confiance entière au dernier moment.

COUP D'ANATOLE, COUP DU PÈRE FRANÇOIS : Voyez *La faire au père François*, page 182. — Le nom d'Anatole comme celui du père François est probablement celui d'un spécialiste fameux en ce genre. J'en ai interrogé deux en 1868 sans obtenir sur ce point aucun éclaircissement.

COUP D'ARROSOIR : Verre de vin bu sur le comptoir. (Delvau.) — Il arrose le gosier.

COUP DE BOUTEILLE (avoir son) : Être ivre. — « Il avait son coup de bouteille comme comme à l'ordinaire. (Zola.)

COUP DE CANIF : Voyez *Canif*, p. 77.

COUP DE CASSEROLE : Dénonciation. (A. Pierre.) — V. *Casserole*, p. 86.

COUP DE CHANCELLERIE : Coup de lutteur qui consiste à tenir sous le bras la tête de l'adversaire. (Rigaud.) — On fait ainsi chanceler son homme. Jeu de mots sur *chanceler* et *chancellerie*.

COUP DE CHASSELAS : Demi-ébriété. (Delvau.)

COUP DE FEU, COUP DE PICTON (avoir un) : Être allumé par l'ivresse. Jeu de mots sur *coup* (blessure) pris au figuré. — « Le coup de feu est la barbe commençante. » (Boutmy, 78.)

COUP DE FIGURE : Repas soigné. (Rigaud.) — Jeu de mots. Un bon repas porte à la tête comme le coup d'escrime appelé coup de figure.

COUP DE FOURCHETTE : Vol à l'aide de deux doigts. (A. Pierre.) — Mot ancien qui doit remonter au temps où la fourchette n'avait que deux pointes. — On appelle aussi *coup de fourchette* un coup consistant à pointer deux doigts dans les deux yeux de l'adversaire.

COUP DE FOURCHETTE (avoir un joli) : Bien manger.

COUP DE MANCHE : Mendicité à domicile. (Rigaud.)

COUP DE MARTEAU : Folie. On sous-entend : *Coup de marteau sur la tête*. — « Elle finit par oser lui parler de son coup de marteau, surprise de l'entendre raisonner comme au bon temps. » (Zola.)

COUP DE PICTON : V. *Coup de feu*.

COUP DE PIED (donner un) : Demander une avance d'argent. (Rigaud.) — Jeu de mots, car donner un coup de pied se dit aussi pour *avancer*, marcher.

COUP DE POUCE : Effraction. (*Id.*)

COUP DE RAGUSE : Défection. Allusion à celle qui fut reprochée au duc de Raguse. (*Id.*)

COUP DE RIFLE : Ivresse. (*Id.*) — Mot à mot : coup de feu. V. *Riff*, p. 315. L'ivresse enflamme.

COUP DE SIFFLET : Couteau. (Rigaud.) — Pour *coupe-sifflet*. V. p. 123.

COUP DE SIROP (attraper un) : Se soûler. — « S'il a attrapé un coup de sirop, c'est que le torchon brûlait. » (*Le Sublime*.)

COUP DE TORCHON, COUP DE VAGUE : Voyez *Torchon* et *Vague*.

COUPE-CUL (A) : Sans revanche. Argot de faubouriens. (Delvau.)

COUPÉ : Sans argent. (A. Pierre.) — Mot à mot : « ayant les vivres coupés. »

COUPELARD : V. *Couplard*.

COUPER (se) : Se contredire en faisant un récit mensonger.

COUPER-CUL : Abandonner le jeu. Argot de joueur. (Delvau.)

COUPER LA QUEUE A SON CHIEN : Se faire remarquer par quelque excentricité. (*Id.*) — Allusion au chien d'Alcibiade.

COURER (se) : Se garer. Jargon de voleur. (Rigaud.) — Forme de *se la courir*. V. page 124. Le voleur court quand il veut se garer. — *Tu me la coures* : Tu m'ennuies. (*Id.*)

COUREUSE : Machine à coudre. (*Id.*) — Allusion à sa rapidité.

COURIR (se la) : « Je m'ai mis à pleurer, ça l'a embêté, et il se la court encore. » (Durandeau, 78.)

COURT A PATTES : Artilleur à pied. Il va sans dire que c'est un terme inventé par l'artilleur à cheval.

COUSIN DE MOISE : Mari de catin. Allusion aux cornes flamboyantes de Moïse. (Delvau.) — Le côté flamboyant accuse ici une grande publicité.

COUSINE : Un synonyme de plus pour la nomenclature donnée à la fin d'*Être (en)*, p. 162.

COUTURASSE : Couturière, femme grêlée. (Michel.)

COUVRANTE : Casquette. (Rigaud.) — C'est revenir à notre couvre-chef.

COUVRE-AMOUR : Chapeau d'homme. Argot de bourgeois. (Delvau.) — Ironie.

CRACHER : Faire des aveux en justice. (Rigaud.) — *Cracher* signifie *parler*, p. 124.

CRACHER BLANC, CRACHER DU COTON, DES PIÈCES DE DIX SOUS : Avoir soif. (Delvau.) Allusion aux petits crachats écumeux de l'assoiffé qui n'a plus de salive.

CRACHER DESSUS (ne pas) : En user avec plaisir. — Ironie.

CRAMER UNE SÈCHE : Fumer une cigarette. Argot de collégiens. (Rigaud.)

CRAMSER : Mourir. Argot des pompes funèbres. (*Id.*) — Ailleurs on dit *crapser*.

CRANER : Faire le crâne, poser. — « Sans chercher à crâner il entendait agir en homme propre. » (Zola.)

CRANEUR : Fanfaron d'audace. (Delvau.)

CRAPAUD : Petit garçon. (Delvau,)

CRAPOUSSIN : Petit homme. (*Id.*) — Dérivé de *crapaud*.

CRAPSER : Mourir. — « A Cayenne-les-Eaux, vlà dans le bataillon de la guiche comment crapsent les dos. » (Richepin, 77.)

CRAVATE DE CHANVRE : Corde. Argot du peuple. (Delvau.) — Se disait au temps où on pendait.

CRAVATE DE COULEUR : Arc en ciel. Argot de fauboruriens. (*Id.*) — Mot imagé.

CREVAISON : Mort. Animalisme. — « Le long du corridor, il y avait un silence de crevaison. » (Zola.) — *Faire sa crevaison* : Mourir.

CREVARD : Enfant mort-né. Argot de voyous. (Delvau.)

CREVÉ : Homme ruiné de corps et d'âme. (*Id.*)

CREVER L'ŒIL AU DIABLE : Réussir malgré les envieux. (*Id.*) — Le diable aveugle est supposé inoffensif.

CRIBLEUR DE FRUSQUES : Marchand d'habits. (Rigaud.)

CRIBLEUR DE LANCE : Porteur d'eau. (Delvau.) — Mot à mot : crieur d'eau. Les porteurs d'eau criaient autrefois à leur passage dans la rue.

CRIBLEUR DE MALADES : Celui qui appelle des détenus au parloir. (Delvau.) — Mot à mot : crieur de prisonniers.

CRIBLEUR DE VERDOUZE : Marchand de légumes. (Rigaud.) — Mot à mot : crieur de pommes.

***CRIE** : Viande. Le mot pourrait être ancien, car on disait au moyen âge *massecrier* pour *boucher*.

CRIN : Homme irritable et irrité. Mot à mot : raide et piquant comme le crin. — « Tous les trois restaient pareils à des crins, avec de la haine plein les yeux. » (Zola.)

CRINOLIER : Boucher. V. *Criollier*, p. 127.

CRINOLINE : Dame de cartes. (Rigaud.) Sa jupe est raide.

CROCHER : Crocheter. (Delvau.) — Abréviation.

CROCODILE : Homme avide et fourbe, créancier. (*Id.*) — Usurier. — Allusion à la voracité des crocodiles.

CROCODILE : Étranger suivant les cours de l'école Saint-Cyr. (D. Lacroix.) — Est-ce parce qu'il y eut dès l'origine plusieurs Égyptiens dans ce contingent exotique.

CROQUENEAU : Soulier. — **CROQUENEAU VERNEAU** : Soulier verni. — Ils craquent en marchant. (Delvau.)

CROQUER : Craquer, crier. (*Id.*)

CROSSEUR : Sonneur. (Delvau.) — V. *Crosser*, p. 128.

CROUME : Crédit. (Rigaud.) — Pour *crome*. V. page 128.

CROUPIR DANS LE BATTANT : Ne pas se digérer, incommoder. (*Id.*)

CROUTÉUM : Collection de croûtes (mauvais tableaux.) — « Bientôt la boutique, un moment changé en croutéum, passe au muséum. » (Balzac.)

CRUCHE, CRUCHON : Épais de forme et creux d'esprit. — « Il est assez cruche, pour ne pas comprendre. » (E. Sue.)

CUBE : V. *Bizut*.

CUCURBITACÉ : Imbécile. Synonyme de melon. (Delvau.)

* **CUIR** : Peau. Cet animalisme est du moyen âge. En décrivant une bataille, Guillaume Guiart dit :

Coutiaux trespercent armeures,
Sanc saut de cors et de visages,
Là où li cuir et la char s'euvre.

(... Le sang saute des corps et des visages là où le cuir et la chair s'ouvrent.)

CUIR DE BROUETTE (escarpins en) : Sabots. (*Id.*) — C'est-à-dire souliers de bois.

CUIRASSÉ : Urinoir parisien. Modèle de 1876. (Rigaud.) — Allusion aux énormes remparts de tôle placés là pour protéger la pudeur publique.

* **CUIRASSIER** : « Veux-tu savoir ta langue et l'ostographe ? Prends-moi z'un cuir, prends-moi z'un cuirassier. » (Festeau.)

CUIRE DANS SON JUS : Étouffer de chaleur et de transpiration. Le mot est ancien. On connaît la répartie de Piron suant au parterre et entendant ses voisins chuchotter : « Voilà Piron qui cuit dans son jus. — Ce n'est pas étonnant, s'écria-t-il, je suis entre deux plats. »

CUITE (avoir une) : Être ivre. — « La parole d'un homme ivre est sans valeur. On ne doit pas être cru quand on a une cuite. » (*Tamtam*, 76.) — Allusion à la quantité liquide qui cuit dans l'estomac de l'ivrogne.

CUITE (prendre une) : S'enivrer. — « Comme à l'occasion de la paye, il avait pris une cuite énorme. » (*Petit Parisien*, 77.)

CUIVRE : Monnaie. Argot du peuple. (Delvau.)

CUIVRES : Instruments de musique en cuivre. On dit d'une partition bruyante : *qu'il y a trop de cuivres*.

CUL (montrer son) : Faire faillite. (Rigaud.) — Jeu de mots. Le failli n'a rien pour se couvrir, financièrement parlant.

CUL DE PLOMB : Homme sédentaire, peu alerte. (Dhautel, 1808.)

CUL GOUDRONNÉ. Matelot.

CUL ROUGE : Soldat porteur du pantalon rouge d'uniforme. Autre temps, autres culottes. Au dix-huitième siècle, on disait *cul blanc,* témoin ce passage des *Mémoires* de Bachaumont : « Le 27 janvier 1774. Il est encore arrivé à Marseille à la Comédie une catastrophe sanglante. Un officier du régiment d'Angoulême était dans une première loge; il s'était retourné pour parler à quelqu'un. Le parterre, piqué de cette indécence, a crié *à bas, cul blanc!* (le blanc est le fond de l'uniforme de l'infanterie), etc., etc. »

CUL TERREUX : Paysan. (Delvau.)

CULOTTE (grosse) : Maître ivrogne, se donnant habituellement de grosses culottes. V. ce mot. (*Le Sublime.*)

CULOTTE ROUGE (donner dans la) : Avoir un ou plusieurs militaires pour amoureux. — « Elle fut la maîtresse du prince de L... En ce moment, donne dans la culotte rouge. » (*Cancans du boudoir,* 77.)

CYCLOPE : Derrière. (Rigaud.) — L'anus compte ici pour un œil, et on sait que le cyclope de la fable n'en avait pas davantage.

CYCLOPE : Chapeau de haute forme. (*Id.*)

CYMBALES : Pannonceaux de notaire ou d'huissier. (*Id.*) — Ils sont jaunes et accouplés comme les cymbales.

CYMBALE : Lune. (*Id.*) — C'est la pleine lune qui doit être ici désignée.

D

*DAB : Ce mot entre dans la composition de dix autres (V. p. 131-132) avec le sens de *maître.* Il est probablement une forme du vieux mot *damp* : seigneur.

DABICULE : Fils du patron. (Delvau.) — *Dabmuche* : (*Id.*) (Rigaud.)

DABUCHE : Nourrice. (Delvau.) — C'est une seconde mère. V. page 132.

DABUGE : Dame, bourgeoise. (Rigaud.) — Pour *dabuche.*

DACHE : Diable. — Envoyer à Dache : envoyer au diable.

(Delvau.) *Dache* est ici pour *diache*, vieux mot de nos patois du Centre. Dans le Nivernais, on dit : *dache à toi !* (le diable soit avec toi !)

DALZAR : Pantalon. (Rigaud.) — Abrév. de *pantalzar*.

DAMER . Séduire une fille, la rendre dame. (Delvau.) — Jeu de mots ironique.

DANAIDES (faire jouer les) : Battre une femme. Argot de voleurs. (Rigaud.) — Allusion à la fameuse parodie des *Petites Danaïdes*, de 1819, qui représentait les épouses coupables battues et tourmentées par les furies.

*DANDILLON (taquiner, pincer le) : Tirer la sonnette. (*Id.*)

DANDINETTE : Correction. (Delvau.) — On se dandine pour échapper aux coups.

DANSE DEVANT LE BUFFET : Jeûne forcé. Celui qui danse devant le buffet ne l'ouvre point. — « Arrivaient avec la pluie et le froid les danses devant le buffet, les dîners par cœur, dans la petite Sibérie de leur cambuse. » (Zola.)

*DANSER : Payer. « On dit d'un homme entré dans une méchante affaire *qu'il en dansera*, c'est-à-dire qu'il lui en coûtera bon. (Leroux, 18ᵉ s.)

DANSEUR : Dindon. (Dhautel.)

*DARON : Se trouve dans le dictionnaire comique de Leroux. (18ᵉ s.) — Est usité dans le Nord avec le sens de *mari*.

DAVONE : Prune. (Delvau.) — Pour *Daronne*, V. p. 134.

DÉ : Oui. — Ce doit être une forme de *da, oui-da*.

DÉ, DÉ A BOIRE : Verre. (Rigaud.) — Ironie. Les buveurs trouvent toujours les verres trop petits.

DÉBACLE : Accouchement. — DÉBACLER : Accoucher. — DÉBACLEUSE : Sage-femme. (*Id.*) — De *débacler* : ouvrir.

*DÉBALLAGE : Linge sale. (*Id.*)

DÉBALLER : Déshabiller. (*Id.*) — DÉBALLER : Faire ses besoins. (*Id.*)

DÉBARBOUILLER (se) : Se sauver, se tirer d'affaire. (*Id.*)

DÉBARBOUILLER A LA POTASSE : Frapper au visage. (*Id.*) — La potasse entame la peau.

DÉBARQUER (se) : Renoncer. (*Id.*)

DÉBAUCHER : Congédier. (Boutmy.) — C'est le contraire de *embaucher*.

DÉBOULONNER : Vendre. (Rigaud.) — Mot à mot : débouillonner. V. *bouillon* (de libraire), p. 54.

DÉBRIDER : Manger avec appétit. (*Id.*) — On débride le cheval pour le faire manger

DÉCADENER : Déchaîner, V. *Cadenne*, p. 69.

DÉCALITRE : Chapeau de haute forme. (Rigaud.) — Grand schako d'ancien modèle. (D. Lacroix.)

DÉCARCASSÉ : Sans charpente, sans solidité, en parlant d'une pièce dramatique. — « La pièce de *Koriki* est de toutes les rengaines du théâtre moderne la plus usée, la plus décarcassée. » (*Figaro*, 76.)

DÉCARRADE : Sortie, fuite. (Michel.)

*DÉCARRER DE BELLE : Synonyme de *décarrer de la geôle*, p. 136.

DÉCARTONNER (se) : S'affaiblir, devenir poitrinaire. Terme empruntée aux relieurs. (Boutmy.)

*DÉCATI : « Quelques cocottes séculaires et décaties prennent leur nourriture chez Clémence. » (*Alm. des cocottes*, 67.)

DÉCEMBRAILLARD : Partisan du coup d'État de décembre 51, bonapartiste. (Rigaud.)

DÉCHASSE : Yeux. (A. Pierre.) — Il faut lire je crois *des chasses* (des yeux).

DÉCHIRER LA CARTOUCHE : Manger. (Delvau.) — On la déchirait jadis avec les dents.

DÉCHIRER LA TOILE : Péter. (Rigaud.) — Il s'agit ici de la toile de la chemise.

DÉCHIRER SON TABLIER : Mourir. (Delvau.) — Mot à mot : abandonner le travail, car c'est du tablier de travail qu'il s'agit ici.

DÉCLANCHER (se) : Se démettre l'épaule. (*Id.*) — Animalisme.

DÉCLAQUER : Dire ce qu'on a sur le cœur. (Rigaud.)

DÉCOGNOIR : Nez. — Comparaison du nez au décognoir ou morceau de bois à bout aminci qui sert à chasser les coins dans les imprimeries. (Boutmy.)

DÉCOLLER : S'en aller, quitter. (Delvau.)

DÉCOUVRIR LA PEAU : Faire avouer. (Delvau.) — Allusion anatomique.

DÉCROCHER SES TABLEAUX : Fouiller dans son nez. (Rigaud.)

*DÉCROCHEZ-MOI ÇA : Boutique de fripier. — *Achetez au décrochez-moi ça*, d'occasion, au Temple ou chez le revendeur. (*Id.*) V. page 137.

DÉDIRE CHER (se) : Être à l'agonie. Jargon des voleurs. (Rigaud.) — *Cher* veut dire ici *rude*.

DÉFARGUER : Pâlir. (*Id.*) — C'est le contraire de *farguer*, p. 167.)

DÉFILER (aller voir) : N'avoir pas d'argent pour manger. — Abréviation d'*aller voir défiler les dragons* qui a le même sens. Rigaud.)

DÉGELER : Se déniaiser, recouvrer sa liberté d'esprit. (Delvau.) — C'est une variante de *se dégourdir*.

DÉGOTTAGE : Trouvaille. (Rigaud.)

DÉGOUTATION : Personnification dégoutante. — « Ah !

bien, ce n'était pas Eugène: cette dégoutation d'homme, qui lui aurait jamais donné un ruban. » (Huysmans, 79.)

DÉGRAISSER : Voler. (Leroux.) — Mot à mot : enlever l'argent. (V. *Graisse*.)

DÉGRIMONNER (se) : S'agiter, se tourmenter. Argot de bourgeois. (M. Tourneux.)

DÉGRINGOLADE : Vol. (Rigaud.) — Le voleur fait dégringoler ce qu'il prend ; il n'a pas de temps à perdre.

DÉGRINGOLADE A LA FLUTE : Vol commis par une fille publique sur un client. (*Id.*)

DÉGRINGOLER : Voler. (*Id.*)

DÉGROSSIR : Découper de la viande. (Delvau.)

DÉGUEULAS, DÉGUEULATIF : Dégoûtant. (Rigaud.)

DÉJETÉ : Mal venu. Se prend au figuré : — « Une vie aussi décousue, aussi dégommée, aussi déjetée. » (Ph. Chasles, 76.)

DÉJETÉ (N'être pas) : Avoir bonne mine. On dit d'une fille bien faite : « Elle n'est pas déjetée. »

DÉJEUNER DE PERROQUET : Biscuit trempé dans du vin. (Delvau.)

DÉLICAT ET BLOND : Gandin, douillet. (*Id.*)

DÉMÉNAGER PAR LA CHEMINÉE : Brûler ses meubles. (*Id.*)

DEMI-MONDAINE : Femme du demi-monde. V. p. 139.

DEMI-VERTU : Fille qui a déjà faibli. (*Id.*) — Ironie.

DEMOISELLE DU PONT-NEUF : Prostituée. (Leroux.) — Tout le monde y passe.

DÉMORFILLAGE : Action de démorfiller.

DÉMORFILLER : Démarquer une carte morfillée ou marquée par un grec. (Rigaud.) — De *Morfiler* : mordre, manger. La marque d'une dent peut faire reconnaître une carte.

DÉNICHEUR DE FAUVETTES : Coureur de filles. (Delvau.)

DENT (avoir de la) : Être bien conservé. (*Id.*) — Mot à mot : avoir toutes ses dents et les avoir belles.

DÉPENSER SA SALIVE : Parler. (Delvau.)

DÉPIAUTER : Déshabiller. (*Id.*) — Acception figurée de *dépioter* (p. 140).

DÉPLUMÉ : Chauve. (*Id.*)

DÉPOTOIR : Confessionnal, pot de chambre. (Rigaud.)

DÉSARGOTÉ : Malin. (A. Pierre.) Voyez *Argoté*.

DESFOUX : La casquette de soie bouffante et molle particulière aux souteneurs. (Rigaud.) — Nom de vendeur donnée à la chose achetée. Un grand débit de ces casquettes a lieu chez un chapelier nommé Desfoux (*des hêtres*. Nom de lieu) qui est voisin du Pont-Neuf.

DÉSOLER : Jeter. Forme incorrecte de *Dessaler* : jeter à l'eau. — *Désoler un saint* : jeter à l'eau. (*Id.*)

DÉSOSSÉ : Homme maigre. (Delvau.) — Ironie.

DÉSOSSER : Taper à grands coups de poings. (Rigaud.) — Allusion culinaire.

DESSALER : S'acquitter, se mettre au pair. (Boutmy.) Pour comprendre, voyez *Salé*.

DÉTACHER LE BOUCHON : Aller à la selle (*Id.*); couper la chaîne de montre, prendre la bourse. (Delvau.)

DÉTECTIVE : Agent de la police de sûreté, argot anglais. — « Le commissaire Breitenfeld qui était allé avec deux détectectives. » (*Figaro*, 76.)

*DÉTELER : Le mot est du XVIIIe siècle. Effrayé dès le début de sa dernière maladie, Louis XV disait à La Martinière : « Je le sens, il faut enrayer. — Sentez plutôt qu'il faut dételer, » répondit brusquement le docteur. — Le mot est authentique. Je l'ai retrouvé dans une relation contemporaine.

DEUIL (il y a du) : Ça va mal. « S'il y a du deuil, ce ne sera pas long. » (*Le Sublime*.)

DEUS EX MACHINA : Personnage providentiel. Mot à mot : Dieu de théâtre amené par un truc sur la scène : — « Qui sauvera le ministre ?... Ce sont les paroles d'un grand politique, d'un *deus ex machina*, » (*Figaro*, 76.)

DEUX SŒURS (les) : Les deux fesses. (Delvau.)

DÉVOYÉ : Acquitté en justice. (Rigaud.)

DIAMANT : Pavé. (A. Pierre.) — Allusion de dureté.

DIEU TERME : Jour du terme d'une location, auquel on paie son loyer. (Delvau.) — Jeu de mots mythologique.

DILIGENCE DE ROME : Langue. (Michel.) — On dit proverbialement qu'*avec sa langue on peut aller à Rome* (en demandant le chemin.)

DIMASINE : Chemisette. (Delvau.) — Ce doit être *limasine*. V. *Limace*, p. 221.

DINER EN VILLE : Manger un petit pain dans la rue. (*Id.*) — Jeu de mots.

DIRE QUELQUE CHOSE : Éveiller la sensualité. Jargon de libertin. (Rigaud.)

DISQUE : Postérieur. (*Id.*) — Allusion de rondeur.

DISQUE : Pièce de monnaie. — Allusion de rondeur. V. *Siffler au disque*.

DOCHE : Mère. (Rigaud.) — C'est *dauche*, forme de *dabuche* avec élision du *b*.

DOCK : « On donne en France le nom de *dock* à de grands magasins, à de grands entrepôts, et l'on croit, en faisant ainsi, ne faire que suivre l'exemple des Anglais. C'est une erreur. En Angleterre, le terme « dock » désigne les *bassins* où les navires demeurent à flot, à marée basse, retenue que l'eau est par des écluses fermées. » (J. Amero.)

*DODO (faire son) : Dormir. — « Popol qui boira du lolo, qui fera son dodo pour ne point avoir du bobo. » (E. Bourget, ch.)

*DODO : Lit. « Le dodo avait filé chez les revendeurs du quartier. » (Zola.)

DOIGT DE MORT : Salsifis. (Rigaud.) — Allusion de forme et de couleur.

DONNE : Regard. Jargon de voleur. — *La donne souffle mal :* le regard n'est pas franc. (*Id.*)

DONNER (se la) : Se battre. (*Id.*) — Mot à mot : se donner une volée.

DONNER CINQ ET QUATRE : Donner deux soufflets, dont l'un, le soufflet de revers, avec les quatre doigts de la main, pouce en dehors. (Delvau.)

DONNER SUR LE BIFFETON : Lire l'acte d'accusation. (Rigaud.) — Mot à mot : donner sur le chiffon de papier, le lire.

DONNER UN REDOUBLEMENT DE FIÈVRE : Révéler un nouveau méfait à charge. (Delvau.)

DOS : Souteneur. Abréviation de *dos vert.* V. p. 145. — « Jadis on l'avait vu vivre pendant trente ans de marmite en marmite. Plus d'un des jeunes dos et des plus verts l'imite. » (Richepin, 77.)

DOUANIER : Absinthe. — Allusion à l'uniforme vert des douaniers. (Rigaud.) — Ce doit être l'absinthe pure.

DOUBLE-SIX : Poseur. — Celui qui a le double six aux dominos pose le premier au commencement de la partie. (Rigaud.)

DOUCE (se la passer) : Même sens que le précédent. — « Un bon zig qui se la passe douce. » (Goncourt.)

DOUCEUR (le mettre en) : Tromper ou voler en flattant. (Rigaud.)

DOUILLET (jamais), JAMAIS DOUILMINCE : Innocent. — Argot de voleur. (*Idem.*)

DOUILLETTE : Figue. (*Id.*) — Elle est molle.

DOUILLURE : Chevelure. (Delvau.)

DRAGUE : Fonds de commerce de saltimbanque. (*Id.*) Pour *drogue.* V. *Dragueur*, p. 147.

*DRAGUEUR : Saltimbanque. (Michel.) — Pour *drogueur.*

*DRINGUE : Pièce de cinq francs. (*Id.*)

*DROGUE : « Vieille drogue, tu as changé de litre... Tu sais, ce n'est pas avec moi qu'il faut maquiller ton vitriol. » (Zola.)

*DROMADAIRE : On appelait ainsi les vétérans ayant fait la campagne d'Égypte. (D. Lacroix.)

DUC DE GUICHE : Guicheter. (Delvau.) Jeu de mots.

DUMANET : Soldat crédule, du nom d'un type de caricatures qui date de la prise d'Alger. (*Id.*)

DUR A AVALER : Dur à croire. (*Id.*)

DURE : Maison centrale. (*Id.*) — On sait que son régime paraît plus dur aux détenus que la déportation.

DURE (voler à la) : Voler après avoir frappé la victime pour l'étourdir. (*Id.*)

E

ÉBOUFFER (s') : Rire aux éclats. (Delvau.) — Abrév. du vieux mot : *s'ébouffer de rire* (de *bouffer* : Souffler, enfler).

ÉCACHER : Écraser. (*Id.*). — Vieux mot.

ÉCARBOUILLER : Aplatir. (*Id.*) — On dit plus souvent *écrabouiller*.

*ÉCARBOUILLER (s') : Se sauver. Acception étendue du verbe précédent. On s'aplatit, on se réduit à rien pour mieux se dérober.

ÉCHAUDÉ (être) : Être exploité par un marchand. (Delvau.) Son synonyme *être écorché* est une image du même genre.

ÉCHINEUR : Journaliste échinant d'habitude. V. *Échiner*, p. 149.

ÉCHOPPE : Atelier. V. *Sabourin*.

ÉCLUSER : Pisser. (Delvau.) — Pour *lâcher l'écluse* (p. 214), bien qu'il ait par le fait un sens contraire, car *écluser*, c'est retenir l'eau dans certaines conditions.

ÉCOPAGE : Choc, coup, réprimande, petit profit, art d'arriver tard dans une maison pour s'y faire inviter à dîner. ((Rigaud.)

*ÉCOPER, ÉCOPPER : Avoir la mauvaise part. — Allusion à l'ennui causé par la corvée de canotage qui consiste à écoper (vider l'eau d'un bateau au moyen d'une écope).

ÉCOPER : Boire. (Rigaud.) — Le gosier joue ici le rôle de l'écope.

*ÉCORNÉ : On appelle ainsi l'inculpé parce qu'il est maltraité (écorné) par le ministère public (écorneur).

ÉCORNER LES BOUCARDS : Fracturer les vitres de boutiques. (Halbert.)

ÉCOUTE S'IL PLEUT : Silence! (Rigaud.) — Quand on écoute, on ne peut faire aucun bruit.

ÉCRACHE : Passeport. (Delvau.) Pour *escrache*. V. p. 159.

ÉCRACHER : Exhiber son passeport. (*Id.*) — Nous avons vu que *escracher* signifiait *demander le passeport*.

ÉCRASER DES TOMATES : Avoir ses menstrues. (*Id.*)

ÉCREVISSE : Cardinal. Argot de voleurs. (*Id.*) — Allusion à un costume que les voleurs ont bien peu occasion de rencontrer. Aussi était-ce un mot de la bonne société du xviiie siècle; M. Fr. Michel en donne un exemple. Il va sans dire que l'écrevisse était cuite, comme le cardinal des mers si injustement reproché à J. Janin, qui ne pensait qu'au homard cuit.

ÉCURER LE CHAUDRON : Aller à confesse. (*Id.*) Mot à mot : Nettoyer son for intérieur.

ÉDREDON (faire l') : Voler un étranger. Argot des filles. (Rigaud.) — Mot à mot : exploiter le lit sur lequel on attire la victime.

EF : Effet. — Abrév. — *Faire de l'ef* : Briller. (Delvau.)

EFFACER un plat, une bouteille : manger un plat, boire une bouteille. (Rigaud.) — Mot à mot : effacer ce qui les colorait.

EFFET DE BICEPS : Exhibition de force musculaire. (Delvau.)

EFFETS DE POCHE : Étalage d'argent. (*Id.*) — L'argent se tire de la poche.

ÉGNAFER : Écraser de surprise, émerveiller. Jargon des ouvriers. (Rigaud.) — Ce doit être une ironie à l'adresse des *gniafs* (p. 193).

ÉGYPTIEN : Mauvais acteur. — Ironie à l'adresse des troupes dramatiques de l'Orient. (*Id.*)

ÉLIXIR DE HUSSARD : Eau-de-vie. (Michel.) — Eau-de-vie inférieure. (Delvau.)

EMBALLEUR : Agent de police. (Rigaud.) — Il vous arrête (V. p. 151).

EMBALLEUR DE REFROIDIS : Croque-morts. (*Id.*) — Mot à mot : metteur de morts en bière.

EMBALUCHONNER : Empaqueter. (Delvau.)

EMBAUDER : Prendre de force. Argot de voleur. (*Id.*) — Pour *emblauder*. De *embler* : voler (vieux français).

EMBOUCANER : Sentir mauvais. (Rigaud.) — Mot à mot : sentir la viande boucanée.

EMBROUILLARDER (s'), S'EMBROUILLER : Sentir les premiers effets de l'ivresse. (Delvau.)

EMMAILLOTER UN MOME : Combiner un vol. Variante de *nourrir un poupard*. (Rigaud.)

EMMAILLOTEUR : Tailleur. (*Id.*) — Ironie

EMMASTOQUER : Se bien nourrir. Mot à mot : se rendre mastoc, s'engraisser. (Delvau.)

*EMMERDEMENT : « Gervaise si gonflée d'emmerdement qu'elle

se serait volontiers allongée sous les roues d'un omnibus.» (Zola.)

EMPÊCHEUR DE DANSE EN ROND : Trouble-fête. Mot à mot : qui empêche les rondes, c'est-à-dire les danses auxquelles tout le monde prend part. — « Un empêcheur de danse en rond, l'expert, prétend que le tranchelard est postérieur. » (*Tintamarre*, 76.) — Je ne crois pas le mot ancien, car il a commencé à circuler vers 1860.

EMPEREUR : Vieux soulier. Du nom du savetier qui les revendait près des Halles. (Rigaud.)

EMPLATRE : Portée de cartes glissée par le grec au baccarat ou au lansquenet; — cravate longue. (*Id.*)

EMPOISONNEUR : Marchand de vins frelatés, gargotier. (*Id.*) — Le mot est de Boileau.

ENCARADE : Porte d'entrée. (Michel.)

ENCEINTRER : Rendre enceinte. (Delvau.) Abrév. d'*enceinturer* qui se disait au XVIIIe siècle. (V. le dict. de Leroux.)

ENCLOUÉ : Mou, sans énergie, pédéraste. (Rigaud.)

ENDOS : Échine. Argot des voyous. (Delvau.)

ENDOSSE : Épaule. (Michel.)

ENFIGNEUR : Pédéraste. (Rigaud.) — De *fignard*.

ENFILER DES BRIQUES (s') : Jeûner. (*Id.*)

ENFILER DES PERLES : Travailler avec nonchalance. (*Id.*)

ENFLANELLER DE (s) : Boire chaud. (*Id.*) — C'est une flanelle liquide qu'une boisson chaude.

ENFLAQUER : Revêtir, endosser. (Delvau.) Mot à mot : *se flaquer dans*.

ENFLÉE : Vessie. (Michel.)

ENFLER : Boire.

ENGUEULAGE : Série d'injures. (Rigaud.)

ENGUEULEUR : Homme ayant l'habitude d'engueuler.

ENLEVER (s') : Souffrir de la faim. (Colombey.) — S'enlever, c'est être léger, c'est-à-dire n'avoir rien dans le corps.

ENMOUTARDER : Enm-der. On saisit l'allusion. — « Qu'est-ce qui nous enmoutarde donc, celui-là, avec sa cloche. » (*Le Sublime.*)

ENPLAQUE (la rousse) : La police vient. (A. Pierre.) — Pour *la rousse emplanque*. V. p. 152.

ENRAYER : Renoncer à l'amour. V. *Dételer*.

ENRHUMER : Ennuyer. (Rigaud.)

ENROSSER : Dissimuler les vices d'un cheval. (Delvau.) — Repasser un mauvais cheval. On dit *il m'a enrossé*.

ENTERREMENT : Morceau de viande ou de charcuterie enterré dans un morceau de pain, *sandwich* populaire. (Delvau.)

ENTERREMENT : Ouvrage abîmé par un ouvrier. (Rigaud.)

ENTERREMENT DE PREMIÈRE CLASSE : Critique faite sur le ton d'un faux attendrissement. (*Id.*)

ENTIÈRE : Lentille. (Michel.) Elle sort souvent comme elle rentre, sans être digérée.

ENTIFFER : Enjôler. (Delvau.) — Forme d'*antiffer* (page 12).

ENTONNOIR : Gosier. (*Id.*) — Ne se dit que pour les grands buveurs. (*Quel entonnoir !*)

ENTORTILLÉ : Maladroit. — Quand on est entortillé, on n'a pas les mouvements bien libres. — « Je lui garde un chien de ma chienne, à votre entortillé de singe (patron). » (*Le Sublime.*)

ENTORTILLÉ : Pédéraste, polisson. (Rigaud.)

ENTRAINEMENT : « L'entraînement a pour but de développer, chez le cheval, des qualités extraordinaires de vitesse et de fond. » (*Carnet des courses, 77.*)

ENTRAVERSE : Aux travaux forcés à perpétuité. (Michel.) — Pour *en traverse*, V. p. 350. Ce mot doit venir de la traverse à laquelle les pieds des forçats sont attachés pendant la nuit. — On dit aussi *en traverse à perte de vue*.

ENTRECOTE DE BRODEUSE : Morceau de fromage de Brie. (Delvau.) — **ENTRECOTE DE LINGÈRE** : (*Idem.*) (Rigaud.) — Même plaisanterie que dans *Bifteck de chamarreuse, côtelette de perruquier*, etc.

ENTRELARDÉ (un) : Un morceau de bœuf maigre avec un peu de gras. On dit de même *un maigre et un gras* dans l'argot des bouillons et des crèmeries.

ENTRER AUX QUINZE-VINGTS : Dormir, c'est-à-dire fermer les yeux, comme les aveugles des Quinze-Vingts. (Delvau.)

ENTRE-SORT : Baraque, théâtre de foire. Allusion aux fournées de spectateurs qui s'y succèdent. (Rigaud.)

ENVOYÉ : Bien dit, bien répliqué. Se dit surtout d'un propos contenant une allusion. — « On applaudit, on cria bravo, c'était envoyé. » (Zola.)

ENVOYER A CHAILLOT : Envoyer paître, repousser. Voir *Chaillot*, p. 90. — « S'il me fiche un abattage, je l'envoie à Chaillot. » (Zola.)

ÉPATAROUFLER : Augmentatif d'*épater*. — « Voici la chose. C'est machiavélique autant qu'épatarouflant. » (*Tam-Tam, 75.*)

ÉPILER LA PÊCHE : Raser. (Rigaud.) — Allusion à la rondeur et au duvet de la pêche.

ÉPINARDS (aller aux) : Recevoir de l'argent d'une fille publique. (*Id.*) — Jeu de mots.

ÉPINARDS (Plat d') : Paysage verdoyant et mal peint. (*Id.*) — Allusion de couleur.

ÉPITONNER (s'): Avoir du chagrin. (Id.) — Pour se pistonner

ÉPONGE : « Tiens, que je te fasse voir mon éponge, poursuivit-il en tirant à lui Céline. » (Huysmans, 79.) V. Linge.

ÉPONGE : Ivrogne. (Delvau.) — Il absorbe comme elle les liquides. Scarron donne déjà cette image.

ÉPOQUES (avoir ses) : Avoir ses menstrues. (Id.)

EPOUSER LA CAMARDE : Mourir. Mot à mot : épouser la mort. — ÉPOUSER LA VEUVE : Être guillotiné. (Colombey.) Mot à mot : épouser la guillotine.

ERGOT (se fendre l') : Fuir. (Michel.) — Animalisme.

ERNEST : Communiqué officiel. Argot de journaliste. (Id.)

ESBALONER (s') : S'évader. Mot à mot : s'en aller en ballon. V. p. 13 de l'Introduction.

ESBROUFFE (vol à) : Vol commis dans la rue sur le gousset d'un passant qu'on feint de heurter par mégarde. (Rigaud.)

ESBROUFFEUR : Voleur à l'esbrouffe. (Id.)

ESBROUFFEUR, ESBROUFFEUSE : Qui fait de l'esbrouffe (V. page 158.) — « D... est un homme important, un esbrouffeur. » (V. Bouton.)

ESCAFFE : Coup de pied au derrière. Vieux mot. (Michel.)

ESCAFFER : Donner un coup de pied. (Id.)

ESCAFIGNON : Soulier. (Id.)

ESCANNER : Fuir. — A l'escanne : Fuyons. (Id.)

ESCARE : Contre-temps. — ESCARRER : Empêcher. (Rigaud.) — Halbert donne escaver.

ESCARGOT : Lampion, sergent de ville. (Id.) Homme vilain d'aspect. (Delvau.) — Comme l'escargot, l'agent passe le long des murs.

ESCARPINS DE CUIR DE BROUETTE, DE LIMOUSIN : Sabot. (Delvau.) — Facéties. La dernière fait allusion aux maçons que le Limousin envoie chaque année à Paris.

ESCARPIN RENIFLEUR : Soulier prenant l'eau. (Rigaud.) — Allusion au bruit de son aspiration.

ESCARPOLETTE : Charge. Argot de théâtre. (Delvau.) — — C'est une variante de balançoire.

ESCRACHER : Exhiber le passeport, montrer ses papiers. (Rigaud.)

ESPADRILLE : Soulier de n'importe quelle forme. (A. Pierre.) — Extension du sens connu.

ESPAGNOL : Pou. (Michel.) — L'Espagne passait pour être trop bien partagée sous ce rapport.

ESQUINTE : Abîme. Argot de voleur. (Delvau.) — Il me semblerait plus rationnel de lire ici esquinté : abîmé. Il doit y avoir une faute d'impression donnée d'abord par M. F. Michel, et reproduite après par ses successeurs.

ESSENCE DE CHAUSSETTES : Sueur de pieds. (*Id.*)

ESTABLE : Poule. (Rigaud.) — Forme de *estaphle*.

ESTAFFIER : Chat. (Rigaud.)

ESTAFFION : Chat, taloche. (Michel.) — Notre mot d'*estafilade* semble bien près de celui-là, de toutes façons, car le chat est un maître *estafileur*.

ESTAPHE : Taloche. (*Id.*)

ESTAPHLE : Poule. Jargon de voleur. (*Id.*) — V. *Estafon*, p. 160.

ESTOMAC : Courage. (*Id.*) — *Il a de l'estomac* : il est hardi au baccarat, à la Bourse, etc. On sait que la peur influe défavorablement sur l'estomac. Donc *avoir bon estomac*, c'est être courageux. V. *Foirer*, p. 179.

ESTROPIER : Manger. (Delvau.) — C'est-à-dire manger cuisse ou aile.

ÉTATS (être dans tous ses) : Être fort surexcité. (M. Tourneux.)

ÉTOUFFAGE : Action d'étouffer. (Rigaud.)

ÉTOUFFER : Forme d'*estouffer*. V. p. 160.

ÉTOUFFEUR : qui pratique l'étouffage. — Éditeur manquant la vente de ses livres, faute de réclames. (Rigaud.)

ÉTOURDISSEMENT : Demande de service. (*Id.*)

ÉTOURDISSEUR : Solliciteur. (Michel.)

EXAM : Examen. — Argot des écoles.

EXCELLENT BON : Jeune gandin. — Superlatif de *bon jeune homme*. Voir ce mot. — « Ne vous laissez pas distraire par la foule des excellents bons qui sont debout dans les portes, ne dansent jamais, gênent tout le monde, s'ennuient à périr. » (*Vie parisienne*, avril 77.)

F

F (être de l') : Être perdu, ruiné. Abréviation de être fichu, etc. (Rigaud.)

FABRIQUER : Faire, dans le sens de *voler*. — « J'aurais voulu fabriquer jusqu'au bout cette vieille tête de veau (voler ce vieux chauve). — *Petit Journal*, 78.

FACTIONNAIRE (relever un) : S'échapper de l'atelier pour aller boire un verre de vin déjà versé sur un comptoir des environs. (Rigaud.) — Le buveur est ici le caporal de pose.

FADE (avoir son) : Être bien servi dans une distribution. (Boutmy.) — Abréviation de *Fadage*. V. ce mot p. 164.

FADÉ (être) : Être soûl. Mot à mot : avoir sa part de boisson. (Rigaud.) — V. *Fader*, p. 164. *Avoir son compte* (V. p. 115) présente exactement la même allusion.

FAFIOTEUR : Savetier. (*Id.*) — Banquier, écrivain. (Delvau.) — Triple allusion au papier ou *fafiot*. Il entre du carton dans les mauvaises chaussures ; le banquier manie les billets et l'écrivain se sert de papier. *Fafiot* est un vieux mot signifiant *fanfreluche*. — On appelle *fafiot* un soulier d'occasion.

FAFLARD : Passeport. — **FAFLARD D'EMBALLAGE** : Mandat d'amener. (Rigaud.) — C'est *fafiot* avec changement de finale.

*FAGOT : Forçat. — Le fagot est lié par le milieu comme le forçat par sa ceinture porte-chaîne.

FAINE : Sou. — **FAININ** : Liard. — Argot des ouvriers. (Delvau.)

FAIRE BELLE (la) : Être heureux. (Rigaud.) *Vie* est sous-entendu.

FAIRE DESSOUS (se) : Tomber en enfance. (*Id.*) — Variante de l'expression *il fait sous lui*, c'est-à-dire : *il est gâteux*, il ne sait plus, ne peut plus.

FAIRE DES YEUX DE HARENG : Crever les yeux. (Michel.)

FAIRE DU SUIF : Tricher. Argot de grec. (Rigaud.)

FAIRE GODARD : Crever de faim. Variante de *s'enlever* (V. ce mot). Double allusion au ballon de Godard et au vide de l'estomac. (*Id.*)

FAIRE LA PAIRE : Se sauver. — De *Jambes* es sous-entendu. (*Id.*)

FAIRE LA SOURIS : Dévaliser. Argot des filles. (Delvau.) — La souris se fourre dans tous les trous.

FAIS (j'y) : J'y consens, j'approuve. (Boutmy.) — Mot à mot : je fais comme vous.

FAISANT : Camarade de collège. (Michel.)

FAISEUSE D'ANGES : Femme pratiquant des avortements. (Rigaud.) — Terme à la mode depuis le procès d'une sage-femme avorteuse du Midi, qui était appelée ainsi. On sait que les morts nouveau-nés sont regardés comme acquis au ciel.

FALZAR : Pantalon de travail. (Rigaud.) — Forme altérée de *Dalzar* qui est une abréviation de *pantalzar*.

FARFOUILLER DANS LES TYMPANS (se le) : Se communiquer. (*Id.*) — C'est-à-dire se chuchoter à l'oreille.

FARGUEMENT : Témoignage à charge (Rigaud), chargement. (Michel.)

FARIDON : Misère. (Rigaud) — Abréviation de *fari ondaine*. V. ce mot p. 167.

FARINEUX : Excellent. (Delvau.) — Même pensée que dans l'expression populaire : *bon comme le bon pain*.

FAUBOURG : Derrière. — Il est éloigné de la place d'armes. V. ce mot : « Je vous détruirai le faubourg à coup de bottes. » (Huysmans, 79.)

FAUCHER : Tromper, voler. (Michel.) — Mot à mot : couper la vérité, couper la bourse. V. *Fauché*, p. 167.

FAUCHEUSE : Guillotine. (Rigaud.) V. *Faucher*, p. 167.

FAUCHURE : Coupure. (Delvau.)

FAUSSE-COUCHE : Homme nul, embryon moral. — « Vos coups de pointeau sont trop forts. — Et mon nœud de cravate est-y trop fort, espèce de fausse couche ? » (*Le Sublime.*)

FAUTER : Perdre sa virginité, faire une faute. (Delvau.)

FAUVETTE A TÊTE NOIRE : Gendarme. (Rigaud.) — Allusion au jaune des buffleteries.

FAUX COL : Place occupée par la mousse au détriment de la bière d'un bock. — « Aussi dans toutes les brasseries, entend-on répéter cent fois : Un bock et sans faux col. » (Rigaud.)

FAYOT : Légume sec. Argot de marine. (Delvau.) — Du mot provençal *fayol* : haricot.

FÉE : Maîtresse. (*Id.*) — Mot à mot : amour. V. p. 168.

FÉLIBRE : Membre d'une société poétique provençale qui a pour chef Mistral. — Dans *le Courrier de Vaugelas*, de 1877 (septembre), M. Garnier établit que *félibre* est un vieux mot provençal signifiant *téteur*, *nourrisson*, et raconte comment Mistral l'adopta en entendant chanter une vieille provençale. — « C'est bien à Fontségugne, le 21 mai 1854, que les poètes d'Avignon adoptèrent le nom de félibres. » (G. Garnier.)

FÉLIBRIGE : Genre des félibres. — « Les écoles rivales sont aujourd'hui presque absorbées dans le félibrige. » (*Id.*)

FELOUSE : Prairie. (Delvau.) — Pour *Fenouse*. V. p. 169.

FENIN : centime. (Rigaud.) — Delvau écrit *Feinin*.

FERLOQUE : Mauvaise loque. (*Id.*)

FERMER MAILLARD : Être terrassé par Maillard, dormir, avoir envie de dormir. — **FERMETURE MAILLARD** Sommeil. — Allusion au nom de l'inventeur des fermetures de fer à coulisses. (Rigaud.) — Chaque soir on voit en effet ces rideaux de fer (sur lesquels était seul d'abord le nom de Maillard) descendre comme d'immenses paupières sur les magasins de Paris.

FERRAILLE : Monnaie de cuivre. (*Id.*)

FERRÉ A GLACE : Sachant parfaitement ce qu'il doit savoir. (Delvau.) — Mot à mot : incapable de tomber.

FÊTRÉ (être) : Être bon à mettre en prison. (Demarquay.) — C'est évidemment le même mot que *faitré* (p. 166). Le sens est un peu différent.

FICELER : Suivre. — Allongement du mot *filer*. (Rigaud.)

*FICHANT : Extrêmement contrariant. Ce mot et ce sens sont déjà donnés dans le Glossaire du patois normand de Duméril (1849). De même pour le dictionnaire provençal d'Honnorat (1846).

FICHER LA PARESSE : Ne rien faire. — « Je fiche la paresse, je me dorlote. Vous voyez.... » (Zola.)

FIFERLIN : Soldat. Jargon de voyous. (Rigaud.) — Mot à mot : petit fifre. On appelait ainsi les gardes suisses.

FIGER (se) : Avoir froid. (Delvau.)

FIGNARD : Anus. (*Id.*) — Abrév. de *toufignard*.

FIGNOLADE : Roulade. (*Id.*)

FIL (un verre de) : Un verre d'eau-de-vie. Abrév. de fil en quatre. (Rigaud.)

FILER : Faire ses besoins. (Delvau.) — Abrév. de *filer la mousse*. V. p. 174.

FILER (faire) : Dérober. (Rigaud.) — On dit par abrév. *filer*. V. p. 173.

FILER LA COMÈTE : Coucher en plein air. (*Id.*) — Mot à mot : suivre des yeux la comète.

FILLE, GRANDE FILLE : Bouteille de vin. — **FILLETTE** : Demi-bouteille. (*Id.*)

FILSANGE : Filoselle (Delvau.) — Changement de finale comme dans *boutanche* : boutique.

*FINE est un vieux mot. On lit dans le *Cabinet satyrique*.

Et dit-on que de la plus fine
Son brun visage fut lavé.

FINE PEGRAINE (être en) : Être à toute extrémité. (Delvau.) — Variante de *casser sa pégrenne* : mourir de faim. (Michel.) — Colombey met *caner*.

FINI (homme) : Homme n'ayant plus de valeur physique ou intellectuelle. « Il souffle comme un phoque, homme marié, fini. » (*Cancans du boudoir*, 77.)

FIQUER : Frapper. (Michel.) — C'est une forme de *ficher* : planter, faire pénétrer.

FISH : Souteneur. Mot à mot : poisson. Anglicanisme. (Rigaud.)

FLAC : Sac. (Michel.) — Abrév. de *flaque*. V. p. 176.

FLAC : Argent. — Abrév. de *flacul* : sac d'argent (p. 175).

FLAC : Lit. (Rigaud.) — Abrév. de *flacul* (p. 176).

FLACHER : Plaisanter. (A. Pierre.) — Pour *flancher.*

FLACON : Soulier, savate. — Onomatopée. Ils font *flic flac.* (Delvau.)

FLAGEOLETS : Jambes maigres. (Dhautel. 08.) — Elles flageolent.

FLANCHER : Reculer. (Rigaud.)

FLANCHET : Part de vol. (*Id.*)

FLANÉ : Flânerie. (*Id.*) — Abréviation.

FLANQUE : Plaisanterie. (A. Pierre.) — Pour *flanche.*

FLAQUER : Mentir. (*Id.*) — Pour *flanquer.*

FLAQUET : Gousset. (Michel.) — De *flac* : sac.

FLÈCHE : Sou. (Rigaud.)

FLÉMARD : Atteint de la flème. (Boutmy.)

FLÉMER : Avoir la flème. (*Id.*)

*FLEMME (envie de ne rien faire) est une forme ancienne de notre *flegme.* Ce n'est pas douteux quand on voit dire en Berri *flême* pour *manque d'énergie*; en Normandie et en Suisse *fleume*; en provençal et en italien, *flemma.* Sans compter le *Trésor* de Brunetto Latini qui dit dès le xiii° siècle : « *Flemme est froide et moiste.* »

FLEMME : Paresseux. (Rigaud.)

FLEUR DES POIS (c'est la) : C'est l'homme à la mode.

FLIBOCHEUSE : Soupeuse affamée et rapace. Dérivé de *flibustière.* (Rigaud.)

*FLINGOT : Fusil de boucher. (*Id.*) — De là est venu, par un jeu de mots, le surnom plus nouveau du fusil d'infanterie.

FLIPPE : Mauvaise compagnie. — Abréviation adoucie de *fripouille.* V. p. 183. — « Sans reproches, dans les derniers temps, tu fréquentais de la flippe. » (Durandeau, 78.)

*FLIRTATION : « Observations analogues au sujet de *flirt*, qui se prononce *fleurté*, lequel mot est une contraction de fleurette. — *To flirt* signifie *conter fleurette.* — De « *flirt*, » les Anglais ont fait aussi *flirtation* que nous avons commencé à employer pour en plaisanter. » (J. Améro.)

FLOTTANT : Bal de souteneurs. (Rigaud.) Mot à mot : bal de *poissons.* En argot *poisson* se dit pour souteneur, et *flottant*, pour *poisson.* — La partie est prise pour le tout.

FLOTTARD : Élève se préparant à l'école navale. — Argot des écoles.

FLOTTES (en avoir) : En avoir beaucoup. On dit aussi *en avoir des bottes.* — Argot des écoles.

FLOU-CHIPE : Floueur-chipeur. (Rigaud.)

FLUTE : Clystère. — FLUT-

ENCUL : Apothicaire. — FLUTER : Donner un clystère. (Delvau.)

FLUX (avoir le) : Avoir peur. (Rigaud.) — C'est-à-dire *avoir le flux du ventre*. V. *Foirer*, p. 179.

FLUXION : Peur. (*Id.*) — Dérivé de *flux de ventre*.

FOND DE CALE (à) : Sans le sou. (*Id.*) — Terme de marine. Quand on voit le fond de la cale, le chargement a disparu.

FONTS DE BAPTÊME (se mettre sur les) : Être engagé dans une affaire dont on voudrait bien sortir. (*Id.*) — Semble signifier mot à mot : être cité comme témoin (en argot *parrain*).

FORAGE (vol au) : Vol à la graisse. (Rigaud.) V. *Graisse*, p. 198.

FORTANCHE : Fortune. (*Id.*) — Changement de finale.

FOU : Foutu, perdu. Abrév. (*Id.*)

FOUAILLER : Reculer. (Boutmy.)

FOUATAISON : Canne. Argot de voleur. (Rigaud.) — Elle peut fouetter l'air ou l'individu au gré de celui qui la manie. — FOUATAISON MASTARÉE : Canne plombée. — FOUATAISON LINGRÉE : Canne à épée. (*Id.*) Mot à mot : canne à couteau.

FOUATTER : Puer. (*Id.*) — Pour *fouetter* qui est ici un synonyme de *couper la gueule*. V. p. 123.

FOUILLES (des) : Non, jamais. (*Id.*) — Abrév. de *tu peux te fouiller*, p. 180.

FOUINARD, FOUINE, FOUINEUR : Poltron. (*Id.*) V. *Fouiner*, p. 180.

FOULAGE : Travail pressé. (Delvau.)

FOULER (ne pas se fouler) : Travailler mollement. Ironie. Abrév. de *ne pas se fouler le poignet*.

FOUQUER : Donner. (Halbert.)

*FOUR : Insuccès dramatique. Semble avoir quelque relation avec le vieux terme *envoyer au four* (envoyer promener) qui se trouve dans le dictionnaire comique de Leroux (1787). Les *fours* étaient autrefois des casemates où on enfermait les vagabonds. Aussi disait-on *envoyer au four* pour se débarrasser.

FOURCHETTES : Doigt. (A. Pierre.)

FOURGATURE : Objet volé à vendre. (Rigaud.)

*FOURLINE : D'après A. Pierre, la *fourline* serait le fourlineur femelle. V. p. 181.

FOURMILLON AU BEURRE : Bourse. (Rigaud.) — Mot à mot : marché à l'argent.

FOURNEAU, FOURNEAU PHILANTHROPIQUE : Misérable. Mot à mot : habitué de fourneau phil. (*Id.*)

FOURNIL : Lit. (Delvau.) — On s'y enfourne et on y a chaud comme *au fournil*.

FOURNIR MARTIN : Porter une fourrure. (Rigaud.) — Facétie. C'est avoir de la fourrure à en revendre aux ours, à fournir l'ours Martin, qui fut célèbre entre tous.

FOURRER (s'en) : Être goinfre. (Delvau.)

FRACASSÉ : Vêtu d'un paletot. Tout ce qui n'est pas blouse est *frac* pour les voleurs. (Rigaud.)

FRAIS (être) : Être dans une mauvaise situation. (Dhautel. 08.) — Ironie. Pour *n'être pas frais*. Ce qui n'est pas frais sent mauvais, va se perdre.

FRANC : Complice, endroit fréquenté par les voleurs. (*Id.*) — Dans le premier sens, c'est une abréviation de *affranchi* : perverti. Dans le second, c'est une abrév. *de tapis franc*.

FRANC BOURGEOIS : Escroc du grand monde. (*Id.*)

FRANC DE MAISON : Receleur, logeur de voleurs. (Michel.)

FRANC-FILEUR : Homme valide ayant quitté la France en 1870 pour échapper au service militaire. Par opposition à franc-tireur. (Rigaud.) — En 1871, les francs-fileurs revenus n'ont pas manqué de déclarer que les Français étaient de tristes soldats et que la France était un pays perdu.

FRANCILLON : Français. (Halbert.)

FRANGIN, FRANGINE : Frère, sœur. (*Id.*) V. *Servir*, *Altèque*, p. 330 et 8.

FRATERNEL : Frère. Argot des écoles.

FRÈRES DE L'ATTRAPE : Agents de la sûreté. — « Les frères de l'attrape leur mettaient la serrante sur la porteuse. » (Cavaillé.)

FRÉROT DE LA CUQUE : Filou. (Michel.)

FRIAUCHE : Condamné à mort pourvu en cassation. (Delvau.)

FRIMAGER : Passer devant les autorités. (A. Pierre.) — On compose alors sa figure (frime).

*****FRIMER** : Faire figure. — « Notre argent vaut bien celle des autres et je frime aussi bien que sa demoiselle. » (Durandeau, 78.)

FRINGUÉ : Habillé. (Rigaud.) — Variante de *fringant*.

FRIPE, FRIPPE : Nourriture. (Delvau.) Du vieux mot *fripper* : manger goulument. Les goinfres s'appelaient autrefois *fripe-sauce*.

FRIQUET : Mouchard. (Michel.)

FRIRE UN RIGOLO : Voler en faisant semblant d'embrasser une personne qu'on s'excuse ensuite d'avoir prise pour une autre. (Rigaud.) — Mot à mot : Servir une fausse risette.

FRIRE DES ŒUFS : Préparer un méchant tour. (*Id.*)

FRISÉ : Juif. (Michel.) — Les têtes de race juive sont souvent frisées.

FROUFROU : Passe-partout. Onomatopée. (Delvau.)

FRUGES : Argent prélevé sur la vente par les commis en nouveautés. (*Id.*)

FUMELLE : Femme. (*Id.*) — Pour *femelle*.

FUMERON : Hypocrite. (Rigaud.)

*FUMISTE : « On sait qu'on désigne les farceurs sous le nom de fumistes. » (*Figaro*, 77.)

FUSIL DE TOILE : Sac. — Jeu de mots. L'un et l'autre se chargent. — « Quand on a cinq ou six mioches, il faut aller à la chasse avec un fusil de toile et de zinc pour le charger. » (*Le Sublime.*)

*FUSILLER : Dépenser. (Rigaud.) — Mot à mot : faire partir ses balles (francs). V. p. 26.

G

GABARI (passer au) : Perdre au jeu. Jargon des ouvriers de fer. (Rigaud.) — Et aussi des soldats employés au fascinage qui rognent toutes les branches inutiles, dépassant leur gabari ou modèle de gabion. On comprend l'allusion.

GABATINE : Raillerie. (Delvau.) — Du vieux mot *gabe*. — *Donner de la gabatine* : railler.

GACHER DU GROS : Faire ses nécessités. Argot du peuple. (*Id.*) — Allusion de mortier.

GACHER SERRÉ : Travailler activement. (Rigaud.) — Même origine.

GADIN : Vieux chapeau, soulier. (*Id.*)

GAFFE : Bouche, langue. (Delvau.) — La bouche et la langue donnent des coups de croc, comme la gaffe, — la première pour manger, et la seconde pour médire.

*GAFFE A GAIL : Garde à cheval, gendarme. (Michel.)

GAFFE DES MACHABÉES : Gardien de cimetière. (Rigaud.) — Selon Delvau, on dit *gaffe* tout simplement.

GAFFE DE SORGUE : Gardien de nuit. (*Id.*)

GAFFER LA MIRETTE : Ouvrir l'œil. (*Id.*) — Mot à mot : surveiller de l'œil.

GALBEUX : Qui a du galbe. — « Je suis galbeux autant qu'un

autre et je ne vois pas pourquoi je resterais dans mon fiacre. » (Durandeau, 78.)

GALERIE (pour la) : Dans le but unique et plus ou moins dissimulé de faire de l'effet sur le public. — Allusion théâtrale.

GALETTE : Mauvais soulier. (Rigaud.)

GALETTE (boulotter de la) : Faire de l'argent. — « Boulottes-tu toujours de la galette avec le grand Simon. » (Cavaillé.)

GALFATRE : Goulu. — « Ça lui crevait le cœur de porter ses six francs à ce galfâtre qui n'en avait pas besoin pour se tenir le gosier frais. » (Zola.) — C'est évidemment une forme abrégée du *galioufard* provençal. Voyez ci-dessous *Galifard*.

GALIFARD : Apprenti. (Rigaud.) — Cordonnier. (Delvau.) En provençal, *galioufard* veut dire *goinfre*.

GALIFARDE : Fille de boutique. (*Id.*)

*GALOP : Réprimande. Mot fort ancien. On trouve dans une farce du xve siècle citée par E. Du Méril (*Dict. de patois normand*, 1849), au mot *Galop* : — « Puisque pour toy suis ainssy galopée, de Dieu soys tu mauldit. »

GALOPER : Envahir au galop. Très expressif et toujours pris au figuré. — « Voilà la peur qui me galope. Qu'est-ce que je pourrai dire ? » (E. Sue.)

GALOPER : « Travailler à la hâte, bousiller un ouvrage. » (1808, Dhautel.)

GALOUBET : Voix. (Delvau.) — Se dit exclusivement de la voix du chanteur. Comparaison à l'instrument du même nom. — *Il a du galoubet* : il a une une belle voix.

GALUPE : Femme.

Les galup's qu'a des ducatons
Nous rinc'nt la dent.

(Richepin.)

*GALVAUDER : Signifie en patois normand *travailler vite et mal*. (Duméril, 49.)

*GAMBILLER : Le vieux français a ce verbe avec le sens de « remuer les jambes de côté et d'autre » qui s'applique exactement au cancan.

GAMBILLER (se la) : S'en aller. — « Il serait temps de voir à se la gambiller. (Huysmans, 79.)

GAMBILLEUR : Danseur (Delvau), sauteur politique. (Rigaud.)

GAMBRIADE : Cancan, danse. Argot de voleurs. (Delvau.) — Dérivé de *gambiller* (danser), mais dans le sens de *dame élégante* que j'ai donné d'après Rabasse (p. 187), c'est un dérivé de *combrieu* (chapeau), mot à mot : *femme à chapeau*, — nom dont on qualifiait les femmes bien mises.

*GAME : En patois normand signifie *écume* venant à la gueule d'un animal; en patois vendéen, *game* est un *accès de rage.* — Le verbe *gamer* : empoigner, saisir vivement, est encore usité dans nos patois du Centre. La rage fait tout empoigner, tout mordre.

GAMELER : Dénoncer. — Mot à mot : manger dans la gamelle. C'est une variante de *manger le morceau* qui aura paru sans doute trop vieux. L'argot a ses modes comme les chapeaux. On le voit par cet exemple tiré d'une lettre du prévenu E. Chevallier, détenu à Mazas ; elle est datée du 30 mai 1876 : — « Ma chère petite femme, j'ai appris que les idées à Marie Loudevig étaient changées à l'égard de Jean Keipp, mais si Marie l'a gamelé, je te dirai aussi qu'il nous a attaché un bidon le jour que je t'ai vue à l'instruction, pour aller avec Henri Chevet, il nous a quittés réellement comme un petit muffe... Je te prierai de croire qu'il ne boira plus à notre table à l'avenir, ou bien, s'il y boit, ce sera vraiment dans la grande tasse. »

GANACHE : « On dit d'un homme âgé et radoteur : C'est une vieille ganache. » (Dhautel, 08.) — Du vieux mot *ganache* : grosse mâchoire. On dit de même *c'est une vieille mâchoire* pour *c'est une ganache.* — « Quoique certaines ganaches ne parlent que la langue du xviiie siècle. » (*Revue de Paris,* 1834.)

« Il déblatérait contre les ganaches de la Chambre. » (G. Sand.)

« *Le père ganache* ou le père dindon, ou bien encore le compère, c'est le nom d'un emploi dans lequel le père Brunet et Lepeintre jeune ont excellé. Ce type du vieillard imbécile et crédule est une création de Térence. » (Duflot.)

Déjà on trouve *ganache* comme synonyme de *sot* dans une poésie du xvie siècle, *la seille aux bourriers.*

Que vous serez réputé lasche,
Couard, poltron, sot et ganache
Des dames, si vous n'auez l'or.

GANACHE : Fauteuil de forme basse. — « Puis s'étant blottie dans une ganache, elle tendit ses jambes. » (Achard.)

GANDIN (hisser un) : Tromper. (Rigaud.) — Vient du vieux mot *gande* : feinte tromperie. Dans le Midi on dit *ganda.* Dans le Berri, on dit « tu nous contes des gandoises » pour : « tu nous contes des mensonges. »

GARDE-MANGER : Water-closet. (Delvau.)

GARDE NATIONAL : Paquet de couenne. Argot des faubourgs. (*Id.*) — *National* doit être au féminin. Pour comprendre ce terme, voyez sa contre-partie *Paquet de couennes.*

GARDE NATIONALE (être de la) : Un des nombreux synonymes de *en être,* pour le sexe féminin seulement.

GARDIEN : Excrément. (Delvau.) — Même sens et allusion que *factionnaire* (p. 163).

GARGARISME : Petit verre. (Rigaud.) — Allusion à la gorgée d'eau-de-vie.

GARGOTER : Cuisiner mal, travailler mal. (Delvau.)

*GARNAFE, GARNAFLE : Ferme. (Vidocq.)

*GARNAFIER : Fermier. (Id.)

GARNO : Garni. (Rigaud.) — Changement de finale.

GASPARD : Chat, rat. Argot de chiffonnier. (Id.) — Jeu de mots sur *gat*.

GAT : Chat. (Colombey.) — Vieux mot provençal.

GATEAU FEUILLETÉ : Chaussure mauvaise. (Delvau.) — Allusion aux semelles qui s'effeuillent.

GATER LA TAILLE : Rendre enceinte. (Id.)

GAUDISSART : Plaisant, homme jovial. (Id.) — En ce sens, le vieux français a le mot *gaudisserie* : plaisanterie, propos joyeux.

GAULES DE SCHTARD : Barreaux de prison. (Rigaud.) — *Gaule* est une ironie, *Schtard* est une forme de *jettard* (V. p. 212).

GAVIOLÉ : Ivrogne. (Id.) — De *gaver* : gorger.

GAVIOT : Gosier. (Delvau.) — On disait au moyen âge *gaviou* (de *gave* : gorge).

*GAVOT : Se trouve au mot *gaveau* dans le dict. de Littré

GAZ : Eau-de-vie. — Elle *allume*. (Rigaud.)

GAZ (allumer son) : Regarder attentivement. (Delvau.) — Mot à mot : éclairer sa vue.

*GAZON : Se prend pour chevelure vraie dans cette image de l'argot faubourien : *il n'a plus de gazon sur la terrasse*, pour désigner un chauve. — *Se ratisser le gazon* : Se peigner.

GAZOUILLER : Puer. — Dé *gaz* pris dans le sens de puanteur. — « Oh là là ! ça gazouille, dit Clémence en se bouchant le nez. » (Zola.)

GENDARME : Moisissure. (Delvau.) — Mot de patois berrichon.

GENDARME : Grande femme revêche. (Id.)

GENDARME : Hareng saur. (Rigaud.) — Est-ce parce que son aspect jaunâtre rappelle les buffleteries jaunes de la gendarmerie, ou parce que sa tête avec les ouïes relevées a un air de chapeau à cornes ? On a, par contre, appelé *harengs* les gendarmes.

GENDARME : Cigare d'un sou. (Id.)

GENDARME : Breuvage de vin blanc, de sirop de gomme et d'eau. (Id.)

GENDARME : Fer à repasser. — Il porte la marque de la maison Gendarme. (Id.)

GENS DE LETTRES (faire partie de la Société des) : Faire chanter par lettres. (Michel.) — Ce mot, reproduit comme contemporain, est de 1787 et n'a eu jamais cours qu'en ce temps-là, non à Paris, mais en Auvergne. M. Fr. Michel le prouve.

GENTLEMAN : « On ne dit plus de lui qu'il est un homme distingué, un homme du monde, un véritable gentilhomme, mais un gentleman. » — Cette anglomanie, — peu intelligente, — est si bien maîtresse de nous, que nous ne voyons plus de gentilshommes en France. En revanche, nous voyons des *gentlemen* partout. Je cite, d'après un journal : « On demandait à un Serbe s'il y avait des nobles dans son pays : « Tout Serbe est noble! » répondit-il. « Chaque Serbe est un gentleman! » (J. Améro.)

L'auteur de l'*Anglomanie dans le Français*, que je viens de citer, poursuit en ces termes : « Notre gentleman français vit plus ou moins à l'anglaise, et on dit de lui ou bien il dit lui-même qu'il a de « l'humour », aime les « beefsteaks, » ne dédaigne pas un petit « lunch » entre ses repas, fréquente la « high life, » se rend aux « meetings » de n'importe quoi, évite les « pickpockets, » redoute les « questions » politiques des « reporters, » et quand il prend le « railway, » ne manque pas de demander un « ticket. »

Ce sont là autant de termes anglais qui n'ont que faire dans le français, par cette raison bien simple, mais qui nous semble péremptoire malgré sa simplicité, que, pour chacun d'eux, nous avons au moins deux ou trois vocables correspondants. »

*GENTLEMEN-RIDERS : « Reçoivent cette qualification et peuvent seuls monter dans les courses de gentlemen-riders : 1º les membres du Jockey-Club et des principaux cercles de Paris ; 2º les officiers de l'armée française, en activité de service ; 3º les personnes admises, sur leur demande, après examen et ballottage par le comité des courses. » (*Carnet des courses*, 77.)

GÉO : Géométrie. Argot des écoles.

GERBEMENT : Jugement. (Michel.) — Voyez ci-dessous *Gerber*.

*GERBER : Étymologie. Je crois que *gerbement* et *gerber* font allusion à l'action de gerber, c'est-à-dire de lier, de réunir et d'empiler les gerbes. Seulement cette action est prise au figuré. Juger n'est-ce pas réunir en une seule gerbe, en un seul faisceau (comme on dit dans la langue officielle) les éléments accusateurs.

GERBIERRES : Fausses clefs. (Rigaud.)

GESSEUR : Grimacier, prétentieux. (Delvau.)

GET : Jonc (Michel.) — C'est pour *jet* qui se dit régulièrement.

GIBELOTTE DE GOUTTIÈRE : Chat. (Delvau.) — Le chat se mange pour du lapin.

GICLER : Jaillir. (Rigaud.) — C'est un vieux mot encore usité dans nos patois. On y retrouve le *jaculare* latin.

GIGOT : Cuisse (Delvau); mains larges. (Rigaud.)

GIGUE : Jambe, femme longue et maigre. (Delvau.) — Vieux mot conservé par nos patois et donné par le dict. de Littré.

*GILBOCQUE : (Transposition.) — Voyez p. 191, après *Giberne*.

GILQUIN : Coup de poing. (Rigaud.)

*GIRONDE : Fille perdue. (Halbert.)

GIRONDIN : Dupe. — Argot de camelots. (Rigaud.)

GIRONDINE : Femme très gentille. (Delvau.)

GITE (dans le) : Ce qu'il y a de mieux. — Allusion au *gîte à la noix* qui passe pour la meilleure partie du bœuf. (Rigaud.)

GIVERNER : Vagabonder de nuit. (Delvau.)

GLACE (passer devant la) : Voir une fille de maison sans payer, parce qu'on est son amant. (De Goncourt.) — Perdre des consommations au jeu dans un café. (Rigaud.)

GLAIVE : Guillotine. — **GLAIVER** : Guillotiner. (*Id.*)

GLOCHETTE : Poche. (A. Pierre.) — Est-ce en souvenir de la clochette attachée jadis à la poche sur laquelle les tireurs apprentis se faisaient la main ?

GLOUSSER : Parler. (Delvau.) — Animalisme.

GLUANT : Enfant à la mamelle. (*Id.*)

GLUAU : Cracnat. (Rigaud.)

GLUAU (poser un) : Arrêter.

*GNIAF : C'est, à proprement parler, l'ouvrier cordonnier. Voyez *Pignouf*, p. 280. *Gnaf* se trouve dans les dictionnaires du patois normand de Du Méril, et des patois du Centre de Jaubert.

GNON : Meurtrissure, blessure. (Delvau.) — S'écrivait *nion* dans le compte rendu d'un procès de parricide (mars 1879).

GOBAGE : Amour. (Rigaud.)

GOBELIN : Gobelet, dé à coudre.

GOBE-PRUNE : Tailleur. (Michel.) — Ce vieux mot confirme notre étymologie de *pique-prune* (p. 282). C'est bien une comparaison de mouvement.

GOBELOT : Ciboire. (*Id.*)

GOBER SON BŒUF : Être furieux. (Delvau.) — Mot à mot : être comme un bœuf enragé.

GOBET : Vaurien (*Id.*); quartier de bœuf. (Rigaud.)

GOBIN : bossu. (*Id.*) — Vieux mot qui se dit encore en patois picard. Brantôme rapporte qu'un duc de Mantoue était appelé *le gobin*, à cause de sa bosse.

*GODARD : Forme de *gaudard* qui devait être un dérivé du vieux verbe *se gaudir* : se réjouir, qui a fait *gaudissard*. Nos exemples confirment ce sens. V. p. 194.

*GODILLER. Exemple : « Plus on est de gentilshommes, plus on godille... Vous trouverez dans mes salons les plus beaux noms... en femmes. Depuis la marquise de Fumeterre jusqu'à la baronne de Lune rousse. » (Faillet.)

*GODILLOT : Conscrit. (Rigaud.)

*GODILLOT : Soulier. « J'ai attendu que le carreleur ait raccommodé un de mes godillots. » (*Tam-Tam*, 76.)

*GOFFEUR : De *goff* : forgeron. (Bretagne.)

*GOGO : Semble être à proprement parler celui dont on se moque, qu'on goguenarde. Je ne crois pas que *gogo* ait ce sens dans l'exemple de Villon.

GOGOTTE : Faible, mou, niais. (Delvau.) — C'est un dérivé de *gogo*. V. p. 195.

GOGOTTE : Mauvais yeux. (*Id.*) — Corruption du mot *cocotte* qui a dû désigner d'abord des yeux gonflés, dits *à la coque*.

GOLGOTHER : Poser en martyr. Allusion au Golgotha biblique. (Delvau.)

GOMBERGER : Compter. (*Id.*) — C'est une forme de *comberger*.

*GOMMEUX : Joli. C'est le substantif pris adjectivement dans le sens de *à la mode*. — « Quand il trouve une chose à son goût, il ne dit plus : elle est jolie, il dit : elle est gommeuse. » (Hennique.)

GONDOLÉ : Tordu, recroquevillé, faussé. Se dit d'un homme comme d'un chapeau. — « Quéq'qu't'as donc fait hier, t'as l'air tout gondolé. » (*Le Sublime*, 72.) En patois poitevin, on dit : *il est en gondole* d'un objet *courbé par la chaleur*. En Limousin, un *chapel de gondola* est un vieux et mauvais chapeau.

*GONZESSE : Femme, amante. (Delvau.)

GORET : Premier ouvrier cordonnier. (*Id.*) — Animalisme.

GORGE : Étui. Jargon des voleurs. (*Id.*) — La gorge a, par le fait, la forme d'un étui.

GORGNIAT : Homme malpropre. (*Id.*)

GOSSEUR : Conteur de gosses. V. p. 196.

GOUGNOTTAGE, GOUGNOTTER : Acte de gougnotte, agir en gougnotte. (Rigaud.) V. ce mot p. 197.

GOUILLE (envoyer à la) : Envoyer promener. (Delvau.) — *Gouille* se dit en patois pour *mare*, *bourbe* (Centre).

GOUILLON : Gamin. (*Id.*)

GOUJON : Dupe. — Elle mord à l'hameçon de ceux qui l'exploitent. (*Id.*)

GOUJON : Souteneur. (Rigaud.) — Variante de *poisson*. V. p. 288.

GOUJON (lâcher son) : Vomir. (*Id.*)

GOUJONNER : Duper. (Delvau.) — Allusion de pêche.

GOUR : Pot. (Halbert.)

*GOURBI : Ce mot n'est pas si arabe qu'il en a l'air quand on voit *gourbin* signifier *clayonnage* en patois briançonnais, et *panier* en Provence. Et un *gourbi* n'est qu'une hutte clayonnée.

GOURD : Friponnerie. Argot de voleur. (Michel.) — Pour *goure*. C'est l'action de *gourer* : tromper. V. p. 197.

GOURGOUSSER : Se plaindre, récriminer. (Boutmy.) — C'est un équivalent du provençal *gourgoulhar*, *gourgoutar* : murmurer (en parlant d'un liquide) qui répond au *gargouiller* français.

GOURGOUSSEUR : Grognon. (Boutmy.)

GOURRER, GOURREUR. (Michel.) — Voyez, *Gourer, Goureur*, p. 197.

GOUSPINER : Vagabonder. (Id.)

GOUSSER : Manger. (Id.)

GOUT DU PAIN (faire passer le) : Tuer. On trouve *Perdre le goût du pain* : mourir, dans le *Dictionnaire comique* de Leroux. (18ᵉ s.) — « Tous les jean-f..... qui voulaient faire perdre le goût du pain aux braves montagnards. » (1793, Hébert.) — « V'là la guillotine qui se met à jouer. On enlève le goût du pain au monde. » (H. Monnier.)

GOUTTE (donner la) : Donner à téter. (Rigaud.)

GOUTTE MILITAIRE : Ancienne gonorrhée. (Id.)

GOUTTIÈRE (lapin de) : Chat. (Id.) — Voyez *Gibelotte*.

GOUVERNEMENT : Epée à l'École polytechnique. (Delvau.) — C'est l'État qui la donne.

GRAFFAGNADE : Mauvais tableau, commerce de mauvais tableaux. (Rigaud.)

GRAFIN : Chiffonnier. (Id.) — Il *grafigne* (gratte) avec son crochet.

GRAILLONNEUSE : Blanchisseuse par occasion. (Delvau.)

*GRAIN : Pièce de dix sous. (Id.)

*GRAIN : Émotion produite par un extra de boisson. — « Un petit grain de temps en temps, ça vous remet. » (*Le Sublime*.)

GRAISSER LES ROUES : Boire. (Rigaud.) — Cela fait marcher la voix et permet la roulade.

GRAISSER LE TRAIN DE DERRIÈRE : Donner le pied au cul. (Id.) — Cela fait marcher plus vite, comme le graissage des roues fait rouler une voiture.

GRAISSEUR : Grec. — De *graisse* (Grèce, monde des Grecs). V. *Bédouin*.

GRAND MECQUE : Président. (A. Pierre.) — Mot à mot : *grand maître*.

GRAOUDJEM : Charcutier. (Rigaud.)

GRAS (avoir son) : Être tué.

« Si j'ai mon gras, je ne veux pas qu'un de ces pouilleux-là me chaparde ma croix... » (A. Bouvier, 60.)

GRASSE : Coffre-fort. Argot de voleur. (Rigaud.) — Elle renferme le gras (argent). V. page 198.

GRATE : Abréviation de gratification. (Boutmy.)

GRATIS : Crédit. Jargon de marchand. (Rigaud.)

GRATON : Rasoir. (Delvau.)

GRATOUILLE : Gale. (*Id.*)

GRAVEUR EN CUIR : Savetier. (Rigaud.)

GRELOT : Voix sonore. — Il va toujours comme le cheval de poste faisant tinter son grelot. — « Chaud là ! En triomphe l'orateur ! Quel grelot ! » (*Le Sublime.*)

GRENOUILLARD : Grand baigneur, buveur d'eau. (Rigaud, Delvau.)

GRENOUILLER : Boire de l'eau. (Delvau.) — Mot à mot : faire comme les grenouilles.

GRÉS : Cheval. (Michel.)

GRIBLAGE : Plainte. (Delvau.) — C'est une forme de *criblage*.

GRIFFARDE : Plume. (Rigaud.) — Elle sert à griffonner.

GRIFFER : Voler. (Delvau.)

GRIGNON : Juge. Argot de voleur. (Rigaud.)

GRILLEUSE DE BLANC : Repasseuse. (Delvau.) — Allusion au fer chaud et au linge.

·GRIMÉ : Arrêté. (Halbert.) — GRIMER : Arrêter. (A. Pierre.)

GRIMOIRE : Code pénal. (Delvau.) — M. Rigaud dit *grimoire mouchique*.

GRINGUE : Pain. Jargon du peuple. (Rigaud.) — Forme intervertie de *grigne*. Le pain se *grignotte*.

GRISAILLE, GRISE : Sœur de charité. (Delvau.) — Allusion à sa robe.

GRONDIN : Porc. (Michel.)

GROS LÉGUME : Officier supérieur. (Rigaud.) — Allusion à la graine d'épinard.

GROS LOT : Mal de Naples. (Delvau.)

GROSSE CAVALERIE : « C'est ainsi que s'appellent les scélérats les plus déterminés du bagne. » (Sers, 45.) — Acception figurée. Cette grosse cavalerie est cuirassée contre le remords et la crainte.

GROSSE CULOTTE : Ivrogne beau parleur. V. *Sublime.*

GROULE, GROULASSE : Apprentie, petit souillon. (Rigaud.) — Du mot provençal *groula* qui a le même sens.

GROUPER : Arrêter, saisir. (Michel.) — Abrév. d'*agripper*.

GUANO : Excrément quelconque. (Delvau.) — Allusion au guano chilien.

GUELTER : V. *Guelte*, page 202.

GUENON : Patronne. (Rigaud.) — Pendant du *singe*.

GUETTE : Gardien. (Delvau.) — Vieux mot.

GUEULARDE : Poche. (Halbert.)

*GUEULE (faire sa) : « Dis donc, Marie, bon bec, ne fais pas ta gueule. » (Zola.)

GUEULE DE BOIS : Ivresse. (Delvau.)

GUEULE D'EMPEIGNE : Palais habitué aux liqueurs fortes. (*Id.*) — Mot à mot : gueule de cuir.

GUEULE DE RAIE : Vilain visage. (Rigaud.) — La raie est un poisson d'aspect repoussant.

GUEULÉE : Repas, hurlement. (Delvau.)

GUIBONNE : Jambe. — Dérivé de *guibon*. — « J' sais tirer la savate avec mes guibonnes. » (Richepin, 77.)

GUICHE : Cheveux, rouflaquettes.

Quand j' veux tromper mes guiches,
J' m'en vas faire une pleine eau.
(Richepin.)

GUIMBARDE : Porte. Rigaud.)

*GUINAL : Marchand de chiffons en gros. — *Grand Guinal* : Mont-de-piété. (*Id.*) Mot à mot : *juif* et *grand juif*.

GUINALISER : Faire l'usure. (*Id.*) — Mot à mot : faire acte de juif. Voyez *Guinal*, p. 203.

GUINCHE : Bal de barrière. — Halbert donne *guinche* avec le sens généralisé de *barrière*. — GUINCHEUR : Habitué de bal. (Delvau.)

GUINCHER : Danser. (*Id.*) — Dans les patois du Centre, *guincher* veut dire *baisser la tête, se mettre de travers*, ce qui équivaut à *cancaner* et ce qui a fait *guinche* (bal, sauterie). — Dans le Berri, on dit encore qu'on va aux assemblées, fêtes de villages pour *guinguer* : danser.

GUINGUETTE : Grisette. (Delvau.) — Elle *guingue* volontiers. Voyez *Guincher*.

H

HABILLER : Préparer pour l'étal. — Argot de boucher. (Delvau.)

HABILLER : Médire, réprimander. (Rigaud.) — Abréviation de *bien habiller* qui se dit ironiquement un peu partout et presque toujours de cette façon : *il l'a bien habillé*.

HABINER : Mordre. (Delvau.) — Pour *happiner*.

HABIT DU PÈRE ADAM : Nudité complète. (Rigaud.)

HABIT NOIR : Bourgeois. (Delvau.) — Menteur. (Rigaud.)

HABITONGUE : Habitude. (Michel.) — Changement de finale.

HACHER DE LA PAILLE : Prononcer mal le français. Se dit des Allemands. (Rigaud.)

HALEINER : Respirer l'haleine, chercher à deviner. (Delvau.)

HALLE AUX DRAPS : Lit. (*Id.*) — Jeu de mots sur *draps*.

HALOTER : Souffler, souffleter. (Halbert.)

HALOTIN : Soufflet de cheminée. (Rigaud.) — Diminutif de *Halot*, V. p. 204.

HANCHER (se) : Se camper sur la hanche. (*Id.*)

HANDICAPEUR : « C'est le *handicapeur* qui est chargé de la difficile tâche d'établir une échelle de poids, à chaque course, du meilleur cheval au plus médiocre. Il se base sur le *pedigree* et les *performances*. » (*Carnet des courses*, 77.)

HANNETON DANS LE PLAFOND (avoir un) : Avoir une idée fixe dans la tête, avoir la cervelle un peu détraquée. (Boutmy.)

HANNETONNÉ : Ayant un hanneton. (*Id.*)

HANNETONNER : Être distrait. (Delvau.)

HARDI A LA SOUPE : Fainéant. (*Id.*) — Mot à mot : n'ayant de courage que pour manger.

HARICANDER : Chamailler. (*Id.*)

HARNACHÉ : Mal habillé. (*Id.*)

·HARPE : « C'est lorsqu'on est nanti qu'il faut craindre la harpe. » (*La Comédie des Proverbes*, 1714.)

HARPIGNER (se) : Se battre. (Delvau.) — Le vrai mot serait *se harpionner*. V. *Harpion*, page 204.

HASARD ! : Exclamation ironique, pour dire : « Cela arrive bien fréquemment. » — On dit plus souvent H. (Boutmy.)

HAUS : Personne marchandant toujours et n'achetant jamais. Argot de magasins de nouveautés. (Delvau.)

HAUSSMANISATION : Démolition générale dans un but d'embellissement. — « Depuis l'haussmanisation de la capitale, les loyers sont hors de prix. » (*Alm. des cocottes*, 67.)

HAUTOCHER : Monter. Argot de voleur. (Delvau.) — Mot à mot : aller haut, se hausser.

HERBE A LA VACHE : Trèfle de cartes. (Zola.) — Jeu de mots.

HERBE SAINTE : Absinthe. (Delvau.) — Jeu de mots.

*HIGH-LIFE : Mot à mot : *haute vie*, — est l'équivalent de nos expressions *haute société*, *grand monde*, *bonne compagnie*; c'est-à-dire que nous avons au moins trois manières d'exprimer en bon français ce que, communément, nous nous efforçons de dire en mauvais anglais. *(C. Améro.)*

HIRONDELLE : Commis voyageur, ouvrier tailleur de passage à Paris. (Delvau.)

HIRONDELLE DE GRÈVE : Gendarme. *(Id.)* — On exécutait jadis sur la place de Grève.

HIRONDELLE DE PONT : Vagabond couchant sous les arches de pont. *(Id.)*

HIRONDELLE D'HIVER : Marchand de marrons, ramoneur. *(Id.)* — L'hiver les ramène

HISSER : Appeler en sifflant. (Rigaud.)

HISTOIRES : Menstrues. *(Id.)*

— Équivalent d'*époques* (*époques historiques*. Allusion de périodicité), car on dit *avoir ses époques* pour *avoir ses règles*.

HOMARD : Soldat de la ligne (Delvau.) ; — spahis. (Rigaud.) — Allusion au pantalon du premier et au burnous du second.

HORLOGER : Mont-de-piété. (Delvau.) — Allusion au prétexte de ceux qui ont engagé leur montre et qui disent : « elle est chez l'horloger. »

HOSTO : Prison. *(Id.)* — C'est *hostel* (hôtel) avec changement de finale. V. *Lousteau*, p. 224.

HOTTERIAU : Chiffonnier. *(Id.)* — Nom de la hotte donné au porteur. V. *Hoteriot*, p. 206.

HUGREMENT : Beaucoup. (Michel.)

HUILE : Vin. — HUILE BLONDE : Bière. *(Id.)*

HUISSIER : Concierge. — Il garde l'huis. (V. page 12 de l'Introduction.)

I

ILLÉGITIME : Maîtresse de mari, amant de femme mariée. V. *Légitime*.

IMBIBER (s') : Boire. (Delvau.) — *Être imbibé* se dit surtout pour *être ivre*.

IMPAIR : Insuccès. *(Id.)* — On dit *faire un impair*, pour *échouer*.

IMPRESSIONISME : École de peinture ultra-réaliste. (Rigaud.)

IMPRESSIONISTE : Peintre ultra-réaliste. *(Id.)*

INDEX (travailler à l') : Travailler à prix réduit. On se met ainsi à l'index des compagnons. (Delvau.)

INDIGENT : Voyageur d'impériale d'omnibus. Argot des cochers. (Rigaud.) — Les voyageurs se vengent en appelant les cochers *Collignon*.

INFANTERIE (dans l') : Enceinte. (Rigaud.) — Mot à mot : en situation d'infanter (enfanter).

INFÉRIEUR (cela m'est) : Cela m'est égal. (*Id.*) — Mot à mot : cela est au-dessous de moi.

INFIRME (c'est un) : C'est un homme sans valeur. (*Id.*)

INSECTE : Volaille, oiseau. (*Id.*) — Diminutif inventé par les gros mangeurs.

INSINUANT : Apothicaire. — INSINUANTE : Seringue. (*Id.*) — Le second terme explique le premier.

INTÉRESSANTE (situation): Mot transposé. V. p. 209, après *in petto*.

INVALIDÉ : Député dont l'élection n'a pas été confirmée. — « L'invalidation, je ne connais que ça ! Invalidons nos confrères qui nous gênent. » (*Tam-Tam*, 76.)

ISOLAGE : Abandon. (Delvau.)

ITALIQUES (avoir les jambes) : Être bancal. — Allusion à l'inclinaison du caractère dit italique. (Boutmy.)

J

JACQUE : Pièce d'un sou. (Delvau.)

JACQUELINE : Sabre. (Michel.)

JAFFE : Soufflet. (*Id.*)

JAFFLE : Soupe. (*Id.*)

JAMBE EN L'AIR : Potence. (*Id.*) — Allusion à ses jambages.

JAMBES DE COQ : Jambes maigres. — De *coton* : molles. (Delvau.)

JAMBON : Cuisse. (*Id.*)

JAMBON (faire un) : Casser son fusil. (D. Lacroix.) — Allusion à la crosse brune qui, séparée du canon, a des airs de jambonneau.

JAMBONNEAU (sans chapelure au) : Chauve. (Rigaud.) — Allusion à l'aspect rosé de certaines têtes chauves.

JAPPER : Crier. (Delvau.) — Animalisme.

JARDIN (faire du) : Se moquer. — « Je crois que tu ne pourras pas faire de jardin sur cette petite lettre, car il n'y a pas de mauvais boniments. » (Extrait d'une lettre déjà citée. V. *Gameler*.)

JAUNIER : Débitant d'eau-de-vie. (Delvau.) V. *Jaune*, p. 211.

JEANJEAN : Niais. — « La blanchisseuse était allée retrouver son ancien époux aussitôt que ce jeanjean de Coupeau avait ronflé. » (Zola.)

JÉSUS (petit), **JÉSUS A QUATRE SOUS** : Enfant nouveau-né. Les quatre sous font allusion au prix des poupards à tête rose qu'on donne aux enfants. « Ils veulent donc le faire crever ce chérubin... En voilà un de Jésus à quatre sous qui ne fera pas de vieux os. » (Hennique.)

JETÉ : Soul. — Mot à mot : qui s'est jeté du liquide dans l'estomac. (Rigaud.)

JETER DE LA GRILLE : Requérir au nom de la loi. — Mot à mot : jeter une grille de prison sur l'accusé. (*Id.*)

JEU (vieux) : Vieux système, méthode surannée. (*Id.*)

JEU DE DOMINOS : Denture. (*Id.*)

JONCHERIE : Duperie. (*Id.*) — Mot à mot : *dorure*. V. *Joncher*, p. 213. Le mensonge est souvent doré.

JONCS (être sur les) : Être en prison. (Delvau.) — Mot à mot : sur la paille.

J'ORDONNE (Mosieu ou Madame) : Se donner des allures de commandement. (*Id.*)

JOSÉPHINE (faire sa) : Affecter un air de chasteté. (*Id.*) — On a voulu donner un féminin à Joseph, V. p. 213.

JOUAILLON, JOUASSON : Joueur peu hardi, mauvais joueur. (*Id.*)

JOUER DU FIFRE : Se priver de nourriture. (D. Lacroix.) — Mot à mot : *siffler au lieu de manger*.

JOUER DU VIOLON : Scier ses fers. (*Id.*) — Allusion au mouvement de la lime.

JUBILE : Peau économisée par l'ouvrier gantier (de Paris) sur celles qu'on lui a confiées pour tailler une douzaine de paires de gants. « Ils affirment que les peaux offertes à la vente sont le produit légitime de leur gain, ce que dans le langage de la ganterie on appelle *la jubile*. » (*Petit Journal*, mars 1878.)

JUMELLES : Fesses. — On dit aussi *les deux sœurs*. (Delvau.)

JUS : Vin. (*Id.*) — Abrév. de jus de la treille.

JUS (avoir du) : Avoir du chic, de l'élégance. (*Id.*) — Comparaison de l'être vivant au fruit.

JUS DE RÉGLISSE : Nègre. (*Id.*) — Allusion à sa couleur.

JUTEUX, JUTEUSE : Qui a du chic. V. *Jus*.

K

KIF-KIF (c'est) : C'est équivalent. Importation algérienne. (Boutmy.) — Voyez *Quif-Quif* pour l'exemple.

KILO : Litre de vin, faux chignon : — *Poser un kilo :* faire ses besoins. (Rigaud.)

KNICKERBOCKER : Bas. — « Il faut la voir l'été en Knickerbocker violet laissant voir une jambe modelée. » (C. des Perrières, 72.)

KOLBAC : Grand verre de vin, quart de litre. (D. Lacroix.) — Mot à mot : verre grand comme le bonnet à poils dit Kolbac.

L

LABADENS (vieux) : Ancien camarade de pension. — Depuis le vaudeville amusant de Labiche (*l'affaire de la rue de Lourcine*) qui a mis ce terme à la mode, il a pris avec le procès Bazaine une valeur historique. Quand Regnier voulut en effet être mis en la présence du maréchal, il se fit annoncer ainsi : « Dites que c'est un vieux Labadens. »

LACETS : Menottes. V. page 232.

LACHER (se) : Laisser échapper un pet. (Delvau.)

*LACHER LES ÉCLUSES : Pleurer. — « Nous avons donc fait un héritage que tu lâches les écluses! Chouette! » (Hennique.)

*LACHEUR : Ce mot a passé dans la langue politique depuis un discours de M. Estancelin, imprimé dans *le Mémorial Eudois* (juillet 1878). Voici le passage : « Nos pères, dans leur langage d'une franchise brutale, auraient pu les appeler des lâches, nous, moins sévères dans l'expression, nous les appelons *des lâcheurs!* »

LAIGRE : Foire. (Rigaud.) — Pour *lègre*. V. p. 218.

LAINE (avoir de la) : Avoir de l'ouvrage. Argot de voleur. (Delvau.)

LAISSER PISSER LE MÉRINOS : Attendre l'occasion. (*Id.*) — On disait auparavant : *laisser pisser le mouton.*

LANCE : Balai. — **LANCIER :** Balayeur. (*Id.*) — Allusion à la longueur du manche du balai.

LANDIÈRE : Boutique de foire. (*Id.*)

LANGUE VERTE : Argot. — Mot à la mode depuis la publication du dictionnaire de Delvau, qui l'avait détourné de son sens ordinaire. L'expression *langue verte* ne s'appliquait vraiment qu'aux mots crus (ce qui est *cru* est *vert*), et non à l'argot ni aux néologismes. Par exception, M. Fr. Michel lui donne le sens restreint de *argot de joueurs*.

LANGUINER : Pleuvoir. (A. Pierre.) — Pour *lansquiner*.

LAPIN (coller un) : Tromper une femme galante, c'est-à-dire ne lui point donner d'argent.

LARGUEPÉ : Prostituée. Argot de voleur. (Rigaud.) — Changement de finale, comme dans *insolpé*.

LARQUE : Femme en cartes. (A. Pierre.) — Pour *largue*.

LATTIFFE : Savonné. (*Id.*) — Il y a évidemment ici faute d'impression, A. Pierre aura voulu dire *Lartif savonné : pain blanc*. — On n'aura composé que les deux premiers mots.

LAVEMENT : Personnage canulant. — « Quel lavement quand il est paf ! murmura Gervaise. » (Zola.)

LAVER LES PIEDS (se) : Aller à Cayenne. (Rigaud.) — Allusion à la traversée.

LAVER LE TUYAU (se) : Boire. V. *Tuyau*.

LAVETTE : Langue. (Delvau.)

***LAZAGNE :** Transposition. Voyez après *lavement*, p. 218.

LAZZI-LOFF : Mal vénérien. (Vidocq.)

LÈCHE-CUL : Flatteur. (Delvau.)

LÉCHER : Peindre trop minutieusement. (*Id.*)

***LÉGITIME :** Mari. — « Vos épaules étincelantes des pierreries du légitime aimé ou de l'illégitime plus aimé encore. » (*Cancans du Boudoir*, 77.)

LESÉE, LÉSÉBOMBE : Fille publique. (Rigaud.)

LESTOME : Estomac. (A. Pierre.) — Lire *l'estom*.

LEVER : Prendre possession d'une valeur cotée à la Bourse. (Rigaud.)

LEVER LES PETITS CLOUS : Composer. (Boutmy.)

LEVEUR (bon) : Ouvrier imprimeur composant habilement et vite. (*Id.*)

LEVEUR : Coureur de femmes, voleur à la tire. (Delvau.)

LEVURE : Fuite. (Rigaud.)

LICE : Bas de soie. (Michel.) — Il est lisse.

LICE : Société chantante populaire. — *Lice* est ici synonyme de *champ de tournoi*.

LICHADE : Embrassade. (Delvau.)

*****LICHER** veut dire non seulement *aimer à boire*, mais *aimer toutes sortes de friandises*.

LICHEUSE : Femme aimant à licher. — « M⁽ᵐᵉ⁾ Lorilleux la traita de licheuse. Ça se mettait quatre morceaux de sucre dans son café. » (Zola.)

LIGNANTE : Vie. (Rigaud.)

*****LIGNE** (avoir la) : Avoir un beau profil. Argot de sculpteur. Mot employé par Dumas fils dans les *Idées de M⁽ᵐᵉ⁾ Aubray*.

LIGNE D'ARGENT (pêcher à la) : Acheter du poisson pour faire croire qu'on en a pêché. (Rigaud.) — Ironie.

LIGOTTE DE RIFLE, RIFLARDE : Camisole de force. Mot à mot : lien brûlant. (*Id.*)

LIMACE : Prostituée de dernier ordre. (*Id.*) — Animalisme.

LIME SOURDE : Sournois. (Michel.)

LIMONADE DE LINSPRÉ : Vin de Champagne. (Rigaud.) — Mot à mot : limonade de prince.

LINGE : Femme galante ayant une certaine toilette. — « Les sublimes savants se payent un linge ; les autres se payent un torchon, une éponge. » (*Le Sublime.*)

LINGE LAVÉ (avoir son) : Être pris. Argot de voleur. (Delvau.)

LIPETTE : Prostituée, maçon. (Rigaud.)

LIQUETTE : Chemise. (*Id.*)

LIVRE : Cent francs. *Terme de grec.* — « Ils venaient de charrier un pante, l'avaient mis dans le bal et il avait dansé d'une livre. » (Cavaillé.)

LIVRE DES QUATRE ROIS : Jeu de cartes. (Delvau.) — Jeu de mots sur la Bible et les rois des quatre couleurs.

LOCHER : Chanceler. (*Id.*)

LOFFARD, LOFFE : Même sens que *Loffiat*, p. 222.

LOU (faire un) : Manquer une pièce. — *Lou* est ici pour *loup* (sottise) — « Comment, c'est vous Auguste qui faites un lou aussi grossier. » (*Le Sublime.*) — D'une affaire mal conçue, on dit : « il y a un loup. »

LOUAVE : Soul. Argot de boucher. (Rigaud.)

LOUCHER (faire) : Donner envie. (*Id.*)

LOUFFE : Pet étouffé. (*Id.*) — Onomatopée.

LOUFFIAT : Crapuleux. (*Id.*)

LOUPEL : Pouilleux. (Michel.) — Interversion.

LOUPIAU : Jeune. — Pour *pouillau*. L'enfant a des pous.

LOURDEAU : Diable. (A. Pierre.) — Le répertoire d'Halbert dit *Lousteau*. Lequel croire ? On pourrait lire ainsi le premier *l'ourdeau*, c'est-à-dire *l'ord* ; le sale, le répugnant. — Vieux mot.

LOUSSE : Gendarmerie départementale, gendarme. (Rigaud.) — Pour *pousse*.

LOUSTAUD (envoyer à) : Envoyer promener. (A. Pierre.) — C'est-à-dire envoyer au diable. V. p. 224.

LOUTER : Faire erreur. (*Le Sublime.*) — Mot à mot : faire un loup. On devrait dire *louper*, mais ce verbe voulant dire déjà *flâner*, on a fui l'amphibologie.

LOUVETIER : Homme endetté. (Boutmy.) — V. *Loup*, p. 224.

LUCQUE : Faux passeport. (Rigaud.) — Pour *Luque*. V. p. 225.

LUISANT : Soulier verni. — « Il a tout lâché : les luisants, le tuyau de poêle. » (*Le Sublime.*)

LUISARDE : Jour. (*Id.*)

LUNCHER : Faire un lunch. — « Avant dîner, ils lunchent et avalent un jambon et deux livres de beurre. (*Vie parisienne*, 78.)

LUNETTE (passer en) : Tromper, nuire. — *Être passé en lunette* : avoir fait faillite. (Rigaud.) — On disait jadis en ce sens *faire un trou à la lune*.

*LURON (avaler le) : Communier. — « Ça avale le luron tous les matins et le soir, ça fait des noces de bâtons de chaises. » (Huysmans, 79.)

LUSIGNANTE : Amante. (Rigaud.)

LUSTUCRU : Niais. (Delvau.) — Ce nom déjà ancien semble faire allusion à une interrogation niaisement ébahie (*l'eusses-tu cru?*)

M

MABILIEN, MABILLARD : Habitué du bal Mabile. (Rigaud.)

MACABÉE : Cadavre de noyé, souteneur. (*Id.*) — Pour le premier sens, voyez *Machabée* (p. 228.) Dans le second sens, il ne s'agit évidemment que d'un dérivé de *Mac* (p. 227.)

MACABRE : Mort. (Boutmy.)

*MACAIRE : V. page 227. —

« C'est un macaire, je ne dis pas non, mais enfin il a toujours le mot pour rire. » (Huysmans, 79.)

MACARON : Huissier. (Delvau.)

*MACARON (p. 227) : Au lieu de *Macaron : dénonciation*, lisez *Macaron : dénonciateur*.

MACARONAGE : Dénonciation. (Rigaud.)

MACARONNER (se) : Se sauver, filer. Allusion au macaroni qui file à sa manière. (*Id.*)

MACÉDOINE : Combustible. Argot des chemins de fer. (*Id.*)

MAÇON : Pain de quatre livres. (*Id.*) — Les maçons du Limousin vont toujours prendre leurs repas en apportant leur pain.

MACROTAGE : Maquerelage. — MACROTER : Maquereler. — MACROTER UNE AFFAIRE : Servir d'intermédiaire dans une affaire louche. — MACROTIN : Apprenti souteneur. (*Id.*)

MADELEINE (faire suer la) : Tricher péniblement. Argot de grec. (*Id.*)

MAGASIN DE BLANC : Maison de prostitution. Même allusion que dans Mangeur de blanc. — « Désirant une maîtresse, il allait se galvauder dans les magasins de blanc du quartier Montrouge. » (Huysmans, 79.)

MAGNE : Manières. — Abrév. (Rigaud.)

MAGNÉE : Même sens que *Ponifle*. (Halbert.)

MAGNEUSE : Synonyme de *Magnusse*. (Michel.) V. p. 228.

MAIGRE (du) : Silence ! — Formule impérative pouvant se traduire par *il n'y a pas gras pour toi*. — « Oh ! du maigre ! va t'asseoir sur le bouchon ! Tu me gênes ! » (Huysmans, 79.)

MAILLOCHER : Surveiller une prostituée. Argot de souteneur. (Rigaud.)

*MAINS COURANTES : Souliers. (D. Lacroix.)

MALDINE : Collège. (Michel.) — On y dîne mal.

MALSUCRÉ : Faux témoin. (Rigaud.)

MALTÈS : Écu. (*Id.*) — Pour *Maltaise*. Voyez page 229.

MANCHEUR : Saltimbanque exerçant sur la voie publique, sans autre ressource que celle de faire *la manche* ou (quête).

MANDARIN (tuer le) : Commettre une mauvaise action par la pensée et avec la certitude de l'impunité. L'image date du xviiie siècle. (Delvau.)

MANDAT IMPÉRATIF : Engagement pris par un député de voter en toute occasion comme le lui prescrivent ses électeurs. — Expression souvent et ironiquement employée dans la polémique des journaux conservateurs. Elle a été prise dans la déclaration de principes de candidats, il y a une dizaine d'années.

MANDOLE : Soufflet. (Delvau.)
MANDOLET : Pistolet. (Rigaud.) — On doit remarquer le double sens de ces deux mots qui paraissent n'en faire qu'un (*mandole-mandolet*), car *mandolet* a un pendant exact dans *soufflant* et *bayafe* (p. 33), qui signifient chacun *souffleur* et *pistolet*.

*MANESTRINGUE : Lisez *mannstrinque*. Puis à la 3e ligne, lisez *les deux derniers mots* au lieu de *les trois mots*. — Je ne cite pas d'exemple justificatif de *mannstrinque*, mais j'ai souvent entendu jadis prononcer ce mot, et comme notre langue tend toujours à se débarrasser des accumulations de consonnes, je crois que *mannezingue*; puis *minzingue*, sont des formes postérieures. Je persiste donc dans ma conjecture étymologique, bien qu'il en ait été donné deux autres différentes.

MANGEOIRE : Restaurant (Delvau.) — Animalisme.

MANGER A TOUS LES RATELIERS : Accepter de tous côtés. (Rigaud.) — Se prend au figuré pour *être subventionné par des partis contraires*, recevoir des deux mains.

MANGER DU LAPIN : Aller à l'enterrement.(Boutmy.)—Même genre d'allusion que dans *manger du fromage*. V. p. 230.

MANGER DU LARD : Dénoncer. (Rigaud.) Variante de *manger le morceau*; p. 230.

MANGER DU SUCRE : Être applaudi. V. *Sucre*, p. 336.

MANGER LA BOUILLIE AVEC UN SABRE : Avoir une grande bouche. (Rigaud.) — Mot à mot : avoir une bouche aussi large que le sabre est long.

MANGER LE BON DIEU : Communier. — Allusion au symbole de l'hostie. Ne se dit pas toujours en mauvaise part. — « Et c'est du propre d'aller manger le bon Dieu en guignant les hommes. » (Zola.)

MANGER LE GIBIER : Ne pas faire payer un client, cacher ses profits au souteneur. Argot de prostitution. (Delvau.) — Terme de chasse. Le chien qui mange le gibier ne *rapporte* pas.

MANGER LE MOT D'ORDRE, MANGER LA CONSIGNE (avoir) : Oublier le mot d'ordre, la consigne. Mot à mot : ne plus les avoir dans la bouche, ne plus pouvoir les répéter. (D. Lacroix.)

MANGER LE NEZ (se) : Se battre avec acharnement. (Delvau.)

MANGER LE PAIN HARDI : Être domestique. (*Id.*)

MANGER LE POULET : Partager en déjeunant un bénéfice illicite. Argot des entrepreneurs et architectes. (Michel.)

MANGER LES SENS (se) : S'impatienter. (*Id.*) — M. Rigaud écrit *sangs*, ce qui vaut mieux pour faire comprendre le mot. L'impatience fait affluer le sang à la tête qui en mange alors, au figuré.

MANGER L'HERBE PAR LA RACINE : Être enterré. —L'image n'a pas besoin d'explication. — « Bien d'autres encore étaient en train de manger l'herbe par la racine. » (Hennique.)

*MANGER SUR L'ORGUE : La musique n'y est pour rien. *L'orgue* est ici pour *lorgue*, qui veut dire en argot *lui* et le dictionnaire de Vidocq, en mettant une apostrophe mal à propos, a jusqu'ici obscurci le sens: Voyez *Ogue.*

*MANGEUR DE BLANC (page 230) : le terme est long et cependant ce n'est qu'un abrégé. On disait d'abord *mangeur de blanc à la cuiller.* Cette forme primitive en révèle plus long que nous ne pourrions le faire sur l'allusion contenue dans les six mots. — Allusion qui va droit aux moyens d'existence du souteneur de filles.

MANICLE (frère de la) : Filou. (Michel.) — Pour *manique.*

MANIQUE : Pratiqué du métier. — Terme de compagnonnage. — « Il parle manique du matin au soir. » (*Le Sublime.*) — La manique fut d'abord une pièce de cuir destinée à protéger la main ou le poignet de certains ouvriers. Ainsi, en terme de compagnonnage, les cordonniers en vieux s'appelaient-ils *compagnons de la petite manique.*

MANNEQUIN DE MACHABÉE : Corbillard. (Rigaud.) — MANNEQUIN DE TRIMBALLEUR DE REFROIDIS : Corbillard. (Delvau.) — Mot à mot: panier de morts, panier de croque-morts.

MANNEZINGUEUR : Habitué de cabaret. (Delvau.)

MANNSTRINGUE, MANSTRINQUE : Voyez *Manestringue* ci-avant et page 23.

*MANQUE (à la) : A gauche (Colombey); mauvais, laid. (Rigaud.)

MANUSCRIT BELGE · Texte imprimé donné à une imprimerie comme réimpression. — Allusion au grand commerce de contrefaçons que faisait jadis la Belgique. (Boutmy.)

MAQUA, MAQUECÉE : Maquerelle. (Michel.) — *Maquecée* est une abréviation de *marque de cé.* Voyez ce mot page 235. *Maqua* date du dernier siècle.

*MAQUILLER : Farder. — On a cité comme ancienne forme de ce mot un passage de la chanson d'Antioche (XIII° s.) : « barbe sanglente et vis masquilliés. » — Mais *masquillié* me semble signifier plutôt ici *coupé, tailladé* que *rouge.* Ne disait-on pas *masquelier* pour boucher au moyen âge. On a cherché encore avec assez de vraisemblance la racine de *maquiller* dans le latin *maculare* : barbouiller. Mais il ne faut pas oublier que *maculare* faisait en langue d'oïl *maculer* et en langue d'oc *maculár.* Mieux vaut donc se résigner à considérer *maquiller* comme une acception du vieux mot Maquiller : faire, tripoter, maquignonnier, qui se disait *maquilloner.* — De *maquilloner* à *maquiller,* la distance est trop courte et le sens offre trop d'analogie pour qu'on aille chercher plus loin. A titre de renseignements, rappelons que le dialecte bas-limousin a le verbe *maquilhar* (brouiller) et le substantif *maquilhàge* (tripotage).

*MAQUILLEUR : Tricheur.

(Rigaud.) Voyez *Maquillage* et *Maquille*, page 331.

MARAILLE : Monde. Argot de voleur. (*Id.*)

MARAUDER : Prendre des voyageurs en dehors du règlement. Argot de cochers de fiacre (Delvau). — Pour éviter les stations de contrôle, ils roulent à vide, cherchent des voyageurs dans la rue, comme le maraudeur cherche des fruits aux arbres.

MARAUDEUR : Cocher qui maraude. (Rigaud.)

MARBRE : Grand comptoir d'atelier d'imprimerie, sur lequel on trouve rangées des parties composées de livre ou de journal, en attendant la mise en page. De là les expressions *avoir sur le marbre* : avoir en réserve ; *être sur le marbre* : être prêt à passer. (Boutmy.) — Allusion au marbre qui a dû d'abord recouvrir le comptoir en question.

MARCHAND D'EAU CHAUDE : Limonadier. (Rigaud.)

MARCHAND D'EAU DE JAVELLE : Marchand de vin. (*Id.*) — Allusion à la mauvaise eau-de-vie ; elle brûle comme l'eau de javelle.

MARCHAND DE CERISES : Voyez *Cerisier*, p. 89.

MARCHAND DE CERISES : Ouvrier travaillant hors de Paris. (Rigaud.)

MARCHAND DE MORT SUBITE : Charlatan nomade. — Allusion aux débitants de mort aux rats. — « Il fait galerie devant les marchands de mort subite. » (*Le Sublime.*) — D'après l'*Assommoir*, ce nom serait donné par le peuple aux médecins.

MARCHAND DE MORT SUBITE : Maître d'armes. — Il vend le moyen de tuer d'un seul coup. « D'abord, moi, je suis avec mon marchand de mort subite. » (De Goncourt.)

MARCHAND DE SOMMEIL : Logeur à la nuit. — On lui paye le droit de dormir. V. *Becquetance.* — « Il vous amène son marchand de sommeil. » (*Le Sublime*, 72.)

MARCHE (je) : J'approuve, je suis de ton avis. (Boutmy.) — Mot à mot : je marche avec toi.

MARCHE DE FLANC : Repos sur le lit. Jargon de soldat. (Rigaud.) — Jeu de mots sur la manœuvre dite *marche de flanc* et sur l'homme qui présente le flanc au lit en se reposant sur un côté.

MARCHE DE FLANC : Maraude. Argot d'Afrique. (*Id.*) — Pour marauder, on se détache de la colonne, ce qui est marcher sur ses flancs.

MARCHEF : Maréchal-des-logis chef. Abréviation. (*Id.*)

MARCHER AU PAS : Être discipliné comme un soldat. (*Id.*)

MARCHER DANS LES SOULIERS D'UN MORT : Avoir hérité. (Delvau.)

MARCHER SUR LA CHRÉ-

TIENTÉ : Marcher pieds nus. (*Id.*) — Mot à mot : sur une chair de chrétien.

MARGOULETTE : Visage. (*Id.*) — Voyez *margoulette* : bouche, p. 233. C'est comme dans *gueule*, la partie prise pour le tout.

MARGOULIN : Mauvais ouvrier. — « Il n'y a que des margoulins, et puis on ne gagne pas sa vie. » (*Le Sublime*, 72.)

MARI MALHEUREUX : V. *malheureux*, p. 229.

MARIAGE EN DÉTREMPE : Concubinage. (Rigaud.) — On dit plutôt *à la détrempe*. Ce qui est peint à la détrempe n'est pas solide.

MARIANNE : Guillotine. — En 1878, le *Figaro* a demandé l'origine de ce nom qui a été bien certainement celui d'une société secrète républicaine sous la monarchie de juillet, mais non, comme on semble le croire, celui de la République? La Marianne avait des ramifications en province; elle existait encore en 1855. Le 8 mai 1850, dit M. Fr. Michel, le *Pays* relatait la condamnation d'un soldat accusé d'avoir crié : Vive Marianne! Vive la guillotine!

Maintenant, pourquoi ce nom de Marianne? Mais Guillotine n'est-il pas déjà un nom d'homme (Guillotin) féminisé? Et Louisette n'est-il pas un autre surnom qui peut avoir rappelé l'exécution de Louis XVI, comme Marianne a rappelé celle de Marie-Antoinette?

MARIONETTE : Soldat. (Michel.) — Allusion à la régularité automatique qui préside aux manœuvres de troupe.

MARLOUPIN : Diminutif de *marlou* : souteneur. — « Quand on paye en monnaie de singe, nous autres marloupins. » (Richepin, 77.)

MARLOUSIER : V. *Marlou*, p. 234.

MARMITE : Femme secourant son mari en prison. (A. Pierre.)

MARMITON DE DOMANGE : Vidangeur. (Delvau.) Domange était le nom d'un entrepreneur de vidanges.

MARMOTTE : Boite de commis placier. (Rigaud.) — Allusion aux boîtes à marmottes montrées par les petits savoyards.

MARNER, FAIRE LA MARNE, MARNEUSE : Exercer la prostitution sur une berge de rivière, prostituée qui marne. (*Id.*) — Malgré la similitude des mots, je ne crois pas que la rivière de Marne soit ici pour rien. *Marner* et *Marneuse* ont signifié d'abord *voler* et *voleuse*. V. p. 235. Delvau donne aussi *marner* en ce sens, comme usité au marché du Temple.

*MARQUE : On doit remarquer que *larque* et *marque* signifient tous deux *femme de voleur*. On dit aussi *marquise*, qui est un dérivé de *marque* et non une allusion aux manières de la femme. Pour hasarder une étymologie, il faudrait connaître le mot le plus ancien. Si *marque* a précédé *larque*, ce dernier est une forme altérée. Et *vice versa*. Jusqu'à preuve du contraire, je crois que *marque* a produit *larque*, car ce mot a plus de dérivés (*marque de cé, marque franche, marquise*), et surtout il a son pendant dans *marquant* (souteneur).

MARQUÉ : Marqué par la petite vérole.

MARQUE-MAL : Margeur, ou plutôt receveur de feuilles à la machine. (Boutmy.) — Ironie.

MARQUÉ A LA FESSE : Maniaque, ennuyeux. (Delvau.)

MARQUER (ne plus) : Vieillir. (*Id.*) — Un vieillard ne marque plus, c'est-à-dire ne compte plus.

MARQUER BIEN : Faire bel et bon effet. (Rigaud.)

MARQUER A LA FOURCHETTE : Voyez *Fourchette*.

MARQUER LE COUP : Trinquer. (Delvau.) — Allusion au choc des verres.

MARQUIS D'ARGENTCOURT, DE LA BOURSE PLATE : Vaniteux et misérable. (*Id.*)

MARQUISE : V. ci-dessus *Marque*.

MARRON · Brochure clandestine. (*Id.*) — Mot à mot : imprimée en contravention. Voyez *Marron*, p. 235.

MARRON : Procès-verbal des chefs de ronde. (*Id.*) — Ce mot vient de l'armée où il désignait non un procès-verbal, mais un marron jeté d'abord dans une boîte de poste par le chef de ronde pour y constater son passage.

MARRON SCULPTÉ : Tête grotesque, comme celles qu'on s'amuse à sculpter dans la pulpe des marrons. — « Quand tu donnes ce que tu appelles une soirée à tes marrons sculptés d'amis. » (Durandeau, 78.)

MARSOUIN : Homme laid (Delvau); — Contrebandier (Rigaud). — On dit aussi *vieux marsouin* pour *vieux matelot*, par allusion au poisson.

MARTYR : Caporal. (Delvau.) — Le caporal de semaine fait le plus dur métier du régiment.

MASCOTTE : Fétiche de joueur. (Rigaud.)

MASSACRE : Gâcheur, gaspilleur. (Delvau.)

MASSAGE : Action de masser. — « Je ne travaille pas par tocades, ce qu'on appelle des coups de massage, pour tirer une loupe après. » (*Le Sublime*, 72.)

· MASSER : Travailler. Mot à mot : donner des coups de masse faire de gros efforts. — « Il y a trop à masser pour y arriver. » (*Id.*)

MASSÉ : Coup de queue donné perpendiculairement à une bille de billard. (Delvau.)

MASSEUR : « Un masseur est un ouvrier laborieux. » (*Le Sublime.*)

· MASTIC : Discours embrouillé. — *Faire un mastic :*

s'embrouiller en voulant s'expliquer. (Boutmy.)

MASTIC : Désordre de mise en pages. (*Id.*)

MASTIC : Homme. Argot de voleur. (Rigaud.)

MASTIQUER : Manger. Verbe régulier, car nous usons du substantif *mastication*. — « Si on ne parlait guère, on mastiquait ferme. » (Zola.)

MASTIQUER, MASTIQUEUR : Mastiquer c'est masquer les avaries d'une chaussure, sans la rapiécer. (Rigaud.) — Le mastiqueur est à la cordonnerie ce que le *pommadeur* est à l'ébénisterie. V. p. 291.

MATA : Faiseur d'embarras. Abrév. de *matador*. (*Id.*) — On sait que le *matador* est le toréador chargé de donner le coup de grâce à l'animal.

MATERNELLE : Mère. Argot des écoles.

MATH : Mathématiques. (*Id.*)

MAUVIETTE : Décoration. (Delvau.) — Ne doit se dire que d'une décoration accompagnée de plusieurs autres et formant avec elles une brochette. Allusion aux brochettes de mauviettes.

MAYER : homme qui paye les filles. De l'all. *meier* : fermier.

MÈCHE (demander) : Offrir ses services dans une imprimerie. (Boutmy.) — Mot à mot : demander s'il y a mèche d'être employé.

MECQUE : Victime. (A. Pierre.)

MÉDECINE : Plaidoyer. (Michel.) V. *Médecin*, p. 238.

MÉLASSE, MÉLASSON : *Mélasse* est un jeu de mots pour peindre une situation embrouillée, emmêlée. *Mélasson* veut dire *englué, gauche*. — « Faut-il que vous soyez mélasson pour vous être ainsi fourré la gueule dans le beurre. » (Huysmans, 79.) —

MÊLÉ-CASS : Mélange de cassis et d'eau-de-vie. — « Voyons ! un mêlé-cass, cela vous va-t-il. » (Durandeau, 78.)

MÉNAGE A TROIS : Bonne intelligence du mari, de la femme et de l'amant. — « Les gens finissaient par trouver ce ménage à trois naturel. » (Zola.)

MENDIGOTER : Mendier. (Rigaud.) V. *Mendigo*, p. 238.

MENER PISSER : Forcer à un duel. Jargon de troupiers. (Delvau.)

MENOUILLE : Monnaie. — C'est une déformation du mot. — « Quand on déballe la menouille de la paie sur la table, elle calcule. » (*Le Sublime*, 72.)

MENUISIÈRE : Redingote d'ouvrier endimanché. (Rigaud.

MERCANTI : Vivandier pillard suivant les armées. (D. Lacroix.) — Mot levantin passé dans l'argot militaire.

MÈRE ABBESSE : Directrice d'une maison de tolérance. (Delvau.)

MÈRE D'OCCASION : Fausse mère, entremetteuse. (*Id.*)

MERINGUE (en) : En décomposition. — Allusion à la fragilité de la pâtisserie méringuée. — « Un vieil homme qui avait tant bu qu'il avait l'estomac en meringue. » (Huysmans, 79.)

*MERRIFLAUTÉ : Mot mal imprimé sans doute. Pour *Moufflanté*.

MESSE (être à la) : Être en retard. — « Nous nous sommes mouillés un peu et nous avons été à la messe de cinq minutes. » (*Le Sublime*.)

METTRE BIEN (se) : Ne se priver de rien. (Rigaud.)

METTRE DANS LE MILLE : Avoir grand succès. — Allusion au plus heureux coup du jeu populaire du tonneau qui consiste à obtenir le numéro 1000 en lançant son palet dans le crapaud. — « Les mêmes auteurs ne mettent pas deux fois de suite dans le mille. » (De Banville, 79.)

METTRE EN DEDANS : Forcer une porte. Argot de voleur. (Rigaud.)

METTRE UNE GAMELLE (se) : Se sauver de prison. (*Id.*)

MEURT DE FAIM : Pain d'un sou. (Michel.)

MICHAUD (faire un) : Dormir. (Boutmy.)

MICHAUD : Tête. (Michel.)

MICHE : Dentelle. Allusion à la blancheur et aux trous du pain. (*Id.*)

MICHELET (faire le), — LE MICHELIN : Palper les femmes dans une foule. (Rigaud.)

*MIDI (il est) : Cela n'est pas vrai. Défions-nous! (*Id.*)

*MIE DE PAIN : De peu d'importance, de mince valeur. (Boutmy.)

MIEL : Merde. Argot de bourgeois. (Delvau.)

MIEL (c'est un) : C'est très agréable, (et par ironie) c'est très désagréable. (Rigaud.)

*MINCE : Assignat, billet de banque. (Michel.)

*MINCE : Page 242, colonne 2, ligne 2. Au lieu de *oui, certes*, lisez *beaucoup*. — Terme ironique semblable à celui de *Rien*. V. p. 315.

MINCE DE : Beaucoup de (Rigaud.)

MINISTRE : Mulet de l'armée d'Afrique. — Jeu de mots. Il est chargé des affaires de l'Etat. (D. Lacroix.)

MINUIT (enfant de) : Voleur (Michel.)

MINZINGO : Marchand de vin. — Diminutif de *Mannezingue*. — « J'ai fini mon après-midi dans la cour du minzingo. » (*Le Sublime*.)

MION DE GONESSE : Petit jeune homme. (Michel.)

MIRECOURT : Violon. M. Michel croit avec raison que c'est

le nom de la ville de Mirecourt où se fabriquent beaucoup de violons. De même en argot on dit *Lillois* pour *fil*, *lingre* (Langres) pour *couteau*, *Orléans* pour *vinaigre*.

MIRETTES (sans) : Aveugle. (Rigaud.)

MIRETTES EN GLACIS : Lunettes. (*Id.*) — On dit de même *yeux de verre*.

MIRETTE EN CAOUCHE : Télescope. (*Id.*) — Mot à mot : lunette en caoutchouc.

MIRLITON : Voix. (*Id.*)

MIRODÉ : Arrangée. (*Id.*)

MIRQUIN : bonnet (Halbert).

MISE A PIED : Suspension d'emploi. (Rigaud.) — C'est aussi *suppression* d'emploi.

MISE-BAS : Grève. (Boutmy.) — Mot à mot : mise à bas du travail.

MISE-BAS : Habillements défraîchis donnés par le maître à son valet de chambre. (Delvau.)

MISTI, MISTIGRI : Valet de trèfle. (*Id.*) — Se dit spécialement à un certain jeu de ce nom. Au *rams*, *prendre le misti* n'est pas prendre le valet de trèfle, mais un jeu abandonné sur la table.

MISTICHE : Demi-heure, demi-setier. (*Id.*) — Abrév. de *demi* avec finale allongée.

MISTOUFLE : Mystification. — Abréviation avec changement de finale. — « C'est des mistoufles tout ça ! Qu'est-ce que vous offrez ? » (Huysmans, 79.)

MITE-AU-LOGIS : Mal d'yeux. — Jeu de mots sur *mite* et *mythologie*. (Rigaud.)

MOCHE : Laid. (*Id.*) — Forme de *Mouche*, V. p. 248.

MODISTE : Petit journaliste voué à l'actualité. (Delvau.)

MOELLEUX : Coton. (Michel.)

MOISIR (ne pas) : Ne pas rester longtemps. (Rigaud.)

MOLÉCULE : Petit enfant. Argot des écoles.

MOLLUSQUE : Homme arriéré. (Delvau.) — Inventé par les néologistes fatigués de dire *huître*.

MOME, MOMERESSE : Jeune maîtresse. Argot de voleur. (*Id.*)

*MOME (taper un) : Commettre un vol.

MOMIGNARDAGE à l'anglaise, — en purée : Fausse couche. (Rigaud.) V. *Momignard*.

MONDE RENVERSÉ : Guillotine. (Delvau.) — Allusion à la tête qui tombe.

MONFIER : Embrasser Jargon de voleur. (Rigaud.) — Halbert dit *monfier*. Semble une altération de *morfier* : manger.

MON LINGE EST LAVÉ : Je suis vaincu. (Halbert.)

MONSEIGNEUR : Ce qui confirme notre étymologie (V. p. 245) est l'ancien mot de *clé le Roi* donné à la cognée qui servait à enfoncer les portes qu'on refusait d'ouvrir à la justice.

MONSTRE : Livret d'opéra ébauché par le compositeur (Delvau); — Canevas de livre. (Rigaud.)

MONT (petit) : Commissionnaire au Mont-de-piété. (Delvau.) — Le *petit mont bourgeois* cité page 245 est l'entreprise d'un simple prêteur.

MONTAGE : Abréviation de *Montage de coup*. (Boutmy.) — V. p. 245.

MONTAGNARD : Partisan des doctrines de la Montagne. (Voyez ce mot.) — « Aux braves montagnards et aux jacobins. » (Hébert, 1793.)

En 1848, on donna ce nom au corps provisoire qui remplaça d'abord la garde municipale. Allusion au képi rouge, à la longue cravate rouge et à l'écharpe rouge qui composaient son uniforme avec une blouse bleue. Chenu publia un pamphlet contre les montagnards de Caussidière. C'était le nom qui était donné aussi à cette garde, à cause du nouveau préfet.

MONTAGNARD : Beignet, cheval de renfort. (Delvau.) — Ce dernier est destiné à gravir les côtes. L'autre avait ce nom parce qu'on lui avait donné une teinte rouge. Allusion politique.

MONTAGNE : Parti républicain avancé. — Allusion à la place qu'il occupait sur les gradins les plus élevés de l'ancienne Convention nationale.

MONTER : Préparer une pièce nouvelle. C'est aussi un animalisme introduit par l'argot de sport qui progresse en France. — « A l'Opéra, M. Halanzier vient de monter *Jeanne d'Arc*... Pas de commentaires, n'est-ce pas ? » (*Le Tintamarre*, 76.)

MONTER UN SCHTOSSE : Mentir. (Rigaud.) — C'est littéralement *monter un coup*, car *stoss* veut dire en allemand *coup de fleuret*. Germanisme.

MONTRETOUT (aller à) : Aller à la visite. Argot de fille soumise. (*Id.*) — Jeu de mots sur le nom de lieu et sur l'examen exigé.

MONTREUIL : Pêche. V. p. 246.

MONUMENT : Chapeau de haute forme. (Rigaud.)

MONZU : Mamelle. (Michel.)

MORBAQUE : Enfant désagréable. (Delvau.) — Même étymologie que pour *Morbec*.

MORBEC : Vermine. (Rigaud.) — C'est *morp...*, avec changement de finale.

MORCEAU DE PATE FERME : Écrit lourd. (*Id.*) — Allusion à l'aspect présenté par le texte qui n'a ni alinéas ni phrases courtes.

MORESQUE : Danger. (Michel.) — Forme de *Morasse*. V. p. 246.

MORICAUD : Charbon. (*Id.*) — Allusion de noirceur.

MORNIFLE : Soufflet. — Vieux mot. (*Id.*)

MORNINGUE : Monnaie. (Rigaud.) — C'est *Mornifle* (V. p. 247) avec changement de finale.

MORNE : Manuscrit à imprimer. Argot d'ancienne librairie. (Michel.)

MORVIAU : Nez, morve (Delvau), petit morveux. (Rigaud.)

MOU ENFLÉ : Grossesse. (*Id.*)

MOUCHARD : Portrait peint. (Delvau.)

MOUCHARD A BECS : Réverbère. (Michel.) — V. *Moucharde*, p. 248.

MOUCHE : Espion de police. — En 1455, les gueux ou coquillards de Dijon disaient déjà *mouschier à la marine*, pour dénoncer à la justice. On connaît l'indiscrétion des mouches ; elles se fourrent partout. — Dans une brochure de circonstance qui parut en 1625 (*le Marchand arrivé sur les affaires du temps*), on enjoint aux cabaretiers de frauder les droits de perception en ayant du vin chez leur voisin et n'allant en chercher que la nuit « pour n'estre pas veuz des mouches de ce païs icy qui valent pire que des guespes d'Orléans. »

MOUCHE (la) : L'administration de la police. (Rigaud.)

MOUCHIQUE A LA SECTION : Mal noté dans son quartier. (Michel.) — Le mot de *section* semble être ici contemporain de notre première révolution. En ce cas, *mouchique* serait *mouchardé* avec changement de finale. Plus tard, par extension, il aurait signifié laid, mauvais. Voyez *mouchique* et *mouche*, pages 248 et 249.

MOUCHOIR : Pistolet. (Michel.) — On le cache dans la poche comme un mouchoir et on s'en sert pour moucher... les autres, c'est-à-dire pour les tuer.

MOUCHOIR A BŒUFS : Pré. — Les bœufs ont toujours le nez dans l'herbe.

MOUCHOIR D'ADAM : Les doigts des gens qui n'ont pas autre chose pour se moucher. (Delvau.) — Allusion biblique.

MOUDRE UN AIR : Jouer de l'orgue. (Rigaud.) — Allusion à la rotation de la manivelle.

MOUFFLAUTÉ : Chaudement habillé. (A. Pierre.) — Semble la forme primitive de *merriflauté* qui ne s'explique pas, tandis que *moufflauté* peut venir de *mouffle* : gant fourré, gant chaud.

MOUFFLET : Enfant. (Delvau.) Mot à mot *mouffé* : tenu au chaud, enmailloté. Voir ci-dessus.

MOUILLER (se) : Se griser un peu. Même ordre d'images que dans *s'humecter*. Comparaison de l'ivrogne à une éponge. — « Si les autres sont là, on se mouille un peu. » (*Le Sublime*, 72.)

MOUISE : Soupe. (Michel.)

MOULE A BOUTONS : Louis d'or. (Delvau.) — Allusion au rond de métal qui est le corps du bouton.

MOULE A CLAQUES : Figure insolente. (*Id.*)

MOULE A PASTILLES : Grêlé. — Allusion aux plaques à cavités où se moulaient jadis les pastilles. — « Ce qui l'a surpris, c'est de voir le moule à pastilles commander des dix litres. » (*Le Sublime*, 72.)

MOULE DE PIPE A GAMBIER : Tête grotesque (Rigaud.) — Gambier était le nom d'un fabricant de pipes à têtes grotesques.

MOULIN A CAFÉ : Mitrailleuse. — « Nos soldats les appellent moulin à café à cause du mouvement circulaire qui détermine leur décharge. » (*Moniteur*, 70.)

MOULIN A VENT : Derrière. (Delvau.) — Jeu de mots.

MOULINAGE : Bavardage. (Michel.) Comparaison du bavardage au tic-tac du moulin.

MOULOIR : Dents. (*Id.*) — Elles procèdent à la mouture des aliments.

MOULOIR : Batelier. — C'est évidemment une faute d'impression du dictionnaire d'argot qui a le premier mis au jour ce mot. Il faut lire *ratelier* (mâchoire).

MOULURE : Excrément. (Rigaud.) — La médecine se sert presque du même mot pour distinguer les excréments provenant d'une digestion régulière.

MOUNNIN : Petit garçon. (Delvau.) — **MOUNNINE** : Petite fille. (Rigaud.) — Ces deux mots sont une forme de notre vieux mot *Menin* qui se dit encore dans le Centre.

MOUSCAILLE : Excrément. (Michel.) — C'est *Mousse* avec adjonction de la finale *Caille*, qui exprime toujours une idée de projection.

MOUSCAILLOUX : Fantassin. (Rigaud.) — M. Fr. Michel écrit *Mouscouilloux*. Il doit y avoir à l'origine quelque faute d'impression dans le texte primitif suivi par les lexicographes. Si *Mouscailloux* a dû être mis par erreur pour *poussecailloux*, il veut dire *merdeux* (de *mouscaille*).

MOUSQUETAIRE GRIS : Pou. (Delvau.) — Allusion de couleur.

MOUSSU : Riche, puissant. (Michel.) — C'est *Monsieur*, en gascon.

MOUSTACHU : Ayant de fortes moustaches. — « Un jeune compositeur dont la physionomie moustachue rappelle celle d'un chat ébouriffée. » (A. Second.)

MOUT : Beau. (Rigaud.) — Semble être une abréviation de *Moussu* si ce n'est l'ancien adverbe *moult*, qui se prononçait *mout* et signifiait *beaucoup*.

MOUTARDE : Excrément. (Delvau.)

MOUTARDIER : Derrière. — L'allusion se devine. — « Et en face! je n'ai pas besoin de renifler ton moutardier. » (Zola.)

MOUTARDIER DU PAPE : Vaniteux. (Delvau.)

MOUTON : Matelas. — Allusion à la laine du matelas. (*Id.*)

MOUTON : « En prison, le mouton est un mouchard qui paraît être sous le poids d'une méchante affaire et dont l'habileté consiste à se faire prendre pour ami. » (Balzac.) — Allusion à la fausse candeur de ces compères. V. *Coqueur*.

MOUTONNAILLE : Foule. (Delvau.) — Les moutons font toujours troupe.

MOUTONNER : Dénoncer. (Rigaud.)

MOYEN-AGISTE : Admirateur du moyen âge. — « Aussi devint-elle moyen-agiste. » (Balzac.)

MUCHE : Excellent, parfait (Delvau); — jeune homme timide. (Rigaud.)

MUFLETON : jeune imbécile (Delvau). Voyez *mufleton*, page 250; — apprenti maçon. (Rigaud.)

MULET : Compositeur aide-metteur en pages. (Boutmy.) — Allusion à la descente des formes qu'il est chargé de faire aux machines.

MULET : Diable. (Michel.)

MUSÉE DES CLAQUÉS. Morgue. (Rigaud.) — C'est-à-dire musée des morts.

MUSELÉ : Imbécile, incapable. — Celui qui est muselé ne mord pas, et *ne pas mordre* veut dire *être sans talent*. — « Va donc, rapointi de ferraille, triple muselé. » (*Le Sublime*.)

*MUSICIEN : Dictionnaire. (Rigaud.)

*MUSIQUE : Doléances, mise au jeu, lot d'objets de bric à brac (Rigaud); — petit pain (Michel); — assemblage de petites pièces de drap; résidu de verre, culot d'auge (Delvau); — marge d'épreuve surchargée de corrections. (Boutmy.)

MUSIQUER : Marquer une carte d'un petit coup d'ongle. (Rigaud.) V. *Maquillage*, p. 231.

N

NAGEANT : Poisson. (Rigaud.)

NAGEOIRES : Bras et mains de souteneur. (*Id.*)

NARQUOIS : Gueux militaires de l'ancienne cour des miracles. (Michel.)

NATURALISME : Méthode des romanciers naturalistes. — « Notre République va avoir son expression littéraire. Cette expression, selon moi, sera forcément le naturalisme, j'entends la méthode expérimentale et analytique. » (Zola, 79).

NATURALISTE : Contenant des études prises sur nature, ne faisant que des études sur nature. — « Aux frères d'armes Céard et Huysmans, j'offre ce roman naturaliste. » (Hennique, 78.) — « Les romanciers naturalistes ont fait des pas de géant : Fromont et le *Nabab* d'Alphonse Daudet ont eu chacun quarante éditions. » (Zola.)

NATURE (bœuf) : Bouilli sans légumes. — On dit de même pour *veau, rôti, rosbif*, etc. Abréviation de *au naturel*, sans assaisonnement.

NATURE (être) : Être vrai d'expression. (Delvau.)

NATURE (faire) : Peindre avec vérité. (*Id.*)

NAVARIN : Navet. Ragoût de mouton. (*Id.*)

*NAVETS (des) : Voici un exemple curieux de l'ancienneté de ce mot. « Combien en ay je veu qui devoyent faire merveilles ? Ouy dea, des naveaulx ! ils en ont belles lettres. » (Bon. des Periers. *Cymbalum mundi*, 1537.)

*NÈFLES (des) : Le *Courrier de Vaugelas* (mars 1878) fait remarquer à ce sujet que, de tout temps, on a vulgairement confirmé une dénégation par l'offre dérisoire d'une chose de peu de valeur. La fève, la noix, l'ail ont eu leur moment de vogue. On en est resté aux navets aux prunes et aux nèfles, en sous-entendant *je te paierai des navets* ou *des nèfles* quand cela sera.

NEG AU PETIT CROCH : Chiffonnier. Mot à mot : négociant au petit crochet. (Rigaud.)

NÉGOCIANT : Entreteneur. (Halbert.)

*NÉGRESSE : « Le tas de négresses mortes grandissait. Un cimetière de bouteilles. » (Zola.)

NEZ : Mine désappointée. Abréviation de *nez long*. — « Plus de parts de gâteaux ! Il fallait voir le nez de Boche. » (Zola.)

NEZ DANS LE BLEU (mettre son) : S'enivrer. — « Pour noyer son chagrin il a été obligé de mettre son nez dans le bleu. » (*Le Sublime.*) — *Bleu* est ici *vin*.

*NICHON : (p. 253) « Nana ne fourrait plus de boules de papier dans son corsage. Des nichons lui étaient venus. » (Zola.)

*NIÈRE, NIERT : Individu. (Colombey.) — De là les expressions *mon nière* : moi, (c'est-à-dire *mon propre individu*,) et *mon niè bobèchon* (ma tête à moi).

NIÈRE : Maladroit. (Rigaud.) — Semble être *niais* avec changement de finale.

*NIORT (dire à) : Nier. V. p. 14 de l'Introd.

NOBRER : Reconnaître. (Rigaud.) — Abrév. de *Connobrer*.

NOCES DE BATONS DE CHAISE (faire des) : Faire des ripailles à tout casser. — « Ça avale le luron et ça fait des noces de bâto s de chaises. » (Huysmans, 79.)

NOCHER : Sonner. (Halbert.) — Pour *clocher* : résonner à la cloche.

NOCTAMBULE : Parisien faisant de la nuit le jour, courant jusqu'au matin les boulevards, les cafés et les cabarets. (Rigaud.)

NOCTAMBULER, NOCTAMBULISME : Faire le noctambule, conduite de noctambule. (*Id.*)

NŒUD (mon) : Injure intraduisible proférée à propos de tout. Voyez *fausse couche*. Dans l'exemple, « nœud » est détourné de son vrai sens qui est obscène.

NOIR : Plomb. (*Id.*) — Il noircit les mains.

NONNANT, NONNANTE : Ami, amie. (Michel.) — Mot à mot : qui fait nonne. Voyez page 254.

*NONNE : Compère. (*Id.*) — Abrév. de *nonneur*.

NOTAIRE : Comptoir de marchand de vin (Delvau); — marchand de vin. (Rigaud.) — Devant lui se passent les actes des buveurs. Ironie.

NOUVELLE CALÉDONIE : Nouveau cimetière de Saint-Ouen. (*Id.*) — Allusion à la longueur du voyage.

NOUVELLES COUCHES : Prolétariat appelé au pouvoir par le suffrage universel. — Abrév. de *nouvelles couches sociales*, expression relevée dans un discours semi-officiel et devenue ironiquement proverbiale dans les journaux anti-démocratiques.

NOYAU : Nouveau venu à l'armée, à l'atelier ou à la prison. (Delvau.) — C'est par le noyau que le fruit commence.

NUMÉRO : Fille publique. (Rigaud.) — Mot à mot : Fille de gros numéro. V. p. 255.

NYMPHE DE GUINÉE : Négresse; — *potagère* : cuisinière (Delvau); — *verte* : absinthe. (Rigaud.)

O

*OCCASE (d') : Se dit de tout ce qui n'est pas vrai comme de tout ce qui n'est pas neuf. Un objet d'occasion est inférieur de qualité.

OCHE : Oreille. (Colombey.)

ŒIL D'OCCASE : Lorgnon. (*Id.*) V. *Occase* (d').

ŒIL DE BŒUF : Pièce de

cinq francs. (*Id.*) — Allusion de rondeur.

ŒIL QUI DIT MERDE A L'AUTRE : Œil qui louche. (Rigaud.) — Les deux yeux du louche semblent vouloir marcher l'un contre l'autre.

OFFICIER : Garçon d'office. (*Id.*)

OFFICIER DE TANGO, — DE TOPO : Tricheur. (Delvau.) — Jeu de mot sur *topo* : carte géographique.

OIGNONS (chaîne d') : Dix de jeu de cartes. (Rigaud.) — Allusion aux chapelets d'oignons.

OIGNONS (peler des) : Gronder. (*Id.*) — Peler des oignons fait pleurer.

OISEAU : Auge de maçon. (*Id.*) — Elle se perche sur l'épaule.

OISEAU (faire l') : Jouer l'ignorance. (Michel.)

OISEAU DE CAGE : Prisonnier. (*Id.*)

OLIVIER DE SAVETIER : Navet. (*Id.*) — M. Rigaud donne avec plus de vraisemblance *olive de savetier*. Facétie du genre de celle qui fait appeler une oie *alouette de savetier*. La suite en est interminable.

OLIVES D'EAU (changer les) : Uriner. (Delvau.) — M. Rigaud donne *changer l'eau des olives*. — Allusion testiculaire, mais non scientifique.

OMNIBUS : Verre contenant un demi-setier, résidu des liquides répandus sur le comptoir du marchand de vin, garçon de café supplémentaire. (Delvau.)

OMNIBUS (attendre l') · Attendre qu'on verse à boire. (Rigaud.)

OMNIBUSARD : Faux misérable exploitant la pitié publique dans les omnibus. (*Id.*)

OMNICROCHE : Omnibus. (*Id.*) — Allusion aux accidents entre voitures.

ON PAVE : Exclamation signifiant qu'on n'ose passer dans la rue d'un créancier. (Boutmy.) — Allusion aux rues dépavées qu'on évite d'ordinaire.

ONCLE DU PRÊT : Mont-de-piété. — Variante de *tante*. (Rigaud.)

ORANGER DE SAVETIER : Basilic (*Id.*), réséda. (Delvau.)

ORANGES SUR L'ÉTAGÈRE : Belle gorge. (Rigaud.)

ORDINAIRES : Menstrues. (Delvau.) — Allusion de périodicité.

ORDRE MORAL : Nom donné au parti conservateur à la suite d'un discours politique (1874 à 1878). Il est employé exclusivement et ironiquement par les journaux démocratiques.

ORGUE : Homme. (Colombey.) — *Mon orgue, ton orgue, son orgue* : moi, toi, lui. (Rigaud.) — Cette double acception m'induit à penser que *manger sur l'orgue* (dénoncer) veut dire mot à mot : *manger sur l'homme.*

ORPHELIN : Bout de cigare. (*Id.*)

ORPHELINE DE LACENAIRE : « Prostituée du boulevard. Jargon de gens de lettres. » (Rigaud.)

OSANORE : Dent. (*Id.*) — Allusion aux réclames faites il y a une quarantaine d'années par un dentiste, inventeur des dents dites *osanores.*

OSEILLE (avoir mangé de l') : Être de mauvaise humeur. (*Id.*) — Allusion à l'aigreur de l'oseille.

OSSELET : Dent. (Delvau.)

OTAGE : Ecclésiastique. — Allusion aux otages fusillés en 1871. (Rigaud.)

OTOLONDRER : Ennuyer. (*Id.*)

OUATER : Peindre trop flou. (Delvau.) — Ce qui est ouaté est mou.

*OURS : Oie. Jargon des ouvriers. (Rigaud.) — Si c'était le jargon des archéologues, je dirais que c'est par allusion à la rue aux Ours, qui était jadis *la rue aux Oues* (oies) ; mais les ouvriers ne remontent pas si haut.

*OURS : Bavardage ennuyeux, compagnon gêneur. — *Poser un ours* : Ennuyer par son bavardage. (Boutmy.)

OUVRAGE : Partie liquide des excréments d'une fosse d'aisance. (Delvau.)

P

PACCIN : Paquet. (Michel.) — Forme de *pacsin.* V. p. 261.

PAFFE : Souiller. (A. Pierre.) — Il faut lire *soulier.* C'est une abrév. de *passif.*

PAGE BLANCHE : Innocent. (Boutmy.)

PAILLASSE (manger sa) : Prier au pied de son lit. (Rigaud.)

PAILLOT : Paillasson. (Delvau.)

PAING : « Les sal's mich'tons qu' a pas de linge on les passe chez paings. » (Richepin.) — Selon M. Richepin, auquel je me suis adressé pour l'explication de ce terme, *paing* veut dire *poing* et *passer chez paing* veut dire *battre,* frapper à coups de poing. On dit de même *passer chez briffe* pour *manger.*

PAIX-LA : Huissier-audiencier. (Michel.) — Le parasite Montmaur fut un jour persiflé dans une maison. Dès qu'il parut sur le seuil, un des convives se mit à crier : *Guerre !*

Guerre ! C'était un avocat dont le père avait été huissier. Montmaur n'eut garde de l'oublier en lui répondant : « Combien vous dégénérez, monsieur, car votre père n'a jamais dit que : *Paix ! Paix !* »

PALETOT : Cercueil. (Delvau.) — C'est le dernier habit.

PALETTE : Guitare. (*Id.*) — Allusion de forme.

PALLAS : Discours emphatique. (Boutmy.) — Pour parlasse. V. *Pallasseur*.

PALLASSER : Faire des phrases. (*Id.*)

PALLASSEUR : Faiseur de phrases. (*Id.*) — Je me suis abstenu (V. p. 262) de conjecture étymologique à propos de *pallas*. Je crois cependant qu'il ne faut pas chercher l'origine de ce mot dans la Pallas antique. J'y verrais plus simplement une abréviation de notre mot familier *parlasserie* qui a le même sens et qui correspond au *parladissa* provençal. — Le pallasseur serait donc un *parlasseur* tout simplement.

PALMIPÈDE : Imbécile. — Mot à mot : bête comme une oie.

PALOTTE : Lune. Argot de voleur.(Rigaud.)—Elle est pâle.

PAMEUR : Poisson. — Il se pâme hors de l'eau. (Delvau.)

PAMURE : Grand soufflet. — Il fait pâmer. (*Id.*)

*PAMPINE : Sœur de charité. Jargon de voleurs. (Rigaud.) —

Me semble un dérivé du mot méridional *pampa* : poupée.

PANACHE (avoir le) : Être gris. (*Id.*) — Variante de *plumet*. V. ce mot.

*PANADE : Femme vilaine, sale. (Michel.) — Du vieux mot *panne* : haillon.

PANAILLEUX : Voyez *Panas*, p. 263.

PANAIS (en) : En chemise. (Delvau) — Du vieux mot *panne* : lambeau d'étoffe.

PANAMA : Bévue énorme nécessitant un carton ou un nouveau tirage à l'imprimerie. Boutmy.)

PANIER : Lit. (Rigaud.) — Allusion de forme.

PANIOTTER : Mettre au lit. (*Id.*)

PANNE : Mauvais tableau.(*Id.*)

PANOTEUR : Braconnier. (*Id.*) — De *panneau* : filet à prendre le gibier.

PANTALON GARANCE (donner dans le) : Aimer les militaires. (*Id.*) V. *Pantalon rouge*, p. 263.

PANTALZAR : Pantalon. (Delvau.) Changement de finale.

PANTIÈRE : Bouche. Abrév. de *pannetière* : endroit où on met le pain. (Michel.)

PANUCHE : Femme de maison de tolérance. (Rigaud.) — Même dérivé que *panade*.

PAPE : Imbécile. (*Id.*) —

Abrév. de *papa*. On dit *à la papa* pour *bourgeoisement*.

PAPE : Verre de rhum. — Jeu de mots sur *Rome* et *pape*. (*Id.*)

PAPER-HUNT : « Chasse aux papiers. Un cavalier part en avant bon train, en semant des morceaux de papier sur sa route, et sautant les obstacles qu'il rencontre. Les autres cavaliers relèvent les traces et passent par le chemin qu'il a suivi. Ce genre de sport devient à la mode parmi nos officiers de cavalerie. » (*Carnet des courses*, 77.)

PAPIER A DOULEUR : Billet protesté. — « Tous savent ses affaires : le billet en retour, le papier à douleur. » (*Le Sublime*.)

PAPILLON D'AUBERGE : Assiette. (Rigaud.) — Allusion de rondeur et de blancheur.

Bientôt au deffaut de flamberges,
Volent les papillons d'auberges.

dit un poème burlesque sur les Porcherons cité par M. Fr. Michel. Il est évident qu'il s'agit ici d'assiettes jetées à la tête ; mais je ne pense pas que ce mot ait été employé par d'autres que par un poète en quête de rimes.

PAQUELIN : Flatteur. (A. Pierre.) — Pour *pâtelin*.

PAQUINER : Flatter. (*Id.*) — Pour *pateliner*. De même on dit en argot *paquelin* pour *flatteur* (*patelin*).

PAQUET (avoir son) : Être ivre. (Delvau.) — Mot à mot : être chargé de boisson.

PAQUETS (faire des) : Commérer, médire.

PAQUET (lâcher le) : Tout révéler (Rigaud), abandonner.

PAQUET DE COUENNE : Garde national. (*Id.*) — Ne serait-ce pas plutôt *garde nationale*? En mettant *couennes* au pluriel (V. *Couenne*, p. 120), nous pouvons traduire ainsi : assemblage de maladroits.

PARADE : V. *Défiler*, p. 137.

PARADOUZE : Paradis. — Vieux mot. (Michel.)

PARANGONNER (se) : Se consolider en s'appuyant. Acception figurée de parangonner : aligner ensemble des caractères d'imprimerie de force différente. (Boutmy.)

PARAPHE : Soufflet. (Delvau.) — Il signe la joue.

PAREIL AU MÊME : Semblable. (*Id.*)

PARER (la) : Secourir. (Rigaud.) — Mot à mot : parer la botte, parer le coup.

PARFAIT AMOUR DE CHIFFONNIER : Eau-de-vie. (Michel.)

PARFONDE : Cave, poche. (*Id.*) — Vieux mot qui veut dire *profonde*.

PARISIEN : Tricherie au jeu de dominos (Rigaud), cheval bon pour l'abattoir. (Delvau.) — Paris tue les chevaux.

PARLOIR DES SINGES : Parloir de prison. (Rigaud.) —

Il est grillé comme le palais des singes du jardin des plantes.

PARMEZARD : Pauvre. (Michel.) — Pour *pannezard* : déguenillé ?

PARRAIN : Juge assistant le président. (A. Pierre.) — Nous avons déjà vu page 266 que le même mot signifie encore *témoin* et *avocat*.

PAS DE BESOIN : Veut dire au contraire *besoin de*. Ironie parisienne.

PASSADE : Secours pécuniaire donné par les ouvriers d'un atelier à ceux qu'on ne peut y embaucher. (Boutmy.)

PASSADE : Plongeon forcé. (Rigaud.)

PASSE (écornifler à la) : Tuer. (*Id.*) — C'est la passe de la vie à la mort. On dit aussi *il l'a passée* pour *il est mort*.

PASSER A LA FABRICATION : Être volé. (*Id.*) — Voyez *Fabriquer*. C'est une variante de *faire*.

* **PASSER LA JAMBE A THOMAS** : « La jambe est sans doute ici le bâton passé par les hommes de corvée dans les anses du Thomas ou goguenot. » (D. Lacroix.)

PASSEUR : Homme payé pour passer des examens sous d'autres noms. (Delvau.)

* **PATAFIOLER** : On dit « rapatafioler » dans le patois du Nord. (Voir le dictionnaire de M. Louis Vermesse.)

PATAGUEULE : Ennuyeux. (Rigaud.)

PATE : Patron. Abréviation. (Delvau.)

PATÉ : Mauvaise besogne. Terme d'imprimerie. (Michel.) — De *mettre en pâte* qui veut dire renverser des paquets de caractères composés.

PATÉ D'ERMITE : noix. (*Id.*) — Allusion à la vie frugale des ermites et au fruit contenu dans la coque comme la viande dans la croûte.

* **PATÉE** (donner une) : Battre. Mot à mot : mettre en pâté. Le mot est depuis longtemps en circulation, car, dès le XIIIe siècle, on voit crier par un personnage du *Roman de la Rose* : « Qui me tient que je ne vous froisse les os comme à poucin en paste (poulet en pâté) ! »

PATERNEL : Père. Argot des écoles.

PATOUILLER : Forme de *patrouiller*. V. p. 270.

PATRON-MINETTE : Société de malfaiteurs, 1830-1840. (Delvau.)

PATTE D'ÉLÉPHANT (pantalon) : Pantalon évasé monstrueusement par le bas. — « Pourquoi existe-t-il ? Pour commander au tailleur des pantalons patte d'éléphant. » (*Cancans du boudoir*, 77.)

PATTE D'OIE : Carrefour. (*Id.*) — Allusion à son aspect palmé.

PATTES (se tirer les) : Voyez *Pattes*, p. 344.

PAUME : Perte. (Rigaud.) — De *paumer* : perdre (p. 270), expression qui ne peut s'expliquer que par une contradiction voulue, puisque *paumer* signifie en même temps *prendre*.

PAUMER : Arrêter. (Dict. d'argot, 1847.) — Nous disons de même Empaumer.

PAUSES (compter des) : Dormir. (Rigaud.) — Allusion au bruit scandé de la respiration.

PAVÉE (rue) : Rue évitée par crainte des créanciers. (Rigaud.) — Le vrai sens est *rue qu'on est en train de paver*.

PAYER : Faire, accomplir. V. *Marquet*, p. 235.

*PAYER (tu vas me le) : On a publié, après 1870, une ronde intitulée : *Tu vas me l' payer, Aglaé*. (Paroles de J. Renard et Delbès, musique de Systermans.)

PAYOL : Page 271. Lisez *Payot*.

PAYSAGE (faire bien dans le) : Produire bon effet n'importe où et n'importe comment. (Rigaud.)

PEAU D'ANE : Tambour. (Michel.) — Il est recouvert de peau d'âne.

PECCAVI : Péché. (Halbert.) — Latinisme.

PÊCHON, PESCHON DE RUBY : Enfant, apprenti gueux. (Michel.) — *Pechin* signifie *petit* en provençal.

PEDIGREE : « Chaque cheval de pur sang a un certificat d'origine, appelée *pedigree*, indispensable à produire lors de son premier engagement. » (*Carnet des courses*, 77.) — Anglicanisme.

PELÉ : Grand chemin. (Michel.) — Le va et vient n'y laisse rien pousser.

PÈLERIN : Inconnu. On dit : « Quel est ce pèlerin-là ? » (Rigaud.) — Le mot pèlerin rentre ici dans sa signification première qui est *étranger*, *voyageur* (du latin *peregrinus*, qui nous a laissé *pérégrination*).

PELOT : Sou. — « Croyait-il pas qu'on avait assez de pelots pour lui offrir un fonds de boutique assorti. » (Hennique.) — On écrit aussi *pello*, V. p. 274. Il est à noter que *pelote* signifiait autrefois *bourse* en argot.

PÉLOTER LE CARME : Lorgner les sébiles de changeurs. (Rigaud.) — Mot à mot : caresser l'argent du regard.

*PELOTEUR : Libertin. (*Id.*)

PENDULE (remonter la) : V. *Remonter*.

PELOTON DE CHASSE : Peloton de punition. — Les soldats punis qui le composent manœuvrent quatre heures par jour. (D. Lacroix.)

*PENTE : La poire est ainsi nommée parce qu'elle *pend* à la branche.

*PÉPETTE : « Plus de beignes et des pépettes ! » (Huysmans, 79.)

PERCHE : Personne longue et mince.

PERCHE (être à la) : Crever

de faim. (Rigaud.) — Allusion à la maigreur de l'homme qui ne mange pas.

PÈRE LA TUILE : Dieu. (Delvau.)

PÈRE NOIR (petit) : Litre. (Michel.)

PERLOT : Tabac. (Rigaud.) — Dérivé abrégé de *semper*.

PERLOTTE : Boutonnière. (Delvau.)

PERMISSION DE DIX HEURES : Gourdin, canne à épée. (Rigaud.) — Elle donnait la permission de rentrer chez soi sans crainte d'attaque, au temps où on attaquait à dix heures dans la rue.

***PERRUQUE** (faire en) : Faire en fraude. — Le patron croit qu'il ne paye pas nos outils ; mais les trois quarts sont faits en perruque. » (*Le Sublime.*)

PERRUQUEMAR : Perruquier. (Michel.) — Tous les noms de métiers pourraient y passer.

PERSIENNES : Lunettes. (Delvau.) — C'est l'œil qui est la fenêtre.

***PERSIL, PERSILLER** : Dans le sens de *raccrocher*, ce mot me paraît trop près de *pesciller* (prendre, mot à mot : pêcher, hameçonner, p. 274,) pour ne pas en être une déformation possible. Le sens des deux est en effet le même. *Aller au persil* et *persil en fleur* serait alors des altérations postérieures en date, comme *dos* et *barbillon*, qu'on a donnés pour synonymes à *ma-*

quereau, parce que celui-ci semblait un poisson, tandis que son étymologie nous donne plus logiquement le sens de *maquignon*, courtier de femmes.

***PESSIGNER** : Recevoir, etc., page 274. — Il doit y avoir ici une leçon défectueuse. *Pessigner* n'est évidemment que le verbe *Pessiguer*. L'exemple prouve aussi qu'il doit avoir le sens de *mettre en pièces*, et non celui de *recevoir*.

PESSIGUER : Mettre en pièces, maltraiter. Du vieux verbe provençal *pessigar* : mettre en pièces.

PESSILLER : Prendre. (Halbert.) — Forme de *pesciller*.

PET A VINGT ONGLES : Nouveau-né. (Delvau.)

PET HONTEUX : Pet silencieux. (Rigaud.)

PETASSE : Fille publique. Pour « putasse ». (*Id.*)

PÉTER SUR LE MASTIC : Renoncer au travail. (Delvau.)

PÉTEUR, PÉTEUSE : Plaignant, plaignante. (Michel.)

PÉTEUX : Qui se sent fautif (Rigaud) ; timide. (Delvau.)

PETIT : Amant de cœur. (Rigaud.) — Employé aussi généralement comme terme amical ou méprisant, ou simplement familier, sans portée précise et vis-à-vis des hommes de toute taille. — « Essaie d'en faire aller d'autres que Florine, mon petit. » (Balzac.)

PETITE MAIN : Fleuriste apprentie. (Rigaud.)

PETRA, PETROUSQUIN, PETZOUILLE : Derrière. (Delvau.) — Dérivés de *péteur*.

PÉTROLEUR : Mauvais marchand de vin. (Rigaud.) — Il incendie l'estomac de ses clients.

PHILANTROPE : Filou. (Michel.) — Changement de finale. — Balzac n'aimait pas les faux humanitaires et trouvait qu'ils prenaient trop de place dans le monde officiel. Aussi appelait-il les philantrophes des *filous-en-troupe*.

PHILISTIN : Vieil abruti. (Delvau.)

PHILO : Philosophie. Argot des écoles.

* PHILOSOPHE : Grec opérant sans *compère. De là son nom. La solitude marche avec la philosophie.

PHILOSOPHE : Misérable. (Delvau.) — Ironie.

PHILOSOPHIE : Misère. (*Id.*)

PIANISTE : Valet de bourreau. (Rigaud.)

PIANO (jouer du) : Trotter irrégulièrement. Jargon de maquignons. (*Id*)

PIAU : V. *Piaux*, p. 277.

PIAUSSEUR : Conteur de piaux. (Boutmy.) V. p. 277.

PIE : Vin. (Michel.)

PIÈCE : Lentille. (*Id.*)

PIÈCE DE RÉSISTANCE : V. *Pièce de bœuf*, p. 278.

PIED : Sol. (Halbert.) — On y a pied.

PIED (en avoir son) : En avoir assez. (Rigaud.) — Abrév. de *en avoir son pied de nez*, avoir le nez long.

PIED (être) : Étaler sa bêtise. (*Id.*) — Abrév. de *être bête comme ses pieds*, qui se dit souvent.

PIED DE BANC : Sergent. — Simple comparaison de ses galons à des pieds de banc; ils sont tous deux obliques et grêles. — Je ne crois pas que les soldats aient comparé, comme on l'a dit, une compagnie à un banc dont les quatre sergents sont les quatre pieds. Je ne crois pas non plus, comme l'a dit sérieusement Delvau, que ce soit par allusion au *pied du banc sur lequel fume le sergent de garde*. Et cependant Dieu sait combien Delvau persifflait les étymologistes !

PIED DE BICHE : Outil pour forcer les portes. (A. Pierre.) — Allusion de forme.

PIED DE NEZ : Sou. (Delvau.) — C'est un pied de nez pour celui qui attendait davantage.

PIERRE A AFFÛTER : Pain. Jargon de boucher. (Rigaud.) — *Pierre brute* : Pain. Langue maçonnique. (Delvau.) — *Pierre de touche* : Confrontation. (Michel.) Cette épreuve sert souvent de pierre de touche au magistrat instructeur.

PIÈTRE : Faux estropié. (Michel.)

* PIEUVRE : Se dit de toute

femme vieille ou jeune qu'on accuse de vous exploiter. — « Je dois à Mme Juscou vingt-sept sous pour mon arriéré de mon ménage, paye-la donc, cette vieille picuvie. » (Durandeau, 78.)

* PIFFE : Nez. (Halbert.)

PIFFER (se) : S'enivrer. — Vieux mot donné par M. Fr. Michel; mais les exemples justificatifs prouvent qu'ils veulent dire *s'empiffrer* et non s'enivrer. C'est une abréviation.

PIGEON : A-compte. (Delvau.)

PIGEON VOYAGEUR : Fille exploitant les trains de banlieue. (Rigaud.) — Elle se pose de vagon en vagon.

PIGER LA VIGNETTE : Regarder avec complaisance une chose divertissante. (Boutmy.) — Mot à mot : *considérer l'image.* V. p. 280.

PILE OU FACE ! : Exclamation saluant une chute. (Rigaud.) — Allusion ironique au jeu connu.

PILER DU POIVRE : Se tenir mal à cheval, faire faction. (*Id.*); — médire, attendre. (Delvau.) — Allusion au mouvement du pilon, excepté pour *médire* qui fait allusion au piquant du poivre.

* PILIER : Maître de maison de femmes. (Halbert.)

PILON : Doigt. (Michel.)

PINÇANT : Ciseaux. (Halbert.)

* PINCE-CUL : « Elle ne va pas au bal Grados. C'est une infamie que ce pince-cul-là. » (Huysmans, 79.)

PINCE-DUR : Adjudant. (Delvau.) — Il a plus souvent occasion de punir que l'officier.

PINCE-SANS-RIRE : Agent de police. (Rigaud.)

PINCER : Voler. (Halbert.)

PINCETTES (se tirer les) : S'enfuir. Comparaison des jambes à une paire de pincettes. — « S'ils ne s'étaient pas tiré les pincettes de dessous le ventre, ils étaient bath. (bien, c'est-à-dire *arrêtés.*) » (Cavaillé.)

PINET, PINO : Denier. (Halbert.) — Fait *pinos* au pluriel.

PINGOUIN : Public. Jargon de saltimbanques. (Rigaud.)

PIOCHE : Voleur à la tire. (*Id.*)

PIOCHER : Voler à la tire. (*Id.*) — C'est piocher les poches.

PIOLIER : Tavernier. (Halbert.) — De *piaule* : taverne qui semble venir de *pie* : vin.

PIONNE : Sous-maîtresse. (Rigaud.)

* PIPELET : Le surnom de pipelet donné aux concierges serait, dit-on, plus ancien que les *Mystères de Paris*, d'Eugène Sue. Il faudrait qu'un texte justificatif vînt le prouver.

PIPOT : École polytechnique, élève de l'école polytechnique. Argot des écoles.

PIQUER SON FARD : Rougir naturellement. (Rigaud.)

PIQUET : Livre de messe, juge de paix. (Id.)

PISSE-HUILE : Lampiste. On dit aussi *sue-mèches*. Argot des écoles.

PISSER A L'ANGLAISE : V. *Anglaise*.— V. *Mener pisser*.

*PISSER DES ENFANTS : « Si nous voulions nous offrir le luxe de ne pisser que des enfants légitimes. » (Huysmans, 79.)

PISSER LE MÉRINOS (laisser) : Ne pas se hâter, attendre. (Delvau.) — On disait auparavant laisser pisser le mouton.

PISSER LES POULES (mener) : Quitter le travail sous un faux prétexte. (Rigaud.)

PISSEUSE : Petite fille. — « Il y en a qui disent aux pisseuses qu'ils veulent envoyer dinguer : Je pars pour l'Algérie,... geins pas! » (Huysmans, 79.)

PISTEUR : Coureur de bonnes fortunes de rue ou d'omnibus. (Rigaud.)

PISTOLE (grande) : Pièce de dix francs. La *petite* vaut dix sous. Jargon de chiffonniers. (Id.)

*PISTON : Recommandation puissante, haute protection. — *Avoir du piston* : être recommandé. — On dit par exemple : « Il lui a fallu un bon coup de piston pour ne pas être reculé à son bac. » — Piston fait allusion ici à l'action de *pistonner* : importuner les supérieurs (V. p. 284).

*PISTON : Homme protégé. — C'est-à-dire : arrivé à coups de piston.

PIVOINER : Rougir, devenir rouge comme une pivoine. — « Tu tâches de pivoiner et de baisser les stores. Toutes les femmes font ça pour enjôler les hommes. » (Huysmans, 79.)

PIVRE : Vin. (Halbert.)

PLACEUR DE LAPINS : Appareilleur, bénévole, procurant des bonnes fortunes à ses amis. (Rigaud.)

*PLAN (laisser en) : Ce mot vient d'avoir sa consécration politique et internationale. Je ne fais que citer.

« On écrit de San Stefano, 8 mars, à la *Correspondance politique* de Vienne :

« Une scène émouvante s'est passée au moment de la signature de l'instrument de paix. Savfet-Pacha éclata en sanglots convulsifs, lorsqu'il lui fallut mettre son nom au bas d'un document aussi fatal pour sa patrie. Le général Ignatieff lui dit en ce moment : « Voyez-vous, je vous ai dit tout de suite que l'Angleterre vous laisserait en plan. Les Anglais n'ont jamais su ce que c'était que de tenir leur parole. » (*Petit Journal*, mars 1878.)

PLANCHE : Tableau noir. Argot des classes de mathématiques. Pour *passer au tableau* on dit *aller à la planche*.

PLANCHE : Sabre. (Michel.)

PLANCHE : Femme plate et froide. (Rigaud.)

PLANCHER : Quitter un ami de prison. (*Id.*) Mot à mot : laisser en plan.

PLANCHES (avoir fait les) : Avoir été ouvrier tailleur. (Delvau.) Allusion à l'établi. — On sait que *avoir paru sur les planches* se dit pour avoir été artiste dramatique. Voyez *brûler les planches*.

PLANQUE A LARBINS : Bureau de placement. — *Planque à plombes* : Pendules. — *Planque à sergots* : Poste de police. — *Planque à suif* : Tripot. — *Planque à tortorer* : Restaurant. — *Planque aux atigés* : Hôpital. (Rigaud.)

Dans toutes ces acceptions, *planque* a le sens de *lieu clos*, ce qui donne, en suivant l'ordre de nos termes : *lieu à domestiques*, — *à heures*, — *à sergents*, — *à Grèce* (assemblage de grecs. Jeu de mot. Le suif est plein de graisse). — *à manger*, — *aux malades*.

PLAQUER : Venir (A. Pierre), — cacher. (Halbert. — Doit être une abrév. de *emplanquer*.

PLAT A BARBE : Hausse-col d'officier. — Il est échancré et se place au-dessous du menton. (D. Lacroix.)

PLATRE : Mauvais compositeur d'imprimerie. (Boutmy.) — Abrév. de *emplâtre* (V. p. 152).

PLATS A BARBE : Grandes oreilles. (*Id.*) — Allusion de forme.

PLATUE : Galette. (Halbert.) — Elle est plate.

PLETTE : Peau. (*Id.*) — Pour *pellette*. De *pellis* : peau.

PLIS ! (des) : Interjection négative comme *Des navets ! Des nèfles !* (*Id.*) — De nouvelle date, elle doit faire allusion aux plis et aux draperies innombrables qui ont surchargé de 1872 à 1878 derniers les jupes féminines. — *Les lanciers !* était un néologisme du même genre. V. p. 216.

PLOMB : Je citerai encore ici M. Justin Améro, qui fait ces réflexions très sensées et très amusantes :

« Il a été un temps où je me demandais d'où pouvait bien provenir le nom de *plomb* donné dans les restaurants de Paris à certains entremets d'un goût fort agréable. Ces entremets sont appelés « *plomb* » tout court, ou « *plomb de cabinet,* » plomb de ceci, plomb de cela. (J'ai oublié leur dénomination exacte.)

Comme ces sortes d'entremets sont d'une nature un peu lourde, je soupçonnais que leur nom générique de « plomb » était une allusion à leur qualité, et comme un avertissement pour les estomacs faibles.

Mais je finis par découvrir que ce « plomb, » qui m'avait tant donné à réfléchir, venait tout simplement de *plum* qui en anglais se prononce *pleume*, et que ce fameux « *plum* » signifiait prune, raisin sec, raisin de Corinthe. Je découvris aussi que le mot *pudding* (en anglais francisé « *pouding* ») ajouté à « *plum* » désignait cette sorte de *baba* dont les Anglais ont tant raison de raffoler, — baba, dont on présente à Paris la contrefaçon sous l'horrible dénomination de « *plomb*[1]. »

PLOMB (manger du) : Être tué d'un coup de feu. — « C'est peut-être moi qui vas manger du plomb. » (A. Bouvier, 69.)

PLONGEUR : Laveur de vaisselle. (Rigaud.) — Ses bras plongent dans l'eau grasse.

PLOTTE : Bourse. (Halbert.) — Pour *pelote*. V. *Pelot*.

PLOUSE : Paille. (Halbert.)

PLUC : Butin. (Michel.)

PLUMARDE : Paillasse. (A. Pierre.) — Doit être la forme primitive de *Plumade*.

PLURE : Manteau. (Halbert.) — Pour *Pelure*.

PLUS ! (il n'en faut) : En voilà assez. Locution mise à toutes sauces. (Rigaud.)

PLUS FINE : V. *Fine*, p. 175.

*PLUS SOUVENT ! « Vous n'iriez point, disait-il en ajoutant un mot patois qui équivaut à notre *inimitable* PLUS SOUVENT ! Vous le dites, mais vous ne le feriez point. » (George Sand, *Lettres d'un Voyageur*. Lettre IIIe, 1834.)

POCHETÉ : Niais. (Rigaud.)

*POIGNON : « Ce n'est pas trop tôt ! On va donc toucher son poignon. » (Huysmans, 79.)

POIGRE : Poète. (Michel.) — Changement de finale.

*POINT : Pièce d'un franc. (*Id.*)

*POINT DE COTÉ : Agent des mœurs. (Rigaud.)

POINT DE JUDAS : Treize. (Michel.)

POINTE (être) : Avoir sa pointe. (Rigaud.) V. p. 288.

POIQUE : Littérateur. Jargon des voleurs. (*Id.*) — Ce doit être le *Poigre* de M. Fr. Michel.

POIREAU : Sergent de ville en station. — *Faire le poireau* : attendre. (*Id.*)

*POISSE : Voyoucratie. — *Poisseux* : Voyou. (*Id.*) — Ce qui est sale poisse.

*POITOU : Public. (*Id.*)

POIVRE : Poisson (Michel) ; poison. (Colombey.) — Le second sens paraît être le seul admissible, car il se complète par le verbe *poivrer* (empoisonner), V. p. 289. Il y a dans *poisson* un s de trop.

POIVRE : Eau-de-vie. — Allusion au poivre qu'on y met pour lui donner plus de force apparente. « Avec vingt centimes de poivre d'assommoir, il est gris. » (*Le Sublime*, 72.) — De là peuvent venir les mots poivreau, poivrier (ivre d'eau-de-vie). Mais alors il faudrait supposer que *poivre* est une

---

[1]. *L'Anglomanie dans le français.* Paris, Baudry. In-12 (1 fr. 20 cent.).

abréviation de *poivreau*, car il signifie aussi *ivre*.

POIVRIER : Débit de mauvaise eau-de-vie. (Rigaud.)

POIVRIÈRE : Route. (Michel.) — *Poivre* veut dire ici *poussière*

POMMADE : Déconfiture. (Rigaud.) — La pommade fond.

*POMMADIN : Garçon coiffeur. (*Id.*)

POMME A VERS : Fromage de Hollande. (Michel.) — Allusion à sa rondeur et à sa croûte rouge.

POMME DE CANNE FÊLÉE (avoir la) : Déraisonner. Mot à mot : avoir la tête fêlée.

*POMPE : Retouche à un vêtement. (Rigaud.)

POMPE (avoir de la) : Avoir assez de travail. (Boutmy.)

POMPER : Travailler vite et pour peu de temps. (*Id.*)

POMPIER : Refrain classique qui est le signal de tout chahu (tapage) en règle. On dit *piquer un pompier*. Argot des écoles.

POMPIER : Mouchoir. (Rigaud.) — Il pompe le nez.

PONDANT : Correspondant chargé de faire sortir un écolier. Argot des écoles.

PONEY : Billet de cinq cents francs. Argot de courses. (Rigaud.)

PONIFFE : Synonyme de *Magnusse*. (Halbert.) Voyez *en être*, p. 162.

*POPOTE : Réunion d'officiers ou de soldats pour manger en campagne. (D. Lacroix.) — On dit se mettre *en popote*.

PORTANCHE : Portier. (Michel.) — Changement de finale.

*PORTEUSE : Main. V. *Frères de l'attrape*.

PORTIER : Cancanier. (Delvau.) — Allusion aux cancans de la loge.

PORTION : Fille publique. Jargon de soldats. On dit *tomber sur la portion*. (Rigaud.) — C'est mot à mot : tomber sur la viande. On appelle ainsi dans l'armée, le morceau de viande assigné à chacun avec sa soupe.

POSITION : Malle. Jargon de voleur. (Rigaud.) — Le voyageur est jugé souvent d'après sa malle.

POSSÉDÉ : Eau-de-vie. (Michel.) — Mot à mot : *endiablé*. Allusion à son feu.

*POSTICHE : Plaisanterie. (Boutmy.) — *Faire une postiche* : Faire des reproches. (*Id.*)

POSTIGER : Rassembler une postiche. (Rigaud.) V. p. 294.

POSTILLON D'EAU CHAUDE : Infirmier militaire. (D. Lacroix.)

POSTILLON D'EAU CHAUDE : Mécanicien. — C'est avec la vapeur d'eau chaude qu'il fait galoper sa machine — « Va donc, postillon d'eau chaude! » (*Le Sublime*, 72.)

POSTILLONNER : Crachoter en parlant. (Delvau.)

POSTURE (en) : Apothicaire. — Allusion de seringue. (Michel.)

POT, CUILLER A POT : Cabriolet. (Id.) — Les brancards figurent la queue, et la capote figure le récipient de la cuiller.

POT A TABAC : Personnage gros et court. (Rigaud.) — Allusion aux pots à tabac grotesques qui furent à la mode.

POTEAU (avoir son) : Être complètement ivre. Argot des mécaniciens. — Mot à mot : être raide comme un poteau. — On dit aussi *avoir son poteau kilométrique, son poteau télégraphique*. (*Le Sublime*, 76.)

POTÉE : Litre de vin. (Rigaud.)

POTET : Radoteur. (Delvau.) — Doit être un dérivé de *potin*. V. p. 295.

POTIRON ROULANT : Cabriolet. (Michel.)

POUCE ? (Et le) : Exclamation signifiant : il y a plus que vous ne l'affirmez. — Mot à mot : « et le pouce que vous oubliez dans votre compte ? » Le pouce étant autrefois une fort petite mesure, on saisit l'ironie qu'on retrouve d'ailleurs dans *c'est un détail*, dans *il n'est rien bête*, etc. C'est l'emploi ironique des contraires.

POUGNON : Argent. (A. Pierre.) — Forme de Poignon.

POUIFFE : Argent. (Halbert.)

POUIFFE : Femme éhontée. (A. Pierre.) — Pour *ponifle*.

POUISSE : Même sens que *Ponifle*. (Halbert.)

POULAINTE : Vol par échange. (Michel.)

POUPÉE : Soldat. (Id.) — Allusion automatique.

POUPON : Voyez *Poupard*, p. 296.

POUR : Peut-être, au contraire. (Michel.)

*POUSSE : Gendarmerie. — Abrév. de *pousse-cul* : sergent de police, aux XVIIe et XVIIIe siècle. (Id.)

POUSSE AU VICE : Mouche cantharide. (Id.)

POUSSE-MOULIN : Eau. (Id.) — Elle faisait marcher seule le moulin avant la vapeur.

POUSSÉE : Surcroît de travail. (Delvau.)

POUSSIER : Poudre. (Halbert.) — Mot à mot : poussière.

POUSSIER : Pouce, main. (Michel.) — Elle sert à pousser.

POUTRONE : Prostituée. Argot lyonnais. (Id.) — De *puterie* : prostitution.

*PRATIQUE : Ligne 10, au lieu de *Ils t'ont fait voir le*, il faut lire *Ils t'ont fait voir le tour*.

PRENDRE LA VACHE ET LE VEAU : Voyez *Vache*, p. 357.

PRENDRE UN RAT PAR LA QUEUE : Couper la bourse. (Michel.) — Allusion aux lanières qui rattachaient la bourse à la ceinture.

PRÉVOT : Chef de chambrée de prison (*Id.*); domestique de prison. (A. Pierre.)

PRIANT : Chapelet. (Halbert.)

PRIANTE : Messe. (*Id.*)

PRIANTE : Église. (Michel.)

PRIE-DIEU : Code. (A. Pierre); cadre. (Halbert.) — Ces deux sens n'en doivent faire qu'un, et il faut lire *cadre* au lieu de *code*, car un prie-Dieu est le plus souvent encadré. On aura pris le tout pour la partie.

PRIN : Proviseur, chef d'institution, principal. Argot des écoles. — Abrév. de *principal*.

PRINCIPAUTÉ : Gale. — Jeu de mots du XVII° siècle sur le prince de Galles. (Michel.)

PRINE : Femme du *prin*.

PRISE : Mauvaise odeur. (Delvau.) — Abrév. de *prise de tabac* qui s'emploie également en ce sens.

PRODUISANTE : Terre. (Michel.)

PROSE, PROUAS, PROYE : Formes de *proie*, page 298. —

Proye le C : merdeux. (Halbert.)

PROTE A TABLIER : Prote de petite imprimerie, travaillant comme un ouvrier. (Boutmy.) *Tablier* est ici pour *blouse*.

PROUT ! : Ça m'est égal. (Rigaud.)

PRUDHOMMESQUE : Sentencieusement creux. « De là les déclarations prudhommesques.» (Zola, 79.)

PRUNEAU : Chique de tabac, œil, excrément. (Michel.) Voyez *Prune*, p. 299. — M. Fr. Michel a constaté que *pruneau* (œil) est une forme de *prunelle*. Les autres sens sont des allusions de forme.

PURÉE : Misère. (Rigaud.) — Ce qui est en purée est réduit à rien.

PUROTIN : Misérable. (*Id.*)

PUYMAURIN : Ane. Ce mot, dit M. Fr. Michel, ne doit dater que de la Restauration. On peut ajouter que celui qui l'a inventé devait être un ennemi du légitimiste ardent Marcassus de Puymaurin. C'est une simple malice; ce n'a jamais été un mot en circulation.

Q

QUAMPER : Abandonner. (A. Pierre.) — Pour *camper*, qui est très régulier.

QUAND EST-CE : Bienvenue, consommation offerte par un ouvrier nouvellement embauché à ses camarades. — Abréviation de la phrase consacrée : *Quand est-ce que tu payes ta bienve-*

nue ? — « Pas plan ! je suis du quand est-ce de la Truffe qui a été embauché hier. » (*Le Sublime*, 72.)

QUANTÈS (payer son) : Payer sa bienvenue. (Boutmy.) — Forme altérée de *Quand est-ce ?*

QUASI-MORT (être) : Être au secret. (Michel.)

QUATRE-VINGT-DIX : Loterie de magasin de porcelaines dans une foire. Elle a 90 numéros. (Rigaud.)

QUESACO : Qu'est-ce que cela. — Gasconisme. — « Les journaux nous ont appris la nomination de M. Bonnet.. Quesaco, Bonnet ? » (F. Magnard, 78.)

QUIF-QUIF : Indifférent. — « J' m' figurais que c'était un petit rouge. Enfin, qu'il soit rouge ou brun, c'est quif-quif. » (Hennique.) — Doit s'écrire *Kif-Kif*. V. ce mot.

QUIMPER : Tomber. (Halbert.)

QUIMPER LA LANCE : Uriner. (Michel.) — Mot à mot : faire tomber l'eau. Ce terme correspond exactement au terme de *lâcher l'eau* qui est souvent employé.

QUINZE BROQUILLES : Quart d'heure. (Halbert.) — Mot à mot : 15 minutes.

QUINZE CENTS FRANCS : Volontaire d'un an. — Il paie 1500 francs à l'état. — « A notre arrivée toutes ces figures inconnues sortaient des baraques pour nous regarder passer : venez voir les quinze cents francs. » (Vallery Radot, 78.)

QUIPE : Homme d'équipe. (Rigaud.)

QUIQUI : Abatis ramassés dans les ordures et vendus par les chiffonniers aux gargotiers qui en font, dit Delvau, « de fameux potages. » — Donné sous toutes réserves.

QUI VA LA (donner le) : Demander le passeport. (Michel.)

QUOCTER : Tromper. (A. Pierre.) — Pour *coqueter*, dérivé de *coquer* : dénoncer.

QUOQUANTE : Armoire. (Halbert.) — Pour *coquante*. De *coquer* : mettre. On met bien des choses dans une armoire.

QUOQUARD : Arbre. (*Id.*)

QUOQUÉ : Pris. (*Id.*) — Pour *coqué* : donné, fait. V. p. 117.

QUOQUERET : Rideau. (*Id.*)

QUOQUILLE : Bête. (*Id.*) — Dérivé de *cocu*.

*QUOS EGO : Vous que je .. — Latinisme souvent employé. Il sous entend : *que je devrais punir*. — Menace interrompue. Empruntée à Virgile qui la place dans la bouche de Neptune en courroux contre les vents.

R

RABATTEUSE: Entremetteuse. (Rigaud.)

RABIAU, RABIOT: Convalescent, durée de condamnation dans une compagnie de discipline. — *Rabiauter*: Manger et boire les restes des autres. (*Id.*) — Dans ces trois acceptions nous retrouvons le sens de *rabiot*: reste, excédant (V. p. 303), qu'il s'agisse d'un reste de maladie, de temps de service ou de victuaille.

RACHEVAGE: Homme obscène. (*Id.*)

RACINE DE BUIS: Dent jaune. (Delvau.)

RACLER: Respirer. (Rigaud.) — Forme de *râler*.

RACLETTE: Ramoneur. (*Id.*) — Allusion à son outil.

RADICAILLE: Opinion radicale, parti radical. — « On ne saurait souffrir le contact des gens entachés de radicaille. » (*Tintamarre*, 77.)

RADICON: Prêtre. (A. Pierre.) — Pour *ratichon*.

RADIS NOIR: Prêtre. (Rigaud.) — Jeu de mots sur *radis noir* et *ratichon*.

RAFRAICHIR LES BARRES (se): Boire. (D. Lacroix.) — Animalisme créé par la cavalerie. *Barres* veut dire *mâchoires*.

RAGOT: Quart d'écu. (Halbert.)

RAGOUT (faire du): Forme de *regout*. V. p. 311.

__RAIGUISÉ__: Trompé. *Aiguisé* a ce sens dans nos patois du Centre.

RALER: Tromper. — **RALEUR**: Menteur, trompeur. (Rigaud.)

RALLIE-PAPIER: V. *Paper hunt*.

RAMAMICHER: Réconcilier. (Rigaud.) — Mot à mot: *refaire aminche* (ami).

__RAMBUTEAU__: « La concurrence menace les colonnes Rambuteau qu'on n'ose pas appeler des pissotières, parce que c'est leur seul nom. » (Le Guillois, 76.)

RAMENEUSE: Boulevardière. Elle ramène chez elle. (Delvau.)

RAMONA: Petit ramoneur. (*Id.*)

RAMONER: Marmotter. (*Id.*) — Pour *marmonner* qui se disait autrefois (V. *croquer le marmot*, p. 234), et non par allusion au ramonage d'une cheminée, comme on l'a cru.

RAMOR : Imbécile. Jargon de juifs. (Rigaud.)

RAMPO : Coup nul aux billes, à la balle. (Delvau.) — Vieux mot qui se dit encore au jeu de quilles dans nos campagnes.

RANGRAISSER : Renoncer. Pour *Rengracier*, p. 313.

RAPAPIOTAGE : Réconciliation. (Rigaud.) — C'est un augmentatif de *rapiotage* : raccommodage d'habit. Une réconciliation n'est qu'un raccommodage pris au figuré.

RAPE : Dos. (*Id.*)

RAPER : Chanter. — « Les brocheuses avaient des voix de mirlitons crevés... On râpait à cet instant :

Rose je t'aime
Toujours de même,
Car en amour, il n'est pas de saison.

(Huysmans, 79.)

RAPIAU : Fouille. (Grandval.) — Même origine que *rapiat* : pillard, p. 367.

RAPIOTEUR : Ravaudeur. (Rigaud.) — Pour *rapiéceur*.

RAPOINTI : Même sens que *Corvette*. (*Id.*)

RAPOINTI DE FERRAILLE : Broche faite avec le déchet de fer, et au figuré : rebut, homme sans valeur. (*Le Sublime*, 72.) V. *Muselé*.

***RASER** : Ennuyer par des redites. — « Tu me rases avec l'argent que tu as dépensé pour moi depuis ma naissance. » (Durandeau, 78.)

***RAT** : Retardataire. — Vient de *rater* : manquer.

RAT (courir le) : Voler la nuit. (Delvau.)

RATICHE : Église. (Rigaud.) De *ratichon* : curé.

RATION DE LA RAMÉE : Nourriture de prison. (Halbert.)

RAYON DE MIEL : Dentelle. (Michel.) — Allusion à l'aspect des trous du rayon qui rappelle celui du tulle.

RAZE POUR L'AF : Acteur. (Rigaud.) — Mot à mot : raseur pour la vie (éternel).

***REBECTAGE** : Page 39. Lire *rébectage : médecine* au lieu de *rebectage : lutte*.

REBECTAGE : Cour de cassation. (Rigaud.)

REBIFFE : Révolte. — *Rebiffer au truc* : être en état de récidive.

REBIFFER : Recommencer. (Boutmy.)

REBONNETAGE : Raccommodement. — Mot à mot : action de redevenir bons amis. — « Il avait rapporté du mêlé dans un carafon et nous avons trinqué à notre rebonnetage avec toi, mon Tatave. » (Durandeau, 78.)

REBOUIS : Cadavre. (Rigaud.) Pour *riboui* : objet remis à neuf. — Ironie.

REBOUISER : Tuer. (*Id.*) — Acception figurée de *ribouiser* : remettre à neuf, donner une autre vie. Ironie. V. *Rebouiseur* p. 310.

RECALER : V. *Remballer.*

RÊCHE : Sou. (Delvau.) — Il est plus rêche au doigt que la pièce d'argent.

RECOLLER : Relever de maladie. (Rigaud.)

RECOLLER (se) Se raccommoder.

RECONDUIRE : Siffler. — Terme de théâtre.

RECOQUER : Reprendre des forces, s'habiller de neuf. (Delvau.) — De *coquer* : prendre.

RECOURIR A L'ÉMÉTIQUE : Escompter de faux billets. Mot du XVIIIe siècle. (Fr. Michel.)

RECUIT : Ruiné de nouveau. (*Id.*)

*REDAIN : Lisez *Redam*.

REFFOLER : Voler par surprise. (Halbert.) — Pour *refouler*. C'est le vol à la rencontre.

REFILER : Suivre. (*Id.*)

REFILER : Reperdre (Rigaud).

REFOULER : Refuser. — *Refouler à Bondy* : Envoyer promener. (Rigaud.) — Mot à mot : envoyer au dépotoir de Bondy.

REFROIDI : Mort. (Halbert.)

REGATTE : Viande. Argot de chiffonnier. (Rigaud.)

*REGONSER : Suivre à la piste. (*Id.*)

*REGOUT (faire du) : « Poissons avec adresse mezières et gonzesses sans faire de regout. » (Vidocq.)

REGUISÉ : V. *Raiguisé.*

RELEVEUR DE PESOCHE : Garçon de recettes. (Rigaud.) — *Pesoche* est ici pour pièces.

RELICHER : Vider un verre. (*Id.*)

REMBALLER, RECALER, REQUILLER, RETOQUER : refuser à un examen. — Argot des écoles.

REMONTER SA PENDULE : Battre sa femme. (Rigaud.) — Mot à mot : la faire marcher.

REMONTER LE TOURNEBROCHE : Ramener à l'observation d'une règle négligée.

REMOUCHAGE : Vengeance. — REMOUCHER : Venger. (Rigaud.)

REMOULEUR DE BUFFET : Joueur d'orgue. (*Id.*) — Allusion au mouvement rotatoire de son bras et au buffet de l'orgue ou plutôt à sa forme.

RENACHE : V. *Rousse.*

RENACHÉ : Fromage. (Rigaud.)

RENACLER : Crier après. (Halbert.)

RENAUD : Reproche, esclandre (Delvau). — De *renauder*.

RENDÉMI (vol au) : Vol au rendez-moi. Voyez p. 312. (Rigaud.)

RENFRUSQUINER : Habiller à neuf. (Delvau.)

*RENGAINER : Rentrer. (Rigaud.) — Mot à mot : rentrer dans sa gaine.

RENIFLANTE : Botte. (Delvau.) — Sans doute *botte percée*; elle renifle l'eau.

RENIFLER : Boire d'un trait. (Rigaud); — reculer, pressentir. (Delvau.)

RENQUILLER (se) : S'enrichir. (*Id.*); — se rétablir. (Rigaud.) — On dit plus souvent *se requiller* qui se conçoit mieux. C'est *se remettre sur ses pieds* après avoir été abattu, comme la quille du joueur.

*RENQUILLER : « Le ministre de la guerre se figure peut-être que je vais renquiller pour mon troisième congé... mais i peut s' fouiller. » (Durandeau, 78.)

RENSEIGNEMENT (prendre un) : Prendre un canon sur le comptoir. (Rigaud.) — Ironie à l'adresse des ivrognes qui disent : « J'ai été là prendre un renseignement. »

REPASSER : Battre. (Michel.) — Même sens que *brûlée*. Le repassage chauffe le linge.

REPAUMER : Reprendre. (*Id.*)

REPÉRIR : Retrouver. Jargon de voleur. (Rigaud.) — Vieux mot, car c'est le latin *reperire*.

REPESIGNER : Arrêter de nouveau. (Michel.)

REPORTAGE : Spécialité du *reporter*, métier de reporter. — « C'est un journaliste actif. Il a été un des créateurs du reportage. » (E. Abraham.)

*REPORTER : Quelque chose, à mon sens, achève de rendre ce terme de « reporter » ridicule ; c'est de l'énoncer comme *reportair* au lieu de *riporteur* que les Anglais disent. Mais, fuir « rapporteur » pour tomber dans « riporteur » n'est-ce pas de la peine bien employée! » (J. Améro.)

REPOSANTE : Chaise. (Rigaud.)

REQUILLER : Voyez *Remballer*, *Renquiller*.

RÉSERVOIR : Réserviste. (Rigaud.) — Changement de finale.

RÉSURRECTION : Prison de Saint-Lazare. (Michel.) — Allusion à Lazare le ressuscité.

*RETOQUER : « J'ai besoin de me calfeutrer pour étudier... je ne veux pas être retoqué. » (Mirval, 79.)

RÊVE (c'est un) : C'est supérieur. (Rigaud.) — Mot à mot : c'est au-dessus de la réalité. Terme souvent ironique.

REVENDRE : Révéler. (Michel.) — On dit déjà dans le peuple *vendre* pour *dénoncer*.

REVIDAGE : Même sens que *révision*. (Delvau.) — Mot à mot : action de *revider* les enchères.

REVISION : Opération secrète de marchands associés pour assister à une vente et pour y payer les choses au-dessous de leur valeur sans se faire concurrence. Après la vente, ils se réunissent dans un café voisin et recommencent la vente en y mettant cette fois le prix vrai. Les bénéfices sont répartis entre les compères dont certains empochent sans être des acquéreurs sérieux ; ils touchent seulement une sorte de prime pour leur complicité. On a souvent et vainement réclamé contre une manœuvre qui fait aux vendeurs un dommage illicite et considérable. On en jugera par cette note manuscrite d'un catalogue de vente de livres faite par la librairie Tross, en date du 21 décembre 1857 : (Numéro 134 : Collection factice de 288 portraits, etc.)—« *Vendu 390 francs. A la révision, cette collection a été poussée à 700 francs.* » — Ce catalogue fait partie de la bibliothèque de l'Arsenal. — La révision est pratiquée du reste pour les ventes de toute nature. Elle s'appelle ainsi parce qu'on y révise les prix d'adjudication.

RIAULLE : Bonne chère. (Halbert.) — Pour *riole*.

'RIBOUI : Soulier neuf fait avec du vieux. Voyez Dix-huit, p. 144.

RICHONNER : Rire. (Michel.)

RIEN : Garde-chiourme. (*Id.*)

RIFFAUDANT : Cigare. (Rigaud.) — Mot à mot : *brûlant*.

'RIFFE, RIFFLE : V. *Riff*, p. 315. Comme *ruffante* (p. 1), *riff* et ses dérivés doivent avoir pour radical le latin *rufus* : rouge qui a fait le verbe *rufare* (roussir, fumer, enrumer. Dans le Midi, on appelle encore *ruffian* : une torche allumée de chiffons gras. Notre verbe *rissoler* qui est une forme de *roussoler* : (roussir), est encore un dérivé de même souche. Ce qui prouve bien que l'argot a pu faire *rif* de *ruf*, c'est que le mot d'argot *rifflé* : sévère (Halbert, A. Pierre est bien le même que le vieux mot *rufe* : bourru, encore usité dans nos patois du Centre (V. le dict. du comte Jaubert). Et dans ce même patois on dit *rufe* et *ruffe* pour *rufle*, comme on dit en argot *rif* et *riffe* pour *riffle*.

RIFFLÉ, RIFFLER : Sévère. (A. Pierre, Halbert.) Voir *Riffe* ci-dessus.

RIFFONDANT : Cigare. (Rigaud.) — Forme de *riffaudant*.

RIFLARD : Vieux soulier. (*Id.*)

RIFLARDISE : Morgue. (*Id.*)

RIFLE : Jeu. (Halbert.) — Pour *feu*. C'est une forme de *Riffe*.

RIFOLARD : Amusant. (Rigaud.) — Pour *rigolard*.

RIGADIN : Soulier. (*Id.*) — Pour *ripatin*. Voyez *ripaton*, p. 317.

RIPA, RIPEUR : Voleur de Seine, ou du bord de la Seine. (*Id.*) — Ces voleurs sont de vrais latinistes, car le latin *ripa* veut dire *bord de l'eau*. Voyez en ce genre *reperir*.

RIPIOULEMENT : Chambre. (Rigaud.) — De *piaule* : chambre.

RIPIOULER : Dormir. (*Id.*)

RIVÉ AU PIEU : Épris d'une prostituée. (De Goncourt.)

RIVETTE : Prostituée. (Michel.) — Du verbe *rivancher* : se livrer à l'amour.

ROBIGNOL : Très-amusant. (Rigaud.) — De *robignole* (V. p. 317). — Allusion aux facéties des robignoleurs qui veulent attirer les dupes.

ROGNER : Guillotiner. (*Id.*)

ROMBOINÉ : Sou marqué. (Halbert.) — *Rom* est ici pour *rond*.

ROMSTECK : Forme française de l'anglais « *rumpsteak*, » qui signifie en bon français : *tranche de culotte*.

ROMTURE : Homme en surveillance. (A. Pierre.) — Pour *rousture*.

RONCHONNER : Murmurer, grommeler. (Boutmy.) — Doit être une abrév. de *gronchonner*, par dérivation du verbe *grincer* (des dents) qui a déjà fait *grincheux*. Le *g* initial est tombé comme dans l'expression populaire *rognonner* : grogner, qui est certainement une abréviation de *grognonner*.

RONCHONNEUR : Qui ronchonne. (Boutmy.)

ROND (faire) : Ne faire rien de vigoureux, qui ait une forme nettement dessinée. Terme d'atelier pris au figuré. — « Le flou, la douceur abondent. L'artiste fait un peu rond, comme on dit dans les ateliers. » (Ph. Chasles.)

* ROND : *Soul*. Page 318, lisez ROND : *Sou*.

ROND (tourner) : Ne plus avoir d'argent. (Rigaud.)

RONDIN : Excrément (Delvau.) ; boule. (Halbert.)

RONDINE : Voyez *Rondache*, p. 318.

RONDINER : Aller à la selle. (Rigaud.)

RONDINER : Boutonner. (Michel.) — Le bouton est rond.

RONDINET : Bague. (A. Pierre.) — Elle est ronde.

RONFLANT : Bien mis. (Rigaud.)

RONFLER THOMAS (faire) : Aller à la selle. (*Id.*) — M. Fr. Michel donne deux exemples du xviie siècle donnant les variantes *faire ronfler le bourrelet*, et *faire ronfler la chaise percée*. M. Rigaud a constaté que cette expression modifiée reparaît de notre temps.

ROQUILLE : Quart de setier. (Michel.) — Abrév. de *broquille* : petite partie de *broc*. C'est un vieux mot.

ROSSIGNOL : Hautbois. (Halbert.)

ROSTO : Bec à gaz. Argot de polytechnicien. Du nom du général Rostolan. (Rigaud.)

ROUATRE : Lard. (Halbert.)

ROUATRÉ : Lardé. (*Id.*)

ROUBIGNOLEUR : Floueur, malin. (Rigaud.) — Pour l'origine de ce mot, voyez *Robignoleur*, p. 317.

ROUBLAGE : Témoignage. (*Id.*) — De *roublard* : laid, défectueux. Un témoignage n'est jamais bon pour le malfaiteur.

ROUBLARD : Agent de police. (*Id.*) — Même allusion que ci-dessus.

ROUBLARD : Heureux. (*Id.*) — Mot à mot : ayant des roubles, riche.

ROUBLER : Témoigner, se plaindre. (*Id.*) — De *roublard* pris dans le sens de *laid*. Voyez page 319.

ROUBLEUR : Témoin. (*Id.*)

ROUE : Interrogateur. (Michel.) — Doit être le même mot que *roué* : juge d'instruction. Sans accent, il ne peut faire allusion qu'à l'ancien instrument de supplice appelé *roue*, comme *rouin* (officier) et *roveau* (gendarme).

ROUEN : Officier de gendarmerie. (Halbert.) — *Rouen* n'est ici qu'une form: de *rouin* qui voulait dire jadis *p. évôt*. (Grandval.)

*ROUEN (aller à) : Page 320. Au lieu de *je deu mots*, lisez : « *jeu de mots sur* Rouen *et* ruine. » — On trouve un second exemple de ce procédé dans *nier* et *aller* à Niort.

*ROUEN (envoyer à) : Couler. — Ce n'est pas une allusion à la Seine, mais une équivoque sur *Rouen* et *ruine* comme ci-dessus.

ROUFFLÉE : Roulée de coups de poings. (D. Lacroix.) — De *rouffle* (chaud), ce qui équivaut à notre *brûlée*.

ROUGEMONT (pivois de) : Vin rouge. (Michel.) — Équivoque géographique du genre de Rouen, Niort.

ROUGOULE : Vol au rendez-moi. (Rigaud.)

ROUILLE : Bouteille. (Michel.) — Abrév. de *rouillarde*.

ROULE (ça) : Cela marche bon train. — Allusion au roulement d'une voiture.

ROULEMENT : Ardeur à l'ouvrage. (Rigaud.)

ROULEUR : Chiffonnier (*Id.*); — Il roule (voyage) constamment. (Delvau.)

ROULOTIN : Roulier. (Michel.)

ROULOTTE A TRÈPE : Omnibus. (Rigaud.)

ROULOTTE EN SALADE (grinchir une) : Voler sur une voiture. (Michel.) — Mot à mot : dans le pêle-mêle de la voiture. V. *Salade*.

ROULURE : Fille perdue, mot à mot : roulant de l'un à l'autre. — « Le hasard fit qu'il n'habitât point une maison bondée de roulures ou foisonnant de gigolettes. » (Huysmans, 79.)

ROUMIE : Vieille croûte de pain. Jargon de chiffonnier. (Rigaud.)

ROUSCAILLEUR : Débauché. — Employé souvent en mauvaise part. Exemple : *c'est un vieux rouscailleur*, c'est un vieux coureur de filles. — Vient de *rouscailler*, verbe composé de deux parties. C'est une allusion testiculaire, et non un dérivé de rousse-caigne (chienne rousse) comme on l'a cru jusqu'ici. — La finale cailler qu'on retrouve dans lanscailler et mouscailler, n'a rien de commun avec caigne. Elle a le sens de projeter.

ROUSPÉTANCE : Mauvaise humeur. (Rigaud.) — Au xviiie siècle, faire le pet signifiait déjà faire mauvaise mine. V. p. 275.

ROUSPÉTANCE : Agent des mœurs. (Id.) — Mot composé de rousse et de pet, qui donne au mot Rousse un caractère plus menaçant. V. p. 275.

ROUSPONT : Souteneur exploitant les pédérastes. (Michel.) — C'est le même mot que rouspant (p. 321), mais le sens est différent.

ROUSSE A LA RENACHE : Police secrète non commissionnée. (Halbert.) — Mot à mot : police à la tromperie. — Halbert appelle aussi arnaque un agent de la sûreté. M. Rigaud donne rousse à l'arnac : police de sûreté (c'est une forme d'arnaque).

ROUSSI : Mouchard, contrôleur, inspecteur. (Rigaud.) — Dérivé de rousse. V. p. 322.

*ROUSTI : Ruiné. (Id.)

ROUSTISSEUR : Parasite, — carottier. (Id.)

ROUSTISSURE : Mauvaise plaisanterie. (Delvau.)

ROVEAU : Gendarme. (Halbert.) — Pour roueau. V. Rouen.

RUBIS SUR PIEUX : Argent comptant. (Michel.)

*RUP : Étymologie. Rup semble venir du vieux français drup. Outre Lacombe que nous avons cité page 323, le glossaire de Barbazan cite à ce propos un vers de Coquillard qui ne laisse aucun doute :

Sots, singes, drups, dupes, niais.

Drup semble à Barbazan une forme de dru qui signifiait : « gaillard, bien en point, » et qui a pu se prendre au figuré pour désigner des gens riches. — Rup peut aussi être plus simplement une altération de huppé (homme riche) qui est un vieux mot.

RUPIN : Fameux. (Halbert.)

RUPIN : Malin. (Rigaud.)

RUPINE : Dame bien mise. (Halbert.)

RUSQUIN : Écu. (Id.) — Semble une abréviation du terme populaire saint frusquin : argent, fortune.

S

SABACHE : Simple. (A. Pierre.) — Pour *Saboche*.

SABLE (être sur le) : Être en disponibilité. Jargon des souteneurs. Allusion à leur nom de *poisson*. (Rigaud.)

SABLENAUT : Cordonnier. (Michel.) — Pour *sabrenot* (page 323).

SABLON : Cassonade. (*Id.*) — Elle ressemble à du sable.

SABOCHE : Mauvais ouvrier. — **SABOCHER** : Travailler trop vite. (Delvau.) Dérivés de *sabot*.

SABORD (jeter un coup de) : Vérifier l'ouvrage. Jargon d'ouvriers. (Rigaud.) — Mot à mot : jeter un coup d'œil. Un *sabord* est un œil pour le navire.

SABOT : Objet démodé, vieux, hors de service (Rigaud); mauvais violon, mauvais billard, homme aimant à dormir. (Delvau.)

SABOT : Mauvais ouvrier. — « Combien gagne-t-il ? — Huit sous l'heure ! — Un sabot, quoi ! » (Huysmans, 79.) — Allusion au sabot avec lequel on marche moins bien qu'avec le soulier.

SABOURIN : Maladroit. — « Il n'y a que des sabourins dans son échoppe. » (*Le Sublime*, 72.) — Doit venir de *sabrer*. V. *sabreur*.

SABRE (coup de) : Grande bouche. (Rigaud.) — Allusion à la largeur d'une blessure de coup de sabre.

SABRENAS : Gâcheur, mauvais ouvrier. (Michel.)

SABRENOT : Savetier. Allusion à leur sabre ou tranchet. (Halbert.)

SABREUR : Ouvrier travaillant vite et mal. (Rigaud.) — Du verbe *sabrer* qui veut dire mot à mot : travailler à coups de sabre, c'est-à-dire à coups pressés sans ordre.

SAC PLEIN (avoir le) : Être ivre. (Delvau.)

SAC A OS : Maigre. (Rigaud.) — Le *sac* est ici la peau.

SAC AU LARD : Chemise. (Delvau.) — Le *lard* désigne ici le corps humain.

SACQUER : Renvoyer, mot à mot : donner son sac à quelqu'un. — « T'es toujours noceur, tu te seras fait sacquer. » (*Le Sublime.*)

SACRISTIE : Lieu d'aisances. Jargon de voleur. (Rigaud.)

SAFFRE : Gourmand. (Michel.) — Vieux mot.

SAFRAN (aller au) : Dissiper son bien. (Delvau.)

SAIGNEMENT DE NEZ : Interrogatoire. — *Faire saigner du nez* : interroger. (Rigaud.)

SAINT-DOME : Tabac. — Abrév. de Saint-Domingue ; patrie du tabac, dit M. Rigaud. C'est une variante de *saindomme* (p. 324). Le manque absolu d'exemples anciens met dans le doute sur la forme vraie et l'origine de cette expression.

SAINT JEAN : Outillage d'un compositeur.—*Prendre son saint Jean* : quitter l'atelier. (Boutmy.)

SAINT LUNDI (faire la) : Ne pas travailler le premier jour de la semaine. Ironie à l'adresse des jours fériés par l'Eglise.

SAINT PÈRE : Tabac à fumer. Argot des marbriers de cimetière. (Delvau.) — D'après M. Rigaud il serait passé dans le jargon des ouvriers.

SAINTE TOUCHE : Jour de la paye. (Boutmy.) — Ironie voltairienne.

SALADE : Pêle-mêle. (Michel.) — Allusion au pêle-mêle de la salade.

SALADE : Fouet. (*Id.*) — Il vous *sale* (cuit).

SALADIER : Vin sucré. — Récipient pris pour le contenu — « Il ne sortait pas du saladier, ça vous retapait un homme. » (*Le Sublime*, 72.)

SALE : Gris. (Halbert.) — Ce qui est gris paraît sale.

SALÉ : Travail payé d'avance à un compositeur ou à un metteur en pages d'imprimerie qui ne touchera rien à la banque. Cet exemple donne peut-être la clef de l'étymologie : « On dit que le salé fait boire parce qu'il n'encourage pas à travailler. » (Boutmy.) — *Salé* semble avoir un sens plus ironique dans cet exemple : « Tout ça ce n'est pas du salé. En voilà de la turbine! On se casse les ongles sur ce papier-là ! » (Huysmans, 79.)

***SALÉ** (morceau de) : Petit enfant. — Il est blanc et rose comme un morceau de petit-salé (lard).

SALLE A MANGER : Bouche. (Delvau.) — Les aliments y sont servis en effet.

SALLE DE DANSE : Derrière. (Rigaud.) — Allusion à *faire danser* : battre.

SALUER : Baisser la tête sous le feu des projectiles. (D. Lacroix.)

SANCHO-PANÇA : Juge de paix. (Michel.) — Don Quichotte est-il aussi connu dans le monde argotique ?

SANG DE POISSON : Huile. (*Id.*) — Allusion à l'huile de poisson.

SANS BEURRE : Chiffonnier de premier ordre. (*Id.*)

SANS BOUT : Cerceau. (*Id.*) — Un cercle n'a pas de bout.

SANS CAMELOTE : Escroc solliceur de zif. (*Id.*) V. *Solliceur*, p. 333.

SANS CHAGRIN : Voleur. (Vidocq.)

SAOULLE : Terme de mépris

employé particulièrement en prison. (Halbert.)

SAPEUR : Cigare presque entier. (Rigaud.) — Il marche à la tête des autres, pour les ramasseurs de bouts de cigare.

SAPIN : Plancher. — Il est en sapin.

SAPIN DES CORNANTS : Terre. Mot à mot : plancher des vaches. (Michel.)

SAPINIÈRE : Fosse commune. (Rigaud.) — Jeu de mots sur *sapin* (arbre) et *sapin* (cercueil). V. p. 326.

SAQUÉ (être) : Être riche, avoir le sac (Boutmy.) — Voyez aussi *sacquer*.

SARDINE : Doigt. (Rigaud.) — Allusion de forme.

SARRASIN : Ouvrier travaillant quand les autres font grève. Mot à mot : infidèle. (Delvau.)

SATON : Matériel de saltimbanque.

SAUCE PIQUANTE (accommoder à la) : Persiffler, battre. (Delvau.) — On dit aussi *mettre à la* sauce piquante.

SAUCE TOMATE : Menstrues. (Rigaud.)

SAUCISSE : Fille publique. (*Id.*)

SAUMON : Personne riche décédée. (*Id.*) — Jargon de croque-mort.

*SAUTER (puer) : Peut être une abrév. de *sauter au nez* qui se dit familièrement. *Cela saute au nez* : cela est infect.

SAUTER : Voler. (Halbert.) — Mot à mot : *faire sauter*. Même image que dans *évanouir*, *filer*, etc.

*SAUTEROLLE : Abrév. de *sauterondolles*.

SAUTE-RONDOLLES : Banquier. (Halbert.) — Mot à mot : voleur de sous (ronds).

SAUTEUSE : Puce. (Halbert.)

SAUTU : Santé. (*Id.*) — Pour *santu*.

SAVATE : Ouvrage mal fait (Delvau), homme inhabile. (Rigaud.) — *Traîner la savate* : Être misérable. (*Id.*) — Mot à mot : n'avoir pas de quoi s'acheter des chaussures.

SCARABOMBE : Étonnement. *Scarabomber* : Étonner. (*Id.*)

SCHAKO : Tête. — « Est-ce que vous vous fichez dans le schako que vous allez nous embêter plus longtemps. » (Durandeau, 78.)

SCHLOFFER : Dormir. — De l'allemand *schlafen* : dormir. — « J'ai filé, je suis allé schloffer un brin. » (Zola.)

SCHPIL, SCHPILE : Bien exécuté. — *Schpiler* : réussir un ouvrage. (Rigaud.) — Semble venir de l'allemand *spiegel* : modèle.

SCHTARD : Prison. (*Id.*) — Forme altérée de *jettard*, page 212.

SCIER DU BOIS : Jouer du violon. — *Scieur de bois* : violoniste. (Delvau.) — Comparaison de l'archet à la scie.

SEC : Mort. (Rigaud.)

SÈCHE : Cigarette. V. *cramer*.

SÈCHE : Mort. (Rigaud.) — Le squelette qui la personnifie n'est pas gras.

SÈCHE (piquer une) : Avoir une mauvaise note. Argot des écoles.

SÉCHÉ (être) : Avoir échoué à l'examen. (Rigaud.) — Du terme *piquer une sèche*.

SÉCHÉ (être) : Être dégrisé. (Delvau.) — Mot à mot : n'être plus *mouillé* (gris).

SÉCHER LE LYCÉE : Ne point aller au lycée. (Rigaud.)

SÉCHER UN DEVOIR : Ne pas faire de devoir. Argot des écoles.

SÉCHOIR : Cimetière. (Rigaud.) — C'est le séjour des *secs* et la *sèche* est là sur son terrain. V. ces deux mots ci-dessus.

SECOUSSE (prendre sa) : Mourir. (Michel.) — Allusion à la dernière convulsion de l'agonie. Mot du XVIIIe siècle.

SEIZE-MAYEUX ! Fonctionnaire du ministère du 16 mai 1877. (Rigaud.) — Jeu de mots ironique des journaux républicains sur *mai* et *mayeux* (bossu). — La finale *eux* est un péjoratif politique employé par tous les partis. On a commencé par dire *partageux*, *communeux* (à l'imitation des paysans) ; puis est venu *bonaparteux*.

SEIZIÈME : Seizième de litre. — « Un patriarche qui l'exorcisait derrière les bocaux d'alcool, en faveur de trois seizièmes (d'eau-de-vie) de cent sept ans. » (*Intermédiaire*, 10 juill. 70.)

SEMER : Se débarrasser, terrasser. (Delvau.) — Mot à mot : éparpiller, répandre sur le chemin, sur la place.

SÉMINAIRE : Bagne. (Rigaud.) — Le même nom est donné dans les campagnes aux cages des poulets à l'engrais.

SEMPER : Tabac. (*Id.*) Voyez *saint père*.

SÉNAT : « Depuis longtemps, les travailleurs appellent *sénats* les boutiques des marchands de vins où ils se réunissent par spécialités. » (*Le Sublime*, 72.)

SÉNATEUR : Bourgeois bien mis. (Rigaud.)

SERGENT D'HIVER : Soldat de première classe. (*Id.*) — Allusion ironique à ses galons de laine. La laine tient chaud l'hiver.

SERIN : Gendarme. — Allusion au jaune des buffleteries. (Delvau.)

SERINGUE A RALLONGES : Télescope. (Rigaud.) — Allusion à sa forme et à ses tubes s'allongeant à volonté.

SERPENT : Sergent dans les lycées. — Déformation du mot et allusion au galon serpentant sur la manche.

SERPENT (faire un) : Les écoliers se mettent les uns derrière les autres et courent dans toute la cour en suivant toujours leur chef de file ; ils forment ainsi les anneaux d'un immense serpent. Le serpent est surtout usité en hiver pour se réchauffer. — Argot des écoles.

SERPENT : Crachat. (Michel.)

SERPENTIN : Matelas. (*Id.*)

SERPETTE : Jambe courte. (Rigaud.)

SERPILLIÈRE : Robe, soutane. (Halbert.) — Vieux mot qui veut dire aujourd'hui *toile*, mais qui, au XIII° siècle, voulait dire *robe*.

SERREBOIS : Sergent. — Il fait serrer les rangs. — Allusion à un écrou que les menuisiers appellent de leur côté *sergent*. (D. Lacroix.)

SERRER LE BRANCARD : Serrer la main. (Rigaud.) — Allusion à l'aspect fourchu de la main qui étreint.

SERRER LES FESSES : Avoir peur. (*Id.*) — Celui qui foire (a peur) serre les fesses à tout moment sur le chemin de la garde-robe.

SEUL HOMME (faire le) : — Pour faire le seul homme, les écoliers se tiennent un par un très serrés l'un derrière l'autre. C'est toujours un prétexte à désordre. Argot des écoles.

SIANTE : Chaise. (Halbert.) — Du verbe *seoir*.

SIFFLER AU DISQUE : Demander de l'argent. — Allusion au mécanicien du chemin de fer sifflant au disque pour demander l'ouverture de la voie. De plus, la monnaie est ronde comme le disque. — « Il avait beau siffler au disque... Rien ! » (*Le Sublime*, 72.)

SILENCE : Huissier. (Michel.) — C'est le pendant moderne de *paix-là !*

SINQUI : Cela. (Halbert.) — Doit être un mot de nos patois de l'Ouest.

SINVINERIE : Niaiserie. (Michel.) — De *sinve* (p. 331).

SITRIN : Noir. (*Id.*)

SITRON : Aigre. (*Id.*) — Le citron est acide.

SIVE : Poule. (*Id.*)

SIX ET TROIS FONT NEUF : Boiteux. (Rigaud.) — Même genre d'allusion que pour *cinq et trois*. Voir ce mot.

*SŒUR (et ta) : M. Rigaud voit une allusion dans ce couplet d'une chanson populaire chantée sur un air de valse de la *Fille du régiment* :

> Et ta sœur est-elle heureuse,
> A-t-elle z'évu beaucoup d'enfants ;
> Fait-elle toujours la gueuse,
> Pour la somme de trois francs ?

Cette origine paraît vraisemblable. Il n'y manque que la date de la chanson.

SŒURS BLANCHES : Dents. (Michel.)

SŒUR DE CHARITÉ : Voleuse se présentant sous prétexte de bonnes œuvres. (Vidocq.)

SOLLICEUR DE LOFFI-

TUDE : Homme de lettres. (Michel.) — Mot à mot : marchand de sottises. — *Solliceur de pognon* : Banquier.

SOMBRE (la) : Préfecture de police. (Rigaud.) — Pour les malfaiteurs, l'ancien bâtiment était très sombre, à tous les points de vue.

SONNER (se la) : Bien dîner. (*Id.*)

SONNER : « Le magistrat demanda ce que voulait dire le mot *sonné*. — « Ah ! répondit-il sans s'émouvoir, je vas vous dire, monsieur le juge. Chez nous, là-haut à la Villette, on dit comme ça quand on a pris un homme couché par terre par les oreilles et qu'on lui a tapé le derrière de la tête contre les pavés jusqu'à ce qu'il soit achevé ! » (*Petit journal*, oct. 78.)

SORGUE : Rue. (Halbert.)

SORLOT : Soulier. (Rigaud.)

SORTE : Mystification, *scie* (v. ce mot) dans le langage des ouvriers imprimeurs. « Conter une sorte, c'est narrer une histoire impossible... Il y a aussi des sortes en action. » (Boutmy, 78.)

SORTI (être) : Être distrait. (Rigaud.) — Quand on est sorti, on n'y est pas (on n'est pas à la question).

SOUCHE (fumer une) : Être enterré. (*Id.*) — Mot à mot : fumer la terre, faire pousser les souches des arbres qu'on y plante.

SONDEUR : Commis d'octroi. (Halbert.) — Pour *sondeur*.

SOUFFLER MAL : Avoir de mauvaises intentions. (Rigaud.) — Jeu de mots sur *avoir mauvais air*.

SOUFFLER SON COPEAU : Travailler. (Delvau.) — Allusion au sifflement du rabot de menuisier.

SOUFRANTE : Allumette. — Elle est soufrée. (D. Lacroix.)

SOULOTTEUR : Ivrogne. — « C'était peut-être un mauvais sujet, un soulotteur prompt aux disputes. » (Huysmans, 79.)

SOUPAPE (serrer la) : Chercher à étrangler. (Rigaud.) — Mot à mot : mettre obstacle à la respiration.

SOUPAPES (faire cracher ses) : S'enivrer. — Terme de mécanicien. Comparaison de l'ivrogne à une machine bien chauffée. C'est par les soupapes que s'échappe le trop-plein de vapeur. — « Si ses soupapes ont craché le dimanche, le lundi il a mal aux cheveux. » (*Le Sublime*, 72.)

SOUPÉ DE TA TRANCHE (j'ai) : Tu m'ennuies. Argot de soldat. (Rigaud.) — Mot à mot : j'en ai mangé assez pour aujourd'hui. Le souper est le dernier repas.

SOUPENTE : Ventre. Jeu de mots sur *soupente*. grenier et *soupe*. Le ventre est un grenier à soupe.

SOUPESER (se faire) : Se faire réprimander. (Rigaud.)

SOUQUER : Rudoyer. Argot maritime. (Michel.)

SOUS LE LIT (être) : Se tromper. (Rigaud.) — Quand on est sous le lit, on n'y voit goutte.

SOUS-MERDE : Moins que rien, homme ou chose. (Id.) — Mot à mot : inférieur à une merde.

SOUS-OFF : Sous-officier. — Abréviation. — « L'ancien sous-off ne fera pas mal de lire le réquisitoire de l'officier. » (Savard, 76.)

SOUSSOUILLE : Souillon. — Redoublement de la première syllabe. — « Il ne pourrait aimer qu'une fille honnête... et non une de ces soussouilles. » (Huysmans, 79.)

SOUTENANTE : Canne. (Michel.) — Elle sert de soutien.

SOUTIRER AU CARAMEL : Soutirer de l'argent en employant la douceur. (Delvau.) — Le caramel est une douceur.

SPECTRE DE BANCO : Joueur ruiné. (Rigaud.) — Jeu de mots sur le *Banco* de Macbeth et du baccarat.

***SPORT, Sportsman** : « Le terme de *sports* s'applique à tous les exercices, à toutes les occupations qui n'ont pas pour objet le commerce et le gain... Les jeux de mots, les railleries, les boutades à l'anglaise s'appellent aussi des « sports. » On voit que nous avons adopté ce terme de « sports » dans le sens le plus restreint possible, puisqu'il n'a chez nous qu'une seule acception. (J. Amero.)

SQUARE : En Angleterre, *square* signifie : *place publique carrée*, qu'il y ait du gazon, des fleurs et des arbres, ou qu'il n'y en ait pas. Si la place affecte une forme géométrique autre que le carré ou le rectangle : ronde, elle est appelée *circus* ; fait-elle la demi-lune, elle reçoit le nom de *crescent* (croissant). Il semblerait plus logique d'appeler nos plantations *jardin* ou *parterre* au lieu de *square*. (J. Amero.)

STAFER : Dire. (Halbert.)

STOP : Anglicanisme employé par ceux qui ne veulent pas dire *halte!* en français. On dit *stoper* pour *faire halte*.

STORES : Paupières. V. *Pivoiner, Maillard* (fermer).

STRON : Sentier. (Halbert.) — Doit être une erreur d'impression pour *stroc* : setier.

STYLE : Argent. Argot d'armée d'Afrique. (Rigaud.)

STYLÉ : Bien mis. (Id.) — On dit aussi *il est dans le style* pour *il est élégant*. Le chemin fait dans le peuple par ce terme artistique a été rapide. Les ouvriers peintres, sculpteurs et modeleurs ont dû le propager d'abord, en entendant dire d'une œuvre de beau caractère qu'elle *avait du style*.

***SUAGE** : Chauffage, assassinat. (Michel.)

SUAGEUR : Chauffeur, assassin. (Id.)

SUBLIMER (se) : Tomber dans l'avilissement. (Rigaud.) — Terme ironique à l'adresse des ivrognes arrivés au *sublime* de la soulographie. — On dit : *c'est un sublimé.*

SUBLIME : « On ne dit plus en parlant d'un travailleur paresseux, violent et ivrogne c'est un mauvais ouvrier, on dit c'est un sublime. » *Le Sublime*, 72.) — « Deux vrais sublimes, anciennes grosses culottes. » (*Id.*) — On y voit une acception ironique de la chanson populaire de Tisserand, mais *sublimé*, d'où vient *sublime*, me paraît plus ancien. V. ci-dessus :

Le gai travail est la sainte prière
Qui plaît à Dieu, ce sublime ouvrier.

SUCE-LARBIN : Bureau de placement. (Michel.) — On y exploite souvent les domestiques.

SUCER LA POMME, SUCER LE TROGNON : Embrasser. (Delvau.) — La *pomme* est ici la joue. *Trognon* est un diminutif de *trogne* : figure.

SUCRE (un) : Très bon.

SUCRE (manger du) : Être applaudi. Jargon de théâtre. (Michel.) — Souvent le sucre est fourni par ceux qui paraissent le recevoir. On se rappelle la réponse d'une cantatrice bien connue à un ami qui lui disait : « Qu'a donc X... contre vous ? Son feuilleton de lundi était tout aigre. » — « Oh ! c'est que j'avais oublié de le sucrer dimanche. »

SUER : Tuer. (Halbert.) — Pour *faire suer*, p. 336.

SUIF : Grèce, assemblage de grecs. — Jeu de mots. Le suif est plein de *graisse*.

*SUIFFARD : Grec. Même équivoque que pour *suif*. V. *Bédouin*.

SUPIN : Soldat. (Michel.)

*SURFINE : Même sens que *sœur de charité*.

SURGEBEMENT : Arrêt définitif en cassation. (*Id.*) — Mot à mot : sur-jugement. V. Gerber.

SUR SEIZE ! : Attention ! (Rigaud.)

SYMBOLE : Crédit. — Allusion au *Credo* ou symbole des apôtres. De *credo* à *crédit* il n'y a pas loin. (Boutmy.)

T

TABLEAU ! : Exclamation par laquelle on exprime la joie ou la surprise générale. (Boutmy.) — Mot à mot : vous voyez d'ici le tableau. — L'emploi de ce mot est fort répandu. Il est généralement ironique.

TABLETTE : Brique. (Michel.) — Allusion de forme.

TABLIER DE CUIR : Cabriolet. (*Id.*) — Partie prise pour le tout.

TAFFOUILLEUX : Chiffonnier des bords de la Seine. (Rigaud) — Mot à mot : *tas-fouilleur*, fouilleur de tas.

TAL : Derrière. — *Tapeuse de tal* : Fille publique. (*Id.*)

TALBIN : Huissier. (Halbert.) — De *tailbin* : billet à ordre.

TALBINE : Halle. (*Id.*)

TALBINER : Assigner. (*Id.*) — De *talbin* : huissier.

TALBINIER : Hallier. (*Id.*) — Marchand de la halle ?

TALENT DE SOCIÉTÉ : Raffinement secret. — « Si les charmes ne peuvent plus se vendre assez cher, elles emploient leurs talents de société. » (*Le Sublime*.)

TAMBOUILLE : Ragoût, petite cuisine. (Delvau.)

TAMPONNER : Battre à coups de poing. (*Id.*)

TAPE A L'ŒIL : Borgne. — Allusion à l'accident qui cause d'ordinaire cette infirmité.

TAPE A L'ŒIL : Chapeau. Il descend sur les yeux. — « Ils avaient des tape à l'œil flambant neufs. » (Huysmans, 79.)

* **TAPETTE** : Verve, entrain. (Delvau)

TAPIQUER : Habiter. (*Id.*) — Dérivé de *se tapir* qui a fait *tapinet* et *tapis*.

TAPIS : Café. (Halbert.)

TAPIS BLEU : Ciel. (Rigaud.)

TAPIS VERT : Table de jeu, café de voleurs, prairie (Halbert, Michel).

TAPOTEUR : Mauvais joueur de piano. (Rigaud.)

TAPPE : Marque au fer chaud. (Halbert.)

TARAUDER (se) : Se disputer. (Rigaud.)

TARRE (à la) : Voler les mouchoirs de poche. (A. Pierre.) — *Tarre* est ici pour *tire* qu'on aura trouvé trop connu. V. *Tire*, p. 343.

TARTARE : Apprenti tailleur. (Delvau.)

TARTE, TARTELETTE : Faux. (Michel.)

TARTIR : Aller à la selle. (*Id.*) — Pour *tartiner*.

TAS : Personne sans énergie. (Rigaud.) — Mot à mot : qui se tasse, qui s'affaisse.

TAS DE PIERRES : Prison. (Michel.) — On n'y voit pas de fenêtres.

TATE-MINETTE : Sage-femme (Halbert, A. Pierre.)

TAUPIN : Soldat du génie. Il fait un travail de taupe dans les siéges. (D. Lacroix.)

TAUPINIÈRE : Cours ou école préparatoire à une école spéciale de l'État. (Rigaud.) — Elle est composée de *taupins* (V. p. 341).

TE DEUM RABOTEUX (faire chanter un) : Battre. — Allusion aux cris de la victime. — « Il lui a fait chanter un *Te Deum raboteux* que c'était ça. » (*Le Sublime*, 72.)

TÉLÉGRAPHE SOUS-MARIN : Se dit des signaux amoureux hasardés sous les tables par les pieds d'une ou de deux personnes. (Rigaud.)

TEMPLE : Objet acheté au marché du Temple. (*Id.*)

TERREAU : Tabac à priser. (Delvau.) — Il y a communauté d'aspect.

TESSON : Tête. (*Id.*)

TÊTARD : Homme de tête. (Halbert.)

TÊTES DE CLOU (imprimé avec des) : Imprimé avec de vieux caractères. — Allusion à l'aspect morcelé de chaque lettre.

TÊTUE : Épingle. (Halbert.) — Sa tête était plus grosse autrefois.

THOMAS : Pot de nuit. — « Il entrevit sous le lit un immense Thomas qui brillait de profil dans l'ombre. » (Hennique.)

TICHE : Profil (Delvau.)

TICKET : Billet de chemin de fer. (*Id.*) — Billet quelconque. — « L'exposition de 1878 laissera dans notre langue le terme de *ticket*, actuellement employé par quiconque tient une plume, — à la place de *billet*, honni et rejeté. Honte donc sur « billet » et vive le vocable anglais. » (J. Amero.) — Ajoutons que l'administration elle-même de l'Exposition a introduit *ticket* dans sa langue officielle.

TIERCE (il y a de la) : La police est en nombre. (Rigaud.) — Allusion à la tierce du jeu de piquet.

TIGNER D'ESBROUFFE : Violer. (Michel.)

TIMBALE (décrocher la) : Surpasser. (Rigaud.) — Allusion à la timbale qui était le prix ordinaire placé au sommet du mât de cocagne.

TINETTES : Bottes. (Halbert.) — Allusion de puanteur.

TINTEUR : A faire rentrer dans la longue nomenclature qui finit *Être* (en), p. 162.

TIPSTER : « Homme faisant métier d'annoncer les noms des chevaux gagnants. » — Anglicanisme. (*Carnet des courses*, 77.)

TIRANT : Lacet. (Halbert.)

TIRE, page 343. Au lieu de *voler à la tire*, lisez *voler* dans la poche.

TIRER AU MUR : Se passer, se priver. (D. Lacroix.) — Terme d'escrime. Celui qui tire au mur ne pique rien.

TIRER DES LONGES : Faire plusieurs années de prison. (Halbert.)

TIRER LE CHAUSSON : Fuir. (Michel.) — *Chausson* est ici pour *pied*.

TIRER SON PLAN : Subir un emprisonnement. (Rigaud.) — Mot à mot : tirer sa prison.

TIRER UNE DENT : Escroquer de l'argent. (Michel.) — Allusion d'extraction.

TIRETAINE : Voleur de campagne. (*Id*.) — Jeu de mots sur *tirer* (voler) et sur l'étoffe grossière appelée *tiretaine* qui est portée par les campagnards.

TIRON : Route pavée (Halbert), petit chemin. (Michel.)

TITI : Volaille. Jargon de chiffonnier. (Rigaud.) — Allusion au cri de *petits ! petits !* poussé pour appeler la volaille à la distribution de grain.

TITI : Typographe. (*Id*.) — Redoublement de première syllabe.

*****TOC** : Amusant. (Rigaud.)

TOCASSE, TOCASSON : Femme laide, ridicule. (Delvau.) — V. *Toquasse*.

TOCCANGE : Coquille de noix. (Halbert.) — Pour *cocange*.

TOCCANTE : Montre. (*Id*.) — V. *Toquante*, p. 345.

TOC-TOC : Un peu toqué. (Rigaud.) V. p. 345. — Abrév. avec redoublement des premières lettres.

TOGNE : Malin. (Michel.)

TOITURE : Chapeau d'homme. (Rigaud.) — On dit aussi *tuile* ; *toit* (pour *chapeau*) existe en tourbesque, dit M. Fr. Michel, et si la forme *comble*, qu'il donne aussi est plus ancienne que *combre* (chapeau), il n'est pas douteux qu'il faille y voir une allusion au couronnement de notre édifice humain. Le chapeau est en effet le toit, le comble, de la tête.

TOLE : Derrière, logement, maison. (Halbert.) — Pour *taule*.

*****TOPO** : Communication écrite, mais particulière aux élèves ; on la fait circuler dans les salles d'étude. — Argot des écoles.

TOQUASSE : Laide. Augmentatif de *Toc*, V. p. 344. — Devrait s'écrire *tocasse* :

Si j' guigne un beau brun qui passe,
L' cœur tout palpitant,
Souvent j' l'entends m' dire : toquasse,
C'est bien embêtant.

V. Vathier.

TOQUE : Malin (Michel) ; amusant. (Rigaud.)

TOQUE : Mauvais. - V. *Toc*, p. 344.

TORCHECUL : Écrit ou imprimé sans valeur. (Rigaud.) — On disait autrefois dans le même sens, *bon à mettre au cabinet*.

TORCHON : Femme galante d'humble condition. La lorette élégante s'appelle *linge*, ce qui suffit pour préciser la nature de ces deux surnoms. — « Il s'est payé un torchon. On lui refuse l'entrée. » (*Le Sublime*, 72.)

TORDU : Joueur volé au jeu par un grec. — Augmentatif de pigeon (dupe) ; on tue le pigeon en lui tordant le cou. — « Après une demi-heure, les jeunes pigeons sont plumés... Vous n'avez pas de chance, messieurs, s'écrie Raoul de Brisemailles, je vous propose une partie sur parole. — Alléchés, les jeunes tordus tiennent des sommes plus fortes. » (Paillet.)

TORTILLANTE : Vigne. (Rigaud.) — Allusion à sa flexibilité.

TORTILLARD : Fil de fer ou de laiton. (Halbert.) — Il se tortille aisément.

TORTILLER : Boiter. (*Id.*) — V. *Tortillard*, p. 347.

TORTORE : Repas. (Rigaud.) — Doit venir de *tortiller* : manger.

TORTOUSE : Corde. (Halbert.) V. *Tourtouse*, p. 348.

TORTUE : Femme, maîtresse. — « Et ta tortue, qu'est-ce que tu en fais ? » (Huysmans, 79.)

TORTUE (faire la) : Jeuner. (Rigaud.) — La tortue mange fort peu.

TOULABRE : Toulon. (Michel.) — Changement de finale.

TOUPIN : Boisseau. (Halbert.) — Vieux mot. *Tupin* se disait au moyen âge pour *pot, caisse*.

TOUPINER : Mesurer au boisseau. (*Id.*)

TOUR DE CRAVATE (donner un) : Étrangler. — « Elle disait avec des airs équivoques et tentateurs que ça serait facile de donner un tour de cravate au cou des Pelletier. » (*Petit journal*, sept. 77.)

TOURNE-AUTOUR : Tonnelier. (Vidocq.) — Il frappe en tournant sur ses tonneaux.

TOURNER (faire) : Attraper. (Halbert.) — Variante de *faire aller*.

TOURNEVIS : Chapeau à cornes. C'est le fond du chapeau qui représente la tête de vis ; les ailes relevées figurent la partie qui sert à la faire tourner. — Le surnom de tournevis est resté aux gendarmes en certains pays.

TOURNIQUET : Chirurgien de marine. (Delvau.) — Moulin. (Rigaud.) V. *Torniquet*, p. 346.

TOUR POINTUE : Préfecture de police. (Rigaud.) — Allusion à la tour pointue de la Conciergerie.

*TOURTE : Vieille ridicule. (Rigaud.)

*TOURTOUSINE : Ficelle. (Halbert.)

TOUT : « Espion cherchant à surprendre les secrets des écuries et les vendant aux tipster et aux book mayer. » — Anglicanisme. On prononce *taout*. (*Carnet des courses*, 77.)

TRAÎNÉE : Fille perdue. — Ce qui est traîné est souillé Vieux mot resté dans nos patois.

TRAMWAY : Omnibus sur rails. — « Le chiffre des termes français exportés de Normandie en Angleterre est estimé par Thommerel à 8.489. Au nombre de ces mots était *voie* (chemin, route), que les bonnes gens de Normandie prononçaient *voué*. De *voué* les Anglais firent *way* qui se prononce *ouay*. *Tram* est une abréviation de *trammel* (traîneau). Les Anglais tronquent volontiers les mots pour aller plus vite. Ainsi disent-ils *cab* pour *cabriolet*. L'expression « tramway » signifie donc traîneau-voie, en bon français « voie-de-traîneau, chemin à traîneau. » Mais un chemin destiné à un véhicule n'a jamais passé pour être le véhicule. C'est pourtant ce que l'on a dit en appelant *tramways* les *voitures* qui circulent sur les voies à « trams. » (J. Amero.)

V'là le tramway qui passe,
Ernest est là-bas qui m'attend.

(Chanson populaire. 78.)

TRAVAILLER DANS LE BATIMENT. Voler avec effraction dans les maisons. Jeu de mots. — « Il ne savait pas travailler dans le bâtiment. » (*Petit journal*, mai 1879.)

TRAVERSIN : Fantassin. (Rigaud.)

TRAVIOLE : Traverse. (Halbert.) — Changement de finale.

TREFFLIÈRE : Tabatière. (Id.) — V. *Trèfle*, p. 350.

TREFOUINE : Tabatière. (Id.) — De *trèfle* : tabac.

TREMPLIN : La scène. (Delvau.) — Jeu de mots sur la planche du tremplin et les planches de la scène.

TRIBU (se mettre en) : Même sens que *popote*. Terme de l'armée d'Afrique. (D. Lacroix.)

TRICHER : Suivre l'école matrimoniale de Malthus. (Rigaud.)

TRIGO : Trigonomètre. — Argot des écoles.

TRIMANCHER : Cheminer, marcher. (Halbert.) — C'est *trimer* avec changement de finale.

TRIMAR : Éventaire, balle. (Rigaud) — Le petit marchand trime en les portant.

TRIPER : Donner le sein à un enfant.

TRIPIÈRE : Femme très avantagée sous le rapport de la poitrine. (Rigaud.)

TRIPOT : Garde municipal. (*Id.*)

TRIQUAGE : Triage de chiffonnier. (*Id.*) — Diminutif.

TRIQUE A LARDER : Canne à épée. (*Id.*)

TRIQUE : Surveillance de police. — *Casser sa trique* : rompre son ban. (Rigaud.) — C'est une variante de *Canne*, V. page 78.

TRIQUER : Trier. — **TRIQUEUR** : maître chiffonnier. (Delvau.) — C'est *trier, trieur* modifiés par l'adjonction de deux lettres.

TROLLER : Rôder (Rigaud), porter. (Halbert.)

TROLLEUR : Commissionnaire, vagabond (Rigaud), — marchand (*Id.*), — marchand de peaux de lapins. (Delvau.) Dans ces trois sens, trolleur vient de *troller*, vieux mot qui signifie *cheminer, arpenter le terrain* (dialectes de l'Est). On prononce *troiller, troilleur*.

TROMBILLE : Bête. (Delvau.)

TROMBOLER : Aimer. (*Id.*)

TROMBONE (faire) : Faire semblant de prendre dans son gousset de l'argent. Comparaison du va-et-vient des doigts au va-et-vient du trombone. (Rigaud.) — Il s'agit ici du trombone ancien modèle.

TROMPE : Nez. (Delvau.) — Animalisme.

TRONE (être sur le) : Être aux lieux d'aisance. (Delvau.) — Ironique allusion aux gradins sur lesquels le siége s'élevait autrefois.

TRONQUE : Tête. (Halbert.) — Pour *tronche*.

TROTTINET : Soulier. (*Id.*)

TROU : Salle de police. (Rigaud.) — Se dit surtout pour *prison*. Allusion d'obscurité.

TROU : Lacune imprévue. « L'instrumentation a parfois des trous. » (De Lapommeraye, 79.) — On dit d'un homme qui passe de l'aisance à une pauvreté inexpliquée : « Il y a des trous » (c'est-à-dire causes de désordre cachées, trous par où l'argent s'écoule).

TROUILLARDE, TROUILLE : Souillon, dévergondée. (Rigaud.) — Vieux mot de nos patois. Même origine que *trolleur*.

TROU SOUS LE NEZ (il a un) : Il boit avec excès. — Comparaison de la bouche à un gouffre.

*TRUC : Industrie quelconque. (Halbert.)

TRUCAGEUR : Fabricant d'antiquités. (Rigaud.) — Pour *Truqueur* (p. 354).

TRUNE : Aumône. (Halbert.) — Pour *thune*. De *tuner* : mendier.

*TRUQUER : Commercer. (*Id.*)

TUBE : Fusil. (*Id.*)

TUBE : Nez. (Delvau.)

TUBER : Fumer la pipe. (*Id.*)

TUÉ (être) : Rester immobile de stupéfaction. On dit aussi : *il est mort*. Argot de collège. (Tourneux.)

*TUER LE VER : La coutume est ancienne comme l'a fait remarquer M. du Camp dans cet extrait du *journal d'un bourgeois de Paris* (juillet 1519) : « Il est expédient de prendre du pain et du vin au matin, au moins en temps dangereux, de peur de prendre le ver. »

TUILE : Chapeau, casquette. (Delvau.) — Même allusion que dans *Toiture*.

TUILER (s') : S'enivrer. Mot à mot : s'empourprer, devenir couleur de brique. (*Id.*)

TUITE (prendre une) : S'enivrer. — Altération de *cuite*. (Boutmy.)

TUNEBÉE : Bicêtre. (Michel.)

TURC : Tourangeau. (Halbert.) — Trois des premières lettres du nom ont été conservées et le *c* a été ajouté pour dérouter.

TURCAN : Tours. (*Id.*)

TURIN : Pot de terre. (Halbert.) — Pour *terrin* qui a fait *terrine*.

TURQUIE : Touraine. (*Id.*)

TUYAU : Jambe. (Delvau.)

TUYAU A OPÉRA : Gosier. On saisit l'allusion. — « Vous venez de vous le laver, votre tuyau à opéras... Vous vous en fourrez dans le coco.. » (Huysmans, 79.) — On dit plus simplement tuyau. « Le tuyau est bouché : je suis enrhumé. » (Delvau.)

TYPO : « Le typo laborieux si prompt à soulager les infortunes inméritées. » (Boutmy.)

TYPOTE : Ouvrière typographe. « Ces jeunes filles ne manquent pas de devenir de vraies typotes, comme elles se nomment entre elles. » (*Id.*)

TYRAN : Roi (Delvau) ; roi de cartes. (Rigaud.)

U

UNE (en griller) : Fumer une cigarette. — Argot des écoles.

UN PEU, MON NEVEU : Beaucoup. — « Vous auriez aimé une robe ? — Un peu, mon neveu ! » (*Vie paris.*, 79.) — On dit par abréviation *un peu* !

URF (monde) : Monde élégant. — C'est le même mot que *urffe* : soigné (p. 336). M. Boutmy donne aussi *urfe* : très bien, ce qui fait une troisième manière de l'écrire. — « La patrie ! Allons donc. Doit-on s'occuper d'elle chez les gens du monde urf ! » (*Tam-Tam*, 78.) Voyez *Urpino*.

URNE : Tête. — C'est elle qui émet le vote individuel, c'est-à-dire qui dirige le corps. — « J'y cabossais l'urne. Elle chignait roide. » (Huysmans, 79.)

URPINO : Distingué, coquet. Forme intervertie de *rupino*. (Boutmy.) — *Urpino* nous permet de penser que *urfe* (très bien) n'est qu'une altération de *urpe*, forme intervertie de *rupe*. Voir *Urf*.

UT : Formule employée par les typographes en trinquant. Elle est le premier mot de cette phrase latine : *ut tibi prosit meri potio !* oubliée par la plupart. (Boutmy.)

V

*VACHE (être) : Être avachi, sans énergie. (Delvau.)

VADROUILLARD : C'est le masculin de vadrouille. — « Peuple ! ces vadrouillards te nomment populace. Qui sont-ils ?... Leur naissance est souvent un mastic. » (*Tam-Tam*, 78.) — *Mastic* est ici dans le sens de *mélange confus, mystère*.

VADROUILLE : Drôlesse (Delvau), prostituée de bas étage (Rigaud).

*VAGUE : Raccrochage. Argot de prostitution. (*Id.*)

VAIN, VAINE : Mauvais, mauvaise. (Halbert.)

VANÉ : Fatigué. (Rigaud.) — Mot à mot : secoué comme le grain vanné. En patois du Centre, *vané* veut dire *poursuivi à coups de bâton*.

VASER : Pleuvoir. (*Id.*) — Mot à mot *renverser le vase*. On dit vulgairement d'une forte pluie : *Dieu renverse son pot*.

VEAU MORNÉ : Femme ivre. (Halbert.) Voyez *Veau*, p. 358. *Morné* est ici pour *mort-né*. Allusion d'avachissement.

VÉCULE : Voiture. (*Id.*) — Abrév. de *véhicule*.

VEILLEUSE : Estomac. (Rigaud.) — On dit de même mettre de l'huile dans la lampe pour manger.

VÉLIN : Femme. (*Id.*) — Allusion à la douceur de la peau ou diminutif de *veau*.

VELOURS : Cuir. (Halbert.) — C'est du cuir de la prononciation qu'il s'agit. V. *Cuirasser*, p. 129. *Velours* fait allusion à la douceur des liaisons illicites.

VELU (c'est) : Même sens que *chic*. — Argot des écoles. — Pour les jeunes gens, tout ce qui caractérise la virilité est supérieur.

VENELLE (enfiler la) : Prendre la fuite. (Michel.) — *Venelle* signifiait *ruelle* ; petit chemin.

VENETTE : Peur. Du vieux mot *venne*, vesse. — « Dire que j'ai vendu à 61 fr. 25. Ah ! j'ai eu la venette. » (De Leuven.) — « Il a eu une fière venette ; il a eu terriblement peur. » (1808, Dhautel.) V. *Vesse* (p. 360.)

VENNE : Honte. (Halbert.) — Vieux mot.

VENTERNIER : Forme de *Vanternier*.

*VER RONGEUR : (Transposition.) V. p. 359, après *Vermine*.

VERDOUSE : Pomme, prairie. (Halbert.) — Allusion de couleur.

VERDOUSIER : Pommier, jardin (*Id.*), — fruitier (Rigaud).

VEREUX : Sous la surveillance de la police. Jargon de voleurs. (*Id.*)

VERGNE : Ville. (Halbert.)

VERGOGNE : Colère. (*Id.*)

VERMINARD, VERMINEUX : Homme méprisable. Argot de collège. (Tourneux.)

VERMOIS : Sang. (Halbert.) — C'est *vermeil* avec finale changée.

VERMOISÉ : Rouge. (*Id.*)

VÉRONIQUE : Lanterne. (Rigaud.) — Jeu de mots sur *verre*.

VERSER : Verser des larmes. (Michel.) Abrév.

VERSIGOT : Versailles. (*Id.*) — Changement de finale.

VERT (se mettre au) : Jouer. (Rigaud.) — Allusion au tapis vert.

VERT-DE-GRIS : Huissier (A. Pierre), — commandant de place. (D. Lacroix.) — Tout officier dur dans le service a le même nom. Ses rappels sévères à la consigne sont comparés au poison.

VERT-DE-GRIS : Domestique de charlatan. Du sobriquet donné à son joueur d'orgue par Mangin, marchand de crayons nomade. (Rigaud.)

VERT-DE-GRIS : Verre d'absinthe. (*Id.*) — Jeu de mots sur *verre* et *vert* (couleur d'absinthe). Le vert-de-gris est de plus un poison, ce qui donne une allusion redoublée.

VERTE : Absinthe, gonorrhée. (Rigaud.) — Allusion de couleur.

VERT EN FLEURS : Pour *Verre*. Voyez p. 359.

VERVER : Pleurer. (Michel.) — Pour *verzer*.

VESSE! : Exclamation que les collégiens emploient pour se prévenir de l'apparition d'un surveillant. On dit aussi : *colle!* — Argot des écoles. — Voyez *Pet*, page 275.

VESTIGE : Vivacité, peur. (Rigaud.) — Dérivé de *Vesse*, p. 360.

VESTO DE LA CUISINE : Agent de la sûreté. (Rigaud.) — *Cuisine* se dit pour la *préfecture de police*.

VESTOS : Légume sec. (*Id.*) — Abrév. de *Vestige*, p. 360.

VEUVE : Corde. (*Id.*) — De *veuve* qui signifiait potence. On a pris le tout pour la partie.

VEUVE RENTRÉE (la) : Propriétaire d'un objet non adjugé aux enchères et *rentrant* chez son possesseur. On dit aussi monsieur Dufour. (Rigaud.) — De *four* : insuccès.

VEZOUILLER : Puer. (Delvau.) — De *vesse* pris dans le sens de *flatuosité*.

*VIAUPER : Pleurer comme un veau. (Rigaud.)

VICE (aller au) : Aller chez une fille de joie. (Id.)

VICE-RACE : Vicaire. (Halbert.)

VIEUX (se faire) : Se tourmenter (Rigaud), attendre longtemps. — Les minutes sont alors des siècles.

VIOC : Vieux. (Delvau.) — Changement de finale.

VIOCQUE : Vie débauchée. (Id.) — Pour Vioque, p. 361.

VIOLONÉ : Misérable. (Michel.) V. Violon, p. 361.

VISCOPE : Visière, casquette (Rigaud), bord de chapeau. V. Galurin, p. 187. — C'est visière avec changement de finale.

VITRIER : Carte de carreau. — On saisit l'allusion. V. Borgne.

VOIR EN DEDANS : Dormir. (Rigaud.) — Allusion aux yeux fermés.

VOIR LA FARCE (en) : S'en passer le caprice. (Delvau.) — Allusion aux baraques des farceurs de foires où on se laisse aller à entrer. On dit aussi *s'en payer la farce*.

VOIR SOPHIE : Avoir ses menstrues. (Id.) — C'est un temps de sagesse, en grec *sophia*.

VOLE AU VENT, VOLANTE : Plume. (Michel.)

VOLTIGEANTE : Boue. Elle voltige souvent sur les habits des passants. (Delvau.)

VOLTIGEUR : Apprenti maçon. Il voltige sur les échelles. (Rigaud.)

VOUZIGAUD, VOZIÈRE, VOZIGUE : Vous. (Michel.)

W Y

WAGON : Grand verre de vin. (Delvau.)

WATERLOO : Derrière. — « Ça va, gentiment et sans coup de bottes dans le waterloo. » (Huysmans, 79.)

YOUTRERIE : Ladrerie, réunion de juifs. (Rigaud.) — De *youtre* : juif.

Z

ZÉPH : Zéphir, vent. Abrév. (*Id.*)

ZERVER : Pleurer. (Halbert.) — Interversion de *verser*.

ZIG : Si ce mot n'est pas accompagné d'un adjectif, il veut dire *mauvais ami*. (Michel.)

*ZIG A LA REBIFFE : Récidiviste. (Rigaud.)

ZIG-ZAG : Bancal, boiteux. (Michel.)

ZINC : Argent monnoyé. — Ironie. Le zinc est un métal inférieur. — « Il ne comprend pas qu'on mette son zinc dans une tirelire, ça rouille. » *Le Sublime*, 72.)

ZOZOTTE : Argent. (Rigaud.) — Dérivé abrégé de *pezotte*, qui est un diminutif de *pèze* : argent. V. p. 276.

*ZUT! : Avec le comte Jaubert (*glossaire du centre de la France*), faut-il y voir un allongement de l'interjection *ut !* employée dans nos patois du Centre pour dire *hors d'ici ! va-t'en !* J'incline vers cette dernière origine, car il y a trente ans que j'ai entendu, à Paris même, dire *ut* pour *zut*. Quand on voulait compléter la phrase, on disait même pour défier quelqu'un : *Je lui dis ut en musique*. Ce jeu de mots sur *ut* (hors d'ici !) et *ut* (note de musique) vient confirmer l'emploi primitif du mot *ut*. Seulement, à force de répéter *je lui dis ut*, on aura fini par réunir à *ut* l's de *dis*, qui lui était liée par la prononciation et qui sera devenu un *z*.

Imprimerie D. BARDIN, à Saint-Germain.